ODYSSÉIDE.

Dans l'opinion des anciens, qui avaient essayé de réduire en système les innombrables fables helléniques, le *Retour d'Ulysse à Ithaque* fermait le *cycle mythique*, κύκλος μυθικός[1]; et la dernière scène de ce drame immense était remplie des exploits de ce héros. La vie d'Ulysse était donc regardée comme une espèce de terrain neutre, où la fable et l'histoire, mêlées à-peu-près au même degré, venaient en quelque sorte se concilier, à la faveur d'une renommée où se trouvaient de même réunis et confondus tous les genres de mérite et d'héroïsme. En effet, le caractère d'Ulysse, tel qu'il avait été tracé par Homère, interprète naïf et fidèle des traditions héroïques, avant d'être altéré par les conceptions vicieuses du théâtre, offrait une sorte d'idéal où se réfléchissaient tous les traits de l'ancien caractère hellénique : la prudence jointe à la valeur, l'éloquence dans le conseil, la fermeté dans le malheur, un esprit fécond en ressources, un courage prompt en toute occasion; la force de l'ame, qui résiste à l'adversité comme au plaisir, qui se montre toujours la même dans des fortunes diverses; et cette dextérité à manier les affaires, et cette adresse à triompher des obstacles, qui ne dégénèrent en ruse et en fourberie, dans le rôle que lui prêtent les poëtes tragiques[2], qu'à mesure que la Grèce elle-même, amenée, par le progrès des temps et par le déclin des mœurs, à remplacer successivement chacune de ses vertus antiques par quelqu'un des vices de la faiblesse, éprouvait le besoin d'abaisser son héros à sa propre mesure, et de réformer le caractère d'Ulysse d'après le sien.

S'il était entré dans les conditions du théâtre grec de flatter l'esprit d'une nation qui se corrompait de jour en jour, en lui montrant Ulysse dégradé à son image, et de procurer ainsi à une civilisation énervée la consolation d'avoir encore pour modèle le héros qu'en ses jours de puissance et de force elle avait choisi pour type, il faut reconnaître que l'art s'exerça, chez les Grecs, dans une direction plus généreuse. C'est l'Ulysse d'Homère, et non celui des tragiques, que les artistes représentèrent dans toutes les scènes épiques de l'Iliade, où ce héros figure au premier plan; et c'est le même personnage qui domine seul

(1) Proclus, *in* Phot. *Biblioth.* p. 982, lin. 43; voy. Winckelmann, *Pierr. de Stosch*, p. 403.

(2) Relativement aux nombreux poëmes dramatiques qui avaient pour sujet quelqu'une des aventures d'Ulysse, et pour titre le nom de ce héros, sans compter celles du genre satyrique, qui avaient le même sujet sous un titre différent, telles que le *Cyclope* d'Euripide, seul débris qui nous soit resté de cette littérature immense, je me contente de renvoyer mes lecteurs à une savante note de Casaubon, *sur* Athénée, liv. IV, chap. 18, p. 297.

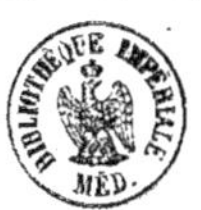

et sans partage, dans cet autre grand drame qui suivit la chute d'Ilion, toujours avec son caractère homérique. A l'exception de la peinture de Parrhasius qui avait pour objet la *Démence simulée* du roi d'Ithaque[1], trait inconnu à Homère, et sans doute inventé par les tragiques, il n'est peut-être pas un seul des monumens de l'art relatifs à Ulysse, parmi tous ceux qui nous restent ou que nous connaissons, qui ne fût directement puisé à une source épique, et où la figure de ce héros ne fût composée de ses élémens réels et primitifs ; et c'est un trait bien remarquable de l'histoire de l'art grec, et bien fait pour honorer son génie, que cet accord des artistes de tout âge et presque de tout ordre, à représenter l'Ulysse des temps héroïques, vrai modèle du courage intrépide autant que calme et prudent, et non pas cet Ulysse astucieux et discoureur, qui ne pouvait être le héros que d'une société dégénérée. En restant à cet égard dans les données homériques, l'art demeura donc jusqu'au bout fidèle à sa noble destination et conséquent à son principe, qui était de produire l'image du *beau moral*, par l'expression du *beau physique;* et cet exemple, entre une foule d'autres semblables, nous met à même de juger avec quelle hauteur et quelle constance de vues l'imitation avait été constituée chez les Grecs[2].

En publiant, sous le titre d'*Odysséide*, une série de monumens sur la plupart desquels *Ulysse* figure comme personnage principal, soit qu'ils aient rapport aux derniers événemens de la guerre de Troie ou à ceux qui en furent la suite, j'aurai lieu d'établir en fait l'observation que je viens d'énoncer en principe ; et suivant l'exemple de Winckelmann, qui crut devoir placer le *portrait d'Ulysse*[3] en tête des monumens du même genre qu'il faisait connaître, j'examinerai en premier lieu cette figure même d'Ulysse, telle que l'avait conçue et réalisée l'art antique, dans un système qui n'a pas encore été suffisamment apprécié, et telle qu'elle nous apparaît dans les réminiscences plus ou moins fidèles qui nous en sont parvenues.

Entre toutes les images attribuées à Ulysse, celles qui méritent le plus de confiance, et dont on a fait jusqu'ici le moins d'usage, sont sans contredit celles que nous offrent les monnaies d'Ithaque. On connaît au moins trois de ces monnaies[4], avec la *tête d'Ulysse, barbue*, et couverte du *bonnet de laine*, πῖλος, πιλίδιον, qui était devenu, à une certaine époque

(1) Plutarch. *de Aud. poët.* § III : Παῤῥάσιος τὴν Ὀδυσσέως προσποίητον μανίαν. Plutarque blâme avec raison le choix d'un pareil sujet, et il le cite parmi les πράξεις ἀτόπους que l'art avait à se reprocher d'avoir traités ; voy. aussi, sur ce sujet, Cicéron, *de Offic.* III, 26.

(2) La manière dont Philostrate expose le caractère d'Ulysse et décrit sa physionomie, indique assez que c'était d'après les tragiques qu'avait été conçu ce portrait imaginaire. On n'avait pu voir qu'au théâtre un Ulysse *au visage triste et sévère*, σκυθρωπὸν τι ἀεὶ, *au nez un peu écrasé*, καὶ ὑπόσιμον, *aux yeux hagards, à l'air défiant et ombrageux*, καὶ πεπλανημένον τοὺς ὀφθαλμοὺς διὰ τὰς ἐννοίας τε καὶ ὑπονοίας, *à la taille médiocre*, καὶ οὐ μέγαν, *Heroic.* X, 12, 717, en un mot, un Ulysse rapetissé de toute manière, pour que sa personne se montrât d'accord avec son caractère, ὁ ποικιλόφρων, κόπις, ἡδυλόγος, δημοχαριστής, Euripid. *Hecub.* 134 ; conf. *Troad.* 282 sqq. Un tel portrait ne répond guère à cet autre passage du même auteur, *Imag.* II, 7 : ἐπίδηλος δὲ ὁ μὲν Ἰθακήσιος ἀπὸ τοῦ στρυφνοῦ καὶ ἐγρηγορότος, et s'accorde moins encore, quoi qu'on en ait pu dire, avec la description d'Homère, *Iliad.* III, 194 sqq., 217 sqq. ; voy. Angel. Mai, *Iliad. Fragm. Ambros.* Procem. p. XXII. On doit porter le même jugement du *costume* attribué à Ulysse par les écrivains d'une certaine époque. En le représentant toujours vêtu du *pallium*, comme pour indiquer que la *prudence* était le principal trait de son caractère, *Ulyssem* palliatum *semper inducunt*, Donat. *ad* Terent. *de Tragœd.*, c'est évidemment d'après les habitudes théâtrales, et non d'après les données homériques, qu'on s'est réglé à cet égard. Mais les artistes n'avaient pas suivi ces traditions des tragiques et des rhéteurs ; et c'est ce que j'aurai lieu de prouver, à l'honneur de l'art antique.

(3) Voy. ses *Monum. ined.* n. 153, t. II, p. 208-9.

(4) De Bosset, *Essai sur les méd. antiques de Céphalonie et d'Ithaque*, pl. V, n°s 1, 2, 3. Le revers, qui offre tantôt un *Coq*, tantôt une *Tête de Minerve casquée*, types qu'il est si facile d'accorder avec l'image d'Ulysse, porte la légende, ΙΘΑΚΩΝ (monnaie) *des habitans d'Ithaque ;* elles sont autonomes, et généralement d'assez belle fabrique ; voy. Neumann, *Num. popul.* t. I, tab. VI, n. 8, pag. 204 sqq. ; *Mus. Hunter.* tab. 31, n. XIII ; *Mus. Sanclem.* t. I, tab. VII, n. 44 ; Eckhel, *Doctr. num.* II, 274.

de l'antiquité, l'attribut caractéristique de ce héros. La figure d'Ulysse, telle qu'elle est exprimée sur ces médailles, offre un caractère individuel plutôt qu'idéal, où la force et la bonté sont unies à la finesse; et la physionomie ressemble beaucoup à celle de la *tête* représentée sur une pâte antique de la collection de Stosch[1], où Winckelmann avait reconnu, d'une manière qui fait honneur à sa sagacité, un *portrait d'Ulysse*, d'après le caractère même de cette tête, et d'après celui d'une seconde tête qui s'y trouvait accolée, et qu'il regardait, avec toute raison, comme le *portrait de Diomède*[2]. Cette heureuse conjecture du père de la science archéologique reçoit, du témoignage de monumens qu'il n'avait pu connaître, une haute confirmation, en même temps qu'elle y ajoute un nouveau motif d'intérêt. Ce double mérite se retrouve, et peut-être encore à un plus haut degré, sur une rare médaille de Cumes, qui offre, d'un côté, une *tête héroïque*, avec le *bonnet* en question *couronné de laurier*, et de l'autre, la *figure de Scylla*[3] : types si convenables, en effet, pour la monnaie d'une ville dont le territoire avait servi de théâtre aux principales scènes de l'Odyssée. La *couronne de laurier* attachée au *bonnet* d'Ulysse, sur cette médaille de Cumes, est une particularité qui suffirait seule à caractériser ce personnage, et dont on possédait déjà un exemple sur un beau bas-relief antique[4]; et la réunion de la *tête d'Ulysse* avec l'*image de Scylla* rappelle le célèbre monument de bronze, consistant en la *figure d'Ulysse groupée avec celle de Scylla*, monument d'une haute antiquité, à ce qu'il paraît, qui se voyait encore à Constantinople du temps de Nicéphore Coniate, et qui ne dut périr qu'avec la Grèce elle-même[5].

Après les médailles, il n'était pas de monumens qui pussent offrir l'image d'Ulysse d'une manière plus conforme au type national, ni en même temps sous une forme plus populaire, que les pierres gravées. L'exemple, cité par Athénée[6], de ce Callicrate qui portait à son anneau le *portrait d'Ulysse*, doit être considéré comme un trait de mœurs grecques, plutôt que comme un usage particulier; et c'est en effet l'induction qu'on pourrait, à défaut même d'un pareil renseignement, tirer du grand nombre de pierres gravées qui nous restent avec la *tête* ou la *figure d'Ulysse*. Parmi celles qui nous ont conservé l'image de ce héros, je citerai sur-tout le beau camée de notre cabinet, publié par Millin[7], où la *tête d'Ulysse* est coiffée

(1) *Pierr. de Stosch*, class. III, n. 302, p. 387.

(2) *Monum. ined.* n. 153.

(3) Cette médaille de bronze a été décrite, mais d'une manière peu exacte, d'après un exemplaire assez mal conservé, par M. Mionnet, *Supplément*, t. I, p. 240, n. 282. Il y a vu une *tête de Femme, avec une espèce de tiare*, et au revers, le *monstre Scylla, avec une légende effacée*. M. Avellino, qui avait sous les yeux un exemplaire moins défectueux, qu'il a fait graver, *Real Museo Borbon.* t. II, tav. XVI, n. 21, a pu y reconnaître la *tête d'Ulysse* coiffée du *pilidion*, dont l'image s'accorde si bien, en effet, avec la *figure de Scylla* placée au revers. Je possède moi-même un bel exemplaire de cette rare et curieuse monnaie, que l'on trouvera gravé, vignette n. 8, p. 253, d'une manière plus conforme au style de l'original, qui accuse une assez haute époque de l'art, et à la fabrique, qui est aussi très-recommandable. Je puis certifier, du reste, que la *légende manque* sur toutes ces monnaies, non parce qu'elle y est *effacée*, mais parce qu'elle n'y fut jamais empreinte; ce qui est encore une nouvelle preuve d'antiquité.

(4) Tischbein, *Monum. Homer. Iliad.* pl. VI. Ce bas-relief, provenant de Volterra, doit être à la galerie de Florence; et le savant Heyne n'a pas manqué d'y reconnaître *Ulysse* au *bonnet marin*, sans remarquer toutefois que ce *bonnet* est *couronné de laurier;* ce qui est une particularité nouvelle. Je ne puis m'empêcher d'observer, au sujet de la *tête coiffée d'un bonnet semblable*, sur la médaille de Cumes, qu'une *tête pareille* se voit sur des médailles d'Æsernia, du Samnium, où elle est désignée, comme celle de *Vulcain*, par la légende VOLCANOM, et de plus, accompagnée d'une *tenaille*, symbole caractéristique de Vulcain. Mais outre que ce double élément manque sur la monnaie de Cumes, le rapprochement de la *tête héroïque* et de l'*image de Scylla*, d'accord avec toutes les traditions mythologiques, ne permet pas d'hésiter ici entre le roi d'Ithaque et le dieu de Lemnos.

(5) Voy. au sujet de ce monument les observations d'Eckhel, *Doctr. num.* VIII, 286, et ce que j'en ai dit moi-même dans ma *Notice sur quelques objets d'or trouvés dans un tombeau de Kertsch en Crimée*, p. 7, not. 5.

(6) Athen. *Deipnosoph.* VI, c. 59, p. 251.

(7) *Monum. inéd.* t. I, pl. XXII, p. 201, suiv.

d'un *pilidion* richement orné; une intaille, du musée Worsley, d'un excellent travail grec, avec le nom de l'auteur Allion, ΑΛΛΙΩΝ, gravé dans le champ[1]; et une autre intaille, de la collection Poniatousky, ouvrage d'Apollodotos, ΑΠΟΛΛΟΔΟΤΟΥ[2]; tout en exprimant quelques doutes au sujet de cette dernière pierre, dont je ne connais qu'une empreinte, et qui fait partie d'une collection malheureusement trop suspecte. Du reste, le caractère de la *tête* représentée sur ces pierres s'accorde assez bien avec celui de la *tête* qui forme le type des monnaies d'Ithaque, et même avec le célèbre buste de lord Bristol[3], sans compter une foule de monumens de tout genre où la figure d'Ulysse se reconnaît à une physionomie à-peu-près semblable[4], pour qu'il y ait tout lieu de présumer que cette image dérivait de quelque type ancien et accrédité; et ici se présente naturellement l'occasion d'exposer une notion d'iconographie grecque qui n'a pas obtenu, de la part des antiquaires et des historiens de l'art, le degré d'attention qu'elle méritait.

Il dut exister chez les Grecs un assez grand nombre de portraits de personnages appartenant à la période mythologique, de manière à former toute une classe de monumens d'un ordre particulier, sous le rapport de l'art, et d'un haut intérêt national, sous le rapport historique. A défaut de ces monumens mêmes, que le temps nous aurait enviés, ou des témoignages qui nous manqueraient, la vraisemblance seule nous autoriserait à croire que l'antiquité posséda des images authentiques, ou réputées telles, de cette foule de personnages, dont l'existence, liée aux traditions de son âge héroïque, intéressait la Grèce entière, mais dont le portrait n'avait pu être effectué, à une époque où les arts d'imitation étaient encore dans l'enfance. L'usage qui avait prévalu à Rome, bien avant le siècle de Pline, d'*inventer les portraits qu'on n'avait plus*, et de suppléer à la tradition par une fiction plus ou moins heureuse[5], dut régner à plus forte raison chez les Grecs, dès l'instant que l'imitation fut parvenue au point de personnifier tout et de tout exprimer. Ainsi, tous les héros d'Homère, avec Homère lui-même; ainsi, tous les personnages des siècles antérieurs, dont les noms, créés ou popularisés par l'épopée nationale, étaient devenus autant de vérités historiques, durent recevoir, à ce titre, de l'imitation perfectionnée, une existence figurée, d'accord avec la croyance populaire, et obtenir chacun une physionomie analogue à son caractère. L'art fit donc ici, dans le domaine de la poésie, ce qu'il avait fait dans celui de la religion; il tira

(1) *Mus. Worsleyan.* IV, 20. Cette pièce avait fait d'abord partie de la collection du chevalier Hamilton, Visconti, *Oper. var.* t. II, p. 284, n. 393; voy. ce que j'ai dit de cette pierre, et du graveur Allion, dont elle paraît être une œuvre originale, dans ma *Lettre à M. Schorn*, p. 24, à l'article d'*Allion*.

(2) L'empreinte que j'en possède est tirée de la collection de Cadès; la pierre elle-même est indiquée sous le n° 112, p. 93, du *Catalogue des pierres gravées du prince Poniatowsky;* et quant au mérite de cette collection, remplie, comme elle l'est actuellement, de travaux modernes, avec des noms supposés de graveurs antiques, je ne puis que m'en référer à ce que j'en ai dit dans ma *Lettre à M. Schorn*, citée plus haut, p. 16.

(3) Ce buste a été publié par Tischbein, dans ses *Monumens homériques*, *Odyss.* pl. I, avec une explication du savant Heyne. Il existe, au musée de Dresde, un *buste sur bouclier*, qui a été attribué à *Ulysse*, mais d'après des considérations trop hypothétiques pour mériter quelque confiance; voy. *Augusteum*, II, XXXVI, 8-9.

(4) Je ne comprends pas dans le nombre de ces monumens la belle statue du Vatican, vulgairement connue sous le nom de *Phocion*, d'après une conjecture de Visconti, à laquelle ce savant a fini par renoncer; voy. son *Mus. P. Clem.* t. II, pl. XLIII. Plus tard, il avait cru reconnaître *Ulysse* dans cette statue, à raison du vêtement et de l'attitude; et c'est l'opinion qu'a suivie l'interprète des *Monum. du Mus. Napoléon*, t. II, pl. LXV; voy. Beck, *Grundriss*, etc. p. 219. Mais Visconti lui-même, éclairé par une étude plus attentive de ce monument, rejeta la dénomination d'*Ulysse*, pour celle d'*Adraste* ou d'*Amphiaraüs*, sans pouvoir alléguer encore de motif tant soit peu plausible à l'appui de cette dernière supposition; voy. ses *Œuvr. div.* t. IV, p. 154-5 et 313. Le fait est que la statue dont il s'agit est encore une énigme; et la seule opinion qu'on puisse admettre à son sujet, dans l'état actuel de la science, c'est qu'elle représente un *Guerrier de l'époque héroïque*, dont il faut attendre que le nom nous soit révélé par quelque monument nouveau, mais qui, dans aucun cas, ne saurait être le roi d'Ithaque.

(5) Plin. XXXV, 2 : Qui non sunt, finguntur, pariuntque desideria non traditi vultus.

de la matière des images, dont la tradition lui avait fourni le type, ou dont il n'existait qu'une ébauche informe, produite dans l'enfance même de l'imitation; il créa des êtres réels, d'après des souvenirs poétiques; il produisit des héros, comme il avait produit des dieux, chacun avec les traits assortis à son âge, à son rôle et à son génie. Il y eut des portraits fictifs, et néanmoins fidèles, de tous ces personnages héroïques, qui n'existaient plus depuis des siècles que dans la bouche et dans l'imagination des hommes. Il y eut des effigies d'Hector et d'Achille, de Patrocle et d'Énée, de Pâris et de Ménélas, si distinctes entre elles, et si semblables à leurs modèles, je veux dire, si conformes aux images traditionnelles qui en tenaient lieu, qu'on les reconnaissait au premier coup-d'œil, tout aussi sûrement que si elles fussent dérivées de portraits authentiques exécutés d'après des personnages vivans. L'art s'était emparé d'une fiction, dont il avait fait une réalité; et la société, en se prêtant à ce procédé de l'imitation, en admettant son œuvre comme une vérité, consacrait ainsi tout à-la-fois les droits du modèle et ceux du portrait. Le peuple avait foi en ses héros, du moment qu'il les voyait représentés tels qu'il les savait décrits dans la tradition poétique. L'artiste ne croyait pas moins en son ouvrage, quand il le voyait accueilli par l'opinion publique; et c'est ainsi, encore une fois, que des vérités de convention, fruits des plus savantes combinaisons et d'une étude approfondie de la nature, venaient prendre, dans le domaine de l'imitation, la place de vérités de fait, en réalisant des existences poétiques, en figurant des personnages mythologiques, en produisant tout un monde idéal, sous des formes palpables et avec des traits individuels.

Il importe de citer, à l'appui de ces considérations générales, quelques faits particuliers qui ne laissent lieu à aucun doute. On montrait, à Pise en Élide, un *portrait d'Hercule* qui passait pour avoir été exécuté de son vivant par Dédale, et dont la ressemblance était si frappante, que cette image avait produit sur Hercule lui-même l'effet d'une apparition[1]. Il existait de ces sortes de portraits, attribués par la tradition à Dédale, c'est-à-dire, appartenant à la période mythologique de l'art, dans d'autres endroits de la Grèce, notamment à Thèbes, où l'on voyait encore, au temps de Pausanias, une statue de bois très-ancienne, ξόανον ἀρχαῖον, avec la ressemblance d'Hercule, réputée aussi l'œuvre de Dédale, et offrant en effet, aux yeux de Pausanias lui-même, tous les caractères d'une école primitive[2]; et j'observe, à cette occasion, que l'indication des principaux traits de la figure d'Hercule, qui nous a été conservée dans un fragment de Dicéarque[3], doit avoir été empruntée de quelques-unes de ces images antiques, du siècle ou de l'école de Dédale. Dans le même quartier de Thèbes décrit par Pausanias, ce voyageur cite encore d'autres *portraits en bas-relief*, ἐπὶ τύπου εἰκόνες, produits à la même époque de l'art, et devenus presque méconnaissables par l'effet de la vétusté, ἀμυδρότερα ἤδη τὰ ἀγάλματα[4]; c'est encore là un trait d'iconographie mythologique qui prouve combien il dut exister de monumens de ce genre dans l'antiquité grecque, avant que le temps ou la barbarie des hommes eût détruit ou dispersé ces monumens. Tel était encore, au témoignage du même écrivain, le *portrait de Clytemnestre*, Κλυταιμνήστρας

(1) Apollodor. II, 6, 3 : Δαίδαλος ἐν Πίσῃ ΕἸΚΌΝΑ παραπλησίαν κατεσκεύασεν Ἡρακλεῖ.

(2) Pausan. IX, II, 2 : Τὸ δὲ ξόανον τὸ ἀρχαῖον Θηβαῖοί τε εἶναι Δαιδάλου νενομίκασι, καὶ αὐτῷ μοι παρίστατο ἔχειν οὕτω; conf. *ibid.* 40, 2.

(3) Dicæarch. περὶ Βίων, *apud* Clem. Alexandr. *Protrept.* 19, 13, Sylburg. (t. I, p. 26, 30, Potter.). Voy. *i Framm. di Dicearch. raccolt. ed illustr. dall'* Avv. Errante, t. II, p. 58 59, Palermo, 1822, 8°.

(4) Pausan. IX, II, 2.

εἰκὼν, qui se voyait dans le bourg d'Amycles en Laconie, près d'une autre image qu'on supposait être celle d'*Agamemnon*[1]. Telle était aussi sans doute la *statue en bois d'Orphée*, placée au sommet du Taygète en Laconie, et réputée un *ouvrage des Pélasges*, Πελασγῶν, ὥς φασιν, ἔργον[2]. Mais en fait de témoignages relatifs à cette pratique de l'art grec, le plus décisif et le plus curieux est sans contredit celui de Plutarque, qui pourrait, au besoin, nous tenir lieu de tous les autres, et qui nous a conservé toute une page de l'histoire de l'art antique. Cet écrivain raconte que, dans une fête publique célébrée à Argos, un jeune Lacédémonien, *qui ressemblait à Hector*, fut écrasé par la foule que la curiosité, excitée par cette ressemblance, avait attirée autour de lui[3]. Il résulte, en effet, de cette anecdote, qu'il existait un *portrait d'Hector* consacré par une sorte d'autorité publique, et que ce portrait s'était imprimé dans la mémoire des peuples, au point d'exciter un intérêt vif et général, lorsqu'il venait à se produire à leurs yeux sous les traits de quelque personne vivante. C'est d'ailleurs ce qu'achèvent de prouver d'autres exemples semblables cités à l'appui de celui-là par le même écrivain, c'est à savoir, la ressemblance du tyran Nicoclès avec *Périandre*, fils de Cypsélus, et celle du Perse Orontès avec *Alcmæon*, fils d'Amphiaraüs. Périandre étant un personnage historique, d'une grande célébrité, à-la-fois comme un des sept sages de la Grèce et comme un des princes de Corinthe, on ne s'étonnera pas qu'il eût eu des portraits nombreux, et que ces portaits eussent rendu sa physionomie familière à tout le monde[4]. Mais *Alcmæon* appartenant à l'époque mythologique, il ne pouvait exister de lui qu'un de ces portraits de convention que l'art avait créés, en se servant de tous les élémens fournis, soit par quelque tradition locale, soit par quelque image contemporaine; et l'on conçoit, sans qu'il soit nécessaire d'insister davantage sur ce point, quelle importance acquiert dès-lors l'observation de Plutarque, en tant qu'elle nous fait connaître, au moyen de quelques traits particuliers, tout un système iconographique qui dut embrasser le domaine entier de la poésie, aussi bien que celui de l'histoire, et comprendre la mythologie elle-même dans le vaste champ de l'imitation. Telle est aussi la conséquence qui résulte du passage de Diodore de Sicile, relatif aux sculptures du grand temple de Jupiter à Agrigente, où il est dit que, dans la partie de ces sculptures qui représentaient la *Prise de Troie*, τὴν ἅλωσιν τῆς Τροίας, *chacun des Héros qui y figuraient se reconnaissait à sa physionomie propre et individuelle*[5]; nouvelle preuve de l'existence de ce système iconographique, et preuve fondée sur un témoignage des plus respectables, aussi bien que fournie par un des monumens les plus importans de la haute antiquité grecque. D'après des témoignages si graves, si positifs, on sera sans doute disposé à prendre en considération l'extrait qui nous a été conservé par des auteurs byzantins, d'une *Iconographie héroïque*, puisée dans l'ouvrage de Dictys de Crète[6],

(1) Pausan. III, 19, 5. Je pense, avec le dernier éditeur, M. Siebelis, qu'il y a dans ce passage une faute ou une lacune, et j'admets l'interprétation qu'il propose.

(2) *Idem*, III, 20, 5.

(3) Plutarch. *in Arat.* § III. Voy. l'observation que j'ai déjà faite à ce sujet, *Achilléide*, p. 87, n. 5.

(4) Il y a lieu d'être surpris que Visconti n'ait pas fait usage de ce témoignage de Plutarque, si curieux et si positif, dans l'article de son *Iconographie* qu'il a consacré aux images de Périandre, t. I, p. 102-106.

(5) Diodor. Sic. XIII, 82 : Ἐν ᾗ τῶν Ἡρώων ἝΚΑΣΤΟΝ ἰδεῖν ἔστιν ΟἸΚΕΊΩΣ ΤΗ͂Σ ΠΕΡΙΣΤΆΣΕΩΣ ΔΕΔΗΜΙΟΥΡΓΗΜΈΝΟΝ. Ces expressions, que j'ai cru devoir rapporter textuellement, sont si claires et si positives, qu'elles rendent tout commentaire inutile. Il n'en est que plus surprenant qu'un témoignage si curieux pour l'histoire de l'art ait échappé à l'attention des antiquaires, parmi lesquels j'excepte pourtant M. Boettiger, qui a cité ce passage, de manière à prouver qu'il en appréciait toute la valeur, *über den Raub der Cassandra*, S. 53, 47.

(6) Voy. le fragment d'Is. Porphyrogénète, publié par J. Rutgers, *Var. lect.* v, 20, p. 513, et le passage de J. Malala, *Chronogr.* v, 130 (p. 103-107, ex recens. Dindorf. Bonnæ,

qui lui-même n'avait pu la rédiger qu'en présence des monumens de l'art qu'il avait sous les yeux[1].

Indépendamment des types primitifs dérivés de l'école dédaléenne, et des notions fournies par les traditions locales, l'art eut encore, pour effectuer ces *portraits de convention*, une ressource dont on n'a pas suffisamment apprécié le mérite et la portée; ce fut celle des *attitudes caractéristiques*, qui se rapportaient à quelques circonstances décisives de l'histoire des personnages, en même temps qu'elles se liaient, dans les œuvres de l'imitation, à tout un système d'habitudes symboliques. Il suffit de parcourir la description des peintures de Polygnote, que nous devons à Pausanias, pour reconnaître que la plupart des personnages héroïques qui figuraient dans ces peintures, y étaient représentés en des attitudes significatives, dont le motif devait être puisé dans des traditions anciennes, dont l'intelligence, devenue facile et populaire par un long usage, suppléait quelquefois le nom du personnage, et tenait lieu d'une inscription; et l'étude des vases peints, que l'on peut regarder comme une immense collection de dessins originaux de l'école grecque, a pu nous apprendre quel heureux et fréquent emploi l'art antique fit de ces attitudes symboliques, qui exprimaient une affection ou qui représentaient une situation particulière, et qui, à ce double titre, pouvaient s'appliquer à tel ou tel personnage, dans telle circonstance donnée. Qu'on ajoute à tous ces moyens de personnification le secours des *attributs* fournis par quelques traits particuliers de la vie des héros, et devenus ainsi autant d'élémens authentiques de leurs images; et l'on n'aura encore qu'une faible idée des nombreuses ressources que l'art eut à sa disposition pour exécuter ces *Figures héroïques* dont la Grèce antique était remplie, à n'en juger que par le livre de Pausanias, et dont, à défaut d'autres monumens, nous pourrions encore aujourd'hui apprécier la composition, le caractère et presque la physionomie, d'après cette multitude de figures de *Héros nationaux* qui forment le type de tant de médailles grecques.

Je m'éloignerais trop de mon sujet, si je m'attachais à faire ici une énumération complète de ces *Figures héroïques*, dont nous devons la connaissance à la numismatique[2]. Il suffira, pour l'objet que je me propose, d'en citer quelques exemples, tels que le *héros Kydon*, des médailles de Cydonie[3]; les *héros Kyzikos* et *Ephésos*, des médailles de Cyzique et d'Éphèse[4]; le *héros* local *Arkomêlios*, des médailles de Myrine[5], le *héros Képhalos*, des médailles de Céphallénie[6]; le *héros Gorgos*, des médailles d'Ambracie[7]; les *héros Phéræmôn, Leukaspis, Akestès, Agathyrnos*, des médailles de Messine, de Syracuses, de Ségeste, de Tyndaris[8]; les *héros*

1831). Ces *caractérismes* des héros grecs et troyens se retrouvent en partie dans l'ouvrage de Darès de Phrygie; mais ils manquent dans celui de Dictys, tel que nous le possédons aujourd'hui : d'où il suit que Malala a fait usage d'un texte différent, puisqu'il dit positivement que c'est Dictys qui lui a servi de guide, καθὼς ὁ σοφώτατος Δίκτυς.

(1) C'est ainsi qu'en a jugé M. Boettiger, *Raub der Cassandra*, S. 52, 47.

(2) J'ai d'ailleurs exposé cette notion générale, avec toutes les preuves et tous les développemens qu'elle comporte, dans un *Essai sur la numismatique tarentine*, travail considérable, que je desire de pouvoir publier bientôt, avec d'autres mémoires numismatiques qui sont le résultat d'assez longues études et d'observations journalières.

(3) Eckhel, *D. N.* II, 309.

(4) Idem, *ibid.* II, 453 et 516.

(5) Idem, *ibid.* II, 496. Le type est une *Tête juvénile laurée*, avec l'inscription : ΑΡΚΟΜΗΛΙΟΥ.

(6) Idem, *ibid.* II. 270; voy. de Bosset, *Essai sur les méd. de Céphal.* pl. 1, n°s 1, 2, 3, 5 et 6.

(7) Voy. ma *Lettre à M. le marquis Arditi*, dans les *Annales de l'Instit. archéol.* t. I, pl. XIV, n°s 1 et 2, p. 311-319.

(8) Ces médailles sont depuis long-temps connues des antiquaires, excepté la dernière, avec l'image en pied du *héros Agathyrnos*, et son nom ΑΓΑΘΥΡΝΟΣ, laquelle médaille a été récemment publiée par M. Millingen, *Ancient Coins of greek cities*, pl. II, n. 9, et fort bien expliquée par M. le duc de Luynes, dans les *Annal. de l'Instit. archéol.* t. II, p. 308-311.

Taras et *Leukippos*, des médailles de Tarente et de Métaponte[1]. J'aurais pu d'ailleurs me borner à l'exemple que nous ont offert les médailles d'Ithaque avec la *Tête d'Ulysse;* et j'aurai bientôt occasion d'ajouter un autre portrait, non moins digne de figurer dans notre galerie homérique, en publiant une belle médaille de Pyrrhus, roi d'Épire, avec la *Tête d'Achille*, telle à-peu-près qu'elle s'était produite sur des monnaies thessaliennes[2], où l'inscription ΑΧΙΛΛΕΥΣ, qui l'accompagne, ne permet pas de méconnaître cette tête héroïque, et devient ainsi une preuve nouvelle et décisive de l'existence de ces portraits de personnages mythologiques, qui devront désormais trouver place dans notre iconographie, à mesure qu'ils sortiront, sous une forme ou sous une autre, des ruines de l'antiquité[3].

Mais pour revenir à mon sujet, qui est la connaissance des images authentiques d'Ulysse, il me reste à déterminer, avec autant d'exactitude et de précision que le comporte l'état actuel de la science, les traits principaux de cette figure héroïque, telle qu'elle avait été produite à la plus belle époque de l'art antique. J'ai déjà dit que l'*idéal* en avait été conçu d'après les données homériques, et qu'ainsi le caractère dominant de la tête devait être la prudence unie à la valeur[4]. La maturité de l'âge, et l'expérience, qui en était la suite, n'avaient pu manquer d'être admises comme autant de traits caractéristiques de la figure d'Ulysse[5]; et c'était à cette intention que les artistes le représentaient toujours avec la *barbe*[6] *:* tel aussi nous apparaît-il encore sur tous les monumens antiques qui nous restent. Dans une circonstance particulière, Polygnote l'avait peint *vêtu d'une cuirasse*[7]*;* ce qui ne doit sans doute être considéré que comme une exception à l'usage général. Il portait habituellement un *bouclier*, dont *l'emblème*, ἐπίσημον, était un *dauphin*, trait de costume indiqué par Stésichore[8], qui avait probablement puisé cette notion dans les nombreux monumens de l'art existant de son temps. Mais l'attribut essentiellement propre à Ulysse, entre tous les Héros d'Homère, était le *bonnet de laine*, πῖλος, πιλίδιον, sur l'intention réelle ou sym-

(1) Je me contente de citer ici, à l'appui de l'opinion qui reconnaît la *tête* du *héros Leukippos*, désigné par l'inscription ΛΕΥΚΙΠΠΟΣ sur des didrachmes de Métaponte, le travail de M. Avellino, *Opuscol. divers.* t. I, p. 199; voy. ce qui a été dit plus haut, au sujet de ce type, *Achilléide*, p. 56.

(2) Une de ces médailles était depuis long-temps connue, mais reléguée parmi les *incertaines* du recueil de Hunter, pl. 68, fig. v. Il en a été publié récemment une autre, mieux conservée, faisant partie de la collection de feu M. Allier d'Hauterocbe, pl. v, n. 17.

(3) On connaît déjà, par les monnaies d'Ilium et d'Ophrynium, le *portrait d'Hector*, désigné sur les premières par l'inscription : ЄΚΤΟΡ ΙΛΙЄΩΝ, Eckhel, *Doctr. num.* II, 486. La *figure d'Anchise*, accompagnée de son nom ΑΝΧЄΙСΗС, s'est également offerte sur une médaille impériale d'Ilium, au revers de Julia Domna, Pellerin, *Recueil* III, p. 243, ainsi que les *figures* de *Dardanus*, ΔΑΡΔΑΝΟΣ ΙΛΙЄΩΝ, et de *Ganymède*, au revers de Crispine et de Géta. Mais, en fait de portraits de personnages appartenant à l'époque héroïque et représentés sur les monnaies, il n'en est pas de plus authentiques que ceux du *fondateur Pergamos*, ΠЄΡΓΑΜΟС ΚΤΙСΤΗС, et du *héros Eurypylos*, ΗΡΩС ΕΥΡΥΠΥΛΟС, dont les *têtes* forment le type de plusieurs médailles impériales de Pergame, Spanheim, *de Præstantia et Usu numism. ant.* t. I, p. 595; Eckhel, *Doctr. num.* II, 463, et auxquels on peut ajouter le portrait du *héros fondateur Ménesthée*, gravé sur les médailles d'Elæa, d'Æolide, avec l'inscription, ΜЄΝЄСΘЄΥ. ΚΤΙСΤΗ, Eckhel, *Num. veter.* p. 203, et *Doctr. num.* II, 494.

(4) Millin, *Galer. mythol.* II, 233.

(5) Je ne sais quels monumens ou quels témoignages avait en vue l'illustre Visconti, lorsqu'il avançait que *des têtes certaines d'Ulysse présentaient un air fin et rusé;* voy. ses *Œuvr. divers.* t. IV, p. 154. Je ne connais rien, dans tout ce qui nous reste de l'antiquité figurée, qui autorise cette opinion. Je ne saurais admettre non plus la manière dont M. Ott. Müller s'est représenté la personne et la physionomie d'Ulysse ; voy. son *Handbach der Archäologie*, § 416, p. 576.

(6) Voy. les témoignages recueillis à ce sujet par les Académiciens d'Herculanum, *Pitture*, t. III, p. 33; ajout. *Mus. Sanclem.* I, p. 137 et 202; Hirt, dans les *Annal. de l'Instit. archéol.* t. II, p. 100. Cet usage était si général, que Pausanias s'étonna de voir le *héraut d'Ulysse* représenté *imberbe*, dans une peinture de Polygnote; Pausan. x, 25, 2.

(7) Pausan. x, 26, 1. M. Angelo Mai ne se rappelait sans doute pas cette particularité, lorsqu'il assurait qu'Ulysse n'était jamais couvert d'une cuirasse ; et ce savant se trompait encore, en citant à l'appui de son assertion le témoignage d'Ulysse lui-même, dans la harangue d'Antisthène, t. VIII, p. 60, ed. Reisk., où il n'est rien dit qui ait trait à cet usage ; voy. *Iliad. Fragm. Ambros.* Procem. p. xxii.

(8) *Apud* Plutarch., *de Solert animal.* in fin. t. X, p. 98, ed. Reisk; voy. Fac. *Excerpt.* è Plut. 136-7.

symbolique duquel il régna, dans l'antiquité même, plus d'une opinion contradictoire, qui a donné lieu à plus d'une méprise chez les modernes.

Le plus ancien témoignage qui nous reste au sujet de cette coiffure particulière au roi d'Ithaque, est certainement celui d'Homère, qui la décrit dans le plus grand détail, en employant même l'expression de πῖλος[1]; et si quelque chose peut exciter la surprise, c'est qu'on n'ait tenu aucun compte d'un témoignage si clair, si positif, et que l'on se soit jeté dans des suppositions purement arbitraires, pour expliquer un trait de costume antique que l'art avait directement puisé dans les données homériques. Ainsi lorsque Eustathe, dans ses observations sur ce passage[2], reproche aux artistes de s'être tous mépris sur la véritable intention d'Homère, en attribuant au seul Ulysse cette *calotte de laine*[3] qui formait la doublure intérieure de toute espèce de casque, il est évident que c'est lui-même qui se trompe en les supposant capables d'une pareille ignorance. Il est de fait que plusieurs casques antiques, tels, par exemple, que celui du collége romain, cité par Winckelmann[4], ont conservé une partie de la doublure en feutre qui servait à garantir la tête de la pression immédiate du métal; et sur un beau vase peint, ouvrage de Sosias[5], représentant *Patrocle blessé et pansé par Achille*, le héros souffrant, qui s'est débarrassé de son casque, a la tête couverte de ce *bonnet d'étoffe*, qui n'adhérait pas à l'armure, et qui était précisément le *pîlos*. J'observe encore que, sur la célèbre peinture de Polygnote, au Lesché de Delphes, le *vieux Nestor* était représenté avec le *pîlos* sur la tête[6], sans doute à raison de son grand âge, qui lui rendait cette sorte de coiffure plus commode et moins fatigante. Le même usage avait lieu chez les Romains, ainsi que le prouve un assez grand nombre de témoignages[7]. Il n'est donc pas possible d'admettre que les artistes, à aucune époque de l'antiquité, aient pu ignorer une pratique aussi usuelle, ni qu'en s'accordant à choisir le *pîlos* pour la coiffure d'Ulysse, ils aient pu prendre pour une particularité propre à ce personnage une chose devenue d'un usage si commun et si général. Le seul motif qui ait pu les guider dans un pareil choix, dut être l'idée de se conformer à une donnée homérique, en y ajoutant sans doute plus tard

(1) *Iliad.* x, 260-65.

(2) *Comment. in Iliad.* K, 265, p. 804, l. 17, ed. Roman.: Ἰστέον δὲ καὶ ὅτι πάσῃ μὲν περικεφαλαίᾳ κατὰ τοὺς παλαιοὺς συμβέβηκε πῖλον ἔχειν ἐντός, οἱ δὲ νεώτεροι ὡς ἴδιόν τι ἀκούσαντες ἐνταῦθα τὸ τοῦ πίλου ἐποίησαν τοὺς ζωγράφους πῖλον περιθεῖναι τῷ Ὀδυσσεῖ.

(3) *Magn. Etymolog.* v. Πῖλος, τὸ ἐξ ἐρίων εἰργασμένον.

(4) Winckelmann, *Monum. ined.* t. II, p. 208.

(5) *Monum. pubblic. dall' Instit. di corrispond. archeol.* tav. xxv. Ce vase, provenant des fouilles récentes de Volcia, a été publié dans les *Annal. de l'Instit. de corresp. archéol.*, avec une explication de M. le duc de Luynes, t. II, p. 238-244; et il vient d'être encore l'objet de doctes observations insérées par M. Welcker dans le même recueil, t. III, p. 424-30. M. le duc de Luynes n'a pas manqué de relever la particularité si curieuse de cette *coiffure de dessous*. Mais une observation qui lui a échappé, c'est que la calotte de laine dont il s'agit s'appelait proprement ἀχίλλειος σπόγγος, et qu'elle passait pour être de l'invention d'Achille, suivant le témoignage d'Eustathe, *loc. supr. laud.*: ὑποκείμενος ἁπλῶς ταῖς περικεφαλαίαις, καθ' εὕρεσιν ἴσως Ἀχιλλέως, ἵνα μὴ σίδηρος τρίβῃ τὴν κεφαλήν. De là le nom de *spongia* donné par les Romains à un genre de couverture analogue, Vales. *ad* Ammian. Marcell. xix, 8. Chez les Grecs modernes, qui avaient conservé tant d'usages de leurs ancêtres, sous des noms nouveaux, le *pîlos* ancien s'appelait κέντουκλον; voy. Suidas, v. Πῖλος.

(6) Pausan. x, 25, 4: ἔγραψε δὲ καὶ Νέστορα τῇ κεφαλῇ τε ἐπικείμενον ΠΙΛΟΝ καὶ ἐν τῇ χειρὶ δόρυ ἔχοντα. En rapprochant cette phrase de Pausanias d'un autre passage du même écrivain, lib. vii, c. 27, § 1, où il est question d'un *Hermès barbu, coiffé d'un pîlos*, γένειά τε ἔχει, καὶ ἐπὶ τῇ κεφαλῇ πῖλον εἰργασμένον, on sera convaincu que ce dernier mot, εἰργασμένον, qui n'offre ici aucun sens raisonnable, doit se lire ἐπικείμενον. J'observe que dans le dessin imaginé par Goethe, pour rendre compte des peintures de Polygnote, et reproduit par M. Siebelis, la figure de Nestor est coiffée d'un *pétase*, au lieu d'un *pîlos*; méprise qui a droit de surprendre de la part d'antiquaires aussi éclairés. Buonarotti avait commis la même erreur, mais à une époque où elle était plus excusable; sans compter que les observations que lui a suggérées ce passage de Pausanias sont d'un ordre bien supérieur à la science de son temps; voy. ses *Osservaz. istorich. sopr. alcun. medagl. ant.* prefaz. p. viii.

(7) Suidas, v. Πῖλος; Amm. Marcell. xix, 8, 8: Centonem, quem sub GALEA unus ferebat è nostris. Voy. sur ce passage la savante note de Valois; conf. Lips. *de Milit. roman.* lib. iii, dialog. vi.

l'intention d'exprimer, par cette coiffure nautique, considérée comme un symbole de navigation, les longs voyages sur mer du héros de l'Odyssée[1].

Une autre question à laquelle a donné lieu cette coiffure d'Ulysse, c'est de savoir précisément à quelle époque l'usage s'en était introduit dans les œuvres de l'art antique. La plaisanterie que Polybe met dans la bouche de Caton l'Ancien, au sujet du *bonnet d'Ulysse*[2], prouve, encore mieux peut-être qu'un témoignage plus grave, combien ce trait de costume héroïque était déjà devenu populaire à cette époque de l'antiquité, et chez les Romains eux-mêmes. Pline en attribue[3] l'invention au peintre Nicomaque, qui florissait vers la cv^e^ olympiade[4]; et il semble, d'après la manière formelle dont s'exprime un auteur qui paraît si bien instruit des particularités de la vie de l'artiste, qu'il ne doive rester aucun doute à cet égard. Cependant un autre écrivain, d'une époque bien plus récente, et d'une bien moindre autorité, quand il parle d'après lui-même, Eustathe a prétendu que ce fut Apollodore, maître de Zeuxis, qui le premier représenta Ulysse coiffé du *pîlos*[5]; et la plupart des antiquaires semblent être restés indécis entre ces deux assertions contradictoires[6]. Il eût été cependant plus conforme aux règles d'une saine critique de s'attacher de préférence au témoignage de Pline, qui avait sous les yeux, à Rome, quelques-uns des ouvrages de Nicomaque, et sans doute entre les mains plus d'un document historique concernant cet artiste, qui n'existaient déjà plus du temps d'Eustathe. Mais personne encore, à ma connaissance, n'a fait usage d'une particularité relative au peintre Apollodore, qui pourrait servir à rendre compte de la méprise du commentateur d'Homère; je veux parler de l'habitude qu'avait ce peintre de porter un *pîlos droit et élevé*[7], habitude qui était devenue populaire dans l'antiquité, comme son surnom même de σκιαγράφος, à raison de sa grande célébrité. Or, il se pourrait qu'Eustathe, trompé par cet usage personnel que le peintre Apollodore faisait du *pîlos*, se fût imaginé qu'il s'en servit aussi dans ses tableaux par rapport à la figure d'Ulysse; et ce ne serait là qu'une de ces inadvertances qu'il est si facile de concevoir, et si nécessaire d'excuser chez un écrivain tel que celui-là. Quoi qu'il en soit, il est constant que l'on ne pourrait, aujourd'hui encore, citer un seul monument antique où la tête d'Ulysse ait été coiffée du *pîlos* avant l'époque de Nicomaque. Dans sa description des peintures de Polygnote, au *Lesché* de Delphes, Pausanias n'a pas relevé cette particularité pour la figure d'*Ulysse*, comme il a eu soin de le faire pour celle de *Nestor;* et il faut donner au système d'interprétation négative une grande latitude, pour voir dans un pareil silence la preuve

(1) C'est une conjecture de Winckelmann, *Monum. ined.* n. 153, dont la plupart des antiquaires, témoin Millin, *Monum. inéd.* t. II, p. 205, n'ont pas toujours eu soin de lui attribuer l'honneur; ce qui m'autorise à en faire ici l'observation, afin de rendre à chacun ce qui lui est dû.

(2) Polyb. *Hist.* xxxv, 6. Je ne puis mieux faire que de rapporter ici textuellement ce passage curieux de Polybe : ὁ δὲ (Κάτων) μειδιάσας, ἔφη, τὸν Πολύβιον, ὥσπερ τὸν Ὀδυσσέα βούλεσθαι πάλιν εἰς τὸ τοῦ Κύκλωπος σπήλαιον εἰσελθεῖν, τὸ ΠΙΛΊΟΝ ἐκεῖ καὶ τὴν ζώνην ἐπιλελησμένον.

(3) Plin. xxxv, 10, 36. Cette assertion est répétée par Servius, *ad* Virgil. *Æneid.* II, 44.

(4) Voy. au sujet de l'âge de cet artiste, l'article que lui a consacré M. Sillig, v. *Nicomachus*, p. 300-302.

(5) Eustath. *in Odyss.* A, p. 1399. Ailleurs, *in Iliad.* K, p. 804, il s'exprime d'une manière moins positive : Καὶ τοῦτο πρῶτος, ΦΑΣΙΝ, ἐποίησεν Ἀπολλόδωρος ὁ σκιαγράφος. Je ne sais où l'interprète des *Monumens du Musée Napoléon* a trouvé que Polygnote fut l'auteur de cette invention; voy. t. II, p. 146. Il n'existe, à ma connaissance, aucun témoignage qui justifie cette assertion.

(6) Winckelmann, *Monum. ined.* n. 153. Millin, qui paraît avoir tiré de ce passage de Winckelmann la plupart de ses autorités, quoiqu'il ne le cite pas, semble même incliner pour l'opinion d'Eustathe, *Monum. inéd.* t. I, p. 206; voyez, au surplus, la liste des savans modernes qui se sont partagés sur ce point d'antiquité, liste dressée par M. Arditi, dans son *Illustrazione di un basso rilievo del Museo regale Borbonico*, p. 5 et 6.

(7) Hesych. v. Σκιαγραφίαν : Οὗτος δὲ καὶ ΠΙΛΟΝ ἐφόρει ὀρθόν; voyez sur ce peintre célèbre le témoignage de Plutarque, *de Glor. Atheniens.* § II, init., très-bien expliqué par Facius, *Excerpt.* p. 175. Je remarque que, dans son article d'Apollodore, M. Sillig

que déjà, du temps de Polygnote, l'usage était établi de représenter Ulysse de cette manière[1]. Les vases peints de haut style, où l'on doit croire que le dessinateur s'est conformé aux plus anciennes traditions de l'art, offrent habituellement la figure d'Ulysse la *tête nue*[2], ou *couverte d'un casque*, dans le costume grec héroïque. S'il en est quelques-uns où l'on ait cru reconnaître le roi d'Ithaque avec le *pîlos* sur la tête, c'est uniquement par l'effet d'une prévention ou d'une méprise désormais bannie du domaine de la science, que l'on a pu voir Ulysse dans des peintures qui n'offrent aucun trait particulier à ce héros, mais des sujets tirés de la vie héroïque, tels que des parties de chasse[3], ou des scènes d'hospitalité[4], et que l'on a pu prendre pour le *bonnet d'Ulysse* l'espèce de *casque conique* qui servait habituellement d'armure aux jeunes héros, et qui se voit, en effet, sur tant de vases peints, porté par *Tydée, Thésée*, et une foule d'autres[5]; et s'il est enfin quelques vases où le personnage d'Ulysse soit réellement représenté avec le *pîlos*, tel que celui que je publie moi-même, et que je crois relatif à la *nécyomancie*[6], ce vase est évidemment d'une fabrique qui accuse une époque de l'art postérieure à l'âge de Nicomaque; en sorte que l'induction qu'on en peut tirer vient encore à l'appui du témoignage de Pline.

Je terminerai ces observations en faisant connaître un monument inédit du musée de Naples, où j'ai cru voir à mon tour la figure d'*Ulysse*, et qui se recommande en tout cas, par plus d'un motif d'intérêt, à l'attention des antiquaires[7]. C'est une *stèle sépulcrale*[8], de marbre et de travail grecs, érigée sur une espèce de socle qui porte une inscription en

n'a pas fait mention de l'opinion qui attribuait à ce peintre, sur la foi d'Eustathe, l'invention relative au *pilos* d'Ulysse, non plus que de l'anecdote concernant l'usage personnel qu'il faisait du *pilos*; v. *Apollodorus*, p. 76.

(1) C'est ainsi que Millin a interprété ce silence de Pausanias, *Monum. inéd.* I, 206, contre l'opinion de Buonarotti, *Medagl. ant.* prefaz. p. VIII, laquelle me paraît bien plus probable.

(2) Tel est, entre autres, un joli vase du cabinet de M. Révil, représentant *Ulysse qui se découvre aux regards de Nausicaa et de ses compagnes*, suivant l'explication qui en a été donnée dans les *Annal. de l'Instit. archéol.* t. I, p. 276, pl. VI. Tel est encore un charmant vase du musée Bourbon, à Naples, qui a donné lieu à des explications très-diverses, sans qu'aucune soit réellement satisfaisante, mais où la figure d'*Ulysse* n'est du moins sujette à aucun doute, puisqu'elle est accompagnée du nom ΟΛΥΣΣΕΥΣ; le roi d'Ithaque y est représenté vêtu de la *chlæna*, et la *tête nue*; voy. Maisonneuve, *Introduct. à l'étud. des vases*, pl. LXXII; *Neapels ant. Bildwerke*, I, 260; *Recherches sur les noms des vases*, pl. VII, n. 1, p. 9, note 6.

(3) Tel est le vase de Tischbein, *Monum. homériq.* Odyss. pl. IV, qui représente un combat de deux jeunes Grecs contre un sanglier; sujet vulgaire, dont on a fait, sans aucune raison, un exploit héroïque, la *chasse d'Ulysse avec le fils d'Autolycus*. C'est le seul exemple que Millin ait cité, à l'appui de cette assertion si positive et si générale, que *l'on voit Ulysse avec le* pilidion *sur les vases peints*.

(4) Témoin le vase de la collection de Lamberg, t. I, pl. XCIV, p. 92, où l'on a vu *Ulysse déguisé en vieillard, recevant Télémaque*, dans un *groupe d'un vieillard et d'un jeune guerrier*, qui n'est qu'un de ces traits d'hospitalité héroïque si souvent répétés sur les vases peints.

(5) Je citerai seulement le vase publié par M. Millingen, *Anc. uned. monum.* part. I, pl. XVIII, où les personnages de *Tydée* et de *Thésée*, désignés par leur nom, ΤΥΔΕΥΣ, ΘΕΣΕΥΣ, sont coiffés de cette espèce de casque. Je présume que c'est la même armure qu'Homère attribue à *Diomède*, et qu'il décrit, sous le nom de καταῖτυξ, en des termes qui s'accordent parfaitement avec l'objet représenté sur les vases, *Iliad.* X, 257-9:

> . . . . ἀμφὶ δέ οἱ κυνέην κεφαλῆφιν ἔθηκε
> ταυρείην, ἄφαλόν τε, καὶ ἄλοφον· ἥτε ΚΑΤΑΪΤΥΞ
> κέκληται· ῥύεται δὲ κάρη θαλερῶν αἰζηῶν.

(6) Voy. planche LXIV.

(7) Planche LXIII, n. 1. Ce monument est placé dans la *salle dite étrusque*, et il n'en est fait aucune mention, ni dans l'ouvrage de M. Finati, ni dans celui de M. Éd. Gerhard. La seule indication que j'en connaisse, est celle-ci, qui se lit dans le *Guide du Musée de Naples*, collection étrusque, n. 29, p. 24 : « *Nola*; « Bas-relief en marbre blanc, représentant *Ulysse en repos*. « Sculpture du style grec ancien, dit étrusque. » Encore cette indication est-elle peu exacte, quant à la provenance du monument, qui faisait partie de la collection Borgia; du moins, j'ai lieu de croire que c'est bien de ce monument qu'il est question dans ce passage de la *Lettre* de l'abbé Borson *sur le Cabinet Borgia*, de Vellétri, p. 32, n. 5 : « Beaucoup de sculptures de « marbre; une entre autres est un fort ancien bas-relief repré- « sentant une Figure avec un chien plus grande que nature. »

(8) La forme de la stèle suffit pour indiquer sa destination funéraire; et la *palmette*, placée sur une espèce de *volute ionique* qui en forme le couronnement, s'accorde parfaitement avec cette destination. Il ne sera pas sans intérêt de faire la comparaison de cette stèle avec un autre monument du même genre, mais de style étrusque; c'est une stèle sépulcrale, de pierre calcaire, trouvée près de Florence, et publiée par M. Inghirami, *Monum. etrusch.* t. VI, tav. C.; ce monument a fourni le sujet d'un rapprochement curieux avec des marbres attiques, dans les *Antiquities of Athens*, t. IV, p. 13, London, 1830, fol. Je dois faire remarquer encore, comme symbole ayant un motif funé-

caractères osques. Cette stèle est ornée d'un bas-relief représentant un *Homme barbu*, vêtu d'une simple *chlæna*, *debout*, *les jambes croisées*, et *s'appuyant sur un long bâton noueux*, qu'il tient fixé sous son bras gauche. La figure de cet homme offre un caractère idéal qui ne saurait convenir qu'à un personnage héroïque; la *bandelette* qui lie ses cheveux est aussi un trait de costume propre à une tête héroïque; et la *chlæna* est le vêtement essentiellement héroïque. On pourrait donc, avec toute probabilité, voir ici l'image d'un *Héros grec* représenté à l'âge de la maturité et au terme d'une laborieuse carrière. Mais il se trouve de plus, sur notre bas-relief, un de ces élémens caractéristiques qui servent à déterminer le sujet et à désigner le personnage; c'est la présence du *Chien*, accroupi aux pieds de son maître[1], vers lequel il lève la tête, en signe d'attachement et de reconnaissance. Il semble, en effet, qu'on n'ait pu vouloir représenter, à de pareils traits, que le roi d'Ithaque, au moment où, revenu dans sa patrie et arrivé sur le seuil de sa demeure, il est reconnu d'abord par son chien fidèle *Argus*[2]. Cette scène touchante de l'Odyssée avait sans doute fourni le motif de quelque groupe célèbre dans l'antiquité; car il s'en est conservé jusqu'à nous une réminiscence sur les monnaies de la famille Mamilia[3], et sur une pierre gravée[4]; et ce groupe, tel qu'il est figuré sur le monument cité en dernier lieu, offre avec celui de notre bas-relief une ressemblance frappante. *Ulysse* y est représenté à-peu-près de la même manière, *les jambes croisées, appuyé sur un bâton noueux*[5], avec son *chien* à ses pieds, qui le regarde; et il serait difficile qu'un pareil accord entre les deux monumens ne fût qu'une circonstance fortuite, lorsque tous les autres élémens de la représentation viennent à l'appui de la supposition contraire.

Mais je puis produire un monument qui prouve, d'une manière aussi curieuse que décisive, avec quelle constance et quel respect pour les traditions établies se répétaient, sous les formes les plus populaires, certains types conventionnels, du moment qu'ils avaient été consacrés pour quelque personnage illustre de la poésie ou de la fable, et conçus avec quelque intention particulière; c'est un vase peint[6], d'une forme commune et d'une exécution vulgaire, mais qui n'en offre que plus d'intérêt par la rareté du sujet qu'il représente. On y voit *Ulysse nu*, avec son *himation* ployé autour du bras gauche, *debout*, le corps penché en avant, et appuyé sur un *bâton*, tendant la main droite vers un *chien domestique* tourné de

raire, le fruit qui se voit au-dessus de la tête du chien, et qui me paraît être une *grenade*, καρπὸν ῥοιᾶς. Le rapport de ce fruit symbolique avec Proserpine est trop connu, et l'emploi qui s'en faisait à cette intention sur les monumens funéraires de l'antiquité est constaté par trop d'exemples, pour qu'il soit nécessaire d'insister sur ce point. Je me contente de citer ici une savante note de M. Welcker, où sont exposées les opinions diverses des auteurs sur le sens mystique de la grenade; voy. *Raub der Kora*, dans le *Zeitschrift f. Gesch. u. Ausl. d. alt. Kunst*, p. 10, 18; et j'ajoute qu'on trouve fréquemment dans les tombeaux de la Campanie et de la Grande-Grèce des *grenades* modelées en terre cuite.

(1) C'est un *chien de chasse*, de la même forme que le fidèle compagnon de Céphale, *Lælapé*, qui a fourni le type des médailles de Samé, au revers de la *tête du Héros*; voy. de Bosset, *Essai sur les méd. de Céphal.* pl. III, n. 42, 43, p. 10.

(2) Homer. *Odyss.* XVII, 300 sqq.

(3) *Thesaur.* Morell. *gens Mamilia*; Millin, *Galer. mytholog.* pl. CLXVII, n. 641; conf. Eckhel, *D. N.* V, 242.

(4) Pacciaudi, *Mon. Pelopon.* t. I, p. 139. Le motif de cette figure semble encore avoir été puisé dans ces vers d'Homère, *Odyss.* XVII, 337 8;

> Πτωχῷ λευγαλέῳ ἐναλίγκιος, ἠδὲ γέροντι,
> ΣΚΗΠΤΌΜΕΝΟΣ.

(5) Ce ne peut être sans intention que l'artiste a figuré cette sorte de *bâton*, imitée de la massue d'Hercule, et particulière aux Spartiates, qui devint plus tard l'attribut des cyniques, Diogen. Laërt. VI, 13. Il résulte, en effet, de deux passages de Théophraste, *Charact.* § V, et *Hist. plant.* IV, 5, que le *bâton* lacédémonien était fait d'un bois épineux, et que la forme en était tortueuse : βακτηρίας τῶν σκολιῶν ἐκ Λακεδαίμονος; vid. Casaubon. *ad h. l.* p. 76, ed. Fischer; et c'était précisément un *bâton* semblable que portait Diogène, *pour ressembler à Hercule* : Τὸ μὲν γὰρ ΞΥΛΟΝ ἔοικας αὐτῷ (Ἡρακλεῖ); Lucian. *Vitar. Auct.* 8, t. III, p. 89, ed. Bipont. Voy. Boettiger, *Vasengemäld*, II, 62.

(6) Voy. planche LXXVI, n. 7. Le dessin de ce vase, qui doit se trouver dans quelque collection de Naples, est tiré du recueil manuscrit de Millin, conservé à la bibliothèque du Roi.

son côté; l'autre personnage, *nu* aussi, et *assis* sur son vêtement, dont le geste indique la surprise, doit être *Télémaque*, témoin naturel de cette scène de reconnaissance[1], bien que, par une de ces inadvertances de l'artiste dont il y a tant d'exemples sur les vases, le nom ΩΔΥΣΣΕ Σ (pour ΟΔΥΣΣΕΥΣ), qui devait accompagner la première figure, ait été tracé près de celle-ci. La *Femme* qui vient ensuite, portant une *pixis*, ne saurait être que la servante fidèle de Pénélope, *Eurynome;* à moins qu'on ne veuille voir en elle la nourrice d'Ulysse, *Eurycléé;* ce que ne contredirait pas l'âge et le costume de cette esclave, attendu les licences du même genre que s'est permises l'auteur de notre vase, et l'espèce de négligence avec laquelle ce vase est exécuté. Mais ce qui est ici très-digne de remarque, précisément à cause de cette négligence même, c'est l'attitude donnée à Ulysse, je veux dire *la manière dont il se montre appuyé sur un bâton.* C'est dans une attitude toute pareille, rendue avec le soin que comportait un monument d'un ordre plus élevé, que nous venons de voir Ulysse représenté sur notre bas-relief campanien; et pour que ce motif ait été reproduit, à l'égard du même personnage, sur deux monumens d'un genre si divers, il fallait bien qu'il y eût eu, soit une convention admise, soit un modèle consacré. Si le rapprochement que je viens de faire ne paraissait pas suffisant pour autoriser cette opinion, il me resterait à citer un monument qui ne laisserait plus de prise à l'incertitude : c'est un bas-relief sépulcral, provenant de l'antique Orchomène, de Béotie, et dont nous devons à M. Dodwell un dessin et une description[2]. On y voit un *Homme barbu*, la tête couverte du *pîlos*, vêtu de la *chlæna*, appuyé du bras gauche sur un *long bâton noueux*, avec un *chien* accroupi à ses pieds; en un mot, le même personnage, dans la même attitude, que nous a montré la stèle du musée de Naples; avec cette particularité décisive que le personnage en question est coiffé du *pîlos*, ce qui le caractérise pour *Ulysse;* et avec cette autre circonstance non moins curieuse, qu'il tient de la main droite une *Sauterelle*, animal symbolique, qui doit se rapporter ici à quelque intention funéraire[3], d'accord avec la nature même du monument.

Il n'est donc plus possible de douter que la figure d'Ulysse, dans l'attitude caractéristique que j'ai signalée, ne fût devenue, dans la haute antiquité grecque, un type approprié à des monumens funéraires. Conséquemment aussi, il devait y avoir, dans le choix du personnage auquel elle était le plus souvent affectée, quelque intention particulière. C'était là, en effet, une de ces attitudes employées par Polygnote, qui avaient eu, dès le principe, une intention symbolique, comme la plupart des combinaisons imitatives puisées dans les

(1) La figure de *Télémaque*, désignée par son nom ΤΗΛΕΜΑΧΟΣ, se trouve jointe en effet avec celle d'*Ulysse*, ΟΔΥΣΣΕΥΣ, sur un vase du musée de Naples, où l'on a cru voir les *secondes noces du roi d'Ithaque*, mais à l'aide de suppositions que je ne saurais admettre; voy. les *Recherches sur les noms des vases*, pl. VII, n. 1, p. 9, note 6. Je dois observer encore que les deux inscriptions dont il s'agit avaient d'abord paru fausses au même antiquaire qui s'en est servi depuis pour appuyer sa nouvelle explication; voy. *Neapels ant. Bildwerke*, t. I, p. 261; ce qui n'est pas propre, il faut en convenir, à inspirer beaucoup de confiance dans les résultats de recherches qui se contredisent ainsi suivant le besoin que l'on en a.

(2) Voy. *A classical and topographical Tour through Greece*, t. I, p. 243. Cette stèle offrait encore à sa base quelques traces de caractères, que M. Dodwell s'efforça inutilement de déchiffrer dans l'état de dégradation où il les trouva, mais qui paraissent, d'après quelques-uns de ces caractères, tels qu'il les a reproduits, appartenir à la haute antiquité grecque, et qui composaient sans doute une inscription sépulcrale; ce qui est encore un nouveau trait de conformité avec la stèle du musée de Naples.

(3) On voit, en effet, une *sauterelle* sculptée sur un fragment de stèle sépulcrale, de travail attique, actuellement au musée britannique, Dodwell, *A class. and top. Tour, etc.* t. I, p. 446. La *cigale*, en sa qualité d'animal γηγενής, *Anacreon.* XLIII, 16, qui l'avait fait adopter par les Athéniens comme un symbole propre à exprimer leur prétention de *peuple autochthone*, αὐτόχθονα φῦλα, Nonn. *Dionys.* XXIII, 200; conf. Moser. *ad h. l.* p. 275, avait une signification équivalente; aussi la trouve-t-on sculptée sur des monumens funéraires, entre autres sur un cippe sépulcral de la villa Corsini, à Rome; Zoëga, *de Us. et or. Obel.* p. 362, not. 61.

anciennes traditions de l'art, et fixées par le génie de ce grand homme. Les termes dont se sert Pausanias pour donner l'idée de la figure d'*Agamemnon*, telle qu'elle lui apparut dans les peintures du *Lesché* de Delphes[1], ne sauraient mieux se traduire que par ceux que j'ai employés moi-même en décrivant notre figure d'*Ulysse;* d'où il suit que cette attitude, commune à deux personnages du même ordre, devait se rapporter à une intention pareille. Cette induction se confirme en observant l'emploi qui fut fait constamment de la même attitude dans des circonstances semblables ou pour des personnages équivalens. C'est l'attitude qui paraît avoir été consacrée aux effigies d'*Esculape*[2], et, par le même motif, à celles de *Minerva Medica*[3]*;* et personne n'ignore qu'Esculape et sa compagne habituelle étaient au premier rang des *Dieux sauveurs* et *protecteurs des villes,* ΣΩΤΗΡΕΣ, ΠΟΛΙΟΥΧΟΙ[4]. Au même titre, sans doute, *Hercule Fondateur,* ΟΙΚΙΣΤΑΣ, ΚΤΙΣΤΗΣ, fut représenté de la même manière, comme on le voit sur des médailles de Crotone et d'autres villes grecques[5]; et je ne puis m'empêcher de trouver une application du même principe dans une figure qui forme le type de toute une série de monnaies de Tarente, et qui doit être un personnage conçu dans le même ordre d'idées[6]. J'observe enfin que, sur des vases peints représentant des sujets mystiques, la figure de l'*initié* se montre

(1) Pausan. x, 30, 1 : *Ἀγαμέμνων . . . σκήπτρῳ τε ὑπὸ τὴν ἀριστερὰν μασχάλην ἐρειδόμενος.* Cette indication de Pausanias a été fidèlement rendue dans le dessin des frères Riepenhausen, *Peintures de Polygnote à Delphes*, pl. XII, Rome, 1826, fol.

(2) Tel qu'on le voit représenté, d'après sa célèbre statue de Pergame, sur une médaille impériale de cette ville, au revers de Commode, et sur d'autres monnaies de la même contrée et du même âge.

(3) Venuti, *Collectan. roman. antiq.* tab. xxxiv. De là sans doute l'usage qui s'introduisit de représenter les médecins célèbres dans la même attitude, et dont on a un exemple dans la belle statue du Vatican, réputée vulgairement un *Esculape jeune*, mais qui paraît être le médecin d'Auguste, *Antonius Musa;* voy. *Nuovo Braccio Chiaramonti*, n. 123.

(4) Je profite de cette occasion pour consigner ici une inscription publiée plusieurs fois, Gruter, p. LVIII, n. 5; Torremuzza, *Inscr. vet. Sicil.* cl. I, n. XII, p. 5; *Marm. Taurin.* p. 227, mais toujours avec quelques inexactitudes, soit dans la forme du monument, telle qu'elle est gravée ou décrite, soit dans la teneur de l'inscription elle-même. Le monument est un autel votif, servant aujourd'hui de bénitier, et placé près d'une porte latérale de la cathédrale de Messine; l'inscription qui s'y lit est ainsi conçue :

ΑCΚΛΗΠΙΩΙ
ΚΑΙΥΓΕΙΑΙ (sic)
CΩΤΗΡCΙΝ
ΠΟΛΙΟΥΧΟΙC.

Une autre inscription, gravée en sens contraire, du côté opposé, en caractères d'une moins bonne forme, et certainement d'une époque moins ancienne, se trouve sur le même autel; et je la rapporte telle que j'ai pu la copier moi-même, afin de rectifier encore l'erreur commise par Torremuzza, qui l'a publiée comme contemporaine de la première, cl. IV, n. x, p. 25, et par Pococke; dans le recueil duquel elle se lit tronquée en partie :

ΑΙΛΙΩΙ ΑΔΡΙΑΝΩΙ
ΑΝΤΩΝΕΙΝΩΙ
ΣΕΒΑΣΤΩΙΕΥΣΕΒΕΙ
Π Π.

Relativement au titre de ΠΟΛΙΟΥΧΟΙ, donné, sur cette inscription de Sicile, à *Esculape* et *Hygie*, il est inutile de rappeler les nombreux témoignages qui en établissent le sens et l'usage; je me contente de citer Plutarque, *in Thes.* § VI, init., et Hesychius, v. πολιοῦχοι; voy. Hemsterh. *ad* Pollux. IX, 26; Stanley. *ad Æschyl. Sept. contr. Theb.* 69. Mais il n'est pas hors de propos d'indiquer les belles médailles d'Aptéra, de Crète, où le mot ΠΤΟΛΙΟΙΚΟΣ, pour ΠΟΛΙΟΥΧΟΣ, appliqué à la *figure du dieu Mars*, avait été lu jusqu'ici d'une manière tout-à-fait barbare, ΠΤΟΛΙΟΣΤΟΥ; voy. ma *Lettre à M. le duc de Luynes*, p. 4, not. 1, où j'ai corrigé cette faute, et publié une de ces médailles d'Aptéra, encore inédite, avec l'inscription ΠΤΟΛΙΟΙΚΟΣ, et le type de *Mars*, que l'on me saura gré sans doute de reproduire ici, vignette n. 9, p. 259.

(5) Ces médailles de Crotone, avec la figure d'*Hercule debout*, appuyé sur sa massue, type de l'Hercule de Glycon, et l'inscription ΟΙΚΙΣΤΑΣ, ont été publiées par Eckhel, *Sylloge*, tab. I, n. 14, et par M. Sestini, *Descriz. di molt. medagl. grech.* tav. I, fig. 14. Il se trouve trois de ces monnaies au cabinet du Roi, qui ont été décrites par M. Mionnet, *Description*, t. I, p. 192, nos 873 à 875, mais avec une double erreur que je dois relever, en ce que l'on y a vu *Hercule étouffant le lion*, au lieu d'*Hercule appuyé sur sa massue*, et que l'on y a lu ΟΙΚΙΣΤΡΟΣ, au lieu de ΟΙΚΙΣΤΑΣ. Du reste, le même type s'est reproduit sur des médailles de plusieurs autres villes grecques, notamment sur des médailles impériales de Nicée et de Cius, de Bithynie, où le titre de ΚΤΙΣΤΗΣ, donné à Hercule, équivaut à celui d'ΟΙΚΙΣΤΑΣ; voy. la *Description des méd. du cabinet de feu M. Allier d'Hauteroche*, pl. XI, n. 4; et la *Descrizione d' alcune medagl. grech. del museo di Chaudoir*, tav. V, fig. 3.

(6) J'ai essayé de donner l'explication de ce type remarquable, dans mon *Essai sur la numismatique tarentine*, cité plus haut, p. 245, note 2, et j'ai fait connaître à cette occasion plusieurs médailles inédites de Tarente, avec la figure en question, dans cette attitude particulière; on peut voir quelques-unes de ces médailles déjà publiées dans les recueils de Pellerin, *Supplém.* IV, pl. II, n. 11, de Hunter, pl. 55, n. V, et du P. Magnan, *Miscell. numism.* t. I, tab. 39, n. XVII.

souvent dans la même attitude; et j'en puis citer pour exemple un vase de la collection de Lamberg, dont la véritable explication n'a pas encore été donnée[1]. Ce serait manquer à toutes les lois de la critique que de regarder comme un fait purement fortuit ou accidentel l'accord qui règne, sous le rapport que j'ai signalé, entre tant de figures diverses; et rien ne serait, au contraire, plus conforme à toutes les notions de l'art antique, que d'admettre, sur la foi de pareils exemples, qu'il y eut une intention commune, un motif particulier, qui présida au choix de l'attitude en question, dans la composition des images qui la présentent. Or, ce motif, qui paraît si sensible dans la figure de l'*Hercule* de Glycon, comme dans celle de l'*Agamemnon* de Polygnote, et enfin dans l'*Ulysse* de nos bas-reliefs, dut être d'indiquer le repos qui succède à des travaux glorieux, et qui s'obtient au terme d'une carrière laborieuse. Une pareille idée, appliquée au personnage d'Ulysse, fournissait un type favorable pour un monument funéraire; et l'on ne s'étonnera sans doute pas qu'à ce titre le roi d'Ithaque ait été choisi pour le sujet d'une stèle sépulcrale, dans un pays où le nom du héros de l'Odyssée était devenu si populaire, et où sa figure servait d'empreinte à la monnaie.

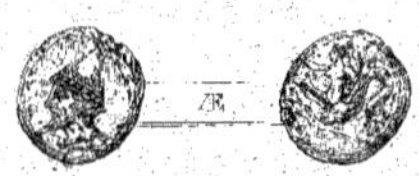

§ I.

Entre les diverses actions de la vie de *Pâris*, il en est deux qui semblent avoir plus particulièrement exercé le génie des anciens artistes; et ce qu'il y a sur-tout de remarquable, c'est que l'une de ces circonstances ait été traitée exclusivement par les Étrusques; l'autre, par les Grecs et par les Romains, disciples ou copistes de ceux-ci. La première est le trait de *Pâris reconnu par ses frères;* la seconde, qui jouit d'une si grande célébrité, est le *Jugement des trois Déesses :* l'une et l'autre, d'une invention postérieure à la rédaction des poésies homériques, dans lesquelles il n'en est fait aucune mention. Mais l'auteur des vers cypriens connaissait déjà la fable du *Jugement de Pâris*[2]*;* et cette aventure, qui, dans l'ordre des actions du héros phrygien[3], dut suivre sa *Reconnaissance*, semble prouver que ce dernier trait fut puisé à la même source. Quoi qu'il en soit, il paraît du moins constant que ce fut sur-tout

(1) *Vases de Lamberg*, t. II, pl. III. J'ai déjà eu, voy. *Orestéide*, p. 191, not. 4, l'occasion de citer ce vase, où l'interprète a vu *Thémis aux grandes ailes*, dans la figure de *Femme ailée*, assise sur un fût de colonne. Sans m'arrêter à combattre son explication, que je crois erronée de tout point, voici en peu de mots celle que je propose. Une *Femme vêtue* et *ailée*, *assise* sur une *colonne à chapiteau ionique*, présente un *cygne*, qu'elle tient sur la main droite, à un *jeune Homme*, *debout* devant elle, appuyé de la manière qui a été indiquée plus haut, sur le *bâton des éphèbes*. Cette femme doit être l'*Initiation* personnifiée, ΤΕΛΕΤΗ, dont le *cygne* est ici le symbole; et le jeune homme est un *Initié*, qui reçoit, dans une attitude caractéristique, le gage qui lui est offert. La *colonne ionique* ajoute à cette représentation, d'ordre mystique, un caractère funéraire, constaté par de nombreux exemples; et la *couleur noirâtre* dont cette colonne est peinte, est un trait qui ne permet pas de se méprendre sur l'intention de l'auteur du vase. Du reste, rien n'est plus commun, sur les vases à sujets gymnastiques, que l'attitude en question donnée aux figures d'*éphèbes*, toujours avec la même intention symbolique.

(2) Procl. *Carm. cypr.* p. 23.

(3) Tel qu'il est établi, de la manière la plus probable, à mon avis, par Bachet de Méziriac, dans son *Commentaire sur les Épîtres d'Ovide*, t. I, p. 405, suiv.

par les tragiques que le trait mythologique de la *Reconnaissance de Pâris* fut accrédité et qu'il devint populaire. Plusieurs passages de vieux poëtes latins, cités par Cicéron[1], et qui étaient sans doute tirés de quelque tragédie romaine, suffiraient pour prouver que la jeunesse aventureuse de Pâris avait dû fournir plus d'une donnée tragique aux théâtres grec et romain. Nous savons d'ailleurs que le trait en question faisait le sujet d'une des tragédies d'Euripide, son *Alexandros*, dont il nous reste quelques fragmens[2], et que Sophocle avait composé, sur le même texte, une tragédie intitulée aussi *Alexandros*, et pareillement perdue[3]; et c'est enfin ce qui résulterait du récit d'Hygin, dont il est de plus en plus avéré que les narrations mythologiques étaient autant de fables de tragédies grecques réduites à leur plus simple expression. En effet, la fable de *Pâris reconnu de ses frères* est racontée par Hygin, telle que nous la voyons figurée sur plusieurs urnes étrusques déjà publiées, une desquelles m'a paru digne d'être reproduite dans un dessin plus fidèle et avec une explication plus complète, à raison de l'intérêt qu'elle offre sous le rapport de la composition, et par le mérite d'exécution qui s'y trouve à un degré plus remarquable. Mais ce qu'il importe d'observer ici avant tout, c'est que les Étrusques paraissent avoir affectionné certaines circonstances du mythe de Pâris, qui avaient servi de texte aux poëtes tragiques, pour en faire des sujets d'urnes cinéraires. C'est ainsi que le trait de l'*Enlèvement d'Hélène* figure sur un grand nombre d'urnes étrusques qui nous restent[4], et que celui de la *Reconnaissance de Pâris* se trouve non moins souvent répété[5] sur des monumens du même genre; d'où il semblerait résulter que ces fables post-homériques avaient acquis une sorte de nationalité

(1) *De Divinat.* I, 21, 31 et 50. Ces passages paraissent être tirés de l'*Hécube* d'Ennius, d'après les rapports qu'offre la *terminaison rimée*, ὁμοιοτέλευτον, de *quatre* de ces vers, avec une citation de Quintilien, IX, 3, 77. Quelques critiques attribuent le fragment en question à la *Cassandre* du même poëte; voyez à ce sujet une savante note de M. Lange, *Vindiciæ tragœd. roman.* p. 48. D'autres vers d'une tragédie latine cités aussi par Cicéron, qui n'en nomme pas l'auteur, *de Orator.* III, 26 et 58, appartenaient à une tragédie d'*Alexandre*, traduite également du grec, et composée sur le même sujet, ainsi que l'a conjecturé M. Osann, avec autant de sagacité que de bonheur; voy. Wolf, *Litterar. Analect.* t. II, p. 534-535.

(2) M. Osann a prouvé, d'une manière péremptoire, que le vrai titre de cette tragédie était ΑΛΕΞΑΝΔΡΟΣ, comme il se lit gravé sur le célèbre marbre Albani, maintenant au musée du Louvre, et non pas ΑΛΕΞΑΝΔΡΑ, leçon vicieuse, qui résultait d'un passage corrompu du scholiaste d'Euripide, *ad Hippolyt.* 58. C'est aussi à ce savant qu'appartient l'honneur d'avoir découvert le sujet du drame en question, d'après la fable XCI d'Hygin, en même temps qu'il en a judicieusement expliqué quelques-uns des fragmens, dans cette ingénieuse hypothèse; voy. sa dissertation *de nonnullis Fabularum Euripidis titulis*, dans les *Litterar. Analect.* de Wolf, t. II, p. 529-535. L'opinion de M. Osann a été admise, sur tous les points, par le dernier éditeur d'Euripide, le savant Matthiæ, qui rapporte, t. IX, p. 39, au dénouement de cette tragédie, deux vers cités par S. Clément d'Alexandrie, *Stromat.* VI, p. 62, et prononcés par Priam, au moment où il vient de reconnaître Pâris, sur la foi de Cassandre, et où il l'admet dans sa famille; mais je dois observer que M. Boettiger avait le premier soupçonné (*über den Raub der Cassandra*, S. 36, 19), que la tragédie d'Euripide dont il s'agit avait rapport à la naissance et à l'exposition de Pâris, bien qu'il l'ait cru à tort intitulée *Alexandra*, et qu'il se soit appuyé à cet égard de l'autorité de Valckenaer, *Diatribe*, p. 147 C, qui ne dit rien de cela.

(3) Sophocl. *Tragœd. Fragment.* v. ΑΛΕΞΑΝΔΡΟΣ, t. II, p. 204, ed. Musgrav.: Argumentum erat Paris agnitus et receptus à Priamo patre, postquam in ludis omnium certaminum victor evasisset; vid. Hygini fab. XCI.

(4) J'ai déjà eu ailleurs l'occasion de citer les nombreuses répétitions que je connais de ce sujet sur des urnes étrusques; voy. *Achilléide*, p. 6, note 2; et je profite de celle-ci, pour corriger une omission que j'ai commise alors, en attribuant au seul Morcelli le mérite d'avoir donné le premier la véritable explication de ces monumens. Ce mérite appartenait, à un meilleur titre encore, au savant Heyne, qui, en publiant une de ces urnes de Volterra, tirée de la galerie de Florence, l'avait accompagnée d'une description détaillée, tandis que Morcelli s'était borné à une simple indication; voy. l'*Homer nach Antiken*, Iliad. I, IV. Du reste, il est digne de remarque que ces deux savans, en exprimant la même idée, à-peu-près à la même époque, n'avaient eu aucune connaissance du travail l'un de l'autre; et cet accord de deux antiquaires de ce mérite, qui se rencontrent sur un même point sans s'être communiqué leur pensée, est un motif de plus ajouté à la confiance qu'elle inspire.

(5) Deux de ces urnes existent dans notre Cabinet des antiques: l'une, inédite, de *cinq figures* seulement; l'autre, de *sept*, que je reproduis, et qui avait déjà paru, mais d'une manière bien défectueuse, parmi les planches ajoutées à l'ouvrage de Dempster, t. II, pl. LXXXI, n. 2. Il s'en trouve plusieurs autres dans les différens recueils de Gori, *Mus. Etrusc.* t. II, tab, CLXXIII, n. 2; *Mus. Guarnac.* tab. IX, 1, XVIII, et XIX, 2; dans le *musée de Vérone*, V, 1; et dans l'Atlas de M. Micali, pl. XLVIII. C'est un de ces bas-reliefs, composé de *cinq figures*, qui est publié dans le *Recueil des mémoires de la Société des antiquaires de France*, t. VIII,

en Étrurie, grâce sans doute à l'établissement du théâtre étrusque[1], qui avait choisi ses modèles à la même source que le théâtre romain, et qui avait exercé sur les arts d'imitation de son pays la même influence que le théâtre grec. C'est, du reste, une conjecture que je soumets au jugement des antiquaires; et, pour ne pas m'écarter du principal objet que j'ai en vue, voici la substance du récit d'Hygin[2], qui sert de commentaire à nos urnes étrusques, au point qu'en confrontant l'œuvre de l'artiste avec le texte de l'écrivain, il devient presque superflu d'entrer dans aucune explication.

Les malheurs dont *Hécube* s'était vue menacée en songe[3], au sujet du fils qu'elle portait dans son sein, avaient déterminé ses parens à le faire périr dès sa naissance; mais les satellites, touchés de compassion, se contentèrent de l'exposer sur les rochers de l'Ida, où un berger le recueillit et l'éleva comme son fils. Devenu grand, *Pâris*, c'était le nom qui avait été donné à cet enfant par le berger qui l'avait sauvé, fut entraîné, par une circonstance fortuite, à se montrer dans les jeux funèbres qui se célébraient à Troie à l'occasion de sa propre mort. Il eut le bonheur d'y vaincre tous ses rivaux, ses frères mêmes, l'un desquels, *Déiphobe*, indigné de se voir ravir la victoire par un pâtre obscur, s'élança sur lui l'épée à la main, et Pâris n'eut que le temps de se réfugier sur l'autel de *Jupiter Herkeios*, pour éviter le coup mortel. Ce fut dans cette situation que *Cassandre*, éclairée par une révélation divine sur la destinée de son frère, le nomma, et que *Priam*, à son tour, reconnaissant un fils dans ce jeune étranger, lui ouvrit ses bras et le reçut dans sa famille.

Il n'est personne qui ne retrouve, dans ce trait intéressant, les élémens d'une de ces fables tragiques si familières au génie grec. Cet enfant, marqué d'avance du sceau de l'inévitable destinée, et condamné à périr, puis exposé dans un lieu sauvage et sauvé par des bergers, rappelle l'aventure d'Œdipe, si profondément empreinte du même caractère de fatalité, et devenue, à ce titre, si populaire chez les Grecs. La chute de Troie, conséquence éloignée de la naissance de Pâris, n'était pas moins propre à rendre cette fable éminemment dramatique. L'une et l'autre durent donc fournir le thème de beaucoup de compositions tragiques; et si le nom d'Œdipe acquit plus de célébrité sur la scène grecque, à cause de la terrible catastrophe qui termina son règne, il est permis de croire que la *Reconnaissance de Pâris* devint, à une autre époque et sur un théâtre différent, l'un des sujets les plus favo-

p. 303-306, où l'on a vu un *sujet mithriaque*, sans se douter que cette opinion, à peine excusable du temps de Gori, qui l'avait soutenue, était aujourd'hui arriérée de plus d'un siècle. Mais indépendamment de ces urnes, publiées à différentes époques, il en existe un bien plus grand nombre encore qui ne sont pas connues. J'en ai compté *onze* dans le musée public de Volterra, où j'ai passé plusieurs jours, en 1827, occupé à dresser un catalogue complet et détaillé de toutes les urnes étrusques qu'il renferme, sans compter trois ou quatre répétitions de ce sujet que possédait alors la famille Cinci. Il s'en trouve une au musée de Toulouse, dont je dois un dessin à la complaisance de M. Al. du Mége, et qui ressemble tout-à-fait à celle du musée Guarnaci, tab. IX, n. 1. Le musée de Leyde en renferme sans doute plusieurs, dont nous devrons quelque jour, je l'espère, la connaissance au zèle et à l'activité de M. Reuvens; et je ne puis que former la même conjecture et exprimer le même vœu, au sujet d'autres collections, publiques ou privées, dans lesquelles je n'ai pu avoir accès.

(1) On sait, en effet, par le témoignage de Varron, qu'il existait des *tragédies étrusques*, dont il cite l'auteur, Volumnius; *de Ling. lat.* lib. IV, t. I, p. 12, ed. Bipont.; voy. Lange, *Vindic. trag. roman.* p. 13; K. Ott. Müller, *die Etrusker*, IV, 5, 1, II, 281; et ce n'était là sans doute que la moindre partie du théâtre étrusque, qui a péri avec la littérature entière de ce peuple.

(2) Hygin. *Fabul.* XCI.

(3) C'est ce *songe*, dont le récit, mis sans doute dans la bouche de *Cassandre*, est cité par Cicéron, *de Divinat.* I, 21. Euripide en parle assez clairement dans son *Andromaque*, v. 293-300; et l'on peut voir, sur cet endroit, les explications du scholiaste, conformes au récit d'Apollodore, III, 12, 15. Des allusions plus ou moins détournées à ce songe fatal, qui se trouvent aussi dans le poëme de Lycophron, v. 224 et 315, se rapportent à une tradition tant soit peu différente, dont nous devons à son scholiaste la connaissance détaillée; voy. aussi les commentateurs d'Homère, *ad Iliad.* III, 325.

rables, pour ces sortes de représentations mimiques qui accompagnaient, à Rome, la célébration des jeux funèbres[1].

C'est sans doute d'après quelqu'une de ces compositions, émanées d'habiles maîtres grecs, que fut exécuté le bas-relief si souvent reproduit sur les urnes étrusques de Volterra; et le choix d'un pareil sujet, pour servir d'ornement à cette sorte de monumens funéraires, s'expliquerait sans peine par l'observation faite plus haut, en même temps que l'exécution de ces monumens, laquelle appartient certainement à une époque romaine, s'accorde avec la célébrité que ce sujet avait acquise chez les Romains du premier siècle de l'empire.

Le bas-relief que je publie d'après un fragment d'urne étrusque en albâtre de Volterra[2], est un de ceux qui présentent le sujet en question de la manière la plus complète et de l'exécution la plus soignée; aussi peut-il servir, mieux que beaucoup d'autres, à apprécier le goût et le travail de l'école étrusque, des premier et second siècles de notre ère. Les variantes qui se remarquent dans les nombreuses répétitions qu'on en connaît[3], tiennent presque uniquement au plus ou moins grand nombre de personnages admis par l'artiste, et n'offrent, quant au motif principal, aucune différence essentielle. Je me bornerai donc à décrire le monument que j'ai sous les yeux, et je ne ferai mention des particularités qui se trouvent ailleurs qu'autant qu'elles me sembleront avoir quelque importance, soit par rapport au sujet même, soit pour la connaissance du costume antique.

Le personnage principal, *Pâris*, se reconnaît du premier coup-d'œil à la place qu'il occupe, presque toujours au centre de la composition, non moins qu'à la manière si naturelle et si expressive dont il se montre, *réfugié sur l'autel*[4], tenant d'une main la *palme*, symbole de la victoire, de l'autre, le fer nu avec lequel il repousse la foule des assaillans. Le héros porte la *mître phrygienne*[5], qu'on pourrait regarder ici comme un trait caractéristique de costume[6], si cette particularité, qui se retrouve constamment dans la plupart des

(1) Je veux parler ici du spectacle des jeux troyens, *Ludus troianus*, *troia*, dont la célébration à Rome, antérieure à l'époque impériale, acquit, sur-tout à cette époque et à partir du temps de Jules César, Sueton. *in Jul. Cæsar.* c. 39, beaucoup d'éclat et d'importance; voy. les témoignages recueillis par Pitiscus, v. *Troia*, et par les interprètes de Suétone, *in August.* c. 43, et *in Tiber.* c. 7; conf. Noris. *Cenotaph. Pisan.* II, 1, p. 95. Ces jeux avaient lieu dans le cirque; et l'avantage d'y figurer était réservé aux jeunes patriciens de Rome, divisés en *deux troupes d'adolescens*, *majorum et minorum*. C'était une *hippodromie*, accompagnée probablement de scènes mimiques, dont les sujets n'avaient pu être puisés que dans les principales circonstances de la guerre de Troie; et, à ce titre, l'aventure de Pâris, reconnu par ses frères dans une occasion toute semblable, avait dû y trouver place : c'est du moins ce que l'on peut inférer de ce passage curieux des *Troica* de Néron, que je rapporterai textuellement, parce qu'il devient un nouveau témoignage de la célébrité qu'avait acquise la fable en question, chez les Romains, du temps de l'empire; *apud* Serv. *ad* Virgil. *Æn.* v, 370 : « Sane « hic *Paris*, secundum Troica Neronis, fortissimus fuit; adeo « ut in Trojæ agonali certamine superaret omnes, ipsum etiam « *Hectorem*, qui, cum iratus in eum stringeret gladium, dixit se « esse germanum : quod allatis crepundiis probavit, qui habitu « rustici adhuc latebat. »

(2) Voy. planche LI. Le monument acquis par mes soins à Florence se voit actuellement au Cabinet des antiques. C'est le même qui est publié dans le recueil de Dempster, pl. LXXXI, n. 2, et qui faisait à cette époque partie de la collection de la famille Gaddi, à Florence.

(3) J'ai cité plus haut, p. 254, note 5, celles de ces répétitions dont j'ai pu avoir connaissance.

(4) C'est absolument la même image que nous offre ce vers d'une tragédie latine cité par Cicéron, *de Orator.* III, 26 :

Ecquid video? ferro septus possidet sedes sacras,

et rapporté si judicieusement par M. Osann à la situation de *Pâris réfugié sur l'autel*, Wolf, *Litterar. Analect.* II, 535.

(5) C'est ainsi que le dépeint Virgile, *Æn.* IV, 215 : et nunc ille *Paris*, . . . *mæonia* mentum *mitra*; conf. *ibid.* IX, 616, sauf la circonstance des *attaches*, *redimicula*, que l'artiste étrusque a supprimée ici avec raison, mais que l'on trouve exprimée, entre autres monumens antiques, sur la *tête de Pâris* du vase de Portland; et à cette occassion, j'observe que c'est sans le moindre motif qu'un antiquaire, qui a reproduit en dernier lieu cette tête, y a vu celle d'*Orphée*, Inghirami, *Monum. etr. ined.* Ser. VI, tav. C 5, n. 4, et Ser. V, p. 443, et qu'un autre antiquaire, rejetant également les noms de *Pâris* et d'*Atys* qu'on a donnés à cette figure, l'a prise pour un simple objet d'ornement, Millingen, *on the Portland Vase*, p. 6.

(6) Sur la forme de la *mître* en général, et sur celle de Pâris en particulier, voy. une note de Moser, *ad* Nonn. *Dionys.* VIII, 214, p. 179-80.

sujets grecs traités sur les urnes étrusques, ne tenait à une habitude générale, et si d'ailleurs ce même Pâris n'apparaissait dans *l'état de nudité* et avec la *chlamyde* hellénique, qui ne conviennent qu'aux personnages grecs. La *Femme* debout près de lui, la partie inférieure du corps enveloppée d'un péplus, et la poitrine nue, sur laquelle se joignent deux courroies servant à attacher les ailes dont cette femme est pourvue, semblerait devoir être la *Victoire*, qui protége Pâris contre le ressentiment de ses rivaux; intention très-bien indiquée par le geste qu'elle fait du bras gauche élevé au-dessus de sa tête[1]. Mais, outre la difficulté d'admettre à cette place la Victoire, dans un pareil sujet traité par des artistes étrusques, je serais plus disposé à croire, d'après le costume et l'attitude de cette figure, d'après le *collier* et le *diadème* dont elle est ornée, que c'est ici *Vénus*, la divinité tutélaire de Pâris, intervenant, au moment décisif, pour sauver son favori du danger qui le menace. Cette conjecture est d'ailleurs confirmée par une urne du musée Guarnacci[2], où figurent à-la-fois *Vénus*, à la place qu'elle occupe sur tous les bas-reliefs, et la *Victoire*, du côté opposé, et dans un costume tout différent. Sur une urne du musée de Volterra, où *Vénus*, vêtue de la même manière, se montre dans la même attitude, on remarque de plus, à l'une de ses ailes déployées, un *Œil*, indice de bon augure et de préservatif, que l'antiquité grecque et étrusque avait puisé dans les idées orientales[3]. Sur un autre bas-relief[4], le *vase* qu'on voit placé à terre, près de l'autel, est le *prix*, ἆθλον[5], de la victoire de Pâris, remplacé quelquefois par une *cuirasse*[6]; et ces deux traits de mœurs grecques ne laisseraient aucun doute sur la source où l'art étrusque avait puisé le motif de cette composition, s'il pouvait en rester encore à cet égard.

Les deux figures de *Guerriers* qui s'élancent vers Pâris dans une attitude hostile, doivent être *Hector* et *Déiphobe*[7], les deux plus illustres entre les fils de Priam, nommés dans la tra-

(1) Et mieux encore par l'attitude donnée à cette figure sur le bas-relief du musée de Toulouse, où elle s'appuie de la main gauche sur l'épaule de Pâris, tandis qu'elle lui retient, de l'autre main, le bras droit qui laisse tomber le fer : groupe d'une invention aussi heureuse que neuve. Je remarque encore que cette figure, outre les *grandes ailes* qu'elle porte sur le dos, en a *deux petites* sur le haut de la tête; particularité assez rare sur les bas-reliefs étrusques, et qui dut avoir pour objet d'indiquer un personnage qui ne se manifeste que d'une manière fantastique. J'ajoute que, sur le second bas-relief du même sujet, que possède notre Cabinet des antiques, la figure ailée en question fait le même geste de la main droite, en relevant de la gauche son péplus à la hauteur de sa tête; attitude propre à *Vénus*.

(2) *Mus. Guarnacc.* tab. XIX, n. 2. C'est, à ma connaissance, le seul monument qui offre cette variante curieuse.

(3) J'aurai occasion de revenir ailleurs sur ce point d'antiquité; et en attendant, je dois rappeler à l'attention des antiquaires les nombreux vases peints, de la forme de *kylix*, la plupart d'ancien style, récemment sortis des fouilles de la campagne de Rome, où figurent extérieurement deux couples de *Grands Yeux*, opposés l'un à l'autre, avec une intention symbolique indubitable, et qui prouvent de quelle manière et par quelle voie ce symbole avait pénétré chez les anciens Étrusques. Voyez le dessin d'un de ces vases, ouvrage d'Eksékias, de la collection du prince de Canino, *Muséum étrusq.* n. 1900, p. 179, reproduit, sous une forme abrégée, avec une explication assez plausible, par M. Inghirami, *Galler. Omer.* tav. CLIX-CLX, t. II, p. 249-254. Je me borne à indiquer, sans l'approuver en aucune façon, l'opinion récemment avancée par M. Éd. Gerhard, au sujet de ces deux *Grands Yeux*, qu'il croit être une sorte d'abréviation d'une *tête de Panthère*, et conséquemment un symbole dionysiaque; voy. son *Rapport*, p. 64-65.

(4) *Mus. Guarnacc.* tav. XVIII.

(5) Je rappelle ici la curieuse médaille de Crannon, de Thessalie, au revers de laquelle sont figurés un *vase de prix*, en forme d'*hydria*, et deux *roues de char*, indices des courses de char, avec le mot ΑΤΛΑ, pour ΑΘΛΑ, forme dorique propre au dialecte thessalien; voy. la *Description des médailles du cabinet de M. Allier d'Hauteroche*, pl. V, n. 15; tout en observant que le même type, sans le mot ΑΤΛΑ, s'est rencontré sur d'autres médailles de Crannon, où ce type a été rapporté à une intention différente; voy. Haym, *Thes. Britann.* II, 148, tab. XVI, n. 3, 4. Rien n'est d'ailleurs plus fréquent sur les médailles grecques que l'indication de ces sortes de *vases de prix*, et je me contente de citer à cet égard le superbe tétradrachme de Camarina, avec l'image de *deux Diota* placés au-dessous d'un *quadrige*, et le nom du graveur ΕΞΑΚΕΣΤΙΔΑΣ, que j'ai publié dans ma *Lettre à M. le duc de Luynes*, pl. II, n. 18, et les belles médailles de Térina, où la *Victoire ailée* est assise sur une *amphore panathénaïque*.

(6) Micali, tav. XLVIII. On sait que la *cuirasse* figure parmi les pièces de la *panoplie* représentée à l'exergue des grands médaillons de Syracuses, avec le mot ΑΘΛΑ. Cette urne se voit dans le musée public de Volterra.

(7) *Déiphobe* est nommé dans le texte d'Hygin; *Hector* l'était dans les *Troïques* de Néron; d'où il suit que c'étaient les deux principaux acteurs de la scène en question.

dition antique, comme acteurs principaux dans les jeux où Pâris obtint l'avantage. Le premier, dont la figure entière semble imitée de quelque belle statue grecque, est arrêté au moment de porter un coup funeste par l'intervention de Vénus; le second, dont le riche costume offre avec la nudité d'Hector un contraste habilement imaginé, est retenu, dans une attitude à-peu-près semblable, par une *Femme* qui lui a saisi les deux bras. Cette femme, vêtue d'une tunique longue asiatique et d'un péplus, ne saurait être que *Cassandre*[1], qui a reconnu son frère dans le jeune héros, objet du ressentiment de ses rivaux, et qui vient de prononcer son nom, pour épargner un grand crime à sa famille, au risque d'attirer un grand malheur à son pays; c'est donc là qu'est toute la péripétie de ce drame, et c'est aussi là que se trouve toute l'intelligence de ce sujet. Du côté opposé à celui où se passe cette scène, deux autres personnages, qui n'y prennent pas une part moins expressive ni moins facile à déterminer, sont debout près de Pâris. Le dernier est manifestement le *vieux Priam*, seul *barbu* entre tous ceux qui concourent à cette action, la tête couverte de la *mitre phrygienne*, vêtu d'une *double tunique* et d'un *manteau*[2], et portant un *sceptre* ou *bâton noueux*, attribut qui lui convient doublement, à raison de son âge et de sa dignité. Mais ce qui le caractérise sur-tout, c'est le geste qu'il fait de la main droite, et qui indique si bien la douce surprise du vieillard, au moment où il retrouve, dans le jeune vainqueur qui l'intéresse, un fils qu'il croyait perdu. L'autre personnage, placé entre Pâris et Priam, et dont le costume n'annonce pas qu'il ait pris part au combat, pourrait être *Hélénus*, dont la profession et le caractère pacifiques s'accorderaient très-bien avec la position qu'il occupe ici, et avec l'espèce d'indifférence qu'il témoigne dans la lutte encore indécise, et qui résulte peut-être en grande partie de ce que cette figure est mutilée des deux mains. Il n'est donc aucun des personnages de cette composition qui ne soit clairement désigné par son attitude et par son costume, de manière à rendre inutile le secours des inscriptions; et il n'est pas douteux qu'une scène si bien conçue et si bien ordonnée, dont l'action une et entière se développe si heureusement sur un seul plan, ne dérive de quelque bel ouvrage grec.

Parmi les variantes qu'offrent les répétitions de notre bas-relief, et qui ajoutent au sujet des circonstances nouvelles ou des détails caractéristiques, je me contenterai de signaler, sur l'urne publiée dans le recueil de M. Micali[3], laquelle est la plus riche de toutes en personnages, et celle dont la composition présente aussi le plus d'analogie avec la nôtre, un groupe d'une *Femme avec un Enfant*, qui mérite une attention particulière. Cette femme est vêtue de la *tunique courte* et des *brodequins*, qui conviendraient à l'une des nymphes, compagnes de Diane, s'il s'agissait ici d'un monument purement grec, mais qui faisaient aussi partie du costume amazonien[4]. Ce doit donc être, en se décidant d'après cette dernière considération, une des *mères troyennes* vouées aux exercices de la chasse, et dont

(1) La *tête* manque actuellement; mais elle existait du temps de Dempster. Il est certain, d'ailleurs, que *Cassandre* remplissait, dans la tragédie grecque, un rôle important, dont les critiques ont cru reconnaître quelques fragmens parmi ceux qui nous sont restés du drame d'Euripide; voy. Matthiæ, Fragm. XVIII; Osann, Wolf, *Litterar. Analect.* II, p. 534-5: elle devait donc aussi figurer dans le bas-relief.

(2) C'est à-peu-près le même vêtement qu'Homère donne à Nestor, *Iliad.* X, 131 sqq.; d'où il semble résulter que c'était le costume propre aux vieillards de l'âge homérique.

(3) Je ne puis m'empêcher de relever ici l'erreur qu'a commise M. Micali, au sujet de cette urne étrusque, où il s'est obstiné à voir, sans aucune raison, la fable d'*Oreste réfugié à Delphes*, même après que M. Inghirami en avait indiqué le véritable sujet, dans ses *Osservaz. sopra i monumenti antichi, etc.*, p. 129.

(4) Sur deux des répétitions de ce bas-relief que possède le musée public de Volterra, on voit, dans le groupe à droite du spectateur, une *Femme tenant une bipenne levée*; ce qui est encore un trait de costume emprunté au même ordre de représentations.

la présence, dans une scène pareille, s'accorde très-bien avec cette donnée. Elle porte en outre le *petit manteau*, ou l'*himation*, qui est un trait du costume grec, convenablement approprié à une femme de ce caractère. L'*Enfant* qu'elle tient par la main, et qu'elle semble s'empresser d'éloigner du théâtre d'une lutte dont l'issue est encore incertaine, a dans la main droite une *sphæra*, σφαῖρα, symbole des jeux de son âge[1]; et c'est un autre trait de mœurs grecques, non moins digne d'être relevé sur un monument de l'art étrusque. Mais en fait de variantes qui proviennent uniquement de la main de l'artiste étrusque, et qui n'en sont que plus curieuses sous ce rapport, j'indiquerai celle que présente le bas-relief publié par Gori, qui y voyait, dans un système d'interprétation si étrange, une *cérémonie mithriaque*[2]. Ce bas-relief offre, à l'une de ses extrémités, une *Femme*, *vêtue* et *ailée* à la manière des Furies, debout près d'une stèle, où est déposé un vêtement, et s'appuyant sur un *flambeau renversé*. A tous ces traits, on ne peut guère méconnaître l'*Érinnys*, personnage obligé de toutes les compositions étrusques; peut-être *Éris*, la *Discorde* personnifiée, qui devait naturellement assister à une scène de combat domestique, ou quelque autre personnage allégorique du même ordre, tel que l'*Até*, Ἄτη, si souvent introduite par les poètes, notamment par Euripide[3], dans une circonstance semblable. Un autre détail, où se décèle l'influence du goût étrusque, c'est la *colonne* érigée près de l'autel, et surmontée d'une *pomme de pin*. Cette colonne est ornée, à son sommet, de la *volute ionique*, dont l'intention funéraire, attestée par tant de monumens[4], reçoit ici une application d'autant plus frappante, que ce membre d'architecture est tout-à-fait étranger au système étrusque. Quant à la *pomme de pin*, symbole dont l'emploi, fait à la même intention sur d'autres monumens funéraires de l'Étrurie[5], n'est ni moins bien constaté, ni sur-tout moins caractéristique, il en résulte, aussi bien que de la *stèle à volute ionique*, que c'est ici un monument funèbre que l'artiste a voulu indiquer, sous cette forme abrégée et symbolique qui entrait si bien dans les conditions de l'art antique; et cet objet, dont le rapport avec la représentation des *jeux funèbres*, ἀγὼν ἐπιτάφιος, célébrés à Troie en mémoire de la mort de Pâris, est si certain et si sensible, devient ainsi un élément décisif de cette représentation.

(1) Le jeu de la *sphæra* était si familier à la jeunesse grecque, et cela, dès l'époque héroïque, qu'à Sparte, la première classe des éphèbes en avait reçu le nom de *Sphaireis*, Σφαιρεῖς, Pausan. III, 14, 6; voy. Ott. Müller, *die Dorier*, II, 302. Aussi voit-on fréquemment une *sphæra* figurée, comme symbole des jeux et des exercices de l'adolescence, sur des médailles, et notamment sur des vases peints. Je citerai, entre autres, une curieuse médaille de Térina, où la *Victoire* est représentée *jouant avec deux sphæra*; cette médaille inédite sera publiée dans mon *Essai sur la numismatique tarentine*; et en fait de vases peints, je me contenterai d'indiquer celui du musée de Naples, publié par M. Millingen, *Anc. uned. Monum.* p. I, pl. XII, p. 29-31, où se lit l'inscription : ΗΙΗΣΑΝΜΟΙΤΑΝΣΦΙΡΑΝ, sur la véritable interprétation de laquelle j'avoue qu'il me reste encore bien des doutes, aussi bien que sur celle de la peinture même qu'elle accompagne; j'aurai peut-être occasion de revenir ailleurs sur ce sujet.

(2) *Mus. Etrusc.* t. II, tab. CLXXIII, n. 2.

(3) Euripid. *Andromach.* v. 103 : Ἰλίῳ αἰπεινᾷ Πάρις οὐ γάμον, ἀλλά τιν' ἌΤΑΝ κ. τ. λ.

(4) J'ai déjà eu plusieurs fois l'occassion d'insister sur cette observation; voy. sur-tout *Orestéide*, p. 141, not. 4, 150, not. 2 et 151, not. 6; mais nulle part peut-être l'emploi de l'*ordre ionique*, avec une intention funéraire, ne pouvait être plus sensible que sur un monument étrusque, tel que celui-ci.

(5) Telle est, entre autres, celle qui couronne la célèbre stèle sépulcrale de Peruggia, Gori, *Mus. Etrusc.* t. III, part. II, tab. XX; Inghirami, *Monum. etr. ined.* ser. VI, tav. Z 2; et pour citer un monument d'une autre époque qui se rapporte indubitablement à la même intention, telle est la grande *pomme de pin*, en bronze, des jardins du Vatican, qui doit provenir du mausolée d'Adrien, au faîte duquel elle était placée, suivant l'opinion la plus probable. Il se trouvait *cinq* de ces stèles étrusques, terminées en *pomme de pin*, dans la collection Borgia, à Vellétri, d'après le témoignage de Zoëga, *de Orig. et Us. obel.* p. 215, not. 21.

9

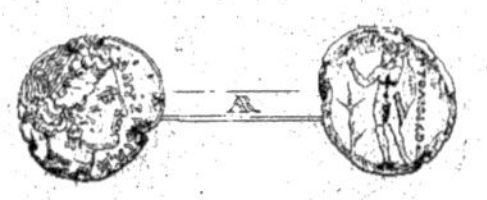

§ II.

Peu de fables durent exercer plus fréquemment le talent des anciens artistes, que celle du *Jugement de Pâris*, à raison de la haute célébrité dont elle jouissait, et du motif favorable qu'elle fournissait à l'imitation. L'invention de cette fable, inconnue à Homère[1], date probablement d'une époque assez voisine de celle où furent rédigées les poésies homériques, puisqu'elle était déjà fixée sous une forme populaire, dans l'âge où furent exécutés deux des plus anciens monumens de l'art grec, le *Trône d'Apollon Amycléen*[2], et le *Coffre de Cypsélus*[3]; car, d'après l'indication fournie par Pausanias, dans la description succincte des divers sujets sculptés sur ces deux monumens, au nombre desquels se trouvait le *Jugement de Pâris*, il semble que les deux artistes, en traitant ce sujet à-peu-près de la même manière, n'eussent fait que reproduire un modèle plus ancien encore. Quoi qu'il en soit, il est certain que l'art, à toutes les époques, se signala par des compositions de ce genre, dont il nous est resté assez de réminiscences sur des monumens de tout ordre, appartenant à l'antiquité grecque, étrusque et romaine, pour que nous puissions apprécier les variétés de style et de goût qui présidèrent à ces compositions, et nous rendre compte des motifs d'après lesquels le type en fut communément approprié à des monumens de nature ou d'usage funéraire.

Le type le plus ancien sous lequel dut être représentée cette fable post-homérique, fut sans doute celui qui avait été répété sur le *Trône d'Apollon* et sur le *Coffre de Cypsélus*, et qui consistait, au rapport de Pausanias, *en quatre figures*, c'est à savoir, *les Trois Déesses rivales conduites par Mercure*. C'est de cette composition primitive qu'il nous est resté une réminiscence, ou, pour mieux dire, une silhouette, sur un vase peint[4]; et c'est au même ordre de représentations qu'appartient une peinture, pour le moins aussi ancienne, exécutée sur un vase grec inédit, de la forme de *kylix*[5], où le sujet, composé des mêmes personnages, est néanmoins conçu d'une manière différente, et rendu, dans les détails, avec ce soin minutieux et cette recherche qui caractérisent les productions de la haute antiquité. Dans cette peinture, du style archaïque le plus prononcé, *Mercure*, *barbu*, la tête couverte du *pétase*, tel qu'il est constamment représenté sur les plus anciens monumens de l'art, est *assis*, tenant d'une main le *caducée*, de l'autre la *syrinx*, symbole d'origine arcadienne, rarement attribué à Mercure[6], qui fait peut-être ici allusion à la profession

(1) C'est ce que déclare positivement Macrobe, *Saturn.* v, 16. Cependant, il est fait mention du *Jugement de Pâris* dans le dernier livre de l'*Iliade*, xxiv, 28-30. Mais aussi nous apprenons d'Eustathe, dans sa note sur ce passage, qu'il était rejeté, comme interpolé, par plusieurs anciens critiques; et c'est l'opinion qu'ont soutenue les plus habiles d'entre les modernes, notamment Hemsterhuys, *ad* Lucian. t. I, p. 253, et Wolf, qui s'autorise à cet égard de l'autorité d'Aristarque, *Prolegomen.* CCLXXIII. On sait, d'ailleurs, que ce dernier livre tout entier passait, dans l'antiquité même, pour une œuvre des rhapsodes, d'une époque plus récente que celle de la rédaction du poëme homérique; et il existe tant de présomptions de détail à l'appui de cette opinion générale, qu'il me paraît difficile de s'y refuser. En tout cas, il y avait là une question à-la-fois philologique et archéologique dont il eût fallu tenir compte, avant de publier, comme produits directement sous l'influence des poésies homériques, des monumens conçus d'après des traditions différentes, ainsi que l'a fait tout récemment M. Inghirami; voy. sa *Galler. Omer.* t. II, p. 201 sgg.

(2) Pausan. III, 18, 7.

(3) Idem, v, 19, 1.

(4) Millingen, *Vases de Coghill*, pl. XXXIV; voy. aussi *Vases de Lamberg*, t. I, p. 47, vignette n. XI.

(5) Voy. planche XLIX, n. 1, *a*, *b*, *c*. Ce vase, de la collection de M. Durand, à Paris, provient des fouilles récentes de Volcia.

(6) Mais non pas dépourvu d'autorité; témoin les vers de l'*Hymne homérique*, 508-509, d'accord avec une traduction antique, Apollodor. III, 10, 2.

pastorale de Pâris et à la mission dont le dieu est chargé auprès du héros. Devant Mercure, sont *Trois Femmes debout* et *voilées*, dans lesquelles il me paraît difficile de méconnaître les *Trois Déesses rivales*, qui viennent, suivant l'ordre de Jupiter, se mettre sous la conduite du messager divin, qui doit les conduire sur les hauteurs de l'*Ida* et les guider vers Pâris. Cette scène, entièrement neuve[1], se rapporte à quelque tradition différente de toutes celles que nous possédons. Il en est de même de la peinture qui orne extérieurement un des côtés du vase, et qui offre une circonstance tout-à-fait inconnue du mythe d'Achille[2]; et cette particularité, jointe au nom de l'artiste, *Xénoclès*, qui s'est désigné comme l'auteur de cette curieuse peinture, par l'inscription, ΚΣΕΝΟΚΛΕΣ ΕΠΟΙΕΣΕΝ, deux fois répétée[3], ajoute encore au mérite d'un monument qui se recommande de toute manière à l'attention des antiquaires. Il est superflu d'observer que, dans l'ordre des circonstances dont se composait la fable de Pâris, celle que nous voyons ici dut précéder immédiatement l'action représentée sur le coffre de Cypsélus[4].

Un épisode non moins curieux, et fondé pareillement sur quelque tradition perdue, est celui que nous présente un vase publié par M. Millingen[5], qui y a reconnu, avec sa sagacité accoutumée, le moment où *Mercure vient trouver Pâris sur l'Ida et cherche à le gagner en faveur de Vénus*. Je souscris pleinement à l'opinion du savant antiquaire, quant à l'idée générale

(1) Un antiquaire qui a fait mention de cette peinture, en y reconnaissant un *Mercure arcadien*, n'a donné, du reste, aucune explication au sujet des *Trois Femmes*, non plus que sur le motif de la réunion de ces Trois Femmes avec ce prétendu Mercure arcadien; voy. les *Annal. de l'Instit. de correspond. archéol.* t. II, p. 188, not. 19. Il y avait là pourtant une pensée mythologique qui méritait qu'on cherchât à en rendre compte; et l'on pourrait, en se plaçant dans le système de l'auteur, y rapporter une tradition de l'*Hymne homérique*, v. 552 suiv. suivant laquelle Mercure fut envoyé auprès des trois Parques pour apprendre d'elles l'art de la divination; conf. Heyn. *ad* Apollod. III, 10, 2: tradition dont notre peinture serait peut-être l'expression figurée. Toutefois, je regarde encore ma première explication comme la plus plausible.

(2) Voy. planche XLIX, *b*. Ce sujet rare et curieux présente *Achille*, ΑΧΙΛΕVΣ, *armé* et *en course*, dans une action violente, poursuivant une *Femme* dont la fuite rapide et l'attitude témoignent la frayeur. Entre ces deux personnages, de même ordre et de même proportion, est une couple de *chevaux en course*, l'un *rouge* et l'autre *noir*, sur le premier desquels est monté un *Homme* d'une plus petite taille, et conséquemment d'une condition inférieure; au-dessous des chevaux est un *vase renversé*, de la forme d'*hydria*. D'après le costume de cet homme, *guidant deux coursiers*, on pourrait présumer que c'est un de ces Ζεύξιπποι ou Μεταβάται des Grecs, correspondant aux *Desultores* des Romains, Hygin. *Fab.* LXXX; Isidor. *Orig.* XVIII, 39; vid. Vales. *ad* Harpocrat. p. 234; et pour prouver la haute antiquité de cet usage grec, indépendamment des nombreux témoignages qui en font foi, il me suffirait de citer, parmi les belles monnaies de Tarente, dont on sait que les types ont presque tous rapport à des *courses équestres* ou *hippodromies*, celle qui présente un *Cavalier guidant deux chevaux*; médaille rare, que j'ai récemment publiée dans ma *Lettre à M. le duc de Luynes*, pl. IV, n. 37, et qui fait partie de ma collection. Le *vase* qui se voit dans notre peinture, au-dessous des chevaux, s'expliquerait très-bien dans cette hypothèse d'une *course équestre*, comme *vase de prix*, à moins qu'on n'en fasse un attribut de la *Femme poursuivie*; mais, en tout cas, le motif principal de cette peinture, l'action d'*Achille poursuivant* une *Femme*, *Nymphe* ou *Héroïne*, se rapporte à quelque fable que j'ignore. L'autre sujet qui orne le côté opposé du vase, pl. XLIX, *a*, représente *Hercule*, avec *Cerbère enchaîné*, entre *Mercure* qui le précède et une *Femme* qui le suit, tenant une couronne à la main, soit Νίκη, soit Ἀρετὴ, ou Εὐκλεία, ou quelque autre personnage allégorique du même ordre; et ce sujet est également curieux, par la forme neuve et insolite du *Cerbère bicéphale*, *entouré de serpens*, et par tous les détails de costume qu'on y remarque. Les *sphinx femelles ailés*, placés en guise d'ornemens, à côté des anses, ont une signification funéraire et mystique, constatée par de nombreux exemples, que nous offrent sur-tout des vases peints, de la manière la plus archaïque.

(3) Voy. ma *Lettre à M. Schorn*, où se trouve cité pour la première fois, p. 11, n. 27, le nom de cet artiste, resté inconnu à M. Éd. Gerhard.

(4) On ne saurait objecter contre cette explication l'absence de *Pâris*, puisque, sur une peinture antique, les *Trois Déesses rivales* se montrent également sans le juge qui doit décider entre elles, *Terme di Tito*, tav. VIII. Il en est de même sur une médaille impériale de Scepsis, où l'on ne voit que les *Trois Déesses* avec l'*Amour* et la *Nymphe de l'Ida*. Au contraire, sur un miroir étrusque, *Mercure*, MIRQVRIOS, est seul vis-à-vis de *Pâris*, ALIXENTROS (ΑΛΕΞΑΝΔΡΟΣ), qu'il cherche sans doute à persuader en faveur de *Vénus*, *Mus. roman.* sect. III, tab. 20; Lanzi, *Saggio*, etc., t. II, p. 173; Millin, *Galer. mythol.* pl. CLI, n. 535; Inghirami, *Galler. Omer.* tav. CCXXIII. On peut, d'ailleurs, se faire une idée des nombreux épisodes qu'avait pu fournir le mythe de Pâris au génie imitatif des anciens, d'après quelques autres variantes du type principal qui sont venues jusqu'à nous, telles que la peinture antique publiée par Winckelmann, *Mon. ined.* n. 113, où *Minerve*, *seule devant Pâris*, s'efforce de le séduire par l'offre d'un *diadème*; sans compter les exemples analogues que j'aurai occasion de citer.

(5) *Anc. uned. Monum.* part. 1, pl. XVII. Ce vase avait été déjà publié, mais avec une explication erronée, par Visconti, *Mus. P. Clem.* t. IV, tav. agg. A.

de la composition. Mais il est un point sur lequel je ne puis être de son avis : c'est au sujet de la *Femme assise* à l'écart, sur un plan plus élevé, que M. Millingen croit être la *figure d'Hélène offerte par anticipation aux regards de Pâris*. J'avoue que cette manière de faire intervenir en perspective, dans une action toute réelle, des personnages qui ne sauraient y figurer effectivement, ne me paraît pas conforme aux principes sévères de l'art antique. Il est plus simple et plus naturel de voir ici *Pitho*, la *Persuasion*, personnage allégorique presque toujours figuré de cette manière, et dont la présence dans une scène semblable était en quelque sorte obligée, d'après le rapport direct qu'elle offre avec la mission de Mercure, et d'après les exemples antiques qu'on en connaît[1]; ou bien encore la *Nymphe de l'Ida*, suivant l'usage à-peu-près général, chez les anciens, de représenter *assises* les divinités ou les personnifications *locales*[2]. Mais, dans le doute entre ces deux explications, il existe un monument qui paraît avoir échappé à l'attention de M. Millingen, et qui peut servir à résoudre la question : c'est un médaillon impérial frappé au nom des habitans de Scepsis de la Troade, ΣΚΗΨΙΩΝ, à l'effigie de Caracalla, et représentant au revers les *Trois Déesses rivales*, avec l'*Amour* et une *Femme suspendue aux rameaux d'un arbre*, laquelle est nominativement désignée comme la *Nymphe de l'Ida* par l'inscription ΙΔΗ[3]. Il est évident, par la confrontation des deux monumens produits à une si grande distance l'un de l'autre, que c'est le même personnage, la *Nymphe de l'Ida*, qui a été représentée par un procédé différent, mais d'une manière analogue; et il résulte en outre, de cette confrontation même, une preuve nouvelle de la persévérance dans les doctrines de goût et dans les principes d'imitation, qui caractérisa l'art antique pendant toute sa durée et jusqu'au dernier terme de sa longue carrière.

Mais pour ne pas trop nous écarter de notre sujet, nous possédons, sur un vase peint récemment publié[4], une représentation du *Jugement de Pâris*, plus complète qu'aucune de celles que nous connaissions jusqu'ici, et dont le modèle original doit appartenir à l'époque du haut style grec, à celle où la fable en question était devenue, si l'on peut s'exprimer

(1) Entre autres, le célèbre bas-relief Caraffa, où *Pitho* est *assise* sur un socle élevé, et désignée par son nom grec ΠΙΘΩ, dans Winckelmann, *Monum. ined.* n. 115; voy. ce qui a été dit à ce sujet, *Achilléide*, p. 40. J'ajouterai ici que je reconnais le même personnage, *Pitho*, sur une peinture de vase, du premier recueil d'Hamilton, t. IV, pl. 24, reproduite également par M. Millingen, *Vases grecs*, pl. XLIII, laquelle a manifestement aussi rapport au même sujet. On y voit, dans un plan supérieur, au-dessus du groupe de *Pâris* et *Vénus*, *Érôs* ailé, portant une *couronne*, et une *Femme assise*, que le geste caractérisque qu'elle fait de la main gauche, et l'*éventail* qu'elle tient de l'autre main, désignent aussi clairement que possible pour *Pitho*, la fidèle compagne de Vénus, associée ici à l'*Amour*, afin qu'il ne manque rien aux moyens de séduction dirigés contre Pâris. Le geste, que j'appelle caractéristique, et qui se voit à tant de figures de Femmes, sur les vases peints, avait pour objet d'indiquer la pudeur, la modestie, suivant le témoignage d'un poète grec, Mus. *Her. et Leandr.* v. 163-4 :

Αἰδομένη δὲ
Πολλάκις ἀμφ' ὠμοῖσιν ἑὸν ξυνέεργε χιτῶνα,

et l'on ne saurait nier que ce geste, avec cette intention, ne convienne parfaitement au personnage de *Pitho* ; voy. encore à ce sujet un passage d'Aristænète, *Epistol.* I, XV, p. 74, ed. Boissonad. La présence des *deux Satyres* est ici un trait dérivé du même système que la figure de Nymphe, du vase de M. Millingen, à l'effet d'indiquer le lieu de la scène. Ce sont des *Habitans du mont Ida*, témoins naturels de l'action qui s'y passe; et c'est peut-être aussi une manière indirecte d'indiquer que la représentation où ils figurent était du genre satyrique; telle qu'il s'en trouve en si grand nombre sur les vases peints, dont la composition avait bien pu être empruntée des scènes mimiques qui se jouaient dans la célébration des fêtes dionysiaques. Il est superflu de relever aujourd'hui l'erreur des premiers antiquaires, qui crurent voir ici *Hercule* et *Télèphe*, uniquement à cause de la *massue* placée aux mains d'un de ces personnages, sans tenir aucun compte de la *nébride* qu'il porte et qui le caractérise positivement pour un Satyre.

(2) J'ai déjà eu occasion de m'expliquer sur ce point, *Orestéide*, p. 191, note 2, et je ne puis qu'y renvoyer mes lecteurs.

(3) Voy. le *Catalogue des médailles du cabinet de M. d'Ennery*, p. 420, où ce rare et curieux médaillon est décrit avec soin. Je remarque seulement que les auteurs de cette description ont commis une erreur en prenant la figure de la *Nymphe de l'Ida* pour celle d'*Hélène*, malgré le nom ΙΔΗ, qui l'accompagne; et je m'étonne que le judicieux Eckhel, en rapportant cette explication, n'en ait pas reconnu la fausseté, *Doct. num.* II, 487.

(4) Éd. Gerhard, *Antike Bildwerke*, XXXII. Ce vase fait maintenant partie de la superbe collection de M. le duc de Blacas.

ainsi, l'un de ces lieux communs mythologiques exploités par le théâtre[1]. *Pâris* s'y montre *assis sur les hauteurs de l'Ida*[2], ayant autour de lui ses *brebis domestiques*, πατρῷα μῆλα[3], et, à ses pieds, la *lyre*, instrument si propre à charmer les loisirs de la vie pastorale, et peut-être aussi à triompher de la résistance d'Hélène[4]. Le geste qu'il fait, en relevant sa tunique au devant de son visage, comme pour exprimer la confusion respectueuse qu'il éprouve à l'apparition des *trois Déesses*, offre un motif neuf et une idée naïve[5], qui ne sauraient provenir que d'une source antique. La manière dont sont disposés les trois autres personnages de cette scène mythologique, les pieds placés parallèlement sur une même ligne, en attitudes symétriques, et pour ainsi dire alignées comme des caractères idéographiques, avec ce costume à plis réguliers et artificiels qui dénote l'imitation des plus anciens simulacres, tout ici accuse une réminiscence sensible de quelque monument du style archaïque. *Junon* se présente la première, tenant d'une main son *sceptre* surmonté d'une *grenade*[6], avec ce même fruit dans l'autre main, telle qu'elle était représentée dans un des monumens les plus célèbres de l'antiquité[7], d'après une tradition qui remontait sans doute au berceau de l'art et de la religion helléniques. *Minerve* vient ensuite, appuyée sur sa *lance*, et portant à la main son *casque*, de cette manière caractéristique qui se remarque sur tous les monumens du style primitif. La plus curieuse de ces figures est celle de *Vénus*, la tête couverte d'un long péplus, sans doute à raison de son titre de *mère*[8], et portant sur sa main droite *Érôs*, l'*Amour*, sous les traits d'un *enfant nu* et *ailé*, occupé à donner aux cheveux de la déesse une disposition agréable : image neuve et ingénieuse, qui se rapporte pareillement aux combinaisons de l'art antique[9].

(1) Voy. sur-tout les *Troyennes* d'Euripide, où le *Jugement de Pâris*, invoqué par Hélène comme un moyen de défense, v. 934-42, et rejeté à ce titre par Hécube, v. 980-85, peut servir à montrer le parti qu'on tirait de cette fable dans la rhétorique du théâtre.

(2) Le *mont Ida* est indiqué par une *colonne*, sur le miroir étrusque cité plus haut, p. 261, note 1 ; et c'est aussi par une *colonne* que la même montagne est désignée sur une belle peinture récemment découverte à Pompéi, *Real Mus. Borbon.* t. II, tav. LIX. Mais ce qu'offre sur-tout de curieux ce dernier monument, c'est que la *colonne* est surmontée de *figures de Lions*, et qu'on y voit attachées des *cymbales* et des *flûtes*, avec un *tympanum* ; tous symboles si connus du culte de Cybèle, dont on sait que le *mont Ida* était un des principaux siéges dans l'antiquité. J'observe à cette occasion que M. Inghirami a reproduit la peinture en question, dans sa *Galler. Omer.* tav. CXXXI, d'après un dessin qu'il a cru très-fidèle ; et je laisse à ceux qui ont vu le monument original à juger à quel point la gravure de M. Inghirami est réellement satisfaisante. Mais je ne puis m'empêcher de me plaindre d'une observation de ce savant, t. II, p. 36, concernant un reproche d'inexactitude que j'aurais adressé, au sujet de cette peinture, à l'éditeur du musée Bourbon, tandis que, dans le passage qu'il allègue, *Achilléide*, p. 75, note 7, il s'agit en effet d'une autre peinture, celle qui représente le *Départ de Chryséis* ; voy. le *Real Mus. Borbon.* t. II, tav. LVII.

(3) Coluth. *de Rapt. Helen.* v. 101.

(4) C'est par la même raison que l'assistance de *trois Muses* est employée à l'appui des artifices de Vénus, pour vaincre les scrupules d'*Hélène*, sur un bas-relief antique, Tischbein, *Monum. homér.* Iliad. III, 2 ; Millin, *Galer. mythol.* pl. CLIX, n. 541.

(5) La même image se retrouve à-peu-près dans un passage d'Euripide, qui semble avoir été dicté sous l'inspiration de quelque monument semblable, *Andromach.* 180-2 : Στιλβοὺς ἐπὶ δεύτ κ. τ. λ.

(6) Voy. Millingen, *Vases de Coghill*, pl. XXXIV.

(7) La statue de Polyclète, Pausan. II, 17, 4. Sur le motif qui fit attribuer ce fruit à Junon, voy. Boettiger, *Prolus.* II *de Medea Euripidea*, p. XIII ; Creuzer, *Symbolik*, II, 588 ; Thiersch, *über die Epochen der bild. Kunst*, S. 31.

(8) C'est dans le même costume que *Vénus* est figurée, avec l'*Amour* à ses côtés, sur de belles monnaies d'or des Bruttiens ; ce qui ne laisse aucun doute sur l'intention de l'artiste. Je profite de cette occasion pour avertir que la *Tête de Femme voilée et diadémée*, qui forme le type habituel des médailles de bronze communément attribuées à *Vélia*, de Lucanie, Mionnet, *Description*, t. I, p. 178, n. 150, est celle de *Vénus*, et que ces médailles elles-mêmes appartiennent à *Vénusia*, d'Apulie, d'après le monogramme VE qui s'y trouve du côté de la *tête*, et sur-tout d'après la fabrique. On sait, par l'exemple que nous fournissent les médailles d'*Arpi* et de *Lucéria*, que les peuples de cette contrée se plaisaient à choisir, pour types de leurs monnaies, des objets en rapport avec leur nom ; comme c'était aussi l'usage de tant d'autres peuples grecs. Or, la *tête de Vénus* offrait, sur la monnaie de *Vénusia*, une allusion de ce genre ; et le type du revers, qui consiste en *trois croissans* avec *trois étoiles*, se rapporte à une intention semblable, puisqu'il exprime, suivant toute apparence, l'épithète de *Vénus Uranie*, de même que le *croissant*, au revers des monnaies de *Lucéria*, répond au *nom* de cette ville.

(9) On connaît, par un assez grand nombre de monumens, cette pratique des anciens artistes, d'indiquer certaines propriétés morales ou métaphysiques inhérentes à l'idée des divinités du premier ordre, en plaçant *sur la main* de ces divinités de petites figures accessoires. L'exemple de l'Apollon de Délos, por-

Le revers de ce vase n'offre qu'une seule figure, qui n'est pas moins intéressante; c'est celle de *Mercure, barbu,* avec son *pétase* rejeté par derrière, enveloppé d'un long pallium, chaussé de brodequins ailés, dans une attitude forcée qui indique la rapidité avec laquelle il vient d'accomplir sa mission divine. La place qu'occupe ce personnage sur la partie opposée du vase, laquelle est ordinairement remplie par des figures insignifiantes, est une particularité peu commune; et ce qui est plus rare et plus remarquable encore, c'est la manière dont Mercure tient le *caducée*, la main enveloppée dans son manteau; circonstance qui doit avoir quelque intention hiératique.

L'autre vase que je publie[1] représente le *Jugement de Pâris*, mais d'une manière qui annonce une époque de l'art bien plus récente, d'accord avec le style et la fabrique de ce vase, sorti des manufactures de la Calabre. Ce n'est plus l'imitation naïve d'une de ces scènes rustiques qui rappelaient l'enfance de l'art, et auxquelles semblait faire allusion un chœur d'une tragédie d'Euripide[2]; ce n'est plus le *Berger idéen*, ὁ Βουκόλος[3], ἀνὴρ Βούτας[4], *entouré de ses brebis, et assis devant son étable solitaire*, ἔρημόν θ' ἑστιοῦχον αὐλάν[5]; c'est le *Prince troyen* dans tout l'éclat, dans toute l'élégance du luxe asiatique, ἀνθηρὸς μὲν εἱμάτων στολῇ χρυσῷ τε λαμπρός[6]; coiffé de la *mitre mæonienne*[7], et vêtu de ces *riches pantalons brodés*, τοὺς θυλάκους τοὺς ποικίλους περὶ τοῖν σκελοῖν[8], qui distinguaient l'industrie phrygienne[9], et qui devaient, en excitant ses passions de femme, contribuer à la perte de la fragile Hélène. Pâris est néanmoins caractérisé, à raison de sa profession pastorale, par le *pedum* qu'il tient de la main gauche[10], tandis que, de l'autre main, il caresse un *chien*, fidèle compagnon de sa solitude. Les *trois Déesses* apparaissent également sous des traits et avec une richesse de costume qu'on ne leur voit pas habituellement sur les monumens antiques. Elles sont vêtues d'étoffes brodées asiatiques, qui conviennent mieux au sujet et au lieu de la scène qu'à l'austérité du caractère de deux de ces déesses. *Vénus*, qui se présente la première aux regards de Pâris, se reconnaît à la *colombe* qu'elle porte de la main droite[11], en même temps qu'à l'*oiseau* symbolique qu'elle

tant *sur la main* les *trois Grâces;* celui de la Junon de Coronée, avec les *Sirènes* portées de cette manière, suffisent pour nous révéler toute une classe de monumens conçus dans le même système. Voyez les détails que j'ai donnés, dans ma *Lettre à M. Schorn*, p. 58-60, sur les réminiscences qui se sont conservées jusqu'à nous, de l'antique Apollon de Délos; et quant aux applications du système en question, que pourrait fournir l'étude de la numismatique, je crois en avoir exposé l'une des plus importantes et des plus décisives, dans un *mémoire* encore inédit, lu à l'Académie des belles-lettres, *sur le type des monnaies de Caulonia*. Mais je ne puis m'empêcher de faire connaître, à cette occasion, un monument fort curieux, dont la représentation se rapporte au même système; voy. planche LXXVI, n. 3. C'est un *miroir* de bronze, à l'intérieur duquel est figurée *Vénus assise* sur un siége à dossier, et *tenant de ses deux mains* un *petit Amour nu* et *ailé;* groupe dont l'invention naïve appartient à l'ancien style, comme l'idée même qu'il exprime, et qui offrait une image aussi heureuse en soi, que bien placée sur un de ces *miroirs mystiques*, productions d'une ancienne école italique, où l'influence de l'art grec se fait toujours sentir dans le travail d'une main étrusque ou latine. Le *miroir* dont il s'agit se trouvait, avec d'autres objets ou ustensiles sacrés, tels qu'un *simpulum*, une *secespita*, des *patères*, une *acerra*, etc., dans une *ciste mystique*, découverte près de Palestrine; et cette circonstance, jointe à la réunion de pareils objets dans une *ciste mystique*, prouve que ce *miroir* était lui-même un meuble sacré. Tous ces objets, ainsi que la *ciste*, que je publie, planche LVIII, sont maintenant conservés au Musée britannique.

(1) Voy. planche XLIX, n. 2. Ce vase était déjà connu, mais d'après un dessin assez peu fidèle qui se trouve dans le recueil de M. Éd. Gerhard, *Antike Bildwerke*, pl. xxv. Le monument même fait aujourd'hui partie de la collection de M. le baron Gros, à Paris.

(2) Euripid. *Andromach.* v. 280 sqq.

(3) Idem, *Iphig. in Aul.* v. 180.

(4) Idem, *Hecub.* v. 644.

(5) Idem, *Andromach.* v. 282.

(6) Idem, *Iphig. in Aul.* v. 73.

(7) Virgil. *Æn.* IV, 215.

(8) Euripid. *Cyclop.* v. 181; voy. Angel. Mai. *Pictur. cod. Ambros.* Procem. p. XXIII.

(9) Voy. au sujet de ces étoffes brodées, qui constituaient une branche d'industrie désignée dans l'antiquité par les mots *opus phrygionium*, les observations de M. Boettiger, *über den Raub der Kassandra*, p. 69-70, note 70. J'ai rapporté moi-même quelques témoignages concernant le même point d'antiquité, dans ma *Notice sur des objets en or trouvés dans un tombeau de Kertsch, l'ancienne Panticapée*, p. 3-4.

(10) Coluth. *de Rapt. Helen.* v. 107; voy. sur ce passage les *Observations* de Van Lennep, lib. I, c. XV, p. 70-71.

(11) J'aime à citer ici, à défaut d'autres témoignages, la belle

paraît offrir sur une *patère* au juge dont elle sollicite le suffrage. *Minerve*, vêtue de la tunique dorique brodée, avec une chlamyde attachée sur la poitrine, la tête couverte du *casque*, s'appuie d'une main sur un *bouclier* posé en terre, de l'autre sur la *haste*, dans une attitude qui doit avoir été significative pour indiquer le repos, la constance, la fermeté[1]. *Junon*, assise en face de Pâris, à la place la plus éloignée, le front ceint d'un large *diadème*, avec une *patère* dans la main gauche, et son *sceptre*, qu'elle tient de l'autre main, semble imitée de quelqu'une de ses statues les plus célèbres.

On a pu juger, d'après le petit nombre de monumens qui nous sont restés de la haute antiquité grecque, de quelle manière l'art avait conçu et traité le sujet du *Jugement de Pâris*, toujours en le présentant sous la forme la plus sévère, en le réduisant à son expression la plus simple. Ce sujet s'est produit à plusieurs reprises sur des vases provenant des dernières découvertes faites dans la campagne de Rome, mais dans une composition différente, et qui se rapproche davantage, aussi bien que le style même et la fabrique de ces vases, des traditions du goût antique : *toutes ces peintures ne représentent en effet que la procession des Déesses qui se rendent vers Pâris*[2]. Un autre vase, désigné comme une *Amphore étrusco-égyptienne*, offre une variante plus curieuse encore; les *trois Déesses* y sont précédées de *Mercure* et de *Jupiter*, l'un et l'autre portant un *caducée;* et au revers apparaît *Pâris*, debout, avec ses *brebis* qui l'entourent, et un *chien* à ses pieds[3]. Mais la scène du *jugement* même est figurée, sur quelques vases d'une fabrique plus récente, en *figures rouges* sur *fond noir;* un desquels, faisant partie de la collection de M. le prince de Canino, porte l'inscription suivante : ΑΛΕΧΣΝΔΡΟΣ (sic) ΗΕΡΜΕΣ, ΑΘΕΝΑΙΑ, ΗΕΡΑ, ΑΦΡΟΤΙΔΕ (sic), qui ajoute à la peinture un nouveau degré d'intérêt[4]. Un si grand nombre de vases avec le sujet en question, trouvés dans ces seules sépultures étrusques de la campagne de Rome, prouve à quel point cette représentation avait été familière à l'art grec, et combien la connaissance en avait été répandue dans l'antique Étrurie. Il y aurait là quelque lieu d'être surpris que ce sujet ait été si rarement figuré sur les monumens propres à l'Étrurie, si l'on ne savait, d'autre part, combien le génie dur et austère de cette nation s'accordait peu avec cette fable élégante et voluptueuse. Du moins ne puis-je me flatter de l'avoir reconnue sur aucun des monumens de l'art étrusque, à l'exception d'un *miroir mystique*[5], où ce sujet est représenté avec une intention qui paraît obscène; ce qui n'est peut-être qu'un trait de la maladresse de l'artiste, et ce qui, en tout cas, ne saurait

médaille d'Éryx, du plus grand module, où *Vénus* est représentée *assise* sur un siége élevé, portant une *colombe* de la main droite, avec l'*Amour* debout devant elle et tenant une *branche de myrte*.

(1) C'est en effet l'attitude qu'on voit à *Minerve Capitoline*, sur des bas-reliefs antiques que je publie, voy. planche LXXII, et dans l'explication desquels j'aurai occasion d'établir mon opinion sur ce point.

(2) Voy. le *Rapport* de M. Éd. Gerhard, p. 153, note 405, où sont cités *quatre* de ces vases, de la collection du prince de Canino, et plusieurs autres, de celle de M. Candelori, avec l'observation que je reproduis ici textuellement : *Tutte queste dipinture rappresentano la processione de' numi che sono in istrada per consultare Paride*. M. Fossati en possède aussi plusieurs, un desquels, actuellement sous mes yeux, offre les *trois Déesses* vêtues et disposées de la même manière, précédées de *Mercure* et d'un *Vieillard* qui tient un sceptre. Le revers de ce vase ne semble pas avoir rapport à la fable de Pâris.

(3) Ce vase, qui fait partie de la collection Candelori, est décrit dans le *Bulletino degli Annali*, 1829, p. 84, n. 16, et dans le *Rapport* de M. Éd. Gerhard, p. 124, not. 57.

(4) Voy. le *Rapport* de M. Éd. Gerhard, p. 153, not. 405. Ce vase se trouve dans la collection de Canino. Je remarque que, dans un autre endroit du même *Rapport*, p. 143, not. 252, M. Gerhard expose différemment ces inscriptions : ΑΛΕΧΣΑΝΔΡΟΣ, ΑΦΡΟΤΙΔΕ, ΗΕΡΑ, ΑΘΕΝΑΙΑ. A laquelle de ces deux leçons doit-on ajouter foi ?

(5) Gori, *Mus. Etrusc.* t. II, tab. CXXVIII. L'intention obscène qui semble résulter de la manière dont Pâris relève sa tunique, tient peut-être à la gaucherie de l'artiste étrusque, qui aura voulu exprimer l'idée naïve si bien rendue sur un de nos vases grecs; voy. plus haut, p. 263, mais qui n'aura pu y réussir; et je pencherais pour cette supposition, plutôt que de croire à l'intention obscène si facilement admise par Gori, et qui s'accorde si mal avec la nature grave et religieuse de cette sorte de monumens.

être considéré que comme un accident particulier, comme un caprice individuel. Toutefois cet exemple, bien qu'encore unique à ma connaissance[1], suffit pour prouver que la fable en question ne resta pas étrangère à l'antiquité étrusque, et, de plus, qu'elle y fut employée à l'ornement d'un meuble d'usage sacré et funéraire, tels qu'étaient certainement les miroirs mystiques[2]. On ne sera pas surpris, d'après cela, que les Romains, disciples immédiats des Étrusques, et formés d'ailleurs à l'école des Grecs, dont les vases peints remplissaient les tombeaux du territoire de Rome, aient plus d'une fois choisi le même sujet pour la décoration de leurs sépultures ou de leurs sarcophages. La peinture si connue du *Tombeau des Nasons*[3] en offre un témoignage authentique; et le bas-relief inédit que je publie[4] d'après un marbre encastré dans la façade du *casin* de la villa Pamfili à Rome, en fournit une preuve d'un autre genre et tout aussi décisive.

Ce bas-relief, qui, d'après la dimension et le travail, ne saurait avoir appartenu qu'à un devant de sarcophage, se compose de treize figures, tant principales qu'accessoires, au milieu desquelles, ou à-peu-près, apparaît le juge des trois déesses, *Pâris*, avec son *chien* à ses pieds, et *deux brebis* sur une hauteur, indication abrégée du troupeau qu'il gardait sur les sommets de l'Ida. Devant lui est *Mercure*, nu et privé du *caducée* et du *pétase*, ce qui ne provient sans doute que de l'état d'imperfection où se trouve aujourd'hui réduit ce monument, exposé depuis deux siècles aux injures de l'air, sans compter les atteintes dont il avait

(1) Gori a pourtant cru voir la même fable sur un miroir étrusque, *ibid.* CXXVIII; mais il faudrait se livrer, comme cet antiquaire, à d'étranges illusions, ou bien admettre des suppositions plus étranges encore, pour reconnaître, dans cette composition étrusque, les *trois Déesses*, sans aucun attribut qui les caractérise, et un *Mercure*, avec la *massue*; toutes choses qui ne sauraient plus se soutenir, dans l'état actuel de la science. En reproduisant ce miroir, qui fait partie du musée Kircher, avec l'explication qu'en avait donnée l'antiquaire florentin, le P. Contucci n'a fait sans doute que déférer à l'autorité de ce savant, sans y rien ajouter; voy. le *Mus. Kircher.* t. I, tab. XVI, n. 1, p. 69-70; mais je suis surpris que M. Inghirami, qui a publié pour la troisième fois le monument dont il s'agit, ait accrédité, en la propageant, l'erreur de ses devanciers, et cherché à justifier l'idée du prétendu *Mercure* avec la *massue*, à l'appui de laquelle on ne pourrait citer aucun témoignage ni aucun monument; voy. sa *Galler. Omer.* tav. CCXXIV, t. II, p. 203. Il paraît, du reste, d'après l'assentiment donné tout récemment encore à l'explication de Gori par M. Zannoni, *Gall. di Firenz.* Ser. V, t. I, p. 154, que c'est une opinion décidément admise parmi les antiquaires florentins. C'est aussi sans le moindre fondement que Gori avait cru découvrir le *Jugement de Pâris* sur deux autres miroirs étrusques, publiés à la suite de l'ouvrage de Dempster, tab. IV et XXXVIII; voy. son *Mus. Etrusc.* t. I, p. 106-107, et 112-113; tandis que le premier représente *Apollon* et *Minerve*, *Vénus* et *Mars*, désignés chacun par leur nom étrusque, APLV, MENRFA, TVRAN et LARAN, et le second, *quatre personnages* pareils, disposés de même, mais sans inscriptions propres à les faire reconnaître. Le premier de ces miroirs a été publié de nouveau dans le *Mus. Kircher.* t. I, tab. XX, n. 11, avec une explication du P. Contucci, qui se ressent encore des fausses idées avancées par Gori, en ce que cet antiquaire y a vu *Apollon*, *Minerve*, *Vénus* et *Pâris*. J'ajoute que la fable de Pâris semble avoir jusqu'ici porté malheur aux antiquaires romains, d'après l'erreur qu'a commise encore le P. Contucci, en voyant *Pâris* et *Œnone*, *Pâris* et *Hélène*, sur deux autres miroirs du *Mus. Kircher.* t. I, tab. XII, 11, et XV, 1.

(2) Je continue de qualifier ainsi ces *miroirs*, malgré l'opinion différente exprimée à cet égard par M. K. Ott. Müller, *Götting. Anzeig.* 1828, St. 88, et 1830, St. 96, S. 953-956, et même malgré l'assentiment donné à cette opinion par un critique qui paraît aussi éclairé qu'impartial, dans le *Iahrb. f. Philol. u. Pädag. od. Krit. Bibl.* Bd III, Hft II, S. 346. Je pourrais me prévaloir à mon tour du suffrage de M. Grotefend, *Hall. Litt. Zeit.* 1830, n. 185, et *Seebod. Archiv*, 1829, S. 108: mais je me fonde sur des motifs particuliers, notamment sur la circonstance que des *miroirs* de ce genre ont été trouvés dans la plupart des *cistes* mystiques connues jusqu'à ce jour; j'en ai rapporté, dans une des notes précédentes, p. 263, not. 9, un exemple qui me dispense d'en citer d'autres. Je ne nie pas, d'ailleurs, que des miroirs d'usage domestique n'aient pu être placés, comme tant d'autres meubles ou objets servant à la toilette des femmes, dans les sépultures antiques; et je n'ignore pas les exemples qu'ont offerts de cette particularité les tombeaux découverts en divers endroits de la Grande-Grèce. Mais les opinions exclusives, telles que celles de M. Inghirami, qui ne voit par-tout que des *miroirs mystiques*, et de M. Ott. Müller, qui ne connaît que des *miroirs domestiques*, me semblent également contraires à la vérité, et la seconde, s'il est possible, encore plus que la première.

(3) *Pictur. veter. sepulcr. Nason.* tab. XXXIV.

(4) Voy. planche L, n. 1. Ce bas-relief sert de pendant à celui d'*Achille à Scyros*, que j'ai publié, pl. XII; et comme ce dernier, il est alongé, à ses deux extrémités, d'un certain nombre de figures ajoutées de main moderne, pour remplir la place que devaient occuper ces bas-reliefs antiques dans la décoration extérieure du palais. J'ai représenté à part, sous les nos 1A et 1B, ces additions modernes, dues peut-être au ciseau de l'Algardi, comme la plupart des restaurations de la villa Pamfili, et comme l'architecture même de cette villa.

eu précédemment à souffrir par l'effet de la vétusté ou par la main des hommes. Mais le messager des dieux n'en est pas moins facile à reconnaître, à la place même qu'il occupe ici, à son *attitude*[1] et à son geste expressif, absolument de la même manière qu'on le voit sur l'un des miroirs étrusques cités plus haut[2]. Le groupe qui suit offre *Vénus* qui s'approche, guidée par l'*Amour*, dans cet état de nudité qui devait assurer son triomphe, mais que l'art n'avait osé représenter, chez les anciens, qu'à l'époque où il avait abjuré ses habitudes graves et sévères, et renoncé, pour ainsi dire, comme la société elle-même, à tout sentiment de pudeur; c'est à savoir, à l'époque où l'art et la civilisation grecs penchaient déjà vers leur déclin; et il n'y a pas lieu d'être surpris que l'art des Romains, faible et tardif emprunt fait à la Grèce dégénérée, se soit attaché de préférence à des images de ce genre. *Junon* et *Minerve* viennent ensuite, caractérisées sur-tout par la part même qu'elles prennent à l'action, Minerve exceptée, qui porte la *lance* et le *casque*. Les personnages accessoires, distribués par groupes symétriques aux deux extrémités de la composition, représentent, à n'en pas douter, les *Nymphes* et les *Bergers* du mont Ida, dont la présence, suggérée par quelque tradition antique[3], est indiquée d'une manière à-peu-près pareille sur un autre monument d'époque romaine, sur une belle peinture de Pompéi[4]. Ce qui ne laisse aucun doute à cet égard, et ce qui prouve en même temps que notre bas-relief est emprunté de quelque composition célèbre, devenue chez les Romains le type de la représentation dont il s'agit, c'est qu'on en connaît une répétition, offrant, avec quelques variantes, le groupe principal de *Pâris*, *Mercure*, *Vénus* et l'*Amour*, ainsi que les *deux Figures de Nymphes* derrière Pâris. Ce bas-relief, encore plus maltraité par le temps que le nôtre, existait à Rome au XVIe siècle; il a été publié par Beger[5], qui l'avait tiré des manuscrits de Pighi; et j'ignore où se trouve aujourd'hui l'original: peut-être dans quelque obscur casin, ou dans quelque villa inaccessible, telle que la villa Ludovisi, où j'ai reconnu plusieurs des monumens publiés aussi par Beger, d'après ces mêmes manuscrits de Pighi. Quoi qu'il en soit, le rapport de ce monument avec le nôtre, dans le motif principal, suffit pour nous apprendre que l'un et l'autre avaient été exécutés d'après le même modèle, sauf ces différences de détail qui tiennent au goût particulier de l'artiste; et il y a tout lieu de croire aussi que ces deux répétitions d'un même type avaient eu une destination commune. Je ne sais, du reste, en quelle partie de notre bas-relief un habile antiquaire, M. Welcker, qui en fait mention[6], a cru découvrir la *figure*

(1) Cette attitude doit avoir eu, en effet, quelque intention positive, d'après le nombre si considérable des exemples que l'on connaît, par les vases peints, de personnages placés dans une circonstance semblable, qui est celle d'un *entretien animé*, et représentés toujours dans la même position. C'était une de ces attitudes créées ou popularisées par le talent de Polygnote, Pausan. x, 30, 1, dont la sculpture s'était emparée de bonne heure, et dont il nous est parvenu plus d'une répétition antique. Je me contenterai de citer la statue du jeune *Héros grec*, *Monum. du Mus. Napol.* t. II, pl. LII, et la figure d'un *Héros*, dans une attitude toute pareille, sur la belle ciste mystique du musée Kircher, t. I, tab. VII; et j'ajoute que Visconti a reconnu *Mercure*, à cette même attitude, employée avec cette même intention, dans une statue du musée Capitolin, t. III, pl. 61; voy. ses *Œuvres diverses*, t. IV, pl. XXI, p. 156-158.

(2) Voy. p. 261, note 4.

(3) Telle que celle-ci, d'un chœur d'Euripide, dont notre bas-relief semble être l'expression figurée, *Iphigen. in Aulid.* v. 182-4:

Ὅτ' ἐπὶ ΚΡΗΝΑΙΑΙΣΙ ΔΡΟΣΟΙΣ
Ἥρᾳ Παλλάδι τ' ἔριν, ἔριν
Μορφᾶς, ἁ Κύπρις εἶχεν.

(4) C'est celle dont il a été déjà question, p. 263, not. 2, et qui est publiée dans le *Real Mus. Borbon.* t. II, tav. LIX. Je m'éloigne ici de l'opinion de l'interprète napolitain, qui a vu, dans le groupe des *trois Bergers idéens*, les *Kurètes* ou *Korybantes*, habitans mythologiques du mont Ida; idée que rien ne justifie dans la manière dont sont représentés ces trois personnages, bien qu'elle ait obtenu l'assentiment de M. Inghirami, *Galler. Omer.* t. II, p. 36.

(5) *Bell. et excid. trojan.* tab. VII, n. 1; *Spicileg.* p. 135-6.

(6) Welcker, *ad* Philostrat. *Imagin.* p. 290.

de Jupiter assis, délibérant entre deux autres figures, ni quel rapport ce groupe de trois divinités olympiennes, supposé qu'il fût ici représenté, pourrait avoir avec la fable du jugement de Pâris. Il n'y a rien de semblable, à mon avis, ni sur le bas-relief Pamfili, ni sur celui de Beger; et c'est un point sur lequel je prends la liberté d'appeler de nouveau l'attention de M. Welcker.

On doit croire qu'il y eut, dans l'antiquité romaine, beaucoup de répétitions de ce sujet, l'un de ceux qui se prêtaient le mieux aux applications qu'on en pouvait faire sur tant de monumens nécessaires aux besoins d'une civilisation voluptueuse[1], et celui qui trouvait surtout l'emploi le plus favorable sur les monumens funéraires, par cette représentation même d'un mortel constitué juge suprême de la beauté de trois déesses, et comblé de tous les dons de la fortune et de l'amour; type si bien d'accord, en effet, avec toutes ces images de bonheur et de plaisir dont les anciens composaient la décoration habituelle de leurs sépultures, et ce que l'on pourrait appeler le roman figuré de l'autre vie. Or, il n'est pas douteux que notre bas-relief Pamfili, ainsi que l'autre bas-relief publié par Beger, n'aient eu, dans le principe, une destination funèbre, puisqu'ils offrent la dimension, le travail et le style de la plupart des bas-reliefs sculptés sur les sarcophages romains[2]. Il existe aussi en France, si toutefois l'usage barbare qu'on en a fait n'en a pas achevé la destruction, un bas-relief du même sujet, dont je ne puis parler que d'après le témoignage de Millin[3], et qui provenait sans doute d'un sarcophage; car on sait que c'est à cette classe de monumens qu'appartenaient originairement la plupart de ces bas-reliefs, qui se répètent par le choix des sujets et par la disposition des personnages, comme ils se ressemblent par toutes les conditions du travail. Tel doit avoir été l'emploi primitif d'un autre bas-relief de notre musée du Louvre[4], qui offre, dans l'ordonnance et dans la dimension des figures, tous les caractères des compositions destinées à orner la face principale du couvercle des grands sarcophages. C'est ce dont a fourni une preuve aussi décisive qu'intéressante l'un des magnifiques sarcophages trouvés à Bordeaux, dont la partie supérieure, divisée en deux compartimens au moyen d'un cartel resté lisse que soutiennent deux Génies ailés, présente, dans l'un de ces compartimens, la scène du *Jugement de Pâris*, figurée telle à-peu-près qu'on la voit sur cet autre bas-relief, pour le nombre et la disposition des personnages[5]; et si l'on ajoute à ce rapport, qui est sensible et positif, celui qui résulte de la dimension même des figures, ainsi que de la ressemblance de

(1) Parmi ces monumens, le plus remarquable à tous égards est le célèbre autel Casali, maintenant au musée du Vatican, sur l'une des faces duquel est sculptée la scène du *Jugement de Pâris*; voy. Orlandi, *Ragionamento*, etc. p. 25; Inghirami, *Galler. Omer.* Introduz. tav. IX. Il est inutile de parler des pierres gravées, plusieurs desquelles doivent être réputées des productions modernes, notamment l'intaille de la collection du prince Ludovisi, Visconti, *Oper. var.* II, 270. Je me contente de citer celles qui sont décrites par Winckelmann, *Pierr. de Stosch*, p. 354-5, en y ajoutant deux camées de la galerie de Florence, dont la composition est, à la vérité, plus remarquable que l'exécution, Zannoni, *Gall. di Firenz.* Ser. V, t. I, tav. 22, n. 1 et 2. Le *Jugement de Pâris* a servi aussi de type sur quelques médailles; j'ai déjà cité celle de Scepsis, à l'effigie de Caracalla; et l'on en connaît une autre d'Antonin, frappée à Alexandrie, avec ce type, Morell. *Spécim.* tab. XI; Zoëga, *Num. Ægypt.* p. 180. Le même sujet se trouve pareillement sur des lampes de travail romain, Passeri, *Lucern.* II, XVII; et pour ne rien omettre de ce qui peut s'y rapporter, j'indiquerai encore la représentation de cette scène mythologique sculptée sur le pommeau d'un parazonium, de travail romain, et publiée par M. Creuzer, *Abbildung. zu Symbolik*, pl. L, p. 19-21.

(2) Cela est du moins certain pour le bas-relief Pamfili, et conséquemment très-probable pour celui de Beger.

(3) Millin, *Voyage dans le midi de la France*, t. I, p. 263. Ce bas-relief était alors encastré, avec plusieurs autres, dans le mur d'un fossé plein d'eau, qui entoure une maison de campagne, à trois quarts de lieue de Dijon.

(4) Il est inséré dans le piédestal de la statue de Pan, Clarac, *Notice*, etc., n. 506, p. 206; et publié parmi les *Monum. du Mus. Napol.* t. II, pl. LVIII.

(5) Voy. planche LXXVI, n. 1. Le sarcophage dont ce bas-relief fait partie se voit maintenant au musée du Louvre; il est décrit dans la *Notice* de M. de Clarac, sous le n° 347.

style et de travail, il sera démontré qu'une scène si bien d'accord avec la représentation principale de ce sarcophage, *Endymion visité par Séléné*, ne put avoir, dans les nombreuses applications qu'en fit l'art antique, qu'une intention funéraire, chez les Grecs, qui en ornaient les vases déposés dans les tombeaux, aussi bien que chez les Romains, qui la sculptaient sur le devant des sarcophages.

Je ne m'éloignerai pas trop de mon sujet, en faisant connaître un monument qui se rattache indirectement à la fable du *Jugement de Pâris*, et qui offre d'ailleurs une composition si gracieuse, qu'on ne pourrait me savoir mauvais gré de le publier, fût-il plus étranger encore au principal objet de ces recherches. C'est une peinture antique que nous offre un vase grec; et ce vase, d'une fabrique charmante, d'un style de dessin qui dénote une belle époque de l'art, et d'une forme qui m'autorise à le ranger dans la classe des vases destinés à la *toilette* des femmes grecques et à l'ornement de leur habitation [1], est une des productions de la céramique grecque les plus élégantes qui soient encore sorties des fouilles de Nola [2]. Je crois y reconnaître *Hélène* occupée à se parer, au milieu de ses femmes, chargées du soin de sa toilette, et en présence de *Pâris*.

L'héroïne est assise sur un *lit nuptial*, *κλίνη νυμφική* [3], dont la base est ornée d'oves, et qui est garni de riches tapis, d'étoffes phrygiennes. Elle n'a pour vêtement qu'un simple péplus, qui ne sert qu'à relever les charmes de sa personne, en laissant découvertes presque toutes les formes de ce beau corps; mais les bijoux dont elle est parée, le *double cercle d'or* qu'elle porte à chaque bras, son *collier* et son *diadème ornés de perles*, témoignent assez qu'elle n'a négligé aucun des moyens de plaire qu'elle pouvait emprunter au luxe asiatique. D'une main, elle s'appuie nonchalamment sur un coussin, et, de l'autre, il semble qu'elle vienne de donner les derniers ordres qui s'exécutent pour achever sa toilette. C'est ce qu'indique la manière dont elle abandonne son pied gauche, nu encore, à l'une de ses femmes agenouillée devant elle, qui lui attache sa chaussure [4], tandis qu'une autre femme, debout auprès du lit, se dispose à placer sur le front de sa maîtresse une *couronne de myrte*. Sur un plan plus élevé, est assise une troisième femme, qui tient de la main droite un de ces *miroirs d'or*, *χρυσέων ἐνόπτρων*, si chers aux femmes troyennes [5], et sur la main gauche la *pixis*, ou le *coffre aux bijoux*, dont le

(1) Ces sortes de vases, qu'on pourrait appeler d'un nom générique, *Κοσμητικά*, *vases de toilette*, composaient une classe nombreuse, qui se distinguait sans doute par l'élégance et la variété des formes, autant que par la grâce des sujets qu'on y représentait. Une des formes les plus communément employées à cet usage, paraît avoir été celle de Κάλπις, qui se rencontre souvent parmi les vases de fabrique de Nola, découverts à Nola même; voy. les *Recherches sur les noms des vases*, p. 8. Il s'en trouve un, d'un dessin et d'une fabrique charmante, dans la belle collection de M. Durand, qui mérite d'être décrit en quelques mots. On y voit une *jeune Femme assise*, tenant de ses deux mains un *rouleau déployé*, où se lisent quelques caractères, qui semblent appartenir au mot ΚΟΣΜΗ[ΤΙΚΑ], et une autre *Femme*, debout, tenant de la main droite un *lékythos*, qu'elle présente à sa compagne; sujet si bien d'accord avec la forme même du vase, et avec l'inscription que j'ai cru y découvrir, qu'on ne saurait guère douter que ce ne soit là en effet un de ces *vases de toilette*, si chers aux femmes grecques, où elles plaçaient leurs bijoux, et qui les suivaient jusque dans la tombe.

(2) Voy. planche XLIX A.

(3) Tel que celui sur lequel était assise la belle Roxane, dans le célèbre tableau d'Aëtion, dont nous devons une charmante description à Lucien, *Aëtion*. 3, IV, 119-121, ed. Bipont. Le modèle de ce meuble paraît avoir été le *lit* consacré à Junon, dans le vestibule de son temple d'Argos, Pausan. II, 17, 3; voy. Boettiger, *Aldobrand. Hochz.* p. 143. On sait, d'ailleurs, qu'il existait, dans tous les temples de quelque importance, un plus ou moins grand nombre de ces sortes de meubles employés aux *Pompes sacrées*, tels que les *lits*, *trônes* et *siéges* de diverse espèce, de bronze ou de bois, *βάθρα*, *θρόνοι*, *δίφροι*, dont il est fait mention dans la curieuse inscription d'Ægine, *apud* Ott. Muller. *Æginet.* p. 160.

(4) Le motif contraire, celui de *détacher la chaussure*, était exprimé, dans le tableau d'Aëtion cité à la note précédente, d'une manière qui devait produire un groupe charmant, dont l'intention, aussi délicate que voluptueuse, est très-bien rendue dans ce peu de mots de Lucien : Ὁ δέ τις (Ἔρως), *μάλα δουλικῶς ἀφαιρεῖ τὸ σανδάλιον ἐκ τοῦ ποδὸς, ὡς κατακλίνοιτο ἤδη.*

(5) Euripid. *Hecub.* 913. Ailleurs, le même poète parle encore de ces *miroirs d'or*, *χρύσεα ἔνοπτρα*, qui faisaient les *délices des*

couvercle levé témoigne qu'on vient d'en tirer la parure d'Hélène. Pour couronner cette scène, empreinte de toute la grâce et, si je puis m'exprimer ainsi, de toute la coquetterie de l'art grec, il eût manqué quelque chose sans la présence de deux personnages qui devaient en être naturellement les témoins : l'un est l'*Amour*, ou *Génie ailé*, qui vole au-dessus d'Hélène, en tenant de ses deux mains une *bandelette déployée;* l'autre est le *Héros troyen*, debout à quelque distance, qui semble ne pouvoir être que *Pâris*, absorbé dans la contemplation d'Hélène. Il n'est pas jusqu'aux objets accessoires tracés dans le champ de la peinture, qui n'aient été choisis avec autant de goût que de discernement, pour aider à l'intelligence du sujet et pour en orner la scène. Ce sont un *candélabre* en forme de *cep de vigne*, supportant une *patère*, *πινάκιον*, *superficies*, où brûlent des parfums, et une *colombe*, avec une *sphæra;* deux des symboles les plus propres, en effet, à caractériser les jeux et les habitudes des jeunes femmes grecques de l'époque héroïque[1]; en sorte qu'il n'est aucun détail de cette charmante peinture qui ne serve à en motiver l'idée principale, dans l'hypothèse que j'ai présentée.

Je ne me dissimule cependant pas qu'on pourrait y voir *Vénus*, parée de la main des *Nymphes*, ou des *Grâces*, ses compagnes ordinaires, sous les yeux de l'*Amour*, qui la couronne, en présence d'*Adonis* ou d'*Anchise*, deux personnages à chacun desquels conviendrait également le costume du Héros phrygien, la *mitre*, avec les *brodequins*. Mais, outre qu'il ne paraît pas que l'art ait jamais fait beaucoup d'usage du mythe oriental de Vénus et d'Adonis[2], ni même de la fable des amours de Vénus et d'Anchise[3], on a pu se convaincre, par d'autres peintures de vases grecs, que ces scènes de toilette, appliquées à divers sujets mythologiques, étaient devenues un type de composition propre à ce genre de monumens. Tel est, pour n'en citer ici qu'un exemple, le plus intéressant peut-être qui nous soit parvenu, le beau vase de la collection Koller, maintenant au musée de Berlin, représentant les *Noces d'Hercule et d'Iole*, où la *jeune Héroïne*, ΙΟΛΕ, assise sur un *lit*, au-dessus duquel vole l'*Amour ailé*, ΕΡΩΣ, forme, avec les *Grâces*, ΧΑΡΙΤΕΣ, occupées à sa toilette, un groupe semblable à celui de notre vase, et certainement conçu dans le même ordre d'idées[4]. Mais je puis alléguer, en faveur de mon explication, un témoignage qui s'y applique directement; c'est celui d'une peinture célèbre de Polygnote, qui offrait le même sujet que notre vase, composé à-peu-près de la même manière, et presque avec les mêmes personnages, autant qu'il est permis d'en juger d'après la description de Pausanias; voici ce passage curieux[5].

Trois Femmes, *Briséis*, *Diomédé* et *Iphis*, debout à diverses hauteurs, assistaient à la *toi-*

jeunes vierges, *παρθένων χάριτας*, et que les captives troyennes se désolaient d'avoir à porter devant Hélène, *Troad.* 1107.

(1) Voy. les observations faites plus haut, p. 259, not. 1.

(2) J'en ai déjà fait la remarque, *Orestéide*, p. 170, note 5.

(3) On n'est même pas d'accord, parmi les antiquaires, si le célèbre bas-relief de M. Hawkins a rapport à la fable de *Vénus* et d'*Anchise*, ou s'il représente *Vénus* et *Pâris;* voy. ce qui a été dit au sujet de ce monument, *Achilléide*, p. 63, note 1. J'ajoute ici qu'en le reproduisant de nouveau dans sa *Galerie homérique*, tav. CLXXXIX, t. II, p. 141-3, M. Inghirami s'est décidé en faveur de la première opinion, par des motifs qui peuvent sembler plausibles, mais non pas encore d'une manière tout-à-fait péremptoire.

(4) Je dois à l'amitié de M. de Steinbüchel un calque de ce vase, l'un des plus beaux peut-être qui soient jamais sortis des manufactures de Nola. La scène principale, relative aux *Noces d'Hercule* et d'*Iole*, y est représentée dans la partie supérieure. Il y manque malheureusement, du côté gauche de cette peinture, un groupe correspondant à celui de *Vénus*, ΑΦΡΟΔΙ.., avec l'*Amour ailé*, ΕΡΩΣ, *debout*, *sur les genoux de sa mère*, groupe qui se voit au côté droit. La peinture du rang inférieur, qui est aussi endommagée en partie, présente *Apollon*, ΑΠΟΛΛΩΝ, et *Diane*, ΑΡΤΕΜΙΣ, *tenant deux flambeaux*, puis *deux Femmes*, sans doute les *deux Heures*, désignées par leur nom, ΕΥΝΟΜΙΗ et ΕΥΡΥΘΜΙΗ, qui précèdent le *char de Bacchus*, l'une tenant un *flambeau* et un *tympanum*, l'autre répandant de l'encens sur un candélabre.

(5) Pausan. X, 25, 2 : Βρισηὶς δὲ ἑστῶσα, καὶ Διομήδη τε ὑπὲρ αὐτῆς, καὶ Ἶφις πρὸ ἀμφοτέρων, ἐοίκασιν ἀνασκοπουμέναις τὸ Ἑλένης εἶδος. ΚΆΘΗΤΑΙ δὲ αὐτή τε ἡ ἙΛΈΝΗ, καὶ Εὐρυβάτης πλησίον... Θεράπαινα δὲ Ἠλέκτρα καὶ Πανδαλὶς, ἡ μὲν τῇ ἙΛΈΝῌ ΠΑΡΈΣΤΗΚΕΝ, ἡ δὲ ὙΠΟΔΕΙ͂ ΤῊΝ ΔΈΣΠΟΙΝΑΝ ἡ Ἠλέκτρα.

lette d'Hélène; dont elles semblaient contempler la beauté avec admiration. *Hélène* elle-même était *assise entre deux de ses Femmes, Électra* et *Panthalis*, celle-ci, *debout à côté de sa maîtresse*, l'autre, *Électra*, dans une position différente, *attachant sa chaussure*. Près d'Hélène, se trouvait le héraut d'Ulysse, *Eurybatès*, autant qu'on pouvait le présumer, attendu qu'il était représenté *imberbe*; et plus haut, était assis un personnage, *vêtu d'une himation de pourpre*[1], la tête inclinée et l'air abattu, qui se reconnaissait, à cette expression de sa physionomie, pour *Hélénus*, fils de Priam, même avant d'avoir lu l'inscription qui le désignait : tel était ce tableau de Polygnote.

Il n'est pas nécessaire d'insister longuement sur les rapports qu'offre cette description de Pausanias avec la peinture de notre vase. Le groupe principal d'*Hélène assise entre deux de ses Femmes, l'une debout, l'autre attachant sa chaussure*, se montre, dans le récit de l'écrivain, tel absolument que nous le voyons figuré sur le vase; de manière que le texte de l'un pourrait servir à l'explication de l'autre. Une ressemblance si positive, sur un point si essentiel, permet d'attacher peu d'importance à des différences plus ou moins graves dans le choix et dans la disposition des personnages secondaires. La présence d'une troisième *Femme*, *Æthra* ou *Clyméné*[2], et celle de l'*Amour*, volant au-dessus d'Hélène, sont deux élémens naturels d'un pareil sujet, habituellement employés dans le système des représentations des vases peints. La figure du héros troyen semble s'éloigner davantage de la composition primitive; mais la substitution de *Pâris* à *Eurybatès* ou à *Hélénus* entrait si bien dans les données de ce sujet, qu'il ne saurait résulter de cette circonstance une difficulté sérieuse. Je serais donc suffisamment autorisé à croire que le dessin de notre vase nous aurait conservé le trait d'une peinture de Polygnote, dans son motif principal, avec quelques-unes de ces variantes de détail, qui tenaient au caprice particulier de l'artiste, et à la nature même de cette sorte de monumens, exécutés en fabrique; et si l'on adoptait cette conjecture, on aurait ici un argument de plus à l'appui de l'opinion, d'ailleurs si vraisemblable en elle-même, qui considère la plupart des sujets héroïques, représentés sur les vases peints, comme autant de réminiscences de compositions d'un ordre plus élevé; images bien imparfaites sans doute d'originaux excellens, exécutées avec toute la liberté du goût individuel, avec plus ou moins de l'incorrection attachée à ce genre de travail, mais qui n'en seraient pas moins précieuses, pour nous avoir transmis, dans de simples traits, quelques-unes des pensées de l'ancienne peinture grecque.

Je ne dirai qu'un mot sur la peinture qui orne l'autre côté de notre vase, et dont l'exécution, bien moins soignée, se trouve d'accord avec la place qu'elle occupe. On y voit une *Femme*, dans le costume des matrones grecques, avec un *éventail* à la main, *assise* sur un *siége à dossier*[3], entre une *Femme debout*, qui tient de ses deux mains une *bandelette déployée*, et un *jeune Homme*, qui s'appuie de la main gauche sur le *bâton noueux* des Éphèbes[4]. Au-dessus

(1) Je traduis littéralement les expressions grecques, *πορφυρεῦν ἀνὴρ ἀμπεχόμενος ἱμάτιον*, et je n'ai pas besoin d'observer que l'*himation* était ce *petit péplus*, ou *manteau court*, seul vêtement que portent habituellement les héros grecs, sur les vases peints. En traduisant ainsi ce passage : *Un homme vêtu d'une tunique de pourpre*, feu Clavier a confondu évidemment l'*himation* et le *chitôn*, le *manteau* et la *tunique*, deux vêtemens tout-à-fait différens; et il a commis une de ces méprises auxquelles sont trop souvent exposés les plus habiles philologues, généralement peu versés dans l'étude de l'antiquité figurée.

(2) Ce sont les noms homériques des *deux servantes* d'Hélène, *Iliad.* III, 144; Hygin les nomme *Æthra* et *Thysadie*, *Fab.* LXXIX.

(3) C'est le meuble qui est désigné en ces termes : *βάθρον ἀνάκλιον ἔχον*, sur la curieuse inscription d'Égine, *apud* Ott. Muller. *Æginet.* p. 160, et qui s'appelait proprement *κλισμός*, *ἀνάκλιτος δίφρος*, et *ἀνακλιντήριον*; voy. Chimentel. *Marm. Pisan. de Honor. Bisell.* p. 141.

(4) Au sujet de ce *bâton*, attribut des *Éphèbes*, voy. ce qui a été dit plus haut, p. 253, note 1. L'*oiseau*, placé au-dessus de la tête de ce personnage, le caractérise aussi comme *Éphèbe*; de

de la Femme assise, vole un *Amour, ou Génie ailé,* qui pose une *couronne de myrte* sur sa tête, et qui tient de l'autre main un *alabastron.* C'est une de ces scènes à-la-fois mystiques et familières, qui se reproduisent si souvent sur les vases grecs, dans un rapport plus ou moins direct avec la peinture principale. Mais ici l'accord est frappant, et il devient curieux, en ce que cette peinture reproduit à-peu-près la même image sous une forme différente, et qu'elle est pour ainsi dire la traduction, en style hiératique, du trait que nous avons vu représenté sous le costume héroïque.

§ III.

Je n'aurais jamais osé me flatter d'une circonstance aussi heureuse que celle qui me procure l'avantage de publier deux monumens uniques dans leur genre, inestimables sous le rapport de la matière et du travail, et destinés en quelque sorte à devenir, au moment même de leur apparition, le principal ornement de ce recueil, par la représentation qu'ils nous offrent des dernières scènes de la guerre de Troie. Ce sont deux *vases d'argent,* qui faisaient partie d'une collection considérable d'objets antiques de ce métal, enfouie sans doute à l'une de ces époques de trouble qui signalèrent la chute de l'empire romain, et retrouvée à-peu-près intacte à la place où elle avait été déposée, entre quatre briques romaines, dans un champ de notre ancienne province de Normandie[1]. Ce n'est pas ici le lieu de parler du mérite de cette collection, qui nous a restitué toute une branche de l'art antique, et qui mérite d'être l'objet d'un travail particulier. Je me suis déjà occupé de ce travail, et j'en publierai les résultats, accompagnés de dessins exacts de tous les monumens qui en ont fourni la matière, aussitôt que les circonstances pourront me le permettre. Je dois me borner, quant à présent, à faire connaître deux des principaux vases de la collection, dont la représentation se rapporte directement à mon sujet.

Ces vases, que j'ai pu nommer *homériques,* à raison des sujets qui s'y voient figurés, sinon à cause des inscriptions qui s'y lisent[2], sont des *préféricules,* οἰνοχόαι, de la forme la plus élégante, et d'une proportion qui surpasse tout ce que nous possédons de vases de cette forme et de ce métal[3]. La matière consiste en une lame d'argent assez mince, travaillée *au repoussé,* c'est-à-dire par ce procédé du *sphyrélaton,* qu'on savait, par de nombreux témoignages, avoir été employé presque dès l'enfance de l'art grec, et jusque dans les derniers temps de l'empire romain[4], mais dont il ne nous avait pas encore été donné de recueillir des monumens aussi

même que la *sphæra,* tracée dans le champ de la peinture, derrière la Femme assise, et qui est un des symboles les plus habituellement employés sur les vases peints, pour indiquer les jeux et les exercices de la jeunesse grecque des deux sexes; j'en ai déjà fait l'observation, pag. 259, not. 1.

(1) J'ai donné les détails de cette découverte dans un *Rapport* lu à l'Académie des Belles-Lettres, en sa séance du 2 juillet 1830; et j'ai publié dans le *Journal des Savans,* n[os] de juillet et d'août de la même année, une *Notice des principaux objets de la collection.* Il en a été fait aussi mention, mais d'une manière trop superficielle, et d'après un aperçu trop rapide, dans le *Bullettino dell' Instituto di corrisp. archeol.* 1830, *maggio,* p. 97-111.

(2) C'est d'après l'exemple de Suétone, *in Neron.* c. XLVII: *duos scyphos homericos,* que j'ai cru pouvoir me servir ici de cette qualification de *vases homériques,* bien que l'écrivain latin explique d'une autre manière, *par la gravure de quelques vers d'Homère,* à *cælaturâ carminum Homeri,* l'expression qu'il met dans la bouche de Néron; cependant, comme les vases dont il s'agit étaient *de cristal,* Plin. XXXVII, 2, Suétone pourrait bien avoir commis ici une méprise, quoique nous sachions d'ailleurs, par le témoignage d'Athénée, XI, 30 et 77, qu'il existait dans l'antiquité grecque toute une classe de vases, généralement *d'argent,* nommés γραμματικά, parce qu'ils portaient des *lettres gravées,* γράμματα ἐγκεχαραγμένα. J'observe, du reste, que M. Ott. Müller a entendu comme moi l'expression de *scyphi homerici* employée par Suétone; voy. son *Handbuch der Archäolog.* § 415, 1, p. 574.

(3) La hauteur est de neuf pouces et demi, le diamètre, de cinq pouces et demi, et le poids, de quatre livres quatre onces.

(4) Il est question, dans une épigramme de l'Anthologie, d'une statue d'or exécutée par ce procédé, χρυσῆ σφυρήλατος, Brunck, *Analect.* II, 488.

instructifs, aussi propres à justifier sur ce point la tradition de l'antiquité. Les expressions qui servent à désigner, sur un assez grand nombre de marbres antiques, d'époque romaine, l'espèce de travail dont il s'agit et la classe d'artistes qui s'y livraient, avaient même besoin de l'apparition de nos monumens, pour acquérir toute leur importance archéologique. Cette branche de l'art, qui s'appelait, en général, *cœlatura*, et qui s'exerçait principalement *sur l'argent*, se subdivisait en plusieurs genres d'industrie, tels que l'*ars bractearia*, dont il est parlé sur une inscription [1]; et les artistes qui le pratiquaient, s'appelaient *Bractearii*, ou *Bractearii Aurifices* [2], comme on l'apprend encore par des marbres antiques. Il est question aussi, sur une curieuse inscription latine, d'un *Trilor Argentarius* [3], qui ne peut être qu'un de ces artistes romains voués à la même profession, que Pline avait sans doute aussi en vue, lorsqu'il se servait du mot de *Crustarius* [4]. Mais les termes employés le plus généralement pour désigner cette classe d'artistes, à raison des objets mêmes qui exerçaient principalement leur talent, et qui consistaient en *vases* de toute espèce, étaient ceux de *Vascularii*, ou *Fabri Argentarii* [5], titre qui s'applique indubitablement aux auteurs de nos *vases d'argent*, et qui devra désormais être rétabli dans l'histoire de l'art antique, avec le degré d'estime qu'il comporte, et que le mérite éminent de ces vases nous permet aujourd'hui de déterminer d'une manière sûre et positive.

Malheureusement, dans l'état où se sont retrouvés les deux vases qui nous occupent, avec leurs membres divers, détachés par l'effet du temps qui en avait détruit les soudures, et avec des dégradations plus ou moins graves, résultant en partie d'actes de violence exercés, dans l'antiquité même, sur le *trésor* dont ils faisaient partie [6], nous ne pouvons apprécier aujourd'hui tout le mérite qui brillait dans leur exécution. Un de ces vases a pu seul être restauré sans qu'on ait à y regretter la perte d'une seule figure; mais le second a reçu de la barbarie des hommes des atteintes qu'il ne sera sans doute jamais possible de réparer, bien que la composition elle-même n'ait pas considérablement souffert. Ces deux vases se correspondent, du reste, si exactement, sous tous les rapports de la forme, de la composition et du travail, qu'il est évident qu'ils avaient été fabriqués dans le même atelier et par la même main, pour servir de *pendans* l'un à l'autre, suivant l'usage qui paraît avoir été pratiqué à l'égard de ces sortes de vases d'argent, et dont il nous est resté plus d'un témoignage antique [7]. Ce n'est pas ici le lieu d'entrer dans tous les détails que comporterait la descrip-

(1) Dans Spon, *Miscellan.* p. 220, en lisant : ARTIS BRACTEARIÆ, au lieu de : ARTIS CARACTEARIÆ, qui n'est évidemment qu'une leçon vicieuse; voy. ma *Lettre à M. Schorn*, pag. 56, n. 3.

(2) Gruter, p. MLXXIV, 12; conf. Visconti, *Monumenti del Mus. Jenkins*, cl. I, n. 5.

(3) Reines. *Inscript.* cl. XI, n. XCVII, p. 643; Spon, *Miscellan.* p. 219. Cette inscription, qui faisait partie de la collection Farnèse, se trouve maintenant dans le musée Bourbon, à Naples, et M. Guarini l'a reproduite dans ses *Selecta quæd. Monum.* n. XVII, p. 55-56, Napoli, 1825, 8°.

(4) Plin. XXXIII, 12, 55.

(5) J'ai essayé d'établir les notions qui concernent ce point d'archéologie, dans ma *Lettre à M. Schorn, sur quelques noms d'artistes omis ou insérés à tort dans le Catalogue de M. Sillig*, p. 68-72, et j'ai indiqué, aussi exactement qu'il m'a été possible de le faire, tous les noms d'artistes auxquels pouvait s'appliquer la qualification dont il s'agit, d'après les témoignages et les monumens antiques qui nous restent. Je n'aurais donc rien de plus à ajouter, outre que ce ne serait pas ici le lieu, et que je m'occupe d'un travail particulier sur la *sculpture en argent*, où il y aura place pour de nouveaux détails; mais je profite de cette occasion, pour réparer une omission que j'ai commise, et pour rétablir dans cette liste d'anciens artistes, *fabricans de vases* ou *objets d'argent*, le P. Silius Victor, qualifié *Trilor Argentarius* sur l'inscription latine du musée Bourbon, citée plus haut, note 3.

(6) Outre les témoignages que j'ai cités dans ma *Notice*, p. 2, concernant les *trésors* des temples antiques, on peut voir l'extrait que nous a conservé Athénée d'un passage de Polémon, où il est question de quelques-uns de ces *trésors*, formés à Olympie, et consistant presque entièrement en *vases d'argent*, tels que celui des Métapontins, *apud* Athen. XI, c. 59, p. 480, F : *Ἐν ᾧ φιάλαι ἀργυραῖ ἑκατὸν τριάκοντα δύο, οἰνοχόαι ἀργυραῖ δύο, ἀποθυσάνιον ἀργυροῦν, φιάλαι τρεῖς ἐπίχρυσοι.*

(7) Ces sortes de vases *doubles* ou *pendans*, formaient ce que

tion complète de ces monumens, envisagés sous le rapport de l'art qui les a produits. Je me bornerai à remarquer, relativement au mode particulier dans lequel ils ont été exécutés, le mélange d'*argent* et d'*or*, qui tient au système de la sculpture polychrôme. Tous les *nus* des figures ont la couleur naturelle de l'argent, tandis que les *armes* et les *vêtemens* sont dorés; mélange plein d'harmonie, de richesse et de goût, dont la *Toilette d'une dame romaine* n'avait pu nous donner qu'une idée imparfaite, parce qu'elle appartient aux temps de la décadence de l'art, tout en nous apprenant combien le système même sous l'empire duquel elle avait été produite, était profondément enraciné dans les habitudes de l'art et de la société antiques.

Quant au style dans lequel sont traités les sujets de nos vases homériques, l'examen approfondi que j'en ai fait n'a pu que me confirmer dans l'opinion que j'avais d'abord exprimée à cet égard. Le dessin a de la pesanteur, et certains détails accusent une époque romaine; mais la composition entière provient certainement de l'école grecque; et je serais très-disposé à croire que la fabrication en appartient à un âge peu éloigné de celui que Pline nous a signalé comme l'époque de la prospérité de cette branche de l'art chez les Romains; je veux dire au siècle qui suivit immédiatement celui de Pompée[1]. On sait à quel point les anciens aimaient et recherchaient ces sortes de vases d'or ou d'argent, ornés de sujets historiques en bas-relief[2]; et l'on sait aussi que, parmi ces sujets, il n'y en avait pas d'aussi populaires et d'aussi favorables à l'imitation que ceux qui étaient puisés dans les traditions homériques, tels, par exemple, que la *Prise de Troie*, sculptée sur un *scyphus héracléotique* par le célèbre Mys, d'après un dessin de Parrhasius[3]. Le même goût régna chez les Romains, à en juger d'après le petit nombre d'exemples que Pline nous en fait connaître, et avec lesquels se sont trouvés d'accord les rares monumens qui nous restent; témoin le vase Corsini, qui paraît être une copie, ou du moins une imitation d'un vase célèbre de Zopyrus; le disque d'argent du comte de Strogonof, représentant la *Dispute d'Ulysse et d'Ajax pour les armes d'Achille*[4], et le vase de l'*Apothéose d'Homère*, du musée de Naples. C'est dans cette classe que je rangerais nos deux préféricules, c'est-à-dire que je les considérerais comme ayant été exécutés d'après quelque excellent modèle grec, à une époque romaine, probablement vers le règne de Claude ou de Néron, en me fondant, à cet égard, sur l'inscription votive qui s'y lit, en lettres tracées à la pointe, de belle forme, et qui est ainsi conçue : MERCVRIO. AVGVSTO. Q. DOMITIVS. TVTVS. EX VOTO[5].

Quoi qu'il en soit, je ne me suis proposé en ce moment que de considérer nos deux vases d'argent sous le rapport des sujets qui s'y voient représentés, et qui les rangent, à quelque époque qu'ils aient été exécutés, dans la classe des monumens homériques[6]. Pour

l'on appelait à Rome *par* ou *synthesis*, Plin. XXXIII, 12; voy. à ce sujet les observations de Visconti, *Mus. P. Clem.* t. V, p. 45, not. *c*, et celles de M. Boettiger, *les Furies*, p. 62, not. 101, trad. franç.

(1) Plin. XXXIII, 12.

(2) Athen. XI, 17 : *Ὅτι διὰ σπουδῆς εἶχον οἱ ἀρχαῖοι ἐγκόλαπτον ἱστορίαν ἔχειν ἐν ἐκπώμασιν.* Athénée cite, au nombre des artistes qui se distinguèrent le plus dans ce genre de travail, Kimôn et Athênoclès, le dernier desquels figure aussi dans sa liste des plus célèbres Graveurs, *ἔνδοξοι Τορευταί*, *ibid.* c. 19.

(3) Athen. *ibid.* 19 : *Οὐ εἴδομεν σκύφον Ἡρακλεωτικὸν τεχνικῶς ἔχοντα* ΙΛΙΟΥ *ἐντετορευμένην* ΠΟΡΘΗΣΙΝ, *κ. τ. λ.*

(4) Millin, *Galer. mythol.* pl. CLXXIII, n. 629. M. Inghirami, qui a reproduit en dernier lieu ce monument, *Galler. Omeric.* tav. CX, a cru y voir *Ulysse et Diomède offrant à Minerve la dépouille de Dolon*, t. I, p. 204 : interprétation qui me paraît inadmissible; et je vois qu'un habile antiquaire, M. Éd. Gerhard, en a jugé de même, *Bullet. dell' Instit.* etc. 1832, p. 125.

(5) Le nom d'un *Tutus Catallus, citoyen de Troyes*, se lit sur une inscription romaine de Lyon, Gruter, CCCLXXXVI, 8; Muratori, MLXXXVIII, 7; voy. sur cette inscription, Millin, *Voyage dans le midi de la France*, I, 448-50. Le prénom *Domitius* semble indiquer une époque voisine de celle de Néron.

(6) Voy. les planches LII et LIII.

bien saisir l'ensemble de ces deux compositions, l'une et l'autre si considérables par le nombre et la disposition des personnages, il est nécessaire de se fixer sur un point important; c'est la correspondance exacte de forme et de décoration qui existe entre les deux vases, et qui suppose une analogie complète dans le système de représentation. Or, le premier de ces vases offre bien évidemment *deux actions*, ou *scènes* distinctes, représentées par une série continue de personnages, et cela, de manière que les deux actions, opposées l'une à l'autre, occupent chacune la moitié juste de la circonférence du vase, dans la partie la plus renflée du sphéroïde. La même correspondance devra donc se rencontrer sur l'autre vase, où nous voyons la même disposition générale dans le sens où les personnages sont placés les uns par rapport aux autres, et dans le mouvement de la composition entière. Nous y reconnaîtrons, en effet, deux scènes épiques qui se répondent et se balancent parfaitement quant au choix des sujets, de même que pour le nombre et l'attitude des personnages. Une autre particularité commune aux deux vases, dont il convient de faire ici mention, attendu qu'elle tient uniquement à la décoration, c'est que l'anse était fixée sur un *masque bachique*, caractérisé par tous les traits d'une *tête de Silène;* et il est évident que ce motif d'ajustement, tiré de la nature même du vase, répondait à sa forme d'*œnochoë*[1], par une de ces combinaisons ingénieuses qui distinguent toutes les productions de l'art antique, sans qu'on ait besoin de recourir, comme on l'a fait au sujet de ce *masque bachique*, en y voyant une *tête de Phobos*, et en lui attribuant une intention symbolique, à des suppositions que rien ne motive et ne justifie. J'arrive maintenant à la description de nos vases, en commençant par celui dont l'intégrité rend l'interprétation plus facile.

Le bas-relief se compose de *vingt-deux figures*, distribuées par égale moitié sur chacun des hémisphères du globe qui forme la partie principale du vase, et représentant deux scènes bien distinctes; la première a rapport au deuil occasionné par la *Mort de Patrocle;* la seconde, à la *Rançon d'Hector;* et il serait difficile d'imaginer, pour deux sujets qui se correspondissent plus exactement, une disposition plus heureuse, plus naturelle, plus pittoresque, et en même temps plus symétrique.

Le corps de *Patrocle*, enveloppé d'un *linceul*[2], est étendu sur un rocher; sa figure est *imberbe;* trait caractéristique qui avait sans doute ici pour objet de prévenir toute méprise[3].

(1) C'est ainsi, pour n'en citer qu'un seul exemple, que les anses du vase Portland sont fixées sur des *masques de figure marine*, conformément au sujet même de la représentation; observation qui était bien aisée à faire, et qui a pourtant échappé à tous les antiquaires, dans la préoccupation où les a jetés la signification mystérieuse qu'ils attribuaient à ces masques.

(2) Cette sorte de vêtement mortuaire est précisément le φᾶρος ταφήϊον, λεπτὸν καὶ περίμετρον, que tisse Pénélope de ses propres mains, et qu'elle destine au vieux Laërte, *Odyss.* II, 97-99. Æschyle l'appelle proprement χλαῖνα, *Agamemn.* 874, et ailleurs, *Coëphor.* 990, il le désigne par cette périphrase : νεκροῦ ποδένδυτον δροίτης κατασκήνωμα. C'était un *manteau très-ample*, à en juger par l'expression de διπλόον εἷμα, d'une épigramme de l'Anthologie, Brunck, *Analect.* II, 101, qui répond à ces paroles d'Euripide, *Hecub.* 1143 : πέπλοις ὡς περιβλήδην τεκών, *Electr.* 1236 : πέπλοις κάλυπτε; voyez encore ce que dit le même poëte, au sujet de ce *linceul*, qu'il appelle, un peu emphatiquement, θανάτου περιβόλαια, et Ἅιδου περιβολάς, *Hercul. Fur.* v. 543 et 556. Suivant le scholiaste de Lucien, c'était un vêtement d'une *étoffe noire*, *ad Philopseud.* t. VII, p. 285, ed. Bipont.; notion qui ne se rapporte pas sans doute aux temps de la haute antiquité, et qui n'est pas d'accord avec les faits constatés par des découvertes récentes. Du reste, l'usage de représenter l'*ame*, après sa séparation d'avec le corps, *enveloppée d'un long manteau*, φᾶρος ταφήϊον, ou ἐντάφιον, telle qu'on la voit, entre autres exemples, sur le célèbre bas-relief de Protésilas, Winckelmann, *Monum. ined.* n. 123; Visconti, *Mus. P. Clem.* V, XVIII; cet usage, dis-je, tient évidemment à la pratique dont il vient d'être question.

(3) Malgré cette précaution de l'artiste, on a vu ici, mais, à la vérité, sans la moindre raison, *les principaux Troyens pleurant autour du cadavre d'Hector*, *Bullet. dell' Instit. di corrisp. archeol.* t. II, p. 100. J'observe que les anciens artistes représentaient *Patrocle* tantôt *imberbe*, et tantôt barbu, ainsi qu'on en a des exemples sur la *kylix* de Sôsias, *Monum. pubblic. dall' Instit. archeol.* tav. XXV, et sur celle d'Euxitheos, *Vases étrusq. du Pr. de*

Autour du héros mort, avec lequel viennent de s'anéantir tant de brillantes espérances, sont groupés plusieurs des chefs grecs, qui prennent à cette perte douloureuse la part la plus vive, tous, la *tête inclinée*, en signe de l'affliction commune, et chacun avec son caractère particulier. Au premier rang se distingue *Achille*, *imberbe* aussi, le front encore couvert de cette abondante chevelure qu'il va bientôt déposer sur le bûcher de son ami; *assis*, le regard fixé sur ces restes inanimés, la tête appuyée sur la main gauche, l'autre main abandonnée sur son genou droit, dans une attitude qui exprime admirablement la douleur, mais une douleur héroïque, telle qu'elle convenait au fils de Pélée, à-la-fois tendre comme l'amitié qui l'inspire, et profonde comme la vengeance qu'elle recèle. Directement derrière lui, le jeune Grec debout, *appuyé des deux mains sur sa lance*[1], doit être *Antiloque*, celui de tous les Grecs qu'affectionnait le plus Achille, après l'ami qu'il vient de perdre[2]; et j'observe en effet que, dans une peinture décrite ou imaginée par Philostrate, et qui avait pour sujet le deuil causé dans le camp des Grecs par la mort de ce même Antiloque, les personnages figurant l'armée offraient précisément la même attitude[3]. L'autre personnage placé de ce côté, sur le même plan que le héros de l'Iliade, se reconnaît indubitablement pour celui de l'Odyssée, au *bonnet* qui couvre sa tête, et qui est le *pilos*, attribut distinctif d'Ulysse. Ce qui ne caractérise pas moins le roi d'Ithaque, c'est l'attitude même dans laquelle il est ici représenté, *le pied gauche élevé et placé sur un rocher;* attitude qui dut avoir quelque intention symbolique, rapportée aux longs voyages et aux périlleuses navigations d'Ulysse, puisque c'est précisément celle qui fut affectée à la plupart des figures de Neptune[4], et à des personnages de tout ordre placés dans une position semblable[5]. Malgré la manière dont il tient son visage caché derrière sa main droite, on aperçoit la *barbe*, qui était un des traits distinctifs de la figure d'Ulysse, ainsi que j'en ai fait ailleurs l'observation.

Le groupe opposé à celui-là se compose de personnages en partie *assis*, en partie *debout*, exprimant tous l'affliction qu'ils éprouvent d'une manière qui varie suivant leur âge, et qui est sur-tout déterminée par leur attitude. Dans le nombre, on distingue *deux Vieillards*, sans doute *Nestor* et *Phœnix*, qui se reconnaissent à un double signe, à la *barbe*, et à leur attitude significative. Le premier est debout, dans un costume dont l'ampleur répond à la des-

Canino, pl. IV et V; ce qui tenait au goût particulier et au caprice de ces artistes, plutôt qu'à des traditions différentes sur l'âge plus ou moins avancé de Patrocle, comme l'a cru un habile antiquaire, *Annal. de l'Instit. archéol.* t. II, p. 239.

(1) C'est l'attitude exprimée par ces paroles de Lucien, ἐπερειδομένη τῷ δορατίῳ, au sujet de l'*Amazone* de Phidias; attitude appropriée sans doute à plus d'une de ces *statues achilléennes*, si nombreuses dans l'antiquité grecque; voy. à ce sujet l'extrait de la *Dissertation* de M. K. Ott. Müller, *sur l'Amazone du Vatican*, donné dans les *Götting. Anzeig.* 1829, 126 et 127 Stück, p. 1255, et la *Dissertation* même de ce savant, dont je reçois de son amitié un exemplaire, au moment où je livre cette note à l'impression, *Commentat. de Myrin. Amazon. Sign. Vatic.* p. 18.

(2) On sait d'ailleurs que ce fut Antiloque qui apporta le premier à Achille la nouvelle de la mort de Patrocle, et qu'il se tint près du héros, en lui prodiguant les consolations les plus tendres, *Iliad.* XVIII, 2 et 32; voy. le fragment de *Table iliaque* publié par Fabretti, *de Column. Trajan.*, p. 315, n. 11.

(3) Philostrat. Sen. *Imag.* II, 7: Καὶ ἡ Στρατιὰ πενθεῖ τὸ μειράκιον, περιεστῶτες αὐτὸ θρήνῳ ἅμα. Πήξαντες δὲ τὰς αἰχμὰς ἐς τοὔδαφος, ἐναλλάττουσι τὼ πόδε, καὶ ἐπερείδονται ἐπὶ τῶν αἰχμῶν, ἀπηρτηκότες οἱ πλεῖστοι δυσφορούσας τὰς κεφαλὰς τῷ ἄχει.

(4) Les monumens où Neptune est représenté dans cette attitude sont si nombreux et si connus, qu'il est superflu de les citer; j'indiquerai seulement les monnaies de la Béotie, et celles des Bruttiens. C'était une de ces combinaisons imitatives, dont la valeur était telle, qu'elle tenait lieu de tout autre signe, qu'elle suppléait quelquefois au *trident* même, ainsi que l'observe judicieusement M. Millingen, dans sa *Dissertation on the Portland vase*, p. 6.

(5) J'ai reconnu, d'après cette attitude, le *pilote* d'Oreste, sur un beau camée de la galerie de Florence, Gori, *Inscript. ant. Etrur.* t. I, tab. XIII, au sujet duquel j'aurai encore à présenter quelques observations, en réponse à celles que la pierre en question a suggérées à M. Zannoni, *Galler. di Firenze*, ser. V, tav. XXIII, p. 171-84, dont j'aurais à me reprocher de n'avoir pas fait d'abord mention, si cette explication du docte antiquaire de Florence ne m'eût tout-à-fait échappé; c'est une omission involontaire que je réparerai dans les *Additions et Corrections* placées à la fin de ce volume. Je reconnais, au même signe, le

cription homérique[1], avec cette *barbe* à-la-fois vénérable et modeste que Philostraste attribue à ses images[2], *les deux mains abattues et croisées devant lui;* attitude naturelle autant qu'expressive, qui dut avoir été consacrée par quelque bel ouvrage de l'art, et sans doute aussi pour quelque personnage illustre[3]. Le second est *assis* en face de son élève, et *tenant son genou droit levé et serré de ses deux mains,* dans cette même attitude symbolique avec laquelle le même personnage nous a déjà apparu sur deux monumens antiques, d'âge, de nature et de mérite bien différens[4], et dont on a si vainement essayé d'atténuer l'intention positive, qui reçoit d'un monument tel que le nôtre une confirmation nouvelle et une autorité décisive[5]. Près de Nestor, un personnage, *les deux mains appuyées sur un bâton,* tel qu'on voit habituellement, sur les vases peints, les figures dites à manteaux, doit être l'un des *Hérauts,* ou *Kéryces,* le second desquels se reconnaît, à l'extrémité de la composition, précisément dans une attitude semblable[6]; nouvelle preuve de l'intelligence profonde qui présidait, chez les anciens, à l'exécution de toute œuvre de l'art, au moyen de ces attitudes consacrées qui donnaient à chaque personnage un caractère propre et déterminé, en même temps qu'à la composition entière une couleur symbolique et presque religieuse, sans rien ôter à la liberté du talent et à l'indépendance de l'artiste. Quant aux *deux personnages armés,* qui figurent le *Stratos,* leur attitude répond tellement à celle des personnages du même ordre, dans la peinture de Philostrate que j'ai citée plus haut, et dont le sujet était à-peu-près semblable à

pilote d'Ulysse, sur un médaillon de marbre publié par Buonarotti, *Osservaz. sopr. alc. medagl. antich.* Frontisp., dont j'aurai bientôt occasion de proposer une explication nouvelle, et où la figure en question est dans une pose absolument semblable à celle du Neptune du vase Portland.

(1) Homer. *Iliad.* x, 131 sqq. Nestor est toujours vêtu de la *tunique* et d'une *double chlæna*, dans les peintures du manuscrit ambroisien de l'Iliade; voy. Angelo Mai, *Proem.* p. xxiii.

(2) Philostrat. *Heroïc.* iii, 3, p. 112, ed. Boissonad. : γενείων δὲ σιμῶς τε καὶ ξυμμέτρως. Ce trait vient à l'appui d'une heureuse idée de Winckelmann, *Monum. ined.* n. 127, ainsi que l'a remarqué Visconti, *apud* Boissonad. 487.

(3) Je ne me lasse pas de multiplier les observations de ce genre, et de montrer, par de nouveaux rapprochemens, l'importance qui s'attachait à certaines attitudes significatives dans les compositions de l'art antique. La manière dont Plutarque décrit la statue érigée à Démosthène par le peuple athénien, répond si exactement à la figure de Nestor, telle qu'elle se présente sur notre vase, qu'il semble que l'une ait été modelée d'après l'autre; voici les paroles de Plutarque, *in Demosthen.* § 30, fin., et § 31, init. : ἔστηκε δὲ τοὺς δακτύλους συνέχων δι' ἀλλήλων; vid. Fac. *Excerpt.* p. 85-86. Or, si l'on considère que cette statue de *Démosthène* exprimait la douleur et l'abattement, et que le *Nestor* de notre vase montre une expression semblable, on sera convaincu que l'attitude commune à ces deux figures était une combinaison imitative, conçue avec cette intention particulière, et devenue propre, dans ce cas, à beaucoup d'applications différentes.

(4) Le disque d'argent du cabinet du Roi connu vulgairement sous le nom de *bouclier de Scipion,* et le vase du musée Bourbon, à Naples, que j'ai publié, *Achilléide*, pl. XIII. M. Inghirami, qui l'a reproduit en dernier lieu, d'après mon dessin, *Galler. omer.* tav. CCLII, a commis une erreur qu'il m'importe de relever ici, en attribuant la *publication* de ce vase à un autre antiquaire que je ne veux pas nommer, *nel dare anch' esso alla luce questo medesimo vaso;* t. II, p. 239. Cet antiquaire s'était borné à une *description*, comme il l'a fait à l'égard de tous les vases du musée de Naples. Il y a bien encore d'autres inexactitudes dans cet article du livre de M. Inghirami, dont j'aurais lieu de me plaindre, et qu'il est conséquemment inutile de rectifier.

(5) Un critique a soutenu que c'était sur-tout le *croisement* ou l'*entrelacement des mains*, συμπλοκὴ χειρῶν, qui exprimait la douleur, et non pas la *position des mains sur le genou*, et il a cité à l'appui de cette distinction plusieurs témoignages, entre lesquels figurent ceux d'Apulée et de S. Basile, que j'avais rapportés moi-même; Letronne, *Journal des Savans*, 1829, sept. p. 531, not. 6. Je reviendrai ailleurs sur cette question; et en attendant, j'observe que l'attitude de *Phœnix*, *tenant son genou gauche serré de ses deux mains entrelacées*, répond absolument à celle de l'*Hector* de Polygnote, sauf cette dernière circonstance, que Pausanias a pu omettre, ou qu'il a négligé de remarquer, sans que cela tire le moins du monde à conséquence, et sans que cette omission puisse atténuer en aucune façon l'autorité du témoignage de cet écrivain, relativement au sens consacré de l'attitude même, ἀνιωμένου σχῆμα.

(6) C'est de la même manière, c'est-à-dire, *aux deux extrémités de la composition*, que sont ordinairement placés les *deux Hérauts*, dans les peintures du manuscrit de l'Iliade; voy. entre autres, tab. xxii et xxiii. S'ils n'ont pas ici la *tête couverte du pétase*, c'est que la circonstance actuelle ne comportait pas un pareil ornement; et l'on sait, d'ailleurs, que sur les plus anciens monumens de l'art, les *Hérauts* avaient la *tête nue*, témoin *Talthybios,* sur le célèbre bas-relief du musée du Louvre, Millingen, *Anc. uned. Monum.* Part. I, pl. 1. Le *visage imberbe* ne saurait être non plus une difficulté contre cette explication, puisque le *Héraut* d'Ulysse, *Eurybatès,* était représenté *imberbe*, dans une peinture de Polygnote, Pausan. x, 25, 2. Mais le *bâton droit*, βακτηρία ὀρθή, est un attribut tellement caractéristique des personnages de l'ordre en question, sans compter la manière non moins significative dont les *deux Hérauts* se montrent ici *appuyés*

celui-ci, qu'il est impossible de n'y pas voir encore un trait de ce langage symbolique de l'art, qui ajoutait à la puissance de l'imitation tant d'intérêt et de clarté.

Dans la seconde scène, relative à la *Rançon d'Hector*, Λύτρα Ἕκτορος, les personnages sont distribués de la même manière, en deux groupes principaux. Le *corps d'Hector*, Ἕκτορος νεκρόν, occupe le centre de cette composition; il est dépouillé de ses vêtemens, et placé dans l'un des plateaux d'une *balance*, dont un *vaste cratère* tient l'autre plateau en équilibre. Cette manière de représenter la rançon du héros troyen est d'accord avec l'une des traditions épiques recueillies par Eustathe[1]; mais ce n'est pas pour la première fois, comme je l'avais cru d'abord, que l'image s'en est produite sur un monument de l'art. On voit, en effet, sur le fragment de *Table iliaque* que j'ai publié moi-même[2], un instrument figuré comme la balance de notre vase, et reposant *sur trois pieds disposés en triangle*, dont je n'avais tenu aucun compte, et qui se rapporte certainement à la même intention, puisqu'il se montre dans le même sujet et à la même place. Le visage d'*Hector* est *barbu*, conformément à la tradition la plus générale, suivie sur la plupart des monumens[3]. De chaque côté de la *balance*, où le *corps d'Hector* est pesé avec un *vase*, deux circonstances également étrangères au récit homérique, sont disposés les témoins de cette scène de deuil. *Achille*, assis sur un *siége élevé*[4], avec un *subsellium* sous ses pieds, le *parazonium* suspendu à son côté, la main appuyée sur son large *bouclier thessalien*, paraît absorbé dans une méditation profonde. Derrière lui, son vieux gouverneur, *Phœnix*[5], le visage barbu, la *chlæna* rejetée en arrière et laissant tout son corps à découvert, se reconnaît sans peine à cette place et à ce costume; et son geste persuasif, si bien d'accord avec son caractère, témoigne assez clairement l'influence pacifique qu'il cherche à exercer sur l'esprit du héros. Les deux personnages qui s'entretiennent, debout, vis-à-vis l'un de l'autre, ne sauraient être qu'*Ulysse* et *Diomède*, le premier avec le *pilos*, le second avec le *casque*[6], qui suffiraient pour les désigner à défaut de cette opposition même; nouveau trait, que je ne puis m'abstenir de relever encore, de ce langage symbolique de l'art, qui mettait à profit toutes les traditions pour attacher une intention, et conséquemment un motif de clarté et d'intérêt, à chaque combinaison imitative. On ne m'opposera pas que, dans la scène décrite par Homère, *Automédon* et *Alcimus* figurent seuls auprès d'Achille[7]; car il est évident que l'auteur de la composition sculptée sur notre vase avait suivi une tradition différente de celle qui se lit aujourd'hui dans l'Iliade; et l'on peut maintenant apprécier l'importance que certains antiquaires attribuaient à ce témoignage homérique, au point d'exclure nécessairement d'un sujet semblable le personnage d'Ulysse[8]. Le *jeune Homme* appuyé sur sa lance, dans ce même costume et presque dans cette même attitude qui nous l'ont

sur ce bâton, ἐπὶ σκήπτροις, Æschyl. *Agamemn.* v. 75, qu'il serait difficile de conserver le moindre doute à cet égard.

(1) *Ad Iliad.* XXII, p. 1273, lin. 41.

(2) Voy. *Achilléide*, vignette, n. 2, p. 49, et p. 89, not. 3. J'observe que M. Inghirami, qui a reproduit, d'après mon ouvrage, le dessin de ce monument, avec un extrait de l'explication que j'en avais donnée, *Galler. omer.* tav. CCXXXII, p. 211-212, n'a fait non plus aucune attention à l'objet dont il s'agit.

(3) J'aurai occasion d'établir solidement ce point d'iconographie héroïque, et de réfuter une critique qui m'a été faite à ce sujet par M. Letronne, dans les *Corrections et Additions* qui termineront ce volume.

(4) Homer. *Iliad.* XXIV, 597 : Ἕζετο δ' ἐν κλισμῷ πολυδαιδάλῳ.

(5) C'est le personnage que j'avais pris d'abord pour *Ajax*, après un premier aperçu, qui a dû céder à un examen plus attentif.

(6) Les têtes d'*Ulysse* et de *Diomède*, accolées et caractérisées de la même manière, se voient sur une pierre gravée de la collection de Stosch, au sujet de laquelle on peut voir les judicieuses observations de Winckelmann, *Monum. ined.* n. 153.

(7) *Iliad.* XXIV, 473.

(8) Voy. à ce sujet une observation de Millin, laquelle se trouve réfutée par le fait, *Monum. inéd.* t. I, p. 206, not. 18.

déjà fait reconnaître pour *Antiloque*[1], se retrouve ici avec une expression de pitié touchante qui le rend plus intéressant encore. Le groupe de *Troyens*, au nombre de *cinq*, placé vis-à-vis, se distingue par l'énergie autant que par la variété des émotions qu'il exprime. Le *vieux Priam*[2], enveloppé tout entier dans son long vêtement asiatique, la tête couverte de la mitre phrygienne, conduit le deuil de sa patrie dans une attitude où la dignité s'accorde avec la douleur, tandis que ses compagnons se livrent, avec toute la franchise de leur âge ou de leur caractère, au sentiment commun qu'ils éprouvent.

Une observation que suggère l'examen de cette composition, c'est que le modèle n'en avait pas été puisé dans les données homériques, telles que nous les connaissons d'après le dernier livre de l'Iliade. La scène de la *Rançon d'Hector* diffère essentiellement, sur notre vase, de toutes les représentations figurées que nous en possédions jusqu'ici, sur la plupart des monumens d'époque romaine[3], et même sur le seul monument antique qui provienne directement de l'école grecque, sur le vase du prince de Canino récemment publié par M. Inghirami[4]. La présence des héros grecs, *Ulysse*, *Diomède*, *Antiloque* et *Phœnix;* le groupe des personnages troyens qui accompagnent *Priam;* la manière dont le corps d'Hector est pesé dans une *balance*, sous les yeux de son père; toutes ces circonstances, étrangères au récit iliaque, et encore inconnues dans les œuvres de l'imitation, prouvent que l'auteur de ce monument avait suivi d'autres traditions; et comme on ne saurait douter que la composition originale n'appartînt à une école grecque, on peut conclure de cette dissidence que la

(1) Antiloque était toujours représenté *dans la première fleur de la jeunesse*, avec un *air de candeur et de modestie*, et *dans tout l'éclat d'une beauté* qui le disputait à celle d'Achille; voy. le portrait que nous en a tracé Philostrate, *Heroïc.* 108-110, ed. Boissonad., et qui s'accorde si bien avec la figure de notre vase: Ἐπαίνει δὲ τὸν Ἀντίλοχον... ἐρυθριῶντά τε καὶ ἐς τὴν γῆν βλέποντα, καὶ θαυμασθὰς κλήσεσθαι τοῦ κάλλους οὐκ ἐλάττους ἢ Ἀχιλλεύς ἐκέκτητο, κ. τ. λ. J'observe que sur le bas-relief de la célèbre urne du musée du Capitole, qui représente le même sujet que notre vase, *Mus. Capitol.* t. IV, tav. IV, Antiloque se trouve placé pareillement près d'Achille, et dans la même attitude où on le voit ici.

(2) Hom. *Iliad.* XXIV, 516: πολιόν τε κάρη πολιόν τε γένειον. C'est presque toujours d'une manière conforme à cette donnée homérique, que *Priam* est représenté sur les vases peints, c'est à savoir, comme un *vieillard* à *barbe* et à *cheveux blancs*. Tel on le voit, en effet, sur le vase d'Euthymidès, du prince de Canino, n. 1386; et sur un autre vase récemment publié par M. Éd. Gerhard, *Monum. pubblic. dall' Instit. archeol.* tav. XXXVI. Cet accord du texte homérique avec les monumens figurés pourrait donner quelque probabilité à une conjecture de ce savant, qui lisait d'abord les lettres ΠΟ ΙΟΛΙΟ, tracées sur le vase d'Euthymidès, ΗΟ ΠΟΛΙΟΣ, en rapportant cette qualification au nom ΠΡΙΑΜΟΣ; mais cette conjecture, combattue avec raison dans les *Annal. dell' Instit.* t. II, p. 208, not. 17, semble avoir été abandonnée par l'auteur lui-même; voy. son *Rapporto*, p. 178, not. 698; et j'avais déjà exprimé à ce sujet une opinion qui se rapproche de sa façon de voir actuelle, dans ma *Lettre à M. Schorn*, p. 7, au mot *Euthymidès*.

(3) Tels que la *Table iliaque*, et la grande urne du musée du Capitole, auxquels on peut joindre notre fragment de *Table iliaque*, *Achilléide*, vign. n. 2, p. 49.

(4) *Galler. omer.* tav. CCXXXVIII et CCXXXIX, t. II, p. 221-224. Le moment choisi par l'artiste est celui où *Priam*, introduit par *Mercure*, se présente inopinément aux yeux d'*Achille*, qui termine son repas, *ayant encore la coupe en main*, ἔδων καὶ πίνων, avec la *table dressée devant lui*, ἔτι καὶ παρέκειτο τράπεζα, absolument dans les mêmes circonstances qui sont indiquées par Homère, *Iliad.* XXIV, 475-6. *Priam* se reconnaîtrait à *son geste suppliant*, à sa *barbe* et à *ses cheveux blancs*, quand bien même sa figure ne serait pas accompagnée de son nom, ΠΡΙΑΜΟΣ. Derrière lui, *Mercure*, qui s'éloigne, après avoir accompli sa mission, est désigné de même par son nom, ΗΕΡΜΕΣ. Un *Esclave phrygien*, portant *deux vases* destinés à la rançon d'Hector, termine la composition de ce côté; il est appelé ΕΡΟΔΟΡΟΣ (sic), nom significatif qui a certainement rapport au rôle que remplit ce personnage *chargé de présens;* et je m'étonne que ce nom ait paru *inintelligible* à M. Inghirami. Au centre de la composition, *Achille*, ΑΧΙLΕΥΣ, *barbu*, comme il est le plus souvent représenté sur les vases du plus ancien style, *assis*, avec la *kylix* en main, et la *couronne* sur le front, semble donner à une *esclave*, debout à ses côtés, l'ordre de laver et de parfumer le corps d'Hector, en l'éloignant des regards de son père; circonstance du récit homérique, v. 582-3, que l'artiste a exprimée, au moyen d'un de ces artifices qui tiennent à l'ancienne école, en représentant le *corps d'Hector étendu sous la table*, et resté de cette manière caché pour Priam. A l'extrémité de la composition, un des compagnons d'Achille, sans doute *Alcimus*, témoigne, par un geste expressif, l'étonnement que lui inspire une scène si nouvelle pour lui. Peu de peintures antiques, parmi celles qui se rapportent aux sujets homériques, ont offert une composition plus curieuse, et plus fidèlement puisée aux sources originales; et l'on serait surpris qu'elle eût échappé à l'attention de M. Éd. Gerhard, s'il n'était avéré, par son silence même, que ce vase lui était demeuré inconnu; c'est d'ailleurs ce qui résulte de l'analyse détaillée que vient d'en faire ce savant, en rendant compte de l'ouvrage de M. Inghirami, *Bullett. dell' Instit.* 1832, p. 124, où je vois avec plaisir que le nom [Η]ΕΡΟΔΟΡΟΣ ne lui a pas paru *difficile à expliquer*.

tradition homérique, telle qu'elle nous est parvenue, n'était pas, à une certaine époque de l'antiquité, la plus autorisée de toutes celles qui avaient cours à cette époque. Ce pourrait être là un argument de plus en faveur de l'opinion des critiques, qui regardent le XXIVe livre de l'Iliade comme une rapsodie ajoutée après coup à la composition primitive.

Le col de notre vase est orné d'une représentation qui achève de prouver que l'auteur de ce monument avait eu sous les yeux d'excellens modèles grecs. Le sujet de cette composition accessoire est l'*Enlèvement du Palladium*, tel qu'il avait été conçu par un des plus grands maîtres de la Grèce, à en juger d'après le nombre et le mérite des répétitions qui en existent sur des pierres gravées antiques, quelques-unes du premier ordre, la plupart de beau travail[1]. Le même sujet, traité sans doute de la même manière, avait fait la réputation d'un de ces anciens *cælateurs*, ou *sculpteurs en argent*, de Pythéas, cité par Pline[2]; d'où je serais autorisé à croire que c'est l'œuvre de Pythéas qui a été reproduite par l'auteur de notre vase. *Diomède*, à demi descendu de l'autel où il vient de ravir le *Palladium*, apparaît ici *casqué*, comme nous l'avons vu dans la composition principale, et comme il s'est montré sur une des pierres décrites par Winckelmann[3]. Vis-à-vis de lui, *Ulysse, coiffé du pilos*, semble, par un geste expressif, lui indiquer le moyen d'assurer le succès de leur audacieuse entreprise. La *colonne*, et la *prêtresse morte*, qui figurent sur quelques représentations de ce sujet, ont été remplacées ici par un *autel orné d'une guirlande*, et surmonté d'un *omphalos*; et, sur la partie postérieure du vase, est figuré un *temple tétrastyle* orné d'une immense guirlande; objet servant à la fois de *symbole* et d'*ornement*, dans ce système purement grec, où le moindre détail, choisi avec discernement et traité avec goût, bien que toujours réduit à la forme la plus simple, concourt à l'effet général, en employant la décoration même à l'intelligence du sujet.

§ IV.

Les deux scènes représentées sur le second préféricule sont conçues dans le même système et distribuées de la même manière; d'un côté, la *Vengeance exercée par Achille sur le corps d'Hector*; de l'autre, la *Mort d'Achille* lui-même.

Le sujet entier se développe *au pied des murs de Troie*, conformément à la tradition qui paraît avoir prévalu à l'époque romaine[4], et qui se trouve en effet suivie sur la plupart des monumens produits à cette époque, tels que les pierres gravées, les lampes et les bas-reliefs; tandis que les monumens plus anciens, et particulièrement les vases peints[5], s'accordent davantage avec la tradition homérique, où le corps d'Hector est traîné dans la plaine

(1) La pierre gravée, qui porte le nom de *Félix, fils de Calpurnius Severus*, Stosch, *Gemm. litter.* tab. XXXV, offre ce sujet, avec les deux figures de *Diomède* et d'*Ulysse*, telles qu'on les voit ici. Il s'en trouve une répétition, de moindre dimension, sur une pâte de la galerie de Florence, *Mus. Florent.* Gemm. t. II, tab. XXVIII, n. 1; et Winckelmann en cite une autre, d'après une collection allemande, *Pierr. de Stosch*, p. 300, n. 314. La figure seule de *Diomède*, dans la même attitude, avait été gravée par Dioscoride, dont l'ouvrage nous est parvenu, Stosch, *ibid.* tab. XXIX; Visconti, *Esposiz. di Gemm. ant.* n. 376; et il en existe plus d'une copie, une entre autres, qui porte le nom de Gnaios, Bracci, t. I, tab. L; voy. Winckelmann, *Pierr. de Stosch*, p. 391, n. 319. La figure d'*Ulysse* avait été traitée de même séparément, comme on la voit sur une pierre de la galerie de Florence, *Mus. Flor.* Gemm. t. II, tab. XXVII, n. 3, et sur une pâte de la collection de Stosch, Winckelmann, n. 315, p. 391; Visconti, *Esposiz. di Gemm. ant.* n. 378.

(2) Plin. XXXIII, 12: Pytheas cujus.... *Ulyxes et Diomedes* erant in phialæ emblemate, *Palladium surripientes*.

(3) A l'endroit cité plus haut, n. 313, p. 389.

(4) Virgil. *Æn.* I, 483; Hygin. *Fab.* CVI. C'était une tradition dérivée du théâtre tragique; Euripid. *Andromach.* v. 108: τὸν περὶ ΤΕΙΧΗ εἵλκυσε διφρεύων, κ. τ. λ.

(5) Voy. ceux que j'ai publiés, *Achilléide*, pl. XVIII, n°s 1 et 2.

autour des restes de Patrocle[1], suivant l'usage thessalien[2]. Les *murs de Troie* sont construits de blocs disposés par assises régulières[3], munis de tours et couronnés de *créneaux*, κρήδεμνα[4], dans un style d'architecture qui caractérise une excellente époque grecque, et qui ne se retrouve au même degré sur aucun des monumens antiques qui nous restent[5]. Au haut de ces murailles apparaissent quatre demi-figures dont la présence offre une image neuve et touchante, en même temps qu'une opposition heureuse et pittoresque; d'un côté, le *vieux Priam*, dirigeant un geste suppliant vers le meurtrier de son fils, et la *malheureuse Hécube*, les cheveux épars, les mains levées vers le ciel, son péplus déployé au-dessus de sa tête, s'abandonnant au plus violent désespoir[6]; de l'autre, *deux Troyens*, armés de boucliers de forme amazonienne, en attitude de lancer leur javelot contre Achille. Sauf ce dernier trait, qui s'éloigne du récit de l'Iliade, où la douleur du peuple troyen ne s'exprime que par des sanglots et des gémis-

(1) Le vase de la collection du prince de Canino, offrant le même sujet, avec les inscriptions, HEKTOP, AXILEVΣ, ΠΤΡΟ-ΚΛΟΣ (sic), KONI.OΣ (sic), a prouvé que je m'étais trompé en expliquant l'espèce de *monticule arrondi*, peint en blanc, qui se voit sur des vases semblables, par l'*égide* destinée à garantir de la corruption le corps d'Hector. Le nom de ΠΑΤΡΟΚΛΟΣ, donné à la petite figure que j'avais prise pour l'image de *Phobos* personnifié, tandis que c'était l'*ame* ou le *spectre* de *Patrocle* lui-même, ne permet plus de douter que ce *monticule* ne soit une indication du *tombeau de Patrocle*, ΠΑΤΡΟΚΛΟΥ ΣΗΜΑ, d'accord avec ce témoiguage homérique, *Iliad.* XXIV, 16:

Τρὶς δ' ἐρύσας περὶ ΣΗ̃ΜΑ Μενοιτιάδαο θανόντος.

C'est l'idée qu'a eue d'abord M. Millingen, et que j'adopte pleinement, en observant que ces sortes d'images se produisent trop souvent dans la langue poétique, pour n'avoir pas été très fréquemment aussi employées dans celle de l'art; témoin ces vers d'Euripide, qui sont en quelque sorte une traduction de notre peinture, *Hecub.* 94:

Ἦλυθ' ὑπὲρ ἄκρας τύμβου κορυφᾶς
Φάντασμ' Ἀχιλέως.

L'autre mot qui se lit dans le champ de cette peinture, sans pouvoir s'appliquer à aucun des personnages qui y figurent, KONI.OΣ, reste encore à expliquer. J'ai présumé que ce pouvait être une allusion au sujet, d'après le rapport qu'offre ce mot avec le *corps traîné dans la poussière*, et d'après l'usage répété qu'en fait Homère, dans la circonstance dont il s'agit, *Il.* XXII, 401-405:

Τοῦ δ' ἦν ἑλκομένοιο ΚΟΝΊΣΣΑΛΟΣ· ἀμφὶ δὲ χαῖται
Κυάνεαι πίλναντο, κάρη δ' ἅπαν ἐν ΚΟΝΊΗΣΙ
Κεῖτο, . . .
Ὣς τοῦ μὲν ΚΕΚΌΝΙΤΟ κάρη ἅπαν.

Je regrette que M. Éd. Gerhard, qui a cité, dans son *Rapport*, p. 78 et 185, not. 752, 753, 754, quelques exemples analogues, ne se soit pas expliqué sur la signification qu'il attache au mot en question, ne fût-ce que pour réfuter, comme il l'a fait plus d'une fois, la conjecture que j'avais formée; voy. ma *Notice sur les vases de Canino*, p. 13.

(2) Pseudo-Didym. *ad Iliad.* XXII, 398; conf. Potter. *ad* Lycophron. v. 267; Winckelmann, *Pierr. de Stosch*, p. 379. Je profite de cette occasion pour faire mention d'un monument des plus curieux, qui avait échappé à mon attention, et dont je ne sache pas qu'aucun antiquaire se soit encore occupé; c'est un bas-relief de sarcophage publié parmi les *Marbres d'Oxford*, Part. I, tab. LVI, n. CXLVII, qui représente, au moyen d'une suite continue de figures, plusieurs scènes relatives à ce trait de l'Iliade, telles que les *Captifs troyens immolés sur le bûcher de Patrocle*, et le *Corps d'Hector traîné derrière le char d'Achille*. Je me propose de revenir sur ce monument, dans les *Corrections et Additions* placées à la fin de ce volume, et d'en donner une explication détaillée.

(3) Ce qui répond aux expressions par lesquelles Euripide désigne les *murs de Troie*, κανόνων τυκίσματα, *Troad.* 812.

(4) Homer. *Iliad.* XVI, 100; conf. Hesiod. *Heracl. scut.* 105; Euripid. *Troad.* 508. C'est ce qu'Eustathe appelle d'un autre nom, p. 1570, lin. 12: ὁ τειχικὸς, ἡ τῶν τοίχων κόμη, ἡ στεφάνη, ἡ στεφάνωσις. Winckelmann a rappelé, précisément à l'occasion des *murs de Troie*, les diverses dénominations grecques qui s'appliquaient aux différentes parties des murailles antiques, mais sans entrer à ce sujet dans aucune explication particulière, et sans faire mention du mot κρήδεμνα, qui est pourtant l'expression homérique; voy. ses *Monum. ined.* n. 140.

(5) Parmi ces monumens, j'indiquerai deux pierres gravées, l'une, de la galerie de Florence, publiée par Gori, *Mus. Flor. Gemm.* t. II, tab. XXV, n. 1; l'autre, de la collection de Stosch, décrite par Winckelmann, cl. III, n. 264, qui offrent les *murs de Troie*, couronnés d'édifices, d'une forme singulière, et dignes, au moins sous ce rapport, de fixer l'attention des antiquaires qui s'occupent de l'histoire de l'art antique. Cette seconde pierre, dont il existe une répétition, publiée dans le recueil de Gravelle, t. II, p. 56, présente sur le premier plan la figure d'*Hector*, au moment où, sortant de la *porte Scæa*, il vient de dire le dernier adieu à *Andromaque* et à *son fils*; et il fallait que ce sujet eût été traité par quelque habile artiste, puisqu'il s'en trouve une troisième épreuve, récemment publiée comme inédite par M. Inghirami, *Galler. omer.* tav. CCV, qui ne paraît pas avoir eu connaissance des deux autres pierres, d'après l'espèce d'indécision avec laquelle il s'exprime, t. II, p. 170, sur le véritable objet de cette représentation, depuis long-temps admis par Visconti; voy. son *Esposiz. di Gemm. ant.* n. 372.

(6) *Iliad.* XXII, 405, sqq.:

. . . . ἡ δέ νυ ΜΉΤΗΡ
Τίλλε κόμην, ἀπὸ δὲ λιπαρὴν ἔρριψε καλύπτρην
Τηλόσε· κώκυσεν δὲ μάλα μέγα, παῖδ' ἐσιδοῦσα.
Ὤιμωξεν δ' ἐλεεινὰ ΠΑΤΉΡ φίλος, κ. τ. λ.

La figure de *Priam* s'était déjà montrée sur une lampe et sur la *Table ronde* du Capitole; mais c'est pour la première fois, à ma connaissance, qu'elle est accompagnée de celle d'*Hécube*.

semens[1], nous avons ici la traduction exacte de l'image homérique, telle qu'elle avait sans doute été fixée sur quelque monument célèbre; car elle se retrouve, avec la figure d'*Achille traînant dans la poussière le corps d'Hector*, sur la *Table ronde* du musée du Capitole[2], sur des pierres gravées[3], et jusque sur des lampes romaines[4]. Mais ce qui ne s'était encore offert sur aucun monument antique, c'est le groupe entier qui se voit ici d'*Achille*, debout sur son char, guidé par *Automédon*[5], volant dans la plaine, au milieu de *Guerriers que la terreur presse autour de lui*, ou qu'elle entraîne sur ses traces[6]. La manière dont est exécuté ce groupe, d'une conception si neuve et si dramatique, n'est pas moins remarquable. La figure d'Achille domine tout ce qui l'environne; elle atteint presque à la hauteur des murs de Troie; c'est bien là le héros de l'Iliade, avec sa taille gigantesque, avec son action énergique. D'une main, il brandit son glaive nu; de l'autre, il se couvre d'un vaste bouclier, à l'ombre duquel l'humble Automédon, à demi penché sur ses coursiers, ne semble occupé que du soin de les conduire; et la grandeur d'Achille, déjà rendue sensible par le contraste de ces deux figures, s'exprime encore d'une autre manière par ce groupe de trois guerriers effrayés, fuyant dans la même direction qui emporte le char d'Achille, comme pour se mettre ainsi à l'abri du ressentiment des Troyens. La figure d'*Hector* a malheureusement été endommagée, au point qu'elle ne saurait plus aujourd'hui être rétablie que par la pensée. Le visage est *barbu*, comme on l'a vu précédemment, avec les *cheveux épars* et sans doute *souillés de poussière*[7]; mais Hector n'a plus cette *taille colossale* qu'Homère lui attribue[8], et qu'il conserve sur les vases peints.

La seconde scène, composée de dix-huit figures, représente la *chute d'Achille*, ΑΧΙΛΛΕΩΣ ΠΤΩΜΑ. Le héros, blessé au talon droit de la flèche fatale[9], est renversé sur le genou gauche; sa tête penchée, ses mains défaillantes, annoncent une mort prochaine; aussi a-t-il déjà

(1) *Iliad.* XXII, 409-10:

> .... ἀμφὶ δὲ λαοὶ
> Κωκυτῷ τ' εἴχοντο, καὶ οἰμωγῇ κατὰ ἄστυ.

(2) *Mus. Capitol.* t. IV, tab. XXXVII; conf. Fabrett. *ad Tabul. Iliac.* p. 360.

(3) Une de ces pierres est publiée dans le recueil de Lachausse, *Gemm.* tav. CXIX; une autre, qui faisait partie de la collection de Stosch, est décrite par Winckelmann, cl. III, n. 265, p. 378, qui s'est trompé, en prenant pour *Andromaque* la *femme éplorée*, qui ne saurait être qu'*Hécube*; et je relève cette inadvertance, parce qu'elle a été reproduite par Visconti, *Esposiz. di Gemm. ant.* n. 371. Une pierre de la collection de la Turbie, aujourd'hui dans le musée Blacas, offre une variante curieuse, et qui mérite d'être indiquée; c'est la figure d'une *Parque*, ayant en main les *balances* dans lesquelles ont été pesées les destinées d'Achille et d'Hector, qui remplace, au haut de la *porte Scæa*, les deux figures d'Hécube et de Priam; voy. la description qu'a donnée de cette pierre Visconti, dans son *Catalogue de la Turbie*, n. 132, *Œuvr. div.* t. III; p. 420.

(4) Bellori, *Lucern. antich.* Part. III, n. 9.

(5) Winckelmann, *Pierr. de Stosch*, p. 379, n. 268.

(6) Il semble difficile d'expliquer autrement que par la *terreur* dont ils sont saisis, le mouvement des *trois guerriers* qui suivent à la course le char d'Achille, et cette *terreur*, que j'avais cru voir ailleurs indiquée symboliquement par l'apparition de *Phobos*, semble justifiée ici par l'action des Troyens combattant du haut de leurs murailles. Ce groupe de trois figures, avec le motif que je lui attribue, viendrait donc à l'appui de ma première explication, contre laquelle il doit m'être permis de dire qu'il n'a été fait que des objections assez faibles: voy. Inghirami, *Galler. omer.* t. II, p. 176; et dans tous les cas, il est évident que cette circonstance, exprimée à-peu-près de la même manière sur des monumens d'âge et de style si différens, devait avoir été puisée à la même source.

(7) *Iliad.* XXII, 401-402; conf. Auson. *in Perioch.* libr. XXII; Virgil. *Æn.* II, 277.

(8) *Iliad.* VI, 263; XI, 819.

(9) Voy. à ce sujet les témoignages que j'ai cités, *Achilléide*, p. 107; et Millin, *Monum. inéd.* t. II, p. 59. Je profite de cette occasion, pour faire connaître un morceau de sculpture antique, qui se rapporte, suivant toute apparence, au trait mythologique en question. C'est un fragment de bas-relief, en terre cuite, qui avait fait partie d'une frise, dans quelque édifice antique de *Tarquinii*, et qui provient d'une des fouilles récentes exécutées aux environs de Corneto, par l'antiquaire romain, Melch. Fossati. On y voit, si je ne me trompe, *Pâris*, dans l'attitude de décocher la flèche fatale qui doit abattre le fils de Thétis, au pied de la colline *Érineos*, laquelle me paraît indiquée par le *rameau de figuier*, dont il subsiste quelques feuilles. Le héros troyen se reconnaît sans difficulté à tous les élémens du costume phrygien, à la *mitre* qu'il porte attachée sous le menton, aux *anaxyrides* et aux *brodequins*. L'*arc* qu'il tend avec force a bien la forme amazonienne; et l'espèce de petit péplus, roulé autour des hanches, qui lui couvre une partie du corps, doit être aussi un trait de costume asiatique. Ce fragment, d'assez bon style grec, quoique employé dans un édifice étrusque, se trouve maintenant en ma possession; voyez-en le dessin, pl. LXXVI, n. 5.

abandonné son *bouclier*, et ne semble-t-il plus se soutenir qu'à l'aide du bras puissant qui lui sert d'appui ; toute cette figure est admirable de conception et de style, et le modèle en avait été pris sans doute dans quelque bel ouvrage de l'art, à en juger d'après les nombreuses répétitions qu'on en possède sur les pierres gravées[1], toutes avec quelques variantes. Mais ces pierres gravées ne nous offrent que la figure d'*Achille mourant*, tandis que nous trouvons ici le groupe entier, formé de cette figure et de celle du héros qui la soutient, tel qu'il ne s'était encore produit sur aucun monument antique, et tel qu'il pourrait servir de pendant à l'admirable groupe de *Ménélas, soutenant le corps de Patrocle*, dont il existe aussi plus d'une réminiscence sur les pierres gravées[2]. Ce héros, qui prête l'appui de son bras au fils de Thétis expirant, tandis que, de l'autre main, il le couvre d'un immense bouclier, doit être *Ajax*, qui remplit en effet ce noble et périlleux devoir sur la *Table iliaque*; et cette image même devait avoir été puisée dans les plus anciennes traditions[3], puisque *Ajax* figure au premier rang des héros grecs qui défendent le corps d'Achille, sur un vase peint de la collection du prince de Canino[4], et que c'est le même personnage, emportant Achille mort sur ses épaules, qui forme le sujet d'une gravure étrusque, d'ancien style, où se lisent les noms AΨEVE, AIFAƧ, *Achille* et *Ajax*[5], pour ne point parler d'autres pierres gravées, d'école grecque ou romaine, qui offrent le même sujet[6]. La composition entière de notre vase prouve, d'ailleurs, que le motif principal en avait été puisé aux sources les plus authentiques; car elle s'accorde, pour la disposition générale, et sans doute pour chacun des personnages qui y figurent, avec la peinture du vase de Canino, et avec le récit de Quintus de Smyrne, où *Pâris*, ΠΑΡΙΣ, *Ænée*, ΑΙΝΕΑΣ, et un troisième guerrier, probablement *Glaucus* ou *Agénor*[7], se distinguent à la tête des assaillans. Ce sont aussi ces *trois personnages* qui se disputent sur notre vase la gloire d'abattre Achille; *Ænée*, le premier, qui se reconnaît à sa

(1) La plus belle me paraît être celle de la collection de la Turbie, que Millin a publiée, *Monum. inéd.* t. II, pl. IV, p. 49-60 ; voy. Visconti, *Catalogue de la Turbie*, n. 134, *Œuvr. div.* t. III, p. 421. Il en existe une répétition, avec une légère variante qui ne porte que sur le bouclier, dans la collection du prince Poniatousky. Millin a donné la liste des pierres gravées qui offraient le même sujet ; et cette liste, déjà considérable alors, s'est encore accrue depuis, mais sans que la science y ait gagné des particularités nouvelles.

(2) La meilleure est sans doute celle qu'offre une cornaline de la collection de la Turbie, réputée avec raison une *excellente gravure antique* par Visconti, qui l'a décrite dans son *Catalogue*, n. 137, et à qui appartient aussi le mérite d'avoir expliqué le monument original, et fait connaître les diverses copies en marbre qui en existent à Rome et à Florence. Deux pâtes antiques, représentant le même sujet, avaient été décrites par Winckelmann, cl. III, n. 286, 287, qui en avait remarqué la ressemblance avec le groupe du *Ponte Vecchio* de Florence.

(3) Quintus de Smyrne nomme en effet *Ajax* à la tête de tous les Grecs qui se distinguèrent dans cette occasion, *Post-Homer.* III, 217-219.

(4) *Catalogo di Canino*, n. 544, p. 66; voy. le *Rapport* de M. Éd. Gerhard, p. 154, not. 412.

(5) Cette pierre, qui fit partie du *Cabinet d'Orléans*, où elle a été publiée, t. II, pl. II, p. 5, a été l'objet de beaucoup de discussions parmi les savans; voy. sur-tout Lanzi, qui en a donné la meilleure explication, *Sagg. di ling. etr.* t. II, p. 160, tav. V, n. 6. Mais il est étonnant que cet antiquaire, convaincu comme il l'était de la haute antiquité de cet ouvrage étrusque, ait pu voir dans la *figure de Femme à corps d'oiseau*, sculptée sur la partie convexe de ce scarabée, une *figure d'Isis*, de style égyptien, sans chercher à établir le rapport qui avait pu exister entre cette figure égyptienne et le trait de mythologie hellénique représenté de l'autre côté. Que Millin ait admis sans difficulté et sans réflexion cette *figure d'Isis*, *Galer. mythol.* pl. CLXXI *bis* (et non CLXIX), n. 602, c'est aussi ce dont il y aurait lieu d'être surpris. M. Inghirami a raison d'élever des doutes sur une pareille explication, *Gall. omer.* tav. XIII, introduz. p. 29; mais en se bornant à exprimer une conjecture sur l'emploi symbolique de cette figure, il a laissé à d'autres le soin d'en déterminer le vrai caractère. Il était pourtant bien facile de reconnaître ici l'image d'une *Sirène, muse de mort*, telle qu'elle avait dû être représentée sur les plus anciens monumens de l'art étrusque, d'après le type égyptien de cette figure, et telle qu'il convenait de la produire au revers du sujet funèbre gravé sur la partie plane du scarabée, représentant *Achille mort*, porté sur les épaules d'*Ajax*, et précédé de son *ame*, εἴδωλον; voy. ce que j'ai dit ailleurs de ce curieux scarabée, *Achilléide*, p. 109, not. 5. Je reviendrai bientôt sur ces images de *Sirènes*, employées avec cette intention.

(6) Voyez-en la description dans Winckelmann, *Pierr. de Stosch*, cl. III, n. 281-292, p. 381-383.

(7) Quint. Calab. *Post-Homer.* III, 214 :

Γλαῦκος τ' Αἰνείας τε καὶ ὀβριμόθυμος Ἀγήνωρ.

Conf. Dict. Cret. IV, 18.

haute taille et à son action véhémente. A ses pieds, un de ses compagnons, *renversé sur le dos*, et dont on ne voit qu'une partie du corps, doit être le *Fils d'Hippolochus*, qui vient de tomber sous les coups d'Ajax, tel qu'il figure, en effet, à cette même place et dans cette même attitude, dans la description pittoresque de Quintus de Smyrne[1]. L'autre groupe, celui des Grecs qui défendent le corps d'Achille, nous montre, au-dessus d'Ajax, un jeune héros, sans doute *Néoptolème*, nommé sur le vase de Canino, ΝΕΟΠΤΟΛΕΜΟΣ; plus loin, *Ménélas*, qui accourt au secours d'Ajax, comme on le voit désigné sur le même vase par l'inscription ΜΕΝΕΛΕΟΣ, et devant lequel un *Grec* blessé et renversé à terre, où il s'appuie d'une main sur son bouclier, en laissant échapper de l'autre son épée, doit être *Nirée*, ΝΙΡ.ΙΟΣ, le dernier des héros grecs nommés sur le vase de Canino; car l'auteur de notre bas-relief semble avoir suivi ici de tout point la même tradition que le dessinateur de ce vase, en s'éloignant de celle qui est figurée sur la *Table iliaque*. Mais une circonstance nouvelle, et dont l'invention, sans doute étrangère à la composition primitive, semble accuser l'époque romaine où fut exécuté notre vase, c'est la figure de la *Victoire ailée*, volant au-dessus de la scène du combat, en présentant une *palme* et une *couronne*, pour indiquer, par sa présence en cet endroit, et par son geste même, l'issue de la lutte qui dure encore entre les deux armées ennemies; c'est ainsi que la *Victoire* figure sur la *Table ronde* du Capitole, au-devant d'*Achille traînant le corps d'Hector*, certainement avec une intention équivalente.

Le sujet représenté sur le col de notre vase[2] est un des plus curieux qui se soient offerts jusqu'à présent. Les *deux Héros* qui se reproduisent ici, dans une attitude correspondante et dans une situation analogue à celles où ils nous ont déjà apparu, sur l'autre vase, à la même place, sont évidemment *Ulysse* et *Diomède;* le premier, avec le *pîlos*, qui suffirait pour le faire reconnaître, à défaut du geste significatif; le second, vêtu d'une *peau d'animal*, qui offre une particularité nouvelle, en même temps qu'un trait caractéristique. Ce trait se rapporte, en effet, à l'une des circonstances de l'Iliade, où *Diomède* et *Ulysse* prirent seuls une part commune, et la seule aussi où l'un des deux héros pût se montrer sous un pareil costume. C'est l'aventure de *Dolon surpris par Ulysse et Diomède*, au moment où l'imprudent Phrygien, *couvert d'une peau de loup*[3], cherchait à s'introduire ainsi déguisé dans le camp des Grecs. On a déjà cru plus d'une fois reconnaître cet épisode homérique, mais en ne tenant aucun compte des circonstances de la tradition poétique; ce qui laisse subsister beaucoup d'incertitude sur des interprétations aussi arbitraires[4]. L'on a été plus heureux,

(1) Quint. Calab. *Post-Homer.* III, 278-80 :

> Ἔνθα καὶ Ἱππολόχοιο δαΐφρονα δάμνατο παῖδα
> Αἴας ὀβριμόθυμος· ὁ δ᾽ ΎΠΤΙΟΣ ἀμφ᾽ Ἀχιλῆα
> ΚΆΠΠΕΣΕΝ.

(2) Cette partie du vase est malheureusement endommagée de manière à n'avoir pu être restaurée; mais cet accident n'a causé presque aucun tort à la composition elle-même; il n'y a que la figure de *Diomède* qui en ait souffert un peu, comme on le voit d'après le dessin.

(3) Homer. *Iliad.* x, 334 :

> Ἕσσατο δ᾽ ἔκτοσθεν ῥινὸν πολιοῖο λύκοιο.

(4) Le vase publié par M. Schorn, *Homer nach Antiken*, IX, IV, et reproduit par M. Inghirami, *Galler. omer.* tav. CV, t. I, p. 199-200, n'a rien d'assez caractérisé, ni dans l'action, ni dans le costume des personnages, pour être rapporté à ce sujet, plutôt qu'à tout autre. Le vase de la seconde collection d'Hamilton, Tischbein, t. I, pl. XXIII; Maisonneuve, *Introduct. à l'étude des vases*, pl. XVI, n. 1, avec une inscription qui a fait jusqu'ici le tourment des antiquaires, et qui a résisté même à la sagacité de M. Boeckh, *Corp. inscript. græc.* n. V, p. 12-13, et *Addend.* p. 868-9; ce vase, dis-je, où l'on a cru trouver l'aventure de *Dolon surpris par Ulysse et Diomède*, n'offre réellement aucun des traits de la relation homérique. M. Inghirami a pourtant reproduit cette explication, proposée d'abord par Italinsky, sans paraître y trouver la moindre difficulté, *Galler. omer.* tav. CVI, comme il a admis sans hésitation l'interprétation que Fiorillo avait donnée de l'inscription, *Dissertat. de inscrip. græc. vasc. gr.* Gotting. 1804, 4, que les maîtres de la science ont déclarée indigne de toute critique. Je ne dois cependant pas dissimuler que M. Boeckh, s'appuyant sur l'opinion de M. Hirt,

sur les pierres gravées, où ce sujet se produit de manière à ne pouvoir être méconnu[1]. Mais ce n'est véritablement que dans les peintures du précieux manuscrit de l'Iliade, découvert dans la bibliothèque Ambroisienne et publié par M. Angelo Mai, que le *déguisement* et la *mort de Dolon* se sont offerts, pour la première fois, exprimés dans toute la naïveté du récit homérique, à laquelle il n'a manqué, pour être fidèle à son génie, qu'une exécution plus babile[2]. Dans la première partie de cette peinture, *Dolon, la tête et le dos couverts d'une peau de loup*, va recevoir le coup mortel de la main d'Ulysse, qui l'a déjà saisi; dans la seconde, le malheureux Phrygien vient de payer de sa tête son audace imprudente. La scène représentée sur notre vase est celle qui succède immédiatement à cet acte sanguinaire; c'est l'instant où les deux héros, vainqueurs de Dolon et maîtres de sa dépouille, délibèrent sur la conduite qu'ils ont à tenir. *Ulysse* se montre encore ici dans l'attitude du conseil, avec le même geste significatif qu'on lui voit sur une pierre gravée relative au même sujet. *Diomède* s'est revêtu de la *peau de loup enlevée à Dolon*[3], sans doute afin de faire servir au succès de leur périlleuse entreprise une dépouille qu'il se propose d'offrir plus tard à Minerve[4]. Cette particularité s'éloigne du récit homérique, suivant lequel Ulysse consacre sur-le-champ à sa divinité tutélaire les armes de Dolon. Mais une pareille variante, dérivée sans doute de quelque autre source, n'a rien qui doive surprendre sur des monumens qui nous ont déjà offert tant de circonstances étrangères aux données homériques; et je puis ajouter que, sur un fragment inédit de vase peint, de beau style, relatif au même sujet, le personnage de *Diomède*, désigné par son nom, ΔΙΟΜΕΔΕΣ, apparaît *vêtu entièrement d'une peau de loup*[5]; ce qui prouve que, dès une époque bien antérieure à celle où fut exécuté notre vase, c'était l'image qu'il nous présente qui avait prévalu dans les compositions de l'art, toute contraire qu'elle était au texte homérique. D'ailleurs, Ulysse apparaît ici avec son attribut accoutumé, dans une attitude conforme à son caractère; et sa présence, dans une scène pareille, comporte nécessairement celle de Diomède. Enfin, les accessoires figurés dans cette partie du vase s'accordent tellement avec le motif principal, et concourent si bien à l'intelligence du sujet, qu'on ne peut s'empêcher de l'y reconnaître, à moins de faire violence à tous les élémens de la représentation. L'*arbre* indique la *campagne* où Dolon a été tué[6]. L'*autel*, surmonté de *deux têtes de bélier*, se reconnaît à ce signe pour un *autel funèbre*; et le *vase cinéraire*, dressé sur un cippe, ne se rapporte pas moins évidemment à la même intention, puisque ce ne peut être ici qu'un symbole emprunté aux idées de la civilisation romaine, pour tenir lieu du *monument* érigé à Dolon dans la tradition homérique[7].

s'est prononcé encore pour l'explication d'Italinsky, tout en convenant que la peinture du vase s'accorde peu avec le récit d'Homère. Mais j'avoue que l'idée de M. Hermann, qui se refuse absolument à voir ici un sujet homérique, et qui propose *Ægisthe assailli par Oreste et Pylade*, me paraît infiniment plus probable; voy. son écrit, *über Herrn Prof. Böckh's Behandlung der Griechisch. Inschrift.* p. 34-37.

(1) Deux de ces pierres ont été publiées par Tischbein, avec des explications de Heyne, *Homer nach Antiken*, I, II, p. 17, et IV, p. 27; voy. Millin, *Galer. mythol.* pl. CLXII, n. 571; Inghirami, *Galler. omer.* tav. CVII et CIX. La meilleure gravure qui ait encore été donnée de la première des pierres en question, est celle qui se trouve dans le *Voyage pittoresque* de M. de Choiseul, t. II, p. 177 et 339.

(2) *Iliad. Fragm. Ambros.* tab. XXIV.

(3) Homer. *Iliad.* X, 458-9:

Τοῦ δ' ἀπὸ μὲν κτιδέην κυνέην κεφαλῆφιν ἕλοντο,
Καὶ ΛΥΚΕΗΝ.

(4) *Ibid.* 462-4.

(5) Ce fragment, provenant, avec beaucoup d'autres pareils, d'une fouille de Corneto, a passé des mains de l'antiquaire romain, Melch. Fossati, dans le cabinet de M. le duc de Luynes. *Ulysse* figure aussi sur le même fragment, et il y est pareillement désigné par son nom, sous une forme éolienne, ΟΛΥΣΕΥΣ.

(6) Homer. *Iliad.* X, 466:

Θῆκεν ἀνὰ μυρίκην. . . . .
. . . . μυρίκης τ' ἐριθηλέας ὄζους.

(7) *Ibid.* Δέελον δ' ἐπὶ ΣΗ͂ΜΑ τ' ἔθηκε.

§ V.

La *fable de Philoctète*, abandonné par les Grecs dans l'île de Lemnos, puis ramené de ce long exil sous les murs de Troie, pour aider à en consommer la ruine, est une des circonstances du drame de l'Iliade qui paraissent avoir été le plus anciennement célébrées dans les traditions poétiques. Cette fable est indiquée par Homère[1]; Bacchylide en avait fait un des principaux sujets développés dans ses *Dithyrambes*[2]; et la manière dont Pindare y fait allusion[3], suffit pour prouver à quel point l'opinion qui attribuait à l'intervention de Philoctète une si grande part dans la chute de Troie, s'était dès lors concilié l'assentiment général. Dès lors aussi, la fable de Philoctète devint une de celles que les poètes tragiques s'étudièrent à l'envi à revêtir des traits et des couleurs de la scène. On sait qu'Æschyle[4] et Euripide[5] avaient composé chacun une tragédie de ce nom, dont il ne nous est resté qu'une faible idée et quelques traits épars. Mais celle de Sophocle, qui s'est conservée toute entière, et qui passe à juste titre pour un des chefs-d'œuvre du théâtre antique[6], peut servir à nous consoler, même d'une perte plus grave.

Les arts d'imitation s'étaient emparés d'assez bonne heure aussi d'un sujet si favorable, où tant de souvenirs illustres se trouvaient mêlés à tant d'images pathétiques. L'une des peintures dont Polygnote avait orné l'intérieur du bâtiment situé à gauche de l'entrée des *Propylées*, représentait *Philoctète, à qui l'adroit Ulysse dérobe l'arc et les flèches d'Hercule*[7]. On sait, par une épigramme de l'Anthologie[8], que Parrhasius s'était exercé sur le même sujet; et l'antiquité a célébré un tableau d'Aristophon, où *Philoctète*, en proie aux douleurs les plus aiguës, inspirait à-la-fois la sympathie pour ses souffrances, et le plaisir, pour la vérité de l'imitation[9]. Tous ces chefs-d'œuvre de la peinture antique sont irrévocablement perdus pour nous; et il ne nous a même pas été donné d'en conserver au moins une réminiscence, sur ces peintures de vases grecs, qu'on peut regarder jusqu'à un certain point comme autant de dessins originaux, émanés d'habiles maîtres de la Grèce, et reproduits par des mains

(1) Homer. *Iliad.* II, 723; conf. Scholiast. *ad h. l.*

(2) Schol. Pindar. *ad Pythic.* I, 100, II, 305, ed. Boeckh.

(3) Pindar. *Pythic.* I, 100-109.

(4) Voy. les Fragmens du *Philoctète* d'Æschyle recueillis et expliqués par Schütz, t. V, p. 160-65. Un des vers de cette tragédie est cité par Aristote, *Poëtic.* § XXXVII.

(5) Indépendamment de quelques vers du *Philoctète* d'Euripide cités par Aristote, *Rhetor. ad Alexandr.* c. XVIII, et *Ethic. Nicomach.* VI, 8, par Stobée, Tit. XX, p. 172, et XXXVIII, p. 230, et par d'autres, nous possédons un extrait de cette tragédie fait par Dion Chrysostôme, *Orat.* LII, p. 549, A, ainsi qu'une exposition en prose du prologue, due au même écrivain, *Orat.* LIX, p. 574, D; voy. Valckenaer, *Diatrib.* 117-128; Matthiæ, Euripid. *Fragment.* 275-289. Il paraît aussi que Sophocle avait composé un second *Philoctète*; voy. Hasselbach, *über den Philoktet des Sophokles*, Stralsund, 1818, S. 158, Anm. 29.

(6) Il nous est resté aussi des fragmens d'un *Philoctète* latin d'Attius, qui paraît avoir été composé à l'imitation du drame de Sophocle; ce sont quelques vers cités par Cicéron, *Tuscul.* II, 10, et par les Grammairiens, Varron. *de L. L.* I, 82, ed. Bip.; Non. *vv. Dulcitas* et *Tetritudo*; voy. Lange, *Vindic. Trag. rom.* 17-18.

(7) Pausan. I, 22, 6.

(8) C'est la Ve des épigrammes de Glaucus, *Analect.* t. II, p. 348, Brunck.; conf. Julian. *Ep.* XXVII; *ibid.* p. 499.

(9) Plutarch. *de aud. Poet.* § 3, t. I, p. 69, ed. Hutten. Plutarque fait encore mention ailleurs, *Sympos. quæst.* V, I, de cette peinture d'Aristophon, en la comparant, sous le même rapport, à la Jocaste, statue célèbre de Silanion; et d'après un passage de Philostraste, *Epist.* XXII, τὸν γοῦν ΦΙΛΟΚΤΗΤΗΝ ἐν τοῖς ΓΡΑΦΟΥΣΙ τοῖς ἐρύμασιν, ὡς ΧΩΛΟΝ ἤ νοσοῦντα, on doit présumer que *Philoctète* était représenté habituellement dans ces peintures, *debout et boitant*, tel que le montrait aussi le fameux bronze de Pythagore, au sujet duquel il existe une épigramme de l'Anthologie, *Adespot.* CCXCIV, le même qui a fait dire à Pline, XXXIV, 8, 19, qu'on *souffrait de la douleur de son ulcère en le voyant boiter: cujus hulceris dolorem sentire etiam spectantes videntur*; conf. Jacobs. *Antholog. Pal.* t. II, p. 658, n. 111, 113. Je ne saurais dire si la *tête* de *Philoctète* que possède le duc d'Ahremberg, et dont parle M. Schorn, *Homer nach Antik.* VII, 42, provient de quelque répétition antique de cette statue célèbre, et j'ignore même d'après quels motifs l'habile antiquaire attribue cette *tête* à Philoctète; c'est un point sur lequel il nous fait espérer des explications, qui ne sauraient manquer d'être satisfaisantes.

subalternes. Jusqu'ici le sujet de Philoctète ne s'est montré avec certitude sur aucun des nombreux vases peints que nous possédons. Celui où M. Millingen a cru découvrir le trait de *Philoctète blessé par un serpent, au pied de l'autel de Chrysé*[1], est tellement endommagé, qu'on ne peut établir rien de solide sur une base aussi défectueuse; et je ne saurais dire jusqu'à quel point l'on doit se fier à l'interprétation d'un autre vase, de la collection de M. le prince de Canino, où l'on a vu *Philoctète jurant à Hercule de ne pas révéler l'endroit où sont déposés ses restes*[2]. Ce n'est donc que sur quelques pierres gravées qu'il nous est permis de retrouver aujourd'hui une faible image des grands travaux de l'art grec, relatifs à ce personnage mythologique[3]. Mais c'est sur-tout à l'art étrusque que nous sommes redevables de nous avoir conservé plusieurs répétitions de quelque excellente composition grecque, toutes dérivées d'un même type, et toutes avec des variantes qui prouvent que les artistes étrusques apportaient, même dans ces travaux du dernier ordre, une assez grande liberté d'exécution. Il s'agit de bas-reliefs, en albâtre de Volterra, qui décorent la face antérieure d'urnes cinéraires, trouvées dans la nécropole de cette ancienne cité étrusque. Mais avant de passer à l'explication de deux de ces monumens encore inédits que je publie, il ne sera pas hors de propos de dire un mot de quelques autres monumens relatifs à Philoctète, ou attribués à ce personnage avec plus ou moins de fondement.

Je parlerai en premier lieu d'un bas-relief qui dut quelque célébrité à Winckelmann, qui l'avait possédé et qui l'a publié[4], mais d'une manière assez peu exacte, et avec une explication passablement arbitraire. On y voit, des deux côtés d'une *stèle*, qui supporte une *statue de Minerve*, et autour de laquelle est entortillé un *serpent*, deux figures, c'est à savoir d'une part, la *Victoire ailée*, présentant au serpent un objet, maintenant effacé, qui devait être une *patère*; de l'autre, un *Guerrier* debout, la tête inclinée, dans une attitude mélancolique. Toute l'argumentation par laquelle Winckelmann s'était efforcé de trouver ici Philoctète, pèche tellement par sa base, qu'elle ne saurait comporter aujourd'hui une réfutation sérieuse. L'opinion de Visconti, qui reconnaissait dans ce *Guerrier*, placé vis-à-vis de la *Victoire*, Thémistocle ou Cimon, témoin du sacrifice offert à Minerve Poliade, en action de grâces d'une victoire navale[5], offrait beaucoup plus de vraisemblance, sans être tout-à-fait exempte de difficultés, par ce mélange de personnages réels et historiques avec des figures d'un ordre allégorique, qui n'était pas étranger à l'art grec, mais dont cet art, toujours dirigé dans ses conceptions par un sens droit et une raison exquise, n'usa jamais qu'avec sobriété et avec goût. L'interprète des *Monumens du musée Napoléon* s'est contenté de voir

(1) Millingen, *Vases grecs*, pl. L.

(2) *Catalogo di scelte Antichità*, n° 625, p. 45.

(3) Deux de ces pierres gravées, de la collection de Stosch, ont été publiées par Winckelmann, *Monum. ined.* n. 118 et 119; une troisième, sur l'authenticité de laquelle on pourrait élever des doutes, est gravée dans le *Cabinet d'Orléans*, t. I, n. 91; voy. aussi Visconti, *Oper. var.* t. II, p. 358; il s'en trouve enfin une quatrième dans les *Monumens Homériques* de Tischbein, VII, IV, p. 41, 45, mais dont je ne suis pas bien sûr que le véritable sujet soit *Philoctète*, comme l'a pensé le savant éditeur de ces monumens, M. Schorn; voy. les observations que j'ai faites à ce sujet dans le *Journ. des Sav.* mars 1828, p. 176. Mais, de tous les monumens qui nous sont parvenus de la glyptique antique, le plus intéressant à tous égards est sans doute la belle pierre qui porte le nom de *Boëthos*, ΒΟΗΘΟΥ, et qu'on pourrait croire une imitation de la peinture d'Aristophon. Cette pierre a été publiée d'abord par M. de Choiseul-Gouffier, qui l'avait acquise lui-même dans l'Asie-Mineure; voy. son *Voyage pittor.* II, pl. XVI, p. 155. J'ai relevé ailleurs, de la part de Millin, qui avait reproduit la pierre de Boëthos dans sa *Galerie mytholog.* pl. CXV, n° 604, sans ajouter son nom sur la liste des anciens graveurs, une omission qui a causé celle de M. Sillig; voy. ma *Lettre à M. Schorn*, p. 36.

(4) *Monum. ined.* n. 120. Ce bas-relief se voit maintenant au musée du Louvre, où il est indiqué, dans la *Notice* de M. de Clarac, sous le n° 175.

(5) Voy. sa *Description des Antiques*, n. 137, p. 54, de la dernière édition (1817), et ses *Œuvr. div.* t. IV, p. 479.

ici un *Sacrifice fait par un guerrier à Minerve Poliade*[1], en entourant l'idée fondamentale, empruntée à Visconti, de quelques conjectures qui lui sont propres, et qui n'y ajoutent pas beaucoup de mérite. Enfin, le continuateur de Visconti n'a pas cru devoir se prononcer entre celui-ci et Winckelmann[2]; ce qui reporte précisément la question au même point où l'avait laissée le premier antiquaire qui avait entrepris de la résoudre; et ce qui montre combien peu la science a marché, à la vérité sur ce seul point, dans l'intervalle de plus d'un demi-siècle.

Mais il y a lieu de s'étonner qu'aucun des antiquaires qui ont écrit depuis Winckelmann[3] ne se soit donné la peine de confronter avec ce monument une répétition du même bas-relief, apportée de la Grèce et conservée au musée Britannique, qui pouvait servir, à raison de quelques variantes qu'elle présente, à répandre un nouveau jour sur la question du type original. Winckelmann, qui en avait eu connaissance d'une manière indirecte, à ce qu'il paraît[4], aurait dû fixer sur ce point l'attention de ses successeurs; et d'Hancarville, qui écrivait à-peu-près à la même époque, et qui a donné une description assez détaillée de ce bas-relief, en reproduisant à son tour celui de Winckelmann[5], pouvait encore leur rendre le même service. Quoi qu'il en soit, le monument en question est maintenant publié[6], et il est facile de juger, par la comparaison qu'on en peut faire avec le bas-relief de Winckelmann, jusqu'à quel point sont fondées les interprétations diverses auxquelles celui-ci a donné lieu. La *statue de Minerve* remplacée par un *trophée*, montre qu'il ne peut être question, ni sur l'un ni sur l'autre, d'un *sacrifice à Minerve Poliade*, comme sujet principal. La substitution d'une simple *Prêtresse*, ou d'une *Femme*, à la *Victoire*, prouve qu'il ne s'agit pas non plus d'un *sacrifice relatif à quelque victoire célèbre*; et l'hypothèse qui faisait du *Guerrier*, témoin de ce sacrifice, *Thémistocle* ou *Cimon*, ces deux grands héros de la marine athénienne, tombe par cette seule considération. Mais une circonstance toute nouvelle permet d'apprécier le véritable objet de ce monument : c'est la liste de personnages appartenant à plusieurs peuples grecs, et inscrits sur ce marbre, laquelle liste indique que c'est ici un bas-relief funéraire, l'une de ces *stèles* érigées sur un tombeau commun à plusieurs guerriers morts ensemble sur le même champ de bataille, dans

(1) T. IV, pl. xi, p. 33-36. Zoëga approuve cette explication, qu'il ignorait due en partie à Visconti, *Bassirilievi*, t. I, p. 260, not. 5.

(2) Clarac, *Notice*, etc. n° 175, p. 85.

(3) Il faut excepter Zoëga, qui fait mention de la répétition citée par Winckelmann, mais sans se douter que ce marbre se trouvât au musée Britannique; voy. ses *Bassiril.* t. I, p. 260, not. 5.

(4) La manière dont Winckelmann s'exprime, p. 162, au sujet de ce marbre; comme étant *un bas-relief funéraire apporté de la Grèce par un gentilhomme écossais, avec une inscription grecque relative au défunt*, n'est pas en tout point d'accord avec le monument même, tel que nous le connaissons à présent; d'où il semble résulter que l'illustre antiquaire n'avait pas eu le marbre sous les yeux; à moins qu'il ne s'agisse d'un autre bas-relief, dont l'inscription était relative à un seul personnage, au lieu d'offrir une liste de noms propres; ce qui est encore plus problable.

(5) *Recherches sur les Arts de la Grèce*, t. I, pl. xxix, p. 489, note 163. D'Hancarville était d'avis que ce monument, dans chacune de ses répétitions, avait rapport à une *Fondation de ville*; opinion qui, pour être dénuée de raison, n'est pourtant pas aussi capricieuse ni aussi bizarre que la plupart des idées de cet antiquaire. Du reste, il avait été frappé de l'analogie de ces bas-reliefs avec les monumens dits *choragiques*; et il regardait les uns et les autres comme des productions de l'art athénien; ce qui est conforme à la vérité, et ce qui ne laisse pas de faire aussi quelque honneur à sa sagacité.

(6) *Ancient Marbles in the British Museum*, P. II, pl. xli. Feu Taylor Combe dit, dans la description de ce marbre, qu'il fut apporté en Angleterre par un M. Topham, en 1725, et offert au musée par Sir J. Banks, en 1780; ni ces dates ni ces noms propres ne s'accordent avec le peu de détails donnés par Winckelmann, au sujet du bas-relief possédé par le gentilhomme écossais, qu'il nomme Archimbald Menzies; il serait donc possible que ce fût une autre répétition du même monument, comme je l'ai présumé d'abord; voy. not. 4. Du reste, l'antiquaire anglais semble ignorer que le bas-relief publié par d'Hancarville l'avait été auparavant par Winckelmann; et cette circonstance n'est pas propre à inspirer beaucoup de confiance dans l'exactitude de ses recherches.

quelque expédition glorieuse[1]. Le *sacrifice aux mânes* de ces guerriers est représenté, de la manière la plus conforme à toutes les données de l'art antique, par la *prêtresse* ou plutôt, la *Ville* personnifiée, ΠΟΛΙΣ, qui offre une *libation* au *serpent*, gardien sacré des mânes. Le *Guerrier*, qui s'associe, *la tête penchée*, dans une attitude triste et affligée, à cet acte religieux, exprime, par une de ces abstractions si familières au génie des anciens, *l'Armée entière*, le ΣΤΡΑΤΟΣ, personnifié dans un seul homme; et la *partie antérieure de cheval*, avec une *tête d'homme*, sculptée au-dessus, indique, dans le même système d'abréviation symbolique, la *condition équestre*[2] des guerriers en l'honneur desquels était consacré ce monument, où respire toute la simplicité, jointe à toute l'élégance du goût antique. Il n'y a donc rien là de tout ce que l'on avait si gratuitement supposé; et l'idée de Philoctète, la moins vraisemblable de toutes celles qu'a suggérées ce monument, ne saurait, en tout cas, y rester désormais attachée à aucun titre.

Il en sera de même d'un bas-relief de la villa Albani, où l'on a cru trouver ce personnage mythologique, peut-être avec encore moins de fondement. C'est celui qui représente un *Vieillard barbu, assis sur un amas de rochers, avec un arbre et un serpent près de lui*[3]; image sensible d'un de ces *Génies de lieux*, tels que les avait conçus l'art des Grecs, et tels que nous les montre en effet une foule de monumens antiques, sur le véritable objet de laquelle il est étrange qu'un antiquaire comme Zoëga ait pu se méprendre, au point d'admettre sans restriction et de se borner à reproduire l'explication de Raffei[4].

(1) Il existá dans la Grèce un assez grand nombre de ces tombeaux, érigés en commun à des guerriers qui avaient péri en combattant pour la même cause. Ce genre de monumens s'appelait en général μνῆμα κοινόν, ou πολυάνδριον, sauf les circonstances particulières qui avaient motivé des dénominations locales, telles que celle de l'*Æsymnion*, tombeau commun existant à Mégares, Pausan. I, 43, 2 et 3; j'en citerai quelques exemples. On voyait, sur l'*agora* de Phigalie, un *tombeau commun*, πολυάνδριον, érigé en l'honneur de *cent Oresthasiens*, qui avaient scellé de leur sang la délivrance de cette ville; et Pausanias, à qui nous devons la connaissance de ce fait, ajoute qu'*on rendait chaque année aux mânes de ces guerriers les honneurs héroïques* : ὡς ἥρωσιν ἐναγίζουσιν ἀνὰ πᾶν ἔτος; c'est précisément la cérémonie, renouvelée annuellement en tant d'autres endroits de la Grèce, qui dut fournir le motif de nos bas-reliefs. Sur la route de Gortyne à Mégalopolis, aussi en Arcadie, Pausanias vit encore un de ces *tombeaux communs*, qui se nommait ici παρξιζάνιον, à raison d'une de ces circonstances particulières, VIII, 28, 4. Les Grecs morts à Platées avaient, aux portes de cette ville, un *tombeau commun*, μνῆμα κοινόν, différent de ceux des Athéniens et des Spartiates, lesquels constituaient aussi, pour chacun de ces deux peuples, des monumens du même genre, Idem, IX, 2, 4. Près des portes de Thèbes, Pausanias vit encore un *polyandrion*, où avaient été recueillis les corps des guerriers qui avaient péri en défendant leur patrie contre Alexandre, Idem, IX, 10, 1. Mais c'est surtout dans l'Attique qu'il exista beaucoup de ces monumens, érigés en l'honneur d'Athéniens et d'autres Grecs auxiliaires, qui avaient pris part à des combats glorieux pour Athènes, ou même d'esclaves qui avaient obtenu, au même titre, par un décret du peuple, l'honneur d'une sépulture publique, Idem, I, 29, 5 et 6. Tous ces monumens étaient décorés, sur le faîte ou sur la face antérieure, d'une *stèle* portant les noms des guerriers ensevelis dans le même tombeau, après avoir péri sur le même champ de bataille; telle qu'était la *stèle* érigée sur le tombeau de Léonidas, à Sparte, avec les noms de tous ses compagnons de gloire, Idem, III, 14, 2; et sans doute que ces sortes de *stèles* étaient ornées en outre de bas-reliefs conformes à la destination funéraire des monumens, ou relatifs à la condition des personnages, ainsi qu'on en a tant d'exemples dans Pausanias, sans compter ceux qui nous en sont restés sur les monumens mêmes; et l'on voit combien nos bas-reliefs, véritables *stèles* attiques, rentrent, sous ce double rapport, dans la classe des monumens funéraires dont il s'agit.

(2) Cette condition était celle des personnes libres, qu'on désignait de cette manière, dans le langage attique : Οἱ τὴν ἱππάδα τελοῦντες, et qui formaient à Athènes la seconde classe de citoyens, dans l'ordre politique, Pollux, VIII, 10, 131; Aristot. *Polit.* IV, 10, 10. C'est la même classe de citoyens qu'on appelait, en d'autres états de la Grèce, ἱππόται, ἱπποβόται; voy. Wachsmuth, *Hellenische Alterthumskunde*, I, 155, et qui répondait en partie à l'ordre équestre des Romains. D'après l'exemple de l'Anthémion, fils de Diphilus, qui, pour avoir été élevé de la classe des *mercenaires* à celle des *chevaliers*, ἀπὸ τοῦ θητικοῦ τέλους εἰς τὴν ἱππάδα, s'était fait représenter, dans un monument placé à l'Acropolis d'Athènes, sous la figure d'un *homme debout, avec un cheval près de lui*, ἵππος ἀνδρὶ παρεστηκώς, Pollux, *loc. supr. laud.*; conf. Jacobs., *Anthol. Pal.* vol. III, part. III, sect. VIII, p. 766, 14, on doit présumer que cette image était le type consacré en pareille occasion; et de là vient sans doute que, sur tant de vases peints, on voit un *jeune homme debout près d'un cheval;* c'était l'expression figurée de la *condition équestre personnifiée.* J'ai cru devoir placer ici cette observation, qui rectifie et complète les notions précédemment exposées, *Orestéide*, p. 153, not. 4.

(3) Raffei, *Dissertaz.* IV, p. 73, sgg.

(4) *Bassiril.* t. I, tav. LIV, p. 258-263. Cette explication a été rejetée, d'un commun accord, par Visconti, *Mus. P. Clem.* t. IV, tav. XVI, p. 31, not. *d;* t. V, tav. XVI, p. 30, not. *g;* et par C. Fea, *Indicaz. antiq.* etc. n. 539, et *Stor. dell' Art.* t. I, p. 338, colon. 1.

Ces monumens écartés, il s'agit de rechercher s'il nous en est parvenu quelque autre, qui ait véritablement rapport à l'histoire de Philoctète. Tel est en premier lieu le beau miroir de bronze qui représente la *Guérison de Philoctète, opérée par la main de Machaon*[1]. Les deux figures sont désignées indubitablement par les inscriptions, ΦΕVVΨΕ, ΜΑΨΑΗ, qui les accompagnent, et qui offrent les noms grecs sous leur forme étrusque; signe certain, auquel on peut reconnaître, indépendamment du style et du travail, une œuvre originale de l'art étrusque. L'intervention de *Machaon* prouve que l'auteur de ce monument avait suivi de préférence la tradition grecque qui avait prévalu chez les Romains[2], plutôt qu'une autre tradition, répandue aussi parmi les Grecs d'une époque plus récente, et exprimée par Quintus de Smyrne[3], laquelle attribuait à Podalire la guérison de Philoctète[4]; et cette observation, si indifférente qu'elle puisse paraître, n'est pas tout-à-fait sans importance, attendu qu'elle peut servir d'élément propre à déterminer l'époque romaine de la plupart de ces monumens étrusques.

Ce sont aussi des monumens de l'art étrusque, produits d'après les modèles et les traditions de la Grèce, qui nous montrent *Philoctète*, au moment le plus pathétique de l'action intéressante qui devint la fable de tant de tragédies antiques. Le drame latin d'Attius, qui dut populariser à Rome les conceptions du génie grec, fut sans doute la source où les auteurs de ces monumens puisèrent immédiatement le motif principal de leurs compositions; et c'est encore là un argument de plus, à l'appui de tous ceux que j'ai déjà fait valoir, pour prouver que la plupart des urnes étrusques qui nous restent, durent être exécutées, comme autant d'émanations des tragédies romaines, sous l'influence plus ou moins directe du théâtre grec. Il est d'ailleurs singulier que ni Winckelmann, ni Visconti lui-même, sans parler de tant d'autres antiquaires contemporains, n'aient fait la moindre attention aux urnes étrusques représentant la *fable de Philoctète*, quand ils se montraient si frappés de l'extrême rareté des monumens relatifs à ce personnage[5]. Deux de ces urnes avaient pourtant été publiées par Gori[6], d'une manière, à la vérité, bien peu propre à en donner une idée juste ou favorable; et ces monumens n'avaient pas non plus échappé à l'attention de Zoëga[7], malgré l'indifférence, assez peu raisonnable du reste, qu'il éprouvait en général pour les productions de l'art étrusque. Cette

(1) Publié d'abord par M. Schiassi, *de Pateris Antiquorum*, tab. I, puis par M. Inghirami, qui le premier a eu le mérite d'en reconnaître le sujet, *Monum. etr. ined.* Ser. II, tav. XXXIX, p. 408-416, et qui l'a reproduit dans sa *Galler. omer.* tav. I, p. 108-110. Ce monument avait été décrit en premier lieu, mais sans aucune explication, par Lanzi, *Saggio*, t. II, p. 176.

(2) D'après deux traditions différentes, l'une et l'autre fondées sur des témoignages d'écrivains grecs, et rapportées par le scholiaste de Lycophron, *ad Cassandr.* v. 911 (t. II, p. 869, ed. Müller), la cure de Philoctète aurait été opérée par Machaon, τῇ ἰφθίμῃ τέχνῃ; conf. Tzetz. *Post-Homer.* v. 583, Jacobs., ou bien à l'aide de sucs de plantes infusées dans le vin, ἢ ἐπικλύσας οἴνῳ, ἢ ἐπιθεὶς βοτάνην (ὁ Μαχάων); et dans l'un et l'autre cas, je regrette que M. Welcker ne se soit pas expliqué sur ce point, dans le petit écrit, très-savant et très-curieux du reste, où il a recueilli la plupart des témoignages qui nous restent sur la médecine et la chirurgie des temps héroïques, *die ältesten Zeugnisse für innere Heilkunde bei den Griechen*, Berlin, 1832. Quant à l'opinion qui avait cours chez les Romains, relativement à ce point d'antiquité, il suffit, pour l'établir, du témoignage de Properce, *Eleg.* II, 1, 59 : Tarda Philoctetæ sanavit crura MACHAON; conf. Interprett. *ad* Cels. *de Medic.* lib. I, præf. init. J'observe que ces passages ont été omis par Zoëga dans la liste qu'il a donnée des témoignages antiques concernant la fable de Philoctète.

(3) *Post-Homer.* IX, 352, sqq. M. Inghirami, qui remarque que l'artiste étrusque s'est éloigné du récit de Quintus de Smyrne, aurait dû observer plutôt qu'il suivait la tradition grecque, adoptée, de préférence aux autres, par les Romains de son temps.

(4) Philostrate dit, d'une manière générale, propre à concilier les diverses traditions, que le héros grec fut guéri *par les Asclépiades*, ὑπὸ τῶν Ἀσκληπιαδῶν, Philostrat. *Heroic.* v, p. 124, ed. Boissonad.; voy. sur ces *Asclépiades*, Millin, *Monum. inéd.* II, 245.

(5) La même observation pourrait s'appliquer à M. Schorn, qui, dans son explication d'une pierre gravée qu'il a crue relative à Philoctète, n'a fait non plus aucune mention de ces monumens étrusques; voy. son *Homer nach Antik.* VII, IV, p. 41-45.

(6) *Mus. Guarnacc.* tab. VIII; et *Inscript. ant. Etrur.* t. III, tab. XXXIX.

(7) *Bassiril.* t. I, p. 259, not. 4.

indifférence, qui subsiste encore à beaucoup d'égards, sans être devenue pour cela plus légitime, m'a permis de faire entrer dans le domaine de la science deux de ces monumens encore inédits, tirés, l'un de la galerie de Florence, l'autre du musée public de Volterra.

La première de ces urnes[1] représente *Philoctète*, *assis* dans sa grotte, *la jambe droite enveloppée de bandelettes*, τὸν ταρσὸν καλύπτων, *la tête abaissée sur sa poitrine par l'effet de ses longues souffrances*, ξυμπεπτωκότι διὰ τὴν νόσον τῷ προσώπῳ. Il s'appuie des deux mains sur un *arc*, qui doit être celui d'Hercule; et il a près de lui un *carquois* rempli de ces flèches fatales, auxquelles est attachée la destinée de Troie. Il semble écouter avec plus d'attention que de faveur un personnage debout devant lui, que son âge et le *bonnet* qui lui couvre la tête désignent clairement pour *Ulysse*, et dont le geste indique qu'il déploie toute son éloquence pour triompher de l'obstination de Philoctète. Derrière le héros, un jeune homme qui s'incline d'une manière où se peignent à la fois la supplication et le respect, ne saurait être que *Néoptolème*, joignant ses prières aux sollicitations d'Ulysse. Des deux côtés de cette scène, si bien conçue dans sa disposition générale, sont deux groupes d'un *Personnage tenant un cheval par la bride;* indication du *Chœur* de la tragédie grecque, au moment où tout se dispose pour le *départ;* en sorte que c'est ici l'image réduite du dernier acte de cette tragédie, où chaque personnage se montre avec l'attitude qui lui convient, avec son caractère fidèlement exprimé, et avec le costume grec : toutes choses qui suffiraient, à défaut du mérite d'exécution porté à un assez haut degré, pour indiquer que ce bas-relief étrusque doit être une copie de quelque belle composition d'une école grecque.

La seconde de nos urnes étrusques[2], d'un travail bien moins soigné, mais d'une composition au moins aussi remarquable et plus neuve encore, offre *Philoctète*, dans une situation différente, avec cette *barbe* et ces *cheveux en désordre*[3] qui formaient, sur le théâtre grec, le trait caractéristique de sa physionomie. Il est *assis* dans sa grotte, et appuyé d'une main sur un *bâton noueux*, tandis que de l'autre il soulève avec peine sa jambe malade, qu'un *Jeune Grec* tient de ses deux mains, sans doute pour y appliquer quelque remède salutaire. C'est ce qu'indique un *grand vase*, de la forme de *bassin*, λεβής, posé à terre aux pieds du fils de Pœan. *Néoptolème*, qui se retrouve ici à la même place, et presque dans la même attitude, semble vouloir profiter de l'attention exclusive donnée par Philoctète aux soins dont il est l'objet, pour s'emparer de l'*arc* et du *carquois* d'Hercule. C'est aussi ce que l'on peut inférer de la manière dont est représenté *Ulysse*, assis à la proue de son vaisseau, la main

(1) Voy. planche LV. Ce bas-relief était réellement inédit, quand je le fis dessiner, pour mon recueil, dans la galerie de Florence; depuis, il a été publié par M. Inghirami, dans sa *Galler. omer.* tav. XLIX, mais dans un dessin tellement réduit, qu'on ne saurait regarder comme étant devenue inutile, ou même comme ayant été prévenue, la publication que j'en fais à mon tour, et qui me paraît, s'il m'est permis de le dire, plus propre à fixer le jugement des antiquaires sur le mérite du monument original.

(2) Voy. planche LIV.

(3) C'est ainsi, en effet, que le représente Philostrate le jeune, *Imag.* XVII : ΚΌΜΗΝ τε καὶ αὐχμοῦ πλήρη δεικνύς, καὶ τὴν γενειάδα ὑπανεστηκυῖαν καὶ φρίττουσαν; et tel, sans doute, était composé le *masque* de ce personnage dans les représentations dramatiques; voy. Pollux, IV, 117. Cette manière de porter sa *chevelure*, avec un costume analogue, formait un double trait propre au personnage de Philoctète, qu'on pourrait croire modelé d'après ces expressions homériques, *Odyss.* XXIV, 248 : αὐχμεῖς δὲ κακῶς, καὶ ἀεικέα ἕσσαι; et je rappelle, à cette occasion, qu'il existait presque autant de coiffures particulières, pour chacune des figures héroïques que l'on produisait sur la scène. Telle était, entre autres, celle d'*Hector*, dont la *chevelure abondante et touffue*, *rejetée en arrière sur ses épaules*, avait fait donner l'épithète d'*Hectoréenne* à toute coiffure de ce genre, Pollux, II, 3, 29 : Καὶ Ἑκτόρειος κόμη, ... ἣν Τιμαῖος.. λέγει, περικεχύσθαι τῷ τραχήλῳ; conf. Hesych. *v.* Ἑκτόρειοι. κομῆται; Salmas. *de Cæsar. viror.* c. XI, p. 335; Meurs. *Comment. ad* Lycophr. v. 1133. C'est une particularité du costume antique qui avait tout-à-fait échappé à la mémoire de M. Letronne, quand ce savant a prétendu, d'une manière si peu vraisemblable du reste, que les mots μετ' οὐδεμιᾶς κόμης, appliqués à Hector dans un passage de Philostrate le jeune, *Heroïc.* p. 68, signifiaient qu'Hector était *absolument sans cheveux*.

sur le *gouvernail*, observant de loin l'effet de son stratagème, et caché aux regards de Philoctète par un *Guerrier grec*, qui se couvre en avant de son bouclier, évidemment avec l'intention que je suppose. Néoptolème est accompagné d'un *Jeune Grec*, qui tient un *cheval par la bride*, indice d'un prochain *départ*; et plus loin un *autre Grec*, assis dans un navire, représente la flotte mouillée sur le rivage, et amarrée dans le port, au moyen d'un tronçon de colonne. Qui ne reconnaîtrait encore, à tous les traits de cette composition, cet autre acte de la tragédie grecque, où Philoctète s'est laissé surprendre à la pitié trompeuse des Grecs et aux artifices de Néoptolème dirigé par Ulysse? Si l'on rapproche maintenant de nos deux bas-reliefs ceux des urnes déjà publiées par Gori, sur l'une desquelles *Philoctète*, dépouillé de ses armes par la ruse du roi d'Ithaque, apparaît debout dans sa grotte, s'adressant aux sentimens généreux de *Néoptolème*, pour en obtenir qu'elles lui soient rendues; et, sur l'autre, ce même *Philoctète*, près d'être abandonné par les Grecs, entre *Ulysse* qui s'éloigne, et *Néoptolème* qui balance, implorant en vain la pitié, et menacé d'un exil éternel, on verra que les scènes principales de la tragédie de Sophocle, que toutes les situations pathétiques de ce drame intéressant, avaient été fixées par l'art étrusque dans une suite de bas-reliefs qui sert à montrer, d'une manière péremptoire et décisive, sous quelle influence et à quelle époque ont été produites ces sculptures étrusques, espèce de traductions figurées du théâtre grec converti lui-même en langage romain.

§ VI.

L'*Enlèvement du Palladium*, effectué par Ulysse et Diomède, était une des scènes du drame de l'Iliade qui avait été le plus fréquemment traitée par les anciens artistes, sous toutes les formes dont elle était susceptible, et dans toutes les circonstances qu'elle pouvait fournir au génie de l'imitation. Il serait impossible de se faire une idée juste du grand nombre de représentations figurées de toute espèce, auxquelles put donner lieu ce trait mythologique; et aujourd'hui même, que tant de monumens ont disparu sans retour, ce serait une tâche difficile que d'entreprendre une énumération complète de tous ceux qui nous restent, concernant le sujet en question[1]. Aussi me contenterai-je d'exposer brièvement les notions qui se rapportent à une circonstance de ce sujet, laquelle s'est assez rarement produite sur les monumens antiques pour mériter à ce titre quelque attention de la part des antiquaires.

(1) C'est sur-tout dans la classe des pierres gravées que ce sujet est le plus souvent reproduit, et cette classe fut si nombreuse, dans l'antiquité grecque et romaine, qu'indépendamment des monumens de ce genre recueillis dans des dissertations particulières par M. Lewezow, *über den Raub des Palladiums*, etc. 1801, fol., et par Millin, *Mémoire sur quelques pierres gravées représentant l'enlèvement du Palladium*, Turin, 1812, in-4°, il en existe plus d'un encore qui ont échappé aux recherches de ces savans, sans compter ceux qui se découvrent tous les jours; voy. à ce sujet Visconti, *Mus. Worsley.* IV, 9, et *Oper. var.* II, p. 278 et 357. Il n'en est que plus étonnant de rencontrer si rarement jusqu'ici ce sujet sur les vases peints, notamment sur ceux du royaume de Naples, où le nom de Diomède avait dû laisser tant de souvenirs. Je ne connais encore actuellement, en fait de vases représentant l'*enlèvement du Palladium*, que celui du musée Charles X, provenant d'Armento, dans la Basilicate, qui a été publié par M. Millingen, *anc. uned. Monum.* Part. II, pl. XXVIII, p. 73-78, et qui est d'un âge de décadence; et un autre vase, qu'on présume trouvé aux environs de Cumes, et qui se trouve actuellement au musée de Berlin; encore faut-il admettre l'explication qu'en a donnée M. Hirt, *Annal. dell' Instit. di corrisp. archeol.* t. II, p. 98, sgg. tav. agg. D, et qui n'est pas exempte de graves difficultés. Du reste, je ne sache pas que le sujet en question se soit encore produit sur aucun des nombreux vases grecs récemment trouvés dans la campagne de Rome; et il n'en est fait aucune mention, ni dans le *Catalogue* du prince de Canino, ni dans le *Rapport* de M. Éd. Gerhard, ni enfin dans la *Description de trente-deux vases choisis dans la collection de M. Campanari*, qui vient d'être publiée à Londres, et qui est l'ouvrage du savant antiquaire Bröndsted.

Le monument qui nous la présente est un de ces vases de la forme de *lêkythos*[1], d'une fabrique qu'on doit présumer proprement et originairement attique[2], dont le sujet consiste en figures dessinées à la pointe, qui se détachent en noir sur un fond clair. La composition, conçue dans le style le plus archaïque, offre pour objet principal un *simulacre de Minerve*, qui doit être un de ces anciens *xoanon*, ou statuettes de bois, vêtues d'étoffes réelles, qui furent les monumens de l'art primitif. La figure de Minerve, caractérisée d'ailleurs par le *casque* et la *haste*, et sur-tout par l'*égide*, ne permet pas de méconnaître, à cette forme particulière, le *Palladium*, tel qu'il est le plus habituellement représenté sur les vases peints et sur les pierres gravées. Cette figure, posée sur un socle à deux gradins, se termine en forme de *gaîne carrée*, sans indication de *jambes* et de *pieds*; ce qui est encore un trait de la configuration propre à cette sorte d'anciens simulacres, de la plus haute époque, très-fréquemment aussi exprimé sur les pierres gravées, même sur celles de la période romaine, qui affectent le plus l'imitation des anciens types[3]. De chaque côté est un *Guerrier agenouillé*, dans une attitude qui se correspond exactement, de manière à offrir, sous ce rapport comme sous celui du costume, cette *symétrie*, qui entrait si profondément dans les conditions de l'art antique, et qui tenait à son principe même. De ces deux guerriers, l'un et l'autre couverts d'une armure complète, l'un semble *jeune* et *imberbe*; l'autre, celui qui est placé à droite du spectateur, *barbu*, et conséquemment d'un âge plus mûr; particularité qui, jointe à l'action même de ces deux personnages, agenouillés aux pieds du *Palladium*, ne peut convenir qu'à *Ulysse* et *Diomède*, au moment où ils se disposent à enlever de sa base le simulacre révéré auquel était attachée la destinée d'Ilion. La manière dont ils étendent la main vers la statue, pour en *toucher les genoux*, comme pour obtenir d'avance le pardon de l'espèce d'attentat qu'ils vont commettre, est l'expression figurée, la plus sensible qu'il fût possible d'offrir aux yeux, d'une action consacrée dans les habitudes de la civilisation grecque, qui n'avait pu trouver, dans aucune autre circonstance, d'application plus convenable; c'est en quelque sorte la traduction graphique de l'idée, qui s'exprimait en grec par les mots γονυκλινής, γονυπετής, et qui se reproduit si fréquemment chez les tragiques[4]. Les deux héros avaient déposé leurs *boucliers*, qui sont dressés à terre, d'une manière qui ne paraît pas tout-à-fait dépourvue d'intention, bien que les emblèmes de ces boucliers, d'après leur peu de rapport avec la nature du sujet et avec le caractère des personnages, semblent n'être qu'un pur caprice du dessinateur.

Telle que je viens de l'exposer, cette peinture de vase grec représente donc la scène qui dut précéder immédiatement l'*enlèvement du Palladium*, l'instant où les deux héros supplient la déesse de se laisser transporter par eux dans le camp des Grecs. Le geste que

(1) Voy. planche LVI. Ce vase appartient à M. Durand.

(2) Voy. à ce sujet les nouvelles recherches, exposées avec cette abondance et cette richesse d'érudition qui lui sont propres, par M. Creuzer, dans sa dissertation intitulée : *ein Alt-Athenisches Gefäss mit Malerei und Inschrift*, Leipzig, 1832, p. 19-21, avec les *notes* qui s'y rapportent, et où la matière me paraît tellement épuisée, qu'il serait inutile d'y revenir.

(3) Voy. entre autres les pierres gravées du recueil de Millin, n°s 3, 4, 7 et 8, où cette circonstance est sur-tout sensible.

(4) Suidas, *v.* γονυκλινής; Euripid. *Phœniss.* 300. Il suffit de jeter les yeux sur les nombreux exemples, extraits du seul Euripide, de locutions telles que celles-ci : προσπίτνω Ὀδυσσέως γόνυ, *Hecub.* 339, ἀμφὶ σὸν πίτνω γόνυ, *ibid.* 787, recueillis dans l'*index* de l'édition d'Euripide donnée par M. Beck, au mot γόνυ, pour s'assurer à quel point cette image de la langue poétique, fournie par les habitudes sociales, avait dû se reproduire dans les œuvres de l'imitation; et c'est en effet l'attitude donnée à Diomède, au moment où il s'apprête à ravir le *Palladium*, sur plusieurs des pierres gravées qui représentent ce sujet, ainsi que Millin en a fait l'observation, *Dissert. cit.* p. 11.

la statue fait de la main gauche, annonce assez clairement que la déesse se prête à cette pieuse violence exercée sur son simulacre, tandis que son regard semble se diriger pour la dernière fois vers les Troyens qu'elle abandonne. Les mots grecs tracés dans le champ de la peinture, de chaque côté de la statue, et dans la partie supérieure, pourraient avoir exprimé une espèce de formule sacramentelle, ou de prière adressée par le couple héroïque à la déesse; c'est ce qui semblerait résulter du nombre à-peu-près pareil et de la répétition presque identique des caractères qui composent les inscriptions dont il s'agit; mais ces caractères sont formés avec tant de négligence, ce qui est le cas de la plupart des inscriptions du même genre qu'offrent un assez grand nombre de vases peints, qu'il serait difficile de rien statuer à cet égard; et quant à la signification de ces mots grecs, j'avoue qu'elle m'a paru tout-à-fait inutile à rechercher, attendu que, dans l'état où ils se présentent, la lecture n'en saurait être qu'arbitraire, et qu'ainsi tout le temps employé à une pareille étude, et que toute la sagacité même qu'on pourrait y déployer, ne profiteraient en rien à la science. C'est ce qui est arrivé pour la célèbre inscription du vase où l'on a cru voir l'aventure de *Dolon surpris par Ulysse et Diomède*, inscription tracée cependant avec plus de soin que les nôtres, du moins en apparence, et dont il est vrai de dire que l'interprétation a résisté jusqu'ici à tous les efforts des plus habiles philologues[1]; et si je me borne à cet exemple, c'est qu'il me répugne de multiplier les preuves de ces déceptions fâcheuses, qui nuisent plus aux vrais intérêts de la science qu'elles ne contribuent, par le faux éclat qui les accompagne, à la réputation des savans.

Si je ne craignais d'encourir moi-même le reproche qui s'adresse à tant de conjectures hasardées et d'interprétations arbitraires, j'indiquerais, à l'occasion de la peinture qui vient d'être exposée, un rapport qui m'avait frappé d'abord, entre le sujet de cette peinture et celui de quelques autres vases, qui offrent pareillement deux *Guerriers agenouillés*, mais sans la présence du *Palladium*[2]. Cette circonstance ne permet, à ce qu'il me semble, d'établir aucun rapprochement entre ces peintures et la nôtre, dont il existe quelques répétitions, une entre autres, dans la collection de M. Durand[3], toujours avec le *Palladium*. J'aurais pu profiter aussi de la même occasion, pour exprimer quelques doutes au sujet d'une autre peinture de vase grec récemment publiée par M. Hirt, où ce savant antiquaire a cru voir une représentation de l'*enlèvement du Palladium*, avec des circonstances toutes nouvelles[4]; mais j'aurai lieu de m'expliquer plus convenablement sur ce sujet, dans un autre endroit de ces recherches.

(1) Voy. l'observation qui a été faite plus haut, p. 284, not. 4, au sujet de cette inscription et du vase qui la présente.

(2) Un de ces vases a été publié par Passeri, t. II, tab. CLXXVIII; il s'en trouve un second, avec un sujet à-peu-près pareil, dans le premier recueil d'Hamilton, t. III, pl. 103.

(3) Ce vase est une espèce d'*hydria à deux anses*, *ὑδρία δίωτος*, d'une fabrique qui semble sicilienne, à figures noires, sur fond jaune, avec des détails de costume colorés en blanc et en rouge. Le sujet principal offre *trois figures*, savoir, *Minerve*, ou sa *statue*, *ξόανον*, descendue de son *piédestal*, *βάθρον*, et tournée à droite, entre *deux Personnages armés* et *barbus*, *assis*, vis-à-vis l'un de l'autre, sur des *pierres carrées* et *polies*, *ξεστοὶ λίθοι*. La déesse est armée de deux *longues hastes*, qu'elle porte horizontalement, et d'un grand bouclier argolique, qui a pour emblème un *char*. Les *deux Guerriers*, entre lesquels elle est placée, tiennent leur double lance abaissée à ses pieds, en signe de respect et d'adoration. Telle est cette composition, d'un caractère grave et religieux, qui ne semble guère pouvoir s'expliquer, comme celle dont il vient d'être rendu compte, que par une circonstance du mythe qui nous occupe. Le revers présente *quatre Guerriers*, deux desquels sont placés au milieu, de manière à s'effacer l'un derrière l'autre, tous marchant sur la même ligne et dans le même sens, de gauche à droite, et portant, pour emblèmes, sur leurs boucliers argoliques, une *partie antérieure de lion*, un *serpent*, et *trois sphæra* disposées en triangle. Ce dernier symbole doit avoir la même signification que la *Triquetra*, qui figure assez souvent aussi sur les boucliers grecs, comme indice des exercices du stade; et les quatre figures de guerriers peuvent être une image abrégée du *Stratos*.

(4) *Annal. dell' Instit. di corr. archeol.* t. II, p. 98, sgg. tav. agg. D.

§ VII.

La *Prise de Troie*, Τρωίας Ἅλωσις, Ἰλίου Πέρσις, est un des événemens de l'histoire poétique qui avaient été le plus rarement représentés dans l'antiquité même, et dont il nous reste en effet le moins de monumens. Si l'on excepte les peintures de Polygnote, au *Pœcile* d'Athènes[1], et au *Lesché* de Delphes[2], lesquelles n'offraient encore que des épisodes intéressans, que des scènes détachées de ce grand drame, et non la destruction de Troie elle-même, accomplie dans la nuit fatale qui suivit l'introduction du *Cheval de bois*, telle qu'Homère la suppose chantée par Démodocus[3], il n'exista guère, à ma connaissance, de monumens publics de quelque importance où ce sujet eût été traité, que le temple de Junon d'Argos, dans l'un des frontons duquel étaient sculptées la *Guerre de Troie* et la *Prise d'Ilion*, τὰ ἐς τὸν πρὸς Τρωίαν Πόλεμον καὶ ἸΛΊΟΥ ἍΛΩΣΙΝ[4], et le temple de Jupiter Olympien, à Agrigente, où la *Prise de Troie* était représentée pareillement dans l'un des frontons[5]. Or, il est évident que de pareilles sculptures, consistant sans doute en figures de ronde bosse, telles que celles des frontons du temple de Jupiter Panhellénios, à Égine, relatives à la première et à la seconde guerre de Troie[6], ne pouvaient représenter que la moindre partie d'un sujet si vaste. Un seul artiste paraît en avoir embrassé la totalité; ce fut Théodore, qui peignit la *Guerre de Troie*, *Bellum Iliacum*, dans une suite de tableaux placés, à Rome, sous les portiques de Philippe[7]; encore peut-on douter avec raison, en s'attachant au sens rigoureux des expressions de Pline, que ces peintures aient eu rapport à la *Prise*, plutôt qu'à la *Guerre de Troie*. Je ne parle pas des monumens d'un autre genre, tels que le casque de bronze, du musée Bourbon, à Naples[8], ou tels que la coupe d'argent, où le célèbre

(1) Pausan. I, 15, 3; conf. Plutarch. *in Cimon.*, § IV; voy. Boettiger, *Ideen zur Archäol. der Malerei*, S. 284, ff.

(2) Pausan. X, 25, 2.

(3) Homer. *Odyss.* VIII, 492, sqq.

(4) Pausan. II, 17, 3; voy. Winckelmann's, *Werke*, I, 417.

(5) Diodor. Sic. XIII, 82, (V, 379, ed. Bipont.) : *Ἐν δὲ τῷ πρὸς δυσμὰς, τὴν* ΑΛΩΣΙΝ ΤΗΣ ΤΡΟΙΑΣ, *ἐν ᾗ τῶν ἡρώων ἕκαστον ἰδεῖν ἔστιν οἰκείως τῆς περιστάσεως δεδημιουργημένον*. M. Klenze, qui a publié une savante dissertation sur ce monument, envisagé principalement dans ses rapports architectoniques, ne s'est pas expliqué sur la nature des sculptures qui en ornaient les frontons; mais il les suppose de ronde bosse, d'après la manière dont il les indique dans son projet de restauration du fronton occidental, relatif à la *Prise de Troie*; voy. *der Tempel des Olympischen Jupiter zu Agrigent*, etc., pl. II; et je suis tout-à-fait de son avis. Des sculptures pareilles à celles-ci avaient pu donner à Virgile l'idée de celles dont sa brillante imagination a décoré le temple construit par Didon, en l'honneur de Junon, à Carthage, *Æneid.* I, 457-497; de même que les peintures de Polygnote et de Théodore, et les nombreuses imitations qui s'en étaient faites dans le monde romain, suggérèrent sans doute à Pétrone le sujet du petit poëme, *Troiæ Halôsis*, qui n'est, dans la supposition de l'auteur lui-même, que l'explication d'une suite de peintures représentant la *Prise de Troie*; voy. *Poët. latin. Minor.* t. IV, p. II, p. 753-766, ed. Wernsdorf. On sait, par le témoignage du même Pétrone, à quel point les sujets de peintures tirés des événemens homériques étaient employés dans la décoration intérieure des maisons romaines; et le trait qu'il rapporte, c. 29, de la maison du riche Trimalcion, dont l'atrium offrait aux regards enchantés de ses hôtes l'*Iliade* et l'*Odyssée* peintes sur ses murailles, s'est trouvé en partie confirmé par l'apparition de la petite maison, sortie récemment des cendres de Pompéi, avec des peintures semblables; voy. ma *Maison du poëte tragique*, p. 18. Toutefois, malgré les exemples que je viens de citer, je doute encore que, dans la haute antiquité grecque, la *Prise de Troie* ait été l'objet de beaucoup de peintures ou de sculptures du premier ordre, ainsi que l'affirme d'une manière trop absolue M. Boettiger, *Raub der Cassandra*, p. 43, en se fondant, à cet égard, sur l'opinion de Wernsdorf, *ad Poët. Min.* t. IV, p. 605, qui s'est borné à des observations générales.

(6) Il règne encore quelque incertitude sur le véritable sujet du groupe de statues placées dans l'un des frontons. Des antiquaires, à la tête desquels s'est prononcé M. Thiersch, y reconnaissent le *Combat des Grecs et des Troyens autour du corps d'Achille*; d'autres, dont l'opinion a été soutenue par M. Hirt, penchent pour le *Combat livré sur le corps de Patrocle*. Je me borne ici à citer les écrits où les deux adversaires ont exposé les principaux points de cette controverse intéressante, Thiersch, dans l'*Amalthea*, I, 137-160, et dans la nouvelle édition de ses *Dissertations*, *über die Epochen der bildenden Kunst*, pag. 250-251; Hirt, dans les *Litterarische Analekten*, de Wolf, tom. III, pag. 167-200; et j'avoue que l'opinion de M. Thiersch me paraît la plus probable.

(7) Plin. XXXV, II, 40; vid. Sillig, *v.* Theodorus, p. 443.

(8) Ce monument, encore unique dans son genre et si curieux à tant d'égards, est resté inédit; ce qui pourrait être un sujet

cælateur Mys avait sculpté la *Prise de Troie*, d'après un dessin de Parrhasius[1], et qui, tout intéressans qu'ils pouvaient être sous le rapport de l'art, étaient produits sous l'influence du goût individuel, et non sous l'autorité de quelque tradition nationale. Encore moins pourrait-il être question de monumens, tels que la mosaïque du vaisseau d'Hiéron[2], dont nous ne pouvons nous faire aucune idée, ni apprécier, en aucune façon, la composition, le goût et le style. Quoi qu'il en soit, la rareté des monumens antiques, relatifs à ce sujet, semble prouver que l'art en fit réellement bien peu d'usage, chez les anciens. Excepté la *Table iliaque* et les peintures du manuscrit de Virgile, qui peuvent à peine être considérées comme des monumens de l'art, d'après la nature même des représentations qu'on y voit, et qui avaient une destination toute spéciale, on ne connaît encore aujourd'hui, comme au temps de Winckelmann et de Heyne[3], que quelques pierres gravées[4], une peinture de tombeau romain[5], et une autre peinture tirée des ruines d'Herculanum[6], où se trouve figuré le *Cheval de bois introduit dans les murs de Troie*, tantôt avec les Troyens qui le traînent, tantôt avec les Grecs qui en descendent; à quoi je ne trouve maintenant encore à ajouter qu'un bas-relief publié parmi les *marbres d'Oxford*[7]; et cette extrême rareté de monumens ne laisse pas de donner quelque prix à deux bas-reliefs étrusques, restés jusqu'à ce jour inédits dans la galerie de Florence, et que je m'estime heureux de pouvoir publier, d'après un dessin que je dois à l'amitié de M. Inghirami.

L'exécution de ces deux bas-reliefs laisse beaucoup à désirer, sous le rapport de l'art, et l'état de conservation en est malheureusement très-défectueux. Cependant il ne me paraît pas douteux que la composition n'en ait été empruntée de modèles grecs; car tout y est grec dans la disposition générale des figures, aussi bien que dans les détails et dans le costume; et ne fût-ce que comme réminiscences, faibles et tardives sans doute, de monumens grecs, ces bas-reliefs étrusques offriraient encore de l'importance, à défaut de l'intérêt des sujets mêmes qu'ils représentent. L'un et l'autre, d'ailleurs, s'expliquent et se complètent réciproquement, de sorte qu'il n'y manque du moins aucun trait essentiel.

Le premier et le plus maltraité de ces bas-reliefs[8] est celui qui présente l'image la plus claire et le type le plus curieux. Le *Cheval de bois*, Ἵππος δουράτεος[9], δούρειος[10], est l'objet prin-

de reproche pour les antiquaires napolitains. M. de Steinbüchel en possède un dessin, dont j'avais espéré de pouvoir enrichir mon recueil, grâce à la complaisance de ce savant, à qui j'ai dû plus d'une communication de ce genre. Trompé dans mon espérance, je suis réduit à citer la description très-exacte, du reste, et très-détaillée, qu'ont donnée les auteurs des *Neapels antike Bildwerke*, t. I, p. 216-218.

(1) Athen. *Deipnosoph.* XI, 19.

(2) Idem, *ibid.* V, 41, 207, C.

(3) Ce dernier n'a fait que reproduire le passage de Winckelmann, où sont indiqués les divers monumens alors connus, sur lesquels était représentée la fable du *Cheval de bois*; voy. son IIIe *Excursus* sur le second livre de l'*Énéide*, t. II, p. 383.

(4) Winckelmann, *Pierr. de Stosch*, cl. III, n. 331 et 332, et *Monum. inéd.* n. 140. La *pâte antique*, citée en dernier lieu, et qui avait passé depuis dans la collection de Dehn, est décrite par Visconti, *Oper. var.* t. II, p. 281, n. 382. C'est la même, à ce qu'il paraît, qui avait été publiée d'abord par Stephanoni, *Gemm.* tab. 42, et par Licet, *Hieroglyph.* p. 310, puis reproduite par Gorlæus, *Dactylioth.* P. II, n. 523, et par Beger, *Bell. Troian.* tab. 58, toujours d'une manière infidèle et défectueuse, dont ne semble pas avoir été frappé l'illustre Heyne, qui a répété la gravure de Licet, en tête de son IIIe *Excursus* sur le second livre de l'*Énéide*, t. II, p. 383. On doit à M. de Choiseul-Gouffier un excellent dessin de cette pierre, qui fait maintenant partie de la collection royale de Berlin; voy. le *Voyage pittoresque de la Grèce*, t. II, p. 177 et 340-42.

(5) Bartoli, *Antichi Sepolcri*, I, 16. Cette peinture, qui n'avait pas échappé à l'attention de Winckelmann, *Pierr. de Stosch*, p. 393, a été citée aussi par M. Ott. Müller, *Handbuch der Archäol.* § 335, 9.

(6) *Pittur. d'Ercolano*, t. III, tav. XL.

(7) *Marm. Oxon.* P. I, tab. LVI, n. CXLVII. C'est celui dont il a déjà été question plus haut, p. 281, note 2, et sur lequel j'ai annoncé l'intention de revenir dans les *Corrections et Additions* placées à la fin de ce volume.

(8) Voy. Planche LVII, n. 1.

(9) Homer. *Odyss.* VIII, 493; Quint. Smyrn. *Post-Homer.* XII, 139; conf. Lucret. I, 477.

(10) Euripid. *Troad.* 14; conf. Pausan. I, 23, 10.

cipal de la représentation. La fatale machine a déjà franchi le seuil de la *porte Scæa*[1], qui est indiquée au second plan par une ouverture cintrée, ornée de *trois têtes en relief*; seul trait où l'on reconnaisse ici la main d'un artiste étrusque de l'école de Volterra; attendu que cette manière de figurer la *porte Scæa* avait été suggérée par la vue d'une des portes antiques de Volterra, qui subsiste encore aujourd'hui[2]; et l'on a déjà eu occasion de remarquer, d'après d'autres exemples semblables qu'on en possède[3], que c'était là une pratique familière aux artistes de cette école. On ne saurait donc inférer de cette circonstance, non plus que de la proportion trop peu considérable du cheval, que l'auteur de notre bas-relief ait eu en vue quelque autre événement de l'histoire héroïque; car, sur ce dernier point, il s'est conformé à l'usage le plus général, à celui que nous voyons suivi sur la *Table iliaque*[4], où le *Cheval de bois* se trouve dans la même proportion, par rapport aux figures qui l'entourent, qu'il nous apparaît sur notre bas-relief; et ce qui achève d'ailleurs de dissiper toute incertitude, c'est l'*escalier de bois*, attaché à la machine, et qui est un trait essentiel du sujet, puisé directement dans les traditions grecques[5]. Un des *Héros grecs* qui s'étaient enfermés dans le cheval, est encore arrêté sur l'escalier; et le mouvement de cette figure, et la manière dont elle se couvre de son bouclier, indiquent qu'elle en descend avec précaution. Une autre figure, dont il ne subsiste plus que les *deux pieds*, devait être celle du premier des héros grecs qui avaient touché le sol ennemi, soit *Ulysse*, principal auteur de l'entreprise[6], soit *Teucer* ou *Ménesthée*, ou *l'un des fils de Thésée*, qui avaient été figurés, à un titre pareil, sur un des monumens les plus célèbres de l'antiquité grecque[7]. L'état de mutilation du monument ne permet pas de supposer qu'il y eût, dans cette partie du bas-relief, un troisième personnage.

Le groupe qui suit se rapporte à une autre circonstance du sujet. Les *trois Personnages* couchés sur un *lit*, avec une *table ronde* chargée de mets et placée devant eux, ne sauraient être que des *Troyens*, qui couronnent par un festin une journée passée dans les fêtes. Un de ces Troyens, *vieux* et *barbu*, tient en main une *patère*; le second se verse, d'un large *rhyton*, la liqueur bachique; le troisième avance la main vers le *plateau* que porte la table : c'est l'image, abrégée conformément aux habitudes de l'art antique, mais néanmoins claire et sensible, d'un repas commencé sous de si heureux auspices, et qui devait se terminer d'une manière si tragique[8]. Ce groupe, dont la conception offre avec celle du précédent une

(1) C'est la même image que présentent ces vers d'un chœur d'Euripide, *Troad.* 519-24 : Ἵππον ..... ἔνοπλον ἐν Πύλαις.

(2) Voy. Micali, pl. VII.

(3) Tels que le bas-relief d'urne étrusque, représentant l'assaut livré par Capanée, sous la porte électride de Thèbes, dans le recueil de M. Micali, pl. XXIX.

(4) *Tabul. Iliac.* n. 86 : ΔΟΥΡΗΟΣ ΙΠΠΟΣ; n. 90 : ΣΚΑΙΑ ΠΥΛΗ; voy. Schorn, *Homer nach Antik.* VII, II, p. 22.

(5) Quint. Smyrn. *Post Homer.* XII, 332 : εἴρυσε δ' εἴσω ΚΛΙΜΑΚΑΣ, ᾗς ἀνέβησαν; XIII, 51 : Νισσόμενοι ΚΛΙΜΑΚΙ κατὰ δίχας; conf. Tryphiodor. *Il. Halôs.* 90 : ΚΛΙΜΑΚΑ τυκτήν. Sur la *pâte antique*, publiée par Winckelmann, les héros grecs descendent à la fois *par une échelle*, et en se laissant glisser *par un câble*; moyen indiqué par Virgile, *Æneid.* II, 262. L'*escalier de bois* qu'on voit ici se nommait proprement ἀπόβαθρα; c'est le même objet qui était représenté dans une peinture de Polygnote, Pausanias, X, 25, 2 : Ἐχρίαξ διὰ τῆς ἀποβάθρας καλίων; et je remarque, à cette occasion, qu'une figure, dans une position semblable à celle qui vient d'être indiquée, se voit sur la célèbre cyste mystique du musée Kircher, t. I, tab. VI.

(6) Homer. *Odyss.* VIII, 494; XI, 525, sqq.; Quint. Smyrn. *Post-Homer.* XII, 28, sqq.

(7) Le *Cheval de bois*, exécuté en bronze, qui se voyait dans l'Acropole d'Athènes, Pausan. I, 23, 10 : Ἵππος δὲ ὁ καλούμενος Δούρειος ἀνάκειται..... Καὶ Μενεσθεὺς καὶ Τεῦκρος ὑπερκύπτουσιν ἐξ αὐτοῦ, προσέτι δὲ καὶ οἱ παῖδες οἱ Θησέως.

(8) Telle est l'image que nous offre Euripide, dans l'admirable chœur de son *Hécube*, qui commence par ces vers, 896-8 (Matthiæ) :

Μεσονύκτιος ὠλλύμαν,
Ἦμος ἐκ ΔΕΙΠΝΩΝ ὕπνος ἡδὺς ἐπ' ὄσσοις
Κίδναται, κ. τ. λ.

et que l'auteur de notre bas-relief étrusque, ou de la compo-

de ces oppositions heureuses qui sortent naturellement du sujet, se lie d'ailleurs à l'autre partie de la composition, au moyen de la figure du *Guerrier*, qui semble marcher à la rencontre des Grecs. Quoique cette figure soit fort endommagée, ce qui en reste suffit pour déterminer nettement la part qu'elle prend à l'action représentée; et son mouvement s'accorde avec le bouclier qu'elle porte, pour nous y faire reconnaître un de ces Troyens, qui, arrachés d'un sommeil trompeur, au bruit de l'attaque nocturne, se sont les premiers élancés au-devant de l'ennemi, déjà maître de leurs murailles[1]. Telle est en effet l'intention que j'attribue à ce personnage; et peut-être était-il difficile de mieux représenter, en le réduisant à sa plus simple expression, dans un espace aussi resserré, et au moyen d'un si petit nombre de figures, un sujet si vaste et si compliqué.

Le bas-relief que nous venons de voir nous aide à reconnaître le sujet représenté sur le second[2]. C'est une *scène de bataille*, dont les divers épisodes, mêlés et confondus, à raison de l'étroit espace qu'occupe la composition, seraient difficiles à discerner, si le motif principal n'en était déterminé d'une manière aussi neuve que caractéristique. Ce motif se trouve dans la *Tête du cheval de bois*, qui domine toute la composition, qui dépasse même le champ du bas-relief, comme elle s'élevait seule, au-dessus de tout le reste, dans la célèbre peinture de Polygnote[3]; et ce trait, emprunté à une pareille source, suffirait pour montrer quels étaient généralement les modèles grecs mis à contribution par ces artistes étrusques, d'époque romaine. S'il pouvait manquer encore quelque chose à l'intelligence du sujet, la figure qui se voit en avant du cheval ne laisserait rien à désirer à cet égard; c'est un *Personnage assis*, la tête abaissée sur la poitrine, comme s'il venait d'être surpris par le sommeil, avec une *lyre*, qu'il tient encore de la main gauche, et le *plectrum* de l'autre main. Il semble, en effet, qu'on n'ait pu exprimer plus clairement le *sommeil* où Troie entière était plongée, dans cette nuit fatale, ce sommeil qui avait succédé aux *concerts de voix et d'instrumens* d'un jour de fête et d'une soirée licencieuse[4]; et je ne sais si, dans tout ce qui nous est resté

sition grecque qui lui a servi de modèle, semble avoir eu devant les yeux. Je remarque, à l'appui de cette supposition, qu'une image à-peu-près pareille s'est rencontrée sur un superbe vase peint, de la collection Candelori, actuellement dans la Glyptothèque de Munich, qui a rapport au même sujet. On y voit, dans la partie supérieure, représentant les *murs de Troie*, avec plusieurs figures d'hommes et de femmes en différentes attitudes, un *Guerrier vidant un rhyton*, tandis qu'un autre Troyen, placé vis-à-vis, décoche une flèche; deux traits judicieusement opposés l'un à l'autre, et qui peignent bien en effet le désordre d'une nuit d'ivresse et de carnage. J'aurai occasion de revenir encore sur ce vase, un des plus curieux qui soient sortis des tombeaux étrusques de la campagne de Rome, et qui, décrit avec intelligence et avec soin par l'antiquaire romain, Melch. Fossati, *Bulletino dell' Instit. di corrisp. archeol.* 1819, p. 76, vient d'être publié dans le même recueil, pl. XXXIV, avec une explication de feu M. G. Schlutter, laquelle pourrait donner lieu à beaucoup d'objections, *Annali*, etc., t. III, p. 361-69.

(1) J'aime encore à citer ce chœur d'Euripide rempli d'images si naïves et si touchantes, et qui sert de commentaire à notre bas-relief, bien mieux que tout ce que je pourrais y ajouter, *Hecub.* 900-11 :

> Πόσις ἐν θαλάμοις ἔκειτο·
> Ξυστὸν δ' ἐπὶ πασσάλῳ,
> . . . .
> Ἀνὰ δὲ κέλαδος ἔμολε πόλιν·
> Κέλευσμα δ' ἦν κατ' ἄστυ Τροί-
> ας τόδ'.

(2) Voy. Planche LVII, n. 2.

(3) Pausan. X, 26, 1 : Ἀνίχει δὲ ὑπὲρ αὐτῶν ΚΕΦΑΛῊ τοῦ ἵππου ΜΌΝΗ τοῦ Δουρείου.

(4) Je continue d'emprunter à Euripide le commentaire de notre bas-relief étrusque, et je trouve à ces comparaisons, si intéressantes par elles-mêmes, de la langue écrite et de la langue figurée, un autre avantage, celui d'établir ainsi de plus en plus l'opinion que j'ai avancée, que c'était généralement sous l'inspiration du théâtre grec qu'avaient été produites ces sortes de compositions funéraires que nous devons à l'art étrusque. Voici le passage d'Euripide qui me fournit cette nouvelle application; *Hecub.* 898-900 :

> ΜΟΛΠΑΝ δ' ἄπο, καὶ χαρεποιῶν
> Θυσιᾶν καταπαύσας,
> Πόσις ἐν θαλάμοις ἔκειτο·
> κ. τ. λ.

Ailleurs encore, le même poëte présente les mêmes images

des monumens de l'art antique, il s'est trouvé une image plus expressive et plus heureuse, pour peindre un aussi grand événement que cette figure d'homme assoupi, dont les chants viennent de cesser, quand déjà l'instrument de la destruction s'élève sur les ruines de sa patrie. Le sujet ainsi indiqué, les divers groupes de figures placées sur le premier plan s'expliquent aisément par quelques-unes des principales circonstances qui signalèrent la *chute de Troie*. La *Femme* prosternée à terre, aux pieds d'un *Jeune Homme* armé d'un glaive nu, en costume de *sacrificateur*[1], doit être *Polyxène*, près d'être immolée par *Néoptolème*. Le *Jeune Guerrier*, renversé sur le genou, et cherchant à fléchir un *Héros grec* qui s'apprête à le frapper, rappelle un groupe presque semblable, qui se voyait dans une peinture de Polygnote[2]; et l'on pourrait reconnaître dans celui-ci *Corœbus*, sur le point de périr de la main de *Diomède*[3]. Le dernier groupe se compose d'un *Guerrier barbu*, armé d'un *casque* et d'un *bouclier*, qu'un *Jeune Homme* arrête, au moment où ce guerrier, emporté par la colère, va frapper un coup funeste; et il semble que cette action, d'après l'âge et le costume des personnages, ne puisse convenir qu'à *Ménélas*, dans l'instant où, emporté par le désir de venger l'affront qu'il a reçu, il est retenu par une main amie. Nous verrons en effet un groupe presque semblable à celui-ci, sur un autre monument de l'art étrusque, relatif à ce sujet; et la circonstance, remarquée par Pausanias dans la peinture de Polygnote, que Ménélas y était représenté avec le *casque* en tête, et de plus avec le *bouclier*[4]; cette circonstance, soigneusement exprimée ici par l'artiste étrusque, devient, si je ne me trompe, un élément caractéristique du sujet. Le *vêtement* suspendu à l'extrémité de la composition, remplit sans doute ici le même objet que la *peau de panthère, attachée au-dessus de l'entrée de la maison d'Anténor*, pour la préserver des effets de la vengeance des Grecs[5]; et, à l'autre extrémité du bas-relief, le *Guerrier nu*, qui semble s'éloigner avec précipitation de cette scène d'horreur, en jetant un dernier regard sur sa patrie expirante, doit être *Anténor* lui-même, le seul Troyen dont la famille eût été épargnée par les Grecs dans cette nuit désastreuse. Ainsi s'expliquent, de la manière la plus naturelle et la plus plausible, à mon avis, tous les personnages de cette composition, rapportée au motif principal que j'ai cru y découvrir; et j'avoue qu'en sortant de cette hypothèse, il me serait impossible d'y trouver le moindre sens.

d'une manière plus développée et plus expressive, *Troad.* v. 545, sqq. ed. Seidler :

Κεχαρμένοι δ' ἀοιδαῖς
δόλιον ἔσχον ἄταν·
. . . .
Ἐπὶ δὲ πόνῳ καὶ χαρᾷ
νύχιον ἐπεὶ κνέφας παρῆν·
Λίβυς τε λωτὸς ἐκτύπει,
Φρύγιά τε μέλεα· κ. τ. λ.

(1) Le jeune ministre qui assiste Calchas, sur le bas-relief grec du *Sacrifice d'Iphigénie* que j'ai publié, pl. XXVI, n. 1, a les hanches ceintes du même vêtement qui est donné ici à Néoptolème, certainement avec la même intention; voy. plus haut p. 131. C'est donc là un trait de costume tout-à-fait significatif; et c'est conséquemment aussi un élément certain de la représentation que j'ai cru trouver sur notre bas-relief étrusque.

(2) Pausan, x, 26, 1 : Ἀξίονον δὲ... πεπτωκότα ἐς γόνυ ὁ Νεοπτόλεμος ξίφει παίει.

(3) C'est encore un de ces groupes qui pouvaient avoir été fournis par le poëme de Lesches et par la peinture de Polygnote, Pausan. x, 27, 1; et la figure de Corœbus, massacré aux pieds de Priam, s'est déjà rencontrée sur un célèbre vase peint, le vase Vivenzio, du musée Bourbon, à Naples; voy. Millin, *Vases peints*, I, xxv, xxvi; Schorn, *Homer nach Antiken*, IX, v, vi; *Neapels ant. Bildwerke*, I, 368-9.

(4) Pausan. x, 26, 1 : Γεγραμμένοι δὲ καὶ οἱ παῖδές εἰσιν οἱ Ἀτρέως, ἐπικείμενοι καὶ οὗτοι κράνη· Μενελάῳ δὲ ἀσπίδα ἔχοντι κ. τ. λ.

(5) Cette circonstance intéressante n'avait pas été négligée par Polygnote, Pausan. x, 27, 2; et la célébrité qu'elle avait acquise chez les Grecs, Strabon. xiii, 608; Tzetz. *Post-Homer.* 741; conf. Jacobs. *ad h. l.*, avait dû la recommander à l'attention des Étrusques. Quant à l'emploi du *vêtement*, au lieu de la *peau de panthère*, Παρδάλεως κεκρεμασμένον δέρμα ὑπὲρ τῆς εἰσόδου, c'est une variante, motivée peut-être par quelque tradition particulière, ou due tout simplement au caprice de l'artiste étrusque, et qui, dans tous les cas, ne saurait être l'objet d'une difficulté tant soit peu sérieuse.

Du reste, on ne sera pas surpris que la fable du *Cheval de bois* ait été assez familière aux Étrusques, pour leur fournir le sujet de compositions particulières, telles que celles qui nous occupent. Cette fable avait dû devenir si populaire, par suite de la célébration fréquente du *Ludus Troiæ*, qui eut lieu dès le commencement de l'époque impériale, qu'elle ne pouvait avoir échappé aux auteurs d'urnes étrusques, la plupart desquelles furent certainement exécutées dans le cours de cette période. Il nous reste, d'ailleurs, un monument proprement étrusque, qui ne laisse aucun doute à cet égard. C'est un miroir de bronze, de notre Cabinet, dont j'ai déjà eu l'occasion de parler avec quelques détails, pour en expliquer les inscriptions, et dont la représentation se rapporte directement à l'objet actuel de ces recherches[1]. Ce miroir, un des plus curieux que nous possédions, offre, dans sa partie concave, le *Cheval de bois*, dressé entre deux personnages, qui mettent la dernière main à sa fabrication, et dont l'un, *Vulcain*, est certainement désigné par son nom étrusque, MEOLAHM, accompagné du mot FECΣE; l'autre, dont on a cherché le nom grec *Epeios* dans le nom étrusque, EFVVE, n'est pas aussi sûrement déterminé. Quoi qu'il en soit à cet égard, les inscriptions gravées dans le champ du miroir, et celle qui se lit sur une *tablette* ou *tessère*, où l'on a cru voir le nom des *Grecs*, ΗΕΛΛΗΝΕΣ, sous une forme étrusque, HLIИΣ, s'accordent assez avec l'objet de la représentation pour qu'il n'y ait du moins aucune difficulté sur ce point. L'image du *Cheval de bois*, tel qu'il est représenté sur le miroir en question, et la coopération de *Vulcain*[2], attestée par l'inscription qui le désigne, autant que par l'action même du personnage qu'elle concerne, ne sauraient réellement y être méconnues; et ce monument suffit pour prouver, d'une manière indubitable, que la fable dont il nous offre une expression figurée, de travail étrusque, était répandue chez ce peuple, et qu'elle avait dû y fournir plus d'un motif de composition, sur des meubles d'usage sacré ou domestique, tels qu'étaient les miroirs mystiques et les urnes cinéraires.

§ VIII.

L'HISTOIRE héroïque ne pouvait fournir de sujets plus favorables aux arts d'imitation que la désolation de la famille de Priam, que cette lamentable suite de scènes de carnage et de deuil qui accompagnèrent la chute de Troie. On sait combien de tragédies étaient sorties de ce thème fécond, et l'on doit présumer que le talent des artistes ne s'était pas signalé sur un pareil sujet avec moins de bonheur et de succès. La célébrité qu'avaient acquise les grandes peintures de Polygnote, à l'époque de la plus haute prospérité de l'art antique, dut produire une foule de compositions puisées à la même source, particulièrement dans

(1) Ce miroir fut publié d'abord par Lanzi, *Saggio*, etc. tav. XII, n. 3, t. II, p. 177, mais d'après un dessin très-réduit, que Millin s'est borné à reproduire, *Galer. mythol.* pl. CXXXVII *bis*, n. 604*, bien que ce savant eût sous les yeux le monument original, qui se trouve effectivement dans notre Cabinet des Antiques. Une gravure plus exacte, de la grandeur du bronze antique, avec la copie figurée du nom *Suthina*, qui se lit sur la partie convexe, est insérée dans l'atlas de l'édition française de l'ouvrage de M. Micali, pl. LXII; ce qui me dispense de reproduire ici le monument en question.

(2) J'ai essayé précédemment de donner une interprétation des mots étrusques MEOLAHM, FECΣE, en les traduisant par *Vulcain a fabriqué*; voy. *Achilléide*, p. 82, note 3; et j'ajoute ici que M. Grotefend, en rendant compte de cette partie de mon ouvrage, dans l'*Allgemeine Literatur-Zeitung*, 1829, n. 182, p. 172, n'a pas semblé éloigné d'admettre cette interprétation, à l'appui de laquelle il a même produit un autre exemple, celui de l'inscription *Apechis Aechse* (*Pechse*), gravée sur la célèbre pierre des *deux Prêtres Saliens portant six ancilia*, inscription qu'il croit pouvoir traduire de cette manière : *Apicius Fecit*.

la classe des vases peints; et nous possédons, dans le célèbre vase Vivenzio, l'un des monumens les plus remarquables de la céramique grecque, l'un de ceux où se fait sentir, de la manière la moins équivoque, cette influence des travaux de Polygnote, qui s'exerça si efficacement sur tout le domaine de l'imitation. C'est aussi l'une de ces compositions qu'on pourrait croire émanées directement de l'école de ce grand maître, ou échappées de son portefeuille, que nous offre un beau vase peint, de la collection de M. le duc de Blacas, que je publie[1], et dont l'exécution accuse encore le mérite de la conception originale, bien qu'elle ne soit que l'œuvre d'une main subalterne, employée dans une des meilleures fabriques de la Grande-Grèce.

Les figures, au nombre de neuf, y sont distribuées sur deux rangs, d'après un procédé qui paraît avoir été généralement adopté dans tous les travaux graphiques des Grecs. Mais ce qui présente ici une disposition neuve et particulière, c'est le motif qui sert à grouper les figures du plan inférieur, de manière à former de scènes détachées et de personnages épisodiques, une composition qui offre l'unité et l'intérêt d'un véritable tableau d'histoire. Un *autel*, élevé sur une *large base*[2], occupe le centre de cette composition; cet autel est orné de triglyphes, et d'une corniche avec des *flots*, *κύματα*, espèce d'ornemens nommée proprement *κυμάτιον*[3], qui dut avoir une intention symbolique; et d'après la forme et la proportion de ce petit monument, sur-tout, d'après l'importance attribuée à un pareil objet, dans la scène pathétique où il figure à la place principale, je ne doute pas que ce ne soit ici l'*autel de Zeus Herkeios*[4], élevé au centre de l'habitation de Priam, et le monument même où s'accomplit le dernier acte du long et terrible drame de la destruction des Priamides. Les objets accessoires, tracés dans le champ de la peinture, viennent à l'appui de cette conjecture, au point de la changer en certitude. L'*arbre* dont le tronc élevé et les rameaux nombreux ombragent cet autel, est évidemment le *vieux laurier* décrit par Virgile[5] dans un passage qui semble avoir été dicté en présence, ou du moins, sous l'inspiration d'une peinture semblable à la nôtre; tant il y a d'analogie entre les images du poëte et celles de notre vase. C'est ce qu'achève de montrer un autre objet non moins significatif, non moins en rapport avec cette première donnée; je veux parler du *segment de cercle*, tracé dans la partie supérieure de la peinture[6], et répété deux fois à la même hauteur, de manière à indiquer, suivant les

(1) Voy. planche LXVI.

(2) Il semble que ce soit à un monument de cette espèce qu'Euripide fasse allusion dans ce passage, *Troad.* 16-17 : Πρὸς κρηπίδων βάθροις... Ζηνὸς Ἑρκείου; conf. *ibid.* 498; vid. Porson. *ad Hecab.* 302; Hermann. *in* Wolf. *Mus. antiq. stud.* I, 206.

(3) Cet ornement, en forme de *flots*, doit être, en effet, le membre d'architecture grecque dont il est parlé sous le nom de *κῦμα*, avec l'épithète de Λέσβιον, dans un fragment d'Æschyle, *apud* Polluc. VII, 122; conf. Vitruv. IV, 6, 2; vid. *Fragment.* Æschyl. 64, t. V, p. 57-8, ed. Schütz, et dont il serait difficile de se faire une idée tant soit peu nette et précise, d'après les divers passages d'Hésychius où il en est fait mention, *vv.* Κυμάτια, Λεσβὶς et Γεῖσα, outre la notion générale que l'ornement en question faisait nécessairement partie d'un couronnement d'édifice, d'une corniche, d'un entablement; ce qui résulte aussi, et bien plus clairement encore, de l'emploi de cet ornement sur notre peinture. Quant à sa forme, telle qu'elle pourrait se déduire de la seule étymologie du mot qui l'exprime, on ne saurait douter que l'une n'ait été primitivement d'accord avec l'autre, en observant, sur les médailles de Tarente, d'ancien style, les *flots* qui portent *Taras* figurés absolument comme ils le sont ici.

(4) Euripid. *Troad.* v. 498, ex recens. Seidler.

(5) Virgil. *Æn.* II, 512-14 :

Ædibus in mediis, nudoque sub ætheris axe,
INGENS ARA fuit, juxtaque veterrima LAVRVS
Incumbens aræ, atque umbra complexa Penates.

(6) Le même segment de cercle, à la même place, se voit sur le vase de Lamberg, qui représente l'attentat commis sur Cassandre, t. II, pl. XXIV; et personne encore n'avait paru faire attention à cet accessoire, qui se rapporte évidemment à la même intention que celui de notre peinture, et qui s'y trouve accompagné de *branches de laurier*, par allusion à l'arbre fatidique du palais de Priam. Les *cnémides suspendues*, qu'on a regardées comme des objets votifs, dans l'hypothèse que le lieu de la scène était le temple de Minerve, hypothèse qui semblait justifiée par la présence de la *vieille Prêtresse*, doivent aussi s'interpréter différemment, maintenant qu'il est reconnu que cette prétendue

procédés abréviatifs de l'art antique, une ouverture circulaire pratiquée à l'intérieur d'un édifice. C'était, en effet, *au centre de l'habitation* de Priam, *ædibus in mediis*, et *dans une cour découverte*, *nudoque sub ætheris axe*, conséquemment dans cet espace *en plein air*, ὑπαίθριον, qui formait la *cour intérieure* ou l'*aulê* des maisons grecques, et qui répondait à l'*impluvium* des Latins, qu'était placé l'*autel domestique*, à l'*ombre d'un vaste laurier*[1]. L'ouverture circulaire qui donnait du jour à cette *cour*, et qui l'avait fait nommer Αἴθουσα par Homère[2], était ce qu'on nommait proprement, chez les Grecs, ὀπή, ou ὀπαῖον[3]; et l'indication qui s'en voit ici, bien qu'incomplète et abrégée, n'en est pas moins un des traits les plus curieux de notre peinture, en même temps qu'elle devient un des élémens les plus significatifs de la représentation elle-même.

Prêtresse est la *Nourrice* de Cassandre; d'où il suit encore que c'est dans la *cour* du palais de Priam, où pouvait se produire un pareil personnage, et non dans le *temple* de Minerve, où sa présence serait difficile à expliquer, que se passe en effet l'action représentée sur ce vase.

(1) Cette notion résulte positivement du témoignage d'Athénée, v, c. 3, p. 189, F : Ὅμηρος δὲ τὴν αὐλὴν ἀεὶ τάττει ἐπὶ τῶν ὑπαίθρων τόπων, ἔνθα ἦν ὁ τοῦ Ἑρκείου Ζηνὸς βωμός.

(2) Homer. *Iliad.* IX, 468; *Odyss.* XV, 146; conf. Polluc. I, 78; Magn. Etymol. *v.* Αἰθούσῃ.

(3) Les éclaircissemens relatifs à la disposition intérieure de cette partie des maisons grecques, n'ont encore été exposés par aucun des antiquaires ou des historiens de l'art qui se sont occupés de cette étude. Il n'en est fait aucune mention dans l'*Essai* de M. Stieglitz, *sur la disposition des maisons grecques et romaines*, où il semble qu'une pareille notion eût dû trouver place; voy. ses *Archäolog. Unterhaltung.* t. I, § XI, p. 103-129. C'est ce qui me détermine à réunir ici les témoignages que j'ai pu recueillir sur ce point d'antiquité. Tout le monde est d'accord que l'*aulê* des maisons grecques était une *cour découverte*, τόπος διαπνεόμενος, placée *en avant des appartemens intérieurs*, πρὸ τῶν οἴκων, Athen. v, 3, et immédiatement après le *vestibule*, πρόδομος, dont elle était séparée par un *passage* ou *corridor*, προαύλιον, Pollux, I, 78. Il est de même constaté, de l'aveu de l'antiquité tout entière, que c'était dans cette partie de l'habitation qu'était dressé l'*autel domestique*, celui qui s'appelait Ἑρκείου Ζηνὸς βωμός, dans la maison de Priam, et qui est nommé par Æschyle, Ἑστία μεσόμφαλος, dans la maison d'Agamemnon, *Agamemn.* 1058, à cause de sa position au *centre de l'habitation*, *ædibus in mediis*. Ces deux points établis, il reste à faire connaître de quelle manière cette *cour intérieure* était généralement éclairée. Elle recevait du jour par une large *ouverture circulaire* pratiquée dans une espèce de comble ou de toiture; et c'est cette ouverture qui s'appelait proprement ὀπή; cela résulte du témoignage exprès de Pollux, II, 4, 54 : Ὀπαίαν δὲ οἱ Ἀττικοὶ τὴν κεραμίδα ἐκάλουν, ἣ τὴν ΟΠΗΝ εἶχεν; passage qui avait été jusqu'ici mal interprété, mais qui devient parfaitement clair, du moment qu'on en rapproche celui-ci du *Grand Étymologique*, v. Ἀνοπαία· παρὰ τὴν ΟΠΗΝ, ὀπαία, καὶ ἐν συνθέσει, ἀνοπαία· καὶ ἐκδέχεται τὴν καπνοδόχην εἶναι· Κράτης δέ φησιν ἀνοπαίαν τὴν τετρημένην κεραμίδα ΤΗΝ ΕΠΙ ΤΗΣ ΟΡΟΦΗΣ. A l'appui de cette notion curieuse, Eustathe nous apprend que l'ouverture circulaire en question était placée non-seulement *sur le comble*, mais encore *au milieu de ce comble*, *ad Odyss.* I, 320 : Ἀνοπαία· ἤγουν ἀνὰ τὴν ΟΠΗΝ, ΤΗΝ ΕΝ ΜΕΣΩ ΤΗΣ ΟΡΟΦΗΣ. Des témoignages si clairs, si précis, ne laissent plus subsister de difficultés sur le sens de quelques passages de poëtes comiques, où il est fait allusion à cette *ouverture du toit*, tels que celui-ci d'Aristophane, *apud* Polluc. X, 25 : καὶ δι' ὀπῆς καπνὶ τέγους, et à l'usage qui s'en faisait, dans les expéditions nocturnes des amans ou des voleurs, pour s'évader clandestinement d'une maison : μηδὲ δι' ὀπῆς κάπωθεν ἐκδῦναι λέγης, Xenarch. *apud* Athen. XIII, 24. On voit aussi, par d'autres passages puisés à la même source, que l'ouverture dont il s'agit était assez considérable pour donner le moyen d'apercevoir, du toit de la maison voisine, les personnes qui se tenaient dans la cour; c'est ce qui résulte d'un fragment curieux d'une comédie de Diphile, *apud* Phot. *Lexic.* : Διακύψας ὁρῶ διὰ τῆς ὀπαίας κεραμίδος καλὴν σφόδρα; et l'on n'est plus surpris que Térence, qui traduisait des notions grecques en expressions latines, fasse venir un galant auprès de sa maîtresse en suivant le toit et passant par l'ouverture qui s'y trouvait, *Eunuch.* III, 5, 41, ed. Stallbaum : *atque in alienas tegulas venisse clanculum per impluvium, fucum factum mulieri.* Il suit de tout ceci qu'il y avait généralement *dans le toit de l'aulê*, cour où se tenaient les femmes grecques, une *ouverture circulaire*, *entourée de tuiles*, *servant pour le passage de la fumée*, *et au moins assez large pour qu'un homme*, *arrivé là*, *per alienas tegulas*, comme dit Térence, *pût*, *en se penchant au-dessus de cette ouverture*, *juger de la beauté d'une femme*. A ces notions, concernant la place, la disposition et l'usage de l'ὀπή, dans la *cour des maisons grecques*, j'ajouterai qu'une *ouverture* semblable, pratiquée dans le comble du grand temple d'Éleusis, est nommée ὀπαῖον par Plutarque, *in Pericl.* XIII; ce qui nous fournit, dans un des principaux édifices de la Grèce, une nouvelle preuve et un exemple décisif du procédé architectonique en question; et je ferai remarquer, en dernier lieu, que les mots : ΕΞΟΠΗΣ, de l'inscription d'Égine, que j'avais lus d'abord, *Achilléide*, p. 36, note 1 : Ἐξ ὀπῆς, au lieu de ἔξο (pour ἔξω) γῆς, comme le voulait M. Schelling, approuvé par M. Boeckh, sans savoir encore que M. Ott. Müller avait proposé la même leçon que moi, *Æginetica*, p. 160, reçoivent, de tous les passages allégués jusqu'ici, une interprétation qui rend désormais cette leçon indubitable. Aussi l'illustre M. Boeckh m'a-t-il fait l'honneur de m'apprendre, par une lettre particulière, qu'il renonçait à sa première idée en faveur de celle que je proposais; et il doit m'être permis de m'applaudir ici, à double titre, d'avoir obtenu l'assentiment de M. Boeckh, et de m'être rencontré avec M. Ott. Müller. On ne saurait nier cependant qu'en d'autres pays de la Grèce, ou dans le langage de quelques écrivains étrangers à l'Attique, le mot ὀπή ne signifiât aussi une *fenêtre*. Cette notion, qui résulte de l'interprétation donnée par Hésychius, *v.* Ὀπή· θυρίς, est d'ailleurs justifiée par l'anecdote si connue de Phérécyde de Syros, montrant à ses amis son doigt décharné, *à travers la fenêtre ouverte en face de la porte*, διὰ τῆς ὀπῆς τῆς κατὰ τὴν θύραν, Ælian. *Hist. var.* IV, 28; conf. Heraclid. Pont. *Politic.* fragm. X, et non pas, *par l'ouverture de la porte*, διὰ τῆς ὀπῆς τῆς θύρας, comme proposent les interprètes, et encore moins *par le trou de la porte*, comme traduit M. Dacier.

Le lieu de la scène ainsi déterminé, il semble qu'il n'y ait plus de difficultés pour reconnaître les personnages qui y figurent. Une *Femme, assise sur l'autel, avec un vêtement en désordre, et les cheveux flottans sur les épaules*, tient embrassé des deux mains le *simulacre de Minerve*[1]; ce ne peut être que *Cassandre*, qui emploie à-la-fois, pour se mettre à couvert de l'attentat dont elle est menacée, les deux moyens les plus puissans qu'eût imaginés la superstition antique. L'idole, déplacée de son sanctuaire, par un de ces artifices familiers au peintre, comme au poète, qui permettent de représenter dans un même lieu les diverses circonstances d'une grande catastrophe, offre, du reste, la forme consacrée pour le *Palladium*, tel qu'on le trouve figuré sur tant de monumens; avec cette particularité bien moins commune, que l'idole en question se montre ici dans une attitude dramatique, étendant le bouclier, comme pour protéger la suppliante, et brandissant la lance, comme pour menacer le ravisseur. C'est de la même manière que Virgile nous la dépeint dans une circonstance différente[2]; et c'est aussi dans une attitude à-peu-près semblable, et certainement avec la même intention, qu'elle nous apparaît sur un beau vase grec, dont la science doit à M. Boettiger la publication, enrichie d'une foule d'observations doctes et ingénieuses[3]. La forme donnée ici au *Palladium* présente encore plus d'une particularité neuve et intéressante. La partie inférieure, façonnée en gaine, sans aucune indication de jambes et de pieds, rappelle la forme des plus anciens simulacres, du style égyptien, celle qui précéda la composition des figures avec des jambes et des pieds rapprochés l'un de l'autre, πόδες συμβεβηκότες[4]; tandis que le buste offre, dans le caractère de la tête, dans le mouvement des bras, et dans la richesse du casque, toutes les conditions de l'art perfectionné et tous les élémens de l'école grecque. Le costume mérite aussi de fixer l'attention des antiquaires. Il se compose d'une *tunique longue*, qui s'applique exactement au corps, ἐχεσάρκον χιτώνιον[5]. Cette tunique est assujettie, au-dessus des hanches, au moyen d'une *ceinture*, ou plutôt d'un *ceinturon*, ζωστήρ[6]; le milieu en est formé d'une *large bande*, sans doute *de pourpre*, πλατυαλουργής[7], qui se déploie du haut en bas de la figure, et qui est ornée de *méandres*[8], avec

(1) C'est la même image que nous présente Virgile, dans les vers qui suivent ceux que j'ai déjà cités, *Æn.* II, 515-17 :

> Hic Hecuba et NATÆ nequicquàm altaria circum,
> Præcipites atrâ ceu tempestate columbæ,
> CONDENSÆ et Divûm AMPLEXÆ simulacra tenebant.

(2) Virgil. *Æn.* 11, 175 :

> Emicuit, parmamque ferens hastamque trementem.

(3) *Ueber den Raub der Kassandra, auf einem alten Gefässe von gebrannter Erde; zwei Abhandl. von H.* Meyer *und C. A.* Böttiger, Weimar, 1794, in-4°.

(4) Voy. à ce sujet les témoignages recueillis par Fischer, *Index ad* Palæphat. *v.* διαβαίνειν, et une note de M. Böttiger, *Raub der Kassandr.* p. 66, 70).

(5) Athen. XIII, 6, 590, F.

(6) Sur la différence de ζώνη et ζωστήρ, voy. K. Ott. Müller, *Comment. de Sign. Amazon. Vatic.* p. 10.

(7) C'est l'expression par laquelle est désignée, sur un marbre attique, *apud* Boeckh. *Corp. inscr.* n. 155, p. 247, sqq., cette espèce de *bande*, nommée communément πέζα, qui était cousue sur les tuniques de femme; d'où venait le nom de πεζοφόροι χιτῶνες, donné à cette sorte de tunique, Pollux, VII, 63. Cette bande, d'étoffe différente, était ordinairement ornée de broderies ou de divers objets d'or plaqués, λῆροι, Hesych. *h. v.*, ὄχθοιβοι, Idem, *h. v.*; conf. Polluc. V, 101, et VII, 65; et c'est de cette manière, quelquefois aussi sans ornemens, que la bande en question se remarque aux tuniques de femme, sur un grand nombre de vases peints. Mais le monument qui nous offre cette particularité du costume antique de la manière la plus curieuse à tous égards, c'est la Minerve de Dresde, dont la tunique est ornée sur le devant d'une *large bande*, où sont distribués, en *onze* compartimens, autant de *sujets* représentant les *combats de la Déesse contre les Géans*; voy. *Augusteum*, t. I, pl. IX et X. Ces sortes de *sujets*, traités dans le goût du bas-relief, mais avec infiniment peu de saillie, étaient ce que l'on nommait en général Σημεῖα, Schol. Aristoph. *ad Av.* 560, et dont il est fait mention sur le marbre attique cité plus haut, de cette manière : Σημεῖον ἐν μέσῳ· Διόνυσος σπένδων, καὶ γυνὴ οἰνοχοοῦσα. Ils étaient ordinairement *brodés* en *or* dans l'étoffe même; voy. Coripp. *de Laud. Justin.* II, lib. I, v. 288. Souvent aussi, ils consistaient en petites *plaques d'or* très-minces, offrant des *sujets* ou des *figures* presque sans saillie; c'est ce qui est désigné, sur la même inscription attique, par les mots ζῴδια ἐξιθυμένα; et ce dont il nous est resté plus d'un exemple antique; j'en parlerai dans les notes suivantes.

(8) On peut se faire une idée de cette pièce du vêtement an-

une *bordure de flots*, παρακυμάτιος[1], espèce d'ornemens qui étaient ordinairement *brodés en or*, ἐνυφασμένα, ou formés de *feuilles d'or*, minces et légères, πέταλα χρυσᾶ, cousues sur les vêtemens[2]; et ce sont ici autant de particularités du costume antique, que bien peu de monumens nous avaient encore offertes, indiquées d'une manière aussi curieuse et aussi nette.

Le groupe principal, placé au centre de la composition, est complété par une seconde figure de *Femme*, qui accourt *échevelée et tendant vers le Palladium des mains suppliantes*. On ne peut douter, à de pareils traits, que ce ne soit une des filles de Priam, cherchant en vain, au dernier jour de Troie, un dernier asyle dans le sanctuaire et aux pieds de la statue de Minerve. Mais la présence du *Guerrier* qui poursuit cette femme, nous fait reconnaître en elle *Polyxène*, victime désignée par les Grecs pour apaiser l'ombre d'Achille, et pour honorer son tombeau. Effectivement, ce guerrier, à la marche rapide, à l'attitude menaçante, réclamant avec un geste d'autorité sa captive échappée, est évidemment *Néoptolème*; et, s'il pouvait rester la moindre incertitude au sujet de ce personnage, et du motif qui le fait intervenir, ce serait faute de considérer avec l'attention que mérite ici un pareil objet, la *stèle à chapiteau ionique*, tracée au-dessus du héros. Cette stèle s'annonce par sa forme même comme un monument funéraire[3]; elle est décorée d'une *bandelette* qui se termine,

tique, conforme à l'image que nous en offre notre vase, d'après le petit poème de Léonidas de Tarente, qui contient la description détaillée *d'une de ces bandes*, πέζης, ouvrage de trois femmes, l'une desquelles, *Bitié*, avait fait la partie du milieu, consistant en un *méandre*, avec quelques *figures de jeunes filles*, *Carm.* xx, p. 40-41, ed. Meinecke :

> .... Τὸν δὲ μεταξὺ
> Μαίανδρον καὶ τὰς Παρθενικὰς Βιτίη.

La même image est exprimée de cette manière, dans une épigramme d'Antipater, sur le même sujet, *Carm.* XXIII, II, 12, Brunck. :

> Καὶ Βιτίη μὲν τάσδε χερνιβαλέας ἅμα Κούρας,
> Λοξά τε Μαιάνδρου ῥεῖθρα πολυπλανέος.

(1) Cette *bordure de flots*, telle qu'on la voit ici, sert à expliquer une expression qui ne me paraît pas avoir été bien saisie par M. Boeckh; c'est celle de παρακυμάτιος, qui ne se trouve, à ma connaissance, que dans un seul passage du marbre attique déjà cité plusieurs fois, passage ainsi conçu : Χιτωνίσκος λευκὸς πυργωτὸς παρακυμάτιος. Il s'agit ici d'une *tunique blanche, à bordures découpées en créneaux*, πυργωτός, et *ornées de flots*, παρακυμάτιος. En interprétant ce dernier mot de la *couleur verte* de la tunique, le savant éditeur ne me semble pas avoir fait à la préposition παρὰ la part qui lui revient dans la composition de ce mot, et qui est déterminée par plusieurs locutions analogues employées sur le même marbre, notamment celle-ci : ἱμάτιον λευκὸν παραλουργές, c'est-à-dire, *manteau blanc*, *avec bandes de pourpre cousues sur les bords*. Il est d'ailleurs évident, par la seule inspection de notre vase, que cette sorte d'ornemens, *en forme de flots*, κύματα, s'ajustait *en bordure* de chaque côté de la bande du milieu de la tunique; ce qui répond parfaitement à l'idée du mot attique παρακυμάτιος, et ce qu'avait entrevu M. Osann, *Sylloge Inscript.* p. 89. J'observe à cette occasion que le mot XΥΜΑ, de la célèbre inscription d'Orope, *apud Boeckh. Corp. inscr.* n. 1570, *b*, lin. 50, dont le savant interprète n'a pu donner non plus d'explication bien satisfaisante, voy. p. 753, doit sans doute se lire Κῦμα, au lieu de Χύμα, et s'entendre d'un ornement pareil, d'argent massif, qui avait bien pu figurer, comme objet votif, parmi les offrandes du temple d'Amphiaraüs; c'est une conjecture qu'avait exprimée M. de Clarac, *Essai sur la partie technique de la sculpture*, p. 81; mais il avait lu ΚΥΜΑ, qui n'est pas la leçon du marbre grec, et en cela il s'était trompé.

(2) J'ai eu occasion de parler avec quelques détails de ces ornemens d'or, en feuilles minces, πέταλα χρυσᾶ, appliqués sur les vêtemens d'apparat avec lesquels on ensevelissait les personnages de distinction, en publiant une *figure* de ce genre, ζώδιον, qui avait servi à cet usage, et qui provenait d'un tombeau de Kertsch; voy. ma *Notice sur des objets d'or trouvés dans un tombeau de l'antique Panticapée*, p. 3 et 4; et, quant aux artistes qui exécutaient ces sortes de travaux dans l'antiquité grecque et romaine, j'ai recueilli aussi sur leur compte quelques témoignages, et proposé quelques conjectures, dans ma *Lettre à M. Schorn*, p. 68, suiv.

(3) J'ai déjà eu plusieurs fois l'occasion de signaler l'intention funéraire de l'*ordre ionique*, et l'emploi qui s'en était fait chez les Grecs, à cette intention, dès une époque sans doute bien antérieure à celle où l'ordre en question fut admis à figurer dans les grandes constructions publiques. J'ai reconnu que cette idée, dont j'avais été frappé long-temps avant de la trouver indiquée dans l'ouvrage de M. de Stackelberg, *Apollotempel zu Bassæ*, S. 40, ff., avait été d'abord exprimée par cet habile antiquaire, et je vois avec plaisir que mon docte ami, M. Creuzer, en adoptant cette opinion, comme une heureuse idée due à M. de Stackelberg, n'a pas dédaigné de citer les preuves que j'en avais fournies moi-même; voy. son écrit intitulé : *ein alt-Athenisches Gefässe*, etc. p. 66, not. 40. C'est pour moi une raison d'ajouter encore quelques faits nouveaux à l'appui d'une opinion qui a obtenu l'assentiment d'un homme tel que M. Creuzer. En fait de monumens funéraires, d'une assez grande importance et d'une assez haute antiquité pour mériter, à ce double titre, une certaine considération, je ne puis m'empêcher de rappeler les tombeaux taillés dans le roc à Telmissus, la plupart desquels présentent une façade d'*édicule distyle*, *d'ordre ionique*,

à l'une de ses extrémités, par une *palmette;* ce qui contribue encore à en déterminer le caractère funèbre; et quand on la voit figurée si près de Néoptolème, et que l'on observe avec quelle intelligence l'auteur de notre peinture en a choisi et distribué tous les accessoires, on doit croire que cette indication du *tombeau d'Achille,* réduite à son image la plus abrégée, bien que sous une forme encore assez imposante, n'a pu trouver place dans une scène pareille, qu'avec l'intention de caractériser l'action de Néoptolème, au moment même où il s'apprête à ressaisir la victime destinée à apaiser les mânes de son père. De l'autre côté de ce groupe, si intéressant dans sa composition générale, si expressif dans ses moindres détails, il manquerait, pour en compléter l'ordonnance, un personnage essentiel, sans la figure du *Héros* qui s'approche de l'autel où est réfugiée Cassandre. Ce héros est *Ajax,* le Locrien, *jeune* et *imberbe,* comme il est le plus souvent représenté sur les vases peints[1], mais cette fois, dans une attitude neuve et singulière, déposant son *bouclier* au pied de l'autel, avant de porter sur la suppliante une main sacrilège[2]; du moins est-il difficile de supposer à cette figure une autre intention que celle-là.

A ce tableau de la désolation des Priamides, exprimée dans ses deux circonstances les plus pathétiques, et réduite, par une fiction ingénieuse, à une catastrophe unique, qui s'ac-

tel que celui dont M. de Choiseul-Gouffier a publié un dessin exact, avec tous ses détails, *Voyage pittoresque,* t. I, pl. LXVIII, pag. 121-2; et je dois citer surtout un monument du même genre et de la même localité, où l'intention funéraire de l'ordre ionique se montre d'une manière encore plus décisive; c'est un de ces tombeaux de Telmissus, en forme de sarcophage, dans le fronton duquel est sculptée, en guise d'*ornement sépulcral,* une *stèle ionique;* voy. le dessin de ce tombeau, donné par M. de Hammer, dans ses *Topographische Ansichten,* etc. Zeichnung, c, S. 114. De pareils exemples, rapprochés de ceux que fournissent en si grand nombre les vases peints de toutes les époques, prouvent à quel point l'on s'était mépris, en inférant de cet emploi de l'ordre ionique l'âge récent des tombeaux de Telmissus, au lieu d'y voir un caractère funéraire, propre à la haute antiquité grecque. Les vases dont il s'agit existent maintenant en si grand nombre dans toutes les collections, qu'il serait impossible, et pour le moins aussi inutile, d'en donner le dénombrement et la description. Je me borne à dire qu'ils forment à eux seuls toute une classe, la plus commune et la plus nombreuse de toutes, des vases en forme de *diota,* de fabrique de Pouille et de Basilicate, offrant, pour représentation principale, une *édicule distyle, à fronton, peinte en blanc,* dans l'intérieur de laquelle se montre *assis,* le plus souvent sur une *stèle,* ou *chapiteau ionique,* pareillement *peint en blanc,* tantôt un *Éphèbe,* ou un personnage élevé à la *condition héroïque,* ce qui résulte de la *couleur blanche* donnée à la figure entière, tenant de chaque main une *patère,* un *préféricule,* une *couronne,* un *cygne,* ou tout autre objet sacré ou mystique, avec une *haste,* un *casque,* une *cuirasse,* ou quelque autre pièce d'armure; et quelquefois, ayant près de lui un *cheval blanc,* emblème de la *condition équestre* du personnage; tantôt une *Femme* ou *Héroïne,* représentée dans le même ordre d'idées, avec la *couleur blanche,* qui distingue sa *personne* ou son *vêtement,* quelquefois l'une et l'autre; et portant à la main les divers attributs de son sexe, tels que l'*éventail,* le *miroir,* la *pyxis,* le *calathus,* le *métier à tisser,* la *couronne,* toujours *peints en blanc,* avec un *préféricule,* ou tout autre vase sacré, d'usage funéraire, dans l'intérieur de l'édicule, et presque toujours, une *sphæra,* symbole commun à ces deux ordres de représentations, attendu que c'était en effet l'instrument commun aux jeux de l'adolescence, chez les deux sexes. Les notions que je viens d'énoncer ici en peu de mots, et qui confirment plusieurs idées exprimées dans le cours de ces recherches, résultent de l'observation d'un grand nombre de vases peints, plusieurs desquels se trouvent dans la riche collection de M. Durand, à Paris, et j'indique avec plaisir, entre autres vases de ce genre, disséminés dans toutes les collections publiques ou privées de l'Europe, celui dont M. Creuzer a publié un dessin réduit, en guise de vignette, dans sa *dissertation* citée plus haut, p. 49, ainsi qu'un autre vase, de la collection de Berlin, dont l'explication, telle qu'elle a été proposée récemment par M. Hirt, *Annal. dell' Instit. di corrisp. archeol.* t. II, p. 95-105, tav. agg. D, pourrait donner lieu à d'assez graves difficultés, un seul point excepté, savoir, la *colonne ionique,* figurée pour indiquer un *tombeau,* au jugement de cet habile antiquaire.

(1) Il a déja été remarqué que, sur les plus anciens monumens de l'art, Ajax, le Locrien, était toujours représenté *barbu,* *δασυπώγων*, Malala, *Chronogr.* v, 130. Tel il était encore dans les peintures de Polygnote, à Delphes, Pausanias, x, 31, 1. Cependant les vases peints nous le montrent toujours *imberbe,* dans le seul trait de son histoire qui ait été souvent reproduit, et de plus d'une manière, sur cette espèce de monumens; je veux dire l'attentat commis sur Cassandre (Böttiger, *Raub der Cassandra,* p. 52, 46); et c'est ainsi encore qu'il nous apparaît sur les belles monnaies des Opontiens, où sa figure semble avoir été modelée d'après la statue de bronze qui se voyait de ce héros, au gymnase de Zeuxippe, Brunck, *Analect.* II, 464, ou d'après un tableau célèbre de Théon, Ælian. *Hist. var.* II, 44. Cette observation tendrait à prouver que les vases peints dont il s'agit, appartenaient à une époque de l'art où l'on avait déjà abandonné les anciennes traditions; ce qui, du reste, s'accorde parfaitement avec le style et la fabrique de ces vases.

(2) J'observe aussi que, sur le vase de Lamberg, Ajax se montre la *tête nue,* avec son *casque conique* à ses pieds; circonstance pareille à celle que j'ai indiquée sur notre vase, et qui doit avoir la même intention.

complit dans le même instant et dans le même lieu, l'auteur de notre peinture a joint deux images accessoires, représentées par deux personnages d'un ordre subalterne, qui ne laissent pas d'accroître encore l'intérêt de la scène principale. L'un de ces personnages est une *Femme âgée*, qui s'éloigne, en témoignant, par un geste expressif, la surprise et la douleur; l'autre, placé au second plan, est un *Vieillard*, guidant par la main un *Enfant* qu'il entraîne, et s'appuyant, dans sa marche affaiblie par les années, sur un *bâton* qu'il tient de l'autre main. A ces traits simples et touchans, si bien emprcints de la naïveté des mœurs héroïques, qui nous montrent ici tous les âges et toutes les conditions enveloppées dans le désastre de la famille de Priam, il est difficile de ne pas reconnaître la dernière espérance des Troyens, qu'une prudence malheureuse essaie de dérober au sort funeste qui la menace, le *jeune Polydore*, qu'un serviteur fidèle conduit secrètement dans la retraite qui lui est préparée. On ne peut, en effet, à la vue d'un enfant proscrit, penser ici qu'à Polydore ou à Astyanax, dans le sang desquels acheva de s'éteindre la race des Priamides. Mais l'âge de cet enfant, et la manière dont il s'éloigne, conduit par un vieillard, conviennent davantage à Polydore. Ce vieillard, à front chauve, à cheveux blancs, offre lui-même, dans toute sa personne, les traits d'un de ces vieux serviteurs, qui tenaient le premier rang dans la maison des princes de l'époque héroïque, du *Pædagogue*, qui figure assez souvent, sur les monumens antiques, dans des scènes semblables à celle-ci[1]. Le *bâton, de forme tortueuse*, *βακτηρία τῶν σκολιῶν*, tel qu'il était porté habituellement par les philosophes[2], est l'attribut naturel d'un pareil personnage; et c'est aussi la preuve qu'on ne saurait le prendre pour *Priam*, qui devait porter le *sceptre droit*, *σκῆπτρον*, ou la haste pure; sans compter que l'action et le costume de ce personnage ne sauraient, dans aucune hypothèse, convenir au chef auguste des Troyens.

Le groupe de Polydore et du Pædagogue étant déterminé d'une manière aussi certaine, à mon avis, que la présence m'en paraît heureuse et le motif intéressant, il devient plus facile encore de reconnaître la *Femme*, qui figure au-dessous de ce groupe, dans une place correspondante, et avec une intention analogue. Cette *Femme* est la *Nourrice*, personnage obligé des tragédies grecques, qui devait, au même titre, se produire dans une peinture telle que la nôtre, et qu'on a déjà vue apparaître effectivement sur un beau vase peint, de la collection de Lamberg[3], relatif à l'attentat commis sur Cassandre, où elle est désignée indu-

(1) Il suffit de rappeler les monumens relatifs à la destruction des *Niobides*, où figurent les personnages de la *Nourrice* et du *Pædagogue*, ce dernier avec le costume asiatique, Winckelmann, *Monum. ined.* n. 89; Visconti, *Mus. P. Clem.* IV, XVII. On retrouve également ces mêmes personnages sur les bas-reliefs et les peintures antiques, où le sujet comporte leur présence; tels que ceux qui représentent la mort de Clytemnestre et d'Ægisthe, et la catastrophe de Créuse, Winckelmann, *ibid.* 148 et 90; et on les y retrouve toujours sous les mêmes traits et dans le même costume; voy. aussi les *Pittur. d'Ercolan.* t. I, tav. VII. Sur un beau vase peint que je possède, représentant *Médée qui égorge ses enfans*, le vieux *Pædagogue* apparaît en demi-figure, au plan supérieur, avec une barbe et des cheveux blancs, portant la main droite à son front, en signe de désespoir, et tenant de l'autre main un bâton noueux et recourbé, tel à-peu-près que le *Pædagogue* de notre peinture.

(2) Voy. à ce sujet l'observation faite plus haut, p. 250, n. 5.

(3) *Vases de Lamberg*, II, XXIV. Le personnage en question avait été regardé jusqu'ici comme une *Prêtresse*, d'après une inscription divisée en deux lignes, qui paraissait ainsi conçue: ΙΕΡΕΙΑ ΤΡΟΙΟ, et qu'on avait interprétée par: *la Prêtresse des Troyens*. Mais M. Millingen a fait connaître récemment la vraie leçon de cette double inscription, qui doit se lire: ΕΝΕΡΕΑ ΤΡΟΦΟΣ; d'où il suit que c'est la *Nourrice* de Cassandre, *τροφός*, et non une *Prêtresse troyenne*, qui figure dans cette scène mythologique; et cette heureuse idée du savant antiquaire se trouve désormais confirmée par notre vase; voy. les *Transactions of the R. Society of Literature*, vol. II, part. II, p. 136-143. Quant au mot Ἐνηρέα, pour Ἐνάρα, dont M. Millingen fait une épithète de *Minerve*, en rapport avec le simulacre du *Palladium*, et dont il s'efforce de déduire la formation du nom latin MINERVA ou MENERFA, j'avoue que cette conjecture m'a semblé plus ingénieuse que solide, sans qu'il m'ait encore été possible de donner du mot ΕΝΕΡΕΑ une explication satisfaisante.

bitablement par l'inscription ΤΡΟΦΟΣ, qui l'accompagne. Une observation curieuse, à laquelle donne lieu la confrontation de ce vase avec le nôtre, c'est que, sur l'un et sur l'autre, le personnage de la *Nourrice* est absolument dans la même attitude, dans le même mouvement; d'où il suit que c'est une de ces figures empruntées de quelque composition célèbre, que les dessinateurs de vases peints ne se faisaient aucun scrupule d'omettre ou d'ajouter, suivant le besoin qu'ils en avaient, dans les nombreuses variantes d'un même type qu'ils étaient chargés d'exécuter. Il y a, d'ailleurs, dans ce personnage de la *Nourrice*, tel qu'il se produit ici, comparé avec la figure du vase de Lamberg, quelques-unes de ces différences de détail, soit dans le costume, soit dans la physionomie, qui tiennent à la nature même de cette sorte de monumens, au système d'exécution, au goût et à la manière de l'artiste. Des variantes de cette espèce ne sauraient donc offrir aucune importance, si ce n'est peut-être la suppression qu'on remarquera sur notre vase, de l'objet que la *Nourrice* du vase de Lamberg porte à la main gauche; suppression qui doit tenir à quelque intention particulière, que je ne m'explique pas, non plus que cet objet même, qui me paraît encore indéterminé. J'observe que, sur le vase du recueil de Passeri[1], qui offre une représentation de l'attentat commis sur Cassandre, pareillement variée dans le nombre et la disposition des personnages, ainsi que dans les détails de la composition, la *Femme*, placée près de Cassandre, dans une attitude et avec une expression qui conviennent bien aussi à la *Nourrice*, porte à la main un instrument à-peu-près pareil; mais sans qu'il m'ait encore été possible de me rendre compte de la nature de cet instrument, de sa forme réelle et de son intention symbolique[2].

Le vase que je viens de citer, présente aussi une particularité dont le motif, entrevu

(1) *Pictur. Etrusc. in vase.* t. III, tab. ccxcv. Le même vase est reproduit, avec quelques variantes qui tiennent sur-tout au caprice du dessinateur moderne, dans le premier recueil d'Hamilton, t. III, pl. 57.

(2) M. Millingen n'a fait aucune observation sur l'objet dont il s'agit, sur sa forme, ni sur son usage; toutes choses dont la détermination n'était pourtant pas indifférente dans la question relative au personnage, aux mains duquel est placé cet instrument, certainement avec une intention quelconque, sur les deux vases qui le présentent. Mais voici qui achève de prouver qu'il y a effectivement, dans le choix d'un pareil objet, une intention positive, d'accord avec le sujet même de la représentation. Un vase, provenant des environs de Cumes, offre, entre autres personnages dont la réunion forme une composition très-difficile à expliquer, une *jeune Femme*, tenant d'une main un *Palladium*, et de l'autre, l'instrument en question, figuré comme sur les vases de Passeri et de Lamberg. M. Hirt, qui a publié ce vase, *Annal. dell' Instit. di corrisp. archeol.* t. II, p. 98, sgg. tav. agg. D, décrit cet instrument comme « *un arnese*, « il quale, in forma di semplice bastoncello, dove nel pugno di « lei s'interna, ha nell' estremità ch' è volta in alto, una specie « d'ingegno da *chiave*, da cui dipendono due fila di perle ter- « minanti in fiocchi. » Effectivement, cet instrument ressemble assez à une *clef*, à laquelle serait attachée une de ces *bandelettes de laine à petits flocons*, εὔμαλλοι μίτραι, Pindar. *Isthm.* IV, 69, ed. Boeckh., dont l'indication se rencontre si fréquemment sur les vases; ce serait conséquemment une *clef* de quelque *sanctuaire* ou *édifice sacré*; et un pareil objet, joint au *Palladium*, ne permettrait pas de douter que la femme portant ces deux attributs ne fût la *Prêtresse de Minerve*, commise à la garde de son *temple* et de sa *statue*, γύναιον κλειδοφύλαξ, comme dirait Lucien, *de Amor.* § 14. C'est aussi de cette manière que M. Hirt interprète le personnage en question; il y voit *Théano*, femme d'Anténor, se disposant à livrer le *Palladium à Diomède*, suivant une tradition rapportée par Suidas, v. Παλλάδιον. Il y a, du reste, plus d'une difficulté grave, que je n'ai pas en ce moment le loisir de discuter, dans la manière dont cette femme est groupée avec le prétendu Diomède, et surtout dans la présence d'une seconde femme, que le savant antiquaire prend pour *Hélène* déplorant, au pied d'une *stèle funèbre*, la perte récente des fils qu'elle avait eus de Pâris; idée fort ingénieuse sans doute, mais qui ne me paraît nullement fondée. Je me contente d'observer que M. Hirt ne semble pas s'être souvenu du vase de Passeri, non plus que de celui de Lamberg, où la *Femme* placée près de *Cassandre* porte un instrument tout-à-fait semblable à celui qui se voit ici aux mains de *Théano*; d'où l'on peut inférer que c'est le même personnage, c'est-à-dire la *Prêtresse de Minerve*, qui figure sur tous ces vases, et ce qui tend à infirmer l'idée, si plausible d'ailleurs, avancée par M. Millingen. Il y a donc là une question curieuse qui ne me paraît pas encore résolue, et qui se recommande à l'attention des antiquaires. Au moment où je livre cette note à l'impression, j'ai connaissance d'une nouvelle explication de ce vase proposée par M. Welcker, qui y voit une scène d'amour entre *Ulysse* et *Théano*, un rendez-vous nocturne auprès d'un tombeau, avec la prise de Troie en perspective; voy. les *Annal. de l'Instit. archéolog.*, t. IV, p. 383. Je n'ai pas le loisir, et ce ne serait pas ici le lieu, de réfuter en détail cette explication; mais je dois dire qu'elle me satisfait encore moins que la première.

par Passeri et contesté par d'autres antiquaires, est pleinement justifié par une des figures de notre peinture, dont je me suis réservé de parler en dernier lieu. C'est celle de *Minerve*, assise dans une région élevée, au-dessus de son propre simulacre. Une figure à-peu-près semblable, dans la même position, avait été prise par Passeri pour la déesse elle-même, étendant la main au-dessus de son idole, comme pour la protéger contre une atteinte sacrilège; bien que cette figure manquât, en apparence, du caractère et des attributs de Minerve. Cette idée de l'antiquaire ultramontain, qui avait pu d'abord sembler hasardée[1], se trouve maintenant confirmée par notre vase. *Minerve* s'y reconnaît, à la même place, avec ses attributs accoutumés, le sein couvert de l'*égide*, la main droite armée de la *haste;* seulement, elle se montre ici la *tête nue*, comme il lui convenait d'être, dans une attitude de repos, et telle aussi qu'on la voit sur des monumens de la haute antiquité grecque[2]. Du reste, le port de sa tête *abaissée* vers sa suppliante, avec cette expression que les Romains rendaient par le mot *respiciens*[3]; s'accorde bien avec sa situation; et cette image significative ajoute ainsi à notre peinture un nouveau trait d'originalité et d'intérêt.

Il ne me reste plus à rendre compte que de quelques détails accessoires, qui ne laissent pas de nous faire connaître aussi plus d'une particularité neuve ou curieuse. De ce nombre, est le vase de la forme d'*œnochoê*, ou de *préféricule*, qui se voit renversé, sur le sol, au pied de l'autel, évidemment afin d'indiquer par cette image d'un sacrifice troublé ou interrompu, la violation du lieu sacré. Le même objet, pareillement renversé sur les degrés de l'autel, s'était déjà offert sur le vase de Passeri, certainement avec la même intention. Une autre particularité qui mérite d'être signalée, c'est la forme de la lance portée par Néoptolème, avec l'espèce de *traverse*, ou l'*anneau*[4], qui se remarque au-dessus de la pointe inférieure de cette arme, στυράκιον ἀκοντίου[5]. Le même anneau, un peu plus prononcé et indiqué deux fois, se voit à la lance d'Ajax, sur le vase publié par M. Boettiger; et bien que ce savant ait profité de cette occasion pour énumérer les noms divers donnés chez les Grecs à cette partie de la lance, et pour y ajouter l'indication des divers usages qui s'y rapportent[6], il ne

(1) M. Boettiger avait semblé peu disposé à admettre l'explication de Passeri, *Raub der Cassandra*, p. 64, bien qu'il n'ignorât pas que c'était une pratique assez familière aux anciens artistes, d'ajouter à l'image d'une divinité une seconde figure représentant la divinité elle-même, et qu'il se fût autorisé, à cet égard, du résultat des recherches de Heyne, *de Vestig. domest. relig. in Art. Etrusc. oper.*, *Nov. Comment. Gotting*, t. VI, part. II, p. 45. Le seul tort de Heyne était d'avoir attribué exclusivement à l'art étrusque un procédé qui tenait essentiellement aux traditions de l'art hellénique. Mais cette faute du grand antiquaire de Gœttingen prenait sa source et avait son excuse dans l'erreur générale de son temps, sur l'origine et la fabrication des vases peints, qu'on croyait propres uniquement à l'antique Étrurie.

(2) Je citerai ici la belle figure de Minerve éléenne, trouvée dans les ruines du temple de Jupiter, à Olympie, pour avoir occasion de faire ici mention d'une des plus précieuses conquêtes qui aient enrichi de nos jours le domaine de l'art et de l'archéologie; et je rappellerai à cette occasion la rare médaille d'Héraclée de Lucanie, avec la même *tête nue de Minerve*, que j'avais alléguée à l'appui de cette représentation si neuve et si remarquable; voy. ma *Notice sur les sculptures d'Olympie*, dans le *Journ. des Sav.* 1831, février, p. 101, n. 2. Je ne connaissais alors que deux exemplaires de cette médaille, et je la croyais inédite; j'ai reconnu depuis qu'elle était gravée, mais d'une manière tout-à-fait défectueuse, dans le recueil du P. Magnan, *Miscell. num.* t. IV, tab. 23, fig. III; de sorte qu'en la publiant, dans un dessin fidèle, d'après l'exemplaire de la collection de M. le duc de Luynes, c'est encore un monument nouveau que je pourrai me flatter d'avoir ajouté à la science; voy. vignette, n. 10, p. 337.

(3) Voy. l'observation faite à ce sujet, p. 169, not. 2.

(4) Cet *anneau* est encore mieux indiqué au bas de la lance que porte Minerve, sur un vase grec publié par Millin, *Monum. inéd.* t. I, pl. XXIII.

(5) Thucydid. II, 4. Pollux, qui cite ce passage, *Onomast.* X, 27, prouve qu'il ne le comprenait pas très-bien, en tirant d'une circonstance accidentelle et fortuite la notion d'un usage habituel qui ne saurait en résulter. Ailleurs, le même lexicographe désigne les parties inférieures de la lance par les mots σαυρωτήρ, vid. Homer. *Iliad.* X, 153, et στύραξ; et cette dernière expression, Pollux, I, 136, et X, 143, avec la glose antique que les interprètes y ajoutent : τὸ κάτω τοῦ δόρατος σιδήριον, répond parfaitement à l'indication fournie par notre vase.

(6) *Raub der Cassandra*, S. 56, 54. Je ne trouve rien à ajouter aux nombreux témoignages rassemblés ici par M. Boettiger; mais j'observe que Millin les a reproduits dans le même ordre,

me semble pas que l'objet de la traverse en question ait été encore expliqué. Or, cette espèce de crampon adapté à la partie inférieure de la lance, ne pouvait guère servir qu'à fournir un appui au pied du cavalier, quand il s'aidait de sa lance pour monter à cheval, suivant l'usage grec que Xénophon exprime ainsi : ἀπὸ δόρατος ἀναπηδᾷν[1]. Effectivement, il fallait bien qu'il y eût, en ce cas, quelque appendice à la lance dont les Grecs se servaient en guise d'étrier; et c'est aussi le même objet, figuré à cet effet, et de manière qu'on ne puisse s'y méprendre, que Winckelmann avait reconnu sur des pierres gravées, représentant un Éphèbe qui s'exerce à monter à cheval[2]; bien que cette ingénieuse explication ait été contestée par des antiquaires du premier ordre[3].

§ IX.

Parmi les personnages appartenant à la maison de Priam, dont les nobles et touchantes infortunes avaient fourni à l'imitation de si heureuses inspirations, il semble que celui d'*Hécube* ait été l'un des plus négligés, ou même des plus maltraités par l'art antique. La haine ou la fatalité qui avaient accumulé tant de revers sur la tête de la veuve de Priam et de la mère d'Hector, n'avaient pas cessé de s'exercer sur sa mémoire, de manière que l'on serait presque fondé à croire que la Grèce, toujours injuste envers Hécube, et d'autant plus inexorable à son égard qu'elle avait été plus rigoureuse, continuait de lui faire un crime de son malheur, en la poursuivant jusque dans le domaine de l'imitation. La tradition qui nous représente Hécube esclave, fatiguant de ses éternelles imprécations les dieux et les hommes; devenue odieuse aux uns et aux autres, au point d'être changée en *chienne*[4], sans que, sous cette forme même, les cris de sa douleur, convertis en affreux aboiemens, cessassent de provoquer le sort qui l'avait frappée; puis enfin accablée sous un amas de pierres, seul moyen que pût trouver la vengeance des Grecs, pour étouffer une voix implacable, importune comme celle du remords; cette tradition, consacrée plus tard sous la forme d'un monument[5], n'était d'abord que l'expression poétique d'une haine populaire, qui s'acharnait en-

en en faisant la même application, sans en citer l'auteur; voy. ses *Monum. inéd.* t. I, p. 295, et *Peint. de vas.* t. I, p. 105.

(1) Xenoph. περὶ Ἱππικ. c. VII. L'idée qui résulte de ces paroles de Xénophon, ἀπὸ δόρατος ἀναπηδᾷν, ne semble à l'habile critique que je citais tout-à-l'heure, pouvoir s'expliquer qu'au moyen d'une traverse, d'un appendice quelconque ajouté à la pointe inférieure de la lance, Boettiger, *Archäol. der Maler.* p. 136 : Vermöge einer besondern Vorrichtung; et j'avoue que je suis entièrement de cet avis.

(2) Winckelmann, *Pier. de Stosch*, p. 170, n. 973, et *Monum. ined.* n. 202; voy. Raspe, *Catal. de Tassie*, pl. XLIV, n. 7585. Ces pierres, dont l'authenticité ne saurait paraître douteuse, malgré l'idée peu favorable que semble s'en être formée M. Ott. Müller, *Commentat. de sign. Amazon. Vatican.* p. 13, a, suffisent, avec le passage de Xénophon, pour montrer comment on s'y prenait chez les Grecs pour monter à cheval, au défaut des *étriers*, qui sont d'une invention plus récente. Au sujet des *étriers*, ἀναβολεῖς, voy. les témoignages de Suidas et d'Eustathe rapportés par Saumaise, *ad* Spartian. 718-9; et sur les diverses manières de monter à cheval qui eurent cours dans l'antiquité, consult. Beckmann, *Beyträg. z. Gesch. d. Erfind.* III, 109, et Facius, *Collectan. ad Antiq. gr. et rom.* p. 209.

(3) Entre autres, M. Hermann, dans une dissertation, *de verbis quibus Græci incessum equorum indicant*, *Comment. Soc. phil. Lips.* t. IV, p. 44, et M. Ott. Müller, *Comment. de sign. Amaz. Vatic.* p. 13. J'ai déjà eu occasion de réfuter ailleurs une méprise d'un autre genre dont ces pierres gravées avaient été l'objet, celle de Visconti, qui avait cru y voir un *Héros grec s'élançant sur le Cheval de bois*; voy. *Journ. des Sav.* 1831, juin, p. 337.

(4) Lycophron. *Alexandr.* v. 330-34; et Schol. *ad h. l.* Euripid. *Hecub.* v. 1241, cum Schol. *ad h. l.*

(5) C'est celui qui fut érigé sur un promontoire de la Chersonnèse de Thrace, en mémoire de la sépulture d'Hécube, et qui fit donner à ce lieu le nom de Κυνὸς Σῆμα, ou Κυνόσσημα, Strabon. XIII, 595; Pollux, V, 45; vid. Interpr. *ad h. l.* Une rare médaille de Madytos, récemment publiée par M. Millingen, avec le type d'un *Chien dressé sur un socle*, fait certainement allusion à ce monument, et à la tradition mythologique qui l'avait fait élever; voy. *Ancient Coins of greek Cities*, etc. pl. III, n. 7, p. 43.

core sur sa victime, tant de siècles après celui qui avait vu consommer les malheurs d'Hécube par la ruine entière de sa patrie et par l'extermination de sa famille. L'art resta fidèle, comme la poésie, aux ressentimens que le nom d'Hécube avait excités dans la Grèce, en ne la présentant, dans le petit nombre d'images qu'il en produisit, qu'avec ces traits altérés par l'âge et flétris par le malheur, qui étaient encore, dans les moyens de l'art, un signe de proscription et pour ainsi dire un acte de vengeance. Dans un système imitatif constitué essentiellement, comme celui des Grecs, sur le principe du *beau*, où l'on n'admettait, en de rares exceptions, l'image de la laideur physique que comme une manière de rendre sensible aux yeux ce qui était moralement haïssable, le personnage d'Hécube, représenté avec les rides et les autres accidens de la vieillesse, devenait effectivement un monument palpable de cette haine publique qui semblait avoir toujours besoin de s'alimenter en présence de son objet, et peut-être aussi de se justifier à ses propres yeux, par la contemplation de son ouvrage. De là, sans nul doute, le type adopté pour la figure d'Hécube, qui devait produire sur l'esprit d'un peuple enthousiaste de la beauté, l'effet d'une apparition ennemie, à raison des imperfections physiques qui s'y trouvaient réunies, mais toutefois dans une sage proportion, et toujours avec cette mesure pleine de sens et de goût, qui conciliait les droits de l'art et ceux de la tradition.

Je n'ignore pas cependant que des antiquaires ont exprimé une opinion différente sur la manière dont les anciens artistes avaient conçu et réalisé le personnage d'Hécube; l'on a même été plus loin; et dans la discussion qui s'est élevée entre plusieurs savans, au sujet de la détermination d'une des figures de Femmes troyennes, du vase Vivenzio, M. Schorn a soutenu, contre le sentiment de M. Boettiger, qu'il n'existait, sur les monumens de l'art grec, aucune représentation caractérisée d'une *vieille Femme*[1]. Cette question, qui touche au principe même de l'art, et qui acquiert ainsi une certaine importance en se généralisant, mériterait d'être approfondie; et c'est sur-tout avec le secours des monumens qui nous restent qu'on pourrait espérer de la résoudre. On doit bien regretter qu'il ne fût pas entré dans le plan de l'ouvrage de Pausanias, de nous donner plus de détails sur les célèbres peintures de Polygnote à Delphes; car nous y aurions probablement trouvé tous les élémens de cette solution. La plupart des Femmes troyennes, mentionnées dans la tradition poétique, figuraient dans ces peintures avec le *vêtement de la captivité* et *l'expression de la douleur*[2]; c'est à cette notion générale, exprimée en termes si vagues, que se réduit le témoignage de l'écrivain. Mais sans doute l'habile artiste n'avait pas négligé les moyens que lui fournissaient les divers accidens de l'âge, pour jeter quelque variété dans toutes ses figures de *Femmes captives et affligées*. La seule *Æthra* est indiquée par Pausanias comme ayant la *chevelure rasée*, en signe de deuil[3]; et la même particularité se reproduit encore, dans sa description, au sujet d'un autre personnage, d'un sexe équivoque et d'un ordre subalterne, que Pausanias qualifie lui-même de *vieille Femme*, Πρεσβῦτις[4]. On peut inférer de là que Polygnote,

(1) Schorn, *Homer nach Antiken*, IX, VI, et *Kunstblatt*, 1824, n. 103, p. 411; Boettiger, *Archäol. der Malerei*, p. 343.

(2) Pausan. x, 25, 4 : Γυναῖκες αἱ Τρῳάδες ΑἸΧΜΑΛΏΤΟΙΣ τε ἤδη καὶ ὈΔΥΡΟΜΈΝΑΙΣ ἐοίκασι.

(3) Idem, *ibid.* 3 : ἡ Θησέως (μήτηρ) ἐν χρῷ κεκαρμένη. Le motif assigné à cette particularité est justifié par ces expressions d'Euripide, κουρᾷ ξυρήκει, *Alcest.* 434, correspondant à celles-ci du même poète, κουρᾷ πενθήρει, *Troad.* 140, sans compter tant d'autres témoignages du même genre, parmi lesquels je me contenterai de citer ce passage d'Euripide, concernant Hécube elle-même, κρᾶτ' ἐκπορθηθὲν οἰκτρῶς, *Troad.* 142.

(4) Pausan. x, 26, 3 : ἐν χρῷ κεκαρμένη Πρεσβῦτις.

le chef de la grande école et le maître du grand style, n'avait pas cru déroger aux principes de son art, en faisant servir à caractériser ses figures de Femmes les variétés d'âge, de costume et d'expression que lui suggérait un sujet si riche et si pathétique; et cette induction est justifiée par l'observation des vases peints, produits sous l'influence du même goût, et sans doute à une époque peu éloignée, où nous voyons apparaître, dans des scènes homériques, des figures de vieillards, de l'un et de l'autre sexe, sous des traits qui répondent à la description de Pausanias[1]. Tels sont, pour en citer ici quelques exemples, les personnages d'*Anchise* et de *Priam*, sur le vase Vivenzio; ceux du même *Priam* et de *Phœnix*, sur un beau vase de Canino[2]; tel est sur-tout le personnage de *Télamon*, sur un vase que je publie[3], où la douleur du père d'*Ajax*, ΑΙΑΣ, et de *Teucer*, ΤΕΥΚΡΟΣ, est exprimée d'une manière si naïve et si touchante dans la figure de ce *Vieillard*, ΤΕΛΑΜΟΝ, *la tête absolument rasée*, d'une main élevant sa *béquille*[4], unique soutien qui reste désormais à sa vieillesse abandonnée, et portant l'autre main à son front, en signe de désespoir. Dans un sujet du même ordre, sur le vase d'Euthymidès[5], qui représente *Hector* achevant de revêtir ses armes, en présence de *Priam*, qui

(1) S'il était question ici de personnages d'un ordre subalterne, qui se voient représentés sur les vases grecs avec les signes de la vieillesse, tels que les *rides au visage* et les *cheveux blancs*, les exemples s'offriraient en assez grand nombre. On sait que le personnage de la *Nourrice* et celui du *Pædagogue* sont constamment figurés de cette manière; et c'est ainsi, en effet, qu'ils se montrent l'un et l'autre sur le vase que j'ai publié, pl. LXVI. Je puis citer encore la *Nourrice* du vase de Lamberg, où cette femme, *à cheveux blancs*, est désignée par le mot ΤΡΟΦΟΣ. M. Millingen a publié un vase, du musée de Naples, où ce savant a vu un sujet funéraire, et où je serais bien tenté de voir plutôt une scène héroïque, mais dont je me borne à faire mention ici, à cause de la *vieille Femme à cheveux blancs*, avec des *rides au visage*, qui paraît être aussi une *Nourrice*; voy. ses *Vases grecs*, pl. XXXIX, p. 60-61. Ce vase est décrit dans les *Neapels ant. Bildwerke*, I, 338-339. Il serait facile, et par cela même superflu, de multiplier ces citations.

(2) *Monum. pubbl. dall' Instit. archeol.* tav. XXXV-XXXVI, t. III, p. 380, sgg.

(3) Voy. planche LXXI, n. 2. Ce vase est de fabrique de Pouille, et le dessin m'en a été envoyé de Naples, où il se trouve actuellement, dans la collection de M. Gargiulo. La composition appartient à cette classe assez nombreuse de vases qui représentent des *scènes d'adieu* ou *de départ*, et qui avaient, la plupart du temps, une intention funéraire d'accord avec la destination même de ces vases. Mais le sujet particulier de cette composition est l'un des plus rares et des plus intéressans que je connaisse; c'est le départ d'*Ajax* et de *Teucer*, au moment où les deux Héros prennent congé de leur père *Télamon*. Chacun d'eux est en effet désigné par son nom, ΑΙΑΣ, ΤΕΥΚΡΟΣ, ΤΕΛΑΜΩΝ, de manière à ce qu'on ne puisse s'y méprendre; et c'est avec raison que M. le duc de Luynes, à l'attention duquel ce vase n'avait pas échappé, a remarqué ici, dans la manière dont les noms ΑΙΑΣ et ΤΕΥΚΡΟΣ sont écrits au-dessus d'*Ajax* et de *Télamon*, quand le nom même de *Télamon* se lit au-dessus du personnage de *Teucer*, l'une de ces transpositions de noms si communes sur les vases, et dues à l'inadvertance de l'artiste, qui servent à rendre compte de tant d'autres fautes du même genre; voy. *Annal. dell' Instit.* t. IV, p. 88. Du reste, il serait difficile de voir une scène mieux conçue, et dont le sujet fût plus clairement indiqué. Ajax, revêtu de sa *panoplie*, laisse apercevoir, à travers les *couvre-joues* du casque, qui expliquent si bien l'épithète homérique, κυνέης χαλκοπαρῄου, *Iliad.* XII, 183, XVII, 294, la barbe naissante dont son menton est ombragé. Son jeune frère, au contraire, est *imberbe* et vêtu d'un simple *chlamydion*, avec la *causia* sur la tête, et il porte sur les épaules un *sac de voyage*, dont la forme parfaitement accusée, et la représentation neuve sur les monumens de l'antiquité, confirment, si je ne me trompe, la conjecture que j'ai avancée dans un autre endroit de ces recherches, au sujet d'un objet à-peu-près semblable, où j'avais cru voir une image équivalente à celle que nous présente ce passage d'Æschyle, *Coëphor.* 670 : ἐπιχέρτα δ' αὐτόφορτον οἰκείᾳ σάγῃ; voy. planche XXXIV, p. 161. Quant au personnage du *vieux Télamon*, on ne saurait imaginer une figure qui exprimât mieux le désespoir d'un père, au moment où il se voit privé des uniques soutiens de sa vieillesse; et c'est un dernier trait, aussi heureux que naturel, ajouté à cette composition touchante, que la présence de la *Femme*, sans doute *Péribœa*, la mère des deux Héros, qui apparaît aussi, la *tête entièrement dépouillée de cheveux*, ἐν χρῷ κεκαρμένη, avec son péplus, qu'elle tient levé d'une main à la hauteur de son visage, par un geste qui exprime si bien la douleur d'une mère, en même temps qu'il répond aux habitudes de modestie des femmes grecques.

(4) Ce long *bâton noueux*, à l'extrémité duquel est adaptée une *traverse en bois*, répond si bien en effet, par la forme et par l'usage, à ce que nous appelons une *béquille*, qu'on ne saurait donner à cet objet un autre nom, ni sur ce vase, ni dans plusieurs autres peintures antiques, où il se voit toujours à la main de *vieillards chauves*, ou à *cheveux blancs*. Tel est entre autres le vase de Canino, publié par M. Éd. Gerhard, où l'un de ces vieillards, portant en main un bâton pareil, est désigné par le nom ΦΟΙΝΙΧΣ, *Annal. dell' Instit. archeol.* tav. XXXV, t. III, p. 381; et j'observe que ce seul objet, d'une forme si caractéristique et d'un usage si particulier, suffit pour détruire l'explication, d'ailleurs fort ingénieuse, que M. le duc de Luynes a proposée au sujet de ce même vase, où il a vu, dans ces deux *Vieillards* portant chacun une *béquille*, les deux *Hérauts* homériques avec leur *sceptre*, *Annal. dell' Instit.* t. IV, p. 86.

(5) *Catalogo di scelte antichità*, etc. n. 1386, p. 113; Gerbard, *Rapporto*, etc. p. 178, not. 698. Ce vase, dont je possède un calque, mériterait d'être publié; j'en ai déjà fait mention plus haut, p. 279, note 2; voy. aussi ma *Lettre à M. Schorn*, p. 7.

lui adresse ses derniers vœux, le *vieux monarque* offre une figure à-peu-près semblable; et si le personnage d'*Hécube*, qui assiste aussi à cette scène d'adieu, ne s'y produit pas avec les traits de la *vieillesse*, c'est qu'une telle particularité n'eût pas été d'accord avec l'action de ce personnage, portant le *casque* d'Hector, ni conforme au caractère attribué ici à Hécube, tel qu'il résulte de cette action même.

Il s'agit maintenant de montrer que le type de la figure d'*Hécube*, conçu dans un ordre d'idées plus général, de manière à exprimer le plus haut degré de l'adversité humaine, et dans une situation en rapport avec cette intention, c'est-à-dire dans le *veuvage* et la *captivité*, offrait en effet les rides et les autres accidens de la vieillesse, autant que pouvait le comporter le génie de l'imitation, chez les Grecs. A cet égard, le témoignage le plus décisif que je puisse produire est une peinture de vase grec, qui se trouvait dans la collection de M. Politi, à Girgenti[1]. Ce vase, d'une belle fabrique sicilienne, représente une scène homérique, dans toute la simplicité, dans toute l'exactitude du costume antique; et sous ce rapport, comme par l'intérêt même du sujet, bien que réduit à trois personnages, la peinture dont il s'agit ne laisse pas d'être de quelque importance pour l'histoire de l'art. Il suffit du premier coup d'œil jeté sur cette peinture, pour y reconnaître *Ulysse entraînant Hécube*, esclave destinée au roi d'Ithaque dans le partage des Captives troyennes. La veuve de Priam offre, dans toute la délinéation des traits du visage, un type d'accord avec la condition d'une femme esclave, qui contraste avec le style idéal des deux autres figures. L'expression, si fortement prononcée, des *rides* et des *plis de la peau*, détails qu'il est si rare de rencontrer dans les peintures de vases grecs, ne saurait avoir ici d'autre motif que celui de rendre plus sensible cette image d'une femme, accablée sous le double fardeau, flétrie de la double empreinte de l'âge et du malheur. Hécube a le haut de la tête couvert d'une pièce d'étoffe phrygienne, espèce de *kékryphalos*, d'où se détachent des mèches de *cheveux blancs*[2], qui pendent le long de ses joues, avec son péplus, passé par-dessus sa tête, qui l'enveloppe tout entière[3], telle qu'on la voyait représentée sur le théâtre, dans cette même circonstance de sa vie. De la main droite, elle s'appuie sur un long *bâton noueux*[4], σκολιὸς σκίπων, qui était aussi le soutien prêté à sa caducité sur la scène tragique, et qui lui sert à suivre, d'un pas ralenti par le poids des années, *Ulysse*, à la taille haute, à la démarche altière, qui l'entraîne en la saisissant par la main gauche[5]; c'est en un mot la scène racontée de la bouche même d'Hécube, dans le drame touchant d'Euripide[6], avec des expressions qui répondent à toutes les circonstances de notre peinture, et de plus, avec l'indication du *lieu*, laquelle consiste

(1) Voy. planche LVII A. C'est pendant mon séjour à Girgenti, au mois de mai 1827, que je dus à la bonté de M. Politi, possesseur de ce vase, l'avantage d'en prendre un calque; et, en le publiant cinq ans plus tard, je me plais à consigner ici l'expression de ma gratitude personnelle envers un homme qui ne cesse de se rendre utile de toute manière à son pays et à la science.

(2) Euripid. *Hecub.* 496 : τὸ πάλλευκον κάρα.

(3) Idem, *ibid.* 483 : συγκεκλεισμένη πέπλοις.

(4) C'est ce que dit Hécube elle-même, dans les *Troyennes* d'Euripide, 275-6 : ἁ περιπεδάμονος χειρὶ δυομένα βάκτρου γεραιῷ κάρᾳ; et ailleurs encore, dans l'*Hécube* du même poète, 65 : κἀγὼ σκολιῷ σκίπωνι χερὸς διερειδομένα; et j'observe, à cette occasion, combien il importe à l'intelligence des poètes d'être versé dans l'étude de l'antiquité figurée; car ce dernier passage d'Euripide a été entendu dans un sens métaphorique par la plupart de ses éditeurs, et par Musgrave lui-même; vid. Euripid. *Hecab. cum annotat.* Ammon., p. 13, Erlang. 1789; et il eût suffi de la moindre connaissance des vases peints pour savoir que, dans ce cas-ci comme dans beaucoup d'autres, le σκολιὸς σκίπων était bien réellement un *bâton noueux*, et non, comme l'a pensé un de ces critiques, *brachium Hecubæ, quod ancillis innitens*; scipionis *usum præstaret*.

(5) C'est l'image même qui se trouve exprimée d'une autre manière dans ce passage de Quintus de Smyrne, *Post-Homer.* XIV, 21-22 :

αὐτὰρ Ὀδυσσεὺς
εἷλκε βίῃ Ἑκάβην.

(6) Euripid. *Troad.* 139 : Δούλα δ' ἄγομαι ΓΡΑΫΣ ἐξ οἴκων.

en un pilastre surmonté de son entablement. Quant au roi d'Ithaque, il porte la *cuirasse* et le *casque*, qui conviennent à son personnage homérique, et qu'on lui voit en effet sur la plupart des monumens antiques du haut style; il est *barbu;* ce qui est encore un trait d'iconographie héroïque, que nous avons vu consacré dans les images d'Ulysse, et dont l'intention est rendue ici plus sensible par la présence du second personnage, *jeune* et *imberbe*, avec la simple chlamyde et la double lance, que je crois pouvoir reconnaître, à tous ces caractères, et à son intervention même dans un sujet semblable, pour le *Héraut* d'Ulysse, *Eurybatès*[1]. Une particularité curieuse qu'offre notre peinture, dans la représentation des deux héros grecs, et qui doit se rapporter aussi à quelque intention symbolique, c'est l'*animal* qui se voit figuré sur la partie antérieure du casque, nommée γεῖσον, ou γεῖσα[2], à savoir, un *reptile*, sur le casque d'Ulysse, et un *lézard*, sur celui de son compagnon. Le *serpent* peut s'expliquer ici par le même motif que sur un vase peint, d'ancien style, où cet animal est figuré au-dessus de la tête d'Ulysse enivrant Polyphème[3]. Quant au *lézard*, dont l'image se rapporte sur la plupart des monumens, comme dans le mythe d'*Apollon Sauroctone*, à des idées et à des personnifications chthoniennes[4], il ne serait pas difficile de concilier ici le sens de cette espèce d'hiéroglyphe avec le personnage du héraut d'Ulysse; mais il me faudrait entrer dans des détails qui m'écarteraient trop de mon sujet; et je dois m'en abstenir.

La figure d'Hécube se trouvant ainsi déterminée, d'après un type essentiellement grec, tel qu'il avait été conçu, à une haute époque de l'art grec, sous la double influence des traditions de l'âge héroïque et des modèles exposés au théâtre, il ne sera pas sans intérêt de rechercher jusqu'à quel point les autres images d'Hécube, qui purent être produites à diverses époques de l'antiquité, se conformèrent à ce type, du moins quant aux données principales qui viennent d'y être signalées. Il existe bien peu de ces figures qui puissent être reconnues comme des productions originales de l'école grecque; et l'on est réduit, dans ce cas-ci, comme dans beaucoup d'autres, à recueillir dans les travaux de l'époque romaine des imitations plus ou moins fidèles, des réminiscences plus ou moins sensibles des modèles grecs. De ce nombre est certainement le beau fragment de bas-relief publié par Winckelmann[5], dont la sagacité ne fut peut-être jamais mieux inspirée, qu'en y reconnaissant les *funérailles d'Hector;* seulement, il est permis de ne pas partager les scrupules de ce grand antiquaire, au sujet de la figure de la *Femme âgée*, le visage sillonné de rides, la tête couverte d'un morceau d'étoffe, avec l'expression de la douleur, et sa main qu'elle porte à son front, en signe de désespoir; tous caractères qui conviennent si bien à la figure d'*Hécube*, dont la présence est d'ailleurs si naturelle dans une scène pareille, qu'il ne saurait subsister la moindre

(1) Pausan. x, 25, 2.

(2) Pollux, *Onomast.* I, 135: τὸ ὑπὲρ αὐτὸν προβεβλημένον, γεῖσον, où l'on doit lire, d'après le manuscrit de Saumaise: τὸ ὑπ' αὐτὸ (sc. τὸ μέτωπον) προβεβλημένον, ainsi que M. Creuzer en a fait l'observation, Schorn, *Homer nach Antik.* IX, 41. Sur cette partie des casques antiques nommée γεῖσα, voy. Ruhnken. *ad* Tim. *Lexic. Platon.* p. 65, sqq., et le *Lexicon Rhetoricum*, dans les *Anecdota græc.* de Bekker, I, 231.

(3) *Annal. dell' Instit. archeol.* tav. VII, t. I, p. 279. Ce vase, qui se trouve maintenant dans le cabinet de M. Durand, à Paris, avait appartenu d'abord à M. Gargiulo, qui l'a publié dans sa *Raccolta*, tav. LIX; voy. *Achilléide*, p. 89.

(4) Voy. à ce sujet les observations de Visconti, dans le *Mus. P. Clem.* t. III, p. 56, et les monumens qu'il a cités à l'appui. L'intention symbolique du *lézard* est encore mieux exprimée sur un de ces monumens, inconnu à Visconti, et récemment expliqué par M. Olfers, *ein Grab bei Kumæ*, taf. V, S. 32, Anm. 1.

(5) *Monum. ined.* n. 136. L'espèce d'hésitation avec laquelle s'exprime l'illustre antiquaire, au commencement de cet article, ne l'a cependant pas empêché de nommer *Hécube*, en terminant son explication de ce bas-relief; voy. p. 182.

incertitude à cet égard. C'est sous les mêmes traits qu'est représentée la mère d'Hector, sur un autre bas-relief faisant partie des marbres Borghèses, et publié aussi par Winckelmann[1], toujours avec ce visage profondément empreint des ravages du temps, et avec cette pièce d'étoffe sur la tête, laquelle, empruntée du vêtement des femmes barbares, était devenue, à ce titre, l'élément caractéristique du costume de la *Nourrice*, sur le théâtre grec et dans les monumens de l'art[2], et qui, au même titre aussi, avait bien pu être attribuée au personnage d'Hécube. D'après ces deux exemples, fournis par des bas-reliefs d'époque romaine[3], où la figure d'Hécube, caractérisée d'une manière si positive, offre la même physionomie et le même costume que sur notre vase grec, il ne saurait plus être douteux que cette figure n'eût été modelée d'après quelque type excellent, tel qu'il en existait pour la plupart des personnages célèbres de l'âge héroïque; et cette induction, qui s'accorde avec tout un ensemble de faits et de témoignages que j'ai déjà exposés en détail, va se trouver justifiée par d'autres monumens, dont elle nous servira à déterminer le véritable sujet.

Il existe au musée du Capitole une statue qui porte encore dans la nomenclature vulgaire de l'antiquité figurée le nom de *Præfica*, que lui assignèrent Ficoroni[4] et l'interprète du musée Capitolin[5]. C'est une *Femme* qui offre, dans sa figure et dans toute sa personne, les caractères d'une vieillesse avancée, joints à l'expression d'une douleur profonde;

(1) *Monum. ined.* n. 137.

(2) J'ai déjà eu l'occasion d'exposer la plupart des notions antiques qui concernent cette pièce de vêtement, et de citer, à l'appui des témoignages classiques qui s'y rapportent, plusieurs des monumens mêmes où il est figuré; voy. *Orestéide*, p. 180, note 4; et j'avais annoncé l'intention de revenir une autre fois sur ce point d'antiquité; voici donc les nouvelles explications que j'aurais à donner à ce sujet. L'espèce de *mantelet* dont il s'agit, consistant en une pièce d'étoffe carrée qui s'ajustait sur la tête de diverses manières, comme on en a des exemples sur les monumens, faisait originairement partie du vêtement asiatique. C'était effectivement la même pièce de vêtement qui s'appelait, chez les Grecs, χειρόμακτρον, et ὠμόλινον, à cause de son *usage* et de la *matière* dont il était fabriqué, c'est-à-dire ce que nous appellerions une *serviette* ou un *mouchoir*; et c'était aussi ce que les femmes de l'Asie mettaient sur leur tête, en guise de *voile*, au témoignage d'Hécatée, *apud* Athen. IX, §79, p. 410, E: Γυναῖκες δὲ ἐπὶ τῆς κεφαλῆς ἔχουσι χειρόμακτρα; conf. Herodot. II, 122, et Interprett. *ad h. l.* Cet usage était devenu commun aux femmes grecques de l'Ionie, ainsi qu'on en a la preuve dans un passage de Sappho cité par Athénée, où il est question de χειρόμακτρα πλαγγόνων (τῶν γόνων, id est καλὰ γυναίων, Fr. Neue, Sapphon. *Fragment.* XXV, p. 50) πορφυρᾶ; vid. Casaubon. *ad h. l.*; conf. Hesych. vv. πλαγγόνες, et χειρόμακτρον. Nous devons au même écrivain, à Athénée, la connaissance d'un autre passage, tiré d'une des comédies de Cratinus, d'où il résulte que le mouchoir en question devait être le plus souvent d'une étoffe grossière; ce qui le rendait propre aux gens du peuple : ἠμιολίνοις κόμη βρύουσ', ἀτιμίαις πλέως; et nous savons, d'un autre côté, par un passage curieux d'une des *Épîtres* d'Alciphron, *Epistol.* III, 46, qu'il y avait de ces *mouchoirs, d'un très-grand prix*, πολυτελῆ χειρόμακτρα, dont l'étoffe était *de lin égyptien, teinte en pourpre*, ὀθόνης αἰγυπτίας καὶ ἁλουργοῦ πορφύρας, *d'une finesse extrême et d'un tissu précieux*, λεπτὸν ἐς ὑπερβολὴν καὶ πολύτιμον ὕφασμα; ce qui en faisait, à tous ces titres, un des principaux objets du luxe et de la toilette des femmes grecques. Les diverses dénominations grecques et latines, sous lesquelles on le trouve plus tard désigné, telles que celles de μανδήλιον, σιμικίνθιον, σουδάριον, ἐγχείριον, Hesych. v. v. χειρόμακτρον, σιμικίνθια; *Act. Apostol.* XIX, 12; conf. Interpret. *ad hh. ll.*; et de *Sudarium*, Catull. *Carm.* XII, 14, *Fasciola*, Petron. 94, *Palliolum*, Senec. *Quæst. nat.* IV, 13, 9, *Linteolum*, vid. *testimon. apud* Bottar. *Pittur. sacr.* t. I, p. 44, prouvent à quel point l'usage s'en était répandu dans toutes les conditions de la société, et jusque dans les derniers âges de la civilisation antique. Mais, pour ne pas nous écarter de notre sujet, on doit voir, d'après tous les témoignages que j'ai rassemblés, à quel titre et par quel motif l'espèce de coiffure dont il s'agit avait pu être appropriée à Hécube, puisque cette coiffure appartenait originairement au vêtement asiatique, d'où elle était devenue l'élément caractéristique du costume de la *Nourrice*. Winckelmann avait déjà indiqué ce rapprochement, *Gesch. d. Kunst*, VI, 2, 3, *Werke*, V, 39, qui n'avait pas échappé non plus à l'attention de Visconti, *Mus. P. Clem.* II. tav. agg. B, n. 4, p. 106. Mais les notions qui se rapportent à ce trait du costume antique avaient encore besoin d'être exposées d'une manière plus détaillée et plus précise; et c'est ce que je crois avoir fait dans cette note, qui complète celle de l'*Orestéide*, citée plus haut.

(3) Je n'ai pas dû faire mention ici du bas-relief Mattei, où l'on avait cru voir *Hécube* confiant son fils Polydore au roi de Thrace, *Monum. Mattei.* III, XXXV, 1, 68-69, parce qu'il est maintenant avéré que ce bas-relief est un sujet romain, souvent reproduit sur des sarcophages proconsulaires, ainsi qu'on le voit, entre autres exemples, sur un beau marbre du Vatican, Visconti, *Mus. P. Clem.* V, XXXI. Seulement est-il juste d'observer que les groupes du *Vieillard prosterné aux pieds du Proconsul*, et de la *vieille Femme tenant près d'elle un enfant*, tels qu'ils se produisent sur la plupart de ces monumens romains, doivent avoir été imités de compositions grecques, où figuraient *Priam aux pieds d'Achille*, et *Hécube avec Polydore*.

(4) *Vestigia di Roma antica*, Part. I, p. 52. Cette statue était alors connue sous la dénomination de *Sibylle*.

(5) *Mus. Capitol.* III, 62; Maffei, *Raccolta*, tav. XXV.

la peau du visage, du cou et de la poitrine ridée et flétrie[1]; la tête enveloppée, à la manière des femmes barbares, d'un morceau d'étoffe grossière; et en même temps, un costume dont l'ampleur répond aux habitudes de la civilisation phrygienne, ainsi qu'à la dignité d'un personnage héroïque, je veux dire la longue *stole à manches* des femmes troyennes, avec le péplus jeté par-dessus; et si, à tous ces caractères, qui ne sauraient convenir qu'à *Hécube*, on ajoute l'attitude, où la fierté éclate jusque dans l'abaissement, la bouche qui s'ouvre pour proférer une imprécation ou une menace, et le port de la tête tourné vers le ciel, avec un regard qui semble lui adresser un reproche ou un défi pour tant de malheurs soufferts, on avouera que l'art antique a réellement épuisé ici toutes ses ressources à représenter Hécube, en lui conservant, dans la caducité de l'âge et sous la livrée de l'esclavage, cette empreinte d'un grand caractère et ces restes d'une ancienne opulence, qui constituaient tout l'idéal du personnage homérique. Ce fut donc une de ces heureuses inspirations de Winckelmann[2], où l'on peut dire que l'instinct eut autant de part que le savoir, de

(1) A l'appui de cette particularité, qui avait fixé l'attention de Winckelmann dans la statue en question, et qui l'avait frappé sur-tout comme une déviation du système général de l'antiquité, exclusivement propre au personnage d'Hécube, ce grand antiquaire cite un bas-relief de la villa Pamfili, où il avait remarqué une *vieille Femme mit langen, schlaffen und hängenden Brüsten*, qu'il prenait pour *Hécube*; voy. *Gesch. d. Kunst*, v, 3, § 17, *Werke*, IV, 150. Ce bas-relief, que Winckelmann se proposait de publier dans la troisième partie de ses *Monumens*, est encore inédit, la publication projetée par Winckelmann n'ayant, comme on sait, jamais eu lieu; et je serais même en droit de dire qu'il est resté à-peu-près inconnu aux antiquaires de Rome, sans doute à cause de la place incommode où il est relégué dans la villa Pamfili, et qui n'avait pas permis à Winckelmann d'en reconnaître le véritable sujet; car ce n'est pas *Hécube* qui est représentée dans ce bas-relief, sous les traits d'une *vieille Femme*, mais *Hypsipyle*, la *nourrice* d'Opheltès, et, conséquemment, le monument est relatif à la *Thébaïde*, et non à une circonstance de l'*Iliade*. C'est ce dont je me suis assuré en examinant de près le bas-relief en question, et en le faisant dessiner sous mes yeux, pour le publier dans mon recueil, parmi les monumens si rares encore qui se rapportent aux fables thébaines. J'ai reconnu depuis que Zoëga en avait jugé de même, en citant une des figures de ce bas-relief, qu'il nomme *Capanée*; voici ce passage de Zoëga, le seul, à ma connaissance, avec celui de Winckelmann, où il soit fait mention de ce bas-relief, *che rappresenta gli avvenimenti di questa guerra* (contra Tebe), *vedesi egli* (Capaneo) *nell' atto di salire la scala per lui fatale*, Zoëga, *Bassirilievi*, t. I, p. 224. Seulement il paraîtrait, d'après une note plus détaillée de Zoëga, dont M. Welcker, héritier des manuscrits de cet illustre antiquaire, a récemment fait usage dans sa *Thébaïde*, not. 247 (*Allgemeine Schulzeitung*, 1832, p. 227), il paraîtrait, dis-je, que Zoëga avait changé plus tard d'avis, en attribuant à la seconde guerre de Thèbes une composition qui se rapporte, suivant moi, à la première; à moins qu'il ne fût question, dans cette note, d'un second bas-relief relatif aussi à la *Thébaïde*, et placé non loin du premier dans cette même villa Pamfili. Ce n'est pas ici le lieu de discuter une question qui peut fournir la matière d'une dissertation particulière, et qui, par l'extrême rareté du monument dont il s'agit, se recommande puissamment à l'intérêt des antiquaires. Mais ce que j'ai dû remarquer ici, et ce qui n'est pas une des particularités les moins curieuses de cette rare composition, c'est ce personnage de *vieille Femme*, figuré, comme l'a décrit Winckelmann, tel qu'on y puisse voir *Hypsipyle*, comme je le pense, ou *Manto*, comme le présumait Zoëga, ou enfin *Hécube*, comme le croyait Winckelmann, tel, en un mot, qu'il faille y reconnaître, dans toute hypothèse, l'une de ces rares exceptions admises par l'art grec, dont le personnage d'*Hécube* avait offert, dans l'antiquité grecque, l'application la plus frappante. On me saura gré sans doute de publier, à cette occasion, le bas-relief de la villa Pamfili; voy. planche LXVII A, n. 2; mais je me vois forcé, pour ne pas trop alonger cette note, d'en rejeter l'explication détaillée dans les *Additions* qui seront placées à la fin de ce volume.

(2) Winckelmann a exprimé plusieurs fois cette idée, notamment dans le *Discours préliminaire* de ses *Monumens inédits*, c. IV, p. XLVI, et dans son *Histoire de l'Art*, liv. VI, c. 2, § 3 (*Werke*, V, 39). Telle paraît être aussi l'opinion de ses commentateurs allemands, *Werke*, t. VII, p. 269, n. 158. Mais je suis loin d'admettre la conjecture qu'ils énoncent au sujet de la *tête*, *qui pourrait bien*, selon eux, *provenir de la main de quelque habile maître du* XVIe *siècle*. Je doute que personne soit de cet avis, et qu'on puisse citer le statuaire de la renaissance qui, à une époque où les monumens de l'antiquité étaient encore si rares, et les connaissances si imparfaites, eût pu concevoir et exécuter une tête aussi conforme aux notions antiques, et aussi bien appropriée au personnage d'Hécube, que celle de la statue capitoline. Les seules restaurations modernes de cette statue consistent dans le *pied droit*, les *doigts de la main gauche*, et le *bras droit* tout entier, avec l'espèce de *rouleau*, *volumen*, ajouté d'après l'opinion vulgaire, qui faisait de cette figure une *Sibylle*; c'est ce qui est rendu sensible dans le dessin que je publie, pl. LVII B, et qui me dispense de toute explication. Une observation plus importante, et qui ne me semble avoir encore été faite par personne, c'est que la statue en question est simplement ébauchée dans sa partie postérieure; ce qui prouve que, destinée à n'être vue que par devant, elle faisait partie d'une suite de figures isolées formant une composition, et disposées probablement dans un fronton, comme il y en eut tant d'exemples dans l'antiquité, et comme nous en pouvons juger d'après les statues éginétiques et celles de la famille de Niobé. Un groupe appartenant à cette famille, celui du *Pædagogue* et d'un *jeune Niobide*, récemment découvert en France, est venu confirmer encore cette observation, en nous offrant la même particularité; voy. ce qui sera dit dans les *Additions*, au sujet de ce groupe, que je publie, pl. LXXIX.

reconnaître *Hécube* dans cette statue, au lieu d'une de ces femmes, de condition ignoble, chargées d'un rôle mercenaire dans la célébration des funérailles romaines, que la foule des antiquaires avait cru d'abord y voir; et cette idée lumineuse de Winckelmann méritait d'obtenir l'assentiment général qui doit la placer désormais au rang des vérités de la science[1].

Je ne crois pas me tromper en appliquant la même désignation à un monument resté jusqu'ici à-peu-près inaperçu dans cette même villa Albani, si remplie de trésors de l'antiquité et de souvenirs de Winckelmann; c'est un petit buste en marbre[2], que les deux savans antiquaires aux soins desquels nous devons une description de la villa Albani, Morcelli et son éditeur Carlo Fea, n'ont pu désigner, d'une manière à-la-fois bien vague et bien succincte, que comme un *buste d'une vieille Femme avec un morceau d'étoffe sur la tête*[3]. C'est effectivement le portrait d'une *Femme âgée, le visage sillonné de rides profondes*[4], le cou maigre et décharné, la physionomie triste et sévère, et la tête couverte d'un morceau d'étoffe dont les extrémités pendent de chaque côté, en formant des plis artificiellement disposés. La singularité d'une pareille représentation, jointe à la rareté même des bustes de femmes, sur-tout de ceux qui offrent un caractère historique, aurait dû recommander ce morceau de sculpture antique à l'intérêt des antiquaires, malgré la médiocrité du travail et la proportion un peu au-dessous de nature. Il nous est parvenu un si petit nombre de ces sortes de bustes, qui semblent avoir été destinés à servir, dans l'antiquité grecque et romaine, à l'ornement des pinacothèques dans les villa des riches citoyens, que celui-ci devait, à ce titre seul, exciter l'attention; et Winckelmann, qui avait si judicieusement remarqué que la représentation d'Hécube sous les traits d'une *vieille femme* avait été, en fait de personnages d'un ordre héroïque, une exception unique dans le système de l'art antique, se trouvait conduit, par cette observation même, à en faire l'application au monument qui nous occupe. Ce ne peut être, en effet, que la veuve de Priam qui ait été représentée de cette manière et sous ce costume, certainement d'après quelque type consacré; et nous avons ici, dans la ressemblance frappante qu'offre ce buste avec la figure d'Hécube de notre vase peint, malgré l'intervalle de temps qui sépare ces deux productions de l'art, d'une nature d'ailleurs si diverse, nous avons, dis-je, une nouvelle preuve de l'excellence de ce vaste système iconographique où se trouvaient fixées par l'imitation toutes les traditions de l'âge héroïque, et réalisés, sous des traits propres à chacun d'eux, et d'une manière qui était à-la-fois idéale et individuelle, tous ces personnages poétiques dont l'existence féconda durant tant de siècles le domaine de l'art antique.

Au risque d'être accusé de me laisser trop aisément entraîner par le desir de multiplier les applications de ce système, j'en veux citer un nouvel exemple qui ne me paraît pas le moins frappant ni le moins curieux; c'est une peinture antique depuis long-temps connue, et

(1) C'est en effet sous le nom d'*Hécube* que cette statue est désignée par M. Beck; voy. son *Grundriss*, p. 223. Mais, en la reproduisant de nouveau dans ses *Monumenti inediti*, t. V, ottobr. tav. II, p. LXXXIX, M. Guattani n'admettait encore qu'avec quelque hésitation la dénomination proposée par Winckelmann, au lieu du nom vulgaire de *Præfica;* et c'est à cette même alternative que semble s'être arrêtée l'opinion des antiquaires romains de nos jours; voy. *il Museo Capitolino*, Stat. t. II, tav. c, p. 63-64; et la *Descrizione delle sculture del Mus. Capitol.* p. 85, n. 29.

(2) Planche LVII A. Ce buste est placé dans le cabinet du célèbre *Apollon sauroctone*, en bronze.

(3) *Indicazione antiquaria per la villa Albani*, p. 56, n. 563, 2ᵉ ediz. Roma, 1803: Bustino di una Vecchia con panno in testa.

(4) Ovid. *Metam.* VI, 27:

Mentis inops longaque *genis* (vulgò *venis*) confecta senecta.

provenant des ruines de l'ancien palais des Laterani, sur le mont Cœlius, laquelle se conserva long-temps dans le palais Barberini[1]. On y voit représentée une *vieille Femme*, vêtue d'une tunique à manches et d'un péplus, la tête enveloppée d'un morceau d'étoffe retenu sur le front, en guise de *kékryphalos*, par une bandelette; cette femme est *assise à terre*, et *tenant sa jambe droite élevée et serrée de ses deux mains jointes*, avec une *quenouille* passée sous le bras gauche. C'est à cet attribut qu'on s'est attaché, comme au seul indice caractéristique, pour reconnaître une des Parques dans la figure en question, sans considérer si le costume convenait à un pareil personnage, sans tenir aucun compte de l'attitude, dont on était si loin alors de soupçonner la signification propre et l'intention positive. Or, cette attitude est précisément celle qui eut pour objet d'exprimer la *douleur*, ainsi que je l'ai établi par tant de témoignages; et, parmi les nombreux exemples que j'en ai cités, on n'a pas oublié celui d'*Hector*, du *Fils d'Hécube*, représenté dans cette même attitude par Polygnote, avec cette intention expressément indiquée par Pausanias[2]. Si l'on considère maintenant le costume, qui ressemble dans tous ses détails à celui de la statue capitoline, et si l'on réfléchit que la *quenouille* pouvait être donnée à *Hécube*, comme marque de l'état de servitude qui était devenu son partage[3], on conviendra sans peine que toutes les conditions essentielles du personnage d'Hécube, l'âge, la physionomie, l'attitude, le costume et l'attribut, se trouvent ici réunies, tandis qu'il n'y a, pour reconnaître une des Parques dans cette figure, qu'un seul indice trop peu décisif par lui-même, sans aucun des élémens caractéristiques et des accessoires habituels qui entrent dans la composition des figures des Parques. A l'appui de ces observations, je puis citer un monument fort curieux, récemment publié; c'est un groupe d'*Hercule* et d'*Omphale*[4], où, pour marque de sa servitude, le Héros porte sur la tête un *morceau d'étoffe*, pareil à celui qu'on voit aux figures de *Nourrices*, et tient de chaque main un *fuseau* et une *quenouille garnis de laine;* conséquemment, les deux mêmes objets affectés au personnage d'Hécube, avec la même intention, celle de caractériser la *condition servile* où l'un et l'autre de ces personnages s'étaient trouvés réduits. On peut d'ailleurs se convaincre, par les plaintes que font entendre, dans l'*Hécube* d'Euripide[5], les Femmes troyennes, à la seule idée d'être obligées de *travailler au péplus de Minerve*, que cette sorte de travail était en effet, chez les anciens, une des conditions de la servitude. C'est donc, à n'en pouvoir douter, la *vieille Hécube*, qui est représentée dans la peinture Barberini, telle qu'on avait coutume de la faire paraître sur la scène tragique, et telle que la dépeint Euripide, *assise sur la terre même, esclave attachée sur le seuil de la tente d'Agamemnon*[6]; en sorte qu'ici encore nous retrouvons,

(1) Voy. le *Recueil de peintures antiques*, publiées, d'après les dessins de P. S. Bartoli, t. I, pl. XXVII, p. 27-28, Paris, 1783; fol. Il s'en trouvait une représentation, mais fort imparfaite, dans le *Traité de la peinture*, de Turnbull, pl. V, p. 174, London, 1740, fol. Je ne saurais assurer que cette peinture se trouvât encore actuellement au palais Barberini; du moins puis-je dire que je l'y ai cherchée vainement, et à plusieurs reprises, durant le séjour que j'ai fait à Rome; et j'ignore si ce précieux morceau d'antiquité fait partie des monumens cédés à la maison Sciarra, ou s'il a passé dans quelque autre collection.

(2) Pausan. X, 31, 2; voy. *Achilléide*, p. 59, suiv.

(3) C'est au même attribut, la *quenouille*, envisagée comme instrument de la servitude, chez les Grecs, que Millin a cru reconnaître *Hécube*, sur un superbe vase grec; voy. ses *Peintures de vases*, II, XXXVII, p. 57; et bien que son opinion, en ce qui concerne ce personnage, ne soit pas exempte de graves difficultés, les témoignages qu'il a allégués, d'après les auteurs et d'après les monumens, pour établir la signification symbolique de l'attribut en question, ne sont du moins sujets à aucun doute. J'en dirai autant de la conjecture qu'il propose, au sujet de deux figures qui avaient été prises pour des Parques, à raison de la *quenouille;* ce qui n'était, suivant lui, qu'une méprise du même genre que celle à laquelle a donné lieu notre peinture antique.

(4) Gerhard, *antike Bildwerke*, pl. XXIX.

(5) Euripid. *Hecub.* 466, sqq.

(6) Euripid. *Hecub.* 491 : ἐπὶ χθονὶ κεῖται; Idem, *Troad.* 139 et 479 : σκηναῖς ἔφεδρος Ἀγαμεμνονίαις... ἄναυδος εἰς πέδον πίτνει.

dans cette figure peinte, l'expression fidèle du personnage tragique, qui nous montre combien étaient solidement établies et généralement répandues, à toutes les époques de l'antiquité, les traditions imitatives dans leur rapport avec les données poétiques.

Mais je puis produire une dernière preuve de ces savantes combinaisons de l'art appliquées au personnage d'Hécube, dont le mérite s'accroît encore, si je ne m'abuse, de tout l'intérêt des conséquences qui en résultent. Personne jusqu'ici, à ma connaissance, ne semble avoir fait attention à une statuette de marbre, qui se voit à la villa Pamfili, et dont une gravure assez défectueuse a été publiée, il y a déjà près d'un siècle, par Ficoroni[1], qui avait été frappé de l'analogie de cette figure avec la statue capitoline, et qui s'était cru autorisé par cette analogie même à appliquer à l'une et à l'autre la dénomination de *Præfica.* Tout en rejetant l'opinion de cet antiquaire, qui ne pourrait plus aujourd'hui se soutenir, il y a lieu de regretter qu'un monument aussi curieux en soi que la statuette dont il s'agit, ait été laissé dans un si profond oubli; et c'est ce qui m'a déterminé à reproduire l'estampe donnée par Ficoroni[2], afin d'appeler de nouveau l'attention des antiquaires sur le monument même qui en a fourni le modèle, et sur le sujet qu'il représente. C'est une figure de *Femme âgée,* la tête légèrement inclinée vers la terre, avec ces *rides au visage,* avec ces *plis de la peau, au cou* et *sur la poitrine,* qui caractérisent le personnage d'Hécube. Elle est debout, et vêtue d'une tunique à manches, qui laisse à découvert une partie de son sein maigre et flétri; elle porte de plus un péplus qui lui couvre la tête, et qui est noué par devant vers le milieu du corps: c'est aussi le costume propre à Hécube, avec cette disposition particulière qui semble avoir eu pour objet d'indiquer la condition asiatique d'Hécube; car c'est précisément de la même manière qu'est noué par devant le péplus de *Médée,* sur un beau vase peint que je possède. Mais ce qui est sur-tout caractéristique dans cette figure, c'est la manière dont elle tient ses *deux mains jointes devant elle, avec les doigts entrelacés*[3]; attitude qui avait pour objet d'exprimer l'*abattement* et la *douleur,* ainsi que nous l'apprenons par le témoignage exprès de Plutarque, au sujet d'une statue célèbre de Démosthène ainsi composée[4]. J'ai déjà eu l'occasion de me prévaloir de cette particularité curieuse de l'histoire de l'art, à l'occasion de la figure de *Nestor* sur un de nos vases d'argent de Bernay, qui offre absolument la même attitude[5]; j'ajoute qu'une belle statue d'un personnage héroïque, le Troyen Clytius[6], qui se voyait encore au gymnase de Zeuxippe, dans le ve siècle de notre ère, et que le temps nous a enviée, comme tant d'autres chefs-d'œuvre exposés au même lieu, représentait ce personnage dans une attitude toute pareille, je veux dire *debout, les mains rabattues* et *les doigts entrelacés,* et cela, comme le dit expressément l'écrivain à qui nous en devons la connaissance, *en signe d'une affliction profonde*[7]; et l'on sentira, sans que j'insiste sur ce point, combien cette circonstance ajoute d'intérêt et de certitude à la détermination de la figure d'Hécube, dans la statuette de la villa Pamfili[8]. Mais il n'est pas inutile

(1) Ficoroni, *Vestigia di Roma antica,* lib. II, p. 75.

(2) Voy. planche LXXVI, n. 2.

(3) Les mains sont modernes; mais la restauration en a été faite avec intelligence, d'après ce qui subsiste d'antique en cette partie de la figure.

(4) Plutarch. *in Demosthen.* § 31 : ἵδρυκε δὲ τοὺς δακτύλους συνέχων ΔΙ' ἈΛΛΗΛΩΝ.

(5) Voy. plus haut, p. 277, note 3, et planche LII.

(6) Homer. *Iliad.* III, 147.

(7) Christodor. *apud* Brunck. *Analect.* II, 465 :

Εἱστήκει Κλύτιος μὲν ἀμήχανος· εἶχε δὲ δισσὰς
χεῖρας ὉΜΟΠΛΕΚΈΑΣ, κρυφίης κήρυκας ἀνίης.

(8) J'insiste sur cette observation, à raison du silence que M. Otton Müller a gardé sur les images d'*Hécube,* dans son *Handbuch,* p. 576.

de rappeler qu'il existait aussi à Constantinople, dans ce même gymnase de Zeuxippe, une statue d'*Hécube*, en bronze, qu'on peut se représenter, d'après la description du poète byzantin[1], *debout, enveloppée d'un long péplus, en signe de deuil, la tête abattue, le visage empreint d'une tristesse profonde*, telle qu'on la retrouve dans la statuette qui nous occupe, et telle absolument qu'elle apparaît dans un des bas-reliefs étrusques, relatifs à la *mort d'Astyanax*[2], dont j'aurai bientôt occasion de parler; nouvelle et irrécusable preuve que ce type de la figure d'Hécube, reproduit sur un monument étrusque, devait être emprunté de quelque original célèbre. J'observe, à cette occasion, que plusieurs figurines, en marbre ou en terre cuite, de même proportion et de même style que celle de Ficoroni, deux entre autres, représentant *Homère* et *Démosthène*[3], sans doute d'après les originaux célèbres du gymnase de Zeuxippe, furent trouvées à plusieurs reprises dans la Campanie; d'où il semblerait résulter qu'il existait, à une certaine époque de l'antiquité, dans quelqu'une des opulentes villa des environs de Naples, une répétition en petit de plusieurs des statues qui composaient la grande collection de Constantinople; et ce qui nous porterait à croire que notre figurine d'Hécube, imitée aussi d'une des statues du gymnase de Zeuxippe, faisait originairement partie de la même collection, et provenait du même lieu. Ce sont là du moins autant de conjectures que je crois pouvoir soumettre avec quelque confiance au jugement des antiquaires, en appelant toute leur attention sur le type de la figure d'*Hécube*, tel que nous le montre la statuette de la villa Pamfili, type si curieux en soi, et si intéressant par les rapprochemens qu'il peut fournir, autant que par l'intention même qu'il exprime.

§ X.

L'*Attentat commis sur Cassandre* et la *Mort d'Astyanax* étaient sans contredit deux épisodes du drame sanglant de l'Iliade, qui offraient les images les plus pathétiques, et qui devaient à ce titre se produire le plus fréquemment dans les œuvres de l'imitation. Il y avait cependant dans cet abus de la victoire, trop conforme au génie des temps héroïques, une violence qui contrastait avec celui de la civilisation hellénique; et l'on peut remarquer déjà, dans le silence volontaire ou dans la réticence étudiée de l'auteur des poésies homériques[4], l'intention de faire prévaloir une tradition plus digne d'un âge éclairé sur celle qui avait été d'abord adoptée par les poètes cycliques. C'est aussi ce qui semble résulter de la manière dont cette tradition fut exprimée par les procédés de l'art. Sans en excepter même la représentation sculptée sur le coffre de Cypsélus, où l'attentat commis

(1) Christodor. Ἐκφράσις, in Brunck. *Analect.* t. II, p. 462-63; voy. les *observations* de M. Jacobs, t. X, p. 313.

(2) *Galerie de Florence*, XXII, 4, 1, Wicar.

(3) On peut voir, dans l'*Homer nach Antiken*, de M. Schorn, VII, 1, la statuette d'*Homère* en terre cuite, trouvée dans la Campanie. Quant à la figurine de *Démosthène*, provenant pareillement d'une fouille dans la Campanie, c'est celle qui fut portée en Angleterre par le duc de Dorset, et qui a été publiée dans l'édition romaine de l'*Histoire de l'art*, de Winckelmann, t. II, tav. VI; voy. aussi la trad. franç. du même ouvrage, t. II, pl. X, avec l'explication; t. III, p. 293.

(4) Dans les seuls endroits de l'*Iliade* où il soit parlé de Cassandre, c'est à savoir, dans les trois passages indiqués par Hermann, *Mytholog. des Homers*, p. 228, auxquels il faut joindre celui du livre XXIV, v. 699, il n'est fait aucune allusion à l'attentat dont cette fille de Priam fut la victime. Il en est de même dans les trois passages de l'*Odyssée*, III, 132, IV, 502, et V, 108, où il est question du *courroux de Minerve*, mais seulement d'une manière générale, qui n'implique en aucune façon l'idée de cet attentat. Il paraît cependant, d'après les *Scholies* sur l'*Odyssée*, III, 135, que cette tradition date d'une époque au moins contemporaine de la rédaction des poésies homériques; et l'on présume que le premier qui la rédigea fut Arctinus, de Milet; voy. à ce sujet M. Boettiger, *Raub der Kassandra*, p. 34-35, et M. Nitzsch, qui l'attribue aux poètes cycliques, *erklärende Anmerkung. zu Homers Odyssee*, I, 160.

sur Cassandre se réduisait, autant qu'on en peut juger par les paroles de Pausanias[1], à un acte de violence brutale, rendu plus sensible encore par l'imperfection de l'art, on ne pourrait citer de compositions du grand style où l'on n'eût cherché à corriger la tradition primitive dans ce qu'elle avait d'injurieux pour le caractère national et d'outrageant pour la morale publique, en y montrant comme le trait dominant l'atteinte portée, dans la personne de Cassandre arrachée du sanctuaire de Minerve, à l'inviolabilité des lieux et des simulacres sacrés. C'est de cette manière, et sous la forme la plus adoucie, qu'avait été conçue la peinture de Polygnote, au Pœcile d'Athènes, répétée dans le Lesché de Delphes[2]; et l'on doit croire qu'une composition deux fois reproduite de la main d'un si grand maître, avait constitué, pour le sujet en question, l'une de ces traditions imitatives auxquelles l'art demeura fidèle chez les Grecs, comme à son principe même. Nous ne savons pas comment avait été traité ce sujet dans les peintures qui ornaient à l'extérieur la barrière du trône de Jupiter olympien, et qui étaient l'ouvrage de Panænus[3]; mais des travaux exécutés de concert avec Phidias, et sous l'influence de son génie, ne pouvaient s'éloigner de la tradition dès-lors admise dans les productions de l'art; et l'on voit, en effet, sur tous les vases peints, qu'on peut regarder comme autant de réminiscences plus ou moins fidèles de compositions originales d'un ordre plus ou moins élevé, notamment sur le célèbre vase Vivenzio, où la violence faite à Cassandre figure parmi les principaux épisodes de la désolation des Priamides[4]; l'on voit, dis-je, que le groupe d'Ajax arrachant Cassandre d'auprès du simulacre de Minerve, est conçu à peu près uniformément, de manière à ne montrer que l'acte sacrilége, qui suffit pour rendre le ravisseur odieux, sans empêcher la victime d'être intéressante.

Quant à la *Mort d'Astyanax*, sujet qui n'admettait dans la pensée ni dans la forme aucune de ces combinaisons heureuses, de ces intentions morales propres à en déguiser l'atrocité, il ne paraît pas que l'art ait cherché à vaincre l'ingratitude d'un pareil sujet. La tradition même, à en juger par les autorités classiques qui nous l'ont transmise et par les nombreuses variantes qui s'y rencontrent, doit s'être élaborée dans cette période intermédiaire entre l'âge des Homérides et celui des Tragiques, où règnent tant d'incertitudes et d'obscurités. Le rôle odieux qu'y joue *Ulysse* semble être de l'invention des Tragiques, qui, en le substituant dans cette occasion à *Ménélas* ou à *Néoptolème*, nommés dans les traditions plus anciennes[5], n'ont fait que suivre l'espèce de convention admise au sujet de ce personnage, devenu au théâtre l'instrument de tous les actes de vengeance ou de sévérité exigés par la Grèce. Mais l'art, qui, chez les Grecs, s'exerça toujours avec indépendance en dehors de ces combinaisons théâtrales, et qui s'attacha toujours aussi de préférence, dans le choix des sujets, aux traditions antiques et aux images généreuses, ne représenta que rarement la mort d'As-

(1) Pausan. v, 19, 1 : Πεποίηται δὲ καὶ Κασσάνδραν ἀπὸ τοῦ ἀγάλματος Αἴας τῆς Ἀθηνᾶς ἝΛΚΩΝ.

(2) Idem, I, 15, 3, et X, 26, 1; voy. Boettiger, *Raub*, etc. 42-43, et *Ideen zur Archäol. der Malerei*, 269, ff.

(3) Idem, V, II, 2 : καὶ τὸ ἐς Κασσάνδραν τετολμημένον Αἴαντος. Cette peinture de Panænus n'est pas citée dans le nombre des monumens de l'art antique relatifs à ce sujet, dont M. Boettiger a fait l'énumération critique.

(4) Schorn, *Homer nach Antik.* IX, v, 31.

(5) La tradition qui faisait périr *Astyanax* de la main de *Néoptolème*, avait été rédigée par Leschès, dans sa *Petite Iliade*, dont un fragment curieux nous a été conservé par le Scholiaste de Lycophron, *ad* v. 1263-69; c'est donc indubitablement l'autorité la plus ancienne, et c'est aussi celle qui avait été le plus généralement suivie dans l'antiquité, Pausan. X, 25, 9; Quint. Smyrn. XIII, 252; Virgil. *Æn.* III, 482; Hygin. *Fab.* CLXI, au point qu'elle avait été adoptée par Euripide lui-même, *Troad.* 750, sqq.; *Andromach.* 9-10. D'autres traditions attribuaient ce meurtre à *Ménélas* ou à *Ulysse*, Serv. *ad Æn.* II, 457; et c'est à cette dernière version que s'est attaché Tryphiodore, seul entre tous les anciens, *Troiæ Halôs*, v. 644-6.

tyanax, et ne la représenta jamais que sous les traits dignes du siècle barbare auquel cette action appartenait, sans y ajouter, par la présence d'Ulysse et par la dégradation d'un caractère héroïque, un motif odieux, étranger à la tradition primitive.

Entre tous les vases déjà connus qui représentent l'attentat commis sur Cassandre[1], il n'en est aucun dont la composition offre le moindre rapport avec celle du vase que je publie[2], et qui, par cette raison du moins, se recommande à l'attention des antiquaires, quoique la fabrique en soit commune et l'exécution médiocre. Ce n'est plus *Cassandre* seule qui se trouve livrée à la violence d'*Ajax;* ce sont les *Troyennes*, réfugiées dans le sanctuaire de Minerve[3]; c'est la famille entière de Priam, représentée par *trois* de ses filles, sans doute *Médésicaste* et *Polyxène*, avec *Cassandre*[4], qui apparaît ici exposée aux outrages d'un vainqueur impitoyable. *Cassandre* se reconnaît à la manière dont elle est *saisie par les cheveux, passis trahebatur capillis*[5]; c'était l'image consacrée pour ce personnage, et en quelque sorte une de ces formules imitatives, qui équivalaient, dans la langue de l'art, à des traditions écrites. Mais, du reste, le costume de cette fille de Priam ne diffère pas moins ici de celui de ses compagnes, qu'il s'éloigne de la tradition suivie sur la plupart des monumens où Cassandre se montre dans un état de nudité presque absolue[6]. Son vêtement, qui se compose d'une *longue tunique à manches*, χιτὼν ποδήρης χειριδωτός, avec une seconde tunique plus courte, l'une et l'autre soigneusement plissées à plis fins et réguliers[7], rap-

(1) Passeri, *Pictur. Etrusc. in vasc.* III, CCXCIV; le même vase reproduit dans le recueil d'Hamilton, III, 57; le vase Vivenzio, dans Millin, I, XXV, et Schorn, *Homer nach Antik.* IX, V; le vase Lamberg, Laborde, II, XXIV; auxquels il faut ajouter celui qu'a publié M. Boettiger. En fait de monumens d'un autre genre, qui représentent le même fait mythologique, je citerai particulièrement le beau bas-relief Borghèse décrit par Winckelmann, *Monum. ined.* p. 189, et signalé depuis encore par M. H. Meyer, *Raub der Kassandra*, p. 11-12, à l'intérêt des antiquaires, dont le vœu vient d'être rempli par M. Gerhard, dans ses *antike Bildwerke*, XXVII, 1.

(2) Voy. planche LX. Ce vase fait partie du riche cabinet de M. Durand.

(3) Euripid. *Troad.* 157-9, ed. Seidler. :

διὰ δὲ μελάθρων φόβος ἄσσει
Τρῳάσιν, αἳ τῶνδ' οἴκων εἴσω
δουλείαν αἰάζουσιν.

conf. Virgil. *Æn.* II, 516 :

Hic Hecuba et Natæ nequicquam altaria circum,
Præcipites atrâ ceu tempestate columbæ,
Condensæ et Divûm amplexæ simulacra tenebant.

(4) Pausan. X, 25, 4. Les mêmes personnages, représentés dans la peinture de Polygnote, se retrouvent aussi sur le vase Vivenzio.

(5) Virgil. *Æn.* II, 403.

(6) Telle on la voit en effet sur le vase Vivenzio, et sur celui d'Hamilton, pour ne point parler du miroir étrusque que j'ai publié, *Achilléide*, p. 110, pl. XX, 3, et où j'avais cru voir *Polyxène immolée par Pyrrhus*, tandis que d'autres antiquaires, et notamment M. K. Ott. Müller, y ont reconnu *Cassandre outragée par Ajax*; voy. son *Handbuch der Archäolog.* § 415, 1, p. 576. Le principal motif sur lequel je fondais mon opinion était la *nudité*, qui ne me paraissait pas convenable pour le personnage de *Cassandre;* mais cette circonstance pourrait offrir aussi une difficulté pour celui de *Polyxène;* et le fait est que l'on ne doit pas s'appesantir avec trop de rigueur sur ces particularités de costume dans la détermination des sujets mythologiques. J'avouerai donc que ma première explication m'inspire aujourd'hui bien moins de confiance; mais puisque l'occasion de revenir sur ce sujet s'est offerte ici naturellement, j'ajouterai quelques mots touchant le bas-relief étrusque publié par Gori, *Mus. Etr.* II, CXXV, que j'avais cité à l'appui de mon opinion, en réfutant celle de Gori lui-même, qui voyait sur ce monument *Étéocle et Polynice, Ajax et Cassandre.* J'ai reconnu depuis que M. Boettiger avait eu la même idée, *Raub*, p. 38-39, en se fondant à cet égard sur deux groupes conçus, à ce qu'il présume, d'une manière analogue, et rapprochés de même sur le coffre de Cypsélus, Pausan. V, 19, 1. Mais ce rapprochement était certainement fortuit, et l'on n'en peut rien inférer, relativement aux deux sujets représentés sur l'urne étrusque, qui devaient nécessairement se trouver en rapport l'un avec l'autre. L'objection tirée de ce que le trait d'*Étéocle et Polynice* est tout-à-fait étranger à celui d'*Ajax et Cassandre*, subsiste donc dans toute sa force contre l'interprétation de Gori adoptée par M. Boettiger. En second lieu, la manière dont le *combat des deux frères thébains* est représenté sur tant d'urnes étrusques, la plupart de terre cuite coloriée, diffère tellement de la composition sculptée sur le bas-relief qui nous occupe, qu'il n'y a pas moyen d'admettre que deux représentations si diverses puissent appartenir au même sujet. J'observe enfin qu'un second bas-relief publié par Gori, *Mus. Etr.* II, CXLI, avec le sujet de *Pyrrhus immolant Polyxène*, reconnu par Gori lui-même, fournit, par son rapport avec le premier, un nouveau motif de croire que celui-ci offrait aussi le même sujet. Telles sont les raisons qui me déterminent à persister dans mon explication de ce bas-relief, et que je soumets au jugement éclairé de M. Boettiger.

(7) Je rappelle à cette occasion l'usage asiatique, attesté par Homère, qui représente la *Nourrice* de Télémaque *plissant et disposant avec soin la tunique de son jeune maître, Odyss.* I, 439 : Ἡ μὲν τὸν πτύξασα καὶ ἀσκήσασα χιτῶνα. C'est ce qu'à une autre époque de la civilisation antique, Ovide exprime tout aussi clairement

pelle tout à la fois une particularité du costume asiatique et le mode d'ajustement propre aux anciens simulacres. Le costume des deux autres femmes se rapproche davantage des formes helléniques d'un âge plus récent, et leur tête est couverte de cette espèce de *kékryphalos* qu'on voit, entre autres monumens antiques, à la *tête de Nymphe locale*, sur les monnaies syracusaines d'ancien style. *Ajax* est représenté *imberbe*, comme il l'était sur beaucoup de vases peints, ainsi que dans sa statue du gymnase de Zeuxippe, type de la figure héroïque des belles médailles des Opountiens[1]; et il porte un *bouclier rond*, dont l'*emblème*, *ἐπίσημον*, est un *serpent*, qui fait sans doute ici allusion à une tradition rapportée par Philostrate[2]; mais ce que notre peinture offre sur-tout de curieux, c'est le simulacre de Minerve, sous la forme propre aux plus anciens *xoanon*, consistant en un buste de femme vêtue, qui est terminé en *gaîne*[3], et dont la tête est surmontée d'une espèce de *calathos*, ou *modius*[4], avec une lance que l'idole brandit dans la main droite, en soulevant de la gauche un *bouclier ovale*, qui a pour *emblème* une *partie antérieure de cheval en course*.

La peinture du revers offre un sujet qui n'est pas sans quelque intérêt, bien qu'il n'ait en apparence aucun rapport avec la peinture principale. C'est une de ces scènes de *départ*, si communes sur les vases, mais conçue avec quelques circonstances nouvelles, et plus particulièrement empreinte d'un caractère hiératique. Le *jeune Héros*, avec la simple *tunique courte* et le petit *himation* sur le bras gauche, le *pétase* du voyageur rejeté par derrière, et la *double lance* dans la main gauche, a le front ceint de cette espèce de *couronne radiée* que je crois relative à l'initiation[5]. Ce qui vient à l'appui de cette conjecture, c'est la présence de deux

par ces paroles, *Art. Amat.* III, 444.: *in rugas tunica pressa suas;* et ce qu'à défaut de témoignages pareils on pourrait apprendre à la seule inspection des monumens, particulièrement de ceux du style primitif, où rien n'est plus fréquent que ces sortes de vêtemens, *à plis fins et serrés*, dont le modèle avait été puisé dans les habitudes asiatiques. On sait, en effet, que ces sortes de *tuniques longues, soigneusement plissées par le bas*, *χιτῶνα ποδήρη εἱλιδωτὸν τὰ κάτω*, Xenoph. *Cyropæd.* VI, 4, 1, formaient la principale pièce du vêtement oriental, tel qu'on le voit représenté sur les bas-reliefs de Persépolis; voy. à ce sujet les recherches de M. Mongèz, dans les *Mém. de la classe de littérat.* t. IV, p. 89, suiv.

(1) Voy. ce qui a été dit plus haut à ce sujet, p. 305, not. 1.

(2) Philostrat. *Heroïc.* VIII, 1, p. 706, Olear.; voy. Boettiger, *Raub*, p. 54.

(3) Cette gaîne est ornée, sur deux lignes parallèles, de petites plaques arrondies, représentant sans doute les *têtes de clous*, qui servaient à ajuster les diverses pièces d'une de ces statuettes primitives en métal battu, *σφυρήλατον*. Le témoignage le plus positif que nous possédions sur cette pratique de l'art à son enfance, est celui-ci de Pausanias, concernant la célèbre statue de Léarchos de Rhegium, exécutée d'après ce procédé, III, 17, 6: *ἐληλασμένου δὲ ἰδίᾳ τῶν μερῶν καθ' αὑτὸ ἑκάστου, συνήρμοσταί τε πρὸς ἄλληλα, καὶ* ΗΛΟΙ *συνέχουσιν αὐτὰ μὴ διαλυθῆναι*; conf. VIII, 14, 5; vid. Goguet, *de l'origine des Lois*, etc. t. II, p. 227; Boettiger, *Andeutung*. 63.

(4) Le *calathos*, ou *modius*, est un symbole attribué si fréquemment, sur les monumens de l'art primitif, aux divinités *telluriques*, et, par une dérivation naturelle, aux divinités *locales*, qu'à ce dernier titre sans doute il figure sur la tête du *Palladium*, qui était, comme l'on sait, l'image de la divinité tutélaire de Troie, sous la forme la plus ancienne. Les preuves presque innombrables qu'offrent les monumens de toute espèce, grecs et romains, à l'égard de l'emploi qui se fit dans l'antiquité de ce meuble symbolique, nommé *polos*, *kalathos* ou *modius*, à raison de variétés de formes plus ou moins graves qui ne comportent point de différences essentielles dans l'idée qu'elles représentaient, ces preuves, dis-je, ont été rassemblées par M. Éd. Gerhard, *Prodrom. mytholog. Kunsterklär.* zu Taf. 1, Anmerk. 47, ff. S. 25, ff. avec une rare érudition, qui me dispense d'y ajouter de nouveaux témoignages, mais peut-être aussi avec quelque confusion, qui rendrait nécessaire l'œuvre de la critique pour débrouiller tout ce chaos de citations. C'est un travail qui excéderait les bornes d'une note, et qui d'ailleurs s'éloignerait de l'objet de ces recherches. Qu'il me suffise de constater ici, comme résultant des témoignages amassés par M. Gerhard, le fait que l'addition du *calathos* ou *modius*, telle qu'elle avait eu lieu pour les anciennes idoles de la *Diane* d'Éphèse, de la *Junon* de Samos, de la *Tyché* de Smyrne, de la *Minerve Polias* d'Érythres, et de tant d'autres simulacres de divinités locales, constituait ce caractère même de divinité locale, lié sans doute de plus d'une manière, et sous plusieurs rapports, à celui des divinités *chthoniennes* ou *telluriques*. Cette observation, fondée sur un si grand nombre de faits et de monumens, se trouve d'accord avec un de ces monumens que j'ai fait connaître en dernier lieu, et où j'ai cru reconnaître une image de la *ville de Panticapée personnifiée*, sous la figure d'une *Femme coiffée d'un modius*, et *terminée en une gerbe d'épis de blé*, avec divers attributs ou symboles de signification purement locale, ajoutés à cette personnification topique; voy. ma *Notice sur quelques objets en or trouvés dans un tombeau de Kertsch, en Crimée*, dans le *Journal des Savans*, janv. 1832.

(5) Voy. les observations faites à ce sujet, *Orestéide*, p. 230. Je reviendrai bientôt sur ce sujet dans l'explication de la planche LVIII.

personnages, un *Homme* et une *Femme,* l'un barbu et chauve, avec la *couronne de laurier,* appuyé sur un *sceptre;* l'autre, tenant un *sceptre* de la main droite, avec un *diadême radié* sur la tête, qui se reconnaissent, à tous ces caractères, pour deux ministres sacrés, le *Prêtre* et la *Prêtresse* d'Apollon Pythien. Il est moins facile de caractériser la quatrième figure, celle de la *Femme vêtue* et *ailée*, qui s'appuie de la main gauche sur un *bouclier* dressé à terre, en tenant de la main droite l'*œnochoé*, ou vase servant aux libations. La première idée serait de voir ici la *Victoire*, préludant au départ par l'acte religieux qui formait le préliminaire de toute entreprise glorieuse. Toutefois, je serais plus disposé à reconnaître dans cette figure une personnification locale, telle que *Pytho*, ou *Thémis aux grandes ailes*, dont la présence s'accorderait très-bien ici avec celle du prêtre et de la prêtresse de Delphes; et ce serait une présomption de plus acquise en faveur de l'opinion que j'ai développée ailleurs, au sujet de la même figure, représentée d'une manière analogue, mais en repos, et non, comme ici, en action, sur un vase du Vatican[1].

J'ai déjà remarqué que le trait de la *Mort d'Astyanax* avait été rarement représenté par l'art antique, sans doute parce que ce sujet, ingrat en soi, ne répondait pas à la destination généreuse que l'art avait reçue chez les Grecs. Il n'est fait mention, à ma connaissance, dans aucun des témoignages qui nous restent, concernant l'histoire de l'art antique, d'un monument de quelque importance qui eût rapport à ce sujet. Ainsi Winckelmann s'est certainement trompé en prêtant à Polygnote une intention de ce genre, et en supposant qu'il avait représenté dans sa grande peinture du Lesché de Delphes *Astyanax destiné à la mort et couché sur les genoux d'Andromaque*[2]; et c'est à tort que Millin, en reproduisant cette assertion, sans en vérifier l'exactitude, s'est autorisé de cette prétendue peinture de Polygnote, pour expliquer un groupe conçu de cette manière, sur un beau vase grec de la bibliothèque du Vatican, où il a cru voir à son tour *Astyanax étendu mort sur les genoux d'Hécube*[3]. Il est constant, d'après le témoignage exprès de Pausanias[4], que Polygnote avait exprimé une intention toute différente, en représentant *Andromaque tenant près d'elle son fils à la mamelle :* ce qui écartait tout-à-fait l'idée de la mort violente de cet enfant, et ce qui tendait sans doute à en disculper la Grèce. La peinture du vase grec qui vient d'être cité est donc une composition puisée à une autre source, si tant est que le sujet en soit véritablement relatif à la *mort d'Astyanax*, ainsi que l'avait pensé Winckelmann, mais avec quelque hésitation, et comme a cherché depuis à l'établir Millin, mais à l'aide de raisonnemens et de témoignages qui sont loin d'être convaincans[5]. La même incertitude règne encore sur le sujet d'un des groupes du célèbre vase Vivenzio, qui offre *Priam* tenant sur ses genoux un *jeune Homme expirant*, où les uns ont vu, sans raison suffisante, *Astyanax*[6], d'autres, contre toute évidence, *Politès*[7], et le plus grand nombre, *un des petits-fils de Priam*, nommé dans quelque tradition aujourd'hui perdue[8]; ce qui me paraît en effet plus vraisemblable. La seule pein-

(1) *Orestéide*, pl. XXXVIII, p. 191.

(2) *Monum. ined.* n. 143.

(3) *Peintures de vases*, t. II, pl. XXXVII, p. 55, not. 4, et *Galer. mythol.* pl. CLXIX, n. 611.

(4) Pausan. X, 25, 4 : γέγραπται μὲν Ἀνδρομάχη, καὶ ὁ Παῖς οἱ ΠΡΟΣΈΣΤΗΚΕΝ ἑλόμενος τοῦ μαστοῦ.

(5) Je suis encore réduit à exprimer, sur cette peinture curieuse et embarrassante, l'opinion que j'ai énoncée dans une note jointe à l'écrit de Visconti, *sur les vases du musée Napoléon*, dans l'édition milanaise de ses *Oper. var.* t. IV, p. 259.

(6) M. le chanoine Jorio, dans son écrit *su i vasi del mus. real Borbonico*, p. 94, et feu M. Schluttig, dans les *Annal. de l'Instit. archéol.* t. III, p. 362, not. 5.

(7) L'auteur des *Neapels antike Bildwerke*, I, 568.

(8) Telle était, à ce qu'il semble, l'opinion de Millin, qui se contente de dire *un enfant*, *Galer. mythol.* CLXVIII, 608*; et c'est

ture de vase qui nous ait montré avec certitude le sujet en question, c'est celle du vase de la seconde collection d'Hamilton, publié par Tischbein[1]; et encore avec des circonstances qui diffèrent tellement de la tradition la plus généralement admise dans l'antiquité, que l'explication de cette peinture en devient assez embarrassante. Le groupe principal du *Personnage* agenouillé sur une espèce de *base* ou *d'autel*, à deux gradins, et tenant un *Enfant nu*, qu'il s'apprête à égorger, représente, à n'en pas douter, le satellite chargé d'accomplir l'arrêt de la vengeance des Grecs sur la personne d'Astyanax; mais cet *autel*, orné d'une frise de bas-reliefs et de triglyphes, et couronné de *sphinx* et de *palmettes*, ne peut être pris pour la *tour* du haut de laquelle Astyanax doit être précipité, sans qu'on ne répudie les notions admises en fait de monumens de l'une et de l'autre sorte[2]; d'où il résulte que c'est une variante de la tradition poétique, qui a été suivie et rendue ici par le dessinateur du vase. On peut reconnaître, comme l'a fait Italinsky, la *Nourrice* du jeune prince, intercédant pour lui auprès du farouche meurtrier, dans la *Femme* qui a la *tête nue*, les *cheveux courts* ou *rasés*, et qui étend des mains suppliantes; mais il serait difficile d'assigner un nom au *Guerrier*, armé d'une lance, qui s'éloigne d'un air menaçant, et à la *jeune Femme* qui cherche en vain à le fléchir; et l'on doit regarder les désignations d'*Ulysse* et de *Polyxène*, proposées par Italinsky, comme entièrement arbitraires; tant l'intervention de ces deux personnages, et la manière même dont ils sont ici figurés, répugnent à toutes les traditions reçues.

C'est également une tradition nouvelle ou différente, qui est représentée sur un vase récemment trouvé dans les sépultures étrusques de la campagne de Rome[3], lequel nous montre, entre autres images relatives à la *destruction de Troie*, un *Guerrier* armé de sa *panoplie*, tenant par la jambe gauche un *jeune Enfant nu*, qu'il porte sur son épaule, et qui pend vers la terre, la tête en bas, les deux bras étendus, certainement *Néoptolème* qui va écraser le *jeune Astyanax* contre les gradins servant de support au trépied d'Apollon Thymbréen : groupe si frappant d'invention, et si conforme, par ce qu'il a d'étrange, au génie d'une civilisation barbare et d'un art inculte comme elle, dont il serait peut-être difficile de trouver un second exemple dans les monumens de l'antiquité figurée[4]. Le *Vieillard, à barbe*

aussi ce que l'on peut inférer de l'expression *ein Enkel*, employée par M. Schorn pour désigner la même figure. *Homer nach Antik.* IX, vi, 33.

(1) II, 6. Ce vase, curieux sous plus d'un rapport, a été omis dans l'énumération faite par feu M. Schluttig des monumens antiques relatifs à la *fable d'Astyanax*.

(2) Millin a fait avec raison, sur ce point, la critique de l'opinion d'Italinsky; voy. ses *Peint. de vases*, t. II, p. 56, note. Je remarque pourtant que feu M. Carelli a donné, sans doute d'après quelque peinture antique, un modèle de *terrasse munie d'un parapet* qui offre quelque analogie avec cette partie du vase de Tischbein; voy. sa *Dissertaz. eseget. intorno all' origine della sacra Architett. presso i Greci*, tav. viii, fig. 3, p. 191. Mais j'ignore jusqu'à quel point cette analogie est fondée sur l'observation des monumens antiques, ou appuyée de témoignages dignes de foi; et je me contente d'en faire mention, en la signalant à l'examen de mes lecteurs.

(3) Il a été déjà question plus haut, p. 297, note 8, de ce superbe vase, publié dans les *Annal. de l'Instit. archéol.* pl. xxxiv, avec deux explications différentes, de feu M. Schluttig et de M. Ambrosch, t. III, p. 361-69, et 369-80. Les difficultés que je trouvais à admettre la première de ces explications ont été si habilement exposées par l'auteur de la seconde, que j'aurais bien peu de chose à y ajouter; et j'adhère sur presque tous les points à cette interprétation, qui me paraît la plus plausible.

(4) Ce groupe offre cependant une assez grande analogie avec un monument très-remarquable, qui n'a pas obtenu, de la part des antiquaires et des historiens de l'art, l'attention qu'il méritait; ce qui devient pour moi un motif de le recommander à leur examen. C'est un groupe colossal de marbre, qui resta long-temps exposé dans le *cortile* du palais Farnèse, à Rome, et qui de là fut transporté à Naples avec les autres marbres de ce palais; mais il semble qu'à partir de cette translation il ait cessé de fixer les regards des amis de l'art et de l'antiquité. Du moins n'en ai-je trouvé aucune indication, ni dans la description du musée de Naples, par M. Finati, ni dans le livre de M. Gerhard; ce n'est pas sans quelque peine que j'ai pu me procurer des renseignemens sur l'état actuel de ce monument resté long-temps enfoui dans les magasins du musée des *Studi*, d'où il a été tiré récemment pour être exposé dans la galerie dite du *Taureau Farnèse*; et j'apprends par la *Notizia del Museo*,

et à cheveux blancs, accroupi aux pieds du héros, dans une posture si humble, sans doute le *vieux Pædagogue*, implorant en vain la pitié du vainqueur, offre pareillement une de ces

qu'il y figure sous le titre de *Statue de l'empereur Commode*, et sous le n° 500. C'est sans doute ce concours de circonstances fâcheuses, joint à cette désignation erronée, qui a causé l'espèce d'oubli dans lequel est tombé, durant un si long espace de temps, le groupe dont il s'agit, au point qu'il n'en est fait aucune mention dans les livres d'archéologie les plus récens ou les plus complets, tels que le *Grundriss* de M. Beck et le *Handbuch* de M. K. Ott. Müller; et il y a réellement lieu de s'étonner qu'un monument de cet ordre ait pu être traité avec tant d'indifférence. Trouvé au même endroit que le *Taureau*, la *Flore* et l'*Hercule Farnèse*, c'est-à-dire dans les *Thermes* de Caracalla, il devait, à ce titre seul, partager la célébrité dont jouissent sans interruption depuis plus de deux siècles ces grands et beaux débris de l'antiquité. Il méritait d'ailleurs par sa composition, qui me paraît offrir une combinaison tout-à-fait neuve dans les œuvres de l'art antique, et par le sujet même, qui est certainement héroïque, d'exciter l'intérêt des antiquaires; et ce qui ajoute encore à la surprise que cause une destinée si singulière pour un monument de ce mérite, c'est qu'il n'avait pas échappé à l'attention de Winckelmann, qui en parle, *Geschichte der Kunst*, XII, 2, § 13, *Werke*, VI, 325, comme d'une *statue héroïque portant sur son dos un jeune enfant égorgé*, à laquelle on a ajouté, dans une restauration moderne, une *tête de Commode*, et qui approuve la dénomination d'*Atrée* donnée à cette statue, sur la gravure qui la représente dans un recueil de statues publié à Rome, en 1623. Dans d'autres recueils contemporains où elle est gravée, tels que ceux de Cavalleriis, I, 29, et de Perrier, 13, elle est désignée sous la dénomination vulgaire de *Commode en gladiateur*, qui n'avait pu être suggérée que par la restauration, à moins qu'elle ne l'eût elle-même motivée, ainsi qu'on en a tant d'exemples. L'opinion qui voyait dans cette figure un *Gladiateur*, était en effet établie à Rome parmi les antiquaires du XVIe siècle; c'est ce que prouve, entre autres témoignages, celui d'Ulysse Aldroandi, qui la décrit en ces termes dans ses *Memorie*, n. 18 (C. Fea, *Miscellanea*, t. I, p. CCXI) : « Viene poi un *Gladiatore* ignudo posto sopra una « base moderna. Ha la sua spada al fianco all' antica, e tiene per « li piedi un putto morto, che si ha gittato sulle spalle. La testa, « le braccia et le gambe sono moderne; fu ritrovato alle Anto- « niane. » Depuis cette époque, où tant de méprises du même genre ont été irrévocablement bannies du domaine de la science, l'opinion, qui faisait de cette statue *Atrée portant sur ses épaules le fils immolé de son frère Thyeste*, a fini par prévaloir parmi les antiquaires romains, sans doute sur l'autorité de Winckelmann, qui l'avait embrassée, en s'appuyant lui-même du suffrage de Gronovius, *Thesaur. Antiq. græc.* t. I, *n n n n*; et c'est sous le nom d'*Atrée* que ce groupe est désigné actuellement à Rome par la plupart des antiquaires, notamment par M. Nibbi, dans ses *notes sur* Nardini, t. III, p. 274. Le commentateur allemand de Winckelmann, qui admet également cette dénomination, assure de plus que ce groupe est très-bien conçu, plein de mouvement et de vie, mais d'un travail qui ne répond pas au mérite de la composition; d'où il conclut que c'est une copie exécutée dans un temps assez bas, d'après quelque excellent original d'une ancienne école grecque; Winckelmann's *Werke*, VI, II, 378, Anm. 1428. Je regretterais d'être réduit à rapporter ces témoignages, sans pouvoir y joindre mon propre sentiment sur ce groupe, qui n'était pas encore exposé à l'époque de mon séjour à Naples, si je n'avais trouvé plus près de moi, et à Paris même, un moyen plus sûr de fixer mon opinion sur le mérite du monument original. Il existe, en effet, dans la précieuse collection de plâtres moulés sur l'antique que possède un de nos plus habiles statuaires, M. Giraud, un plâtre du *jeune Homme* porté sur le dos de la figure colossale, qui permet d'apprécier avec certitude le haut mérite de cette sculpture. Le torse entier est antique aussi bien que la tête, qui a souffert pourtant quelques atteintes; c'est un *Éphèbe* qui vient d'expirer par suite d'une blessure reçue au flanc gauche; une partie de ses *intestins* sort par cette blessure; sa *tête, pendante vers le sol*, a quelque analogie avec celle du *Patrocle mort*, du célèbre groupe colossal du *Ponte Vecchio*. Mais l'*âge* de la figure est celui du *jeune Niobide mort* de la galerie de Florence, Fabbroni, *Favola di Niobe*, tav. III; et le style de la sculpture répond, sous tous les rapports, à ce trait de ressemblance entre les deux figures. Notre *jeune Homme* est donc aussi un *personnage héroïque*, comme l'avait pensé d'abord Winckelmann; mais la figure colossale qui le porte sur ses épaules est d'un style tellement inférieur et d'un travail si médiocre, autant qu'il m'est permis de m'en faire une idée d'après le témoignage de M. Giraud, si bon juge en cette matière, qu'il y aurait lieu de s'étonner de cette inégalité de style entre deux figures groupées ensemble, et sans doute exécutées par la même main, si l'on n'avait quelques exemples pareils de cette pratique des anciens, notamment dans le célèbre groupe, dit d'*Arria et Pætus*, de la villa Ludovisi, où la *Femme mourante* est tout-à-fait sacrifiée au *Guerrier barbare*; voy. mes *Observations sur la figure du Gladiateur mourant*, etc., p. 14; ce qui est précisément le contraire de notre groupe. Quoi qu'il en soit à cet égard, il ne saurait du moins rester douteux que ce groupe ne représente quelque sujet héroïque; et ce n'est pas dans les fables argiennes, ni dans l'histoire des Pélopides, qui pouvaient fournir si peu d'inspirations aux anciens artistes, que j'irais chercher ce sujet; je le trouverais bien plutôt dans le même épisode de la destruction des Priamides, qui a produit, sur le vase peint que j'ai cité, une image à peu près semblable, pour la composition des deux figures, à celle que nous offre notre groupe colossal; et je me fonderais encore, pour justifier cette explication, sur le groupe de *Priam avec un de ses petits-fils massacrés qu'il tient sur ses genoux*, tel que nous le montre le vase Vivenzio; car il semble que ce soit en effet, de part et d'autre, le même sujet représenté dans deux circonstances différentes. On pourrait penser aussi à une circonstance remarquable de l'Iliade, celle où *Achille, portant par le pied* le corps de *Lycaon*, qu'il vient d'immoler, va le jeter dans le fleuve, *Iliad.* XXI, 120 :

> Τὸν δ' Ἀχιλεὺς ποταμόνδε, ΛΑΒΩΝ ΠΟΔΟΣ, ἧκε φέρεσθαι,

en y ajoutant cet autre trait homérique, qui a rapport à la mort d'un des jeunes Troyens massacrés par Achille dans le même combat, *ibid.* 180-1 :

> Γαστέρα γάρ μιν τύψε παρ' ὀμφαλόν· ἐκ δ' ἄρα πᾶσαι
> Χύντο χαμαὶ χολάδες.

Et il est certain que l'*âge* et la *blessure* de notre jeune Homme s'accorderaient bien mieux avec cette donnée qu'avec celle d'Astyanax. J'ajouterai cependant que, sur une mosaïque récemment trouvée dans le territoire de Tivoli, près du tombeau des Plautius, et représentant la *Mort d'Astyanax*, le *petit-fils de Priam* est porté de la même manière, c'est-à-dire sur les épaules de *Pyrrhus, qui le tient par un pied*, ποδὸς τεταγών, Lesches, *apud* Schol. Lycophron. *ad* v. 1263; et l'on ne peut douter que ce ne soit là le sujet de cette mosaïque, d'après les inscriptions

images naïves qui se ressentent de la barbarie du temps et de l'enfance de l'art; comme cette *Mère éperdue* qui tend les bras, du haut des remparts de la ville assiégée; comme ces deux *Femmes*, qui portent leur main à leur front, en signe de deuil et de désespoir; et comme ces *Soldats*, retranchés au haut des remparts de Troie, l'un desquels vide un rhyton, tandis que l'autre décoche une flèche; mélange empreint d'une poésie forte et sauvage, sur lequel la figure colossale de *Minerve*, dépassant du haut de la tête le champ de la peinture inférieure, projette, sous cette forme extraordinaire, une image imposante, en même temps qu'une haute moralité religieuse, qui suffirait seule pour assigner à cette composition originale un des premiers rangs entre toutes les représentations des vases peints conçus sous l'empire de l'art primitif et du style hiératique.

Il n'en est pas ainsi des compositions exécutées dans les *ateliers*[1] de l'antique Étrurie, sous l'influence de traditions bien plus récentes, et à l'imitation de modèles grecs du dernier âge, tels que sont les bas-reliefs de l'école de Volterra, qui représentent la *mort d'Astyanax*. Le drame latin d'Attius[2] avait dû populariser dès une époque assez haute, au sein de l'Étrurie romaine, ce sujet emprunté à la scène grecque, dont l'application à des bas-reliefs d'urnes funéraires se trouvait d'ailleurs si bien d'accord avec le système entier des habitudes de la civilisation étrusque. Aussi exista-t-il beaucoup de compositions diverses sur ce sujet, à en juger par le nombre encore assez considérable de celles qui sont venues jusqu'à nous, toutes exécutées dans la seule école de Volterra. Quelques-uns de ces bas-reliefs, tirés du musée Guarnacci, et conservés aujourd'hui dans le musée public de Volterra, ont été insérés par Gori dans son recueil[3], sans que cet antiquaire, malheureusement préoccupé de ses idées de *sacrifices mithriaques*, en ait reconnu le véritable sujet. Mais les plus intéressans sont restés jusqu'ici inédits; et ce n'est pas sans quelque avantage pour la science de l'antiquité que de pareils monumens sont arrachés de l'obscurité où ils ont été si long-temps relégués dans des portefeuilles d'antiquaires[4], presque aussi peu accessibles que les collections des villes étrusques, telles que Volterra.

qui accompagnent les deux figures, ΑΣΤΥΑΝΑΞ, ΠΥΡΡΟΣ. Il n'a pas tenu à la bonté de l'antiquaire romain, M. Melch. Fossati, possesseur de cette mosaïque, que je pusse enrichir mon recueil d'un dessin de ce monument curieux. J'ai tâché du moins d'y suppléer, en offrant à mes lecteurs une esquisse du groupe de Naples, qui suffira, quelque imparfaite qu'elle puisse être, pour appeler de nouveau l'attention sur un monument du premier ordre, qu'il importe de tirer enfin de l'obscurité où il s'est vu trop long-temps relégué; et en joignant à cette esquisse un dessin étudié de la figure du *jeune Homme*, si digne d'être mise en parallèle avec celle du *Niobide* de Florence, je leur fournis le moyen d'apprécier par eux-mêmes un des morceaux les plus remarquables qui nous soient restés de la statuaire antique, dans cet ordre de *figures héroïques*; voy. planche LXXIX, n°s 1 et 2.

(1) Je me sers ici à dessein de cette expression, qui donne, suivant moi, l'idée la plus juste de ces sortes de productions de l'art étrusque exécutées en fabrique; et je profite de cette occasion pour faire connaître une inscription qui a rapport au même genre de travail, et qui contient la notion, nouvelle dans le vocabulaire de l'art antique, de l'un des mots grecs qui servaient à la rendre. Cette inscription est gravée sur une plinthe supportant *quatre figures adossées*, de petite proportion, et elle est ainsi conçue :

ΠΡωΤΥΤΟϹ ΤЄΧΝΗ
ЄΡΓΑϹΤΗΡΙΑΡΧΟΥ.

c'est-à-dire : *Ouvrage de Prôtys, Chef d'atelier*. Le monument, très-curieux en lui-même par sa composition et par son style, qui appartient à l'école gréco-romaine, et qui provient de la Haute-Égypte, faisait partie de la collection d'antiquités égyptiennes formée par M. Drovetti, et acquise au musée de Turin; c'est là que se voit actuellement ce monument, que je me propose de publier ailleurs; et en attendant, je signale à l'attention des antiquaires cet ouvrage de *Prôtys*, le seul artiste gréco-égyptien qui nous soit encore connu d'après les monumens de ce pays même, et qui s'y trouve désigné de sa propre main par le titre de *Chef d'atelier*, ἐργαστηριάρχης, titre également nouveau dans l'histoire de l'art.

(2) Voy. les fragmens de l'*Astyanax* d'Attius, recueillis dans les *Fragmenta Poetar. vet.* par Rob. et Henri Étienne, p. 13-14.

(3) *Mus. Etr.* t. II, tab. CLXXIII; et *Mus. Guarnac.* tav. XVII, 1.

(4) Dans une note jointe à la dissertation de feu M. Schluttig, sur le vase de la *Fin des Priamides*, il est parlé de *plusieurs de ces bas-reliefs étrusques, dont les dessins sont déposés dans les portefeuilles de M. Gerhard*; voy. les *Annal. de l'Instit. archéol.* t. III, p. 362, not. 5.

Un des plus curieux de ces bas-reliefs[1] présente, dans une composition de cinq figures, la réunion des deux sujets qui ont rapport aux deux épisodes de la destruction des Priamides que j'examine en ce moment, l'*attentat commis sur Cassandre*, et la *mort d'Astyanax;* c'est le seul exemple d'une pareille réunion qui ait encore été fourni, à ma connaissance, par les monumens de l'antiquité grecque ou étrusque. Le double motif de cette composition est d'ailleurs exprimé avec toute la simplicité aussi bien qu'avec toute l'intelligence, qui prouvent que le modèle en avait été puisé dans quelque bonne école grecque. *Cassandre* s'y reconnaît, au premier coup-d'œil, dans la *jeune Fille* assise sur un autel, et tenant embrassé des deux mains un simulacre, en forme de gaîne carrée, qui ne peut être, d'après cette forme même, que l'idole de Minerve, en partie mutilée par le temps. L'infortunée Priamide est dépouillée de son péplus, ainsi que des *couronnes* et des *bandelettes,* attributs de son ministère sacré[2]; mais elle conserve encore, dans la longue tunique qui l'enveloppe, le principal trait de son vêtement asiatique. Devant elle apparaît, debout, un *jeune Homme,* dont le costume, consistant en une tunique courte et en une chlamyde roulée autour du bras gauche, convient à un Grec, mais que son attitude tranquille et son geste pacifique, autant qu'il est permis d'interpréter le motif de cette figure, qui est la plus endommagée, ne permet pas de prendre pour *Ajax;* c'est peut-être quelque personnage grec chargé d'annoncer à Cassandre l'arrêt de sa captivité, suivant une de ces traditions, aujourd'hui perdues, qui avaient inspiré la peinture de Polygnote[3]. Le groupe qui suit ne donne lieu à aucune difficulté: c'est évidemment la *Nourrice,* portant dans ses bras le *jeune Astyanax,* et précédée d'un personnage que son attitude, son costume, et le geste d'autorité qu'il fait de la main droite élevée et ployée au-dessus de sa tête, désignent suffisamment pour *Ulysse,* ministre de la vengeance des Grecs. L'intervention de la *Nourrice* dans une scène pareille, conforme à toutes les notions antiques, est d'ailleurs justifiée par un témoignage positif, celui de l'auteur de la *Petite Iliade*[4]*;* et le même motif s'est rencontré sur un charmant vase peint, de fabrique de Nola[5], où ce touchant épisode des malheurs de Troie est rendu par des figures de bas-relief; particularité rare sur cette sorte de vases, qui rehausse encore le mérite de celui-ci, et qui fait de cette composition, où l'on croit voir une scène des *Troyennes* d'Euripide, traitée dans le vrai style attique, avec le costume du temps, et suivant

(1) Voy. planche LXVII A, n. 1.

(2) C'est ainsi que la représente Euripide, *Troad.* 265-7, ed. Seidler. :

ῥίπτε, τέκνον, ζαθέους...
κλῇδας καὶ ἀπὸ χροὸς ἐνδυτῶν στεφέ-
ων ἱεροὺς στολμούς.

(3) Pausan. x, 26, 1.

(4) Lesches *apud* Schol. Lycophron *ad* v. 1263-9 (t. II, p. 984, ed. Müller) :

Αὐτὰρ Ἀχιλλῆος μεγαθύμου φαίδιμος υἱὸς
Ἑκτορέην ἄλοχον κάταγε κοίλας ἐπὶ νῆας·
ΠΑΪΔΑ δ' ἑλὼν ἐκ κόλπου ἐϋπλοκάμοιο ΤΙΘΗΝΗΣ,
ῥῖψε, ποδὸς τεταγὼν, ἀπὸ πύργου.......

(5) Voy. planche XLIX, n. 3. La composition de ce vase offre quelque analogie avec un groupe du bas-relief publié par Winckelmann, *Monum. ined.* n. 137, où ce grand antiquaire a reconnu *Andromaque tenant son fils sur ses genoux,* entre *Hécube,* d'un côté, et de l'autre, *deux de ses femmes éplorées.* Mais ici, *Andromaque* est assise sur une base carrée, *la tête voilée et appuyée sur sa main droite,* ἐπ' ἀγκῶνος κεφαλὴν σχέθεν, Homer. *Odyss.* xiv, 494; attitude consacrée pour exprimer le deuil et la douleur; et elle a derrière elle *Hécube,* le front ceint du diadême, et devant, la *Nourrice* portant dans ses bras le *jeune Astyanax.* Ce groupe, très-bien conçu, et sans doute emprunté de quelque composition d'un ordre plus élevé, est malheureusement trop endommagé dans les détails pour qu'on puisse juger si l'expression des figures répondait au mérite de la composition. Les vêtemens étaient coloriés en *bleu, rose* et *vert;* sorte d'ornement qui ajoutait un nouveau prix aux détails du costume exprimés sur ce vase, et qui, joint au mérite déjà si rare de figures en relief, telles qu'on les voit ici, devait constituer, pour cette sorte de monumens, une classe particulière, et en faire des objets de luxe ou de toilette, dans la civilisation grecque du plus bel âge. Ce vase fait partie de la riche collection de M. Durand, à Paris.

la perspective du théâtre, un monument des plus curieux en son genre que je connaisse.

Parmi les bas-reliefs encore inédits du musée de Volterra qui ont rapport à la fable d'Astyanax, il en est deux que je dois me contenter de décrire. La composition consiste en sept figures, c'est à savoir, *trois Guerriers*, assez semblables, pour le costume et le mouvement, aux trois personnages de l'urne publiée par Gori; une *Femme* qui s'éloigne avec effroi, comme on la voit sur cette urne, et le groupe du guerrier grec, *Ulysse* ou *Néoptolème*, près d'immoler *Astyanax* agenouillé sur un autel, tel aussi à-peu-près qu'il se produit sur le monument en question. Mais ce qui distingue cette composition, c'est la présence d'un *Génie ailé*, probablement le *Thanatos* étrusque, placé entre la femme troyenne et le meurtrier d'Astyanax. Sur le second de ces bas-reliefs, la *Femme* est agenouillée aux pieds d'un des personnages grecs, qui semble, d'un geste d'autorité, ordonner le fatal sacrifice; sans doute *Andromaque*, qui cherche en vain à émouvoir la pitié d'*Ulysse*; groupe dont le motif, joint à l'apparition du Génie ailé, ajoute à cette composition un nouveau degré d'intérêt.

Sous d'autres rapports, deux urnes de la collection Cinci, pareillement inédites, m'ont paru dignes d'être publiées. La première de ces urnes[1] offre une composition de cinq figures, assez semblable à celle du grand recueil de Gori[2], pour qu'il soit facile de juger, en les comparant l'une avec l'autre, qu'elles procèdent d'un même modèle; sauf ces variantes de détail qui tiennent au goût particulier de l'artiste, et qui prouvent que dans les ateliers de l'Étrurie, non plus que dans ceux de la Grèce, l'art, même à l'égard de ces monumens du dernier ordre ou du dernier âge, ne fut jamais réduit à une pratique servile. Une autre répétition du même sujet, qui se trouve dans la galerie de Florence[3], offre aussi quelques variantes, l'une desquelles mérite d'être signalée; c'est celle qui a rapport à la figure d'*Hécube*, représentée absolument dans le même costume et dans la même attitude, *avec les mains abattues et les doigts entrelacés*, telle, en un mot, qu'elle nous a déjà apparu dans la statuette de la villa Pamfili[4]: ce qui devient une nouvelle preuve de la certitude de cette attribution. Le second de nos bas-reliefs de la collection Cinci[5] présente une composition tout-à-fait neuve, qui doit dériver de quelque tradition particulière. On y voit un *Guerrier grec*, assis sur un autel, et tenant renversé sur ses genoux le jeune *Astyanax*, au-dessus duquel il lève la main droite armée d'un glaive nu. Ce groupe est placé dans une espèce d'enceinte, ou de *téménos*, formée de pans de murs inclinés, peut-être pour figurer une perspective éloignée, ou pour quelque autre motif que je ne m'explique pas bien; et en tout cas, cette enceinte, dont tous les élémens sont empruntés à l'architecture grecque, offre plus d'une particularité curieuse à observer et digne d'exercer la sagacité des hommes de l'art[6]. C'est au-delà de cette enceinte qu'apparaissent les autres personnages,

(1) Voy. planche LXVII, n. 1.

(2) *Mus. Etr.* t. II, tab. CLXXIII.

(3) *Galer. de Florence*, XXII, 4, 1, Wicar. Il est inutile de relever ici les fautes commises, dans l'explication de ce bas-relief, par le savant qui a rédigé le texte de l'ouvrage, et qui n'avait pu connaître les monumens que d'après des dessins trop peu fidèles. Dans aucun cas peut-être l'antiquaire n'avait pu être si mal servi par l'artiste, qui a tout dénaturé, le caractère et le sexe même des personnages, au point de les rendre réellement méconnaissables en eux-mêmes, comme ils l'ont été pour l'interprète. Mais il suffit de confronter le dessin de ce bas-relief, tout défiguré qu'il est par la main de l'artiste moderne, avec l'estampe de Gori et avec la nôtre, pour reconnaître que ces monumens procèdent tous en effet d'un même type, et qu'ils représentent tous le même sujet.

(4) Voy. plus haut, p. 319.

(5) Voy. planche LXVII, n. 2.

(6) Il est très-difficile de rendre compte des divers élémens architectoniques employés ici par l'artiste étrusque, de cette manière abréviative et symbolique qui entrait si avant dans

deux desquels, en costume phrygien, un *Vieillard barbu* et coiffé de la *mitre*, avec un riche *collier*[1], et un *sceptre* qu'il tient dans sa main droite, et une *Femme*, qui semble s'attacher à la destinée de ce vieillard, ne sauraient être que *Priam* et *Hécube*, se dérobant par la fuite à la douleur d'être témoins des derniers momens d'Astyanax. Les deux autres figures, en costume grec, sont *deux Guerriers*, l'un *imberbe*, et l'autre *barbu*, tous les deux casqués, et armés d'une épée nue, s'élançant, dans la même attitude, au-devant des fuyards; peut-être *Ulysse* et *Néoptolème*, qui se précipitent dans la cour du palais de Priam. Et quelle que soit l'interprétation qu'on adopte au sujet de ces figures et du motif qui les réunit dans une composition semblable, il sera difficile de n'y pas voir un épisode de la destruction des Priamides, représenté d'une manière aussi neuve qu'intéressante, qui assigne à notre bas-relief un rang distingué parmi les productions de l'art étrusque.

les combinaisons de l'art antique. On distingue pourtant assez clairement dans ce bas-relief les deux *stèles* ou *pilastres*, avec ces chapiteaux d'ordre corinthien rustique qui se rencontrent fréquemment sur les monumens de cet âge et de cette partie de l'Italie; et ces deux stèles représentent sans doute le lieu sacré, au sein duquel est érigé l'autel, et où s'accomplit l'acte du sacrifice d'Astyanax, suivant une tradition particulière aux Étrusques, ou du moins différente de celles que nous possédons. Le mur, avec une espèce d'encadrement orné de perles dans sa partie supérieure, ne s'explique pas aussi bien, non plus que l'espèce de rampe qui figure peut-être un escalier, afin d'indiquer que la scène se passait dans un lieu élevé, sur l'*acropolis* de Troie. Mais ce qui me paraît sur-tout curieux dans le bas-relief qui nous occupe, c'est la *balustrade en bronze*, qui y est rendue avec toute la netteté et avec toute la précision désirables. Cette balustrade répond sans doute à ce que Vitruve appelle le plus habituellement *pluteas*, et qui fermait ou garantissait, suivant la doctrine de cet architecte, les entrecolonnemens du Pronaos, dans quelques temples grecs, *de Architect.* lib. IV, c. 4; conf. lib. V, c. 1, et *ibid.* Schneider. *Commentar.* t. II, p. 314, sqq. Du moins serait-il difficile de donner une idée plus juste de l'espèce de barrière à mailles ou de grillage métallique figurée sur notre bas-relief étrusque, qu'en employant les expressions dont se sert, pour désigner quelque chose de pareil, un jurisconsulte romain, Ulpian. *Digest.* lib. XXIX, tit. 1, leg. 17 : RETICULI *circa columnas*, PLUTEI *circa parietes*. Ces sortes de barrières, qui se nommaient en grec Κιγκλίδες et Δρύφακτοι, Magn. Etymol. *v.* Κιγκλίς; Hesych. *v.* Δρύφακτοι; conf. Polluc. *Onom.* VIII, 17 et 124, se faisaient ordinairement *en bois*, d'après l'étymologie même du mot δρύφακτοι, telle que la donne le Scholiaste de Lycophron, *ad* v. 239 : Δρυφεκτα καὶ δρύφακτα, κυρίως λέγεται τὰ ἐκ δρυῶν περιφράγματα. Mais les expressions de Vitruve, IV, 4 : *Pluteis marmoreis sive ex intestino opere factis*, prouvent que, dans les temples du moins, les *balustrades* pratiquées dans les entrecolonnemens étaient faites de *marbre* ou *en maçonnerie*. Nous pouvons joindre maintenant à ces notions architectoniques celle que nous fournit notre bas-relief étrusque, d'une *balustrade en bronze*; et c'est peut-être le seul monument qui nous apprenne avec certitude cette particularité curieuse, dont nous connaissions déjà, par le témoignage de Strabon, V, 361, C, un exemple analogue, dans la *barrière en fer*, σιδηροῦν περίφραγμα, qui entourait le *bustum* du mausolée d'Auguste, à Rome. J'observe, à cette occasion, que l'idée de M. K. Ott. Müller, qu'il exista une semblable *barrière en bronze*, dans les entrecolonnemens du Pronaos du temple de Jupiter, à Olympie, ne repose sur aucune autorité; *Nachträge zu* Völkel's *archäolog. Nachlass*, S. 75. J'ajoute que, d'après quelques passages d'auteurs grecs, on serait en droit d'admettre que, dans certains temples de la Grèce, il régnait autour du sanctuaire une balustrade en marbre de cette espèce, *plateus marmoreus*, ou bien telle que celle qui entourait l'antre de Trophonius, et qui consistait en un *mur d'appui en marbre*, κρηπὶς λίθου λευκοῦ, *sur lequel étaient scellés des balustres de bronze, liés par des plates-bandes de même métal*, ἐφεστήκασι δὲ ἐπὶ τῇ κρηπῖδι ὀβελοὶ καὶ αὐτοὶ χαλκοῖ, καὶ αἱ συνέχουσαι σφᾶς ζῶναι, Pausan. IX, 39, 5; et c'est sans doute d'une balustrade pareille, placée en avant du sanctuaire, qu'il est question dans ce passage de l'*Andromaque* d'Euripide, 1112 : ἔρχεται δ' ἀνακτόρων κρηπῖδος ἐντός, dont la traduction latine : *venit templi intra fastigium*, donne une idée si fautive. C'est probablement aussi une *barrière* du même genre, *en construction*, et *peinte extérieurement*, qui est désignée dans ce passage de Pausanias, V, 11, 2 : ἐρύματα τρόπον τοίχων πεποιημένα, et qui entourait le colosse de Jupiter Olympien; et nous avons un exemple curieux de cette sorte de barrière placée autour des statues, sur une inscription de Pæstum, *Antonini, Lucania*, I, 243 : STATVAM . BASEM . PLVTEVM . SACR. Il est superflu d'observer que les *barrières en bois* des Grecs, δρύφακτοι, répondaient précisément aux *cancelli* des Latins, Cicer. *in Sext.* 56; conf. Salmas. *ad Hist. August.* II, 800; Vales. *ad* Amm. Marcell. p. 404; et qu'il y avait de ces sortes de *barrières* dans les *Basiliques*, au-devant du tribunal, dans les *Cirques*, les *Amphithéâtres*, et généralement dans tous les édifices publics, où l'on avait à se garantir des inconvéniens de la foule; voyez, sur les *barrières* du Cirque, *cancelli*, le passage classique d'Ovide, *Amor.* III, El. 2, v. 64; conf. Interp. *ad h. l.*

(1) Il suffit d'avoir jeté les yeux sur quelques bas-reliefs étrusques, pour savoir que ces sortes de riches *colliers d'or, ornés de pierres précieuses*, στρεπτοὶ χρυσοῖ λιθοκόλλητοι, étaient un des principaux élémens du luxe de la civilisation étrusque, dérivé sans doute de la haute Asie, où l'usage de pareils bijoux exista de toute antiquité, non-seulement pour les rois et les satrapes, ainsi qu'on en a un exemple dans le riche mobilier du tombeau de Cyrus, décrit par Arrien, VI, 29, στρεπτοὶ καὶ ἐνώτια χρυσοῦ τε καὶ λίθων κολλητά; cf. Herodot. III, 20 : χρύσεον στρεπτὸν περιαυχένιον, καὶ ψέλια, mais encore pour les personnages d'un ordre inférieur, Xenoph. *Anabas.* I, 5, 8 : ἔνιοι δὲ καὶ στρεπτοὺς περὶ τῷ τραχήλῳ (εἶχον), καὶ ψέλια ἐπὶ τῶν χειρῶν; et l'on voit, par le célèbre passage d'Agathias, III, 28, 202, ed. Niebuhr. Bonn. 1828, que cette mode asiatique devait encore exister au temps de Justinien, où les Romains, vainqueurs des Perses, aimaient à se parer de cette partie de leurs dépouilles, στρεπτοὺς γὰρ συγχρύσους, καὶ περιδέραια, καὶ ἐλλόβια, καὶ ἄλλα ἄττα τοιάδε θηλυπρεπῆ ποικίλματα.

§ XI.

Je terminerai la série des monumens relatifs à la destruction des Priamides, par la publication d'un de ces monumens aussi remarquable en son genre que la composition en est neuve et intéressante à tous égards. C'est une *ciste mystique*, où se trouve représentée, suivant toute apparence, la *Mort d'Astyanax* et celle *de Polyxène*[1], dernier acte du long et terrible drame de l'Iliade.

Cette *ciste*, qui fait maintenant partie du musée Britannique, après avoir long-temps figuré dans la collection de M. Townley, fut trouvée aux environs de Palestrine, en 1786, et dut provenir d'un dépôt antique formé dans l'enceinte du célèbre temple de la Fortune; ce sont là du moins les seules notions que j'aie pu me procurer sur l'origine et la découverte de ce monument, telles qu'elles résultent de l'inscription même gravée par les soins de M. Townley, sur deux planches représentant la *ciste*, avec divers objets qu'elle contenait[2]; planches tirées à un très-petit nombre d'exemplaires, un desquels, tombé en la possession de M. Millingen, m'a été communiqué par la bonté de ce savant antiquaire. Le fait ainsi constaté de la provenance de cette *ciste*, trouvée non loin des ruines du fameux temple de la Fortune de Préneste, vient à l'appui des autres découvertes du même genre, opérées au même lieu dans le cours du dernier siècle et dans le nôtre[3]; et il en résulte la preuve qu'il exista dans cette localité célèbre un dépôt considérable de cette sorte d'objets, qui doit nous les faire considérer comme autant d'ustensiles sacrés, employés au culte de la déesse de Préneste. Une autre notion, tout aussi curieuse, qui se peut inférer du témoignage de M. Townley, et qui ne confirme pas moins cette première induction, c'est que la *ciste*, avec quelques objets de même métal qu'elle renfermait, tels qu'un *miroir*[4], une *cuiller* à encens, un *encensoir*, était en outre accompagnée de plusieurs autres ustensiles analogues, c'est à savoir, un *miroir*, un *simpulum*, un *couteau*, deux *crotales*, deux *préféricules;* circonstance qui sert de plus en plus à

(1) Voy. planche LVIII. Un des exemplaires de la planche gravée que j'ai eu à ma disposition avait été communiqué à l'Institut archéologique de Rome, et il est fait mention de cette communication dans le *Bulletin* de cette société, au mois de Décembre 1831, p. 208, avec l'observation que voici : « *Les sujets* « *représentés*, qu'autrefois on a voulu rapporter aux changemens « du soleil, paraissent *représenter* les divinités d'Éleusis réunies « avec les *sujets* héroïques de Polyxène et de Polydore son frère. « On désire savoir où existe ce beau monument (peut-être dans « le muséum Britannique?), et si l'on en a donné une explication « satisfaisante. » Je me flatte de pouvoir répondre, au moins sur quelques points, au désir de l'auteur de ces questions; et c'est déjà pour moi une satisfaction, de me trouver d'accord avec lui sur le sujet même de la représentation.

(2) Je crois remplir le vœu des amis de l'antiquité en consignant ici les inscriptions gravées sur les deux planches publiées par les soins de M. Townley; voici celle de la première, qui comprend le dessin de la ciste : « Cista mystica, ænea, rotunda, « fani antiquissimæ Fortunæ Prænestinæ olim supellex, quæ figu-« ris symbolicis ad veterum morem incisis rerum naturam à du-« plici Solis potestate, ortam, et in vices mutatam, exhibet. » La seconde inscription est ainsi conçue : « Pontificalia instrumenta « ex ære reperta, anno 1786, in cryptâ juxta Fortunæ templum « ad Præneste, scilicet (suit la désignation des objets, au « nombre de *six*); adservantur in musæo Car. Townley armig. « Londini. »

(3) J'ai déjà eu occasion de relever cette particularité, au sujet de la *ciste mystique* que j'ai publiée, pl. XX, nos 1 et 2; voy. *Achilléide*, p. 90, not. 1; et j'en ai tiré la conséquence, sur laquelle je crois devoir insister encore, d'après les nouveaux motifs que me fournissent, pour persister dans cette opinion, les autres monumens qui sont venus depuis à ma connaissance, et qui tous étaient sortis de la même localité. Cependant je dois dire que la circonstance avérée de la découverte de plusieurs de nos *cistes* dans un tombeau, ou même dans un sarcophage, avec des *instrumens de toilette*, tels que des *peignes*, des *strigiles*, des *miroirs*, donne quelque probabilité à l'opinion des antiquaires, qui regardent les *cistes* comme des meubles ayant servi à renfermer les divers objets propres au service de la palestre. Telle paraît avoir été d'abord l'opinion de M. Éd. Gerhard; et tel est encore le sentiment de M. Bröndsted. Je m'en tiens pourtant à ma première idée, qui a pour elle l'autorité de Visconti.

(4) M. Thiersch maintient, sans raison suffisante à mon avis, la dénomination de *patère* donnée à cette espèce d'ustensile sacré; voy. le *IIer Bericht der Königl. Bayer'sch. Akad.* VII, 53-54. Je ne parle pas de l'opinion de M. Micali, qui s'obstine aussi à conserver ce nom de *patères*, mais qui n'allègue que son opinion même; voy. sa *Storia degl. ant. Popol. Ital.* t. III, p. 84.

établir la nature religieuse du dépôt en question, et l'usage sacré des divers objets qui en faisaient partie. Cette conséquence paraît sur-tout irrécusable, en ce qui concerne le *miroir*, meuble qui ne manquait dans aucune des *cistes* trouvées jusqu'à ce jour, au nombre de plus de *dix*[1]; et la même induction s'appliquant d'une manière tout aussi probable à la plupart des objets déposés avec le *miroir*, tels que *couteaux*, *cuillers*, *vases*, *crotales*, *simpulum*, il semble qu'on ne puisse guère se refuser à admettre, pour les *cistes* comme pour les *miroirs*, la dénomination de *mystiques*, qu'on leur donne communément, et à considérer ces deux sortes de monumens, constamment mis en rapport l'un avec l'autre, comme des meubles d'une destination essentiellement mystique et sacrée.

La présence de quelques autres objets, qui doivent avoir été d'un usage proprement civil ou gymnastique, tels que des *strigiles*, des *bracelets*, des *aiguilles à cheveux*, des *peignes*, des *alabastron*, ne contrarie pas cette manière de voir, d'après la relation réelle et symbolique qui existe entre ces sortes d'instrumens de gymnase ou de toilette, et les meubles mystiques dont il est ici question. Il en est de même des représentations à sujets mythologiques, qui figurent sur les principales *cistes mystiques* connues jusqu'à présent, y compris les deux que j'aurai ajoutées, et celle que possède M. Bröndsted[2], et qui est encore inédite; car ces représentations, tirées de l'histoire héroïque, peuvent, avec les figures ou les accessoires, d'ordre bachique, dont elles sont accompagnées, se rapporter à une intention religieuse d'accord avec la destination sacrée des meubles qu'elles décorent, tout aussi bien que les compositions du même genre, qui figurent, mêlées à des sujets ou à des personnages dionysiaques, sur tant de vases peints, d'un usage mystique

(1) M. Éd. Gerhard, qui a donné, dans le *Kunstblatt* de 1823, n. 53, p. 209, 210, une notice des *cistes mystiques* provenant de Palestrine, à l'occasion de celle de M. Bröndsted, trouvée au même lieu en 1822, ne connaissait encore à cette époque que *huit* de ces monumens; c'est à savoir, la ciste du Musée Kircher; celles du musée Borgia, qui avait appartenu d'abord à Visconti, *Mus. P. Clem.* tom. I, p. 81, not. *a*; Winckelmann, *Descript. des Pierr. grav. de Stosch*, p. 259; du prélat Casali, publiée par Guattani, *Monum. ined. per l'ann.* 1787, marz. tav. p. XXV-XXXII; de l'Écossais Byres, restée jusqu'ici inédite; du comte Bonarelli, décrite par Visconti, *Monum. Gabin.* p. 50, nota; d'un artiste allemand, M. Fr. Peter, laquelle se trouve publiée en partie dans les *Memorie enciclopediche* de Guattani, t. VI, tav. IX, p. 65-69, avec un extrait de la dissertation qui concerne ce monument; la *septième*, qui devait se trouver dans le musée Pennachi, à Bologne, suivant le témoignage de l'antiquaire romain, Gherardo de' Rossi, cité par M. Gerhard; et la *huitième*, enfin, possédée par M. Bröndsted, et dont ce savant nous fait espérer depuis long-temps la publication, accompagnée d'une explication qui ne saurait manquer d'être digne de ses vastes connaissances en antiquité. Le nombre de ces monumens tous provenant de Palestrine, ainsi réduit à *huit*, en 1823, s'est accru, depuis cette époque, de la ciste trouvée aussi à Palestrine en 1825, qui a passé dans le cabinet de M. Révil, à Paris, et que j'ai publiée; il faut y ajouter aujourd'hui celle du musée Britannique, qui porte ce nombre à *dix*. De plus, il paraîtrait, à ce qu'assure l'antiquaire Cecconi, dont le témoignage est allégué par M. Guattani, *Memor. encicl.* t. VI, p. 67, qu'une seconde ciste, découverte en même temps que celle du musée Kircher et au même endroit, fut acquise par un ambassadeur étranger, et l'on ignore dans quelles mains elle a pu tomber depuis, aussi bien qu'une autre ciste vendue pareillement à Rome, dans les premières années de ce siècle. On manque pareillement de données certaines sur les localités d'où proviennent les objets en question. Ainsi l'auteur des *Memorie Prenestine* assure que la *ciste Casali* fut trouvée dans une fouille pratiquée, en 1786, par son frère Cesare Petrini, au sein de son propre jardin, hors de la porte *San Martino*, et que cette *ciste*, renfermant un *miroir* et un *peigne*, était placée dans un sarcophage de pépérin, au pied d'un squelette; voy. *Mem. Prenest.* p. 26 et 288. Ce même auteur ajoute que deux autres *cistes*, celle de Visconti, passée depuis dans le cabinet Borgia, et celle de l'Écossais Byres (qu'il nomme Bay), portée en Angleterre, avaient été trouvées *dans deux cavernes, dentro due caverne*, sans indiquer précisément en quel site étaient ces cavernes; ce qui laisse malheureusement beaucoup d'incertitude sur l'origine comme sur la destination des monumens dont il s'agit. J'ajoute enfin qu'il fut trouvé, en 1818, près de Bologne, aux environs du Castel Bazzano, et sur les bords mêmes de la Samoggia, une *ciste de bronze*, garnie de son couvercle, mais sans aucun dessin ou ornement sur la surface extérieure, laquelle ciste a été publiée et décrite par Bianconi, dans le premier volume des *Opuscoli letterari di Bologna*; je dois ces détails à M. le professeur Orioli, qui fut appelé sur les lieux au moment même de la découverte, et qui put se convaincre par ses propres yeux que le monument en question avait été déposé, avec un vase peint, de fabrique commune, dans un tombeau couvert de grandes tuiles. C'est la seule *ciste*, provenant d'une autre localité que celle de Palestrine, qui soit connue jusqu'ici avec certitude.

(2) Elle est décrite par M. Gerhard, dans le *Kunstblatt*, 1823, n. 52.

ou funéraire. Et comme à tous les rapports qui viennent d'être indiqués, se joint la notion indubitable de l'emploi des *cistes mystiques* dans la célébration des mystères d'Éleusis, ou, pour parler d'une manière plus générale et plus juste, dans le culte des *Grandes Déesses des Thesmophories*[1], il résulte de là une preuve nouvelle, ou du moins une forte présomption de plus à l'appui du système, si savamment exposé par M. Éd. Gerhard, sur l'intime et antique relation du culte pratiqué à Préneste avec celui des Grandes Déesses d'Éleusis[2], relation dont l'examen des figures de notre *ciste* nous offrira bientôt un trait frappant et décisif.

Indépendamment des considérations religieuses par lesquelles les *cistes mystiques* en général, et la nôtre en particulier, se recommandent si hautement à l'étude des antiquaires, elles n'ont pas moins de droits à leur intérêt sous le rapport de l'art, dont elles sont autant de productions originales. En effet, les *cistes mystiques* trouvées sur le sol de l'antique Préneste, nous représentent les seuls monumens authentiques qui nous restent du dessin linéaire, tel qu'il était pratiqué dans la haute antiquité romaine, sous l'influence plus ou moins directe des écoles grecques de l'Hellade ou de l'Étrurie; et l'on peut, en comparant le style des figures, tracées à la pointe sur le plan cylindrique de nos *cistes*, avec celui des figures tracées de même, avec un stylet ou un pinceau, sur les vases peints de la Grande-Grèce ou de l'Étrurie, apprécier les différences et les analogies de composition, de goût et de manière, qui existaient entre toutes ces productions contemporaines. Or, c'est là un examen, très-important pour l'histoire de l'art antique, qui n'a pas encore été entrepris, sans doute parce que les monumens n'étaient pas suffisamment connus, et dont je puis me féliciter d'avoir fourni deux des principaux élémens, dans les deux *cistes* que j'aurai publiées. A la vérité, l'on pourrait objecter contre l'examen proposé l'absence de données positives sur l'âge de nos *cistes mystiques*, et sur l'école même dont elles proviennent; faute desquels renseignemens il ne semble guère possible de les assimiler, du moins quant à l'époque de leur exécution, aux autres productions des arts italiques: mais cette difficulté ne serait pas aussi grave, ni même aussi fondée, qu'on pourrait le croire au premier aperçu. Il existe en effet sur l'une de nos *cistes*, et sur la plus belle de toutes, celle qui appartint à Ficoroni, et qui se voit maintenant au musée Kircher, à Rome[3], une preuve positive, un témoignage indubitable,

(1) Je me borne à citer ici, au sujet des *cistes mystiques*, et de leur emploi dans la célébration des mystères, la *dissertation* de Lami, *sopra le ciste mistiche*, dans la *Scelta di Dissertazioni*, etc. t. I, P. II, p. 3-38, Venezia, 1750, in-12; car le nombre des monumens où sont représentées des *cystes mystiques*, et celui des auteurs qui en ont parlé, est si considérable, qu'il serait difficile, pour ne pas dire impossible, de donner une énumération complète des uns et des autres. Feu mon savant ami, le docteur Münter, qui avait remarqué la forme diverse des *cistes* employées aux mystères d'Éleusis et à ceux de Samothrace, s'était promis de consacrer une dissertation particulière aux *cistis mysticis*, comme il dit lui-même, mais il ne paraît pas qu'il ait jamais réalisé cette intention; et ce n'est pas là sans doute une des moindres pertes que la science ait faites à sa mort; voy. ses *antiquar. Abhandlung.* p. 203-204.

(2) Voy. dans le *Prodromus mytholog. Kunsterklärung.* de M. Éd. Gerhard, l'article intitulé : *Thesmophoriengottheiten von Präneste*, p. 45-116, et consacré à l'explication des planches II, III et IV de ses *antike Bildwerke*. Quant à l'usage des *cistes* dans le culte de la déesse de Préneste, c'est un fait qui résulte du témoignage classique de Cicéron, dont le texte mérite d'être rapporté, *de Divinat.* II, 41, 86 : *Eoramque jussu ex illa olea* ARCAM *esse factam, eoque conditas sortes, quæ hodie Fortunæ monitu tolluntur.* Suétone se sert de la même expression pour désigner le meuble sacré où étaient déposés ces *sortes* de Préneste, *in Tiber.* 63 : *Quum obsignatas* (sortes) *devectasque Romam non reperisset in* ARCA, *nisi relata rursus in templum*; cf. Oudendorp. *ad h. l.* et *ad* Apul. *Metamorph.* IX, 181, 606. A la vérité, le passage de Cicéron prouve seulement que la *ciste* primitive était faite de *bois d'olivier*; mais il n'est pas moins permis d'inférer de là que d'autres *cistes* de la même matière, ou de bronze, telles que les nôtres, étaient déposées comme objets votifs dans le sanctuaire de Préneste, et qu'elles y étaient employées dans la célébration d'un culte qui se pratiquait avec tant de pompe et de solennité, avec un si grand concours de prêtres et d'assistans.

(3) Ficoroni a donné les détails de la découverte de ce monument, faite en 1742, aux environs de Palestrine; voy. ses *Memorie ritrov. nel territ. di Labico*, p. 72, sgg. La *ciste* a été publiée dans le *Mus. Kircher.* t. I, tab. I-VIII, avec des explications dues au P. Contucci, qui laissent beaucoup à désirer. Le peu qu'en

que cette ciste est sortie d'un atelier romain; car le nom et le travail de l'auteur exprimés de cette manière: NOVIOS. PLAVTIOS. MED. ROMAI. FECID, avec cette autre inscription, en lettres latines de la forme la plus archaïque: DINDIA. MACOLNIA. FILEA. DEDIT, mettent hors de doute que c'est ici un monument purement romain[1]. C'est ce qui résulte avec la même évidence des autres inscriptions, pareillement en caractères latins: POLOCES. LOSNA. AMVCES, qui se lisent sur le *miroir* dépendant de la *ciste*; car la forme de ces caractères, jointe à celle des noms mêmes qu'ils expriment, et qui offrent, avec les noms grecs de *Pollux* et d'*Amycus*, tels qu'on les proférait à Rome, le nom purement latin ou sabin de LOSNA (pour LOVNA, LVNA), appliqué à l'*Artémis* grecque, est une circonstance qui ne permet pas de méconnaître, dans cette *ciste* et dans ce *miroir*, deux monumens d'une industrie romaine, d'une époque sans doute peu éloignée de celle où fut exécuté le célèbre sarcophage de Scipion Barbatus, et conséquemment du cinquième siècle de Rome. La même détermination chronologique peut se déduire de l'examen de la plupart des *miroirs* étrusques, qui offrent des sujets grecs accompagnés d'inscriptions étrusques, et qui appartiennent indubitablement, par le style et par le costume des figures, comme par l'emploi des caractères étrusques, à cette haute époque de l'histoire où la civilisation de l'Étrurie se maintenait encore en grande partie dans sa forme originale, bien que le pays fût soumis à la domination romaine et à l'influence de plus en plus dominante des arts de la Grèce; car les rapports intimes qui existent, comme je l'ai dit précédemment, entre les *cistes* et les *miroirs mystiques*, autorisent à comprendre les uns et les autres, sous le rapport de l'exécution, dans la même période de l'art, sur-tout quand ils offrent des caractères communs de goût et de style, ainsi que c'est le cas pour la plupart de ces monumens du même ordre.

En nous bornant à ce petit nombre d'observations préliminaires, je crois pouvoir, avec toute vraisemblance, regarder nos deux *cistes mystiques* et celle du musée Kircher, comme ayant été exécutées vers le cinquième siècle de Rome, à l'époque où la puissance romaine solidement établie dans l'Étrurie, et déjà étendue jusqu'à l'extrémité méridionale de la péninsule, par la conquête du Samnium et de la Lucanie, admettait l'influence des arts de la Grèce, laquelle se montre déjà d'une manière si sensible dans le sarcophage de Scipion Barbatus. Ce point établi, il est sans doute intéressant d'examiner en eux-mêmes ces précieux monumens de l'école romaine, sous le rapport de l'art qui les a produits, et du caractère de dessin, qui semble tenir, d'une part, au goût étrusque, long-temps dominant à Rome, de l'autre au style grec, dont les principes commençaient à y prévaloir. Pour ne parler ici que de notre *ciste*[2], il me paraît que le dessin des figures s'y éloigne déjà de la manière sèche des artistes étrusques, autant qu'il se rapproche du style naïf et facile, propre aux dessinateurs de

a dit Winckelmann, tant sous le rapport de l'art que sous celui de la langue et de l'orthographe, n'en donne pas non plus une idée bien satisfaisante; voy. *Gesch. d. Kunst*, VIII, 4, § 7, *Werke*, V, 290-2. L'illustre antiquaire y trouve, dans le style des figures et dans la forme des caractères, la preuve incontestable que ce monument est une production de travail romain et d'imitation étrusque, des temps de la république; et sur ce double point, je crois qu'on ne saurait être d'un autre avis.

(1) Sillig, *Catalog. veter. Artific.* v. Plautius, p. 357.

(2) Je ne connais cette *ciste* que d'après l'estampe publiée par M. Townley, et que j'ai reproduite. Mais j'ai pu me convaincre par le calque d'une des figures, pris avec le plus grand soin sur l'original même, que cette estampe est passablement exacte, et que le dessin de ces figures s'y trouve assez fidèlement rendu. J'ai dû ce calque à la complaisance de M. Madden, un des conservateurs du musée Britannique, et je lui en témoigne ici ma gratitude. J'ai eu pareillement à ma disposition une autre gravure exécutée par les soins de M. Bröndsted, et qui, sauf quelques différences dans le dessin des figures, différences qui tiennent en grande partie aux dégradations produites par la vétusté, représente le monument d'une manière à-peu-près conforme à l'estampe de M. Townley.

vases peints; et l'on pourrait même, en tenant compte de la sévérité du sujet, qui rappelle encore les habitudes de l'art étrusque, ainsi que de la différence de l'outil, qui comporte une certaine rigidité de formes, l'on pourrait, dis-je, regarder la composition de notre *ciste* comme ayant été exécutée plus directement qu'aucune autre sous l'influence des compositions de vases peints qui devaient affluer dès-lors à Rome, à en juger par la quantité de vases de ce genre qui se découvrent dans les tombeaux du territoire voisin de Rome. Le costume des figures, tel qu'il apparaît sur cette *ciste*, et tous les élémens accessoires de la représentation, offrent également plus d'analogie avec le style des vases grecs, que sur aucun autre monument du même genre et de la même époque, bien qu'il conserve encore un caractère d'originalité propre à l'école étrusco-romaine du cinquième siècle; en sorte que c'est, à mes yeux, un monument tout-à-fait digne de figurer dans l'histoire de l'art, comme un témoin authentique des influences diverses qui s'exerçaient, à cette haute époque de l'antiquité, sur ce point important du domaine de l'imitation.

La composition gravée sur notre *ciste* représente, en une suite de treize figures, disposées sur un même plan, un double trait de l'histoire héroïque que j'ai cru pouvoir rapporter avec quelque certitude à la fin des Priamides; j'y reconnais la *Mort d'Astyanax* et le *Sacrifice de Polyxène*, deux scènes de cette grande tragédie, réunies dans le même moment et dans le même lieu, par une de ces fictions familières à l'artiste comme au poète, dont j'ai déjà produit un exemple remarquable sur un monument purement grec. Mais la composition diffère ici de toutes les représentations connues de l'un et de l'autre sujet. Le *corps d'Astyanax, nu et dépouillé de tout vêtement*, σῶμα γυμνωθὲν νεκροῦ[1], est étendu, gisant à terre, au pied d'un *autel*, où cette jeune victime vient d'être immolée au ressentiment de la Grèce. *Trois Héros* grecs, qu'il serait inutile de chercher à déterminer, attendu qu'ils n'offrent aucun trait de costume, aucun attribut propre à les distinguer, ont pris part comme témoins à ce sanglant sacrifice; et l'un d'eux tient encore le *glaive nu*, φάσγανον[2], qui a servi à l'accomplir. Cette manière de représenter la mort d'Astyanax, conforme à la tradition suivie sur les monumens proprement étrusques, s'éloigne de celle qui avait prévalu sur la plupart des monumens grecs; c'est une particularité qu'il n'est pas indifférent de signaler sur notre *ciste*, production d'un art certainement italique. De l'autre côté des trois guerriers grecs, sont *deux Femmes troyennes*, sans doute *Hécube* et *Andromaque*, exprimant leur désolation, dans des attitudes diverses, mais d'ailleurs sans aucune de ces différences d'âge ou de costume qui pouvaient convenir à la mère d'Astyanax et à la veuve de Priam; et ce qui frappe sur-tout dans ce groupe de cinq personnages, réunis autour du cadavre d'un enfant massacré, c'est cette disposition grave et religieuse, c'est cette espèce de fatalité austère et solennelle qui se voit empreinte ici, jusque dans la douleur la plus profonde, en présence du dernier espoir d'Ilion détruit sans retour. Le même sentiment règne au même degré et se manifeste de la même manière, dans l'autre partie de la composition, représentant le *sacrifice de Polyxène*. La *jeune Vierge, entièrement dépouillée de ses vêtemens*, ce qui est contraire à ces habitudes de la modestie grecque, si admirablement exprimées par Euripide[3], est agenouillée aux pieds de *deux Personnages*, l'un simple témoin de cette scène de deuil, l'autre, qui doit être *Néop-*

(1) Euripid. *Hecub.* 675. Le sexe de la victime est clairement indiqué sur l'estampe de M. Brøndsted.

(2) Euripid. *Hecub.* 543.

(3) Idem, *Ibid.* 567, sqq.

tolème, et qui semble, au geste qu'il fait de sa main droite, donner l'ordre du fatal sacrifice à un troisième personnage, dont la physionomie a quelque chose de sinistre en rapport avec ce triste ministère, et dont le visage, sillonné de rides, porte l'empreinte d'un âge avancé; c'est la seule figure, dans toute cette composition, qui offre cette double particularité, et qui puisse, à ce double titre, être reconnue pour un personnage d'un ordre subalterne, peut-être pour une personnification du *Stratos*[1]. Ce qui s'accorde encore avec cette supposition, c'est la manière même dont ce personnage soutient des deux mains Polyxène prête à recevoir le coup mortel, dans une attitude où respirent la pudeur et la résignation; seul moyen qu'ait pu employer l'artiste latin pour couvrir la nudité de Polyxène, réduit qu'il était à s'éloigner de la tradition grecque, en ce point comme dans les principales circonstances de son sujet. Mais ce que l'on remarquera ici par-dessus tout, et indépendamment de cet éloignement même des données et des modèles grecs, c'est cette ordonnance simple et sévère d'une scène si pathétique; c'est ce caractère religieux qui règne dans tout l'ensemble de la composition, dans la disposition symétrique, dans l'expression grave des figures; c'est, en un mot, cette physionomie hiératique empreinte sur ce monument, à un degré qui ne s'était peut-être encore produit sur aucun autre monument du même genre.

Le dernier groupe, dont il me reste à rendre compte, achève de mettre cette vérité dans tout son jour, en même temps qu'il nous fournit des particularités nouvelles d'un haut intérêt. Ce groupe se compose de trois figures, dans lesquelles il est impossible de méconnaître *Cérès-Déméter*, *Dionysos-Liber*, et *Kora-Libera*, c'est-à-dire, les trois divinités des Thesmophories, la grande et mystérieuse Trinité d'Éleusis, dont le culte avait pénétré si profondément dans les institutions religieuses des peuples grecs de l'Italie, et a laissé tant de traces sur les monumens des arts italiques. *Kora-Libera* n'est caractérisée ici que par le *sceptre* qu'elle porte de la main droite, avec la *tête nue*, trait de costume virginal qui la distingue de sa mère[2]; mais la manière dont elle s'appuie de la main gauche sur l'épaule de son mystique époux, le jeune Dieu d'Éleusis, ne saurait laisser de doute à son sujet. *Dionysos-Liber* se reconnaît du premier coup d'œil au *Thyrse* et au *Serpent mystique* qu'il tient de chaque main[3]. Mais c'est sur-tout la figure de *Cérès-Déméter*, qui se recommande ici à l'attention des antiquaires par la *Couronne radiée*, attribut éminemment hiératique, qu'elle porte sur la tête[4],

(1) Euripid. *Hecub.* 544-5.

(2) Zoëga, *Bassiril.* II, 96; Gerhard, *Prodrom.* Anmerk. zu Taf. II, III, IV, 12), S. 71-72.

(3) Il serait superflu d'alléguer, sur l'emploi du *Serpent*, comme symbole du culte éleusinien, des témoignages qui sont trop connus des antiquaires, pour avoir besoin d'être cités. Mais la manière dont le *Serpent* se montre ici à la main de Dionysos et à celle de Déméter, est une particularité qui mérite d'être signalée à leur attention. J'observe pourtant que cet objet est figuré comme un *arc*, sur l'estampe de M. Brönsted.

(4) M. Éd. Gerhard n'a pas manqué non plus de remarquer que cet attribut de la *couronne radiée* avait été employé plus d'une fois sur les monumens de l'antiquité, pour distinguer *Déméter* de *Kora*, et il en a cité quelques exemples, fournis par des pierres gravées, *Neapels ant. Bildwerke*, Kam. 1, 15, 1, et par des vases peints, *ibid.* Vas. VII, 5, 47; voy. son *Prodrom.* p. 72. Je rappelle à mon tour les témoignages que j'ai rassemblés, *Orestéide*, p. 250, not. 2 et 3, pour prouver que cette *couronne* était essentiellement *mystique*, et propre aux personnages qui jouaient un rôle dans les mystères éleusiniens; opinion qui reçoit, de la présence d'un pareil attribut sur la tête de Déméter-Cérès de notre *ciste mystique*, un nouveau degré de certitude et d'autorité. Mais je ne puis m'empêcher d'indiquer, à cette occasion, deux monumens fort curieux, récemment sortis des fouilles de Chiusi, ce sanctuaire de l'antiquité étrusque. Ce sont deux statuettes de *Femmes* en bronze, l'une, avec une *couronne radiée*, tenant à chaque main une *patère* et un *vase*; double attribut, qui, joint à la couronne mystique, caractérise suffisamment cette figure pour une *prêtresse*, consacrée à quelque culte analogue à celui d'Éleusis ou de Préneste; *Mus. Chiusin.* tav. XXII. L'autre figure, avec une *couronne semblable*, et un *œuf* dans chaque main, *ibid.* tav. XCVII, doit être, à en juger d'après ce dernier attribut, symbole connu de la *lustration*, une *prêtresse* de *Kora*, ou *Kora* elle-même; en sorte que ces deux monumens, appartenant à l'antique Clusium, rentrent dans le même ordre d'idées et de personnages mystiques. M. Micali, qui a reproduit cette seconde figurine, tav. XXXV, t. III, p. 50, l'a interprétée de la même manière.

et par les deux autres attributs qu'elle tient à la main, le *Serpent*[1] et le *Porc mystiques*[2], deux animaux symboliques, qui jouaient, comme on sait, un si grand rôle dans la célébration des mystères d'Éleusis.

Ce qui ajoute encore à l'intérêt de cette représentation des divinités éleusiniennes, dans un sujet semblable, c'est l'indication du lieu de la scène, telle qu'elle est ici exprimée, au moyen d'une *colonne, d'ordre ionique*, qui semble avoir rapport au *sanctuaire* même d'*Éleusis*. Il est constaté en effet par des observations récentes, que le vestibule intérieur du grand temple d'Éleusis, sans compter les Propylées, était décoré d'un portique de colonnes ioniques[3]; et ce rapport qu'offre notre *ciste* avec le monument dont il s'agit, ne saurait paraître purement accidentel ou fortuit, quand la présence des divinités d'Éleusis en explique si positivement l'objet et l'intention. Un autre élément caractéristique, qui se rapporte au même ordre d'images symboliques, c'est le *vase lastral*, ἀπορραντήριον[4], recevant l'eau qui s'épanche d'un *mufle de lion;* vase manifestement placé ici, comme dans le sanctuaire même d'Éleusis, comme dans le vestibule des principaux temples grecs, pour indiquer la *lustra-*

(1) C'est également un *arc*, avec des *flèches*, que tient à la main cette figure, sur la gravure de M. Brondsted. Mais je crains qu'il n'y ait eu ici, comme dans le cas précédent, quelque méprise de la part du dessinateur. L'*arc* est un attribut étranger à *Bacchus*, et qui jure avec le *thyrse;* il en est de même de l'*arc* et des *flèches*, à la main de *Cérès* tenant le *porc mystique* de l'autre main.

(2) Rien n'est plus fréquent, chez les écrivains attiques, et particulièrement chez Aristophane, que ces allusions aux *porcs mystiques*, χοῖροι μυστικοί, *Acharn.* 764, χοιρία μυστικά, *ibid.* 747; cf. *Ran.* 341; *Pac.* 373, allusions dont le motif est expliqué par le Scholiaste, qui nous apprend, *in Acharn.* 747, et *Ran.* 341, que c'étaient là en effet les *victimes consacrées aux deux Déesses d'Éleusis;* cf. Hesych. *v.* Πορφυρόμαλα, τῶν ταῖς Θεαῖς τυθέντων ΧΟΙΡΩΝ τὰ κρέα; et l'on connaît, d'ailleurs, par le témoignage de S. Clément d'Alexandrie, *Protrept.* p. 14, II : τὰς ὗς τὰς Εὐβουλέως τὰς συγκαταποθείσας ταῖν Θεαῖν; cf. Pausan. IX, 8, I, le rôle que jouait cet animal mystique dans le culte secret d'Éleusis; voy. Lobeck. *de Spectac. myst.* I, p. 7, sqq.; Gerhard, *Prodrom.* p. 77, not. 57. De là la locution *porci sacres*, admise dans le langage théologique du vieux Latium, Plaut. *Men.* II, 2, 15; *Rud.* IV, 6, init., en même temps que les croyances religieuses auxquelles se rapporte cette locution liturgique, avaient été transplantées d'Éleusis à Préneste. Nous trouvons une autre expression tout aussi populaire des mêmes croyances religieuses, dans ces petites figures votives de terre cuite, représentant des *Femmes portant un porc mystique*, qui se rencontrent si fréquemment dans les tombeaux de la Grande-Grèce et de la Sicile, et qui ne sont pas rares non plus dans ceux du voisinage de Palestrine; voy. à ce sujet, Steinbüchel, *ein alt-Griechisches Vasengemahlde*, p. 17-18; Gerhard, *Prodrom.* p. 71, not. Il existe plusieurs de ces figurines, provenant de Camarina, dans notre cabinet des Antiques, lesquelles ont été publiées par Caylus, *Recueil* VI, pl. XXXVII; j'en ai vu un très-grand nombre à Catania, dans le musée du prince de Biscari; et j'en possède moi-même plusieurs, que j'ai rapportées de Sicile, une entre autres de très-ancien style, trouvée dans les ruines de Solonte. Le rapport de ces figurines votives avec les doctrines éleusiniennes ne saurait donc être révoqué en doute, non plus que l'extension que ce culte mystérieux avait reçue sur tout le domaine de la civilisation hellénique. Mais il n'en est que plus important de pouvoir constater ce double fait par un monument religieux du premier ordre, tel que notre *ciste*, trouvée dans le site même de l'antique Préneste. Sous un autre rapport, le *porc mystique* que Cérès-Déméter tient à la main, se recommande à l'attention des antiquaires; car il peut avoir aussi pour objet d'indiquer l'*expiation*, dont cet animal était devenu le symbole, attendu qu'il était la victime immolée en pareil cas; et il semble que, dans la doctrine de l'antiquité, cette expiation devait suivre nécessairement le *meurtre d'Astyanax* et le *sacrifice de Polyxène;* voici à ce sujet le témoignage du Scholiaste d'Apollonius, *ad Argonaut.* IV, 704 : Αὐτίκελον, τὸ καθάρσιον, ὅ ἐστι ΧΟΙΡΙΔΙΟΝ μικρὸν, ὅπερ οἱ ἁγνίζοντες θύοντες, τὰς χεῖρας τοῦ ἁγνιζομένου τῷ αἵματι αὐτοῦ βρέχουσιν.

(3) Voy. les *Antiq. inéd. de l'Attique*, traduites de l'anglais, et publiées avec de nombreuses et importantes additions, par M. Hittorff, chap. II, pl. XI, et chap. III, pl. II.

(4) Euripid. *Ion.* 435 : ἐλθὼν εἰς ἀπορραντήρια. Ces sortes de vases étaient le plus ordinairement placés dans le vestibule, ou le pronaos, des temples antiques; c'est du moins ce qui semble résulter du témoignage d'un écrivain grec, Synes. *Epistol.* CXXI : τὰ ἐν τοῖς προτεμενίσμασι χέρνιβα; conf. Athen. IX, § 76, 408, C. Il est fait mention d'un de ces vases, *d'or* et de la forme de *patère*, φιάλη, scellé sur une base, à l'entrée du Parthénon d'Athènes, sur une belle inscription attique, *apud* Boeckh. *Corp. inscr. gr.* n. 138, p. 188 : φιάλη χρυσῆ, ἐξ ἧς ἀπορραίνονται, ἄσταθμος; et plusieurs autres vases, *d'argent*, sans doute de forme semblable, et servant au même usage, ἀπορραντήρια ἀργυρᾶ, faisaient partie du *trésor* du Parthénon, ainsi que nous l'apprenons de quelques inscriptions attiques, une desquelles, apportée d'Athènes par feu M. le comte de Choiseul-Gouffier, et maintenant en ma possession, a été aussi publiée par M. Boeckh, *ibid.* n. 137. Le rit même de la *Lustration*, tel qu'il est indiqué sur notre *ciste*, est exprimé de la même manière, par un *vase lastral* recevant l'eau qui tombe d'un *mufle de lion*, sur un si grand nombre de monumens antiques, particulièrement dans la classe des vases peints, qu'il serait inutile d'en faire mention; mais je dois dire que ce rit, si important dans les religions helléniques, a fourni le principal motif du type des monnaies de *Caulonia*, ainsi que je crois être parvenu à le démontrer, à l'aide d'une de ces médailles, unique encore et inédite, que je possède, dans un mémoire particulier où j'ai exposé plusieurs des notions relatives à la *Lustration*, presque toutes fournies par des monumens numismatiques.

tion, καθαρμός, qui était le préliminaire obligé et un acte essentiel de toute participation aux mystères sacrés[1]. Un objet dont il n'est pas aussi facile de rendre compte, et qui doit pourtant avoir eu aussi quelque intention symbolique, c'est l'appendice qui surmonte chacune des colonnes du péristyle ionique, et qui consiste en *trois corps ovoïdes*, disposés comme autant de pyramides sur une base commune. Il est impossible de n'être pas frappé de l'analogie que présente un pareil objet, servant ici de couronnement à des stèles ioniques, avec les trois pyramides qui formaient la décoration principale des tombeaux étrusques, et dont j'ai fait connaître précédemment plus d'un exemple, en rapportant à la même intention et à la même origine les *sept œufs* érigés sur les *Phalæ* du Cirque[2]. Or, cet emblème de purification, figurant sur notre ciste, au-dessus d'une colonne d'ordre ionique, dont le motif funéraire ne saurait plus être révoqué en doute[3], à côté d'un *vase* et d'une *fontaine d'eau lustrale*, qui n'ont pas une signification moins certaine ni moins intimement liée au même ordre d'idées; cet emblème, disons-nous, acquiert à cette place, dans une représentation essentiellement mystique, telle que celle-ci, une intention positive et une importance archéologique, qui ajoutent encore au mérite de ce précieux monument, en même temps qu'elles confirment les idées que j'ai exposées ailleurs sur l'origine de la plupart des objets employés dans la célébration des jeux du Cirque.

Je supprime plus d'une observation à laquelle pourrait donner lieu le costume des personnages, particulièrement celui des divinités d'Éleusis, telles que les a représentées l'artiste latin, d'après les modèles grecs qu'il avait sous les yeux. Mais je ne puis m'empêcher de signaler à l'attention de mes lecteurs l'ornement qui règne, en guise de frise, au-dessus de la composition, de même que dans la partie inférieure de la *ciste*, et qui se compose de *palmettes* placées alternativement en sens inverse. Un pareil ornement rappelle d'une manière frappante celui qui figure à des places correspondantes, sur la plupart de ces beaux vases peints, de la forme d'*hydria*, qui se découvrent actuellement en si grand nombre dans le territoire étrusque des environs de Rome; et c'est là un de ces traits d'analogie, pour ainsi dire matériels, qui prouvent de plus en plus la source grecque où furent puisés les modèles de toutes ces productions des arts italiques.

(1) Voy. à ce sujet le passage classique de Démosthène, *pro Coron.* c. 79, p. 313, ed. Reisk., récemment commenté par M. Creuzer, *ein alt-Athenisch. Gefässe*, etc. pag. 46, not. 78, avec les témoignages à l'appui que ce savant y a réunis.

(2) Voy. *Achilléide*, p. 98, suiv.

(3) J'ai déjà eu trop d'occasions d'exposer mes idées sur l'intention funéraire qui présida dans le principe à l'emploi de l'ordre ionique, pour qu'il soit nécessaire de revenir encore sur ce sujet. Mais je ne puis m'empêcher d'observer que cette opinion a été soutenue en dernier lieu et développée d'une manière tout-à-fait systématique, dans un traité spécial sur l'origine et le caractère primitif des ordres grecs, dont l'auteur, M. Carelli, vient d'être enlevé à la science et à son pays; voy. sa *Dissertazione esegetica intorno all' origine ed al sistema della sacra Architettura presso i Greci*, p. 39, sqq., Napoli, 1831, fol. Je profite de cette occasion pour rendre hommage à la mémoire de ce savant, tout en déclarant que je ne puis approuver toutes ses idées sur le sujet important dont il s'agit.

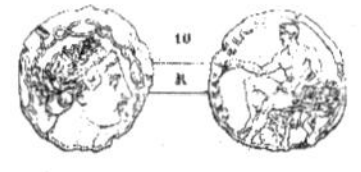

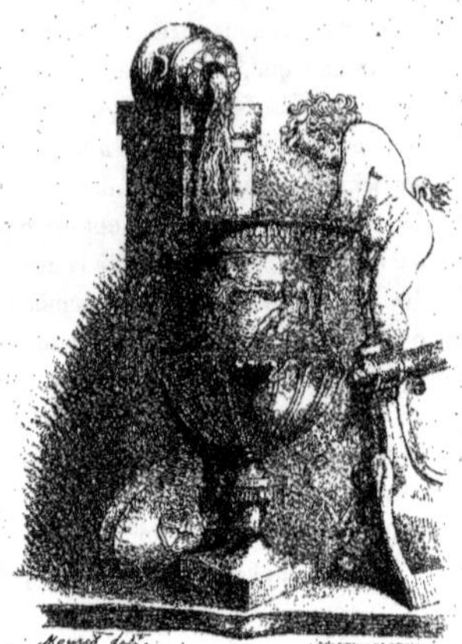

DEUXIÈME PARTIE.

§ I.

La *Réconciliation de Ménélas et d'Hélène* offrait, au milieu des scènes terribles ou pathétiques que produisit la chute de Troie, une de ces heureuses oppositions auxquelles l'art des Grecs ne resta jamais indifférent. Aussi apprenons-nous de Pausanias que, sur un de leurs plus anciens monumens, sur le coffre de Cypsélus[1], ce sujet avait été traité, sans doute sous sa forme la plus simple, dans une composition de deux figures, c'est à savoir: *Ménélas poursuivant Hélène*, avec des projets de vengeance qui devaient céder bientôt à des sentimens plus doux. C'est l'image que nous trouvons exprimée sur quelques vases peints[2], qui nous ont conservé

(1) Pausan. v, 18, 1: Μενέλαος δὲ θώρακά τε ἐνδεδυκὼς, καὶ ἔχων ξίφος ἔπεισιν Ἑλένην ἀποκτεῖναι, δῆλα ὡς ἁλισκομένης Ἰλίου.

(2) Un de ces vases, qui faisait partie de la seconde collection d'Hamilton, a été publié par Tischbein, IV, 50. Ménélas y poursuit Hélène, *avec le fer à la main*, ἔχων ξίφος : c'est en style graphique la traduction littérale du texte de Pausanias, et conséquemment la copie fidèle de la composition sculptée sur le coffre de Cypsélus; sauf le style, qui n'est pas celui de l'école primitive; voy. Zannoni, *Illustraz. di alc. vasi Hamilton*. § IV, p. 46, sgg. Un autre vase, qui avait appartenu à Tischbein lui-même, dans les *Monumens Homériques* duquel il a d'abord été publié, *Homer nach Antiken*, Menelaus, v, et qui depuis a passé dans la collection de Lamberg, où il est reproduit, II, XXXIV, 46-47, représente Ménélas au moment où, près d'atteindre Hélène, réfugiée à l'autel de ses dieux domestiques, il laisse échapper de sa main l'instrument de sa vengeance; c'est un trait qui semble avoir été ajouté au type primitif; ce qui n'empêche pas que l'auteur de cette peinture, remarquable par une certaine rigidité de dessin, ou par une sorte d'affectation du style antique, n'ait dû avoir sous les yeux, ou dans la pensée, une image de la composition du coffre de Cypsélus, ainsi qu'en ont jugé quelques antiquaires, entre autres M. Meyer, Winckelmann's *Werke*, VI, 2, 12, et *Geschichte der bild. Künste, Abbild.*, 1, 3. Il existe, dans le musée de Naples, une répétition de cette peinture, réduite aux deux personnages qui y figuraient originairement, sans *l'autel* et sans la *statuette* dressée sur une colonne; voy. *Neapels ant. Bildwerke*, I, 378, n. 2060; cette peinture, d'une exécution moins soignée, est aussi d'une époque plus récente. Je ne parle pas de celle que Millin a publiée dans ses *Monum. inéd.* t. II, pl. XXXIX, p. 306, et qu'il a reproduite dans sa *Galer. mythol.* pl. CLI, n. 612, comme tirée d'un vase de la collection du Chan. Zuppi, à Naples, collection qui n'a jamais existé à Naples, non plus que le Chan. Zuppi; cette peinture n'est qu'une contrefaçon de celle de Tischbein, due à la même main qui a plus d'une fois abusé de la confiance de Millin par des supercheries de cette espèce; voy. les exemples que j'en ai déjà cités, *Orestéide*, p. 178.

une réminiscence fidèle de ce type primitif, avec une variante, où l'on reconnaît le génie d'une civilisation plus avancée, avec l'*épée* qui échappe de la main de Ménélas, pour indiquer l'effet que produit sur l'époux irrité l'apparition des charmes d'Hélène : motif ingénieux, qui ne devait pas se trouver dans la composition originale, et qui semble avoir été inspiré par Euripide[1] aux artistes d'une autre époque.

Ce type ne tarda pas à recevoir des modifications plus graves, à mesure qu'il se produisit sous des formes plus compliquées. J'ai déjà eu occasion de parler des nombreuses peintures de vases grecs offrant un *jeune Héros qui poursuit une Femme effrayée*, et qu'on avait cru pouvoir, avec plus ou moins de fondement, rapporter au même sujet[2]. En proposant à mon tour une explication différente de ces peintures, qui me paraissait plus propre à rendre compte de toutes les variantes du sujet principal, je ne me suis pas dissimulé qu'on pourrait y voir dans le plus grand nombre des cas, celui où la composition est réduite à deux figures, une image en rapport avec un des usages caractéristiques de la civilisation grecque, l'*enlèvement des jeunes filles avant le mariage*, ἁρπαγμός[3], et conséquemment un *type nuptial* parfaitement approprié à la nature de la plupart de ces vases, qui étaient des *présens de noces*, γαμήλια. Quoi qu'il en soit à cet égard, je ne m'occuperai ici que des compositions relatives à la *réconciliation de Ménélas et d'Hélène,* qui offrent, à mes yeux, un sujet bien déterminé, avec un caractère proprement historique. Je ne puis admettre avec certitude dans cette catégorie un vase de la collection de M. le prince de Canino, que je ne connais que par une description, malheureusement trop insuffisante[4]. On y voit un *Guerrier* poursuivant, le *fer en main*, une *Femme* qui fuit devant lui; il est accompagné de *Minerve* et de *Mercure*, dont l'intervention, dans une scène semblable, suffit pour élever cette peinture au rang des sujets héroïques; et la présence d'un cinquième personnage, *guidant deux chevaux*, rappelle un personnage tout pareil qui accompagne *Ménélas*, MENELEOS, sur un autre vase de Canino[5], et qui s'y trouve désigné par un *nom*, d'accord avec son *emploi*, IVXSIΓΓOS, pour Ζεύξιππος[6]. Je me crois plus fondé à exclure du nombre des peintures qui représentent ce trait mythologique, un vase du musée de Naples, où le célèbre abbé Lanzi avait cru voir *Hélène cherchant près d'un tombeau un refuge contre le ressentiment de Ménélas*[7], où l'on pourrait, avec plus de vraisemblance, voir *Polyxène près d'être immolée par Néoptolème sur le tombeau d'Achille;* mais qui n'offre sans doute qu'une de ces images générales dont le type était pris dans les mœurs nationales, plutôt encore que dans les traditions mythologiques.

Je serais disposé à porter le même jugement au sujet d'une peinture, assez souvent reproduite sur des vases de fabrique différente, consistant en un *Héros*, tantôt *imberbe* et tantôt

(1) Euripid. *Andromach.* 628-33.

(2) Voy. *Achilléide*, p. 11, suiv.

(3) Strabon. x, 483 : ὁ ἐκ Κρήτης καλούμενος ἁρπαγμός. C'était un usage essentiellement spartiate, Plutarch. *in Lycurg.* p. 48, D; cf. *de Liber. educand.* p. 11 ; et voilà pourquoi l'*enlèvement des Leucippides* est présenté par Pausanias comme un véritable *mariage*, γάμον, I, 18, 1. Sur ce trait de mœurs antiques, et sur ses nombreuses applications, une desquelles se rencontre sans doute dans l'*enlèvement des Sabines*, Festus, *v. Rapi*, voyez les observations de M. Welcker, *über eine Kret. Kolonie in Theben*, S. 69-70.

(4) *Catalogo di scelte antichità*, etc. p. 44, n. 623.

(5) *Ibid.* p. 155, n. 1757.

(6) Voy. ma *Notice sur les antiquités de Canino*, p. 14.

(7) Ce vase, trouvé dans un des tombeaux de Pæstum (Nicolas, *Memor. sui monum. di antichità*, etc. p. 338), et conservé actuellement au musée royal Bourbon, a fourni le sujet d'une *lettre* posthume de Lanzi, imprimée dans la *Nuova collezione di Opuscoli* de M. Inghirami, t. I, p. 4, sgg. ; il a été reproduit, avec un extrait de cette lettre de Lanzi, dans le recueil même de M. Inghirami, *Monum. etr.* Ser. V, tav. XLVI, p. 462-68. M. Jorio, qui en fait mention dans sa seconde lettre *sul metodo degli Antichi nel dipingere i vasi*, p. 22, n'y voit qu'un *sujet sépulcral*. Du reste, je remarque que tous ces antiquaires se sont accordés à voir ici un *tombeau*, sous la forme d'une *colonne ionique*.

barbu, qui conduit par la main une *Femme* en costume de matrone grecque. Un de ces vases, de la forme de lékythos, de fabrique de Locres, a été publié par M. Millingen[1], qui a pu y voir, avec quelque raison, la *réconciliation de Ménélas et d'Hélène,* d'après l'inscription MENELEOS, qui accompagne le héros grec; ce qui n'empêche pas que d'autres antiquaires y aient vu, avec tout autant de probabilité, le *mariage même de Ménélas et d'Hélène*[2]; tandis que sur d'autres vases, où le même sujet est représenté, mais sans inscription[3], on a cru reconnaître les *noces de Mars et de Vénus,* telles qu'elles étaient figurées sur le coffre de Cypsélus[4], ou bien une simple scène nuptiale[5], celle qui avait rapport à la marche de la *Mariée* conduite par la main de son *Époux* à la maison conjugale, et qui était désignée, dans le langage attique, par le mot ἐπαύλια[6]. Et il se pourrait, en effet, que ce trait de mœurs grecques ait été représenté sur les vases dont il s'agit, tantôt sous le costume héroïque, avec les personnages de *Mars et de Vénus,* ou de *Ménélas et d'Hélène,* tantôt d'une manière générale, avec des personnages pris dans l'ordre commun, sans qu'il résultât de ces deux manières différentes d'exprimer la même idée, la contradiction ou la difficulté qu'on a cru y trouver.

Mais il n'en est pas de même, si je ne me trompe, d'une composition fort remarquable qui orne le principal côté d'un vase de la collection du prince de Biscari[7], à Catania. Ce vase a été publié deux fois dans le recueil de Passeri[8] et dans celui d'Hamilton[9], mais toujours d'une manière bien peu fidèle, et sans qu'on en ait encore donné une explication satisfaisante. La représentation se compose de huit figures; deux desquelles, rejetées dans le plan supérieur, se reconnaissent, à cette position même et à d'autres indices caractéristiques, tels que le *laurier,* pour *Apollon,* assis vis-à-vis de sa *Prêtresse,* assise aussi, ou de *Pytho* personnifiée, qui lui présente une *patère.* C'est dans le plan inférieur de la peinture que se passe, comme à l'ordinaire, la scène historique. Le personnage qui en occupe le milieu est une *Femme,* richement vêtue, avec son péplus qui l'enveloppe tout entière, tenant ses deux mains appuyées, d'une manière suppliante, sur un *autel,* où elle est assise. Cette attitude expressive et neuve convient parfaitement à *Hélène,* réfugiée sur l'autel domestique contre la colère de *Ménélas;* et les autres personnages ne s'expliquent pas moins bien dans cette hypothèse. La *Femme* debout près d'Hélène, montrant ses *cheveux blancs* sous le voile dont elle est couverte, pourrait être *Hécube,* qui reproche à l'épouse infidèle de Ménélas les malheurs de Troie et ceux de

(1) Millingen, *Anc. uned. monum.* pl. XXXII.

(2) *Mus. Bartold.* p. 101-104.

(3) Un de ces vases, provenant des fouilles de Canino, est publié dans les *Monum. dell' Instit. archeol.* tav. XXVII, 26; d'autres sont décrits dans le *Rapport* de M. Éd. Gerhard, p. 154, not. 415.

(4) Pausan. V, 18, 1 : Ἄρης ὅπλα ἐνδεδυκὼς Ἀφροδίτην ἄγων. On ne peut nier que cette indication de Pausanias ne se prête très-bien à l'application qu'en a faite l'auteur des *Recherches sur les noms des vases,* p. 39, not. 1, au sujet représenté sur les vases dont il s'agit, et je n'approuve pas la critique de M. Gerhard, qui trouve cette *association* des dieux nationaux de Rome sans exemple sur des peintures grecques, et cette supposition *arbitraire;* car *l'association* de *Mars et de Vénus* est un fait établi par un monument grec de la plus haute autorité, et conséquemment d'une manière qui n'a rien d'*arbitraire.*

(5) Gerhard, *Rapporto,* etc. p. 154, not. 415.

(6) Hesych. *v.* Ἐπαύλια; cf. Interpr. *ad h. v.* Le jour où avait lieu cette cérémonie s'appelait aussi Ἀνακαλυπτήριον, Suid. *h. v.;* cf. Interpr. *ad* Alciphr. III, 49; et l'idée d'*enlèvement* s'y trouvait toujours associée, témoin ce passage de Longin, *de Sublim.* IV, 5 : Ἁρπάζειν ἀνεψίαν ἐκ τῶν Ἀνακαλυπτηρίων; vid. Toup. *ad* Longin. p. 252, ed. Weisk.

(7) Il en est fait mention dans la *Descrizione del museo d' Antiquaria del Pr. di Biscari,* par Sestini, p. 10. Il y est dit que ce vase, comme la plupart de ceux de la même collection, avait été acquis à Naples; et j'ai pu me convaincre en effet par moi-même qu'ils appartiennent presque tous, et celui-ci en particulier, aux fabriques de la Grande-Grèce.

(8) Passer. *Pictur. Etr. in Vasc.* I, XXXV, XXXVI. Passeri voit ici une scène nuptiale, *l'épouse parée après le bain.* Il est inutile de réfuter aujourd'hui une pareille explication.

(9) *Antiq. d'Hamilton,* t. III, pl. 47.

sa famille, ou bien *Æthra*, qui a vieilli près d'elle dans la captivité[1]; de l'autre côté, le *Héros*, armé d'une *double lance*, dans une attitude qui indique habituellement, sur les vases peints, un entretien animé, est sans doute *Ménélas*, qui a renoncé à ses idées de vengeance, et qui a recours à la persuasion pour triompher des craintes ou des souvenirs d'Hélène; et cette intention est rendue plus sensible encore par la présence d'*Éros ailé*, qui vole entre les deux personnages, avec une *bandelette* qu'il tient des deux mains, déployée du côté d'Hélène. L'objet de cette représentation serait donc la *réconciliation de Ménélas et d'Hélène*, telle qu'elle avait pu être produite à la plus belle époque de l'art; et dans cette hypothèse, les deux figures accessoires placées aux deux extrémités de la composition, l'une desquelles tient les deux meubles essentiels dans la toilette des femmes grecques, l'*éventail* et la *pyxis*, n'auraient pas besoin d'explication d'après le rapport évident qu'offrent de pareils personnages avec le sujet en question.

Si je ne me suis pas trompé dans l'interprétation de cette peinture grecque, je crois pouvoir, avec encore plus d'assurance, reconnaître le même sujet sur un bas-relief d'une urne étrusque inédite, du musée public de Volterra[2]. La composition est une des plus remarquables en soi que je connaisse sur cette sorte de monumens; et c'est aussi l'une des plus rares, car je ne sache pas qu'il en existe une seule répétition; à tous ces titres, le monument qui la présente, et qui joint au mérite d'une exécution soignée celui d'une bonne conservation, se recommande à l'intérêt des antiquaires. Le groupe principal, composé de cinq personnages, offre une action animée dont une *Femme* est évidemment l'objet, et dans laquelle elle remplit le rôle le plus important. Cette femme vient de se réfugier sur un *autel;* son attitude, d'accord avec sa physionomie, exprime la frayeur dont elle est saisie; à de pareils traits, il semble qu'on ne puisse méconnaître *Hélène*, dans la position où nous l'avons déjà vue. Du reste, la richesse de son costume, et particulièrement le *diadème* qui orne son front, conviennent parfaitement à ce personnage. C'est ce qui résulte encore, avec la dernière évidence, du mouvement des autres personnages, et de la part que prend chacun d'eux à l'action représentée. Le *Héros, nu*, à la réserve d'une chlamyde flottante sur son bras gauche, armé d'un glaive nu dans la main droite, qui se précipite vers Hélène dans une attitude si menaçante, est évidemment *Ménélas*, emporté par le désir de la vengeance, tel que nous le représente un poète grec[3], et tel que nous l'ont déjà offert nos vases peints. Mais la tradition exprimée par l'artiste étrusque se rapproche davantage de celle qu'avait suivie Quintus de Smyrne, et cela dans un point essentiel, dans l'action des deux personnages qui retiennent Ménélas et l'empêchent d'exécuter son funeste dessein; c'est à savoir, *Agamemnon*, dont l'intervention est indiquée par Quintus de Smyrne[4], et qui est assisté ici d'un second personnage, d'une condition inférieure et d'une taille inégale. C'est aussi dans la même tradition qu'est puisé le motif de la figure du *Génie ailé*, debout près d'Hélène, tenant des deux mains un glaive qu'il vient de remettre dans le fourreau : image ingénieuse, qui répond à l'apparition de Vénus faisant tomber le fer des mains de l'époux irrité, telle qu'elle est décrite par le

(1) Je rappelle à cette occasion que sur le coffre de Cypsélus était figurée Hélène ramenée d'Athènes par ses frères, avec *Æthra à ses pieds*, Pausan. v, 19, 1. Le même personnage, dans le vêtement de la captivité, et avec la chevelure rasée, en signe de deuil, figurait aussi *près d'Hélène* dans la grande peinture de Polygnote, à Delphes, Pausan. x, 25, 3; et la *vieille Æthra* se retrouve encore, dans la même position, jusque sur la *Table Iliaque*.

(2) Planche LIX, 1.

(3) Quint. Smyrn. *Post-Hom.* XIII, 385-414.

(4) Idem, *ibid.* v. 406 : Καὶ τότε μιν κατέρυξεν ἀδελφεὸς ἱέμενόν περ.

poète[1], et exprimée sur les vases, et qui nous offre de plus, dans l'intervention même de ce *Génie*, représenté absolument sous les mêmes traits que l'*Éros* grec, une figure neuve et un motif original sur les monumens de l'Étrurie.

Mais c'est sur-tout le groupe de deux figures, répété symétriquement aux deux extrémités de notre bas-relief étrusque, qui me paraît mériter au plus haut degré l'attention des antiquaires, par les images tout-à-fait nouvelles et singulièrement curieuses qu'il présente. Ce groupe se compose de deux figures, dont l'une, *virile* et agenouillée sur le plan inférieur, a le *bas du corps couvert de feuilles de plantes aquatiques*, l'autre, qui semble s'appuyer sur la première, dans une région supérieure, est celle d'une *Femme* enveloppée d'un péplus. D'un côté, l'homme à double nature tient de la main droite une *rame*, attribut qui dut servir à le caractériser comme un *Fleuve*; il a le haut du corps et une partie du visage couverts d'un péplus, d'une manière qui a certainement quelque intention symbolique. De l'autre côté, cet homme est *barbu*, et il tient à la main une espèce de *disque* ou de corps rond, qui paraît être un symbole local. S'il est difficile de ne pas reconnaître à tous ces traits, dans l'*Homme* en partie couvert de *feuilles de plantes aquatiques*, un *Fleuve* personnifié, il semble qu'on ne puisse guère non plus se refuser à voir, dans la *Femme* placée au-dessus, une *Nymphe locale*. Le groupe entier s'expliquerait alors de la manière la plus plausible, d'un côté, par le *Xanthe* et la *Nymphe de l'Ida*[2]; de l'autre, par l'*Eurotas* et la *Nymphe du Taygète*[3]; et l'idée de ces deux groupes, ainsi placés aux deux extrémités d'une composition relative à la réconciliation de Ménélas et d'Hélène, serait certainement aussi heureuse que naturelle. Nous allons voir cette idée justifiée par des monumens qui achèveront de la mettre en évidence.

Il importe d'établir d'abord que c'est bien un *Fleuve* en général, et le *Xanthe* en particulier, qui est représenté, sur notre bas-relief étrusque, par une figure d'*homme avec cet appendice de plantes aquatiques*. A cet égard, le témoignage le plus décisif que je puisse produire est celui d'autres monumens étrusques du même genre, où le même personnage, le *Xanthe* personnifié, est figuré de la même manière. Or, il existe dans le musée public de Volterra deux de ces urnes sépulcrales, en albâtre de ce pays, comme la nôtre, sur lesquelles se trouve réalisée, par la main d'un ancien artiste de l'Étrurie, l'une des scènes les plus poétiques de l'Iliade, celle où *Achille* poursuit les malheureux Troyens jusque dans le lit du *Xanthe*, qui, apparaissant tout-à-coup sous une forme humaine, et se dressant, indigné à l'aspect de cet horrible carnage, reproche au fils de Pélée les nombreux cadavres d'hommes et de chevaux dont il a rempli son onde sacrée[4]. Sur ces deux bas-reliefs[5], qui paraissent

(1) Quint. Smyrn. *Post-Hom.* XIII, 389-90 :

> Εἰ μή οἱ κατέρυξε βίην ἐρόεσσ' Ἀφροδίτη
> Ἥ ῥά οἱ ἐκ χειρῶν ἔβαλε ξίφος.

(2) L'existence mythologique de la *Nymphe de l'Ida*, Νύμφης Ἰδαίας, est prouvée par la tradition nationale qui faisait remonter à cette nymphe, épouse du *fleuve Scamandre*, ποταμοῦ Σκαμάνδρου, l'origine de la dynastie troyenne; Apollodor. III, 12, 1. Nous avons déjà vu cette personnification réalisée sur un monument de l'art, sur une médaille de Scepsis; voy. plus haut, p. 262, not. 3; et je rappelle à cette occasion un passage de Quintus de Smyrne qui offre une image tout-à-fait équivalente à celle de notre bas-relief, *Post-Homer.* XIV, 80-82 :

> Ὣς ἄρα καὶ ΞΑΝΘΟΙΟ περὶ φρένας ἤλυθεν ἄλγος
> Ἰλίου αἰθομένοιο· ἔχεν δέ μιν αἰὲν ὀϊζύς,
> Ἀθάνατόν περ ἐόντα· μακρὴ δ' ἀμφέστενεν ἼΔΗ.

(3) C'est à ces deux personnages mythologiques que se rattachaient aussi les origines lacédémoniennes; vid. Apollodor. III, 10, 3, cum *not.* Heyn. 691; et Pausan. III, 1, 2; add. Schol. Euripid. *ad Orest.* 626.

(4) Homer. *Iliad.* XXI, 211-13 :

> Καί νύ κ' ἔτι πλέονας κτάνε Παίονας ὠκὺς Ἀχιλλεύς,
> Εἰ μὴ χωσάμενος προσέφη ΠΟΤΑΜΟΣ βαθυδίνης,
> ἈΝΕΡΙ ΕἸΣΑΜΕΝΟΣ, βαθέης δ' ἐκ φθέγξατο δίνης.

(5) L'un de ces bas-reliefs, qui appartint d'abord au prélat

avoir été exécutés d'après un même modèle, bien qu'il s'y trouve quelques variantes de détail, le *Xanthe* est représenté par une demi-figure d'*Homme barbu, terminée en deux rinceaux de plantes aquatiques,* et de plus avec des *ailes aux épaules*, sans doute par allusion à la rapidité de son cours[1]. Une figure d'*Homme couché,* au-dessus de laquelle le Fleuve étend un *bouclier,* exprime la circonstance homérique du Xanthe cherchant à sauver les vaincus qui respirent encore, en les cachant dans les profondeurs de son lit[2]; tandis que le *Quadrige* et le *Guerrier à demi submergés* représentent la foule des Troyens qui se sont précipités dans les eaux du fleuve[3]. Les principaux traits du récit homérique, avec la figure d'*Achille*, guidé par une *Furie vengeresse,* et avec les *murs de Troie* munis de tours, pour indiquer le lieu de la scène, sont donc rendus ici par l'artiste étrusque de la manière la plus conforme aux données grecques les plus pures; et l'on peut, en comparant ces bas-reliefs avec celui de la *Table Iliaque*, qui est relative au même sujet[4], et avec la peinture du manuscrit de l'Iliade, représentant la scène qui suit immédiatement[5], l'on peut, dis-je, juger qui, des Étrusques ou des Romains du temps de l'empire, se tenaient encore, dans les œuvres de l'imitation, le plus près des traditions homériques.

Cette induction, qui n'est pas sans quelque importance pour l'histoire de l'art, et qui se trouve d'ailleurs justifiée par la manière dont étaient représentés, sur les monumens de l'art grec, des êtres du même ordre, tels que les *Tritons*[6], ressort encore plus manifestement, s'il est possible, de la confrontation de nos bas-reliefs étrusques avec un monument purement grec, que je m'estime heureux de pouvoir signaler ici à l'attention des antiquaires. C'est un sarcophage de marbre grec, de plus de six pieds de long dans œuvre, qui fut découvert il y a quelques années dans la Laconie, sur la rive gauche d'une petite rivière qui se jette dans l'Eurotas, à une lieue environ du théâtre de Sparte, tout près de l'ancien Plataniste. Ce sarcophage, qui était resté long-temps couvert par les alluvions, se trouvait intact; les bas-reliefs dont il avait été orné sur ses quatre faces étaient d'une conservation parfaite; malheureusement le papas du lieu cherchait alors des matériaux pour restaurer sa chétive église; et comme c'est toujours aux dépens des marbres antiques que se font là et ailleurs ces déplorables restaurations, cet homme se mit à briser toute la partie supérieure du sarcophage pour en faire de la chaux. Il ne restait donc plus de ce précieux monument que la partie inférieure, qui allait être détruite de la même manière, quand l'arrivée d'un de nos voyageurs français en Morée, M. Vietty, fit tomber le marteau des mains de ce

Guarnacci, a été publié dans ses *Origini italiche*, lib. VI, c. 3, t. II, p. 174, mais de manière à ce qu'il fût à-peu-près impossible d'en reconnaître le sujet, dont l'intelligence échappa à Guarnacci lui-même. Ce bas-relief se voit maintenant au musée public de Volterra, aussi bien que le second, qui était resté inédit; et l'un et l'autre viennent d'être publiés, on peut dire également de tous deux, pour la première fois, par M. Inghirami, *Galler. omer.* tav. CXCII et CXCIII, t. II, p. 151-153.

(1) Ces *ailes aux épaules* remplissent sans doute, dans le système iconographique étrusque, dérivé en grande partie du symbolisme oriental, le même objet que les *cornes naissantes* à la tête des figures de Fleuves, sur les monumens grecs de la haute époque de l'art.

(2) Homer. *Iliad.* XXI, 238 : Ζωοὺς δ' ἐσάω κατὰ καλὰ ῥέεθρα.

(3) Idem, *ibid.* 7-9 : Ἐς ποταμὸν εἰλεῦντο βαθύῤῥοον, κ. τ. λ.

(4) *Tab. Iliac.* n. 58 : ΣΚΑΜΑΝΔΡΟΣ.

(5) *Iliad. Fragm. et Pictur.* tab. LIII, ed. A. Maii; Inghirami, *Galler. omer.* tav. CXCVI, t. II, p. 156-157.

(6) On sait que ces êtres à double nature, dont Pausanias fait une description détaillée, à l'occasion d'une belle statue de *Triton,* ouvrage de Calamis, qui se voyait dans un temple de Tanagra, IX, 20, 4, et 21, 1, étaient habituellement représentés avec un buste humain, des *écailles* ou des *feuilles d'algues marines à la ceinture*, et *des queues de poissons*, ὑπὸ δὲ στέρνον καὶ τὴν γαστέρα οὐρά σφισιν ἀντὶ ποδῶν. C'est en effet de cette manière qu'on les trouve figurés sur beaucoup de marbres antiques, Pacciaudi, *Monum. Peloponn.* I, 144; add. *Marmor. Taurin.* XII, 157, sqq., parmi lesquels je citerai sur-tout un fragment d'une belle statue, de style grec, qui se voyait au palais Grimani, à Venise, et qui offrait beaucoup d'analogie avec la figure de l'Eurotas, du sarcophage de Sparte.

barbare. Il consentit, sur les représentations qui lui furent faites, à épargner le reste du sarcophage, que M. Vietty put dessiner, avec tout le soin dont il était capable, quoique avec beaucoup de peine, dans l'état où était réduit ce monument. C'est ainsi que ce qui en restait fut conservé à la science, si toutefois ce reste même, échappé accidentellement à la destruction, n'a pas subi, depuis le départ de notre compatriote, le sort qui le menaçait; et peut-être qu'à l'heure qu'il est il ne subsiste plus, d'un des plus beaux monumens de l'art antique, retrouvé sur le sol même de Sparte, que le dessin dû à la patience et à l'habileté de M. Vietty.

C'est à ce voyageur, qui joint les talens d'un artiste aux connaissances d'un antiquaire, qu'il appartient de publier, avec tous les détails relatifs à sa découverte, un monument qu'il n'a pas dépendu de lui de sauver tout entier; et c'est de lui seul que nous devons attendre aussi une représentation vraiment digne du modèle. Mais en attendant cette publication importante, le dessin dont j'ai dû la communication à M. Vietty peut me servir à compléter l'explication de nos bas-reliefs étrusques; et c'est une obligation qu'il m'est d'autant plus doux de contracter envers M. Vietty, et que je me plais d'autant plus à reconnaître, que mes lecteurs la partageront avec moi.

Le sarcophage en question[1] était, comme je l'ai déjà dit, sculpté sur ses quatre faces; mais deux seulement de ces bas-reliefs avaient été terminés; les deux autres étaient restés à l'état d'ébauche, encore à un degré différent, c'est à savoir, le côté postérieur, qui n'était réellement qu'ébauché, et l'un des petits côtés, dont le travail semblait avoir été un peu plus avancé. Mais la face principale et le petit côté qui s'y joignait offraient encore, dans l'état de mutilation où ils se trouvaient réduits, un rare mérite d'exécution. Suivant le témoignage de M. Vietty, si bon juge en cette matière, le style de la sculpture est large et grandiose, l'exécution ferme et soignée, le goût véritablement hellénique; et, ce qui achève de nous en donner la plus haute idée, c'est ce qu'ajoute notre voyageur, que, sans la barbarie du papas, nous aurions eu dans ce sarcophage le plus beau et le plus précieux qu'on connaisse, en même temps qu'un monument authentique et un excellent morceau de la sculpture lacédémonienne. Je rappelle, à cette occasion, que nous possédions déjà un sarcophage, provenant aussi des ruines de Sparte, pareillement sculpté sur les quatre faces, et d'un travail excellent[2]; en sorte que les deux plus beaux sarcophages qui soient encore connus, et les seuls qui émanent certainement d'une école grecque, appartiennent à l'antique Laconie; ce qui est encore une notion curieuse à constater dans l'histoire de l'art. Un bloc informe de marbre, qui gisait à côté de notre sarcophage, et qui semblait avoir été une statue de femme couchée, de grandeur naturelle, fit naître à M. Vietty l'idée fort vraisemblable que cette statue avait dû être posée sur le couvercle du sarcophage; et de cette circonstance, ainsi que de la place même où fut trouvé ce tombeau, à peu de distance du Plataniste, il crut pouvoir en inférer que c'était là le monument érigé à Cyniska, fille d'Archidamas, et indiqué à cet endroit par

(1) Voy. pl. LIX, n°s 2, 3, 4 et 5.

(2) Ce sarcophage existe depuis long-temps à Vienne; et, suivant une tradition généralement reçue, il avait été trouvé dans les ruines de Sparte, et il fut apporté à Vienne par don Juan d'Autriche, après la fameuse bataille de Lépante. On le voit gravé dans le recueil de Moses, *Collection of antique Vases*, pl. 133, comme provenant d'Éphèse; notion qui ne repose sur aucune autorité, et qui ne méritait pas d'être accueillie par M. Ott. Müller, *Comment. de Sign. Vatic. Myrin. Amazon.* p. 16, *e*). La meilleure estampe qui ait été publiée d'après ce beau monument, est sans contredit celle de M. Bouillon, *Mus. des Antiq.* t. II, pl. 93; et la circonstance que deux des côtés de ce sarcophage ne sont que des répétitions des deux autres, d'une exécution moins soignée et moins avancée, est un motif de plus à l'appui de sa provenance lacédémonienne, d'après le rapport qu'offre cette circonstance avec l'état de notre sarcophage.

Pausanias[1]. Quoi qu'il en soit de cette conjecture, que notre voyageur s'est réservé de justifier par des raisons qui lui sont propres, je n'ai à m'occuper ici que du bas-relief sculpté sur la face antérieure, où il reconnut le sujet homérique d'*Achille massacrant les Troyens dans les eaux du Scamandre;* c'est là en effet une heureuse idée de M. Vietty, à laquelle j'adhère pleinement, et qu'il ne me sera pas difficile d'établir.

Le sujet est évidemment un combat[2], dont la scène principale se développe sur la face antérieure du monument, et dont les épisodes sont rejetés, à droite et à gauche, sur les deux faces latérales. En ne considérant que le premier de ces bas-reliefs, où se trouve en effet tout l'intérêt de la représentation, on y distingue encore, dans la partie à droite du spectateur, *deux figures d'Hommes nus,* l'un desquels se soulève à moitié sur le sol où il s'appuie; l'autre, dont on n'aperçoit que le dos et la tête renversés, gît entre les jambes d'un *Guerrier* qui semble poursuivre d'un pas rapide une victoire vivement disputée; c'est *Achille,* porté en quelque sorte sur les cadavres des Troyens, auxquels il n'a plus laissé de refuge que dans les eaux du Xanthe, et arrêté précisément à cet endroit par le débordement du fleuve. Le *Xanthe* se reconnaît sous les traits d'un *Homme nu* jusqu'à la ceinture, et couvert en cette partie de *feuilles de plantes aquatiques,* étendant un de ses bras au-dessus d'un *Guerrier* submergé dans ses *flots,* où nagent des débris de *chars fracassés.* Il serait impossible d'exprimer d'une manière plus sensible les principales circonstances du récit homérique que ne l'a fait ici l'artiste grec au moyen d'un si petit nombre de traits caractéristiques; au point que, malgré la mutilation de son ouvrage, réduit dans un si misérable état, on y reconnaît encore sa pensée tout entière. Mais un dernier trait, qui n'est malheureusement pas le moins maltraité par la barbarie du Grec moderne, et qui n'est pas non plus le moins intéressant par le rapport frappant qu'il offre avec notre bas-relief étrusque, c'est la figure de *Femme,* assise auprès du Xanthe, sur un plan plus élevé, laquelle ne saurait représenter ici que la *Nymphe de l'Ida,* placée dans une région supérieure au fleuve, comme à la source même de ce fleuve; d'où l'on voit que c'est aux plus pures traditions du goût hellénique que l'artiste étrusque, à qui nous devons le bas-relief de la réconciliation de Ménélas et d'Hélène, avait puisé le motif et les principaux élémens de cette composition.

Maintenant qu'il ne saurait plus, à mon avis, rester de doutes sur le sujet qu'elle représente, ni sur celui des deux groupes qui en occupent les deux extrémités, il semble qu'il

(1) Pausan. III, 15, 1 : Πρὸς δὲ τῷ Πλατανιστᾷ καὶ Κυνίσκας ἐστὶν Ἡρῷον. D'après l'expression Ἡρῷον employée ici par Pausanias, j'aurais peine à voir le monument de Cyniska dans un sarcophage tel que le nôtre, surmonté d'une statue couchée. Je suis encore moins disposé à reconnaître, avec quelques antiquaires, notamment feu M. Carelli, *Dissertaz. intorno all' origin. della sacr. Architett.* p. 62, tav. VI, 1, l'*Hérôon* de Cyniska, sur un vase peint publié par Tischbein, où la *colonne ionique* dressée dans le champ, avec une *Figure de Femme* guidant un *quadrige,* ne représente en réalité qu'une *célébration de jeux funèbres,* réduite à son expression la plus simple.

(2) Ce *combat,* tel qu'il est représenté sur la face principale, n. 2, et sur les deux petits côtés, n°s 3 et 5, répond exactement à l'image homérique, *Iliad.* XXI, 16 : πλῆτο ῥόος κελάδων ἐπιμὶξ ΙΠΠΩΝ τε καὶ ΑΝΔΡΩΝ; cf. *ibid.* 218. Quant au bas-relief sculpté sur la face postérieure, n. 4, et qui n'avait été qu'ébauché, il est bien difficile, dans l'état de mutilation où il est réduit, d'en découvrir le sujet. Mais ce qui ajoute encore au regret que doit causer un pareil acte de barbarie, c'est que ce bas-relief, à en juger d'après ce qui reste de *trois figures de Femmes* et de celle d'un *Héros assis* sur un *siége,* avec un *cheval* qui se baisse pour boire entre les jambes de ce personnage, devait offrir une représentation neuve et curieuse. En ce qui concerne le mérite de l'exécution, c'est sur-tout dans le bas-relief, n. 5, que ce mérite se rencontre au plus haut degré, suivant le témoignage de M. Vietty; c'est, à son avis, un morceau de la plus belle sculpture grecque et de la meilleure époque de l'art. La frise, consistant en *rinceaux de feuillages,* parmi lesquels sont sculptées des parties antérieures d'animaux symboliques, tels que des *lions* et des *loups* opposés à des *cerfs* et à des *lièvres,* rappelle le système d'ornement suivi sur tant de vases peints, où de pareils groupes d'animaux symboliques sont mis en rapport avec le sujet principal, suivant une idée lumineuse de M. le duc de Luynes, *Annal. de l'Instit. archéol.* t. I, p. 281; et du reste, il paraît que l'exécution de cette frise est aussi d'un excellent travail grec.

soit facile d'arriver à la détermination exacte de chacun de ces groupes. Ainsi, ce doit être le *Xanthe* qui figure dans le groupe placé à la gauche du spectateur, avec la *tête en partie voilée*, en signe de deuil[1]; image expressive, qui répond si bien en effet à la situation de ce fleuve. Par la même raison, c'est l'*Eurotas* qui se reconnaît, à la place opposée, sous la figure du *Fleuve barbu*, tel que ce même fleuve est représenté sur d'autres monumens antiques[2], sans doute par allusion à l'ancienneté de sa race, qui se perdait dans la nuit des traditions mythologiques[3]; et quant à l'attribut qu'il tient sur son genou gauche, et qui paraît être un *disque*, peut-être par allusion à l'exercice favori des Dioscures, ou bien au mythe d'Hyacinthe, on pourrait voir aussi dans cet objet un symbole propre à caractériser, en toute hypothèse, les exercices gymnastiques dont on sait que les bords de l'Eurotas étaient le théâtre ordinaire, et qui avaient donné lieu à plus d'un proverbe dans l'antiquité[4].

§ II.

L'aventure d'*Ulysse chez Polyphème* est un des traits de l'Odyssée qui se sont montrés le plus rarement sur les monumens de l'art où figurent des sujets homériques. A l'exception d'un bas-relief Borghèse[5], sur la représentation duquel les antiquaires ont été d'abord et sont encore aujourd'hui divisés d'opinion, Millin n'avait pu produire que deux statuettes de la villa Pamfili, publiées par Winckelmann[6], représentant Ulysse dans les deux principales circonstances de son séjour chez Polyphème. Tout récemment encore, M. Arditi, en nous faisant connaître un rare bas-relief du musée de Naples, appartenant à la même fable, à l'occasion duquel il passait en revue, dans une longue et savante analyse, tous les monumens qui nous restent de l'antiquité concernant ce trait mythologique, n'avait ajouté à cette liste qu'un second fragment d'un bas-relief à-peu-près semblable, et faisant partie du même musée[7]. Il était réservé à notre âge d'acquérir, par des monumens grecs produits à diverses époques de l'art, la connaissance de ce fait héroïque, tel que la haute antiquité l'avait conçu et figuré d'après les données homériques; et il entrait pareillement dans les conditions de la science, telle que

(1) Cette intention est exprimée dans un si grand nombre de témoignages antiques, qu'il suffira de citer ce passage d'Euripide, *Hecub.* 432 : ἀμφιθεὶς πέπλοις κάρα; cf. Schol. *ad h. l.*; add. Plutarch. *in Coriol.* § XXIII : τὴν κεφαλὴν ἐγκαλυψάμενος. Les monumens qui nous offrent la même intention rendue de cette manière ne sont pas moins décisifs; et parmi ces monumens, je me contenterai d'indiquer un vase inédit, de la collection de M. Fossati, où se voit *Achille assis*, absorbé dans la douleur que lui cause la mort de Patrocle, *avec la tête entière cachée dans son pallium*, συγκεκλεισμένος πέπλοις. Ce vase forme le sujet de notre planche LXXX, et l'on en trouvera l'explication détaillée dans les *Additions et Corrections* placées à la fin de ce volume.

(2) Tels que le sarcophage d'Aix, en Provence, publié par Millin, *Voyage dans le midi de la France*, pl. XXXVII, n. 1, et *Galer. mythol.* pl. CXLIV, n. 522; et le bas-relief Spada, publié par Winckelmann, *Monum. ined.* n. 116. Sur ces deux bas-reliefs, l'*Eurotas* est représenté sous les traits d'un *vieillard barbu*; il y a de plus, sur le sarcophage d'Aix, une *Femme* debout, près de l'Eurotas, avec un *meuble* sur sa tête, soit *vase*, soit *panier*, que Millin a appelée *Canéphore*, et dont il a fait une simple *figure d'ornement*; mais qui pourrait bien être aussi, sur ce bas-relief, comme sur notre urne étrusque, la *Nymphe Taygète*.

(3) C'est une conjecture de Winckelmann, *Monum. ined.* II, 158, qui me paraît en effet très-plausible.

(4) Ciceron. *Tusculan.* v, 34 : « Labor in venatu, sudor, *cursus* « *ab Eurota.* » Idem, *Epistol. ad Attic.* XV, 9 : « Atque haud scio, « an melius sit, quàm *ad Eurotam sedere.* »

(5) Ce bas-relief, qui resta long-temps encastré à l'extérieur de la chambre du *Gladiateur*, Montelatici, *Villa Pinciana*, p. 160; voy. Visconti, *Mus. P. Clem.* t. V, p. 28 *b*), fait maintenant partie du musée du Louvre; Clarac, *Notice*, p. 189, n. 451; il a été publié par Visconti, *Mus. P. Clem.* V, tav. agg. A, par Tischbein, *Homer nach Antik.* Odyss. IX; mais la meilleure estampe est celle qu'en a donnée M. Bouillon, dans son *Mus. des Antiq.* t. III. J'aurai bientôt occasion de revenir sur ce monument.

(6) *Monum. ined.* n. 154 et 155; voy. Millin, *Galer. mythol.* pl. CLXXIV, n. 633.

(7) Arditi, *Illustrazione di un bassorilievo in marmo del R. Mus. Borbonico*, Napoli, 1827, fol.

l'ont faite les progrès de toute espèce par lesquels elle s'est signalée de nos jours, de pouvoir comparer à ces représentations émanées directement de l'art des Grecs, des bas-reliefs exécutés dans la plus célèbre et la plus féconde des écoles de l'antique Étrurie.

C'est à M. le duc de Luynes qu'appartient le mérite d'avoir signalé à l'attention des antiquaires quelques vases peints, d'ancien style, récemment découverts, qui ont rapport à la fable de Polyphème[1]. L'un de ces vases, déjà publié dans le recueil de M. Gargiulo[2], et passé depuis dans la collection de M. Durand, à Paris, représente *Polyphème assis*, tenant de ses deux mains *deux jambes humaines*; manière d'indiquer l'horrible repas du Cyclope, qui rappelle toute la simplicité naïve d'un art encore dans l'enfance. Devant Polyphème sont *quatre personnages debout*, rangés sur une même ligne, dans des attitudes parallèles, qui n'accusent pas moins sensiblement le goût d'une école primitive. Le premier de ces quatre personnages, qui ne se distingue d'entre eux que par la place même qu'il occupe à leur tête, et par la part personnelle qu'il prend à l'action commune, est *Ulysse*, présentant de la main droite au Cyclope un vaste *kissybion*[3] plein de vin de Maronée[4], et dirigeant, de l'autre main, contre le front de Polyphème, un énorme pieu[5], qu'Ulysse et ses compagnons portent tous ensemble sur leurs épaules. C'est certainement l'expression la plus simple et la plus dénuée d'art qu'on pût imaginer pour le fait en question, telle qu'elle devait se produire dans un système imitatif où les personnages figurés n'avaient presque encore d'autre valeur que celle de caractères idéographiques, et où l'imitation elle-même n'était pour ainsi dire encore qu'une écriture. Le vase qui nous offre cette composition si remarquable n'appartient cependant point, par sa fabrication, à la période primitive de l'art. Il provient, ainsi que beaucoup d'autres vases d'une fabrique et d'un travail à peu près semblables, qualifiés improprement

(1) *Annal. de l'Instit. archéol.* t. I, p. 278-283, pl. VII, n°s 1, et 3.

(2) *Raccolta*, tav. LIX. C'est d'après ce recueil que j'ai eu déjà l'occasion de citer le vase dont il s'agit, *Achilléide*, p. 88.

(3) Homer. *Odyss.* IX, 346. Le nom de *kissybion* était générique dans le principe, et s'appliquait à toutes sortes de vases antiques *faits de bois de lierre*, ποτῆρα κίσσινα, Eurip. *Alcest.* 756, σκύφος κισσοῦ, Idem, *Cyclop.* 389, et Schol. *ad Alcest.* 755; cf. Barnes. *ad Cyclop.* 389. De là sans doute la tradition qui attribuait à Polyphème l'usage d'un pareil vase, fondée à-la-fois sur cette origine et sur ce passage de l'Odyssée, Asclepiad. Myrlean. *apud* Athen. XI, 476, B, et Eustath. *ad Odyss.* IX, p. 358, lin. 51, et 359, lin. 11, sqq.; cf. Hesych. et Suid. *v.* Κισσύβιον; Polluc. VI, 97. Plus tard, on donna le nom de *kissybion* à une espèce de vase à une seule anse, ποτήριον μόνωτον, Philemon *apud* Athen. XI, 476, F, tel qu'on le voit en effet figuré à la main d'Ulysse, sur la patère de M. Durand; ce qui n'empêche pourtant pas que Théocrite n'ait désigné le *kissybion* comme un *vase à deux anses*, βαθὺ κισσύβιον.... ἀμφῶες, *Idyll.* I, 27; cf. Valcken. *ad h. l.* Du reste, la tradition homérique sur l'emploi du *kissybion* en pareille circonstance était si peu devenue générale, ou du moins exclusive, du temps d'Euripide, par exemple, qu'il n'est pas fait une seule fois mention de ce vase dans tout son drame du *Cyclope*. Les mots dont il se sert pour désigner le vase présenté par Ulysse à Polyphème sont ceux de σκύφος, v. 389, 410 et 553, de κύλιξ, v. 420 et 452, et d'ἄμυστις, v. 416, sans parler des mots ποτῆρα et κρατῆρα, employés uniquement d'une manière générale, v. 151 et 542. Il fallait donc, pour qu'un même vase fût désigné, dans la même circonstance, sous les noms divers de *scyphos*, de *kylix* et d'*amystis*, que ces noms s'appliquassent à des formes de vases qui eussent entre elles beaucoup d'analogie, ou que le poëte crût pouvoir employer indifféremment l'un pour l'autre des termes affectés à des vases de forme diverse. La même diversité se retrouve sur les monumens de l'art, où le vase en question, tantôt *sans anses*, tantôt *avec une seule anse*, ou *avec deux*, varie également pour la dimension et pour la forme. Cette observation peut servir, entre une foule d'autres exemples du même genre, à apprécier la doctrine nouvelle *sur les noms et les formes des vases antiques*, qui cherche à s'introduire dans le domaine de l'archéologie, sans aucun profit réel pour la science. Que l'on jette les yeux sur les formes attribuées au *scyphos* et à la *kylix*, dans l'ouvrage que j'ai désigné, pl. IV, 63, et 33; qu'on y joigne celle de l'*amystis*, dont il n'est pas fait mention dans cet ouvrage, mais qui était un *vase du genre de la phialé*, selon Suidas, *v.* Ἄμυστι· ἔστι δὲ (ἄμυστις) καὶ εἶδος ποτηρίου φιαλώδους; cf. Polluc. VI, 97, conséquemment assez différent de la *kylix* et sur-tout du *scyphos*; et l'on sentira toute la vanité d'une entreprise qui prétend assigner aujourd'hui des dénominations fixes et précises à des vases dont les anciens eux-mêmes employaient les noms d'une manière si contradictoire et si confuse, même dans des cas tels que celui-ci, où une tradition antique et autorisée semblait devoir prévenir un pareil abus de langage; vases dont les formes avaient dû d'ailleurs se modifier incessamment, à raison des changemens mêmes survenus dans le cours d'une civilisation essentiellement mobile.

(4) Homer. *Odyss.* IX, 197; Euripid. *Cyclop.* 141, 411, 612; cf. Hygin. *Fab.* CXXV.

(5) C'est le *tronc d'olivier* aiguisé par Ulysse, *Odyss.* IX, 319, ῥόπαλον ἐλαΐνεον; cf. Euripid. *Cyclop.* 454, ἀκρίμων ἐλαίας.

égyptiens[1], des fouilles de *Nola*, cité grecque d'une origine trop récente[2] pour qu'on puisse assigner aux objets de son industrie ou de son commerce une aussi haute antiquité, et dont la fabrique nationale n'a produit généralement que des vases du style le plus élégant et de la plus belle époque de l'art. Ce doit donc être un de ces vases de style d'imitation, dont le goût se sera perpétué ou renouvelé aux diverses époques de la civilisation antique, qui éprouva plus d'une fois sans doute ce besoin des sociétés modernes, de se distraire de l'habitude invétérée et de la longue contemplation du beau, par des réminiscences d'un autre âge, de suppléer à l'invention qui s'épuisait par un retour aux formes surannées, et de faire du nouveau avec tout ce qui avait vieilli.

Un autre vase, de fabrique sicilienne, que M. le duc de Luynes a pareillement reproduit[3], offre la scène qui suit immédiatement celle qu'on vient de voir; c'est le moment où le Héros grec s'échappe de l'antre de Polyphème, attaché sous un *bélier*, et suivi d'un de ses compagnons, caché de la même manière. Ce sujet, avec une légère variante, s'était déjà rencontré sur un vase d'Agrigente[4]; et il s'en trouve une répétition, avec une inscription grecque, parmi les vases provenant des fouilles de Canino[5]; ce qui prouve, entre une foule d'exemples de ce genre, que les mêmes sujets, en compositions toutes pareilles, étaient communs aux fabriques de la Sicile et de l'Étrurie; d'où il est naturel de conclure que ces vases, d'origine primitivement grecque, ou du moins les cartons servant de modèles dans les manufactures antiques, avaient passé des Grecs de Sicile ou de Campanie aux Étrusques, par voie de commerce ou d'échange, dans le cours de ces relations industrieuses qui eurent tant d'activité entre les deux peuples, à une certaine époque de l'antiquité, et dont les ports de *Cære* et d'*Adria*[6] paraissent avoir été le principal entrepôt. Je puis produire à mon tour une nouvelle preuve de ces rapports, en faisant connaître un autre vase, d'ancien style, à figures noires sur fond jaune, qui se trouve dans la collection de M. Durand[7], et dont M. le duc de Luynes s'est contenté de faire mention; ce qui me procure l'avantage de le publier le premier.

(1) Voy. au sujet de ces vases les observations de M. Éd. Gerhard, dans son *Rapport*, etc. p. 14-15, et p. 72-73.

(2) Des trois peuples qui possédèrent successivement Nola, les Ausones, les Étrusques et les Grecs, Stephan. *Byz. v.* Νῶλα; Polyb. II, 17; Vell. Paterc. I, 7, les derniers sont les seuls qui y aient laissé des monumens certains de leur langue et de leur génie; les médailles de Nola, avec l'inscription ΝΩΛΑ, ΝΩΛΑΙΟΣ, ΝΩΛΑΙΩΝ, non plus que les vases peints, de fabrique locale, n'appartiennent point à la haute antiquité grecque.

(3) *Monum. pubbl. dall' Instit. archeol.* tav. VII, nos 2 et 3. Ce vase appartient à M. le prince de Trabbia, à Palerme.

(4) Actuellement au musée de Munich.

(5) *Mus. Étrusq.* n. 1449. L'inscription, composée à ce qu'il paraît des caractères suivans : ΑΦΟΘΟΑΧΣ, avait été d'abord interprétée d'une manière tout-à-fait arbitraire, par *νισθωςαξ*, mot bizarre dont on faisait un surnom d'Ulysse, *Bulletin. dell' Instit. archeol.* 1829, p. 144; et c'est avec grande raison que M. Gérhard a qualifié tout récemment cette interprétation de *pure supposition*; voy. son *Rapport*, p. 172, not. 664. D'autres vases, sortis des dernières fouilles de Vulci, un entre autres, de la collection de M. Candelori, publié par M. Micali, dans ses *Antichi monumenti per servire alla Storia degli ant. Popol. Italian.* tav. XCIX, n. 10, représentent *Ulysse lié avec des cordes sous le ventre du bélier;* mais plus souvent encore le héros s'y tient attaché seulement avec ses deux mains, conformément au récit homérique.

(6) Voyez, au sujet des innombrables fragmens de vases peints de fabrique grecque, la plupart avec des inscriptions grecques, dont le sol d'Adria est pour ainsi dire semé, les détails que j'ai donnés, sur la foi de M. de Steinbüchel, dans ma *Lettre à M. Schorn*, p. 3, et qui m'ont été confirmés en dernier lieu par M. Orioli. Ce serait, au témoignage de ce savant professeur, un important service à rendre aux études archéologiques et à l'histoire de l'art des anciens, que de publier les inscriptions tracées sur ces fragmens de vases d'Adria, parmi lesquelles se lisent beaucoup de noms d'artistes grecs, dans la seule collection formée à Adria même par Bocchi, auteur d'une dissertation insérée dans les *Saggi di Cortona*, t. III, p. 67-88, et encore accrue par son possesseur actuel, M. Benv. Bocchi. J'ajoute, sur la foi de M. Orioli, que la même observation s'applique au territoire de l'antique Spina pareillement couvert de débris de poterie grecque. Quant au sol de l'antique *Cære*, la moderne *Cerveteri*, où l'on a découvert récemment plusieurs vases peints de style grec et d'un haut mérite archéologique, tels que ceux qui viennent d'être publiés par M. Micali, il n'est pas douteux non plus qu'en y pratiquant des fouilles plus considérables, on n'y recueillît en grand nombre de précieux monumens des rapports de religion et de commerce qui existaient, comme on sait, à une haute époque de l'antiquité, entre cette ville étrusque et la Grèce.

(7) Planche LXV, n. 1. Ce vase à une seule anse, *μόνωτος*, est absolument de la même forme et de la même fabrique que celui

On y voit *Polyphème*, assis sur le sol, la tête abaissée sur sa poitrine, dans une attitude qui indique le profond sommeil où il est plongé. Sa barbe longue et touffue, sa chevelure épaisse, et sa physionomie sauvage, répondent plus au caractère du *vieux Satyre*, tel qu'il est généralement exprimé sur les monumens de l'art contemporains, qu'à l'idée du monstre difforme inventé par l'auteur des poésies homériques[1]. Devant le Cyclope est un énorme *bélier*, dont l'artiste n'a représenté que la *partie antérieure*, *προτομή*[2], par un de ces procédés abréviatifs qui tiennent au système symbolique de l'école primitive. Sous ce bélier, on n'aperçoit également que le *haut du corps* d'un *personnage* qui y est attaché; et ce personnage, *barbu*, *armé d'une épée nue*, dans la main droite, ne peut être qu'*Ulysse*, profitant, pour s'échapper, du sommeil de Polyphème. La circonstance du glaive que le peintre a mis ici dans la main d'*Ulysse*, laquelle est répétée sur un des vases siciliens comme sur celui de Canino, doit se rapporter à quelque variante de la tradition poétique; car je ne saurais croire qu'elle ait pour objet d'indiquer le moment où le héros s'apprête à se délivrer des liens qui le retiennent[3]. La présence de Polyphème, et la manière même dont Ulysse tient le fer levé, *comme pour se défendre s'il était découvert*[4], s'opposent à cette interprétation. C'est donc un trait tout-à-fait nouveau de la fable homérique; et à ce titre, le vase qui nous le présente, et qui se recommande d'ailleurs par la réunion des deux figures, et par tous les caractères du style et de la fabrique, comme un monument d'époque primitive, mérite une attention particulière. Il est superflu d'observer que les *feuillages de pampre* distribués sur le fond de la peinture, comme on en voit sur tant de vases de même fabrique, la plupart d'usage purement bachique, ont ici un double rapport d'analogie, soit avec l'usage même du vase, soit avec le sujet.

J'arrive, en suivant l'ordre que je crois le plus conforme à la marche naturelle et au développement chronologique de l'art, aux monumens de style étrusque qui ont rapport à la même fable. Je citerai en premier lieu le miroir de bronze publié par Winckelmann[5], sous le disque duquel est ajouté, en guise d'ornement accessoire, le groupe d'*Ulysse sous le bélier*.

du musée Charles X, autrefois de la collection Tochon, publié par Visconti, *Oper. var.* t. III, tav. IV, p. 261-67. Des vases tout pareils sortent fréquemment des fouilles de Canino, et il s'en trouve un, représentant deux *Amazones* à cheval, avec leur nom étrusque, à ce qu'il paraît, exprimé en lettres grecques, et deux épithètes grecques, KALE, EVOTME, publié dans le nouveau recueil de M. Micali, tav. XCI, 1, t. III, p. 160.

(1) On peut se faire une idée assez juste de la physionomie de Polyphème, telle qu'elle était exprimée sur les monumens de l'art, d'après le portrait que nous trace un historien latin de Firmus, un de ces tyrans éphémères qui occupèrent l'Égypte sous le règne d'Aurélien; Vopisc. *in Firmo*, c. 4 : « *Fuit tamen Firmus* statura ingenti, oculis foris eminentibus, capillo crispo, « fronte vulnerata, vultu nigriore, *reliqua parte corporis candidus*; « *sed* pilosus atque hispidus *ità ut eum plerique* CYCLOPEM *vocarent.* » En lisant ce portrait de Firmus, surnommé *le Cyclope*, il convient de ne pas oublier que l'historien était de Syracuse. Il faut voir, du reste, la manière dont Philostrate représente le Cyclope, dans un de ses tableaux, *Imag.* II, 18, 83-5, ed. Jacobs; cf. Welcker. *ad h. l.* 504; et sur-tout le portrait de Polyphème tracé par lui-même, dans Théocrite, *Idyll.* XI, 30, sqq. p. 136, ed. Valckenaer.

(2) Cette manière de représenter seulement la *partie antérieure de l'animal*, *προτομή*, voy. Gurlitt, *Versuch über die Bästenkunde*, 197-198, ainsi qu'on en a plus d'un exemple sur les monnaies grecques d'ancien style, tient sans doute au même système symbolique que l'usage, suivi sur tant de vases peints, de figurer *en buste* les personnages d'un certain ordre, soit idéal, soit allégorique, placés dans le haut de la peinture; et cette pratique des anciens mériterait d'être l'objet de plus d'attention qu'elle ne l'a été jusqu'ici de la part des antiquaires, qui ont recherché l'origine et l'intention des *représentations en buste*.

(3) C'est l'idée de M. le duc de Luynes, p. 283.

(4) *Catalog. di scelte Antichità*, p. 122.

(5) *Monum. ined.* n. 156. On peut douter cependant que ce soit *Ulysse* qui soit représenté ici, et qui se trouve ainsi répété *deux fois*, et non pas *deux* de ses *compagnons*, *attachés avec des cordes*, *εὐστρεφέεσσι λύγοισι*, Homer. *Odyss.* IX, 427; ce qui ne convient pas à Ulysse, lequel, resté le dernier, n'avait de ressources que *ses mains*, *αὐτὰρ χερσὶν... στρεφθεὶς ἐχόμην*, *ibid.* 434, comme on le voit en effet dans la statuette Pamfili, et comme l'explique très-bien un Scholiaste, Cod. Ambros. *ad Odyss.* IX, 435. C'est une judicieuse observation de M. A. Mai, *Proem.* p. XXII, qui se trouve d'accord avec le plus grand nombre des vases peints où ce sujet est figuré, lesquels proviennent d'un territoire étrusque.

Ce groupe y est répété deux fois en sens inverse, tel qu'il avait été fixé sans doute dans quelque ouvrage célèbre, et tel à-peu-près qu'il est reproduit, sans doute aussi d'après le même modèle, dans deux statuettes des villa Albani et Pamfili[1]. Le centre de ce disque est occupé par une figure monstrueuse portant sur un buste humain une *tête de lion*, à ce qu'il paraît, et terminé par *deux queues de poisson*, figure où M. le duc de Luynes a cru voir *Polyphème*, représenté en monstre marin comme *fils de Neptune*. Je doute, par plus d'un motif, que cette interprétation soit bien fondée; et il me suffira d'observer que Polyphème n'est jamais représenté de cette manière, je ne dirai pas sur les monumens grecs et romains qui nous restent, mais sur ceux de l'art étrusque que je vais faire connaître. Quant à ce monstre à *tête de lion*, tel qu'était représenté *Phobos* sur le coffre de Cypsélus[2], et tel que semble aussi avoir été figuré un *Bacchus à tête de lion*, κεχηνώς, révéré à Samos[3], c'est une image d'un ordre symbolique, dont le type, étranger à la civilisation hellénique, était sans doute dérivé d'une source orientale, et dont, en tout cas, la présence ne saurait nous surprendre sur un monument étrusque, bien que l'explication m'en paraisse assez difficile. Mais pour revenir à notre miroir étrusque, une observation curieuse à laquelle donne lieu ce monument, et qui n'est du moins susceptible d'aucune controverse, c'est que la figure d'*Ulysse*, ou du *compagnon d'Ulysse*, s'y trouve coiffée du *pilos;* et nous allons voir que sur les autres monumens de l'art étrusque, ce héros se reconnaît toujours au même trait de costume, dont l'invention ou l'usage, dû au peintre Nicomaque, est postérieur à la XCV[e] olympiade: d'où il suit que ces monumens ont tous été produits dans la période de temps qui a suivi l'âge de Nicomaque, et sous l'influence du goût qui avait prévalu depuis cet artiste. C'est là une preuve de fait ajoutée à tant d'autres, qui peut servir de plus en plus à constater l'époque comparativement récente de la plupart des bas-reliefs d'urnes étrusques.

Deux de ces bas-reliefs, que j'ai choisis moi-même entre quelques autres relatifs à la même fable, dans le musée public de Volterra, exécutés dans le meilleur temps de cette école, et en matière du pays, offrent les deux scènes principales de la tradition mythologique. Sur le premier[4], on voit *Polyphème*, *assis* à l'entrée de sa grotte, foulant aux pieds *un des compagnons d'Ulysse*[5], qu'il s'apprête à dévorer, et dirigeant la main droite vers *Ulysse* lui-même, qui s'approche du Cyclope en lui présentant des deux mains un *vase* plein de vin. Le roi d'Ithaque a la cuirasse et la chlamyde helléniques, avec le bonnet nautique, qui est son attribut caractéristique; et la composition de cette figure offre tant d'analogie avec celle de la statue Pamfili, publiée par Winckelmann, et répétée sur plus d'une pierre gravée[6],

(1) Winckelmann, *Monum. ined.* n. 155.

(2) Pausan. v. 19, 1.

(3) Plin. *Hist. nat.* VIII, 16, 21, II, 85, ed. Sillig.; cf. Euripid. *Bacch.* 1015; Nonn. *Dionys.* XL, 43. M. Éd. Gerhard, qui cite le *Bacchus* de Samos *à tête de lion*, sur la foi d'Ælien, *Var. Hist.* VII, 11, a commis en cela une légère inexactitude qu'il doit m'être permis de relever; voy. son *Prodrom.* p. 104, not. 154.

(4) Planche LXII, n. 1.

(5) Le *sixième*, suivant Homère, *Odyss.* IX, 289, 311, 344; le *second*, selon Euripide, *Cyclop.* 376, sqq., 396, sqq., et Virgile, *Æn.* III, 623; différence qui n'est guère importante, si ce n'est aux yeux d'un antiquaire ultramontain; voy. Arditi, *Fav. di Polifemo*, p. 4, not. 6.

(6) M. le duc de Luynes a publié une de ces pierres d'après une pâte antique, pl. VII, n. 2; il s'en trouvait une à-peu-près pareille dans la collection de Dolce, qui a été publiée par Tischbein, dans ses *Monumens homériques*, Odyss. VIII. D'autres pierres offrent les trois principaux personnages de la scène homérique, c'est à savoir *Ulysse* et *Polyphème*, groupés comme ils le sont ici, et un *compagnon d'Ulysse* avec l'*outre* sur l'épaule; une de ces pierres, trouvée à Pompei, et possédée par le chevalier Hamilton, se voit gravée dans le même recueil de Tischbein, pl. X. On connaît encore, sur d'autres pierres, la même composition reproduite avec d'autres personnages, c'est à savoir *Bacchus barbu*, recevant du *vieux Silène* une coupe pleine du vin que le satyre *Akratos* y verse de son outre; une de ces pierres, du musée Blacas, est publiée par l'auteur des *Recherches sur les noms des vases*, pl. VI, n. 10, p. 28.

qu'on ne saurait douter que le motif n'en eût été emprunté de quelque statue célèbre. Le groupe entier d'*Ulysse* et du *Cyclope* se retrouve sur un de nos vases d'argent de Bernay, où cette représentation, qui forme le principal ornement d'un beau cratère, se voit sculptée en relief[1]; ce qui prouve encore à quel point la composition originale à laquelle étaient empruntées ces deux figures, avait acquis de célébrité par suite de ces emprunts mêmes de la glyptique et de la toreutique. Derrière Ulysse, sont *deux de ses compagnons*, un desquels est occupé à verser dans un grand cratère la liqueur bachique contenue dans l'*outre;* circonstance fournie, comme on sait, par le récit homérique[2]. Du côté opposé, *trois* autres *compagnons d'Ulysse* prennent à l'action une part différente, en s'essayant à préparer leur fuite par le moyen que leur chef avait imaginé. En effet, l'un s'est glissé sous le *bélier*, dont le second tient la tête entre ses mains, comme pour empêcher les bêlemens de l'animal d'arriver aux oreilles du Cyclope, tandis que le troisième semble exciter Polyphème à prendre le perfide breuvage qu'on lui présente. Il serait difficile de voir une composition conçue d'une manière plus naturelle, et mieux disposée sous le rapport pittoresque[3]. La distribution des figures, leur costume, leur caractère, si fidèlement exprimés, tout ici décèle une école grecque dans l'œuvre d'un artiste étrusque; et l'exécution, qui n'a souffert de la vétusté presque aucune atteinte, ajoute encore au mérite de ce monument. Le second de nos bas-reliefs étrusques[4], d'une composition non moins remarquable, et d'une exécution peut-être encore plus soignée, mais bien plus maltraité par le temps, représente *Polyphème*, étendu sur le sol de sa grotte, et plongé dans le sommeil de l'ivresse. Le *Cyclope* est doué d'une *taille gigantesque*, τελοκαιδεχάπηχυς[5]; tel aussi qu'il apparaît, mais non pas tout-à-fait d'une manière aussi sensible, sur le vase du cabinet de M. Durand. Il a la *chevelure hérissée*, la *barbe longue et touffue*, qui sont autant de traits de sa physionomie homérique[6]; mais, ni sur ce bas-relief, ni sur aucun des monumens grecs ou étrusques qui ont rapport à cette fable, le monstre sauvage n'a cet *œil unique*, ou ce *troisième œil* au milieu du front[7], qu'on ne lui voit que sur

(1) Voy. la vignette n. II, p. 328.

(2) Homer. *Odyss.* IX, 196 et 212; Euripid. *Cyclop.* 151: πατὴρ' ἀσκοῦ μέτα.

(3) L'artiste étrusque a supprimé, par une sorte de délicatesse dont les exemples sont rares sur les monumens de ce pays, le détail exprimé dans le bas-relief romain, des *entrailles* du malheureux Grec, trait qui ne répugnait pourtant pas plus au goût du siècle d'Ovide qu'à celui de l'âge homérique, à en juger par la manière dont ce poëte a rendu cette circonstance homérique, *Metam.* XIV, 194:

> VISCERA cujus edam, cujus VIVENTIA dextra
> MEMBRA mea laniem.

C'est bien là, en effet, l'idée qu'on pouvait se faire du Cyclope chez un peuple accoutumé, comme l'étaient les Romains, aux représentations du monstrueux *Manducus*, tel que nous le dépeint Festus, *v. Manducus:* « Effigies in pompâ antiquorum... magnis « malis, ac latè dehiscens, et ingentem dentibus sonitum faciens. » Mais le type et l'idée de ce *Manducus* étaient empruntés de la fable de *Polyphème*, ainsi que nous l'apprend un passage de Callimaque, *Hymn. ad Dian.* v. 67: Μήτηρ μὲν ΚΥΚΛΩΠΑΣ ἐφ' ἑοὶ παιδὶ καλιστρεῖ; cf. Ez. Spanheim. *ad h. l.;* et c'est là aussi l'origine de notre *ogre* moderne; tant sont familiers à l'esprit humain et profondément enracinés dans les habitudes sociales, ces sortes d'épouvantails avec les idées qui s'y rattachent! On sait d'ailleurs qu'une des images le plus souvent employées chez les Grecs, pour désigner ces espèces de figures ὀξυόδοντες, fut celle de la *Gorgone*, nommée proprement *Mormô*, Μορμώ, Aristophan. *Acharn.* 582; Theocrit. *Idyll.* XV, 40; mais ce qui n'est pas aussi généralement connu, c'est que cette *Mormô*, comme la *Lamia*, dérivée du mythe des Læstrygons, avait reçu, dans une fable syracusaine, une signification funéraire, qui explique la présence du *masque*, γοργονεῖον, sur tant de vases peints; voy. à ce sujet une savante note de Valckenaer, *ad Adoniazus.* p. 343-44.

(4) Planche LXII, n. 3.

(5) Je me sers ici à dessein de cette expression de Théocrite, *Idyll.* XV, 17, laquelle avait pu être suggérée au poëte sicilien par les nombreuses images du Cyclope qu'il avait sans doute sous les yeux ou dans la mémoire. Sur la taille de *Géans* δεκαπήχεων, et sur les traditions de ce genre qui eurent cours dans l'antiquité, et qui se rapportaient à beaucoup de localités différentes, voy. Phlegon. Trall. *de Mirabil.* c. XIV-XIX, p. 80-86, ed. Bast.

(6) Les passages antiques relatifs à ce sujet ont été cités par M. Arditi, *Favola di Polifemo*, p. 9.

(7) Ce *troisième œil* n'est guère indiqué que par Servius, *ad Æn.* III, 636; et les seuls monumens qui offrent la même particularité, tels que le bas-relief Albani, dans Zoëga, *Bassiril.* II,

des monumens romains. Près du Cyclope, et dans son antre même, *deux personnages*, l'un desquels a presque entièrement disparu, dont l'autre, dans un mouvement de frayeur naïve, tient embrassé de ses deux mains un arbre planté à l'entrée de la grotte, ne prennent à l'action qu'une part indirecte ou incertaine. Derrière le géant, *quatre jeunes Grecs*, en des attitudes variées où le naturel le dispute à l'énergie, s'efforcent de soulever un *énorme mât*, que le premier de ces guerriers dirige de ses deux mains contre le front du monstre endormi. La *cuirasse* que porte ce personnage, et son *casque* posé à terre, indiquent que ce doit être le principal des compagnons d'Ulysse, chargé de l'exécution de ses ordres, mais non pas Ulysse lui-même, qui n'assiste que de loin à cette entreprise périlleuse, qui la conduit du geste ou de la voix. Effectivement, le *roi d'Ithaque* se reconnaît à l'autre extrémité de la composition, *seul*, *assis* dans son navire, la main gauche placée sur le gouvernail, et de la main droite étendue, en signe d'autorité, dirigeant tous les mouvemens de ses compagnons. Ce vaisseau est orné au *rostrum* de la proue d'une *tête de bélier*, symbole d'autant mieux choisi dans cette circonstance, qu'il indiquait sans doute, par une heureuse allusion, le moyen d'évasion pratiqué avec succès par Ulysse[1].

Pour avoir une idée complète du mythe de Polyphème, tel qu'il avait été traité dans ses diverses circonstances par la main des artistes étrusques, il faut joindre aux deux bas-reliefs qui viennent d'être décrits une troisième urne, extraite pareillement des hypogées de Volterra[2], laquelle représente *Polyphème*, *debout* dans sa grotte, en attitude de lancer un quartier de roc contre le *vaisseau d'Ulysse* qui s'éloigne. Le Cyclope s'y montre également avec une *taille colossale* et avec *deux yeux* seulement; circonstance qui a été alléguée par M. Micali, comme une preuve péremptoire que les artistes étrusques, en traitant des faits tirés de la mythologie grecque, s'éloignaient de la narration des poëtes, et qu'ils n'avaient d'autre guide que des traditions orales particulières à leur nation. Mais c'est là une des erreurs familières à cet écrivain, de regarder comme autant de traits de l'originalité du goût et du génie étrusques, les variantes ou les contradictions plus ou moins graves qui se remarquent, par rapport aux traditions homériques, sur les monumens de l'art étrusque; tandis que la plus simple observation des monumens grecs eux-mêmes y fait reconnaître, à mesure qu'ils se multiplient, des particularités étrangères aux récits homériques et puisées à d'autres sources poétiques; tandis que l'étude attentive des monumens étrusques, et notamment des urnes funéraires, démontre que toutes les représentations dont elles sont ornées ont été conçues principalement d'après les données tragiques, si différentes en général des fables primitives. Ainsi, il

LVII, 12, la peinture d'Herculanum, *Pittur.* I, 20, et les deux bas-reliefs du musée de Naples, publiés par M. Arditi, appartiennent, suivant toute apparence, à l'époque romaine. Je ne parle pas de quelques autres monumens, relatifs au même personnage, et du même âge, dont il sera question plus bas; mais je dois observer que la prétendue *tête de Polyphème*, avec ce *troisième œil* sur le front et les *deux yeux ordinaires*, indiqués seulement par des *paupières*, que Millin a publiée, *Galer. mythol.* CLXXIV, 631, et que M. Arditi n'a fait aucune difficulté d'admettre en cette qualité, p. 12, a tout l'air d'un *masque tragique*, et n'offre en tout cas aucun des caractères propres au Cyclope. On n'en pourrait dire autant de la *tête de Polyphème* qui figure dans les *Monumens homériques* de Tischbein, Odyss. VII, d'après un buste en marbre du musée de Turin, qui est certainement un morceau de sculpture antique, d'une époque romaine, à la vérité, et d'un travail assez médiocre, mais qui n'en est pas moins, vu l'extrême rareté du sujet, un monument digne de quelque intérêt; et l'on a lieu d'être étonné que ce marbre, exposé actuellement dans le musée de l'Académie de Turin, ait échappé à l'attention de Millin et à celle de M. Arditi lui-même.

(1) Je reviendrai ailleurs sur cette particularité.

(2) Cette urne, appartenant à la famille Giorgi, de Volterra, fut publiée par un membre de cette famille, en 1746, dans une dissertation particulière; M. Micali, qui l'a reproduite, pl. XLV, s'en est servi pour appuyer des assertions qui ne sauraient soutenir l'examen; voy. son *Italie avant les Romains*, t. II, p. 219, not. 1, trad. franç., et consult. les *Éclaircissem.* n. XXII, p. 342, suiv.

est de fait que les monumens grecs de la plus ancienne époque, tels que les vases peints découverts en Sicile et dans l'Étrurie même, représentent le *Cyclope* avec *deux yeux*, et non avec cet *œil unique* au milieu du front qui distingue le personnage homérique, ni *avec un troisième œil* à la même place, que lui donnent les monumens romains; et nos urnes de Volterra s'accordent en ce point avec les productions originales du génie grec; ce qui est loin de prouver, comme le prétend M. Micali, qu'elles aient été produites d'après des traditions particulières à l'Etrurie. La même induction résulte du *costume* suivi sur nos bas-reliefs étrusques, lequel est constamment *grec* dans tous ses détails, et conséquemment puisé à une source grecque; et l'emploi du *pilos*, pour la figure d'Ulysse, sur deux de ces bas-reliefs où la tête du héros est intacte, est une particularité décisive, non-seulement quant au modèle grec qui a servi pour l'exécution de ces sortes de travaux, mais encore pour l'époque relativement assez récente où ils ont dû être produits dans les ateliers de l'Étrurie.

Il est curieux et intéressant, sous plus d'un rapport, de comparer avec les compositions grecques et étrusques qui ont pour objet la fable de Polyphème, les monumens du même genre qu'on doit présumer avoir été produits à l'époque romaine. De ce nombre sont une peinture d'Herculanum[1], un bas-relief de la villa Albani[2], et les deux fragmens du musée de Naples récemment publiés par M. Arditi, sans compter quelques autres monumens qu'on a rapportés avec plus ou moins de raison à la même fable, tels que le bas-relief Mattei, dont il a déjà été question dans cet ouvrage[3], et sur lesquels j'aurai bientôt occasion d'exposer mon opinion. Mais parmi ces monumens il en est un, et peut-être le plus curieux de tous, qui a échappé jusqu'ici à l'attention des antiquaires, même à celle du savant Napolitain, qui a fait de la recherche et de l'examen des monumens en question l'objet d'un travail particulier. C'est un bas-relief qui se conserve dans le musée du couvent des Bénédictins, à Catania. M. le duc de Luynes, qui ne pouvait manquer, avec la sagacité qui le distingue, d'en reconnaître le sujet, en a donné une indication sommaire, qui n'est pas tout-à-fait exempte d'inexactitudes, dans une dissertation que j'ai déjà citée plusieurs fois[4], et qui a paru en 1829. Je dois dire que, me trouvant moi-même à Catania en 1827, je conçus la même idée au sujet de ce bas-relief, dont je fis exécuter sous mes yeux le dessin que je publie aujourd'hui[5], et que j'avais annoncé, il y a déjà quatre années, dans la première partie de ce recueil.

Cinq personnages forment la composition, qui n'est, à ce que je crois, dans son état actuel, qu'un fragment, sans compter qu'elle est assez gravement endommagée dans les détails. Au centre de cette composition, le *Géant*, qui se reconnaîtrait à cette seule particularité entre tous les personnages qui l'entourent, a la *barbe* et les *cheveux en désordre*, avec *deux yeux*, sans indication d'un *troisième œil* au milieu du front; et ce sont autant de traits conformes au modèle grec de la meilleure époque de l'art, par lesquels notre bas-relief se rattache aux traditions imitatives de cette époque. *Polyphème* n'a pour tout vêtement qu'une simple *peau*

(1) *Pittur. d'Ercolan.* I, 10. Winckelmann, *Monum. ined.* p. 47, parle de *deux peintures*; mais il n'en a encore été publié qu'*une seule*, ainsi que l'a observé Zoëga, *Bassiril.* II, 12; et je ne sache pas qu'il y en ait en effet une seconde; voy. le *Real Mus. Borbon.* t. I, tav. II, où cette peinture a été reproduite, avec des observations nouvelles de M. G. Bechi, et la *Description des Peintures anciennes*, par M. le chanoine Jorio, p. 36, n. 395.

(2) Zoëga, *Bassiril.* II, tav. LVII.

(3) Voy. *Achilléide*, p. 46. Je reviendrai sur ce bas-relief dans les *Additions*.

(4) *Annal. de l'Instit. archéol.* t. I, p. 283.

(5) Voy. planche LXIII, n. 2, et *Achilléide*, p. 45, not. 4; où je rends compte des divers monumens relatifs à la fable de Polyphème, y compris le bas-relief de Catania et le petit bronze de M. le comte de Pourtalès; et je rappelle ici que l'*Achilléide* a paru en 1829, avant la dissertation de M. le duc de Luynes.

de brebis, ou une *nébride*, attachée en guise de chlamyde sur la poitrine; il est couché sur un rocher, la tête renversée, les yeux fermés, dans une attitude qui exprime le sommeil dont il s'est laissé surprendre, avec le *vase* tombé à terre, comme s'il venait d'échapper de sa main[1]. Au bas de ce rocher, est un *animal* accroupi[2], dont l'espèce n'est pas facile à déterminer dans l'état où se trouve cette sculpture, mais dont la présence s'explique aisément dans toute hypothèse. Derrière le Cyclope, apparaît *Ulysse*, debout sur le rocher, la tête couverte du *pilos* de forme conique, telle que nous l'a montrée la médaille de Cume[3]; d'une main, le roi d'Ithaque soutient, avec l'assistance d'*un de ses compagnons*[4], la tête du monstre endormi, tandis que, le regard dirigé avec autorité vers ses compagnons les plus éloignés, il semble les enhardir à profiter du moment favorable; et déjà *deux de ces guerriers*, dociles à la parole ou à la pensée de leur chef, s'approchent du Cyclope en gravissant le rocher avec effort, et portant tous les deux ensemble un objet assez difficile à déterminer, mais qui ne saurait être que le *mât* ou le *tronc d'olivier*[5], que nous avons vu constamment porté de la même manière sur les monumens grecs et étrusques. Du reste, la composition de notre bas-relief diffère de toutes celles que nous connaissions jusqu'ici, autant qu'elle se distingue par une disposition heureuse et savante; et cette double circonstance, jointe à la matière même dont il est exécuté, et au style, qui semble appartenir à quelque école grecque de la Sicile, du temps de l'empire, y ajoute encore un nouveau degré d'intérêt.

C'est encore une composition nouvelle, à certains égards, mais dérivée, quant au motif principal, du modèle suivi sur nos urnes étrusques, que nous offre le bas-relief Borghèse du musée du Louvre[6], sur le véritable sujet duquel il semble que l'opinion des antiquaires ne soit pas encore définitivement fixée; ce qui m'autorise à exposer brièvement la mienne. On y voit *Polyphème*, *assis* sur un rocher que recouvre une *peau d'animal*; d'une main, il tient par le bras un des malheureux Grecs dont il a brisé les membres, et il avance l'autre main pour recevoir le *vase* que lui présente *Ulysse*, suivi d'un de ses compagnons qui porte sur son épaule l'*outre* pleine de vin. Ce monument offre une disposition de figures et une correspondance de mouvemens tellement symétriques, qu'il n'y a pas lieu de douter que la composition n'en fût bornée à ces quatre personnages. De plus, il est certain qu'il dut servir à l'ornement de quelque fontaine; et il y est resté des traces sensibles de cette destination, dans un fragment du *labrum* antique qui subsiste encore, malgré une restauration moderne, suggérée par une idée malheureuse, qui n'a pas peu contribué à le réduire dans l'état déplorable où il est aujourd'hui. On s'était imaginé voir ici *Hercule*, au moment où il vient de terrasser *Cacus*, et où il reçoit, entouré de ses compagnons, une coupe de vin destinée à réparer ses forces épuisées; et c'est d'après cette idée, approuvée et suivie par

(1) Tel qu'il est décrit dans ces vers de Tibulle, IV, 1, 56 :

> Cessit et Ætnææ Neptunius incola rupis
> Victa Maronco fœdatus lumina baccho.

(2) M. le duc de Luynes a cru que c'était une *brebis*; mon dessinateur en a fait un *chien*; la présence de l'un et de l'autre animal se conçoit très-bien près de Polyphème; et il en est de même du *bélier*, qui se voit sur le bas-relief Albani.

(3) Voy. plus haut, vignette n. 8, p. 253.

(4) Ce personnage, en tunique courte, doit être un des plus jeunes compagnons d'Ulysse, destiné au repas du Cyclope; la même figure se retrouve à la même place, sur le fragment du musée de Naples.

(5) M. le duc de Luynes a vu dans cet objet l'*outre*, qui n'avait plus d'emploi nécessaire dans la circonstance présente, et qui n'est jamais portée que *sur l'épaule* d'*Ulysse*, ou d'un de ses compagnons, sur les pierres gravées qui représentent le même fait, et qui reproduisent pour nous des compositions pareilles à celles de nos bas-reliefs; sans compter que la forme de l'*outre*, telle qu'on la voit sculptée sur ces divers monumens, n'a aucun rapport avec celle de l'objet en question.

(6) Clarac, *Notice*, p. 189, n. 451.

Visconti lui-même[1], qu'on s'était cru autorisé à faire plus d'une violence au marbre original, en cherchant à y suppléer les parties qui manquaient; ce qui n'a pu guère avoir lieu qu'en achevant de détruire le peu qui restait encore du motif original. L'illustre Zoëga fut un des premiers à protester à-la-fois contre cette fausse supposition et contre cette restauration barbare[2]; et il est fâcheux que, prévenu par une mort prématurée, il n'ait pu accomplir le projet qu'il avait dès-lors conçu, de soumettre à un examen détaillé les monumens relatifs à la fable de Polyphème, à l'occasion de celui-là même qui nous occupe. Heyne, qui ne semble pas avoir eu connaissance de l'opinion de Zoëga, expliqua ce monument de la même manière[3]; et quoique M. Arditi ait cru devoir s'éloigner de cette explication, par un respect pour les opinions de Visconti que j'oserais appeler superstitieux, l'idée exprimée en premier lieu par Zoëga semblait s'être concilié l'assentiment général des antiquaires[4]. Cependant il paraît que M. Schorn conserve encore quelques doutes à ce sujet, d'après la manière dont il décrit un relief du musée de Munich, qui doit être une répétition du même sujet, et qui appartient, suivant cet antiquaire, à une composition représentant le *combat d'Hercule contre les fils d'Hippothoon*[5]. Il serait arrivé, dans ce cas, le contraire de ce qui a eu lieu par rapport au bas-relief Borghèse, puisque celui de Munich a été restauré en un groupe de *Polyphème tenant sous ses pieds un des compagnons d'Ulysse expiré;* or j'avoue que, d'après ce qui reste encore d'antique dans le monument en question, sur-tout d'après la conformité d'un pareil groupe avec celui que nous offre le premier de nos bas-reliefs étrusques, je ne saurais m'empêcher de croire que c'est là en effet le vrai motif de cette composition; et j'observe que M. Schorn avait eu d'abord la même idée[6].

C'est encore une question restée jusqu'ici indécise, et dont la solution n'est pas une de celles qui importent le moins à la connaissance complète du mythe de Polyphème, que je me flatte de pouvoir résoudre à l'aide de notre bas-relief étrusque. Il s'agit d'un groupe du musée du Capitole[7], où la plupart des antiquaires romains s'obstinent encore à voir, contre toute évidence, le *Dieu Pan tenant par la main un jeune homme renversé à ses pieds*. L'un des plus récens interprètes du musée Capitolin avait pourtant indiqué le véritable sujet de ce groupe, unique encore parmi tous les monumens qui nous restent de l'antiquité, en y reconnaissant *Polyphème qui s'apprête à démembrer un des compagnons d'Ulysse*[8]; et Zoëga avait exprimé son assentiment à cette idée, de manière à ne laisser subsister aucune incertitude[9]. L'ancienne erreur a pourtant été reproduite dans la dernière publication qui ait eu lieu des marbres capitolins[10], sans qu'on ait pris la peine de rechercher, dans le *mythe de Pan*, la circonstance qui eût pu fournir le motif ou suggérer l'invention d'un pareil groupe; sans qu'on ait tenu le moindre compte de la trace encore sensible du *troisième œil au milieu du front*, qui ne peut convenir qu'à Polyphème; et enfin sans qu'on ait eu d'autre fondement

(1) *Mus. P. Clem.* V, 28, et tav. agg. A, IV.

(2) Zoëga, *Bassiril.* II, 12. Peut-être le travail projeté par cet illustre antiquaire fait-il partie des manuscrits confiés à M. Welcker, et qui paraissent contenir tant de notions curieuses sur les monumens antiques de Rome, à en juger par les fréquens extraits qu'en fait ce savant, digne héritier des travaux de Zoëga.

(3) *Homer nach Antiken*, Odyss. XI.

(4) Millin, *Galerie mythologique*, planche CLXXII, n. 632*; Bouillon, *Musée des Antiquités*, III; Clarac, *Notice*, page 189.

(5) *Beschreibung der Glyptothek*, n. 137, p. 121.

(6) Voy. le *Kunstblatt*, 1828, n. 48, p. 190.

(7) *Il Museo Capitol.* Stat. t. I, tav. LIX, p. 144.

(8) Mori, *Sculture del Mus. Capitol.* Atrio, tav. 28.

(9) Zoëga, *Bassiril.* t. II, p. 11, not. 3.

(10) M. Arditi lui-même ne paraît pas entièrement convaincu de l'erreur des premiers interprètes, d'après la manière dont il s'exprime à ce sujet; voy. p. 4, not. 5.

pour une opinion dès-lors si peu admissible, que la *syrinx* ajoutée à la main droite du Cyclope, instrument qui n'est que l'œuvre d'une restauration moderne, et qui, fût-il antique, ne serait pas plus difficile à concilier avec le personnage de Polyphème, que la *lyre* qu'on lui voit en main sur le bas-relief Albani. Le fait est que, dans la situation où il est ici représenté, Polyphème ne pouvait tenir ni la *lyre* ni la *syrinx*, mais bien le *vase rempli de vin* qu'il avait reçu d'Ulysse; et c'est uniquement à ce trait d'une restauration maladroite qu'est due une méprise qui a résisté jusqu'ici à tous les argumens de la critique : exemple trop sensible et malheureusement trop commun des erreurs, des difficultés de toute espèce qu'ont suscitées à la science archéologique ces restaurations dictées par l'ignorance ou le caprice, qui dénaturent doublement les monumens de l'antiquité en y ajoutant, avec l'œuvre d'une autre main, le résultat d'une autre pensée; qui tourmentent le marbre même, pour lui imposer des membres et des idées qu'il repousse; et qui, achevant de détruire ce qu'avait épargné la barbarie, et ce que le temps avait respecté, ont étendu si loin, dans le domaine de l'antiquité, les ravages d'une fausse science.

Mais, pour revenir à notre Polyphème, qui ne traitait guère plus mal les compagnons d'Ulysse qu'il n'a été traité lui-même par la main des restaurateurs modernes, s'il restait encore quelque doute au sujet du groupe capitolin, même après l'avoir confronté, tel qu'il est aujourd'hui, avec celui de notre bas-relief étrusque, je pourrais produire un autre objet de comparaison, qui deviendrait, si je ne me trompe, un argument décisif. C'est une répétition en bronze du groupe capitolin, de très-petite dimension et de travail très-médiocre, qui fait partie du cabinet de M. le comte de Pourtalès-Gorgier, à Paris, et qu'il m'a été permis de publier[1]. Un habile antiquaire a remarqué judicieusement, d'après la disproportion qui existe entre la taille du personnage assis, *colossale par rapport à celle du jeune homme*, que le motif de ce groupe ne pouvait se rapporter qu'à la fable de Polyphème. J'en avais jugé de même à la première vue, et j'avais eu, pour justifier cette impression, l'analogie tirée de nos bas-reliefs étrusques, où se retrouve en effet la même intention, par rapport au même personnage. Du reste, le caractère entier de cette figure, son aspect sauvage, sa barbe et ses cheveux touffus et hérissés, sont autant de traits auxquels on ne peut méconnaître le farouche Cyclope, à défaut du troisième œil, dont nous avons déjà vu, sur plus d'un de nos monumens de la meilleure époque, que l'indication n'était pas toujours jugée nécessaire. Mais ce que ce petit bronze romain, d'une exécution d'ailleurs si défectueuse, et sans doute d'un âge de décadence, a de plus intéressant pour nous, c'est l'induction qu'on en peut tirer, relativement au groupe capitolin, qui n'était sans doute lui-même qu'une copie d'un monument plus ancien, dont ces répétitions, de matières et de proportions si différentes, suffisent pour attester à nos yeux le mérite et la célébrité. Une notion, importante aussi pour l'histoire de l'art, qui résulte encore de cette confrontation, et qui vient à l'appui d'autres observations du même genre, c'est qu'un assez grand nombre de statues isolées ou groupées, parmi celles qui nous sont restées de l'antiquité, avaient dû provenir de compositions où ces figures avaient eu un rôle, une action déterminée, et d'où elles avaient été extraites pour être

(1) Planche LXII, n. 2. Le dessin est de la grandeur du bronze. M. le duc de Luynes a fait mention de ce bronze, p. 282. Mais je rappelle encore que j'avais antérieurement indiqué moi-même, *Achilléide*, p. 45, not. 4, ce monument parmi ceux que je me proposais de publier, et qui avaient rapport à la fable de Polyphème.

exécutées séparément, à raison du motif heureux et pittoresque qu'elles offraient à l'imitation. Ainsi, pour ne pas chercher, ailleurs que dans le mythe même qui nous occupe, des exemples que j'ai déjà eu plus d'une fois occasion de citer dans le cours de cet ouvrage, la figure d'*Ulysse présentant à Polyphème la coupe destinée à l'enivrer*, figure certainement conçue, dans le principe, pour une composition telle que celle de nos urnes étrusques, avait servi de modèle à quelque belle statue dont il nous est resté deux répétitions antiques. Ainsi, la figure d'*Ulysse sous le bélier* a fourni le type d'une statue, puisée à la même source[1]. Ainsi, notre *groupe de Polyphème*, tiré d'une composition semblable, s'est vu reproduit, à part des autres figures qui l'accompagnent, dans deux ouvrages, d'ordre et de mérite bien différens, exécutés en des temps et en des pays divers, en marbre et en bronze; et nous avons enfin, sur un de nos vases d'argent de Bernay, une image du groupe d'*Ulysse enivrant Polyphème*[2], conçue absolument comme sur nos urnes étrusques, sauf la figure du *jeune homme expirant;* image réduite sous la forme la plus exiguë, mais exécutée sur un monument de travail purement grec, avec toute la perfection de style que comportait ce genre de travail, et qui nous prouve combien avaient été familiers au génie de l'antiquité ces sortes d'emprunts, faits à des compositions plus ou moins considérables, de figures isolées une à une, ou groupées deux à deux, qui devenaient ainsi des motifs de statues d'une invention heureuse, d'un intérêt général et d'une intelligence facile.

§ III.

Parmi les aventures d'Ulysse, il n'en est pas de plus sensiblement empreinte de ce goût du merveilleux qui semble avoir eu de tout temps l'Orient pour patrie et pour théâtre, et qui paraît aussi avoir toujours répugné plus ou moins au génie grec, que la fable du séjour d'Ulysse et de ses compagnons chez la magicienne Circé. Long-temps avant que cette fable fût devenue l'objet des sarcasmes des beaux esprits tels que Lucien, elle n'était plus regardée par les philosophes tels que Platon, que comme une moralité ingénieuse, où la métamorphose d'hommes en bêtes s'expliquait d'une manière purement allégorique, et plus anciennement encore, que comme un texte populaire et proverbial pour les railleries du théâtre[3]. De là, sans doute, l'usage infiniment rare que l'art fit chez les Grecs d'un sujet qui n'offrait plus de prise sérieuse ni d'expression favorable à l'imitation. C'est un fait remarquable et utile à constater, que les Grecs ne se plurent à traiter des sujets allégoriques, qu'autant que les personnages qui y figuraient avaient une existence admise et consacrée sous une forme précise, avec des attributs déterminés, et que d'ailleurs ces personnages,

(1) J'ai déjà eu occasion de citer la statue Pamfili, qui représente Ulysse dans cette situation, voy. plus haut, p. 350, not. 1. J'ajouterai ici que M. Pouqueville parle d'un petit groupe en bronze, d'*Ulysse monté sur un bélier*, qui fut trouvé dans les ruines de la Pandosia, d'Épire, au même lieu d'où provenaient plusieurs des plus beaux bronzes du cabinet de feu sir Richard Payne Knight, et qui doit se rapporter au même type que la statue Pamfili, s'il n'y a pas eu quelque inexactitude de la part du voyageur français, *Voyage en Grèce*, t. II, p. 136, 2e édit.

(2) C'est sur un vase de la forme de *cratère* qu'est figuré, en guise d'ornement, le groupe d'*Ulysse présentant des deux mains le kissybion à Polyphème.* Ce sujet est sculpté de très-bas-relief et doré; et l'on peut se faire une idée de cette petite composition, si bien adaptée à un vase de cette espèce servant de fontaine, d'après le dessin qui forme la vignette, n. II, p. 338. Mais ce n'est pas d'après ce dessin, ni sur ce seul fragment, qu'on pourrait juger du prodigieux mérite du vase entier dont ce détail est tiré, et que je regarde comme un des plus précieux monumens de l'antiquité qui soient venus jusqu'à nous.

(3) Aristophan. *in Plut.* 309-315; vid. Beck. *Comment. ad h. l.*

considérés comme des êtres réels, pouvaient fournir des types heureux et des motifs pittoresques sous le rapport de l'art. Or, dans le mythe des compagnons d'Ulysse changés en bêtes par les enchantemens de Circé, la fable était trop grossière, et la moralité trop philosophique, pour recevoir par les procédés de l'imitation une existence réelle; et cette existence même, produite par les moyens de l'art, ne pouvait jamais offrir une image intéressante. On ne doit donc pas s'étonner si cette fable, dans son expression la plus positive, et j'oserais dire la plus prosaïque, ne s'est rencontrée jusqu'ici sur presque aucun des monumens antiques qui nous sont restés[1]; et si, dans la seule représentation, appartenant à la haute antiquité grecque, que nous ait fait connaître l'histoire de l'art, le sujet avait été dégagé des circonstances merveilleuses et ingrates, au point de conserver à peine quelque faible rapport avec la fable homérique.

Effectivement, le séjour d'*Ulysse chez Circé*, tel qu'il était figuré sur le coffre de Cypsélus[2], se trouvait réduit à la représentation d'un *Homme* et d'une *Femme*, dormant dans une grotte, l'un près de l'autre, sur une couche commune, avec *quatre Femmes*, placées en dehors de cette grotte, et occupées des divers soins domestiques qui sont décrits dans l'Odyssée[3]. Pausanias, à qui seul, d'entre tous les auteurs anciens, nous devons cette notion curieuse, de même que le monument dont il s'agit est le seul, parmi tous les monumens antiques, qui se rapporte à cette fable singulière, Pausanias observe qu'à défaut d'inscriptions, il n'a pu reconnaître ici *Ulysse* et *Circé* que d'après le nombre de ces quatre Femmes, et d'après l'action de chacune d'elles, conforme au rôle particulier que leur assigne Homère. Mais ce qui n'était certainement pas moins digne d'observation, c'est que l'ancien artiste, à une époque où l'imitation était encore sous l'empire des doctrines hiératiques, avait reculé devant l'expression fidèle et entière du récit homérique, et qu'en la réduisant à une seule circonstance, prise dans une nature réelle, et rendue avec des personnages et des détails d'un ordre historique, il témoignait ainsi à quel point l'art s'était déjà éloigné des traditions orientales et des types puisés à cette source. Or, ce fait, si grave et si remarquable en soi, et qui me semble résulter du récit de Pausanias, méritait bien, si je ne me trompe, d'être rétabli, avec toutes les conséquences dont il est susceptible, dans l'histoire de l'art antique.

L'excessive rareté des monumens figurés, relatifs à la métamorphose des compagnons d'Ulysse, vient d'ailleurs à l'appui de cette observation. Jusqu'ici, en effet, on n'en connaissait que deux, l'un et l'autre encore ayant servi à-peu-près au même usage, bien que d'une nature différente. Le premier est un bas-relief en marbre[4], fragment d'une *Table Odysséenne*,

(1) Des antiquaires du dernier siècle avaient cru voir ce trait homérique sur quelques vases peints, où une *Femme assise* présente une *patère* à un *Héros* debout; l'un de ces vases figure sur une des planches ajoutées à l'ouvrage de Dempster, tav. xx, à cause de cette intention que l'illustre Buonarotti avait cru y découvrir, *Explicat. ad* Dempst. *Etr. Monum.* p. 21; un autre, à-peu-près pareil, est publié dans le recueil de Gori, d'après la même donnée, *Mus. Etr.* t. II, tab. CXLIII; et Venuti n'avait fait aucune difficulté d'admettre ces explications comme autant de faits avérés; voy. *la Favola di Circe*, etc. p. 20. Mais, dans l'état actuel de la science, il serait inutile de réfuter de pareilles idées. Il en est de même d'une conjecture de Gori, qui expliquait par la fable de Circé livrant un des compagnons d'Ulysse aux morsures d'un ours et d'un lion, le célèbre trépied de bronze du musée de Florence, *Mus. Etr.* II, CXLIV. Maffei avait déjà fait justice de cette supposition tout-à-fait contraire au texte homérique.

(2) Pausan. v, 19, 2.

(3) Homer. *Odyss.* x, 348-359.

(4) Ce bas-relief, qui faisait partie des collections de la maison Rondinini, aujourd'hui dispersées en grande partie, a été publié plusieurs fois, d'abord par l'illustre abbé Barthélemy, *Mém. de l'Acad. des bell. lettr.* tom. XXVIII, pl. II, p. 596; puis, vers la même époque, par un antiquaire de Cortone, Rid. Venuti, qui en a fait l'objet d'une dissertation particulière, *la Favola di Circe rappresentata in un antico greco Bassorilievo di marmo*, Roma, 1758, 4°. Il a été reproduit dans les *Monum. ined.* de Guattani, t. V, p. XI, tav. III, et dans la *Galerie mythologique* de Millin, pl. CLXXIV, n. 635.

d'un style et d'une dimension qui la rendent presque en tout semblable à la célèbre *Table Iliaque* du Capitole, et destinée sans doute, comme celle-ci, à l'explication des poésies homériques dans les écoles des Grammairiens de Rome(1). Le second de ces monumens est un dessin de l'ancien manuscrit de Virgile(2), qui avait aussi le même objet, celui de rendre sensible aux yeux, au moyen d'une image graphique, la circonstance décrite par le poëte. Sur ces deux monumens, d'époque romaine(3), le trait principal de la fable homérique, la métamorphose en bêtes des compagnons d'Ulysse, est représenté à-peu-près de la même manière, c'est à savoir par des figures d'hommes, ayant des têtes d'animaux divers sur un corps humain, vêtu dans le costume grec ordinaire. Cette manière d'exprimer la fable antique n'est pourtant conforme ni au sens rigoureux des paroles d'Homère, ni au texte de Virgile; chez l'un et l'autre, les compagnons d'Ulysse sont réellement transformés en bêtes, sans qu'il leur reste de l'humanité rien autre chose que le sentiment de leur infortune et la conscience de leur état(4); et c'est dans le même sens que l'antiquité tout entière semble avoir compris cette métamorphose(5), sauf une seule exception peut-être(6), qui date de l'époque alexandrine, et qui se ressent du goût de cette époque et du théâtre où s'exerça son influence. Quoi qu'il en soit, il est certain que l'art, qui n'adresse ses images qu'aux yeux, n'avait réellement d'autre moyen de représenter la fable en question, qu'en accouplant une tête d'animal avec un corps humain, attendu que, dans la figure de l'animal entier, il eût été impossible de discerner l'animal réel d'avec l'homme qui n'en avait que l'apparence; et ce procédé, le seul qui fût permis à l'artiste, avait d'ailleurs un type antique et une autorité respectable, dans un autre système imitatif, où je présume qu'avait été puisée la première idée de la fable homérique. Je reviendrai sur ce sujet quand j'aurai fait connaître une peinture récemment découverte à Pompei, qui semble relative à cette fable, ainsi qu'un bas-relief étrusque, le plus curieux, à mon avis, de tous les monumens qui y ont rapport, et le seul même qui en offre la représentation littérale.

La peinture de Pompeï, trouvée dans la maison dite de Castor et Pollux, est vulgairement connue à Naples sous le nom du *berger Eumène donnant l'hospitalité à Ulysse déguisé en mendiant;* dénomination contre laquelle se prononce avec raison M. le chanoine Jorio(7), en soutenant l'opinion d'un autre antiquaire napolitain, qui a cru reconnaître dans cette peinture la *magicienne Circé essayant l'effet de ses enchantemens sur un personnage* qu'ils nomment *Ulysse*, mais qui me paraît, à moi, l'*un des compagnons du héros*. Sauf ce dernier point, sur lequel je ne suis pas d'accord avec ces antiquaires, j'admets sans difficulté l'explication qu'ils

(1) C'est l'opinion de Barthélemy, *endr. cit.* p. 596, suivie en dernier lieu par M. Beck, dans son programme *de nominibus Artificum*, etc. p. 10-11.

(2) *Pictur. codic. Virgil. Æn.* VII, 5, sqq., p. 129.

(3) Le dessin du manuscrit est d'une époque sans doute très-postérieure au bas-relief; mais la composition devait en avoir été puisée dans quelque monument plus ancien. On sait, par le témoignage de Vitruve, que les diverses aventures d'Ulysse faisaient, dès le siècle d'Auguste, un des sujets habituels de la décoration des maisons romaines; et le dessin dont il s'agit semble effectivement emprunté de quelqu'une de ces peintures sur mur, telles que celles de la maison de Trimalcion, décrites par Pétrone, dont nous connaissons si bien à présent le goût et l'exécution. Les mêmes sujets n'étaient pas moins fréquemment employés pour la composition des pavés de mosaïque qui complétaient le système de décoration intérieure des maisons de cet âge; et l'on en a une preuve dans la mosaïque découverte à Tor-Marancio, en 1818, et représentant le *vaisseau d'Ulysse avec une Sirène et le monstre Scylla*, Millin, *Annal. Encycl.* 1817, t. III, p. 333.

(4) *Odyss.* X, 237-240, et 390-395; Virgil. *Æn.* VII, 20.

(5) Ovid. *Metam.* XIV, 303, sqq.; Horat. *Epod.* XVII, 15, sqq.

(6) Apollon. Rhod. *Argon.* IV, 672-4:

Θῆρες δ', οὐ θήρεσσιν ἐοικότες ὠμηστῇσιν,
Οὐδὲ μὲν οὐδ' ἄνδρεσσιν ὁμὸν δέμας, ἄλλο δ' ἀπ' ἄλλων
ΣΥΜΜΙΓΕΕΣ ΜΕΛΕΩΝ.

(7) *Guide pour la galerie des peintures anciennes*, p. 92-93, n. 1550, 2ᵉ édit., Naples, 1830.

proposent pour le monument en question[1]. On y voit une *Femme assise*, et comme *accroupie* sur une espèce de *puteus*, présentant de la main droite un *vase rempli d'une certaine liqueur*, à un *personnage* debout devant elle, et vêtu d'une tunique courte, qui s'appuie sur une simple haste. Ce que cette composition singulière offre de plus curieux dans les détails, en même temps que de plus propre à en déterminer le sujet, c'est, en premier lieu, l'espèce de *chapeau rond et plat*, terminé en une longue aigrette, qui doit être une coiffure symbolique, telle qu'elle convenait à la magicienne *Circé*[2]. La *baguette*, ῥάβδος[3], qui se voit près de la Femme assise, est un autre attribut de Circé qu'il est encore moins possible de méconnaître; et le *vase*, où elle avait mêlé à la nourriture préparée pour ses hôtes des herbes malfaisantes[4], répond assez bien à cette destination, par la manière dont il est figuré sur notre peinture. Il n'y a que l'attitude de la magicienne, assise sur une espèce de cuve ou de bassin, où j'ai cru voir un *puteus*[5], qui offre une particularité embarrassante, par la nou-

(1) J'ai sous les yeux un dessin de cette peinture, que j'ai dû à l'amitié de M. C. Bonucci, architecte des fouilles de Pompeï et d'Herculanum, et pour lequel il m'est doux de lui témoigner ici ma reconnaissance.

(2) Ce *chapeau* est précisément l'espèce de coiffure de femme nommée Θολία, à cause de sa forme pareille à celle d'un *Tholos*, θολοειδής, et qui est ainsi décrite par Hesychius, *v.* Θολία· πέτασος εἰς ὀξὺ συνηγμένος; cf. *Lexic. Rhetor. ap.* Eustath. *ad Odyss.* x, p. 795, 31 : Θολία δὲ θηλυκῶς πῖλος εἰς ὀξὺ ἀπολήγων. C'était conséquemment un *chapeau rond, à large bord, terminé en pointe*, tel absolument qu'il est figuré sur notre peinture; de plus, il était fait *de paille* ou *de jonc*, pour être plus léger, et pour servir à abriter le visage contre les ardeurs du soleil; c'est ce qui résulte clairement du témoignage de Pollux, x, 127, Θολία, πλέγμα τι θολοειδὲς ἐπὶ σκιᾷ; cf. *ibid.* vii, 174 : Θολία δ' ἐκαλεῖτο πλέγμα τι θολοειδές, ᾧ ἀντὶ σκιαδίου (*en guise d'ombrelle*) ἐχρῶντο αἱ γυναῖκες; en ajoutant à cette notion celle que nous fournit Hesychius, au mot Σαλία, qui était le nom donné à la même espèce de coiffure dans le dialecte lacédémonien : Σαλία, πλέγμα κάλάθῳ ὅμοιον, ὃ ἐπὶ τῆς κεφαλῆς φοροῦσιν αἱ Λάκαιναι· οἱ δὲ, Θολία. Nous avons un exemple de l'usage où étaient les femmes grecques de porter de ces sortes de *chapeaux*, pour se mettre à couvert de la chaleur du jour, dans ce passage des *Syracusaines* de Théocrite, *Idyll.* xv, 39 : τὠμπέχονον φέρε μοι, καὶ τὰν θολίαν, où le Scholiaste explique à tort le mot θολίαν par les mots σκιάδιον et πέτασον, deux termes qui sont loin d'être synonymes, attendu qu'ils désignent deux choses que Pollux distingue très-bien l'une de l'autre, x, 127, et qui ne se ressemblent en effet que par le service qu'elles rendent contre la chaleur, c'est à savoir, l'*ombrelle* ou *parasol*, σκιάδιον, et le *chapeau de paille à large bord*, θολία, πέτασος θολοειδής; et il y a lieu d'être surpris que Valckenaër, qui a fait d'ailleurs sur ce passage de Théocrite des observations pleines de ce profond savoir et de cette ingénieuse sagacité qu'on lui connaît, relativement aux formes diverses du *pétasos*, du *pilos* et de la *causia*, ait approuvé sans restriction et admis sans difficulté cette glose du Scholiaste, *ad* Theocrit. *Adoniazus.* p. 339-340. Mais, pour revenir à notre peinture et au *chapeau* de forme si singulière qui s'y voit sur la tête de Circé, je dois observer qu'il s'est rencontré un autre exemple de ce *chapeau* sur une des peintures de la *maison* dite *du Questeur*, récemment découverte à Pompeï. Cette peinture représente un paysage orné de fabriques, avec deux personnages, l'un desquels paraît être une *prêtresse*, tenant une *patère* et un *flambeau*; l'autre un *jeune pêcheur assis*, la tête couverte d'un *chapeau* pareil à celui de notre Circé; et parmi les détails neufs et curieux dont cette peinture est enrichie, on remarquera sur-tout l'espèce d'*autel creux*, ayant servi à contenir des liquides, *vasca sacra destinata ad uso di contenere liquidi*, qui offre avec le vase sur lequel Circé est assise une analogie si frappante de forme et de destination; voy. le *Real Mus. Borbon.* t. VI, tav. lv, p. 1-5. J'ajouterai encore que le *chapeau* dont il est question doit avoir eu ici quelque intention particulière, d'après le rapport qu'offre ce trait de costume de notre magicienne avec celui du cynique Ménippe, dans la scène de *nécyomancie* décrite par Diogène de Laërte, vi, 102 : πῖλος ἀρκαδικὸς ἐπὶ τῆς κεφαλῆς, ἔχων ἐνυφασμένα τὰ δώδεκα στοιχεῖα. M. Boettiger a parfaitement montré, dans son savant et ingénieux commentaire sur ce passage, voy. *les Furies*, not. ix, p. 109-111, trad. franc., qu'il s'agissait ici d'un de ces *chapeaux arcadiens à large bord*, κύκλας ἀρκαδικῆς κυνῆς, Schol. Aristophan. *ad Av.* 1203; cf. Toup. *Epist. crit.* p. 42, *bord* sur lequel étaient tressés avec de la paille ou du jonc les *douze signes du zodiaque*, δώδεκα στοιχεῖα, emblème astrologique approprié à la scène jouée par Ménippe; et il résulte encore de ce trait de mœurs grecques, qu'un chapeau de cette forme, avec l'ornement en question ajouté sur le bord, avait bien pu devenir d'un usage commun et familier dans cette classe de *magiciens*, στοιχειωματικοί, Salmas. *de Ann. climact.* p. 576, qui s'était si fort multipliée à cette époque de l'empire où fut exécutée notre peinture; conséquemment aussi, que le même chapeau put y être donné au même titre à la magicienne Circé.

(3) Homer. *Odyss.* x, 238, 389.

(4) Idem, *ibid.* 235-6 :

ἀνέμισγε δὲ σίτῳ
φάρμακα λύγρ', ἵνα πάγχυ λαθοίατο πατρίδος αἴης.

(5) La forme de ce bassin m'a suggéré l'idée que ce pouvait être un *puteus*, et cette idée se trouve encore justifiée par un usage domestique des anciens auquel Virgile fait allusion, *Georgic.* iii, 329, usage attesté, entre autres témoignages antiques, par ce passage d'une inscription de Gruter, dlxxxviii, 3, qui vient si bien à l'appui de la peinture de Pompeï citée dans une note précédente :

STABVLVM. CVM. PRAESEPIIS. ET CELLIS
HVIC. LOCO. MACERIA. CLVSO. CEDIT
ET PVTEVS. ET PISCINA. CVM ADITO. COMM. DEPVD.

Je ne m'étendrai pas davantage sur ce point d'antiquité, qui semble avoir été épuisé dans la dissertation de Paciaudi, *Puteus sacer agri Bononiensis*, etc., Rom. 1756, 4°; et je me contenterai d'ajouter aux monumens décrits ou indiqués par ce savant antiquaire, la mention d'un *puteus* en marbre, de forme octogone,

veauté même de cette image, étrangère au récit homérique; bien qu'il ne soit pas difficile d'expliquer l'usage d'un pareil bassin, avec le vase, en forme d'amphore, debout sur le sol, dans une scène d'enchantement, où il s'agissait d'exprimer des sucs d'herbes et de plantes, pour en composer une liqueur enivrante. La présence du *chien*, accroupi aux pieds de Circé, est d'ailleurs une circonstance qui paraît décisive pour cette explication, d'après le rapport si connu de cet animal symbolique avec Hécate, et d'après son intervention habituelle dans les scènes magiques[1]. Enfin le toit grossièrement figuré comme une *chaumière*, telle que pouvait être l'*étable*, συφεών, où Circé enfermait ses malheureux hôtes[2], est encore une de ces circonstances qui me paraissent propres à dissiper toute espèce d'incertitude sur le sujet de cette curieuse peinture. Le même sujet s'est rencontré sur un vase peint, le seul monument de ce genre, à ma connaissance, qui ait rapport à la fable de Circé[3]. La magicienne s'y voit représentée au moment où elle touche de sa *baguette* un des compagnons d'Ulysse, dont la métamorphose commence à s'opérer; et la composition de ce sujet, ainsi réduite à ces deux personnages, devient encore un motif de plus à l'appui de notre explication de la peinture de Pompeï.

Quant au monument de l'art étrusque, qui a rapport à la même fable, il ne saurait y avoir la moindre difficulté. C'est un de ces bas-reliefs d'urne cinéraire[4], en albâtre de Volterra, conséquemment exécuté dans cette ancienne école étrusque, et provenant des hypogées de cette ville, où il était demeuré jusqu'à ce jour, sinon tout-à-fait inédit, du moins à-peu-près inconnu; car le prélat Guarnacci l'avait depuis assez long-temps publié dans son ouvrage[5], d'une manière trop propre à expliquer l'oubli complet où il était resté malgré cette publication. La dimension de ce bas-relief est la même que celle d'un autre morceau de sculpture étrusque, représentant le mythe des *Sirènes*, dont je parlerai bientôt; mais l'exécution en est bien plus grossière; ce qui indique, généralement parlant, une époque plus basse, et ce qui nous reporte probablement à la dernière période de l'art et de la civilisation étrusques. Le groupe principal est formé de *trois* des *Compagnons d'Ulysse*, avec des têtes de *bélier*, de *taureau* et de *cheval*, sur un corps humain et vêtu; c'est à-peu-près ainsi qu'on les voit figurés sur le fragment de la *Table Odysséenne*, avec l'inscription qui les désigne, ΕΤΑΙΡΟΙ ΤΕΘΗΡΙΩΜΕΝΟΙ, au moment où ils sortent, à la voix de Circé et en présence d'Ulysse, de l'étable qui les renfermait. Mais ici la composition est différente, aussi bien que l'intention qu'elle exprime. L'un de ces malheureux est *assis*, enveloppé tout entier d'un *long pallium*, où il cache sa main droite, dans une attitude qui paraît avoir été caractéristique pour indiquer un état habituel de méditation, et, dans ce cas-ci sans doute, une préoccupation douloureuse. Un autre, *debout*, dans une action violente, semble vouloir

avec un revêtement à mailles ou à écailles, figurant un grillage, sculpté sur chacune de ses faces, l'une desquelles est ornée d'un buste de personnage romain, et de l'inscription : C. FANNIVS M. F. FRATER. Ce monument curieux et unique dans son genre fait partie des marbres du musée de Parme; voyez-en le dessin et la description dans Lama, *Iscriz. antich. Parmens.* P. II, n. XXXIII, p. 89-90.

(1) Il suffit de rappeler à ce sujet le témoignage de Théocrite, *Pharmaceutr.* v. 12 : τᾷ χθονίᾳ θ' Ἑκάτᾳ, τὰν καὶ ΣΚΥΛΑΚΕΣ τρομέοντι; cf. *ibid.* 35; add. Apollon. Rhod. *Argon.* III, 1217; Lucian. *Philops.* § XXII.

(2) Homer. *Odyss.* X, 389; cf. Suid. *v.* Συφεών.

(3) Ce vase se trouve dans une collection particulière de Naples. La circonstance de la métamorphose, qui forme le trait principal de la représentation, y est traitée par un procédé analogue à celui dont s'est servi l'auteur du vase que j'ai publié, pl. XXVI B, pour rendre la substitution d'une *biche* à *Iphigénie*, près d'être sacrifiée en Aulide.

(4) Planche LXI, n. 2.

(5) *Origini Italiche*, t. I, p. 456; la planche porte cette inscription : *Circe trasforma gli uomini in bestie.* On pourrait dire de l'artiste qui a gravé cette planche, qu'il a fait à-peu-près la même chose, en faisant subir au monument original presque la même métamorphose.

déraciner un arbre qu'il a saisi des deux mains; image naïve d'une fureur insensée autant que vaine, qui s'attaque à des obstacles qu'elle ne peut abattre. Le troisième, livré aux seules idées de la sensualité et du plaisir, reçoit d'un des ministres de Circé une coupe de vin qu'on lui présente, pour achever d'y puiser l'oubli de sa raison et de soi-même; et l'on conviendra qu'en se tenant rigoureusement dans les données de la fable homérique, il était difficile d'exprimer, d'une manière plus sensible, les divers degrés d'abrutissement où étaient plongés les hôtes de Circé. La *Femme* représentée à l'extrémité de la composition, près d'une *grotte* dont l'entrée est *ombragée d'arbres*[1], et tenant à la main droite un *petit porc*, doit être *Circé* elle-même, d'après le choix de cet animal symbolique, qui exprimait sur-tout l'idée morale de la fable en question[2], et d'après la manière significative dont elle le porte[3]. Du reste, tout est traité ici dans une intention grave et sévère, bien que dans un style très-négligé, et non pas dans le goût de la caricature, comme on pourrait le croire au premier aperçu[4]. La destination funéraire de ce bas-relief suffirait seule, à défaut du caractère sérieux et naïf de la composition, tout défectueux qu'en est le travail, pour écarter une supposition de ce genre. Or, cette destination résulte indubitablement de la nature même du monument qui nous a conservé ce bas-relief, puisque c'était une urne cinéraire; et le choix d'un pareil sujet, pour un pareil usage, prouve que telle était aussi l'intention d'une peinture curieuse du *Tombeau des Nasons*[5], où les âmes des méchans sont représentées par un *porc*, un *âne* et un *mulet*, s'abreuvant aux eaux du *Léthé*, au moment où elles sont évoquées par Hermès-Psychopompe, après la durée du temps prescrit à leur expiation.

C'est maintenant le lieu d'exposer une conjecture que j'ai énoncée plus haut, sur l'origine de la fable homérique qui nous occupe, et sur le type primitif des images figurées qui s'y rapportent. On a pu remarquer que l'idée d'associer une tête d'animal avec un corps humain, idée fondamentale dans le système égyptien, fut toujours étrangère à l'antiquité

(1) Homer. *Odyss.* x, 210, ἐν βήσσῃσι; 251, ἀνὰ δρυμά; Virgil. *Æn.* VII, 11, *inaccessos lucos*. Il n'est peut-être pas sans intérêt de remarquer de quelle manière sont représentés les δώματα Κίρκης, sur la *Table Odysséenne*, par une construction en *pierres polies*, disposées par assises régulières et parallèles, répondant aux ξεστοῖσι λάεσσι d'Homère, *Odyss.* x, 211; ce qui s'éloigne passablement du système de la construction dite *cyclopéenne*, observée dans les ruines antiques du mont Circé.

(2) Homère en effet n'avait connu ou décrit que la métamorphose *en pourceaux*, x, 390 : ἐκ δ' ἔλασεν σιάλοισιν ἐοικότας ἐννεώροισιν. C'est la même idée qu'exprime aussi Aristophane, *in Plut.* 315 : ἕπεσθε μητρὶ, χοῖροι; et on la retrouve dans l'*amica luto sus* d'Horace, *Epist.* I, 2, 26, et dans les *remigibus porcis* de Juvénal, *Sat.* XV, 22, à travers l'antiquité tout entière.

(3) Cette manière de porter à *la main* l'animal symbolique, est constatée par un si grand nombre de monumens, sur-tout de ceux du plus ancien style, qu'il est superflu d'en citer des exemples. Je me borne à rappeler celui que nous a offert notre ciste mystique, pl. LVIII.

(4) C'est en effet par un procédé analogue, par la représentation de figures humaines avec des têtes d'animaux divers, que l'art antique se plut quelquefois à produire ce que nous appelons des caricatures, ce qu'ils nommaient communément des *Grylles*, Plin. XXXV, 10, 37; et il nous en reste un exemple dans la célèbre caricature d'*Énée* avec son père *Anchise* et son fils *Ascagne*, tous les trois métamorphosés en cynocéphales, *Pittur. d'Ercolan.* t. IV, p. 368. Quant aux témoignages antiques qui concernent ce genre de caprices que l'art des anciens semble s'être sur-tout permis à partir de l'époque alexandrine, ils ont été recueillis par Buonarotti, *Medaglioni antichi*, p. 322-24, et par les Académiciens d'Herculanum, *Pittur.* t. III, p. 333. Il faut pourtant y joindre ceux qui résultent de l'observation des vases peints, où il se rencontre des représentations conçues dans le genre grotesque, telles que celle du sujet d'*Alcmène*, du premier recueil d'Hamilton, t. IV, pl. 105; voy. aussi Tischbein, I, 41; II, 7, et 37; Millin, *Vases peints*, I, LXIII; Laborde, *Vases de Lamberg*, I, LXVII, et II, XII; représentations imitées sans doute des drames satyriques, φλύακες, qui se célébraient dans la Grande-Grèce. De plus amples détails sur ce sujet, qui mériterait d'être traité dans un travail particulier, et pour lequel il existe, dans l'état actuel de la science, un assez grand nombre d'élémens nouveaux, m'écarteraient trop de mon objet principal.

(5) Bartoli, *Pictur. vet. in sepulcr. Nason.* tab. XIV, p. 135-6. C'était une image pythagoricienne, telle que Socrate l'expose dans le *Phædon* de Platon, § 13, 283, ed. Fischer., et sur-tout dans les *Mémorables* de Xénophon, I, 3, 7, ainsi que Virgile dans son Enfer, *Æn.* VI, 743, sqq. On peut voir dans Stobée, *Eclog.* I, 52, p. 1046, ed. Heeren., la manière dont Jamblique, et généralement les nouveaux Platoniciens, envisageaient cette fable; et l'on aura tous les renseignemens à cet égard, en y joignant ce qu'a écrit M. Creuzer, *ad* Plotin. *de Pulchritud.* p. LXXIII, et p. 280, sqq.

grecque; du moins, les rares exemples qu'on en pourrait citer chez les Grecs appartiennent-ils exclusivement aux lieux et aux temps dans lesquels s'exerça l'influence orientale. Le *Minotaure*, fable évidemment phénicienne[1], est proprement la seule figure qui continua, à travers toute la durée de l'art antique, d'être représentée avec une *tête d'animal sur un corps humain*; et cette figure resta toujours, aussi bien que le mythe même dont elle était l'expression, en dehors des traditions de l'art et de la mythologie helléniques. En effet, toutes les fois que l'art grec eut à exprimer l'idée d'une double nature, ou qu'il eut à représenter un être de cette espèce, *μιξόθηρας φῶτας*[2], on sait qu'il employa constamment la nature animale pour former le corps ou les extrémités de cette image composée, et la tête de l'homme pour en faire la partie supérieure; tandis que le système égyptien procéda toujours en sens contraire, c'est-à-dire qu'il plaça toujours la tête d'animal sur un corps humain, en se servant de ce dernier élément comme d'un piédestal à l'image symbolique; et c'est en cela sur-tout que consista la différence radicale du système imitatif des Égyptiens d'avec celui des Grecs. Je dirai plus; s'il y eut des mythes dont la représentation exigea que la nature animale prévalût dans la composition du signe, comme on peut le supposer dans le mythe d'*Io*, dans celui des *Harpyies*, des *Sirènes*, et de quelques autres encore, tous d'origine orientale, il est certain qu'à mesure que l'art grec se dégagea de l'influence étrangère, en se développant dans son propre principe, il ne conserva de la tête de l'animal qu'un seul élément, comme trait caractéristique, ainsi qu'on en a plus d'un exemple dans quelques-unes de ces figures, de la belle époque de l'art, notamment dans celles d'*Io*, telle que la représentaient les anciens artistes, avec une *tête de femme* et des *cornes naissantes*, *βούκερως*[3], et dans celles de *Méduse*, où

(1) Sur cette fable *étrangère à la Grèce*, *εὐνὴν ἀλλόφυλον*, comme la qualifie avec raison Agatharchide, *apud* Phot. *Cod.* CCL, p. 1326, ed. Schott., voy. la dissertation de M. Böttiger, dans ses *Ideen zur Kunstmythologie*, p. 348-355.

(2) Euripid. *Ion.* 1161; et j'observe que, de l'aveu d'Euripide, ces sortes de figures à *double nature* sont qualifiées d'*inventions propres à l'Orient*, *βαρβάρων ὑφάσματα*.

(3) Herodot. II, 41: Τὸ γὰρ τῆς Ἴσιος ἄγαλμα ἐὸν γυναικήϊον, βούκερών ἐστι, κατάπερ Ἕλληνες τὴν Ἰοῦν γράφουσι; vid. Creuzer. *ad h. l.* C'est en effet de cette manière, c'est-à-dire *avec des cornes naissantes sur le front*, que l'on voit *Io* représentée sur un vase peint, Millingen, *Vases de Coghill*, pl. XLVI. Telle on la voit aussi sur deux peintures d'Herculanum, Jorio, *Peintur. anc.* n. 556 et 576, et sur la célèbre intaille de Dioscoride, du cabinet Poniatowsky, Visconti, *Oper. var.* II, 160, 1, et 335, 1; et je serais disposé à la reconnaître au même signe sur un masque de terre cuite coloriée, d'un charmant travail grec, trouvé à Tyndaris, en Sicile, et publié par M. Bröndsted, qui penche plutôt pour *Méduse*, d'après des motifs qui ne m'ont pas convaincu; voy. ses *Recherches et Voyages dans la Grèce*, t. II, p. 133 et 291. Mais ce qu'il importe de remarquer ici, c'est que ce type d'*Io*, avec une *tête de vache*, et plus tard avec des *cornes* seulement, était emprunté des idées et des images symboliques de l'Orient. Telle, en effet, était représentée l'*Astarté* des Phéniciens, Sanchuniat. *Fragment.* 34, ed. Orell.: ἡ δὲ Ἀστάρτη ἐπέθηκε τῇ ἰδίᾳ κεφαλῇ βασιλείας παράσημον κεφαλὴν ΤΑΥΡΟΥ; et la *vache d'or* de Jéroboam était sans doute une idole conçue dans le même ordre d'idées, Tob. 1, 5, τῇ Βάαλ τῇ δαμάλει; voy. Münter, *Religion der Karthager*, § VI, 64, not. 8, et 68, not. 22. Telle était aussi la statue d'*Io*, dont il est question dans Philostrate, *Vit. Apollon.* 1, 61; cf. Becker. *Specim. observat. ad h. l.*, et celle de *Tyché*, indiquée de cette manière par Lydus, *de Mensib.* p. 78: τὴν Τύχην (Ἰοῦν?) οἱ Ἕλληνες γράφουσι βοοπρόσωπον. Effectivement, il paraîtrait que, dans la première période de l'art grec, celle où l'influence orientale s'exerçait encore dans toute sa force, *Io* était représentée sous la forme animale qui exprimait sa métamorphose; c'est ainsi du moins qu'elle apparaissait dans les sculptures qui décoraient le trône d'Apollon d'Amycles, au témoignage de Pausanias, III, 18, 7: Ἥρα δὲ ἀφορᾷ πρὸς Ἰὼ τὴν Ἰνάχου, ΒΟΥΝ ΟΥΣΑΝ ἤδη; et cette tradition de l'art est celle qui a été suivie par le plus grand nombre des auteurs de pierres gravées, toutes les fois qu'ils ont eu à représenter *Io changée en vache et confiée à la garde d'Argus*; voyez-en des exemples, *Mus. Florent.* Gemm. t. I, LVII, 3; Schlichtegroll, *Pierr. de Stosch*, n. XXX, p. 75-77; Visconti, *Mus. Worsleyan*, IV, 3. Je ne parle pas du vase peint publié par Millin, *Vases grecs*, t. II, pl. LV, LVI, où l'on avait cru voir une scène du *Prométhée* d'Æschyle, avec le personnage d'*Io* métamorphosée en *vache*; hypothèse assez difficile à admettre, qui a été récemment combattue par M. le duc de Luynes, *Annal. de l'Instit. archéol.* t. I, p. 407-412, sans qu'il résulte toutefois de cette réfutation beaucoup plus de confiance pour l'opinion nouvelle qu'on a voulu y substituer. Il existait, dans l'acropole d'Athènes, une *statue d'Io*, sur laquelle Pausanias ne nous donne malheureusement aucun détail, si ce n'est qu'elle était l'ouvrage de Dinomène, I, 25, 1. Mais on peut présumer que la fille d'Inachus était représentée dans cette statue sous la forme humaine, seulement avec l'indice de sa métamorphose qu'elle portait sans doute sur le théâtre d'Athènes, et qui l'y faisait désigner par les épithètes de βούκερως et de κεράστης, Æschyl. *Prometh.* 588, de même qu'*Actéon* s'y montrait avec un appendice semblable, κερασφόρος, Pollux, IV, 141, pour indiquer sa métamorphose; et l'on peut se faire une idée de cette manière abréviative de représenter la

l'euphémisme de l'art alla jusqu'à donner progressivement au masque hideux de la Gorgone africaine le plus haut degré de la beauté humaine[1]. Il en fut de même pour les figures de *Fleuves*, qui, d'après une tradition puisée sans doute aussi aux sources orientales, avaient d'abord offert le mélange de la nature animale avec la *tête de l'homme*, ἀνδροκέφαλον[2], comme on les voit encore représentés sur les médailles de *Naples* et de *Géla;* ainsi que l'était le *Céphissos*, sur les anciens monumens de l'Attique qu'Euripide avait en vue[3], et comme nous apparaît aussi l'*Achéloüs*, sur un beau vase peint d'Agrigente[4]; mais qui, ramenés peu-à-peu à la forme humaine tout entière, à mesure que l'art grec acquérait tout son développement, ne retinrent de l'ancien type oriental qu'un seul trait de la nature animale, une *corne naissante* sur le front, βούκερως[5], tel qu'on voit l'*Achéloüs* lui-même figuré sur une rare médaille de Métaponte[6], pour ne point parler de tant d'autres figures semblables, l'*Hipparis*, le *Selinos*, l'*Hypsas*, si connus des antiquaires.

Mais, pour ne pas trop nous écarter de notre sujet, s'il exista dans la Grèce quelque figure humaine à tête d'animal, telle que le *Bacchus à tête de lion*, vieille idole des Samiens[7], ou telle que l'ancien simulacre de *Cérès*, *vêtu de noir*, avec une *tête et une crinière de cheval*, qui se voyait encore en Arcadie au temps de Pausanias[8], ce devait être, ainsi qu'on peut le présumer, dans ce dernier cas, d'après la matière même de cette statue, *le bois*, ξόανον, et d'après tous les traits de la description qu'en fait Pausanias, une de ces statues primitives, Δαίδαλα, venues originairement de l'Orient, ou reproduites dans l'enfance de l'art grec; monumens d'un art informe, qui avaient cessé d'être intelligibles au sein d'une civilisation perfectionnée; idoles surannées, pour l'explication desquelles on était obligé d'inventer des mythes nouveaux, au lieu de reconnaître qu'elles avaient été produites dans un système d'idées étranger à la Grèce. Si quelques autres figures, d'un ordre purement allégorique, telles que le *Phobos à tête de lion*[9], le *monstre Poinê*, du monument de Corœbus, à Mégare[10], offraient des images du même genre, on doit dire qu'elles provenaient aussi de la même époque,

fable d'*Actéon*, d'après le vase peint d'Éboli, où le Héros, *avec des cornes sur la tête*, κεραστφόρος, est en proie aux morsures de trois de ses chiens; voy. les *Annal. de l'Instit. archéol.* t. IV, p. 407, tav. agg. D, 1 et 2.

(1) Il suffit de comparer avec les anciens monumens de l'art, tels que la célèbre métope du temple de Sélinonte et les vases peints, de fabrique primitive, où *Méduse* est représentée, les monumens d'une époque plus récente et du beau temps de l'art, entre autres les pierres gravées qui portent les noms de *Solon* et de *Sosthénès*, pour se convaincre que, dans ce long espace de temps, et sur cette longue suite de monumens, le type de Méduse parcourut en effet tous les degrés par lesquels l'imitation a pu passer de la nature animale à la perfection de la beauté humaine. Ces monumens sont trop nombreux et trop connus pour avoir besoin d'être cités.

(2) Tels que Nonnus nous représente les compagnons de Bacchus; *Dionys.* XXI, 217, sqq.:

ἴσῳ διδυμάονι μορφῇ
Εἰσὶ νόθοι ΤΑΥΡΟΙ τε καὶ ΑΝΕΡΕΣ· ἀμφότερον γὰρ
Καὶ ΒΟΟΣ εἶδος ἔχουσι καὶ ΑΝΔΡΟΜΕΟΙΟ ΠΡΟΣΩΠΟΥ.

(3) Euripid. *Ion.* 1261: Ταυρόμορφον ὄμμα Κηφισοῦ.

(4) Ce vase a été publié par M. Millingen, dans les *Transact. of the royal Society of Literat.* vol. I, P. I, p. 142, avec deux pierres gravées, d'ancien style, qui se rapportent au même sujet, et sur lesquelles *Achéloüs* offre aussi une *tête humaine* avec des *cornes de taureau*.

(5) Lycophr. *Cassandr.* 730. Les témoignages classiques sur ce point d'antiquité grecque ont été rassemblés par Meursius, dans son commentaire, t. III, p. 1280, ed. Müller.

(6) Voy. Millingen, *anc. Coins*, pl. 1, fig. 21; Osann, *Kunstblatt*, 1831, n. 16 et 17, p. 61-64, 67-68.

(7) Plin. *Hist. nat.* VIII, 16, 21, t. II, p. 85, ed. Sillig.

(8) Pausan. VIII, 42, 3: Γυναικὶ δὲ ἐοικέναι τὰ ἄλλα, πλὴν κεφαλήν· κεφαλὴν δὲ καὶ κόμην εἶχεν ΙΠΠΟΥ; cf. *ibid.* 5,5. C'était sans doute de la même manière, avec un *masque de cheval*, qu'était représentée sur le théâtre d'Athènes, *Évippé*, *fille de Chiron*, transformée *en cavale*, dans une tragédie d'Euripide; Pollux, IV, 141: Εὐίππη (al. Ἵππη) ἡ Χείρωνος, ὑπαλλαττομένη εἰς ἵππον παρ' Εὐριπίδῃ; fable singulière, qu'on avait cru voir représentée sur une des peintures d'Herculanum qui ont le plus exercé la sagacité des savans; voy. *Neapels ant. Bildw.* I, 430, et Jorio, *Peintur. anc. du mus. de Naples*, p. 40-42. J'observe qu'il n'est fait mention de cette particularité, non plus que du drame d'Euripide, sous aucun des noms qui sont cités par les anciens, *Hippé*, *Évippé*, *Mélanippé*, dans le travail si savant d'ailleurs et si complet de Matthiæ, sur les tragédies perdues d'Euripide.

(9) Pausan. V, 19, 1; cf. Fac. *Excerpt.* è Plutarch. p. 70.

(10) Pausan. I, 43, 7.

du temps où s'exerçait encore, avec plus ou moins d'énergie, l'influence du goût oriental sur les productions primitives du génie grec. Mais à mesure que cette influence décline, il est curieux de voir diminuer successivement et disparaître enfin, chez les Grecs, les traces de ce goût symbolique de l'antique Égypte, qui exprimait une idée, une intention morale, en plaçant une tête d'animal sur un corps humain; et il semble qu'on pourrait appliquer à cet affranchissement progressif, à cette émancipation graduelle de l'art grec, la belle image d'Homère qui nous représente les compagnons d'Ulysse, touchés par la baguette magique de Circé, se dégageant peu-à-peu de l'enveloppe grossière qui les recouvre, et se dépouillant de toutes les parties de l'animal pour redevenir *de nouveaux hommes, plus grands et plus beaux* qu'ils n'étaient auparavant[1].

Il suit de là, si je ne me trompe, que la fable des compagnons d'Ulysse transformés en bêtes, n'a pu être conçue et exprimée, comme elle l'est dans Homère, qu'à une époque et dans un pays où régnait encore, dans toute sa force, l'influence du goût égyptien[2]; et si l'on peut douter, d'après le seul exemple fourni par le coffre de Cypsélus, et d'après le silence de l'antiquité tout entière, qu'une image d'accord en tout point avec le récit homérique en ait jamais été réalisée par l'art grec, il devient manifeste que cette image n'a pu être puisée qu'à une source étrangère. Nous sommes donc amenés à cette conséquence, que c'est la vue des monumens égyptiens, remplis d'images symboliques de cette espèce, qui donna l'idée de la fable rédigée par l'auteur des poésies homériques, et qui en fournit le type. Nous verrons bientôt qu'il en fut ainsi du mythe des *Sirènes*, dont la première invention dériva de la même source, et dont l'expression figurée, telle qu'elle se produisit sur les plus anciens monumens de l'art grec, resta toujours conforme à son modèle primitif. Telle fut aussi l'origine de beaucoup de mythes particuliers, qui ne se rattachent difficilement, et par des rapports forcés et bizarres, au système général de la mythologie hellénique, que parce qu'ils étaient dérivés d'anciens monumens de l'art, produits sous l'influence d'idées étrangères; et peut-être n'a-t-on pas encore, dans les questions qui touchent à la fois à l'histoire de l'art et à l'intelligence de la mythologie grecque, donné une part assez large à la recherche et à l'explication de ces sortes de mythes locaux ou particuliers, qui proviennent directement des monumens de l'art, qui ne sont, pour ainsi dire, que des traductions en langage hiératique d'anciennes images figurées. Un savant à qui l'on doit beaucoup d'idées neuves et fécondes, M. Creuzer, a déjà montré quel fruit on pourrait retirer d'une pareille étude, si l'on voulait, à son exemple, se livrer à la recherche des mythes grecs qui procèdent immédiatement des monumens de l'art; et la *Fable d'Arion*[3], proposée comme un essai de cette doctrine nouvelle, n'est pas une des applications les moins frappantes dont elle serait susceptible, à mon avis. Mais en attendant que cet utile travail s'accomplisse, je crois pouvoir, à mon tour, ranger dans la classe des mythes produits par l'inspection ou sous l'influence des images symboliques de l'antique Égypte, la fable homérique des compagnons

(1) Homer. *Odyss.* x, 393-6.

(2) Cette notion s'accorde d'ailleurs avec l'origine orientale du personnage de Circé et des autres membres de sa famille, tous issus d'Hélios et d'Hypérion: généalogie qui indique évidemment une extraction asiatique; Hesiod. *Theogon.* 1010; cf. Orph. *Argonaut.* 1221-2:

Ἠελίου θυγάτηρ· (Κίρκην δὲ ἑ κικλήσκουσιν
Μήτηρ Ἀστερόπη καὶ τηλεφανὴς Ὑπερίων).

(3) Voyez la curieuse dissertation de ce savant intitulée: *Mythorum ab artiam operibus profectorum exemplum proponitur*, Marburg. 1803, in-4°.

d'Ulysse changés en bêtes; et l'expression figurée de cette fable, telle que nous la présente notre bas-relief étrusque, conforme au modèle égyptien, et d'accord avec l'image d'un poëte alexandrin, devient un trait tout-à-fait remarquable de cette influence du symbolisme oriental sur les monumens de la civilisation étrusque, qui se montre de plus en plus sensible à mesure qu'on remonte vers le berceau même de cette civilisation. C'est sans doute là ce qu'offre de plus important, pour l'histoire de l'art, ce bas-relief étrusque; d'un assez médiocre intérêt sous le rapport du style et de l'exécution.

§ IV.

La *Nécyomancie* est un des traits de l'*Odyssée* dont on a pu s'étonner avec le plus de raison que les monumens de l'antiquité nous aient offert jusqu'ici si peu d'images ou de réminiscences. Un sujet tel que celui-là, puisé directement aux sources homériques, illustré par les talens de deux des plus grands peintres de l'antiquité, Polygnote[1] et Nicias[2], sans compter l'usage populaire qui s'en était fait, chez les Grecs, à diverses époques de l'antiquité[3]; un sujet d'ailleurs si favorable à l'imitation, et qui se prêtait si naturellement à une application funéraire, aurait dû trouver place sur cette foule de vases peints, ornés d'images funèbres, à raison de leur destination même. Cependant, si l'on excepte le bas-relief Albani,

(1) Pausan. x, 28; voy. Boettiger, *Archäol. der Maler*. 344, ff.

(2) Plin. xxxv, 40, 28. Il exista dans l'antiquité un assez grand nombre de peintures du même genre, dues à des artistes moins célèbres; c'est du moins ce qu'on peut inférer, à défaut de témoignages plus précis, de ce passage de Cicéron, *Tusculan.* i, 6: «Quid negotii est, hæc Poetarum et PICTORVM portenta «convincere?» et plus positivement encore de celui-ci d'une harangue de Démosthène, *Contr. Aristogit.*: μεθ' ὧν δ' οἱ ζωγράφοι τοὺς ἀσεβεῖς γράφουσιν ἐν ᾍδου; voy. sur ce passage la remarque de Valckenaër, *ad* Théocrit. *Adoniaz.* 372.

(3) Il suffit de rappeler la scène de la *Nécyomancie* jouée publiquement dans les rues de Thèbes par le cynique Ménippe, auteur d'un livre intitulé Νεκυία, Diogen. Laert. vi, 101. Cette anecdote est rapportée à-peu-près dans les mêmes termes par Suidas, *v.* φαιός, et par Diogène de Laërte, vi, 102, qui tous deux avaient puisé à la même source, dans l'ouvrage d'Hippobotus, ἀναγραφὴ τῶν φιλοσόφων, bien qu'ils diffèrent sur le nom de l'acteur de cette scène hardie et bizarre, que l'un appelle *Ménippe*, et l'autre *Ménédème*. Mais, indépendamment du livre sur la *Nécyomancie* attribué à Ménippe, qui autorise à croire que c'est bien en effet ce philosophe cynique qui aura voulu se donner le divertissement public de mettre en action ce qu'il avait écrit dans son livre, en se chargeant lui-même du principal rôle dans cette comédie, c'est aussi ce qu'on peut inférer du dialogue de Lucien, intitulé Μένιππος, ἢ Νεκυομαντεία, III, 1-28, Bipont., où ce même Ménippe remplit précisément le même rôle dans une scène semblable. C'est un rapprochement qui avait échappé à tous les commentateurs de Lucien, et dont M. Boettiger s'est servi pour prouver que Ménippe avait réellement paru en public sous le costume décrit par Diogène de Laërte, en acteur d'une *Nécyomancie;* voy. sa *Dissertat. sur les Furies*, p. 29, not. 58, trad. franc.; et du reste, ce dialogue de Lucien, qu'il soit de Lucien lui-même, ou, ce qui est plus probable, d'un écrivain qui cherchait à imiter sa manière, est un nouveau témoignage de l'espèce de popularité qu'avaient obtenue, à l'époque dont il s'agit, les traditions relatives à la nécyomancie. C'est ce qui résulte plus positivement encore d'un passage de Plutarque, où il est question des prestiges de toute espèce, τερατουργίαι, des artifices de parole, διαθέσεις ὀνόμασι φοβεροῖς, auxquels on avait recours, en traitant ces sortes de sujets, pour agir fortement sur l'imagination et sur les sens des personnes crédules, qui de tout temps ont formé la majorité du genre humain, *de aud. Poët.* VI, 59, ed. Reisk.: Πάλιν αἱ περὶ τὰς ΝΕΚΥΙΑΣ τερατουργίαι καὶ διαθέσεις ὀνόμασι φοβεροῖς ἐνδημιουργοῦσαι ΦΑΣΜΑΤΑ καὶ ΕΙΔΩΛΑ ποταμῶν φλεγομένων, καὶ τόπων ἀγρίων, καὶ κολασμάτων σκυθρωπῶν, κ. τ. λ. cf. Wyttenbach. *Animadv.* I, 136. De pareilles images étaient sans doute empruntées de représentations dont la poésie et la peinture avaient fait les frais, dont le théâtre à son tour s'était emparé, Heyn. *Excurs.* ii, *ad Æn.* vi; et qui sans doute aussi avaient été plus d'une fois produites en réalité, comme nous l'apprenons par l'exemple de Ménippe; indépendamment des traits isolés d'*évocation des mânes*, qui constituaient, comme on sait, une espèce particulière de divination, et qui avaient fait donner à cette classe de devins le nom de Νεκυομάντεις, Strabon. xvi, 1106, A. C'est sur-tout dans la Thessalie qu'il existait de ces sortes de devins et de jongleurs, γόητες, à l'intervention desquels les personnages les plus graves de la Grèce ne dédaignaient pas d'avoir recours dans les cas les plus importans. Le trait raconté par Hérodote, v, 92, 7, et qui se rapporte à une circonstance célèbre de l'histoire des Bacchiades de Corinthe, où l'on envoya consulter l'*oracle des morts*, νεκυομαντεῖον, de la Thesprotie, le prouve suffisamment; et nous avons, pour les *Nécyomancies thessaliennes*, invoquées par les Spartiates dans une occasion à-peu-près pareille, le témoignage du Scholiaste d'Euripide, qui se fonde sur l'autorité de Plutarque, et que je crois devoir rapporter ici textuellement, *ad Alcest.* 1128: Ψυχαγωγοί τινες γόητες ἐν Θετταλίᾳ οὕτω καλούμενοι, οἵ τινες καθαρμοῖς τισι καὶ γοητείαις τὰ ΕΙΔΩΛΑ ἐπάγουσί τε καὶ ἐξάγουσιν, οὓς καὶ Λάκωνες μετεπέμψαντο, ἡνίκα τὸ Παυσανίου εἴδωλον ἐξεπτόαξε τοὺς προσιόντας τῷ ναῷ τῆς Χαλκιοίκου, ὡς ἱστορεῖ Πλούταρχος ἐν ταῖς Ὁμηρικαῖς Μελέταις.

où Winckelmann découvrit le premier un trait de la nécyomancie homérique, c'est à savoir *Ulysse interrogeant Tirésias*[1], et peut-être une ou deux pierres gravées, où le personnage d'Ulysse, dans une attitude à-peu-près semblable, doit se rapporter à la même circonstance[2], je ne crois pas qu'on ait encore reconnu ce sujet sur d'autres monumens antiques, et en particulier sur des vases peints.

Il en est un cependant dont la composition a résisté jusqu'ici à tous les efforts qu'on a faits pour en rendre compte, et qui pourrait, à mon avis, s'expliquer dans cette hypothèse bien mieux que dans aucune autre. C'est un vase, de la bibliothèque du Vatican, publié dans le recueil de Passeri[3], et reproduit récemment dans celui de M. Inghirami[4]. On y voit *deux Personnages*, conversant ensemble, debout, l'un vis-à-vis de l'autre, et derrière eux, un second groupe, séparé de celui-là par une *colonne* que surmonte une *petite statue*, et composé de *trois Femmes*, en des attitudes diverses. Passeri avait cru voir dans cette composition très-remarquable *Ulysse s'entretenant avec Agamemnon, dont la famille, assise à l'écart, prêtait l'oreille à cet entretien;* et ce n'était certainement pas l'une des explications les moins heureuses de cet antiquaire, dont les erreurs doivent en général s'imputer bien moins à lui-même qu'au temps où il a vécu, et à l'insuffisance des monumens. L'interprétation nouvelle de M. Inghirami, qui a cru voir ici *Orphée devant Pluton*, avec *Proserpine*, *Eurydice* et *une troisième Femme inconnue*, cette interprétation, dis-je, me semble beaucoup moins d'accord avec l'état actuel de la science; j'ai déjà eu occasion[5] d'en dire mon avis à une époque où je ne me croyais point encore en mesure d'opposer à cette explication, toute fondée sur des suppositions gratuites, non plus qu'à celle de Passeri, qui ne me satisfaisait pas davantage, une interprétation plus plausible. Depuis, un examen plus attentif de ce vase m'a suggéré l'opinion que je vais exposer ici en peu de mots.

J'y reconnais *Ulysse debout*, la tête couverte du *pîlos*, dans un costume plus riche qu'on ne le lui voit communément, mais qui n'est pas non plus sans exemple sur les vases, où tant de personnages grecs se montrent vêtus d'une manière presque orientale, sans qu'on puisse se rendre compte de cette particularité, autrement que par un caprice de l'artiste, ou par des traditions d'école et de fabrique; peut-être aussi, parce que le modèle en était emprunté des représentations scéniques[6]. L'autre *Personnage*, aussi *debout*, la tête couverte du long péplus qui l'enveloppe[7] par-dessus sa tunique, et appuyé sur un *sceptre*, doit être *Tirésias*, tel en effet qu'il apparaît, interrogé de même par Ulysse, sur le bas-relief Albani. L'entretien se passe près du *temple d'Apollon*, à *Cumes;* lieu célèbre, dès la plus haute an-

(1) Winckelmann, *Monum. ined.* n. 157; Millin, *Galer. mythol.* pl. CLXXV, n. 637; *Monum. ant. du Mus. Napol.* II, 64.

(2) Une de ces pierres a été décrite par Visconti, *Oper. var.* t. II, n. 398.

(3) *Pictur. Etr. in vasc.* t. I, tab. XIII. Ce vase avait été publié d'abord parmi les monumens ajoutés à l'ouvrage de Dempster, pl. LXIV; et il se retrouve aussi dans le premier recueil d'Hamilton, III, 41.

(4) *Monum. etr. ined.* ser. V, tav. XLIV, p. 435, sgg.

(5) Voy. *Achilléide*, p. 19, et *Orestéide*, p. 122, not. 1.

(6) Je rappelle à cette occasion le trait du Sybarite Alcisthénès, qui exposa dans le temple de Junon Lacinienne, à l'époque de la *Panégyris* qui y attirait un si grand concours de peuple, un magnifique manteau d'étoffe teinte en pourpre, ἱμάτιον ἁλουργές, et orné de figures brodées, ζῳδίοις ἐνυφασμένοις, parmi lesquelles l'auteur à qui nous devons cette notion curieuse, cite des figures de *Perses*, Πέρσαις, et d'*Habitans de Suse*, Σουσίοις, avec celles de plusieurs divinités grecques; Aristot. *de Mirabil.* c. XCIX, p. 201-2, ed. Beckmann.; cf. Athen. XII, 11, 541; et j'en tire cette induction que le luxe des vêtemens asiatiques, et la connaissance des riches costumes propres aux divers peuples de l'Orient, étaient familiers aux Grecs italiotes, auteurs du plus grand nombre de nos vases peints, à l'époque où cette fabrication était le plus florissante.

(7) Voy. les observations que j'ai faites au sujet de cette particularité, en expliquant un bas-relief à la fable d'*Achille à Scyros*, où j'ai cru voir, dans une figure de *Femme voilée*, l'*âme* de la défunte; *Annal. de l'Instit. archéol.* t. IV, p. 320-32, tav. agg. D. E.

tiquité, par un *oracle des morts*, et devenu le théâtre de ces *Nécyomancies étrusques*, Τυῤῥηνῶν Νεκυομαντεῖαι, de ces *Sacra Acheruntica*[1], auxquels le voisinage du *lac Achéron* et du *lac Aornos* avait servi d'origine ou de prétexte; si toutefois ces dénominations mêmes ne se liaient à un système d'idées dérivé d'une même source et appliqué dans des localités différentes[2]. Du reste, que le lieu de la scène soit au voisinage d'un temple d'Apollon, et sans doute de celui de Cumes, c'est ce qu'indique ici la *colonne* surmontée d'un *simulacre d'Apollon*[3]. Cette colonne a d'ailleurs un autre objet, qui n'est pas moins dans les habitudes de l'art antique; elle sert à isoler le groupe précédemment décrit de celui des *trois Femmes* placées à l'écart. La première de ces Femmes, assise sur un *siége élevé*, θρόνος, la tête ornée d'une *mitre* somptueuse de laquelle pend un *voile*, καλύπτρα, d'étoffe tarentine, me paraît être *Pénélope*, entre ses deux compagnes habituelles, *Eurynome* et *Mélantho*, dont l'une, debout auprès d'elle, semble lui adresser des paroles de consolation et d'espérance, et l'autre, assise sur un meuble d'une forme humble et commune, peut-être la *pyxis*, où sont renfermés la laine et les

On sait d'ailleurs, par le témoignage d'un assez grand nombre de monumens, que c'était là la manière habituellement employée pour représenter les *ombres*; et il me suffit de rappeler l'*ombre d'Alceste*, ramenée des enfers par Hercule, telle qu'on la voit dans une peinture du *Tombeau des Nasons*, tab. x; attendu que cette image se rapportait précisément à la doctrine de la ψυχαγωγία; je reviendrai sur ce sujet dans les *Additions*.

(1) M. K. Ott. Müller a rassemblé, *die Etrusker*, III, 2, 4, et 4, 7, 42), tous les témoignages qui nous restent sur ce point d'archéologie étrusque. Ce savant est d'avis, d'après le nom même de *Sacra Acheruntica*, qui décèle une origine grecque, que les Étrusques furent initiés à cette institution par leurs rapports avec les Grecs de la Campanie, où l'*oracle des morts* était établi aux environs de Cumes dès la plus haute antiquité; et il présume que c'est de la Thesprotie qu'a dû passer, sur le sol italique, à la suite de l'émigration œnotrienne, cette *évocation des mânes*, avec les noms d'*Aornos* et d'*Achéron*, originaires de l'Épire. Il y a lieu de croire aussi que l'Orient fut le premier berceau de ces *nécyomancies* grecques et étrusques, d'après l'étroite relation que l'antiquité elle-même avait reconnue entre les *Sacra Acheruntica* des Étrusques et les *nécyomancies Chaldéennes*, Theodoret. *Græc. affect. Curat.* x, p. 950, t. IV, ed. Schulze: Ἐν τῇ Τυῤῥηνῶν καὶ Χαλδαίων τῆς νεκυομαντείας τὰ ζοφώτατα ἄντρα, κ. τ. λ.; cf. *ibid.* p. 964. C'est d'ailleurs un fait établi par des témoignages positifs, que cette espèce de divination par l'*évocation des mânes* était particulière à l'antique Asie. Le récit de Ménippe, dans le traité de Lucien, ne peut se fonder que sur une opinion généralement admise, que sur un fait notoire; et il en est de même de cette assertion du grave Strabon, XVI, 1106, A: Παρὰ δὲ τοῖς Πέρσαις οἱ Μάγοι, καὶ ΝΕΚΥΟΜΑΝΤΕΙΣ,.... παρὰ δὲ τοῖς Ἀσσυρίοις οἱ Χαλδαῖοι; voy. à ce sujet Tiedemann, *de Arte magica*, c. 5, p. 30; Hemsterhuis, *ad* Lucian. III, 339, Bip.; Boettiger, *Kunstmythol.* 123; et ce qui achève de prouver que cette institution, importée de l'Orient dans la Grèce comme dans l'Étrurie, y fut toujours regardée comme étrangère à la civilisation proprement hellénique, c'est la manière dont en parle Platon; voy. Ruhnken. *ad* Tim. *Lexic.* p. 114, sqq.

(2) On sait qu'il exista un *oracle des morts*, νεκυομαντεῖον, à Aorne, en Thesprotie, Pausan. IX, 30, 3; oracle qui fut consulté dans une circonstance importante de l'histoire de Corinthe, Herodot. V, 92, 7; et il ne serait pas impossible qu'une rare médaille d'Épire, attribuée à un peuple nommé *Aidonitès*, Mionnet, *Supplém.* III, p. 418, pl. XIII, n. 5, avec le type du *Cerbère* et la lettre initiale A, eût quelque rapport avec cette institution. A la vérité, il règne encore beaucoup d'incertitude sur l'attribution de cette médaille, que quelques numismatistes, entre autres M. de Cadalven, *Choix de méd. grecq.* p. 154, assignent à la Béotie, en se fondant sur les lettres ΕΛΕΟ, que porte une de ces médailles, et qui paraissent désigner une ville d'*Eléon*, située dans le territoire de Tanagre, Strabon. IX, 405. Mais on n'a pas fait attention qu'il existait précisément dans cette partie de l'Épire où était situé l'*oracle des morts*, et dont *Éphyre* était la capitale, une ville nommée Ἔλαια, Scylac. *Peripl.* p. 254, ed. Gail., dont le territoire s'appelait Ἐλαιάτις, ou Ἐλαιῶτις, Thucydid. I, 46; cf. Holsten. *ad* Stephan. Byz. v. Ἐλαία, p. 109; Ducker. *ad* Thucyd. *l. l.*; add. Palmer. *Antiq. græc.* p. 281 et 292; et c'est dans les ruines mêmes d'*Éphyre* que fut trouvée celle de ces médailles décrite par M. Pouqueville, *Voyage de la Grèce*, t. II, p. 141, laquelle se conserve actuellement au cabinet du Roi. Il y a donc tout lieu de croire que ces médailles appartiennent réellement à cette contrée de l'Épire, comme la fabrique autorise aussi à le penser; et que le type du *Cerbère*, au revers de la tête de *Cérès* (et non de *Platon*), avec la lettre initiale A, répétée de chaque côté, se rapporte en effet à l'*oracle des morts*, dont la célébrité était si ancienne, et qui faisait considérer tout ce pays, même dans les temps historiques, comme l'empire du redoutable Aidoneus; voy. K. Ott. Müller, *die Dorier*, I, 418. Et ce qui achève de donner toute probabilité à cette conjecture, c'est que Scymnus de Chios désigne précisément un oracle des morts par des expressions qui s'accordent avec le type de la médaille, v. 248: Κερβέρειον ὑπὸ χθονὶ Μαντεῖον.

(3) C'est de la même manière, par une *statue d'Apollon* érigée sur une *colonne*, que le sanctuaire de ce dieu, à Delphes, est désigné sur plusieurs des monumens qui ont rapport au mythe d'Oreste; voy. celui que j'ai publié, *Orestéide*, pl. XXXII, 2, p. 198; et c'est encore de cette manière que le temple de Diane, à Aulis, est indiqué sur notre peinture de Pompéi, représentant le *sacrifice d'Iphigénie*, pl. XXVII. Il se pourrait aussi que cette colonne eût rapport à une circonstance indiquée par le Scholiaste de Lycophron, *ad* v. 708: Ἱστορεῖται γὰρ ὅτι μετὰ τὸ ἀνελθεῖν ὁ Ὀδυσσεὺς ἐκ τοῦ Ἅιδου, ἀνέθηκε ΚΙΟΝΑ τῷ Ἅιδῃ καὶ τῇ Περσεφόνῃ, κ. τ. λ. Je rappelle à cette occasion un curieux bas-relief publié par Buonarotti, *Medagl. ant.* Frontisp., et reproduit par Venuti, *Favol. di Circe*, p. 4, où ces antiquaires ont vu *Ulysse racontant ses voyages devant Alcinoüs*. Entre les deux per-

ustensiles servant au travail de Pénélope[1], tient déployée une large *ombrelle*, *σκιάδιον*, au-dessus de la tête de sa maîtresse. Ce second groupe, conçu d'une manière tant soit peu différente, s'est déjà rencontré sur une terre cuite, qui dut provenir de quelque composition célèbre[2]; et quant au motif qui liait dans la pensée de l'artiste deux scènes en apparence aussi étrangères l'une à l'autre, ce motif s'explique aisément par l'objet même de cette *nécyomancie*, qui consistait, de la part d'Ulysse, à consulter Tirésias sur la destinée de sa famille. Cette manière de faire intervenir des personnages absens, en les montrant à l'écart, ou sur un second plan, n'est pas non plus un procédé sans exemple sur les monumens grecs du genre de celui qui nous occupe[3]; et dans aucun cas peut-être l'application n'en eût été plus légitime, et l'intention plus sensible, que dans une scène d'évocation telle que celle-ci, qu'on peut croire, à la richesse des costumes et à la disposition théâtrale des personnages, dérivée de quelqu'une des nombreuses compositions dramatiques dont l'Odyssée avait fourni le sujet.

Quelle que soit, du reste, l'opinion qu'on se forme du vase que je viens de décrire, je puis en produire un autre, dont la représentation a certainement rapport à la *nécyomancie* homérique. C'est un vase[4], d'une fabrique grossière de Nola, d'un dessin incorrect et négligé, qui rachète ces imperfections de style et de fabrique par la singularité du sujet, et qui, sous ce rapport du moins, me paraît bien plus digne de l'intérêt des antiquaires, que cette foule de vases, sortis de la même manufacture, d'un dessin plus ou moins élégant, d'une forme plus ou moins agréable, qui ne représentent que des scènes communes de toilette, de mariage ou de palestre. Voici la description succincte de ce vase.

Un *Homme*, vêtu d'une *simple chlamyde*, la tête couverte du *pîlos*, vient d'ouvrir la terre, à l'aide d'un instrument fait comme une *pioche*, sur lequel il s'appuie de la main gauche, en faisant de la droite élevée un geste qui témoigne la surprise[5]. Cette surprise est causée par *l'apparition d'une Femme*, vêtue d'une longue tunique, qui se dresse à mi-corps du sein de la terre entr'ouverte, en étendant la main d'une manière suppliante. A ce groupe de deux figures, qui constitue tout le sujet, est opposé, de l'autre côté du vase, un *Personnage, barbu*, vêtu de la tunique et du pallium, debout, dans une attitude de repos, la main gauche

sonnages, l'un desquels est certainement *Ulysse*, *barbu* et coiffé du *pîlos*, l'autre, *jeune* et *imberbe*, dans l'attitude qu'on sait avoir été consacrée, sur les vases peints, et sur tous les monumens de l'art antique, pour les personnages qui écoutent, ne saurait être, à aucun signe, reconnu pour *Alcinoüs*; entre les deux personnages, dis-je, s'élève une *colonne*, surmontée d'une *statue de Femme*, qui tient une *ancre* des deux mains. Ici encore, la *colonne* avec la *statue* a pour objet d'indiquer le lieu de la scène et le sujet de la délibération; et comme cette figure de Femme, avec le symbole nautique qu'elle porte, représente sans doute quelque personnage d'un ordre allégorique, tel que ΓΑΛΗΝΗ, tenant des deux mains l'*ancre*, qui ne peut indiquer ici qu'un prochain départ et une navigation favorable, je serais plutôt disposé à voir, sur ce bas-relief, *Ulysse* concertant avec *Euryloque* son retour dans sa patrie, après qu'il a obtenu de Tirésias la réponse favorable qu'il était venu demander à l'oracle des morts; voy. encore, au sujet de cet intéressant bas-relief, ce qu'en dit Millin, qui n'en a pourtant pas compris, à mon avis, le véritable sujet, *Galer. mythol.* pl. CLXXII, n. 639.

(1) On voit un coffre pareil, dont une *Femme* lève le couvercle, sur un miroir étrusque, récemment publié par M. Micali, tav. XLVII, 1, et représentant *Castor*, KASVTPV, et *Pollux*, ΓVLVTVKE, avec un troisième personnage inconnu, ΨALVΨASV, sans doute *Calchas*. La *Femme* elle-même, sous le nom qui la désigne, ΛVPAИ, me paraît un personnage nouveau dans l'archéologie étrusque, à moins que ce nom ne soit écrit effectivement MVPAИ, pour ΜΟΙΡΑΝ; auquel cas il faudrait y voir *une des Parques*, dans un acte qui se rapportait sans doute, comme la présence de *Calchas*, à quelque tradition grecque aujourd'hui perdue.

(2) Millin, *Monum. inéd.* t. II, pl. XL et XLI.

(3) Voy. à ce sujet Millingen, *Anc. uned. Monum.* p. I, pl. XVII, p. 48.

(4) Planche LXIV. Ce vase fait partie de la collection de M. le comte de Pourtalès-Gorgier, à Paris.

(5) Dans un recueil archéologique récemment publié, où il a été fait mention de ce vase, et où l'on en donne une explication que je crois tout-à-fait erronée, il est dit que *cet homme a le casque* (*κυνέη*) *qui convient à Pluton, à Mercure et à Charon*, et que *la hache qu'il tient levée nous prouve qu'il va creuser une fosse*; voy. *Annal. de l'Instit. archéol.* t. I, p. 302-303. C'est à nos lecteurs, qui ont sous les yeux un dessin fidèle du vase en question, à juger de l'exactitude de cette description et du mérite des suppositions qui s'y rattachent.

cachée dans son manteau et posée sur la hanche, la main droite appuyée sur un *bâton*, lequel personnage se montre de face, en tournant la tête vers un *canope* à *tête humaine*, placé sur une base[1]. Les deux sujets sont comme enfermés dans une espèce de *balustrade en treillis*, ou de *barrière*, κιγκλίς, qui s'élève à peine au-dessus du sol, et qui ne peut avoir pour objet que de figurer une enceinte et de circonscrire le lieu de la scène.

Il me semble difficile de méconnaître à de pareils traits, bien que rendus assez grossièrement, l'*Évocation des mânes*, ψυχαγωγία[2], opérée par Ulysse. Le moment exprimé par l'artiste est celui où le roi d'Ithaque voit sortir de la *fosse qu'il a creusée*, βόθρον ὄρυξας, l'*âme de sa mère Anticlée*, qu'il avait laissée vivante à son départ d'Ithaque[3]. Le geste d'Ulysse, à cette apparition inattendue, indique bien l'étonnement qu'il en éprouve; et la manière dont la *figure de Femme* s'élève *du sein de la terre*, en étendant vers Ulysse une main suppliante, ne peut convenir qu'à un *fantôme sortant des enfers*, φάσμα νερτέρων[4], tel que les anciens avaient coutume de se représenter les *ombres*, εἴδωλα, qu'ils évoquaient[5]. Le costume donné aux deux figures s'accorde parfaitement avec le sujet en question. Le *pilos*, sous la forme d'un *bonnet nautique*[6], comme on le voit ici figuré, est un attribut tellement caractéristique d'Ulysse, en toute circonstance, et notamment dans celle-ci, qu'il faudrait être atteint d'une singulière préoccupation pour ne pas reconnaître ici ce personnage à un pareil indice. L'*ombre*, avec la tunique longue qui l'enveloppe, avec l'espèce de bandeau qui couvre sa tête, ne peut être que l'*âme d'une Femme*, et conséquemment d'Anticlée, ψυχὴ μητρὸς κατατεθνειυίης. La figure représentée de l'autre côté du vase, bien qu'elle ne fasse pas, à mon avis, partie intégrante du sujet, s'y rattache cependant d'une manière assez intime pour ajouter, par ce rapport même, un motif de plus à l'appui de notre explication. Cette figure offre en effet tous les caractères auxquels se reconnaissent, sur les vases de fabrique campanienne, ces sortes de personnages, d'ordre allégorique, qui répondent, soit au *Démos* personnifié, soit au *Choros* des tragédies grecques; c'est à savoir la *barbe*, le *vêtement*, le *bâton* et l'*attitude*[7]; et à tous ces titres on ne peut s'empêcher d'y voir l'expression figurée d'un Peuple, d'un pays, sous les traits individuels d'un personnage d'un âge mûr, dans le costume ordinaire des citoyens, avec le *bâton*, βακτηρία, qui était l'attribut ou le symbole de leur condition politique. Cette image locale, si souvent reproduite de la même manière sur des vases

(1) L'auteur de la description citée dans la note précédente, dit de ce personnage qu'*il regarde avec douleur* le canope placé devant lui, et que *le couvercle* de ce canope *est orné d'un buste d'enfant*. Ce sont là encore autant de suppositions fausses ou gratuites. L'expression de la *douleur* ne se trouve certainement pas sur une peinture d'une exécution si négligée; et la *tête* du canope, d'après la coiffure, indique plutôt une *Femme* qu'un *Enfant*.

(2) Euripid. *Alcest.* 1128, et Schol. *ad h. l.*

(3) Homer. *Odyss.* XI, 25-84 : ἦλθε δ᾽ ἐπὶ ψυχὴ μητρὸς κατατεθνειυίης.

(4) Euripid. *Alcest.* 1127.

(5) Sur l'effet des *libations*, χοαί, adressées aux *morts*, pour les évoquer, voy. Euripid. *Hecub.* 530-31, Matthiæ :

Δέξαι χοάς μοι τάσδε κηλητηρίους,
νεκρῶν ἀγωγούς.

Cf. Schol. *ad h. l.* Add. Euripid. *Alcest.* 840; Lucian. *Necyom.* § 9, III, 12, Bipont.

(6) Dans aucun cas, l'emploi du *pilos*, sous la forme de *bonnet nautique*, tel qu'on le voit ici figuré, et que Plaute l'avait en vue, dans ces vers, *Mil. Glor.* IV, 4, 42 :

Facito ut venias huc *ornatu nauclerico*;
Causiam habeas ferrugineam.

dans aucun cas, disons-nous, l'emploi de ce *bonnet nautique* n'aurait pu être mieux approprié au personnage d'Ulysse, que dans la circonstance présente. J'observe que Ménippe, dans sa scène de *nécyomancie*, était aussi coiffé du *pilos*, par allusion à Ulysse, Lucian. *Necyom.* § 8; et je remarque, en outre, que le vase qui nous offre cette particularité est, suivant toute apparence, d'une fabrique et d'un âge de décadence, conséquemment, d'une époque peu éloignée de celle de Plaute.

(7) J'ai exposé toutes les notions relatives à cet ordre de figures allégoriques, qui ont servi de types sur beaucoup de monnaies grecques de tout âge, dans mon *Essai sur la Numismatique tarentine*, au sujet d'une classe de monnaies de Tarente, la plus belle et la plus curieuse de toutes, laquelle offre précisément le type en question.

du même pays, acquiert ici toute sa valeur par la présence du *canope à tête humaine*, qui indique si clairement l'*oracle des morts*, τὸ νεκυομαντεῖον, établi en cet endroit, et dont la *barrière en treillis*, κιγκλίς, *pluteus*, laquelle enferme et circonscrit le sujet entier, ne peut réellement avoir pour objet que de marquer l'enceinte[1]. Or, un pareil *oracle des morts* existait précisément au voisinage de Cumes, entre les lacs *Aorne* et *Achéron*, près de *Baies* et de *Misène*, qui devaient leur nom à des compagnons d'Ulysse, dans des lieux qui passaient pour le théâtre même de la *nécyomancie* d'Homère[2]; et le vase qui nous offre une pareille image sort d'une manufacture campanienne établie à quelques lieues de là, sur le territoire de Nola; en sorte que tous les rapports de lieu et de fabrique concourent avec le sujet même pour nous faire reconnaître, dans cette curieuse peinture, une scène de l'Odyssée homérique[3].

Indépendamment de l'intérêt que nous offre cette représentation si rare par elle-même, il est encore une particularité qui mérite d'y être signalée à l'attention des antiquaires; c'est le *vase à tête humaine*, de la forme nommée vulgairement *canope*, qui ne s'était encore montré, à ma connaissance, sur aucun monument de l'art grec. Il a déjà été remarqué, précisément à l'occasion de notre vase[4], que les Tyrrhéniens se servaient de vases semblables pour un usage funéraire. Effectivement, il existait depuis assez long-temps, dans la galerie de Florence[5], des vases en terre noire, de très-ancienne fabrique, dont le couvercle est formé d'une *tête humaine*, avec des cavités, à l'endroit des bras, pour y ajuster des anses de rapport. Deux de ces vases ont été publiés par M. Inghirami[6]; et l'on en a découvert, dans les dernières fouilles de Chiusi, un assez grand nombre d'autres, à-peu-près pareils, avec les deux bras, tantôt attachés aux deux ouvertures par un anneau de métal, tantôt indiqués, les mains jointes sur le corps même du vase[7], comme pour exprimer l'intention d'y tenir un dépôt soigneusement enfermé, toujours avec une *tête humaine*[8], formant un couvercle mobile. De pareils vases[9] appartiennent presque exclusivement, par leur fabrique et par leur

(1) L'antre de Trophonius, dont les mystères devaient avoir quelque rapport avec les *nécyomancies*, d'après le trait du voyage aux enfers de Ménippe, qui se termine précisément à cet oracle béotien, Lucian. *Necyom.* § 22, ἐκεῖνο ἔφη τὸ ἱερὸν τοῦ Τροφωνίου, cet antre, ai-je dit, se trouvait, à son ouverture supérieure, entouré d'une *balustrade en marbre*, κρηπὶς λίθου λευκοῦ, Pausan. IX, 39, 5; voy. les observations faites plus haut à ce sujet, p. 329. C'est d'ailleurs une notion établie par de nombreux témoignages, que l'*enceinte des tombeaux* était généralement formée par un *mur* ou une *barrière*, θριγκός, περίφραγμα; la plupart de ces témoignages ont été recueillis par Van Goens, *Diatriba de Cepotaphiis*, p. 172-179; et je rappellerai seulement l'exemple qu'il cite, d'après Strabon, V, 361, C, de l'enceinte du *bustum* joint au *mausolée d'Auguste*, laquelle enceinte était entourée d'une *barrière en fer*, σιδηροῦν περίφραγμα.

(2) Le témoignage classique sur l'existence de cet *oracle des morts* à Cumes, est celui de Strabon, qui est tiré de l'ouvrage d'Éphore, V, 244, C. Diodore de Sicile en parle comme d'une institution surannée, IV, 22 : Νεκυομαντεῖον πρὸς αὐτῇ (Ἀόρνῳ), ὃ τοῖς ὕστερον χρόνοις καταλελύσθαι φασίν; cf. Wesseling. *ad h. l.* Vid. Heyn. *Excurs.* II, *ad Æneid.* lib. VI.

(3) Je n'ai pas cru devoir combattre une explication toute différente qui a été donnée de cette peinture, dans les *Annal. de l'Instit. archéol.* t. I, p. 302-303. On y a vu la *Terre personnifiée, s'élevant à mi-corps du sol entr'ouvert, et suppliant le fossoyeur de ne pas troubler son repos.* J'aurais beaucoup d'objections à faire contre une pareille manière de considérer le sujet représenté sur notre vase; mais il me semble que cette explication se réfute d'elle-même; et j'ai dû me borner à établir la mienne par les raisons qui m'ont paru propres à la rendre plausible.

(4) *Annal. de l'Inst. archéol.* I, 303, not. 17.

(5) Ces vases n'avaient point échappé à l'attention de M. H. Meyer, qui les cite comme des monumens *originaux*, mais *informes*, de l'art étrusque; voy. Winckelmann's *Werke*, III, II, S. 430, Anm. 740.

(6) *Monum. Etr. ined.* ser. VI, tav. G 5, n^i 1, 2, 3, 4.

(7) Inghirami, *Mus. Chius.* tav. XLIX, p. 50; voy. aussi Dorow, *Voyage en Étrurie*, pl. V, fig. 1 *a* et *b*, pl. VI, fig. 1 *a* et 2 *a*.

(8) M. Micali a publié tout récemment, dans son nouveau recueil de *Monumenti antichi per servire alla Storia degli ant. Popoli ital.* tav. XIV, XV et XVI, la plupart des vases en question trouvés jusqu'ici, avec les principales variétés qu'ils présentent, soit dans la configuration générale, soit dans le galbe et le caractère des têtes d'*Homme* et de *Femme*. Il assure que cette sorte de vases se rencontre principalement dans les tombeaux les plus anciens de Chiusi et du voisinage; et il ajoute, relativement à la *tête* qui en forme le couvercle, et aux *bras* qui y tiennent lieu d'anses, l'observation que voici, t. III, p. 7 : « Questa (testa) era mobile « rappresentativa, senz' abbellimento, l'effigie del morto; le « braccia, mobili anch' esse, stavano fermate agli orecchi del « vaso mediante piccole caviglie di bronzo. »

(9) Aucun des antiquaires qui nous ont fait connaître ces

matière même, au sol de Chiusi, l'antique Clusium, l'un des principaux siéges de la civilisation étrusque; et l'on s'éloignerait peu de la vérité ou de la vraisemblance en attribuant de pareils monumens à l'origine même de l'art et de la société étrusques, à l'époque où l'Étrurie se trouvait encore sous l'influence des traditions asiatiques que la colonie tyrrhénienne avait dû y porter avec elle. C'est encore un objet du même genre et de la même époque, provenant aussi des hypogées de Chiusi, que j'ai cru devoir publier à cette occasion, pour compléter l'interprétation de notre vase peint, en même temps que pour ajouter à la connaissance de l'antiquité étrusque un de ses plus rares et de ses plus précieux monumens.

Celui dont il s'agit[1] est une espèce de vase cinéraire, où la forme d'*idole* et celle de *cercueil* se montrent associées, comme elles le sont dans le type du vase égyptien que je continue de désigner sous le nom vulgaire de *canope*. Il consiste en un vaste récipient, ou buste, creux en dedans, à l'extérieur duquel sont grossièrement sculptés, de bas-relief, deux bras superposés, avec l'intention indiquée plus haut, de tenir enfermé, de garder avec soin le dépôt sacré fait à la tombe. Sur ce corps, ou récipient, est ajustée une *tête humaine*, qui s'enlève, de manière à compléter l'apparence grossière d'un buste humain, et à offrir, pour la forme, et sans doute aussi pour l'idée morale ou religieuse, l'équivalent du canope. A ce trait positif d'analogie entre cette sorte de monumens primitifs de l'Étrurie et ceux de l'antique Égypte, il est difficile de méconnaître l'influence des traditions orientales dont j'ai parlé plus haut. Mais il y a encore ici, dans la configuration générale du monument, et dans le type caractéristique de la tête, d'autres particularités non moins dignes d'un sérieux examen.

Ce serait se jeter dans une discussion étrangère à mon sujet, et, qui pis est, superflue, que de rechercher ici à quelle intention religieuse la forme dite *canope* fut consacrée, pour servir de vase funéraire, chez le peuple qui en fit certainement le plus ancien usage, je veux dire chez les Égyptiens. Tant d'auteurs, anciens et modernes, ont écrit sur ce point

curieux monumens de la haute civilisation étrusque récemment sortis des hypogées de Chiusi, et qui ont cherché à expliquer, d'une manière plus ou moins plausible, et par des rapprochemens plus ou moins heureux, le motif réel et le vrai caractère de la *tête humaine* qui forme le couvercle de ces urnes cinéraires, ne s'est servi d'un monument du même genre, mais d'un autre âge, qui appartient évidemment au même ordre d'idées, et qui me paraît propre à décider la question. C'est une urne de terre cuite qui fut trouvée, en 1705, dans le territoire de Ferrare, à la suite d'une grande inondation. Cette urne avait un couvercle formé d'une *tête humaine*, comme nos canopes étrusques, et cette *tête* était un *portrait de Femme*, ayant les cheveux épars, à la manière des *Præfica;* ce qui indiquait la profession de cette femme, d'accord avec l'inscription gravée dans le fond même de ce couvercle, laquelle était ainsi conçue :

HEV.
FL. QVARTILL.
PRAEFICA.

Sur le bord du couvercle se lisait encore cette inscription : V. ANN. LXI; *elle a vécu soixante et un ans;* ce qui ne laissait aucun doute sur la nature de ce monument; voyez-en la description dans le *Mus. Capitol.* t. III, p. 125-6.

(1) Voy. planche LXV, n. 2. Il fut trouvé dans le Val Chiana, en 1826, avec les cendres et les ossemens brûlés qu'il contenait encore; et c'est au zèle de M. Inghirami que j'ai dû d'en faire l'acquisition pour le cabinet des antiques de la bibliothèque du Roi, où ce monument est aujourd'hui placé. J'en ai fait mention dans mon *Cours d'archéologie*, publié en 1828, p. 121-123; et M. Dorow en a parlé dans son *Voyage archéologique en Étrurie*, p. 26, not. 1. La matière est un tuf calcaire, à grains fins, qui doit provenir du sol de Chiusi. La hauteur est de deux pieds cinq pouces; la largeur, mesurée entre les épaules, d'un pied, et à la base, de onze pouces. J'ajoute que sur la partie postérieure sont gravées des lettres étrusques, disposées irrégulièrement de droite à gauche, d'autres en sens inverse; lesquelles lettres sont d'ailleurs formées d'une manière assez défectueuse, et tracées à la pointe, *sgraffite*, plutôt que gravées; ce qui m'a inspiré des doutes sur l'authenticité de l'inscription qu'elles présentent. En tout cas, si cette inscription, où j'ai cru reconnaître ces mots : ΘPA : AΞA
ƎA
avec d'autres lettres, disposées presque circulairement, ΘEPPEИ, est antique et sincère, il faudrait sans doute y voir des noms propres d'individu ou de famille, joints au mot ΘEPPEИ, qui me paraîtrait bien suspect, à cause de son rapport avec le nom grec des *Tyrrhéniens*.

d'archéologie égyptienne, qu'il serait difficile d'y ajouter une idée neuve, à moins de s'écarter de toutes les opinions reçues; et c'est un mérite dont je ne suis pas assez jaloux pour le rechercher aux dépens de la vérité. Ce que l'on peut admettre d'après tous les faits acquis jusqu'à présent à la science, ce que l'on s'accorde assez généralement aujourd'hui à reconnaître, c'est que la forme de *vase*, ou de *réceptacle*, liée intimement chez les anciens à l'idée de *mort*, devint à ce titre le symbole ou l'hiéroglyphe des *Dieux Bons*, Δαίμονες Χρηστοί, sous la puissance desquels étaient placées les âmes après la mort. Ce qui ne paraît pas moins constant, c'est que, sous cette dénomination commune de *Dieux bons*, de *Bons Génies*, l'antiquité révérait plusieurs divinités qui ne semblaient différentes qu'à raison de la diversité des noms et des lieux; et qu'ainsi, les *quatre Génies* de l'*Amenti* égyptien, avec leurs têtes d'*Homme* ou d'*animaux* symboliques, les *Cabires* de Samothrace, les *Patæques* phéniciens, le *Pluton*, l'*Hadès*, le *Bacchus infernal*, l'*Hermès chthonien* des Grecs, l'*Orcus* latin, le *Mantus* et le *Vedius* étrusques, n'étaient au fond que des expressions diverses d'une même idée religieuse, que des variantes locales d'un même type primitif[1]. De là le *vase à gros ventre*, partout consacré à ces divinités équivalentes; et de là enfin la forme d'un pareil vase adoptée pour celle de la divinité même dont elle était le symbole. C'est sur-tout dans la figure du *canope* que se trouve résumé et rendu palpable tout ce système d'idées primitives, répandues dans l'ancien monde, qui se rapportaient indubitablement à la religion naturelle. Cette espèce de vase était en effet l'image la plus sensible de la *nature*, ou de la *terre*, envisagée dans sa plus grande extension, produisant tout et recevant tout dans son sein, renfermant en soi tous les germes de la *vie* et de la *mort;* et la *tête humaine*, qui en formait le *couvercle*, dut indiquer dans le principe la puissance suprême qui présidait à ce mouvement perpétuel de renouvellement et de destruction, de création et de sépulture. C'est l'idée qu'un ancien poète latin exprime de la manière la plus formelle, et qui correspond si exactement à la forme de nos vases étrusques à tête humaine, qu'il m'est impossible de n'y pas voir un témoignage décisif à l'appui de la signification symbolique de cette classe de vases cinéraires[2].

Mais, pour revenir à notre canope étrusque, il est manifeste que ce monument, jusqu'ici encore unique dans son genre, se rapporte à l'idée fondamentale et à la forme générale du canope égyptien, en même temps qu'il s'en distingue par quelques particularités qui lui sont propres. Ainsi, l'on doit y remarquer que la partie servant de récipient affecte la forme de *gaîne*, et que les deux bras superposés y ajoutent un trait de ressemblance avec un buste humain terminé carrément; en quoi ce monument se rapproche de la forme de l'*hermès grec*, dont on sait que le type primitif eut d'abord et conserva toujours une signification essentiellement funéraire[3]. Il y a donc, dans notre canope étrusque, un mélange, une combinaison tout-à-fait nouvelle, et certainement très-remarquable, des idées grecques et orientales, réalisée d'une manière exclusivement propre à l'antique Étrurie; car ni le *canope*

(1) Creuzer, *Dionysus*, p. 229; voy. encore Creuzer, *Com. Herod.* p. 358, sqq.; Zoëga, *de Obelisc.* p. 407 et *Num. Ægypt.* p. 34, sqq.

(2) Pacuv. *apud* Cicer. *de Divin.* I, 57 :

Quidquid est hoc, omnia animat, format, alit, auget, creat;
Sepelit, recipitque in sese omnia, omniumque idem est pater :
Indidemque eademque oriuntur de integro, atque eodem occidunt.

(3) Ce fait résulte de l'emploi des hermès en guise de stèles sépulcrales, ainsi qu'on en a plus d'un exemple, Pausan. X, 12; et de la loi même de Solon qui proscrivait cet usage devenu abusif, *apud* Ciceron. *de Legib.* II, 26. De plus grands détails sur ce sujet, qui touche à tant de points d'archéologie, m'entraîneraient beaucoup trop loin.

égyptien, en forme de vase à gros ventre, avec ou sans anses, ni l'*hermès grec*, en forme de gaîne, avec deux appendices en guise de bras, ou deux cavités qui en tiennent lieu, ne ressemblent de fait à notre monument étrusque, avec ses deux bras humains, placés l'un au-dessus de l'autre, sur un corps carré; bien que, dans la configuration générale, et surtout par la *tête humaine*, qui en forme l'élément principal et comme le trait dominant, ils offrent tous au fond la même image, et se rapportent tous à la même idée. Quant à la *tête* même, servant de couvercle, il est curieux d'observer, dans l'emploi de cet élément commun aux trois systèmes divers de civilisation égyptienne, grecque et étrusque, les variantes matérielles qui y furent apportées, et qui durent correspondre à autant d'intentions morales. Ainsi, chez les Égyptiens, qui donnaient à leurs canopes quatre têtes de nature diverse, c'est à savoir une d'homme, et trois autres d'animaux, servant à caractériser les quatre Génies de l'*Amenti*, il est certain que les restes humains déposés dans ces sortes de vases, après avoir été mis par l'embaumement à l'abri de la destruction, se trouvaient de plus, par l'addition de ces quatre têtes symboliques, placés sous la protection immédiate des divinités infernales; en sorte qu'ici l'idée religieuse était le trait dominant et sensible. Dans l'hermès grec, au contraire, la *tête*, purement humaine dès l'origine, et d'abord idéale, finit par devenir individuelle, et dut représenter un *portrait*, à mesure que l'imitation fit des progrès; ce qui montre une déviation considérable du système primitif. Et il paraît en avoir été de même chez les Étrusques, où les vases cinéraires du genre qui nous occupe offrent toujours, dans la tête qui en forme le couvercle, une individualité, soit d'*Homme*, soit de *Femme*, même avec les variétés d'âge, de physionomie et de costume, qui pouvaient s'y faire sentir, malgré l'imperfection de l'art et la grossièreté du travail; d'où l'on voit encore combien la civilisation étrusque, à mesure qu'elle s'éloignait de sa source orientale, tendait à se rapprocher, sous l'influence de la civilisation hellénique, du système imitatif qui se fondait tout entier sur la représentation de l'humanité, d'accord avec un système religieux qui réduisait tout à l'anthropomorphisme.

Il peut être curieux aussi de rechercher si quelque image pareille ou équivalente à celle de notre canope étrusque a pu se produire sur d'autres monumens de ce peuple, sans y avoir été reconnue, ou sans y avoir été rapportée à sa véritable signification. Or, c'est, à mon avis, le cas d'un miroir étrusque du musée Kircher[1], où l'on voit *Hercule déifié*, conduit par la *Victoire* devant le *trône de Jupiter*, au pied duquel est un petit *canope à tête humaine*, et un objet assez mal figuré, et ressemblant à un *phallus*. Ces deux objets accessoires ont été pris pour un *Terme* et un *Priape*, sans qu'on ait donné la moindre explication, ni allégué le moindre motif, au sujet de ce double simulacre, si singulièrement placé dans une représentation pareille. Il était au contraire assez facile d'en rendre compte, dans la supposition que le prétendu *Terme* était un *canope*, à raison de l'usage essentiellement funéraire de cette sorte de simulacre, qui le rendait si propre à figurer, au pied du trône du Dieu suprême, dans une scène d'apothéose. La présence du *phallus* ne s'expliquerait pas

(1) *Mus. Kircher.* t. I, tab. XIII, n. 1, p. 53. Lanzi, qui semble n'avoir connu que d'après un dessin très-réduit et très-imparfait ce monument, sur l'authenticité duquel il avait eu quelques doutes, en a donné une explication très-superficielle; et la description même qu'il en fait n'est pas d'accord avec la gravure qu'il en publie; voy. le *Saggio*, t. II, p. 157, tav. 1, n. 3. Du reste, il adopte l'opinion de Winckelmann, qui voyait dans ce miroir un monument du style étrusque déchu sous la domination romaine; et le fait est que ce doit être un monument de la dernière période de l'art étrusque.

moins bien dans cette hypothèse, d'après l'usage si fréquent que faisaient les Étrusques du symbole en question sur leurs monumens funéraires[1]. C'est avec une intention semblable qu'on se servit des têtes opposées de *Pluton* et de *Proserpine*, surmontées du *modius*, pour former le couvercle d'un *canope*[2]; c'est la même image, rendue d'une autre manière, que nous offrent ces curieuses représentations du couple infernal de la mythologie étrusque, *Vedius cum Uxore*[3], répétées sur tant de vases d'argile noire, et provenant aussi du sol de Chiusi[4]; et c'est enfin une image analogue qui se trouve sur une rare médaille de Sicyone[5], où le *monument funéraire*, construit dans la forme particulière à ce peuple[6], est flanqué, de chaque côté, d'un *hermès*, avec appendices aux épaules, et d'un *cyprès;* deux objets accessoires, dont la signification funèbre indubitable, et le rapport non moins certain avec l'idée du *tombeau*[7], ne permettent pas de méconnaître ici l'intention particulière.

(1) Voy. à ce sujet les observations faites par M. Dorow, dans son *Voyage en Étrurie*, p. 19.

(2) Caylus, *Recueil* VI, pl. LXXV, n°s 3 et 4.

(3) Martian. Capell. *de Nupt. Philol.* II, 7, p. 36. Cette déesse, compagne de *Vedius*, conséquemment la Proserpine étrusque, ne nous est pas connue sous le nom qu'elle portait dans la théologie de ce peuple. Ne serait-ce pas la *Suthina* dont on possède une statuette de bronze, avec le *calathos* en tête, et son nom, ΜVΟΙΗΑ, écrit en ligne verticale, κιονηδὸν, sur la partie antérieure du corps? Micali, *Monum. antich.* etc. tav. XXXV, n. 9. Le même nom se lit, écrit de la même manière, sur un manche en forme de télamon, Lanzi, *Saggio*, tav. XIV, 1, t. II, p. 419; et ce nom se retrouve encore gravé sur la partie convexe du miroir de bronze, de notre cabinet des antiques, cité plus haut, p. 300, not. 1; voy. Micali, *ibid.* tav. XLVIII. On ne saurait douter que ce nom, ainsi gravé sur des objets de culte, ne désigne quelque divinité étrusque; et l'on ne contestera pas que le *calathos* ou *modius*, placé sur la tête de cette divinité, ne soit un attribut très-convenable pour la compagne du Dieu infernal. A l'appui de cette induction, je puis citer les inscriptions récemment découvertes sur les tombeaux de Castellaccio, et offrant la formule funéraire ΕϾΑΜVΟΙΗΕΜV, *eca suthinesl*, laquelle s'était déjà produite sur d'autres pierres sépulcrales étrusques, Lanzi, *Saggio*, II, 433; Vermiglioli, *Iscriz. Perug.* I, 73; de manière à ne laisser aucun doute sur le motif funéraire de ces inscriptions. La seule difficulté qui subsiste encore, relativement à l'emploi de cette formule étrusque, *eca suthinesl*, c'est d'en connaître le véritable sens. M. Orioli, qui s'est récemment livré à cet examen, avec l'esprit consciencieux qui le guide dans toutes ses recherches sur les monumens de l'antiquité étrusque, est convenu qu'il ne pouvait proposer rien de mieux que l'interprétation de Lanzi, qui prenait *eca* pour un équivalent de la préposition grecque ἐκ ou ἐξ, et qui, dérivant *suthi* ou *suthia* du grec Σωσία (il devait dire au moins Σώτειρα), regardait *Suthina* comme la *déesse de la Santé;* mais à la manière dont s'exprime M. Orioli, *Annal. de l'Instit. archéol.* t. V, p. 51, on doit croire que cette explication de Lanzi ne lui a pas paru bien satisfaisante, et cela me dispense de la réfuter en détail. S'il m'est permis d'avoir à mon tour, sur ce point d'antiquité étrusque, une opinion différente de celle du savant professeur de Bologne, j'avouerai que le mot *suthin-esl* me paraît une des modifications ou cas du nom *Suthina*, et que ce nom, formé d'un préfixe *su* et du nom étrusque *Thina*, de la même manière que d'autres noms étrusques latinisés, Ve-Dius, Ve-Iovis, appartenant précisément au même ordre de personnages de la théologie étrusque, désigne la compagne du Jupiter infernal étrusque, du *Dispater* latin; conjecture qui semble d'ailleurs justifiée par l'idole étrusque de *Suthina*, ayant en tête le *calathos* ou *modius*. Dans cette hypothèse, le mot *eca* s'expliquerait assez naturellement par la racine grecque οἶκος, qui avait passé de bonne heure dans l'ancien latin sous la forme *vic-us*, qui plus tard s'y reproduisit encore sous une autre forme, *oec-us;* et le sens qu'offrirait cette formule, *eca suthin esl*, *demeure de Proserpine*, conviendrait très-bien à des monumens funéraires. L'on a des exemples d'une formule équivalente, sur d'autres pierres sépulcrales étrusques, tels que *lupu*, pour λωπάς, que Lanzi interprète avec assez de vraisemblance comme synonyme de *locus*, *urna*, *cinerarium*, *Saggio*, t. II, p. 391, et dont M. Orioli dérive, d'une manière peut-être un peu hasardée, le nom d'une divinité étrusque, *Lupatna*, correspondant à la *Libitina* latine, et conséquemment aussi à notre *Suthina*. Suivant le même système d'interprétation, la formule entière, telle que la présente la grande pierre de Toscanella, *eca suthinesl pan*, n'offrirait non plus aucune difficulté dans ce dernier mot *pan*, que M. Orioli explique par la signification grecque πᾶν, *onninamente*, *in tutto*, *in tutti i modi;* tandis que j'y verrais la préposition grecque ὑπὸ, ὑπαὶ, ὑπαί, sous une forme étrusque, *pan*, ainsi que Lanzi lui-même l'avait supposé au sujet du mot *epà*, *Saggio*, II, 433. Ce ne sont là, du reste, que des conjectures qui ne sauraient être proposées qu'avec défiance et admises qu'avec restriction, dans l'état encore si peu avancé de nos connaissances sur les anciens idiomes de l'Étrurie; et pourtant j'avouerai que l'existence et le nom de *Suthina*, comme déesse de l'empire infernal, me paraissent établis d'une manière assez probable, aussi bien que le rapport des inscriptions sépulcrales de Castellaccio avec cette divinité étrusque.

(4) Micali, *Monum. antich.* etc. tav. XX, t. III, p. 17-18.

(5) *Cabinet de M. Allier d'Hauter.* pl. VI, n. 15.

(6) Pausan. II, 7, 3. Voici le texte de cet écrivain, qui n'a pas été généralement bien compris, et qui devient parfaitement clair au moyen de notre médaille : λίθου δὲ ἐποικοδομήσαντες κρηπῖδα κίονας ἐφιστᾶσι (οἱ Σικυώνιοι), καὶ ἐπ' αὐτοῖς ἐπίθημα ποιοῦσι κατὰ τοὺς αἰετοὺς μάλιστα τοὺς ἐν τοῖς ναοῖς. Il s'agit évidemment ici d'une *base élevée*, ou *stylobate construit en pierre*, λίθου κρηπίς, sur lequel s'élevaient des *colonnes* surmontées d'un *fronton;* et telle est, en effet, la forme du monument représenté sur la médaille, et placé entre *deux hermès* et *deux cyprès;* ce qui ne permet pas de méconnaître le caractère funèbre de ce monument, véritable type des Ἡρῷα de Sicyone, sur une monnaie même de Sicyone. C'est là sans doute un des traits les plus curieux de l'utilité que peut offrir l'étude des médailles pour la connaissance des monumens de l'art antique.

(7) Tous les témoignages relatifs à l'emploi des *arbres*, et particulièrement des *cyprès*, dans la décoration des tombeaux grecs et romains, sans compter ceux de l'Orient, ont été recueillis par Van Goens, dans sa *Diatribe de Cepotaphiis*, p. 58-67.

J'aurai achevé d'exposer tout ce que notre canope étrusque m'a paru offrir d'intéressant, en y signalant à l'attention des antiquaires les caractères qui nous y font reconnaître un monument d'une école primitive et de la haute antiquité étrusque. La *tête* offre en effet tous les traits qui peuvent appartenir aux plus anciennes productions de l'art étrusque; les yeux gros, saillans, placés obliquement; les sourcils indiqués par un simple trait; le nez rectiligne, et sans aucune articulation; la bouche relevée obliquement par les côtés, de manière à exprimer un sourire forcé; des cheveux longs, disposés par masses parallèles, et retenus par un simple lien, pour les empêcher de retomber sur le visage; une barbe indiquée comme un simple appendice, terminé en pointe, sans aucun détail[1]; tous caractères qu'on retrouve plus ou moins prononcés dans les sculptures grecques primitives, qui attestent une imitation imparfaite et grossière, privée encore de toute intention, de tout sentiment d'individualité. Le même style, s'il est permis de se servir de cette expression en parlant des ébauches de l'art, se retrouve dans les autres parties du monument, dans la forme excessivement allongée des doigts, dans l'extrême maigreur des bras, placés l'un sur l'autre et étroitement attachés au corps, de cette manière qui caractérisait une œuvre antidédaléenne; et généralement enfin dans cette rigidité d'exécution, jointe à toute l'imperfection imitative que comporte un art dans l'enfance. J'ajoute que les sourcils, les prunelles, la barbe, les cheveux, étaient originairement peints en noir, aussi bien que les ongles, et deux espèces de bracelets tracés à chaque bras; particularités qui ont aussi été remarquées sur la plupart des vases à tête humaine trouvés, comme notre monument, dans les hypogées de Chiusi, et qui tiennent au même système de civilisation. Du reste, le type de la tête, tel que nous l'offre ce monument, semble aussi se rapporter à l'imitation de la même race, bien que l'expression d'une individualité y soit encore moins sensible; en d'autres termes, le portrait ébauché dans cette tête nous montre un type proprement étrusque, qui n'est imité qu'imparfaitement d'une physionomie individuelle, sans avoir rien emprunté d'un masque égyptien ou grec, et qui nous représente une œuvre originale d'un art primitif, dont l'exécution, antérieure à l'introduction de l'art grec en Étrurie, et due à quelqu'une de ces écoles dédaléennes de l'ancien monde italique, marque sans doute un des premiers pas de l'art étrusque dans la carrière imitative.

§ V.

On sait que le mythe d'*Ulysse* et des *Sirènes* était un des traits homériques que l'art étrusque avait le plus souvent reproduit sur des urnes cinéraires, toutes sorties des hypogées de Volterra. Trois de ces urnes, chacune d'une composition différente, étaient depuis longtemps connues par le recueil de Gori[2]; ce qui n'a pas empêché Tischbein d'en publier une quatrième, offrant aussi quelques variantes, dans son choix de *Monumens homériques*[3]; et je me trouve d'autant plus autorisé par cet exemple à extraire moi-même du musée public de Volterra une de ces urnes encore inédite, et qui présente également des particularités

(1) Peut-être y avait-on suppléé par la peinture.

(2) Deux de ces urnes sont gravées dans le *Mus. Etr.* tab. CXLVII, n. 1 et 2; la troisième, sur le frontispice même de l'ouvrage.

(3) Tischbein, *Homer nach Antiken*, H. II, T. VI.

nouvelles[1], que jusqu'ici ces monumens étrusques, tout intéressans et curieux qu'ils peuvent paraître à plusieurs égards, sont restés à-peu-près exclus du domaine de la science[2]. Il était cependant naturel de présumer que ces compositions, en style étrusque, d'un mythe grec célébré par Homère, devaient provenir originairement de quelque monument de l'art grec, dont elles devenaient pour nous une réminiscence; et à ce titre seul, elles auraient dû exciter plus d'attention et d'intérêt. Cette conjecture vient d'être changée en certitude par l'apparition d'un vase peint trouvé dans les fouilles de Canino[3]; vase de dessin et de fabrique grecs, s'il en fut jamais, où le nom du Héros grec, *Ulysse*, est exprimé sous sa forme grecque la plus ancienne, ΟΛΥΣΕΥΣ[4], et qui suffit à montrer par quelle voie la connaissance de ce mythe, et l'image figurée qui s'y rapporte, purent arriver aux Étrusques, dès une assez haute antiquité. Du reste, les variantes qui se remarquent dans la composition de ce vase, comparée à celle de nos urnes étrusques, ne sont pas non plus sans importance, considérées en elles-mêmes, et par rapport à la détermination chronologique des époques diverses auxquelles ces monumens appartiennent.

Le *vaisseau d'Ulysse*, tel qu'il est figuré sur le vase de Canino, avec l'image d'un *œil* dessinée sur la proue, comme on la voit si souvent reproduite, sans doute avec la même intention symbolique[5], sur des vases peints de toute forme, sortis en dernier lieu des fouilles du territoire étrusque, nous offre, dans toute sa simplicité, le navire grec des âges héroïques[6]. L'*écharpe*, ornée de *franges* et brodée avec des *étoiles*, qu'on y voit déployée à la poupe, est une particularité neuve, dont un antiquaire a donné une explication plausible et ingénieuse[7], en y reconnaissant le *krêdemnon*, cette espèce de bandelette plus ample que la

(1) Voy. pl. LXI, n. 1.

(2) C'est ainsi que, pour en citer un exemple, Millin n'a donné qu'une seule représentation de ce mythe, d'après une pierre gravée de Pacciaudi, *Galer. mythol.* pl. CLXVII, n. 638.

(3) *Catalog. di scelte Antichità*, etc. p. 94, n. 829. Ce vase a été publié dans les *Annal. de l'Instit. archéol.* pl. VIII, t. I, p. 284, suiv.

(4) Voy. les observations de M. K. Ott. Müller, sur cette forme du nom d'*Ulysse*, ΟΛΥΣΕΥΣ, qu'il croit proprement dorienne, dans les *Annal. de l'Instit. archéol.* t. IV, p. 379-80. Je rappelle à cette occasion que ce nom, sous la même forme, s'est rencontré encore sur un fragment de vase peint, provenant d'une fouille de Corneto, que j'ai déjà cité plus haut, p. 285, not. 5; ce qui explique de plus en plus comment et d'où a pu se former le nom étrusque VVVΣE, et le nom latin *Ulyxes*.

(5) On a proposé beaucoup de conjectures sur cet *œil* symbolique peint, de chaque côté, à la proue des anciens navires, ainsi qu'on en a tant d'exemples sur les monumens figurés de l'antiquité grecque et romaine. Mais parmi ces conjectures, qu'il serait trop long de rapporter, je serais disposé à préférer celle de M. Welcker, qui y voit un symbole de la *vigilance* nécessaire au pilote, *ad* Philostrat. Sen. *Imag.* I, XIX, p. 323-4, ed. Jacobs. Il est certain qu'Æschyle fait allusion à cette idée, dans ce vers des *Suppliantes*, 719 : καὶ πρῷρα πρόσθεν ὄμμασι βλέπουσ' ὁδόν, dont les commentateurs n'ont pas saisi le véritable sens; et d'autres passages du même poète viennent à l'appui de cette interprétation, *Sept. c. Theb.* 3; *Pers.* 976; cf. Schütz. *ad h. l.* Ce qui paraît aussi très-probable, c'est que ce symbole était dérivé primitivement de l'Égypte, où l'*œil* était devenu l'hiéroglyphe du dieu πανόπτου, et spécialement d'Osiris, Creuzer, *Comment. Herodot.* p. 408, sqq. De là sans doute l'immense quantité de ces amulettes en forme d'*œil*, avec *appendice*, de toute proportion et de toute matière, qui se rencontrent dans les hypogées de l'Égypte, et dont sont remplis nos cabinets d'antiquités. Suivant une idée de M. Champollion, citée et suivie par M. Reuvens, *Lettres à M. Letronne*, II, 24, le même symbole, répété en sens contraire, signifiait chez les Égyptiens le *soleil* et la *lune*; et si cette conjecture est fondée, il est curieux de comparer ce signe symbolique avec ces *deux grands yeux*, opposés de même l'un à l'autre, qui se retrouvent sur tant de vases étrusco-grecs, où ils paraissent avoir la même signification, et très-probablement aussi la même origine; bien que l'opinion des antiquaires soit encore loin d'être fixée sur ce point d'archéologie, et que M. Gerhard, entre autres, ait avancé récemment à cet égard, avec une assurance qui ne lui est pas ordinaire, une idée qui rapporterait ce symbole à une intention dionysiaque, idée que je ne saurais partager.

(6) Je crois devoir, à cette occasion, faire mention des fragmens d'un grand cratère, dans l'intérieur duquel avait été figuré, par une assez rare exception au système habituel des vases peints, un *navire* pourvu de tous ses instrumens de navigation, voiles, mâts, rames, etc., avec les matelots employés à la manœuvre, et le Pilote, Κελευστής, *Hortator, debout à la poupe, stans in puppi*, comme le Palinure d'Ovide, ayant en main la *longue verge* nommée proprement *portisculus*, Fest. *h. v.*; Plaut. *Asinar.* III, 1, 15. Ces fragmens si curieux d'un vase, qui serait sans prix s'il était entier, proviennent d'une fouille de Corneto, et appartiennent à M. Melch. Fossati. Je citerai aussi un beau vase inédit de la collection de M. Durand, un de ceux qui représentent le navire grec de l'âge homérique sous sa forme la plus authentique et la plus détaillée. Je reviendrai encore sur ce vase intéressant.

(7) *Annal. de l'Instit. archéol.* t. I, p. 285.

simple *tænia*, employée précisément à l'initiation des mystères de Samothrace[1], qu'Ulysse portait toujours sur lui en guise de ceinture[2], qui lui sauva la vie dans son naufrage sur les côtes de l'île des Phéaciens, et dont il est si naturel qu'il se serve ici à protéger son vaisseau contre la fureur des vents ou contre l'influence des divinités malfaisantes. La manière dont Ulysse, *debout et dressé contre le mât*, ὀρθὸν ἐν ἱστοπέδῃ[3], apparaît au-dessus de ses *quatre compagnons, assis et travaillant à la manœuvre*[4], dans des attitudes symétriques et parallèles, pour ainsi dire, comme les rames qu'ils font mouvoir, rappelle toute la naïve simplicité de l'art grec, à l'époque où la délinéation des figures commençait à peine à s'élever au-dessus des formes conventionnelles d'une écriture iconographique. Mais c'est sur-tout la représentation des *Sirènes* qui offre ici l'image la plus curieuse, comme dérivée du plus ancien type que l'imitation des Grecs eût puisé à sa source orientale. Ces trois êtres, d'un ordre surnaturel et symbolique, ont la *tête humaine* sur un *corps d'oiseau*, avec des *ailes* et des *pattes*, qui en constituaient le modèle primitif, tel qu'il existait sur les plus anciens monumens et dans les plus vieilles traditions de l'Égypte et de la Perse[5]. *L'une des Sirènes*, déçue dans son espoir de triompher de la vertu d'Ulysse, s'est déjà précipitée dans la mer, du haut des rochers qui leur servent de séjour. Une autre semble, au mouvement de ses ailes déployées, s'apprêter à suivre sa compagne dans l'abîme; tandis que la troisième, dans une attitude calme et tranquille, tente sans doute un dernier et inutile effort. L'artiste s'est éloigné du récit homérique dans quelques points qui ajoutent à l'intérêt de sa fidélité sur quelques autres. Ainsi, les *Sirènes* sont placées sur des *rochers escarpés*, et non dans de *vertes prairies*, ἐν λειμῶνι[6]; telle qu'apparaît aussi, sur un autre vase peint provenant des fouilles de Canino, *une Sirène*, debout sur une hauteur, d'où elle voit passer un *vaisseau*, peut-être celui qui porte *Énée* et *ses compagnons* vers les rivages du Latium[7]; et il semblerait résulter de ce second exemple, que c'était là la tradition qui avait prévalu dans les compositions pittoresques de cet âge. Les *Sirènes* sont au nombre de *trois*, particularité qui suffirait seule à indiquer une époque déjà bien éloignée de l'âge homérique, où l'on ne connaissait encore que *deux Sirènes*, aussi bien que *deux Kères, deux Ilithyies, deux Heures, deux Grâces*. Du reste, les *Sirènes* n'emploient ici d'autres moyens de séduction que leur chant et leur voix, comme dans Homère; tandis que sur les monumens d'une époque plus récente[8], où les traditions primitives

(1) Sur l'emploi du *krêdemnon*, dans l'initiation des mystères de Samothrace, voy. les observations du docteur Fr. Münter, qui a épuisé ce sujet, *Antiquar. Abhandlung.* 204-209.

(2) Le témoignage classique est celui du Scholiaste d'Apollonius de Rhodes, *ad Argonaut.* I, 917: Ὀδυσσέα δέ φασι μεμυημένον ἐν Σαμοθρᾴκῃ χρήσασθαι τῷ κρηδέμνῳ ἀντὶ ταινίας· περὶ γὰρ τὴν κοιλίαν οἱ μεμυημένοι ταινίας ἅπτουσι πορφυρᾶς. A l'appui de ce témoignage du Scholiaste, j'observerai que, sur un vase peint du cabinet de M. Révil, *Ulysse* apparaît avec le *crêdemnon noué autour des reins*, περὶ τὴν κοιλίαν, au moment où, échappé de son naufrage, il se montre aux regards de *Nausicaa* et de ses compagnes effrayées. Telle est en effet l'explication que j'admets pour cette peinture, d'accord avec les deux antiquaires qui l'ont proposée, *Annal. de l'Instit. archéol.* t. I, p. 276-277, pl. VI, quoique je ne regarde pas, avec l'un d'eux, la *bandelette sacrée* donnée ici à Ulysse pour caractériser le héros dans cette circonstance particulière de sa vie, comme la *ceinture habituelle du marin*.

(3) Homer. *Odyss.* XII, 179.

(4) Idem, *ibid.* 180: ἑζόμενοι πολιὴν ἅλα τύπτον ἐρετμοῖς.

(5) Voy. à ce sujet les observations de M. Schorn, dans son *Homer nach Antiken*, H. VIII, Taf. II, S. 11-19, avec un *Appendice* de M. Creuzer, p. 20-28.

(6) Homer. *Odyss.* XII, 45.

(7) Ce vase est celui de la collection de M. Durand, dont il a été question plus haut. Entre autres particularités que présente la forme du vaisseau, j'ai remarqué la *proue* façonnée en une *tête de porc*, ὑόπρῳρον, comme on sait par le témoignage d'Hérodote, III, 59, et par celui d'autres écrivains antiques, Plutarch. *in Pericl.* t. I, p. 166, E (où il faut lire ναῦς ὑόπρῳρος, au lieu de ναῦς ὑπόπρῳρος), Didym. *apud* Hesych. *v.* Σαμιακὸς τρόπος, qu'étaient généralement construits les navires des Samiens, si célèbres dans la haute antiquité grecque; en sorte que ce serait peut-être une image abrégée de ces *navires Samiens*, Σάμαιναι, Phot. *Lexic. h. v.*; Hesych. *v.* Σάμαινα, qu'on pourrait voir sur le vase de M. Durand.

(8) Telles on les voit en effet sur la plupart des monumens d'époque romaine, qui représentent le mythe en question. Je citerai particulièrement une peinture inédite de Pompei, qui se

s'étaient surchargées de détails empruntés à une civilisation plus avancée, c'est avec l'aide d'instrumens divers que ces divinités malfaisantes s'efforcent de séduire Ulysse et ses compagnons.

Une question plus grave, et qui touche bien davantage à l'intelligence de l'art antique et de son histoire, c'est de savoir si Homère s'était représenté les *Sirènes* avec une *tête humaine* et un *corps d'oiseau*, telles qu'on les voit ici, ou bien sous l'aspect de *jeunes et belles femmes*, comme nous les montrent nos urnes étrusques, d'accord avec des idées plus récentes. Un savant antiquaire de nos jours, M. Schorn[1], en se prononçant, dans le silence d'Homère, pour la première opinion, s'était attiré, de la part de Voss, des critiques fausses et passionnées, dont le progrès de la science a fait bonne et prompte justice. S'il est en effet une notion positivement avérée par les monumens mêmes, c'est que les *Sirènes*, sous leur forme la plus ancienne, qui était celle de l'âge homérique, étaient représentées avec la *tête humaine* seulement sur un *corps d'oiseau*; et ce fait, qui résulte de l'observation des monumens, est aussi celui qui s'accorde le mieux avec toutes les traditions de l'art et du génie antiques. Sans compter qu'à l'époque où le mythe des *Sirènes* commença d'être connu des Grecs, et célébré dans leurs poésies, l'image qu'ils s'en étaient faite devait ressembler davantage à son modèle oriental; qu'à cette époque aussi, l'influence du système symbolique, où ces sortes de figures à double nature, à parties d'homme et d'animal, jouaient un si grand rôle, régnait encore dans toute sa force; on peut admettre, comme un fait à-peu-près constant, que l'art ne se signala d'abord chez les Grecs eux-mêmes, ni sur ce type, ni sur beaucoup d'autres du même genre, par des images embellies. Quoi qu'en ait pu dire à cet égard Voss et son école[2], et malgré quelques rares exceptions qui semblent justifier sa doctrine[3],

trouve dans le cabinet de M. le duc de Blacas, une urne sépulcrale de la villa Albani, et un bas-relief sculpté sur le petit côté d'un sarcophage, de la collection Barberini, dont la face principale représente les *neuf Muses*. C'est aussi de la même manière, avec la *lyre* et la *double flûte*, qu'on les voit représentées sur la plupart des pierres gravées, Pacciaudi, *Monum. Pelopon.* I, 139; Winckelmann, *Pierr. de Stosch*, p. 400; Schorn, *Homer nach Antik.* VIII, 2; sur les médailles, telles que celles de la famille Petronia, Vaillant, *Num. Famil. Petron.* n. 8; cf. Spanheim, *de Pr. N.* t. I, p. 251; Eckhel, *D. N.* V, 271, et sur les lampes, Bellori, *Lucern. ant.* P. III, tab. II, l'une desquelles, du cabinet du Roi, se voit gravée, en guise de vignette, n. 12, p. 392. Tous ces monumens peuvent être regardés avec certitude comme appartenant à l'époque romaine, et exprimant les idées de cette époque. Mais sur des monumens proprement grecs, les *Sirènes* apparaissent quelquefois aussi avec des *instrumens de musique*. Tel est entre autres un vase de fabrique de Pouille, du cabinet de M. le comte de Pourtalès, sur lequel sont représentées *deux Sirènes*, jouant, l'une de la *double flûte*, l'autre de la *lyre*, avec une *troisième* au milieu d'elles, qui chante, comme on la voit sur les pierres gravées, d'accord avec une tradition antique, Serv. *ad Æn.* v, 864, Winckelmann, *Pierr. de Stosch*, p. 400. Sur deux vases peints d'ancien style grec, trouvés, l'un à Athènes, l'autre dans l'île de Milo, tous deux encore inédits, et appartenant à M. Burgon, *deux Sirènes*, représentées sous la forme la plus archaïque, avec la tête de femme sur un corps d'oiseau, tiennent la *flûte* et la *lyre*. Je dois à M. Schorn la connaissance de ces deux vases, précieux par le sujet et par la provenance; voy. le *II^er Jarhes-Bericht Königl. Bayer'sch Akadem.* 62-63. Je crois pouvoir rapporter aussi au même ordre de représentations la figurine de terre cuite décrite dans le *Mus. Bartoldian.* p. 146, n. 5, actuellement au musée de Berlin.

(1) Schorn, *Homer nach Antiken*, H. VIII, Taf. II, S. 11-19. Cet habile antiquaire a repoussé, dans le *Kunstblatt*, 1824, n. 102 et 103, les attaques inconvenantes que Voss s'était permises dans la gazette d'Iena; et c'est en ajoutant de nouveaux motifs à l'appui de sa première idée, et non en répondant aux injures de son adversaire par d'autres personnalités, qu'il a pu se flatter avec raison de convertir à son opinion le sentiment unanime des antiquaires. J'adhère sur tous les points aux vues que le même savant vient d'exposer de nouveau, mais trop brièvement, dans le *Compte rendu annuel des travaux de l'académie de Munich*, part. II, p. 62-65, et j'admets, pour ma part, la manière dont il classe, en trois catégories, les monumens relatifs aux *Sirènes*, en considérant la figure *à tête humaine* et *à corps d'oiseau*, dérivée du type égyptien, comme la plus ancienne de toutes, et la représentation de nos urnes étrusques, comme la dernière dans l'ordre chronologique. J'ajouterai, pour achever de rendre sur ce point toute justice à M. Schorn, que l'antiquaire qui a expliqué le vase grec publié dans les *Annal. de l'Instit. archéol.* pl. VIII, t. I, p. 284 et suiv., a commis à son égard le double tort de ne pas comprendre ses idées, tout en se les appropriant en grande partie : c'est un procédé dont s'est justement plaint l'antiquaire allemand, avec cette modération de langage qui honore son caractère et qui convient au vrai savoir.

(2) Voss, *Brief. mytholog.* XXXI, XXXII, XXXIII.

(3) Telles que les *Grées*, Γραῖαι, qu'Hésiode représente, *Theogon.* 271, comme *ayant des cheveux blancs dès leur naissance*, ἐκ γενετῆς

il est certain que les Grecs ont dû commencer par l'expression de la *laideur*, avant d'arriver à celle de la *beauté*, parce que cette marche est dans la nature des choses, et qu'elle se retrouve par-tout dans l'histoire de l'esprit humain. Ce n'est pas ici le lieu de déduire les raisons philosophiques ou naturelles qui établissent cette vérité; il me suffit d'alléguer à l'appui de mon opinion les plus anciens monumens connus de l'art des Grecs. Certainement la *Kér*, telle qu'elle était représentée sur le coffre de Cypsélus[1]; la *Poinè*, sur le monument de Corœbus, à Mégare[2]; l'*Echidné*, sur le trône d'Apollon, à Amycles[3]; le monstre *Eurynomos*, peint par Polygnote, d'après quelque vieille tradition[4]; la *hideuse Éris*, d'une autre peinture grecque[5]; l'*Érinnys*, qui servit de modèle aux *Furies* d'Æschyle[6]; le *monstre de Témésa*, tel que Pausanias nous le décrit, d'après une ancienne peinture[7]; les affreuses *Harpyies*[8]; toutes ces figures monstrueuses, et bien d'autres encore dont la connaissance ne nous est point parvenue, ou dont le souvenir m'échappe, ne pouvaient être et n'étaient en effet que des œuvres d'une imitation grossière où la *laideur* dominait, et où l'influence du goût symbolique se trouvait jointe à l'impuissance de l'art, de manière à en déguiser l'imperfection et à en rehausser l'effet; et ces images, du même âge et du même ordre que les *Sirènes* homériques, nous servent à apprécier de quelle manière celles-ci purent être conçues et figurées. Ce n'est qu'à mesure que l'art, se perfectionnant dans son cours, se dégagea peu-à-peu de ses habitudes symboliques et de ses entraves sacrées, qu'il remplaça par degrés les premiers types hiératiques, où la *laideur* était empreinte, par des images de plus en plus embellies; et l'exemple de la *Méduse*, telle qu'on la voit représentée sur les monumens produits aux deux extrémités de la carrière de l'art, nous permettrait, à défaut de tout autre, de mesurer l'intervalle immense qui dut s'étendre, en fait d'images de ce genre, du siècle d'Homère à celui d'Alexandre. Ainsi, pour ne pas sortir des sujets homériques, l'image de *Scylla*, telle que ce poète l'avait conçue, *avec douze pieds et six cous, surmontés chacun d'une tête horrible*, σμερδαλέη κεφαλή[9], s'était prodigieusement adoucie dans le cours de plusieurs siècles, où l'imitation avait fait les mêmes progrès que la civilisation, au point de devenir cette *Scylla*, douée, dans toute la partie supérieure de son corps, de la beauté sévère d'une vierge grecque, avec deux chiens seulement à sa ceinture, comme nous la voyons en effet sur des monumens de la plus belle époque de l'art, sur les médailles de Cumes, de Syracuse, de Thurium et d'Héraclée[10].

πολιάς; encore faut-il admettre, dans le vers qui précède, la leçon καλλιπαρήους, appliquée aux *Grées* elles-mêmes, au lieu de καλλιπάρῃος, épithète donnée à leur mère, suivant les meilleurs textes.

(1) Pausan. v, 19, 1; cf. Hesiod. *Scut. Heracl.* 249-254 :

Κῆρες κυανέαι, λευκοὺς ἀραβεῦσαι ὀδόντας,
Δεινωποὶ, βλοσυροί τε, δαφοινοί τ' ἄπλητοί τε,
. . . .
Βάλλ' ὄνυχας μεγάλους.

(2) Pausan. I, 43, 7.

(3) Idem, III, 18, 7.

(4) Idem, X, 28, 4.

(5) Idem, V, 19, 1 : Ἔρις αἰσχίστη τὸ εἶδος ἐοικυῖα.

(6) Voy. les nombreux témoignages relatifs à la figure et au costume des *Furies* d'Æschyle, qu'a rassemblés M. Boettiger, dans sa docte et ingénieuse dissertation sur les *Furies*.

(7) Pausan. VI, 6, 4; voy. plus haut, *Orestéide*, p. 221, not. 6.

(8) Sur la forme des *Harpyies*, et sur les élémens qui entraient dans la composition primitive de ce type, voy. encore la *Dissertation* précédemment citée de M. Boettiger, p. 13, suiv., et sur-tout la note VI, p. 101-104. Il y aurait pourtant plus d'une restriction à faire aux idées de ce savant, quant à l'application de ce mythe sur les monumens figurés; mais cette discussion me mènerait ici trop loin, et j'aurai une meilleure occasion de m'y livrer en publiant un superbe vase peint, où se trouve représenté le trait mythologique des *Harpyies enlevant le repas de Phinée*, sans doute d'après quelqu'une de ces vieilles peintures grecques qu'Æschyle avait eues sous les yeux, *Eumenid.* 49-50.

(9) Homer. *Odyss.* XII, 90.

(10) Voy. les observations que j'ai faites à ce sujet, dans ma *Notice sur quelques objets en or trouvés dans un tombeau de Panticapée*, p. 6-9.

Il n'est pas douteux que les *Sirènes* homériques n'aient été des monstres à double nature, avec une *tête de Femme* sur un *corps d'oiseau*, telles que nous les montre le vase de Canino; et que ce type symbolique n'ait été, sous le double rapport de sa signification et de sa forme, d'accord avec son origine orientale; conséquemment, qu'il n'ait eu, sur les plus anciens monumens de la Grèce, comme sur ceux de l'Égypte et de la Perse, un sens proprement funéraire[1]. Nous voyons reproduite en effet, sur une foule de vases peints d'ancien style[2], une *figure de Femme à corps d'oiseau*, qui ne peut être qu'une *Sirène*[3], d'après la similitude absolue qu'offre cette figure avec celles des *Sirènes* de notre vase de Canino; et la plupart du temps, cette image symbolique, seule ou accompagnée d'animaux divers, pareillement symboliques[4], se produit dans des scènes de mort et avec une intention évidemment funéraire[5]. Plus tard, l'image en question perdit de sa signification hiératique, à mesure qu'elle

(1) Les nombreux exemples qui se rencontrent, dans les catacombes de l'Égypte, de cette représentation d'un *oiseau à tête humaine*, avec un sens funéraire, ont été observés par tous les voyageurs, notamment par les auteurs de la grande *Description de l'Égypte*; voy. Jomard, *Descript. des Hypogées de Thèbes*, p. 354, Antiq. vol. II, pl. 47, fig. A, et les autres planches citées au même endroit; et M. Creuzer a produit, à l'appui de cette image symbolique, les témoignages fournis par les auteurs; voy. ses *Commentat. Herodot.* 346-352.

(2) L'image des *Sirènes* se rencontre de tant de manières, sur un si grand nombre de vases peints, de tout âge et de toute fabrique, qu'il serait difficile de citer tous les exemples qu'on en connaît. Les plus remarquables, par l'ancienneté même des monumens qui les présentent, sont sans contredit ceux qu'ont procurés en dernier lieu à la science les découvertes faites dans la campagne de Rome de plusieurs de ces vases dits égyptiens, où la représentation d'*oiseaux à tête humaine* est généralement admise comme une image symbolique de *l'âme des défunts*, Gerhard, *Rapport*, p. 65, not. 607; Micali, tav. xcv, A, t. III, p. 163. De pareils vases se trouvent fréquemment aussi dans la Campanie; et l'*oiseau à tête humaine* y figure toujours dans des scènes funéraires, ou avec des symboles funèbres, tels, par exemple, que la *fleur de lotos* et la *couronne*, que tient une *Sirène*, sur un vase de la collection Bartholdy, *Mus. Bartold.* p. 90, n. 15; voy. d'autres exemples, *ibid.* p. 79 et 93; *Neapels ant. Bildwerke*, I, 251, 270, 324, 333, 375; Millingen, *Vases de Coghill*, pl. XXXVI. Habituellement, les *Sirènes* se montrent, sur ces vases, opposées à des *sphinx*, autres figures symboliques dont l'intention funéraire n'est pas moins sensible, et l'invention égyptienne moins constatée; quelquefois, elles s'y trouvent placées au milieu d'un groupe d'animaux bachiques, tels que *panthères, lions, tigres, chevreuils, cygnes*, qui ont sans doute rapport à l'*initiation* des défunts; ou bien encore, elles s'y rencontrent avec d'autres animaux, tels que la *chouette*, sur les vases de prix, Ἆθλα, de fabrique athénienne, pour indiquer que ces sortes de vases se donnaient en prix dans la célébration des jeux funèbres, soit à Athènes, soit ailleurs; c'est du moins de cette manière que j'expliquerais la présence de la *Sirène* sur le vase athénien de M. Burgon, Millingen, *anc. uned. Monum.* P. I, pl. III; bien que d'autres antiquaires, notamment M. Bröndsted, aient regardé simplement cette image d'un *oiseau fantastique* comme *un des emblèmes de la déesse d'Athènes*; idée à l'appui de laquelle ce savant a cité un vase de Vulcia, où le bouclier de Minerve porte en guise d'insigne, *ἐπίσημον, une Sirène qui joue de la double flûte*; voy. son *mém. sur les Vases panathén.* p. 3. D'autres fois enfin, elles y figurent, dans des scènes de mort, d'une manière si caractéristique, qu'il est impossible d'en méconnaître l'intention funéraire. Ainsi, pour n'en citer qu'un exemple décisif entre tous ceux que je connais, un *oiseau à tête humaine* se voit au-dessus de *Procris blessée à mort*, sur un vase peint publié par M. Millingen, *anc. uned. Monum.* part. I, pl. XIV, p. 35-38. J'ajouterai ici, pour compléter les notions relatives à la forme donnée aux *Sirènes*, sur les vases peints, et à leur emploi funéraire sur cette classe de monumens, qu'il existe, dans la collection de M. Durand, plusieurs de ces vases encore inédits, où cette intention ne saurait paraître douteuse. Tel est, entre autres, un petit *diota*, de fabrique commune de Pouille, où la *Sirène*, à *tête de femme*, avec un *buste* et des *bras humains* sur un *corps* et des *pattes d'oiseau*, vole, les ailes déployées, en jouant de la *lyre*; le revers offre un *jeune Homme* entièrement *nu, à cheval*: sujet funéraire indubitable. Sur un *balsamaire*, pareillement de fabrique de Pouille, la *Sirène*, à *tête et buste de femme* sur un *corps d'oiseau*, tient des deux mains un *thyrse* et une *patère*: double symbole qui a manifestement rapport à l'*initiation* du défunt. Une petite *hydrisque*, de même fabrique, présente une *Sirène* debout, devant un *cippe*; et sur un vase de Nola, de jolie fabrique, la *Sirène* a vis-à-vis d'elle un *chien*, animal symbolique, dont le rapport avec les mânes est si connu. Je me borne à ces exemples, tirés de vases de différente forme et de différente fabrique, offrant tous la même image avec une application funéraire.

(3) Il serait maintenant inutile de réfuter la doctrine de M. Boettiger, qui voyait des *Harpyies*, et non pas des *Sirènes*, dans la plupart des représentations d'*oiseaux à tête de femme*, telles que celles de deux vases de Tischbein, I, 26, et III, 59, d'après le seul motif que ces figures n'avaient point d'attribut, et en particulier ne portaient point d'instrument; voy. sa *Dissertat. sur les Furies*, not. VI, p. 103-104. Mais j'appellerai l'attention de mes lecteurs sur la figure singulière que nous ont offerte récemment plusieurs vases provenant des sépultures de Canino, et qui se compose d'une *tête humaine*, alternativement *mâle* et *femelle*, couronnée de *myrte*, et placée sur un corps formé de ce *grand œil symbolique*, avec des *ailes* et des *pattes d'oiseau*; deux de ces vases sont publiés dans le recueil de M. Micali, tav. LXXXIV, n. 1 et 2; voy. aussi Gerhard, *Rapport*, p. 165, not. 607*. Il y a certainement dans ce curieux hiéroglyphe une combinaison neuve et remarquable d'élémens empruntés au symbolisme égyptien, évidemment aussi avec une intention funéraire.

(4) Voy. les exemples cités plus haut, not. 2.

(5) Je ne saurais citer à cet égard un monument plus décisif que le célèbre scarabée du cabinet d'Orléans, t. II, pl. 2, qui offre au revers du groupe d'*Ajax portant le corps d'Achille mort*, et *précédé de son âme*, une figure de *Femme à corps d'oiseau*, où

s'éloigna de son type originaire, en se rapprochant de la forme humaine; et c'est sans contredit un des traits les plus curieux de l'histoire de l'art antique, que de voir, dans le développement graduel du mythe des *Sirènes*, le progrès de l'image morale suivre celui de l'image figurée; et la *Sirène* exprimer des idées de moins en moins sinistres, à mesure qu'elle se produit sous des traits de plus en plus embellis. Les *deux Sirènes* placées sur la main de la *Junon de Coronée*[1], de même que les *trois Grâces* sur celle de l'*Apollon de Délos*[2], n'avaient déjà plus, au même degré du moins, le sens funèbre, ni sans doute toutes les parties de l'animal qui entraient dans la composition de l'image primitive; et même dans le cas d'une application funéraire, qui se reproduisit plus d'une fois encore dans les temps de la belle époque de l'art, comme on en a des exemples dans la *Sirène* placée sur le tombeau de Sophocle[3] et sur celui d'Isocrate[4], et plus tard encore, dans les *deux Sirènes* qui décoraient le faîte du bûcher funèbre d'Héphæstion[5], ce n'était plus avec les idées sinistres attachées à la première image symbolique qu'apparaissait dès-lors cette *Muse de la mort*, devenue le symbole de l'éloquence et du génie. Dès-lors, en effet, les *Sirènes* étaient représentées comme de *belles Femmes*, conservant à peine une faible indication de l'animal symbolique, tel qu'est, par exemple, la *Sirène* du musée Worsley[6], et une statuette en marbre grec, trouvée en 1816 dans l'île de Marmara[7]; quelquefois *vêtues*, et presque toujours ayant en main divers *instrumens de musique*, comme on les voit généralement représentées sur les pierres gravées[8]; et finissant, dans la dernière période de l'art, par se montrer douées de la forme humaine tout entière, sous le costume élégant de *matrones grecques*, telles que nous les montrent nos urnes étrusques.

Mais, pour revenir au sujet principal de nos recherches, il est certainement bien curieux de trouver sur un vase peint, d'un aussi ancien style que celui de Canino, une représentation du mythe des *Sirènes*, servant à prouver tout à-la-fois l'usage funéraire qui s'en faisait sur les monumens grecs de la haute époque de l'art, et l'origine grecque de la composition employée à la même intention par les Étrusques et aussi par les Romains[9]. Il suffirait en

j'ai reconnu le premier une *Sirène*; voy. plus haut, p. 283, n. 5. J'ajoute à l'appui de cette explication, qui me paraît indubitable, que sur d'autres monumens appartenant à la haute antiquité étrusque, tels que les fragmens de bronze publiés par M. Vermiglioli, *Bronzi etruschi*, tav. I, n. 13, 14, se voient également des *Sirènes*, avec un *buste humain* et des *pattes d'oiseau*, dans l'attitude de s'arracher les cheveux; que l'on voit aussi à une *Sirène*, sur une pierre gravée du *Mus. Worsleyan*. I, 7, et qui convient bien au rôle funéraire de cette sorte de figures.

(1) Pausan. IX, 34, 2, voy. à ce sujet l'*Excursus* de M. Siebelis, t. IV, p. 148.

(2) Pausan. II, 32, 4; cf. IX, 35, 1; Plutarch. *de Music.* t. III, p. 2081; voy. Siebelis, *ad* Pausan. IV, 118; Fac. *Excerpt.* è Plutarch. p. 56-57. J'ai cité, dans ma *Lettre à M. Schorn*, p. 58-60, plusieurs monumens antiques, médailles et pierres gravées, qui nous ont conservé une réminiscence de cet ancien *Apollon de Délos*, avec les *trois Grâces* sur la main.

(3) Pausan. I, 21, 2; cf. Auctor. gr. *vit. Sophocl.*

(4) Plutarch. *in X Rhet. v.* Isocrat. Cf. Siebelis. *ad* Pausan. I, 70; Fac. *Excerpt.* è Plutarch. p. 227.

(5) Diodor. Sic. XVII, 115: Ἐπὶ πᾶσι δὲ ἐφιστήκεισαν Σειρῆνες διάκοιλοι, καὶ δυνάμεναι λεληθότως δέξασθαι τοὺς ἐν αὐταῖς ὄντας καὶ ᾄδοντας ἐπικήδιον θρῆνον τῷ τετελευτηκότι. Un pareil emploi des *Sirènes* est tellement significatif, qu'il dispense de tout commentaire.

(6) *Mus. Worsleyan.* part. I, n. 7.

(7) *Recueil inédit de Millin*, t. II, n. 1012, au cabinet des estampes de la bibliothèque du Roi.

(8) Telles que celle que le P. Pacciaudi a publiée, *Monum. Pelopon.* I, 139; voy. aussi Causs. *Gemm.* tav. 128; Winckelmann, *Pierr. de Stosch*, p. 400, n. 358. Sur une de ces pierres, d'ancien style, en forme de scarabée, dont je possède une empreinte tirée de la collection de Cadès, la *Sirène* porte sur son épaule une *amphore*, et tient de la main droite un *flambeau renversé*; double symbole, dont l'intention funéraire est si évidente. Le même motif se trouve exprimé différemment sur un amulette du musée Blacas, où se voient *deux Sirènes* jouant, l'une de la *lyre*, l'autre de la *double flûte*, opposées à *deux enfans* agenouillés, dans une attitude suppliante, et non pas *deux Amours*, comme on l'a dit. Sur d'autres pierres, pareillement de signification funéraire, la *Sirène*, jouant de la *lyre*, a derrière elle un *astre*.

(9) Relativement à l'emploi qui se faisait, chez les Romains, du mythe des *Sirènes*, avec une intention funéraire, il suffit de rappeler un sarcophage décrit par Winckelmann, *Storia dell' Art.* t. II, p. 133, ed. Roman.; ce monument existait alors à la villa Albani, où il ne se trouve plus aujourd'hui, Marini, *Iscriz.*

effet, pour s'en convaincre, d'observer la peinture du revers de notre vase, dont je ne crois pas que le véritable objet ait été saisi. Cette peinture offre trois figures de *Génies nus, ailés,* volant dans la même direction, et portant à la main divers attributs. D'après le mot ΗΙΜΕΡΟΣ, tracé sur le fond, et précédé de l'acclamation ordinaire ΚΑΛΟΣ, mot qui semblait en rapport avec le nom ΗΙΜΕΡΟΠΑ, donné à l'une des *Sirènes*, on a cru que ces Génies pouvaient représenter *Himéros, Érôs* et *Pothos,* ces trois êtres allégoriques, ministres d'*Aphrodite*, entre lesquels et les *Sirènes* on a cherché à établir des rapports plus ingénieux que solides, tout en attribuant à ces mêmes Génies, aussi bien qu'aux *Sirènes,* un caractère funèbre qui constituerait en eux une nature double, et qui exigerait aussi que leurs attributs eussent une double signification. Toutes ces hypothèses me paraissent trop recherchées, trop peu conformes au génie simple et grave de l'antiquité. La dimension seule des figures, qui remplissent tout le champ de la peinture, s'oppose à ce qu'on puisse y voir des êtres allégoriques d'un ordre inférieur, qui n'apparaissent jamais sur les monumens que sous une forme exiguë, d'accord avec le rôle subordonné qui leur est affecté[1]. Ensuite, on ne concevrait pas pourquoi *Himéros seul* serait désigné par son nom, et moins encore pourquoi l'épithète usuelle ΚΑΛΟΣ tiendrait lieu de celui des deux autres; tandis qu'il est si naturel de joindre ensemble ce nom et cette épithète, de manière à produire l'inscription ΚΑΛΟΣ ΗΙΜΕΡΟΣ, le *Bel Himéros,* conformément à tant d'inscriptions semblables, qui ne désignent que la personne même à laquelle le vase était destiné, sans aucun rapport avec le sujet représenté. Ce qui vient encore à l'appui de cette interprétation, c'est le nom ΗΙΜΕΡΟΠΑ[2], donné à l'une des *Sirènes,* quand les deux autres ne sont accompagnées d'aucune désignation : preuve qu'il n'y a ici d'autre intention qu'un simple rapport de nom avec celui du *bel Himéros,* une de ces allusions, si fréquentes sur les vases[3], auxquelles on ne saurait réellement attribuer d'autre motif que le caprice du dessinateur ou celui du propriétaire du vase. En effet, le nom *Himéropa* ne se trouve, parmi ceux des *Sirènes,* dans aucune des traditions mythologiques qui nous les ont conservés[4]. Enfin, ces trois Génies portent des symboles d'un usage et d'une signification funéraires tellement constatés par tous les monumens, c'est à savoir la *bandelette,* la *couronne* et le *lapin*[5], qu'il n'est pas possible de les méconnaître eux-mêmes en qua-

Alban. p. 186. Je citerai également un bas-relief d'urne cinéraire, du musée Britannique, où deux figures de *Sirènes* accompagnent l'inscription sépulcrale : D . ALBICCI . LICINI . ANTONI . LIBERALIS; *Anc. Marbles in the Brit. Mus,* part. V, pl. X, fig. 1. L'application qui se fit de ce mythe, sur des lampes de travail romain, peut aussi être rapportée à une intention funéraire. Une de ces *lampes sépulcrales, Grablampe*, de la collection de Fabretti, où se trouve seulement le *vaisseau d'Ulysse*, sans les *Sirènes,* a été publiée par Bellori, *Lucern. ant.* t. III, tav. II; cf. Licet. *de Lucern.* VI, 35, 811, sqq., 908, sqq. Mais le sujet entier est figuré sur une de ces lampes, de notre cabinet des antiques, qu'on pourra me savoir gré de faire connaître à cette occasion; voy. la vignette, n. 12, p. 392.

(1) Il suffit de se rappeler les représentations où *Himéros* apparaît porté sur la main d'*Aphrodite*, et qui sont connues des antiquaires.

(2) Ce nom est formé, comme ceux de Καλλιόπη, et de Παρθενόπη, Ἀγλαόπη, et Θελξιόπη, donnés aussi aux *Sirènes.* A ces exemples, fournis par les témoignages écrits de l'antiquité, se joignent des exemples analogues fournis par les vases, tels que le nom ΚΑΛΟΠΑ, d'un vase peint publié par M. Millingen, *Vases*, pl. XX, que M. K. Ott. Müller prend à tort pour une abréviation de la formule ΚΑΛΟΣ ΠΑΙΣ, *Annal. de l'Instit. archéol.* IV, 377; les noms ΑΝΤΙΟΠΕ, ΦΑΝΟΠΕ, ΑΙΡΟΠΕ, donnés à des Amazones ou à des Bacchantes, sur un vase du cabinet de M. Durand, et sur deux vases du prince de Canino, n°s 369 et 527.

(3) On a, sur un vase de Canino, publié dans les *Annal. dell' Instit. archeol.* tav. XXVII, n. 24, un exemple de ces sortes d'allusions, dans le rapport des noms *Hypsis* et *Hypsipylé*, si toutefois on admet la leçon que j'ai proposée, ΗΥΦΣΙΠΥΛΕ, au lieu de ΗΥΦΟΠΥΛΕ, dans ma *Lettre à M. Schorn*, p. 9; et l'on peut voir, sur ce point d'archéologie, d'ingénieuses observations de M. Cavedoni, dans *due Lettere archeologiche*, p. 6-9, Modena, 1830, où ce savant a proposé, entre autres conjectures, celle que j'avais énoncée moi-même au sujet des noms *Hypsis* et *Hypsipylé.*

(4) Schorn, *Homer nach Antik.* VIII, II, p. 19, not. 7 et 8.

(5) Voy. les preuves nombreuses que j'ai fournies moi-même de la signification funèbre attachée à cet animal symbolique, sur des monumens grecs de tout âge et de toute sorte, *Orestéide*, p. 225.

lité de *Génies funèbres, ministrés de Proserpine*, figurant sur le même vase au même titre que les *Sirènes*, qui étaient aussi *compagnes de Proserpine*[1]; d'où résulte encore un nouveau motif de probabilité, dans l'hypothèse que je viens d'exposer.

Si de l'examen de cette peinture grecque nous passons à celui de notre urne étrusque, nous aurons sur-tout à constater les variantes, dans la représentation du même sujet, qui peuvent servir à établir des différences de goût et d'époque dans l'exécution de ces monumens. Les *Sirènes* sont ici représentées sous l'aspect de *trois femmes jeunes et belles*, dans le costume ordinaire des matrones grecques, avec la tunique et le péplus; elles sont assises *sur des rochers élevés*[2], ayant en main divers instrumens de musique, la *lyre*, la *syrinx* et la *double flûte*; toutes circonstances contraires ou étrangères au récit homérique, qui prouvent à quel point l'art s'était éloigné des modèles et des traditions primitives. Ce qui n'est pas moins remarquable, c'est que, ni dans les détails du costume, ni dans le choix ou dans la forme des instrumens de musique, il ne se trouve ici rien de particulier à l'art et à la civilisation de l'Étrurie; rien qui décèle un motif local dans l'œuvre d'un artiste étrusque. Le vaisseau d'Ulysse, d'une longueur démesurée, est orné à la proue d'une *tête de bélier*, que nous avons déjà vue ailleurs[3], et, à la poupe et sur les flancs, de *boucliers*, qui rappellent l'usage grec de suspendre ainsi des armes, en signe de bon augure, au commencement d'une longue navigation[4]. Quant à l'objet placé au-dessous de la *tête du bélier*, et qui paraît être un *orgue hydraulique*[5], il se pourrait que ce symbole, si tant est que ce soit en effet l'instrument que j'ai désigné, se rapportât à la circonstance actuelle du mythe, celle du vaisseau arrêté devant les îles des *Sirènes* par les accords harmonieux qui en proviennent. Il semble en effet, à voir le pilote, appuyé sur le coude, dans une attitude de repos, et sans doute distrait dans sa manœuvre par la scène qui se passe à l'autre extrémité du navire, qu'au moment représenté ici par l'artiste le vaisseau ait suspendu sa marche. C'est précisément la circonstance si heureuse et si pittoresque, fournie par la tradition homérique, où *Ulysse*, attaché fortement au mât, se débat entre ses compagnons pour se débarrasser des liens qui le retiennent. L'action

(1) Apollon. Rhod. *Argon.* IV, 896-7; cf. Ovid. *Metam.* V, 552; Hygin. *Fab.* CXLI. Cette particularité du mythe des *Sirènes*, bien qu'elle ne se fonde que sur une tradition plus récente en apparence, ainsi que Voss en a fait la remarque, *Brief. myth.* XLIII, II, 57, acquiert néanmoins une certaine valeur, d'après la signification funèbre attribuée originairement aux *Sirènes*.

(2) Lycophron. 714 : ἐξ ἄκρας σκοπῆς; cf. Orph. *Argonaut.* 1295 : ἀπὸ ῥωχμώδους ἄκρης; add. Strabon. I, 22.

(3) Voy. pl. LXII, n. 2, et p. 352. J'ai cru trouver dans cet objet une allusion au moyen d'évasion pratiqué par Ulysse; je dois pourtant observer qu'entre les *têtes d'animaux*, προτομή, dont on faisait usage en guise d'*insigne*, ἐπίσημον, dès la plus haute antiquité, pour distinguer les navires des différens peuples, et chacun de ces navires entre eux, la *tête de bélier*, κριοῦ προτομή, est nommément citée par les auteurs, Diodor. Sic. IV, 47; Tacit. *Annal.* VI, 34. C'est de là sans doute que venait le nom de *béliers*, κριοί, donné à une certaine classe de navires libyens, Pollux, I, 83; de même que les habitans de Cadix donnaient à leurs petits vaisseaux le nom de *chevaux*, Strabon, II, 99 : πλοῖα μικρὰ, ἃ καλεῖν ἵππους, ἀπὸ τῶν ἐν ταῖς πρώραις ἐπισήμων. On peut se faire une idée de ces sortes de navires, propres à la nation phénicienne, d'après des médailles de ce peuple; voy. Münter, *Relig. der Karthag.* taf. II, n. 6; 7, p. 102, not. 21, et p. 127, et presque tous les témoignages qui ont rapport à ce point d'archéologie se trouvent recueillis dans une dissertation *de Tutelis et Insignibus navium*, qui fait partie des *Opuscula philologica* de Ruhnkenius, p. 257-305.

(4) Scheffer. *de Re naval.* lib. III, c. 3, p. 190.

(5) Le témoignage classique sur l'invention de cette machine, ὕδραυλις, ὑδραυλικὸν ὄργανον, due à l'ingénieur Ctesibius d'Alexandrie, sous le règne de Ptolémée Évergète II, est celui d'Athénée, IV, 75, 174, C. Mais il ne paraît pas que l'usage en ait été jamais fort répandu dans l'antiquité, si ce n'est vers l'époque de Néron, qui, passionné, comme l'on sait, pour tous les genres de musique, introduisit à Rome et dans le reste de l'Italie un *orgue hydraulique* d'une forme particulière, encore ignorée des Romains, Sueton. *in Neron.* c. XLI : *Reliquam diei partem per* ORGANA HYDRAULICA *novi et ignoti generis circumduxit.* Cet instrument est figuré sur une médaille de Néron que le P. Paciaudi a reproduite, en l'accompagnant des témoignages historiques qui en expliquent le type, *Putens sacer*, p. 22-23; et le même type est répété sur des médailles de Trajan et de Valentinien; voy. Eckhel, *D. N.* VIII, 303. J'ajoute que nous connaissons par des inscriptions latines, l'une d'Arles, Gud. CCXII, 8; l'autre, de Bénévent, de Vita, *Benevent. Antiq.* p. 37, 14, deux facteurs d'orgues hydrauliques, qualifiés ARTIFIC. ORGAN.; voy. Orelli, *Inscript. latin. select.* n. 4258.

de deux des personnages, *Périmède* et *Euryloque*, n'est pas plus équivoque que celle d'Ulysse lui-même[1]; et c'est à ce trait seulement, si judicieusement choisi, que se reconnaît, sur notre monument étrusque, l'application des données homériques et l'imitation d'un modèle grec.

§ VI.

Je terminerai la série des monumens homériques dont se compose mon *Cycle Héroïque*, en publiant quelques monumens relatifs à la *fuite d'Énée*, qui sont récemment sortis du sol de l'antique Étrurie et de celui de la Grèce même, et qui montrent ainsi, par la diversité des lieux comme par l'ancienneté des fabriques dont ils proviennent, à quel point étaient répandues, sur le domaine de la civilisation hellénique, les traditions qui devaient recevoir un peu plus tard, par l'accroissement de la puissance romaine, tant d'importance et d'éclat.

Ce n'est pas ici le lieu de discuter les témoignages historiques concernant la fuite d'Énée, qui offraient pour les anciens eux-mêmes tant d'obscurités et de contradictions[2]. En m'attachant à la narration d'Hellanicus[3], qui paraît avoir obtenu le plus de crédit dans l'antiquité, je dois me borner à expliquer les monumens qui nous restent, et dont le motif semble avoir été puisé à la même source.

On a déjà pu se convaincre, par les peintures de plusieurs beaux vases sortis des fouilles de Canino[4], sur lesquels *Énée* apparaît toujours parmi les plus fidèles et les plus vaillans défenseurs de Troie, que la tradition homérique, peu favorable à ce personnage[5], n'était pas celle qui avait servi de guide aux auteurs de ces peintures, non plus que celle de Leschès, qui faisait d'Énée un des captifs de Néoptolème emmenés avec Andromaque en Épire[6], où ce prince eût dû terminer une destinée sans gloire dans un esclavage sans retour. C'est aussi ce qui résulte des nombreuses peintures qui nous représentent Énée, dans cet autre épisode du drame iliaque, au moment où il échappe à la ruine de sa patrie, emportant son vieux père Anchise, et suivi de son jeune fils *Ascagne*, c'est-à-dire avec l'unique reste de l'ancienne Troie, et l'unique espérance de la nouvelle.

Ce groupe s'était déjà montré sur le célèbre vase Vivenzio[7], parmi plusieurs autres groupes représentant les principaux épisodes de la destruction de Troie. Le même sujet, conçu d'une manière différente, est reproduit sur un vase de la seconde collection d'Hamilton[8], où le *Héros*, chargé de son pieux fardeau, chemine entre *deux Femmes* troyennes, suivi d'un *Guerrier phrygien*, sans doute le fidèle *Achate*; et c'est cette seconde composition, d'un sujet

(1) Homer. *Odyss.* XII, 193-6.

(2) Voy. Heyn. *Excurs.* IX *ad Æn.* II.

(3) Hellanicus *apud* Dionys. Hal. I, 47-49.

(4) Deux de ces vases, décrits dans le *Catalogo di scelte Antichità*, etc. n. 529 et 544, représentent, l'un la *mort de Troile*, l'autre la *mort d'Achille*. *Énée* s'y montre combattant au premier rang des Héros troyens, avec son nom ΑΙΝΕΑΣ. Il figure de même sur un autre vase récemment publié dans les *Annal. dell' Instit. archeol.* tav. LI, lequel offre une représentation neuve et remarquable de la *mort d'Achille*.

(5) Homer. *Iliad.* XX, 180; et Schol. *ad h. l.* Idem, *ibid.* XIII, 460-62.

(6) Lesches *apud* Schol. Lycophr. *ad v.* 1263-9, II, 984, ed. Müller.

(7) Millin, *Vases peints*, I, XXVI; Schorn, *Homer nach Antik.* IX, 5.

(8) Tischbein, IV, 60. L'interprète italien de cette peinture, Fontani, a vu, dans la première de ces deux femmes, le jeune *Ascagne*: dans la seconde, *Créuse*. C'est avec la même sagacité qu'il avait déjà reconnu, sur un autre vase, IV, 53, la *fuite d'Énée* exprimée d'une manière différente dans une composition qui n'a certainement pas de rapport avec ce sujet; voy. les observations que j'ai eu déjà l'occasion de faire au sujet de ce dernier vase, *Achilléide*, p. 109, not. 6.

qui doit avoir exercé fréquemment les talens des artistes grecs, dont il nous est encore parvenu, sur un vase peint[1], une variante curieuse. Le groupe d'*Énée* et d'*Anchise*, avec la *Femme* qui le précède et le *Guerrier* qui le suit, l'un et l'autre à-peu-près dans la même attitude et dans le même costume, se retrouve sur cette peinture, de manière à montrer que les deux vases avaient été exécutés d'après le même patron. Mais il y a sur ce second vase une circonstance nouvelle, qui prouve aussi, avec tant d'autres exemples semblables que nous possédions déjà, que, même en reproduisant des compositions fixées par quelque habile dessinateur, les peintres de vases ne se faisaient pas scrupule d'y ajouter ou d'y supprimer des détails plus ou moins importans, des personnages plus ou moins nécessaires. C'est ainsi que la *seconde Femme* est remplacée par *deux Personnages nus*, qui courent dans la même direction, comme pour échapper à la poursuite d'un ennemi. Ces deux personnages sont d'une plus petite proportion que les autres, ce qui ne prouve pas que ce soient, comme on l'a cru, *deux Enfans*, c'est à savoir le *petit Ascagne* et un *autre jeune Troyen*; mais ce qui indique, suivant une de ces conventions de l'art antique, dont il existe tant de preuves et d'applications, que ce sont ici deux personnages d'une moindre importance, d'un ordre moins élevé, figurant la *foule des Troyens*, le peuple de la dernière condition, qui accompagne la fuite d'Énée, qui se presse autour de lui, et qui se précipite sur ses pas; c'est en un mot l'image même qui nous est présentée dans un beau fragment d'une tragédie perdue de Sophocle[2], qui semble avoir eu sous les yeux une peinture pareille à la nôtre; tant cette peinture se trouve d'accord avec la description du poëte.

Un des vases de Canino, ouvrage de Nicosthénès, nous a offert le groupe d'*Énée portant Anchise sur ses épaules*, ἐπ' ὤμων Πατέρ' ἔχων, et *tenant son fils Ascagne par la main*[3], modelé sans doute suivant le type le plus généralement accrédité dans l'antiquité grecque, tel en effet qu'il se retrouve sur tant de médailles de villes grecques, d'époque romaine[4]. Sur un autre

(1) *Vasi di Premio*, tav. IV a, p. 9. Ce vase est tiré du musée Borgia. La peinture qui représente la *fuite d'Énée*, s'y trouve associée avec une composition de sujet bachique; d'où l'auteur conclut, avec assez de vraisemblance, que ce vase a pu servir de *prix* pour un poëte dramatique, à l'occasion d'une tragédie d'*Énée* représentée dans une fête dionysiaque. Mais ce savant me paraît s'être trompé en faisant *deux enfans*, des *deux personnages* de moindre taille, qui sont réellement *deux hommes*, et même *deux hommes barbus*. Ailleurs encore, le même antiquaire a commis une méprise à peu près semblable, en voyant sur un vase du cabinet de M. Durand qu'il a publié, *Recherches sur les Noms des Vases*, pl. I, n. 10, p. 8, des *Enfans vainqueurs* à la course armée, au lieu d'y voir deux véritables *Hoplitodromès*.

(2) C'est un fragment du *Laocoon* de Sophocle, cité par Denys d'Halicarnasse, *Antiquit. rom.* I, 48, que je crois devoir rapporter ici textuellement, avec la correction de Tyrwhitt, dont Heyne avait eu tort de ne pas tenir compte dans la citation qu'il en a faite :

Νῦν δ' ἐν πύλαισιν Αἰνέας ὁ τῆς θεοῦ
Πάρεστ' ἐπ' ὤμων Πατέρ' ἔχων κεραυνίου
Νῶτον καταστάζοντα βύσσινον φάρος.
ΚΥΚΛΕΙ δὲ πᾶσαν ΟΙΚΕΤΩΝ παμπληθίαν·
ΣΥΝΟΠΑΖΕΤΑΙ δὲ ΠΛΗΘΟΣ, οὐχ ὅσον δοκεῖς,
Οἳ τῆσδ' ἐρῶσι τῆς ἀποικίας, Φρυγῶν.

(3) *Catalogo di scelte Antichità*, etc. p. 80, n. 567.

(4) En fait de médailles de villes grecques qui appartiennent à la période romaine, je citerai en première ligne celle de *Ségeste*, qui voulait sans doute, en imprimant ce sujet sur sa monnaie, se prévaloir d'une ancienne tradition nationale, qui lui donnait un titre de consanguinité avec le peuple romain; voy. ces médailles dans Torremuzza, *Sicil. vet. Num.* tab. LXIV, n. 2, 3, 4, 6 et 7; cf. Eckhel, *D. N.* I, 136. Je citerai en second lieu les médailles de *Patres*, d'Achaïe, Millingen, *Ancient Coins*, etc. pl. IV, n. 17; celles d'*Ilium*, Pellerin, *Recueil* II, pl. LII, 28; de *Dardanus* et d'*Othrus*, de Phrygie, Eckhel, *D. N.* II, 483, et III, 169; de *Berytus*, de Syrie, *ibid.* III, 359. Quant aux monnaies romaines qui offrent le même type, je me bornerai à faire mention de celles de Jules César, voy. Münter, *antiquar. Abhandl.* p. 203-4, une desquelles a été restituée par Trajan, Eckhel, *D. N.* VI, 4; et je rappellerai aussi, à cause du mérite de l'art, un *aureus* d'Antonin-le-Pieux, qui offre ce sujet imité sans doute de quelque beau monument de l'art antique, tel qu'il se reproduit encore sur les grands bronzes de cet empereur. Je n'ai pas dû parler des médailles autonomes d'*Ænos*, de Thrace, dont le type, offrant une *Tête imberbe* coiffée d'une espèce de *pilos*, avait été long-temps regardé comme une *tête héroïque*, et, à ce titre, attribué à *Énée*, d'après une tradition mythologique qui regardait ce héros comme le fondateur d'*Ænos*; cette méprise est depuis long-temps bannie du domaine de la science; voy. Eckhel, *D. N.* II, 22. Il existait pourtant chez les Romains, et

vase, provenant du territoire étrusque, et dont la découverte est due aux fouilles récentes de Canino, *Énée*, avec son père *Anchise* qu'il porte sur ses épaules, marche entre *deux Femmes troyennes*, qui tiennent chacune un *Enfant* par la main[1]. C'est encore une de ces variantes qui attestent avec quelle facilité s'exécutaient, dans les fabriques de vases peints, les répétitions d'un type célèbre, en y ajoutant toujours quelques circonstances nouvelles. On ne peut voir ici, dans ces deux Femmes tenant chacune un Enfant, qu'un motif équivalent à celui que nous avons déjà rencontré sur une peinture du même sujet, c'est-à-dire une image abrégée de la fuite du *peuple Troyen*, Φρυγῶν πλῆθος, et non la représentation de la famille d'Énée. C'est aussi la même image, mais reproduite encore d'une manière variée et neuve à plusieurs égards, que nous présente un de ces vases peints, provenant des fouilles de Canino, qui fait partie du cabinet de M. Durand, et que je publie[2]. On y voit le groupe d'*Énée portant Anchise*, conçu à-peu-près comme sur deux des vases que j'ai cités, sauf quelques détails d'armure et de costume peu importans, qui en diffèrent. Ce groupe est suivi d'une *Femme*, soit *Créuse*, soit toute autre femme troyenne, exprimant, dans ce système de personnification que nous connaissons par tant de monumens du même genre, toute cette partie de la population phrygienne qui s'est associée à la fuite d'Énée, οἳ τῆσδ' ἐρῶσι τῆς ἀποικίας, Φρυγῶν. C'est ce qui est rendu plus sensible encore par le groupe des *deux Guerriers* qui précèdent, l'un en costume phrygien, tel que nous l'avons déjà rencontré sur d'autres vases, le second en armure grecque; circonstance remarquable et nouvelle, qui a peut-être rapport à la tradition antique suivant laquelle l'émigration d'Énée semblait avoir été concertée avec les Grecs, touchés de sa piété envers son père et envers les Dieux[3]; et du reste, il n'est pas douteux, d'après le mouvement des deux figures, et d'après la manière dont ces deux guerriers tournent la tête vers le Héros, cheminant lentement sous son sacré fardeau, que ce ne soient deux compagnons de sa fuite, qui la précèdent pour la protéger. C'est enfin l'image la plus réduite de ce sujet touchant qui se soit encore produite sur les monumens de l'antiquité grecque, que nous offre un vase peint, de la forme d'*œnochoè*, de fabrique proprement hellénique, attendu qu'il provient d'un tombeau de l'île d'Égine[4]. La représentation se compose uniquement du groupe d'*Énée portant son père Anchise*, de cette manière consacrée que nous avons vue sur le vase précédent; et d'un autre personnage, qui le précède en retournant la tête de son côté, et qui doit être *Créuse*.

Ce qui résulte de plus curieux de l'examen et de la comparaison des vases peints que je viens de décrire, y compris les deux que j'y aurai ajoutés, c'est que le sujet s'y résume tou-

certainement chez les Grecs, des portraits d'*Énée*, de ces portraits fictifs et conventionnels, mais consacrés par une sorte d'autorité publique, tels que celui qui figurait parmi les *images* de la famille Julia, et qui fut porté dans la pompe des funérailles de Drusus, au témoignage de Tacite, *Annal.* IV, 9 : « Funus imaginum pompa maxime illustre fuit, cum origo « Gentis Juliæ, AENEAS, omnesque Albanorum reges, etc, longo « ordine spectarentur. » C'est donc encore un exemple de plus à joindre à ceux que j'ai cités ailleurs, p. 245, de ces portraits de personnages mythologiques, dont la réunion pourrait former une sorte d'iconographie héroïque; faible débris de tout un vaste musée que posséda l'antiquité, et qu'il ne nous sera jamais donné de recouvrer.

(1) Ce vase, de la collection Candelori, vient d'être publié dans le nouveau recueil de M. Micali, tav. LXXXVIII, n. 5 et 6. Le sujet de la *fuite d'Énée* s'y voit figuré au revers de *Persée tranchant la tête de Méduse;* et la réunion de ces deux sujets mythologiques, sur un même vase, indépendamment du mérite du style, donne à celui-ci un haut degré d'intérêt.

(2) Voy. planche LXVIII, n. 2.

(3) Schol. Lycophr. *ad* v. 1263-9. Les autres témoignages sur ce point d'histoire mythologique ont été recueillis par Heyne, dans l'*Excursus* cité plus haut.

(4) Voy. planche LXVIII, n. 3. Ce vase est tiré du cabinet de M. Herry, d'Anvers, et j'en ai dû la communication à la bonté d'un jeune et déjà savant antiquaire, M. de Witte, neveu de cet amateur éclairé, et auteur de plusieurs dissertations archéologiques, par lesquelles il prélude à des travaux plus importans.

jours dans le groupe d'*Énée portant Anchise*, comme trait dominant de la représentation; conséquemment, dans un grand exemple de piété filiale; et cette induction s'accorde avec l'opinion de l'antiquité elle-même, telle qu'elle nous a été transmise par un Scholiaste[1]. D'après cette manière de voir, la présence d'Ascagne et celle de Créuse étaient des élémens étrangers ou du moins indifférens à cette représentation, la seule qui fût véritablement conforme au génie grec, et suggérée par la tradition hellénique; aussi Ascagne ne se montre-t-il avec certitude que sur le vase Vivenzio; puisque les *deux Enfans* et les *deux Femmes* de plusieurs de nos vases ne pourraient s'expliquer par l'intervention d'Ascagne et de Créuse, qu'au moyen d'une supposition tout-à-fait arbitraire, qui laisse sans motif et sans explication la présence d'un second groupe tout pareil. C'est le contraire qui a lieu, par des raisons faciles à expliquer, sur les monumens d'époque romaine, où le personnage d'Ascagne devenait un élément important ou même nécessaire de la composition, et où il figure toujours, en effet, en l'absence de Créuse elle-même; c'est ainsi qu'on le voit, entre autres exemples, sur un marbre inédit du musée de l'Université de Turin[2], où le groupe d'*Énée* portant sur son épaule son père *Anchise*, la *tête voilée*, et tenant par la main son jeune fils *Ascagne*, avec la *mitre* et le *pedum*[3], peut être regardé comme l'expression figurée de l'Énéide, dans ce qu'elle avait de plus important pour les Romains, exécutée dans le style et dans le costume romains, comme il convenait au génie des temps de l'empire, où fut produit ce monument.

J'ai réuni sur la même planche, avec les deux vases d'Égine et de Canino que j'ai fait connaître, un troisième vase, sorti pareillement des fouilles de Canino, actuellement dans le cabinet de M. Durand[4], afin de rendre plus sensible, par la comparaison même qui en résulte, une erreur que j'ai eu déjà l'occasion de relever, et qui semble avoir encore besoin d'être réfutée[5]. Ce vase nous présente un *Guerrier cheminant avec peine*, à demi courbé sous le poids d'un autre personnage armé aussi, sans doute quelque Héros grec, emporté mort ou mourant du champ de bataille par un de ses fidèles compagnons. Dans cette hypothèse, la représentation du célèbre scarabée, de style étrusque, qui offre le même groupe, avec les noms AIFAS et A↓ELE[6], nous autorise à voir ici *Ajax portant sur son dos le corps d'Achille expiré;* et la *Femme* qui précède le groupe doit être reconnue pour *Thétis*, telle qu'elle nous est déjà apparue avec son nom, (Θ)ΕΤΙΣ, sur un vase peint de la seconde collection d'Hamilton[7]: d'où il suit que les doutes, s'il avait pu en rester encore sur le sujet de ce vase, où l'on avait cru voir, contre toute évidence, *Énée emportant son père Anchise entre son Épouse et son Fils*, ne sauraient plus conserver à présent la moindre apparence de fondement.

Entre les diverses traditions épiques qui se rapportent à Énée, il en est une, souvent exprimée sur les monumens de l'art antique, et particulièrement sur les pierres gravées,

(1) Schol. Lycophr. *loc. laud.* : Περιέκειτο δὲ (ὁ Αἰνείας) τὰ τῶν θεῶν ἀγάλματα καὶ τὸν αὐτοῦ πατέρα, παρεάσας τὸν οἶκον, τὴν ΓΥΝΑΪΚΑ, καὶ τὰ ΤΈΚΝΑ. Cette tradition n'était pas seulement celle de Lycophron, mais de plusieurs autres écrivains, dont il est à regretter que le Scholiaste n'ait pas cité les noms.

(2) Voy. planche LXXVI, n. 4. Ce bas-relief n'est qu'un fragment d'un cippe sépulcral, dont la représentation se compose de plusieurs sujets. Je dois dire que je ne connais ce monument que par le recueil manuscrit de Millin, conservé à la bibliothèque du Roi, où il s'en trouve un dessin. Il existe aussi une répétition du même groupe sur une pierre gravée, dont je possède l'empreinte, tirée de la collection de Cadès.

(3) Deux traits de costume qui rappellent la jeunesse de Pâris.

(4) Voy. planche LXVIII, n. 1.

(5) Voy. plus haut, *Achilléide*, p. 109, not. 6.

(6) J'ai eu déjà plusieurs fois l'occasion de citer ce monument, pour en justifier et pour en compléter l'explication, qui n'avait encore été donnée que d'une manière très-imparfaite; voy. plus haut, p. 109, not. 5; p. 283, not. 5, et p. 381, not. 5.

(7) Tischbein, IV, 53.

qui mérite que j'en dise ici quelques mots: c'est le trait d'Énée blessé par Diomède, et sauvé de la mêlée par l'intervention de Vénus et par celle d'Apollon. Ces deux circonstances se trouvent représentées, la première sur plusieurs pierres gravées, entre autres sur un scarabée, du plus ancien style, de la collection Poniatowsky[1], et sur une pâte antique de la collection de Stosch, dont le véritable sujet, mal expliqué par Winckelmann[2], a été reconnu par Visconti[3]. La seconde forme le sujet d'un célèbre camée du musée Worsley[4], qui peut nous servir à expliquer une curieuse peinture d'un tombeau romain, dont le motif n'a pas encore été saisi[5]. On y voit un *Guerrier nu* qui s'éloigne, comme à regret et d'un air encore menaçant, à l'apparition d'un *Personnage nu*, debout en avant d'une *porte de ville*. Il suffit de comparer cette peinture avec le camée cité en dernier lieu, pour reconnaître, sur l'une comme sur l'autre, *Diomède* arrêté dans la poursuite d'*Énée* aux portes mêmes de *Troie*, où celui-ci vient de rentrer sous la protection d'*Apollon*. Il reste à rendre compte du troisième personnage, qui remplace sur la peinture celui d'Énée, en partie représenté sur le camée. C'est une figure de *jeune Homme nu*, tenant d'une main un *flambeau*, et de l'autre *trois tiges* de pavot. Or, il semble qu'à de pareils traits on ne risque rien de reconnaître un de ces personnages d'ordre allégorique, faisant ici allusion à l'*obscurité profonde*[6] dont Apollon couvre le Héros troyen pour le soustraire aux coups de Diomède; et cette manière de personnifier la circonstance dont il s'agit, au moyen du *flambeau* et des *tiges de pavot*, deux symboles connus du *Génie de la nuit*, rentre tout-à-fait dans les habitudes de l'art antique.

Il existe encore un monument relatif à Énée, qui m'a paru digne d'être publié à cette occasion, et qui se recommande à plusieurs titres à l'intérêt des amis de l'antiquité. C'est un autel, orné de bas-reliefs sur ses quatre faces, qui resta long temps exposé à la villa Madama, d'où il fut transporté au musée du Vatican, et placé dans la cour du Belvédère[7]. Malgré le double mérite qu'il présente sous le rapport de l'art et sous celui du sujet, mérite qui avait fixé l'attention de Visconti lui-même[8], ce beau monument est resté inédit jusqu'à ce jour; et sans doute que les dégradations qu'il a eu à souffrir tiennent en partie du moins à cette indifférence ou à son long sejour dans les jardins de la villa Madama. Quoi qu'il en soit, les quatre bas-reliefs dont il est décoré, tous plus ou moins maltraités par la faute des hommes ou par celle du temps, se rapportent à la gloire de la *maison d'Auguste;* ce qui m'autorise à donner à ce monument le nom d'*Autel d'Auguste*. Sur l'un des petits côtés,

(1) Ce scarabée, dont je possède une empreinte, a été publié par M. Inghirami, *Galler. omer.* tav. LXXI, 1, t. I, p. 14; Visconti, qui le connaissait, s'en est servi pour l'explication d'une autre pierre offrant le même sujet différemment conçu, *Oper. var.* II, 271.

(2) Winckelmann, *Pierr. de Stosch*, cl. III, n. 199. C'est encore de la même manière que cette pâte est décrite dans le *Verzeichniss der geschnitt. Steine*, etc. p. 155, n. 199.

(3) Visconti, *Oper. var.* t. II, p. 271, n. 358*. Le même sujet se retrouve sur une autre pierre publiée aussi par M. Inghirami, *Galler. omer.* tav. LXXI, 2; et j'en connais encore une composition différente, d'après une empreinte de la collection de Cadès.

(4) Ce camée a été reproduit par M. Inghirami, dans sa *Galler. omer.* tav. LXXIII, t. I, p. 145-6; mais, à ce qu'il paraît, d'après le recueil de Worlidge, dont les gravures sont aussi infidèles que les monumens mêmes sont généralement suspects.

(5) *Pictur. vet. Sepulcr.* Append. tab. III, n. 2, p. 70-71.

(6) Homer. *Iliad.* v, 345 : κυανέῃ νεφέλῃ.

(7) Voy. planche LXIX. Il est placé dans la cour du Belvédère, près de l'entrée de la *salle des Animaux*. C'est le même dont il est fait mention par l'éditeur du *Mus. Capitolin.* t. IV, p. 53, en ces termes : « Exstat alia quadrilatera ara jacens sub « dio in viridario *villæ* cui nomen *Madama*, ubi origo populi « Romani ab Ænea atque à rege Latino exprimitur. » On doit présumer, d'après la manière dont s'exprime ici l'antiquaire Foggini, que l'état de dégradation où se trouve ce monument a pu venir de la longue indifférence qui le laissa ainsi exposé aux injures de l'air dans les jardins de la villa Madama; et le dessin que j'en publie ne justifierait que trop cette induction. Mais, quelque endommagé que soit ce monument, il méritait d'être publié tel qu'il est, ne fût-ce que pour en conserver au moins une ombre à la science. Le style annonce le siècle d'Auguste, et le travail est celui d'une bonne école romaine.

(8) *Mus. P. Clem.* t. VII, p. 57, not. (*b*).

où la fameuse *Truie d'Albe*, avec ses *trente petits*[1], se voit aux pieds d'un *Personnage*, vêtu d'un long pallium, appuyé du bras droit sur un long sceptre, dans cette même attitude symbolique dont j'ai établi ailleurs la signification et justifié l'emploi pour des personnages d'un ordre héroïque[2], on reconnaît sans peine à toutes ces circonstances le Héros troyen, devenu le fondateur du royaume d'Albe et l'auteur de la race des Césars : c'est l'expression la plus simple qu'il fût possible d'offrir aux yeux d'un mythe national si cher aux Romains, et dont il dut exister tant d'images figurées dans l'antiquité, à en juger par le grand nombre des réminiscences qui nous en sont parvenues[3]. Quant au second personnage, assis en face d'Énée, avec un *rouleau* qu'il tient déployé des deux mains sur les genoux, Visconti y voyait *Homère*, célébrant la gloire des Æneades. Mais, indépendamment des difficultés graves auxquelles pourrait donner lieu cette intervention d'Homère dans un sujet pareil, et sur un monument romain de l'âge de celui-là, j'avoue que, d'après le costume de la figure en question, qui paraît être celui d'une femme, j'y verrais plutôt la *Sibylle* de Cumes, déployant le rouleau qui contenait les destinées de Rome, suivant une tradition qui avait acquis tant de célébrité, sur-tout à cette époque de l'empire[4].

Le bas-relief opposé à celui-là, sur la seconde face latérale, représente un *Personnage* debout, vêtu de la toge, la tête voilée, dans le costume des pontifes romains, tenant de sa main droite une *petite figure*, *sigillum*, dressée sur une base; et vis-à-vis de ce personnage, une *Femme*, pareillement voilée, portant aussi de la main gauche une *statuette* semblable. Entre les deux figures principales est un *autel chargé de fruits*, indiquant, avec les instrumens pontificaux, la *patère*, le *simpulum* et le *lituus*, sculptés dans la partie supérieure du bas-relief, au-dessus d'une *guirlande* tressée avec des *bandelettes*, indiquant, ai-je dit, un *sacrifice* auquel prennent part, comme assistans, d'autres personnages placés en arrière, c'est à savoir *deux jeunes Gens*, du côté de l'Homme, et *une* ou *deux jeunes Filles*, du côté de la Femme; car l'état de dégradation du monument ne permet pas de décider ce point. Or, il semble qu'on ne puisse méconnaître ici le sacrifice aux *Lares de la maison d'Auguste*, LARIBVS AVGVSTIS, tels qu'on voit ces *deux Génies* constamment représentés sur les monumens, entre autres sur le célèbre autel de la galerie de Florence[5], qui offre, sur quelques points, tant d'analogie avec

(1) Au sujet de cette particularité, voy. Virgil. *Æn.* VIII, 43, sqq.; Varron. *de L. L.* IV, 32, et *de R. R.* II, 5; dont les témoignages sur un fait aussi notoire me dispensent d'en alléguer d'autres, surtout après le soin qu'a mis à les rassembler le savant Heyne, dans un travail critique et judicieux, *Excurs.* II *ad Æn.* VIII. L'*arbre* dont le tronc est sculpté sur notre bas-relief, rappelle la circonstance exprimée dans le récit de Virgile, *sub ilicibus sus*. Il est inutile d'observer que le nombre des XXX pourceaux n'est pas et ne pouvait pas être matériellement exprimé sur un monument tel que celui-ci.

(2) Voy. plus haut, p. 250-253.

(3) La *truie d'Albe*, avec *douze* de ses *petits* seulement, forme le sujet d'un groupe du Vatican, publié par Visconti, *Mus. P. Clem.* t. VII, tav. XXXII, 2, p. 56-57, qui a cité à cette occasion quelques autres monumens relatifs au même sujet, notamment les bas-reliefs de la plinthe de la statue du Tibre, *ibid.* t. I, tav. XXXIX. Il existe au musée du Capitole un bas-relief fort curieux, et encore inédit, à ce que je crois, représentant la *truie d'Albe* avec *ses petits*, entre plusieurs figures de *Guerriers*; voy. les *Att. dell' Academ. rom. d'archeol.* t. II, p. 504. Les médailles de la famille Sulpicia, qui offrent à peu près le même type, sont connues des antiquaires, Eckhel, *D. N.* V, 320; ainsi que le grand bronze d'Antonin-le-Pieux, prince qui semble s'être attaché, dans le choix des types de sa monnaie, aux sujets d'antiquité nationale les plus intéressans; voyez Eckhel, *ibid.* VII, 30. Ce sujet se rencontre aussi sur quelques pierres gravées, une desquelles a été publiée par feu M. Zannoni, *Galler. di Firenze*, ser. V, t. I, tav. XXII, n. 5, p. 168-71.

(4) Lycophr. v. 1280, et Schol. *ad h. l.* La tradition de la *truie d'Albe* avec ses *trente petits*, ἔλαβε δὲ καὶ σῦν, ἥτις ἔτεκε τριάκοντα τέκνα, n'était pas restée non plus étrangère à l'antiquité grecque, à en juger par les auteurs que ce Scholiaste avait consultés.

(5) Cet autel a été souvent publié, et, en dernier lieu, par feu M. Zannoni, qui a cité à l'appui de son explication la plupart des témoignages et des monumens qui s'y rapportent, *Galler. di Firenze*, ser. IV, tom. III, tav. 142, 143 et 144, p. 147-196. Ce travail savant et critique semblait laisser peu de chose à désirer, en ce qui concerne les *Lares* en général, et les *Lares Augusti* en particulier. On peut voir cependant ce qu'il y aurait

le nôtre. Dans cette hypothèse, *Auguste* lui-même, dans le costume qu'on lui voit sur l'autel en question, et tenant, au lieu du *lituus*, un de ses *Lares domestiques*, apparaîtrait ici avec les deux *Césars*, Caïus et Lucius, l'un desquels seulement figure sur l'autel de Florence; et vis-à-vis d'Auguste, la *Femme voilée*, qui porte le second des *Lares domestiques*, serait certainement *Livie*, ayant derrière elle *Julie*, femme d'Agrippa. Sur un autre monument de ce même musée du Vatican, sur un bel autel, dédié aussi LARIBVS AVGVSTIS[1], ces *deux Génies* sont représentés, tels qu'on les voit ici, tenant en main le *rhyton*, ou la *corne;* et avec eux, un troisième *Personnage*, vêtu de la toge, la *tête voilée*, que l'illustre interprète du *musée Pie-Clémentin* reconnaît pour le *Génie d'Auguste* lui-même, *Genium Ducis*[2], à ce costume et à la *patère* qu'il tient de la main droite. La composition de notre bas-relief, ainsi expliquée, s'accorde si bien avec le sujet de celui qui précède, qu'il semble qu'il y ait encore dans cet accord un nouveau motif de confiance pour notre explication; et l'erreur de l'interprète du musée Capitolin, qui vit dans cette composition les *Six Vestales recevant le Palladium*[3], loin de pouvoir se soutenir en présence du monument, tout dégradé qu'il est, ne saurait s'excuser que parce que l'antiquaire n'y avait jeté qu'un coup d'œil rapide, ou bien qu'il n'en avait conservé qu'un souvenir fugitif.

Des deux bas-reliefs sculptés sur les deux faces principales, le premier a manifestement rapport à l'*Apothéose de Jules César*. Le demi-dieu, *Divus Julius*, s'élève sur un *char* attelé de *quatre chevaux ailés;* derrière lui, sur le sol qu'il s'apprête à quitter, est un personnage de petite proportion, debout en avant d'une *colonne;* c'est l'indice du *temple du divin Jules*, dont ce personnage est un des ministres, d'un ordre subalterne, tel que l'*Æditus*[4]. Dans le haut, se voient encore les vestiges d'un autre *quadrige*, qui doit être celui du *Soleil*, avec un *aigle aux ailes éployées*, symbole connu de la *consécration* des empereurs; et ce qui achève de mettre en évidence cette image de l'apothéose, c'est la demi-figure d'*Homme*, tenant des deux mains un *voile* déployé au-dessus de sa tête, qui représente indubitablement le *Ciel* personnifié, se disposant à recevoir le nouvel habitant de l'Olympe que Rome lui envoie. Cette dernière idée est rendue de la manière la plus sensible et la plus heureuse, au moyen d'un groupe de *trois Figures*, debout sur la terre à l'ombre d'un *laurier*, groupe où je crois reconnaître *Rome* elle-même, personnifiée sous le costume du *Sénat*, ΒΟΥΛΉ[5], tenant près d'elle les deux petits-fils d'Auguste, double espérance de l'empire; ou bien la *Clémence*, per-

à reprendre ou à ajouter dans les explications de l'antiquaire florentin, d'après une particularité du costume des *Lares*, le *Cinctus Gabinus*, dont M. Zannoni n'avait rien dit, et dont M. Thiersch a fait l'objet d'une dissertation, dans le *Ier Iahres-Bericht der Königl. Bayer'sch. Akad.* p. 29-32.

(1) Visconti, *Mus. P. Clem.* IV, XLV.

(2) Ovid. *Fast.* v, 145; Pers. *Sat.* VI, 48.

(3) *Mus. Capitol.* t. IV, p. 55 : *Vestales sex Palladium excipientes*. Du reste cet antiquaire avait reconnu, comme Visconti, le sujet de l'autre bas-relief, c'est à savoir : *Origo Populi Romani ab Æneâ et à rege Latino*, sauf l'erreur commise au sujet de ce dernier personnage, qui ne figure pas plus sur notre bas-relief que dans la tradition.

(4) Voy. parmi les monumens trouvés dans le *Colombaire de Livie*, le marbre sépulcral d'un C. Jul. Bathyllus, qualifié ÆDITVS. TEMPLI. DIVI. AVGVSTI. ET. DIVÆ. AVGVSTÆ. QVOD. EST. IN. PALATIVM, Bianchini, *Sepolcro de' Servi*, etc. n. 11, p. 10; Gori, t. IX.

(5) Sur cette manière de représenter le *Sénat personnifié*, Γερουσία, Βουλή, dont il existe tant d'exemples sur les monnaies grecques impériales, il suffira d'alléguer le témoignage classique de Dion Cassius, LXVIII, 5 : Ἐδόκει ἄνδρα πρεσβύτην ἐν ἱματίῳ καὶ ἐσθῆτι περιπορφύρῳ, ἔτι δὲ καὶ στεφάνῳ ἐστολισμένον, οἷά που καὶ τὴν ΓΕΡΟΥΣΊΑΝ γράφουσι. Seulement, on doit observer que l'écrivain ne s'est pas exprimé ici avec la propriété de termes convenable, puisque, dans ce système de personnification créé par l'art antique, où le *sexe* du personnage correspondait toujours au *genre* du mot servant à le désigner, l'image décrite par l'historien, ἄνδρα πρεσβύτην, exigeait qu'il employât les mots τὴν Σύγκλητον; ce qui eût été contraire à l'usage ordinaire de la langue. La règle en question s'observe constamment sur les monumens, tels que les médailles, où l'inscription ΒΟΥΛΗ accompagne toujours une *figure de Femme*, de même que cette autre inscription, ΘΕΟΝ ΣΥΝΚΛΗΤΟΝ, s'y trouve jointe avec une *tête d'Homme*.

sonnifiée aussi, qui eut à Rome un temple[1] commun avec Jules César; et dans cette hypothèse, nous aurions ici l'équivalent de cette belle pensée de Marc-Aurèle : *hæc* (Clementia) *Cæsarem Deum fecit*[2]. Le sujet du second bas-relief complète ces images de gloire dérivées de la colonie d'Énée et consacrées par la divinité de Jules César; c'est la *Victoire ailée*, posant sur une *colonne* dressée entre *deux Lauriers*[3], un *bouclier* où se lit encore, malgré la vétusté qui en a presque aboli les caractères, une inscription[4] qui témoigne que c'est ici, non un de ces autels érigés, avec l'image et l'inscription des *Lares Augusti*, par les *Magistri Vicorum*[5], espèce de magistrature urbaine instituée par Auguste, tels que sont l'autel de Florence et celui du Vatican cités plus haut, mais un monument public, érigé par le *Sénat* et le *Peuple Romain* en l'honneur de l'*Empereur Auguste*, et qui achève de donner à ce monument, unique encore dans son genre, le plus haut dégré d'importance et d'intérêt.

(1) Dion. Cass. XLIV, 6. Ce *temple*, avec l'inscription CLEMENTIAE CAESARIS, forme le type de quelques deniers d'argent de Jules César, Eckhel, *D. N.* VI, 9.

(2) M. Aurel. *Epist. ad Faust. apud* Vulcat. Gallican. *in vit. Avid. Cassii.*

(3) Ce sont sans doute ces *deux Lauriers* si célèbres, qui avaient été plantés, en vertu d'un sénatus-consulte, Dion. Cass. LIII, 16, *τὰς δάφνας πρὸ τῶν βασιλείων αὐτοῦ προτίθεσθαι*, de chaque côté de la porte d'entrée de la maison d'Auguste, sur le Palatin, et auxquels il est fait de si fréquentes allusions chez les écrivains latins de toutes les époques de l'empire, Plin. XV, 33 : *Laurus gratissima domibus janitrix Cæsarum;* Ovid. *Trist.* III, 1, 39 :

> Cur tamen *appositâ* velatur *Janua Lauro?*

Idem, *Fast.* IV, 953 : State *Palatinæ Laurus*. Ces *deux Lauriers* se voient aussi, entre les deux *Lares Augusti*, sur cet autre autel du Vatican précédemment cité, voy. p. 391, not. 1; et Visconti n'avait pu manquer d'y reconnaître une intention semblable, fondée sur le témoignage de Dion Cassius.

(4) Cette inscription distribuée en six lignes, avec les nombres effacés, est ainsi conçue :

SENATVS POPVLVSQVE
ROMANVS
IMP. CAESAR. DIVI F. AVGVSTO
PONTIF. MAXVM.
IMP. . . COS. . . . TRIB.
POTESTAT. . . .

(5) Suivant le témoignage de Pline, III, 9, rappelé par Visconti, *Mus. P. Clem.* IV, 95 *b*), il y eut *deux cent cinquante-cinq* de ces autels érigés à cette occasion, et distribués dans les principales rues de Rome, du nombre desquels firent probablement partie les deux autels de la galerie de Florence et du musée du Vatican.

12

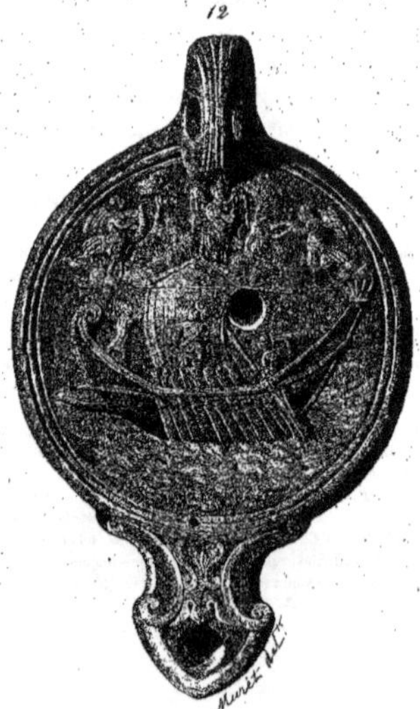

13

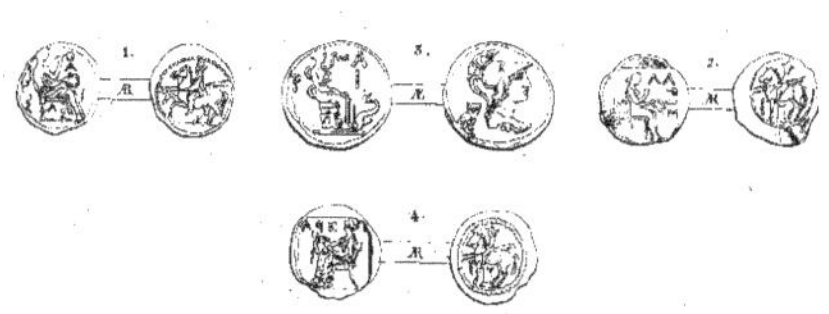

APPENDICE.

J'avais réservé, pour en faire l'objet d'un travail particulier, l'explication de quelques bas-reliefs qui se rattache directement à plusieurs points d'antiquité traités dans le cours de cet ouvrage, mais qui n'eût pu y trouver convenablement sa place, à cause des développemens qu'elle comporte. C'est cette explication, annoncée à la fin de l'*Orestéide*[1], que je vais exposer ici, en la réduisant aux détails absolument nécessaires.

Une observation préliminaire, qui n'est pas sans quelque importance, c'est que deux de ces bas-reliefs, se trouvant incomplets, avaient été mal compris par les antiquaires qui les ont publiés, et que ces mêmes bas-reliefs, rendus aujourd'hui à leur intégrité primitive, recouvrent sans peine leur véritable signification. C'est le cas d'un assez grand nombre de monumens antiques, dont on ne recueillit d'abord que des parties plus ou moins considérables, des fragmens plus ou moins mutilés, et dont on n'avait pu saisir alors la pensée. Réduits à expliquer ces fragmens figure par figure, ce n'était le plus souvent que par des conjectures plus ou moins heureuses que les antiquaires avaient pu deviner le rapport de ces figures entre elles, et le motif général qui les réunissait; et dans beaucoup de cas, ces conjectures, même soutenues de tout l'appareil de la science, ont été détruites par la seule apparition d'une figure nouvelle, et à plus forte raison, par la découverte du monument entier. C'est ce qui résultera des explications où je vais entrer au sujet de deux de ces bas-reliefs, et ce qui peut s'appliquer à beaucoup d'autres.

§ I.

On connaît un bas-relief du Vatican, publié par Visconti, où ce grand antiquaire a vu le *Soleil et d'autres Divinités cosmiques*, comme il les appelle[2], dont la réunion lui avait paru tenir à un certain ordre d'idées religieuses. L'explication de Visconti, juste et vraie pour chacune des figures de ce bas-relief en particulier, se trouve complétement erronée en ce qui concerne le motif général de la composition; et cela, parce qu'il a cru que le bas-relief en question était complet dans son état actuel. C'est ce qu'il sera facile de démontrer par la seule confrontation d'un bas-relief qui nous a conservé cette composition entière. Mais d'abord je dois dire quelques mots d'un autre fragment du même sujet dont Visconti n'a fait aucune mention, bien qu'il en ait certainement eu connaissance; car ce fragment, presque en tout semblable au premier, et qui lui sert de *pendant* dans le *cabinet* dit du *Faune rouge*, au musée Pie-Clémentin, est indiqué dans toutes les descriptions de ce musée, une desquelles est l'ouvrage de Visconti lui-même, quoiqu'elle ne porte pas son nom[3]; et il y est indiqué d'une manière conforme aux idées de Visconti, c'est-à-dire comme

(1) P. 238, not. 1.
(2) *Mus. P. Clem.* t. IV, tav. XVIII, p. 33-36.
(3) Voy. l'*Indicazione antiquaria del museo pontificio Pio-Clementino*, dont l'auteur, qui s'est caché sous le nom de P. Massi Cesenate, n'est autre que

offrant le *char du Soleil avec d'autres Divinités.* Sans chercher à expliquer le silence gardé par l'illustre interprète du musée Pie-Clémentin sur ce second bas-relief, de même dimension et de même travail, placé précisément en face du premier, contentons-nous d'observer qu'il résulte de ce fait même une sorte de présomption que l'un et l'autre appartiennent à une classe de monumens antiques où ces sortes de répétitions sont le plus nombreuses à cette époque de l'antiquité, c'est-à-dire qu'ils proviennent l'un et l'autre de sarcophages; et dans cette hypothèse, qui sera bientôt changée en certitude, il était évident que la composition n'était pas entière, et sur-tout qu'elle avait eu une intention toute différente de celle qu'y avait soupçonnée Visconti. Avant de confronter avec ces deux fragmens le bas-relief qui nous en a conservé le type primitif dans son intégrité, il ne sera pas inutile d'indiquer brièvement en quoi ils se répètent et en quoi ils diffèrent l'un de l'autre; d'autant plus que le second de ces fragmens est encore inédit.

Le bas-relief que Visconti a publié se compose de deux parties bien distinctes qui se présentent, de droite à gauche, dans l'ordre que voici : d'abord, le *Soleil,* debout sur un quadrige, au-dessus duquel vole un *petit Génie ailé, tenant un flambeau allumé, Phosphoros,* et que précède un *Personnage à cheval,* réputé avec raison l'*un des Dioscures;* dans le plan inférieur, une *Femme* demi-nue, assise et appuyée sur une *urne* d'où s'épanchent des *flots,* reconnue indubitablement, à ce signe, pour *Thalassa* ou *Téthys,* comme le pensait Zoëga[1], dans tous les cas, la *Mer* personnifiée; enfin, un *Personnage barbu*[2], dont on ne voit que la partie supérieure du corps, et qui tient de ses deux mains un *voile* déployé au-dessus de sa tête; certainement *Cœlos,* ou le *Ciel,* personnifié aussi, suivant le même système, ainsi que l'a qualifié Visconti, et qu'il nous est apparu sur l'autel d'Auguste, dans la scène d'apothéose[3]. Jusque-là tout s'enchaîne et se lie, de manière qu'il ne puisse y avoir le moindre doute sur la signification d'aucun personnage, non plus que sur le rapport de l'un à l'autre. Il en est de même de la seconde scène, dont les personnages, debout, c'est à savoir les *trois grandes Divinités capitolines,* rangées dans l'ordre même où elles l'étaient au sein de leur temple commun, *Minerve, Jupiter* et *Junon,* chacune avec ses attributs ordinaires, puis la *Fortune,* offrent une réunion claire autant que complète, mais qui ne se rattache à la scène précédente par aucun trait sensible, par aucun rapport nécessaire. L'autre bas-relief[4] présente les deux mêmes scènes dans le même ordre, mais avec quelques personnages intervertis ou supprimés; en premier lieu, le *Soleil,* porté sur un *quadrige,* mais sans être accompagné de *Phosphoros;* au-devant du char, *un des Dioscures,* non plus monté à cheval, mais guidant son coursier par la bride, conformément à la manière la plus habituellement employée pour représenter ces personnages; et dans un plan inférieur, un *Vieillard* couché et appuyé sur une *urne penchée,* sans doute *Okéanos,* l'*Océan* personnifié, tenant à lui seul la place des deux figures du même ordre qui apparaissent au même endroit sur l'autre bas-relief; en second lieu, les *trois Divinités capitolines,* rangées de cette manière: *Jupiter,* tenant d'une main le *foudre,* de l'autre s'appuyant sur le *sceptre,* avec l'*aigle* à ses pieds; *Junon,* portant le *sceptre* et la *patère,* avec le *paon* auprès d'elle; *Minerve* enfin, dans le même costume et dans la même attitude que sur le précédent bas-relief, aussi bien que la *Fortune,* qui se reproduit ici à la même place et sous les mêmes traits. Il suit de cette description sommaire que l'auteur du second bas-relief ne s'est éloigné de la composition suivie par le premier, qu'en des points trop peu essentiels pour en altérer le moins du monde le motif général, pour en changer la signification positive. La suppression du génie *Phosphoros;* la substitution du personnage *Okéanos* aux deux personnifications de *Thalassa* et de *Cœlos;* la présence du *Dioscure à pied,* guidant son coursier, sont des variantes, produites dans le même système, qui tiennent uniquement aux détails

Visconti lui-même. Le bas-relief dont il s'agit est décrit dans ce livret, sous le n° 39 (939), p. 90, en ces termes : *E affisso al muro un bassorilievo quasi del tutto consimile all' altro,* n. 37 (937). Dans d'autres descriptions plus récentes du musée du Vatican, entre autres celle de M. Nibby, *Itinéraire de Rome,* t. II, p. 614-615, les deux bas-reliefs en question sont pareillement indiqués à la place qu'ils occupent, comme offrant l'un et l'autre le même sujet, tel que l'avait expliqué Visconti.

(1) Voy. ses *Observations sur le musée Pie-Clémentin* de Visconti, dans le *Zeitschrift* de M. Welcker, p. 378. Dans une note de l'éditeur, il est dit que Zoëga avait changé plus tard d'avis, et qu'au lieu des deux personnages qu'il nommait d'abord *Thaumas* et *Téthys,* il avait adopté *Poséidon* et *Amphitrite.* Mais quant à cette dernière figure, le changement de nom proposé par Zoëga ne change rien à l'idée que ce nom représente; et la prétention même de distinguer, sur des monumens romains du genre des nôtres, des personnages tels qu'*Amphitrite, Téthys* et *Thalassa,* me paraît tout-à-fait illusoire.

(2) Zoëga remarque, dans les observations citées à la note précédente, que la *tête* de ce personnage est presque entièrement une œuvre de restauration; d'où il suit qu'on ne saurait guère insister sur la qualification qu'il lui donne de *Thaumas* ou de *Poseidon;* mais j'avoue que je préfère encore celle de Visconti, qui y voyait le *Ciel,* bien qu'elle soit rejetée par Zoëga.

(3) Voy. plus haut, p. 391.

(4) Il est singulier que Zoëga, qui cite ce second bas-relief comme un *côté de sarcophage,* du même sujet et du même travail, n'en ait pas donné la description, pour montrer en quoi ces deux bas-reliefs diffèrent dans les détails, et tirer de là quelques inductions sur le sujet même qu'ils représentent; et cette omission, si elle appartient à Zoëga, a d'autant plus lieu de nous étonner, que le bas-relief Borghèse, dont j'aurai bientôt à m'occuper, et qui est une troisième répétition de la même composition, n'avait pas échappé à l'attention de cet antiquaire, ainsi que nous l'apprenons de son fidèle et savant éditeur, M. Welcker.

de l'exécution; et l'ordre différent dans lequel sont rangées les trois Divinités capitolines n'est pareillement qu'un caprice de l'artiste, tout-à-fait indifférent en soi, et qui n'importe en rien au sens de la composition.

C'est ce qui résultera plus positivement encore de l'examen du monument qui va nous offrir pour la première fois cette composition en son entier, sous sa véritable forme. C'est un bas-relief qui fut long-temps relégué dans un des bosquets de la *villa Borghèse*, le *Bosco Parrasio*, où il échappa à l'attention de presque tous les antiquaires romains, même à celle de Visconti; mais qui n'était pourtant pas resté inconnu à Zoëga, comme nous l'apprenons d'une description qu'il en avait faite, et qui s'est trouvée parmi ses papiers publiés par M. Welcker[1]. Maintenant que ce bas-relief est placé dans les sallons de cette villa, repeuplée de monumens antiques, il a pu devenir aisé pour tout le monde, en le comparant avec les deux fragmens du Vatican, de s'assurer que c'est le même sujet que représentent ces trois bas-reliefs du même genre, et à-peu-près aussi du même style; et il est devenu tout aussi facile de reconnaître ce sujet même, au moyen d'une troisième scène, qui complète la composition, et qui suffit pour en expliquer toute la pensée.

Les *trois Divinités capitolines* occupent maintenant le centre de cette composition; ce qui était conforme à toutes les convenances de l'art, aussi bien qu'à l'importance même de ces personnages. *Jupiter*, au milieu, avec le *foudre* et le *sceptre*, et son *aigle* à ses pieds; *Minerve* et *Junon* de chaque côté du Dieu suprême, dans l'ordre qu'elles occupaient au sein de leurs sanctuaires, et dans une attitude qui était probablement consacrée par quelque excellent modèle, puisqu'elle se reproduit, sans aucune variante, sur toutes ces répétitions d'un même type. La *Fortune* est supprimée, sans doute à cause du défaut d'espace, ou par tout autre motif assez indifférent à rechercher; le même, probablement, qui a fait supprimer aussi, dans les deux scènes latérales, les figures accessoires dont la présence n'était pas rigoureusement nécessaire. De ces deux scènes latérales, celle qui se présente en premier lieu, avec le *Soleil* monté sur son *quadrige*, le *Dioscure à pied* qui le précède, guidant un coursier par la bride[2], et l'*Océan*, couché en s'appuyant sur le coude gauche, est absolument semblable à cette partie du second fragment du Vatican. L'autre scène, tout-à-fait nouvelle, qui termine la composition du côté opposé, offre d'abord le *second Dioscure*, dans une attitude et dans un mouvement en tout semblables au premier; puis une *Femme*, dont le péplus s'enfle et voltige au-dessus de sa tête : trait de costume caractéristique pour les divinités de l'*air*. Cette femme est debout et penchée en avant, dans un char attelé de deux coursiers qui s'abattent sur leurs jambes de devant; et à ce dernier trait, non plus qu'à tous les détails de ce groupe remarquable, on ne peut méconnaître la *Nuit*, montée sur un *bige*, comme on la voit habituellement représentée, et au moment même où elle atteint, pour s'y plonger, les ondes de l'Océan. S'il pouvait rester des doutes à cet égard, ils seraient dissipés par la présence du *Génie nu* et *ailé*, qui se penche, *dans une attitude fortement inclinée*[3], vers le plan inférieur du bas-relief, en tenant un *flambeau renversé* : toutes circonstances qui conviennent exclusivement à *Hespéros*[4], le *Génie du soir*. Le *char de la Nuit*[5], avec tous ses accessoires, est donc ici représenté d'une manière qui correspond, pour l'étendue et pour la place qu'il occupe sur notre bas-relief, comme pour tous les détails de la composition, au *char du Soleil* figuré à l'autre extrémité.

Il est clair maintenant que la composition où Visconti avait reconnu le *Soleil*, à la place principale, en signe de la supériorité que ce culte récent avait acquise, et dont il avait cru pouvoir expliquer, d'après cette idée, les autres personnages, en y voyant la réunion des *Divinités cosmiques subordonnées au Soleil* et protectrices de l'empire, avait dans le fait une intention toute différente.

(1) Zoëga's *Bemerkungen zu Visconti's Pioclement. Museum*, dans le *Zeitschrift* de M. Welcker, p. 376-377. Il serait inutile de relever, pour nos lecteurs qui ont le monument sous les yeux, les inexactitudes qui peuvent s'être glissées dans cette description de Zoëga.

(2) On aura peine à croire que Zoëga ait pu voir dans le personnage portant la *chlamyde* héroïque et la *haste*, *Phosphoros*, de même qu'il a vu dans l'autre Dioscure, *Hespéros, avec son cheval*. Cette double méprise, qui tendrait à confondre toutes les notions acquises en fait de personnages de l'ordre héroïque, comme les *Dioscures*, et de ceux de l'ordre allégorique, tels que les génies *Phosphoros* et *Hespéros*, toujours représentés sous la forme d'*Enfans nus et ailés*, tenant un *flambeau*, me paraît vraiment inexplicable.

(3) J'ai déjà cité des exemples de cette *position inclinée* qui caractérise *Hespéros*, et qui vient à l'appui de *l'attitude horizontale* du *Génie funèbre*, voy. *Orestéide*, p. 224-225.

(4) Par suite de l'erreur qu'il avait précédemment commise au sujet d'*Hespéros*, Zoëga a vu dans le *Génie*, *nu* et *ailé*, la *Nuit* personnifiée : idée qui n'est pas moins contraire aux usages de l'art qu'aux principes de la langue imitative.

(5) La *Nuit*, avec son *voile* qui s'enfle au-dessus de sa tête, debout sur un *bige*, dont les chevaux se plongent dans l'Océan, est représentée sur un des bas-reliefs de l'arc de Constantin, Hirt, *Bilderbuch*, I, v, 7, à-peu-près comme elle l'est ici. *Hespéros*, dans la même attitude penchée, se voit aussi sur le bas-relief en question; et, de plus, *Océan* lui-même, assis et appuyé sur son urne. Quelquefois, le *char de la Nuit* est attelé de *deux Bœufs*, comme on en a des exemples sur un sarcophage de la villa Pamfili, et sur un bas-relief de la villa Borghèse, cités par Winckelmann, *Mon. ined.* n. 21, qui fait aussi mention à cette occasion d'un curieux sarcophage du cloître de Saint-Paul hors des murs, où *Séléné*, visitant *Endymion*, est montée sur un char pareillement attelé de *deux bœufs*. Ce sarcophage vient d'être publié par M. Ed. Gerhard, *antike Bildwerke*, XXXIX.

Le *Soleil* et la *Nuit*, rejetés aux deux extrémités du bas-relief, n'y figurent évidemment que comme des images accessoires. Les *trois Divinités capitolines*, placées au centre de la composition, n'en sont pas moins manifestement l'objet principal. La présence des *deux Dioscures*, dont un seul avait paru nécessaire à Visconti pour appuyer son interprétation, s'accorde bien mieux encore avec toutes les données antiques, puisqu'il était dans la condition de ces deux jumeaux de parcourir l'un après l'autre les champs du ciel; d'où il suit que l'un était le compagnon du *Soleil*, tandis que l'autre était celui de la *Nuit;* et c'est de cette manière que nous les trouvons en effet représentés sur notre bas-relief. Ainsi s'explique, par ce rapport même des *Dioscures* au *Soleil* et à la *Nuit*, la présence de ces deux groupes, opposés l'un à l'autre sur tant de sarcophages antiques[1]; et l'attitude sous laquelle ces deux personnages se reproduisent si souvent, avec cette intention funéraire indubitable, sur les monumens en question, semble à son tour ne plus laisser de doutes sur la signification véritable et sur l'emploi primitif des deux célèbres groupes du Capitole, où il faudra reconnaître les *Dioscures*, tels qu'ils devaient être placés à l'entrée de quelque grand mausolée[2]; tels qu'ils se trouvaient, sculptés presque de ronde-bosse et de grande proportion, sur un des beaux tombeaux de Tivoli, vulgairement nommés *Sepolcri de' Sereni*[3]; tels enfin qu'ils apparaissent, comme types de plusieurs médailles impériales, avec l'inscription AETERNITAS. AVGG. NOSTR., d'après le même motif qui fit adopter l'image du *Soleil* et de la *Lune* pour expression figurée de l'*éternité* des empereurs[4].

Mais, pour revenir à notre bas-relief, il ne saurait être maintenant douteux que la composition qu'il présente n'ait eu pareillement un motif funéraire; et conséquemment, que ce bas-relief même ne provienne, comme les fragmens du Vatican, de quelque sarcophage antique. Le *cours de la vie humaine*, représenté allégoriquement par celui du *Soleil* et de la *Lune*, et placé sous la protection des *divinités du Capitole*, était en effet un type de composition funéraire parfaitement approprié à la nature même de ces monumens, où l'on voit figurer, avec une intention équivalente, des images analogues, sur lesquelles j'aurai bientôt occasion de revenir. Le même sujet fut employé, évidemment avec la même intention, sur des lampes sépulcrales romaines, une desquelles, publiée depuis long-temps par Bartoli, et reproduite par Moses[5], peut être regardée comme offrant l'application la plus sensible et la plus heureuse de cette image allégorique. On la trouve réduite à sa plus simple expression sur des sarcophages et sur des autels funéraires qui appartiennent au dernier âge de l'antiquité romaine, où il était naturel en effet que cette représentation figurée d'une des idées populaires de la civilisation antique arrivât, pour ainsi dire comme elle-même, à son dernier terme. Tel est, entre autres exemples que j'en pourrais citer, un superbe sarcophage, trouvé dans le cimetière du Vatican, et qui se voit actuellement dans les jardins de la villa Corsini[6], à Rome, dont le couvercle, orné d'une *scène de vendanges*, est terminé à chaque extrémité par un masque colossal, c'est à savoir, à droite, la *tête radiée du Soleil*, et à gauche, la *tête de la Lune*, posée sur un *croissant* et terminée par un autre *croissant* plus petit. Tel est encore un bel autel funéraire de la collection Giustiniani, dont l'inscription a été publiée par Fabretti[7], et aux deux extrémités duquel sont sculptées les têtes colossales du *Soleil* et de la *Lune*[8]: double symbole de la révolution diurne devenue l'image allégorique du cours de la vie humaine, et, à ce titre, un des types funéraires les plus propres à la décoration des urnes et des sarcophages. J'en puis citer un second exemple, assez curieux par quelques variantes qu'il présente. C'est un autel funéraire, d'un travail médiocre, mais d'une composition peu commune, d'ailleurs inédit, et que j'ai fait dessiner, pour mon recueil, dans le cloître de la basilique de Saint-Paul hors des murs, où il est placé[9]. On y voit, au centre

(1) Je me contenterai de citer le sépulcre de *Vibius*, si connu sous le nom vulgaire de *Tombeau de Néron*, Bartoli, *Sepolcri antichi*, tav. 44. Je citerai aussi le sarcophage de P. Æl. Sabinus, publié par Mabillon, *Mus. Italic.* t. I, p. 223, sur la face principale duquel est représentée la *chute de Phaéthon*, avec les groupes des *Dioscures* aux deux extrémités; composition remarquable, dont le motif n'a pas été compris par le savant Bénédictin.

(2) Je n'oserais étendre cette application aux deux groupes de Monte Cavallo, dont la composition est si différente; et néanmoins, il y aurait, dans ce cas-là même, de graves présomptions à faire valoir en faveur de la même hypothèse.

(3) Ce tombeau avait été dessiné pour le recueil de Bartoli, *Sepolcr. antich.* tav. 47, avant l'époque où la tête de l'homme et celle du cheval furent brisées et emportées, à ce qu'il paraît, par le duc d'Albe, en 1557. Nibby, *Viaggio nei contorni di Roma*, I, 119. Du reste, M. Nibby décrit ce bas-relief comme offrant « un Uomo in piedi che tiene un cavallo pel morso; » ce qui n'en donne pas une notion bien satisfaisante. Du temps de Bartoli, on voyait dans ce groupe d'un cavalier et d'un cheval, *Alexandre* et *Bucéphale;* méprise dont les groupes de Monte Cavallo ont aussi été l'objet.

(4) Eckhel, *D. N.* VII, 181.

(5) *A Collection of antique Vases*, etc. pl. 81.

(6) Ce sarcophage a été décrit, mais d'une manière peu satisfaisante, par le P. Lupi, dans sa dissertation, d'ailleurs si docte et si curieuse, *Epitaph. Sever. Martyr.* p. 57-58. Bottari en a fait graver séparément le corps et le couvercle dans son important recueil, *Pittur. e Scultur. sacr.* t. I, p. 122 et 125.

(7) Fabretti, *Inscript.* c. V, n. 208, p. 388.

(8) Des *Têtes du Dieu Lunus*, placées aux angles des autels funèbres, en guise de ces *têtes opposées du Soleil et de la Lune*, ont sans doute la même intention; voyez-en un exemple dans Boissard, *Ant. Rom.* VI, 51.

(9) Voy. planche LXXVII, n. 3. L'inscription seule, sans aucun détail sur le monument qui la porte, est publiée dans les *Inscript. antiq. Basilic. S. Paul. ad viam Ostiens.* p. LV, n. 603, Romæ, 1654, fol. Cette inscription

d'une espèce de frise qui couronne ce petit monument, une *tête du Soleil radiée, de face*, entre deux *têtes de bélier*, opposées l'une à l'autre, et placées chacune dans un *croissant*, de manière à rendre palpable le rapport de ces *têtes de bélier*, symbole funéraire si connu[1], avec ce *disque du soleil*, encadré pour ainsi dire entre *deux croissans*[2]. Un autre rapport qui n'est pas moins sensible, c'est celui de ces symboles du *Jour* et de la *Nuit* avec les noms de *Phosphorus* et de *Fusca*, noms des deux personnages qui figurent sur ce monument; et il est inutile d'ajouter, à l'appui de cette observation, combien ces sortes d'allusions étaient familières au génie de l'antiquité; au point que l'usage s'en était conservé sur les monumens funéraires du premier âge du christianisme. Le sujet représenté dans la partie inférieure de notre autel n'offre pas une image funéraire moins expressive en elle-même, ni moins d'accord avec les autres traits employés dans la composition de ce monument. C'est *Proserpine enlevée par Pluton*, sujet d'un si grand nombre d'urnes et de sarcophages antiques[3], aussi bien que de peintures et de mosaïques de tombeaux romains[4], où il figurait, comme on sait, pour exprimer une *mort prématurée*. Ici, ce sujet se trouve réduit à sa plus simple expression, de même que la représentation allégorique du cours de la vie humaine; en sorte qu'il serait difficile de trouver un monument funèbre où des images mieux assorties fussent présentées sous une forme tout à-la-fois plus claire et plus abrégée.

Avant d'aller plus loin, il n'est pas inutile de montrer, par des témoignages positifs, que l'image allégorique d'une vie moissonnée à son printemps était exprimée chez les anciens au moyen de l'opposition des étoiles du *Matin* et du *Soir*, ou du *Jour* et de la *Nuit*. Or, c'est ce qui résulte indubitablement d'une épigramme célèbre de Platon[5], dont l'idée se reproduit à travers l'antiquité tout entière, grecque et romaine; et la même image, que nous retrouvons jusque dans les écrits des philosophes[6], nous donne l'explication naturelle des motifs qui firent choisir cette représentation plus ou moins abrégée du *cours du Jour* et *de la Nuit*, pour type de monumens funèbres. L'image de la *Nuit*, avec *Thanatos* et *Hypnos* dans ses bras, entre *deux Femmes*, qui font allusion à la *mort* et au *sommeil*, cette image, dis-je, telle que nous l'avons vue représentée sur le cippe funéraire de Luccia Telesina[7], revient à la même idée; et c'est enfin une image équivalente, exprimée à-peu-près de la même manière, par une *Femme* portant de la main droite la *tête du Soleil*, et de l'autre *celle de la Lune*, qui figure sur des monumens romains[8], pour signifier l'*Éternité*.

Malgré l'application certaine et l'accord manifeste des images symboliques dont je viens d'expliquer l'intention et de constater la présence sur des monumens de nature funéraire, il serait possible que l'on conservât encore quelques doutes sur la destination du marbre Borghèse et des deux fragmens du Vatican, qui appartiennent à une composition semblable. Il faut donc montrer, par un témoignage irréfragable, que cette composition était réellement d'usage funéraire, et qu'elle ne put être conçue que pour figurer sur des sarcophages, avec l'intention que j'ai indiquée. C'est encore au moyen d'un monument inédit que je puis produire cette preuve décisive; et ce monument est un fragment d'une quatrième répétition de ce même sujet, fragment réduit aux quatre figures du milieu, mais qui, par un hasard heureux, a conservé dans la partie supérieure l'inscription sé-

n'a du reste rien de remarquable, si ce n'est la forme du nom POSPHORVS, pour PHOSPHORVS, laquelle n'est pourtant pas non plus sans exemple sur les monumens lapidaires de cet âge. On trouve un C. Iulius Luciferi Filius, Posphorus (sic), sur une inscription du recueil de Gruter, p. CXCIV, n. 4.

(1) Voyez, entre autres exemples, celui de notre vase d'argent de Bernay, pl. LIII, où l'*autel funéraire* est couronné de *deux têtes de bélier* opposées l'une à l'autre.

(2) Ces *deux croissans* forment l'extrémité d'une espèce de bande zodiacale, comme on le voit sur un beau cippe funéraire dans Boissard, *Ant. Rom.* IV, 73; une pareille disposition, de bande terminée en *croissans* et ornée *d'oves*, avec *têtes de bélier* à ses extrémités, se retrouve encore sur d'autres cippes funéraires, tels que celui qui est publié dans le même recueil de Boissard, IV, 124, où *l'aigle* remplace le *disque du soleil* avec une intention analogue.

(3) M. Welcker avait donné dans son *Zeitschrift*, etc. p. 1-95, et 193-96, un catalogue raisonné de tous ceux de ces monumens qu'il connaissait, en même temps qu'une exposition savante et ingénieuse du mythe qui s'y rapporte. Tout récemment encore, le même savant a complété et rectifié ce travail, en y corrigeant quelques inexactitudes et y ajoutant aussi plusieurs notions nouvelles; voy. les *Annal. de l'Instit. archéol.* t. V, p. 146.

(4) En fait de peintures représentant *l'enlèvement de Proserpine*, telles que celle du *Tombeau des Nasons*, Bartoli, XII, 131, je citerai particulièrement une peinture d'un tombeau récemment découvert dans la *vigne* de M. Amendola, dont la composition ressemble beaucoup à celle-là, et dont l'exécution, avec quelques détails négligés et incorrects, offre un mérite supérieur à celui de la plupart de ces peintures.

(5) Brunck, *Analect.* I, 173 (*Anthol. Pal.* I, 106, Jacobs.):

Ἀστὴρ πρὶν μὲν ἔλαμπες ἐνὶ ζωοῖσιν ἙΩΟΣ,
Νῦν δὲ θανὼν λάμπεις ἙΣΠΕΡΟΣ *ἐν φθιμένοις.*

La même idée, exprimée à peu près dans les mêmes termes, sur le tombeau de la sage Crescentina, y tenait lieu d'un bas-relief pareil aux nôtres, *ibid.* adespot. 733, IV, 279, Jacobs.:

Ἦς ἐνὶ ζωοῖσιν ὅκως ἀνέτελλεν ἙΩΟΣ,
Νῦν δύνει δ' ὑπὸ γῆν ἙΣΠΕΡΟΣ *ἐν φθιμένοις.*

Et cette image n'était pas moins familière aux Latins, à en juger d'après la traduction d'Ausone, *Epigr.* CXLIV:

Stella prius superis fulgebas LVCIFER: at nunc
Exstinctus, cassis lumine VESPER eris.

(6) Plutarch. *Consolat. ad Apollon.* VI, 405, ed. Reisk.: *Ἡ πρώτη οὖν αἰτία ἡ δείξασα ἡμῖν τὸ τοῦ Ἡλίου φῶς, ἡ αὐτὴ καὶ τὸν ζοφερὸν Ἅδην ἄγει,... ἐν παρ' ἓν* ἩΜΕΡΑΝ *καὶ* ΝΥΚΤΑ *ποιοῦσα, ἐπαγωγὰς* ΖΩΗΣ *τε καὶ* ΘΑΝΑΤΟΥ, *καὶ* ὝΠΝΟΥ *καὶ* ἘΓΡΗΓΟΡΣΕΩΣ; conf. Wyttenbach. *Animadv.* II, 47.

(7) Voy. plus haut, *Orestéide*, p. 216, not. 3. Je reviendrai sur ce monument dans les *Additions et Corrections*, pour rectifier une erreur que j'ai commise à son sujet, et pour ajouter une explication sur un point, dont je n'avais pas cru pouvoir rendre compte.

(8) Sur des médailles de Trajan, voy. Hirt, *Bilderbach*, II, 139.

pulcrale qui manque sur les trois autres marbres. Celui-ci se voit au musée de l'université de Peruggia[1]; l'exécution en est plus médiocre, et la conservation plus défectueuse, que celles du marbre Borghèse et des deux du Vatican; mais il n'offre pas non plus, comme ces trois monumens, les inconvéniens des restaurations, ce qui lui donne sur eux un assez grand avantage; et de plus, il s'y trouve quelques variantes curieuses, notamment dans la figure du *premier Dioscure*, qui a la tête couverte du *bonnet* particulier à ces personnages; ce qui achève de caractériser celui-ci de manière à ne plus laisser le moindre fondement à la méprise commise par Zoëga. Les *trois Divinités capitolines* se reconnaissent de même ici avec tous leurs attributs, circonstance nouvelle sur ces bas-reliefs; et du reste, elles se montrent conçues et disposées à-peu-près comme sur le marbre Borghèse, c'est-à-dire conversant entre elles, sans aucune relation apparente avec les groupes des deux scènes latérales.

Quant à l'inscription[2] qui se lit sur une espèce de bandeau ou de couronnement, et qui sert à déterminer la nature funéraire de notre bas-relief, d'après sa teneur même, tout incomplète qu'elle est par suite de la mutilation que le marbre a subie aux deux extrémités, et d'après le mot BENEMERENTI, consacré sur les inscriptions sépulcrales, elle ne saurait donner lieu à aucune observation. Mais le fait même qu'elle constate, c'est à savoir que le bas-relief qu'elle accompagne avait une signification d'accord avec son usage funéraire, donne à ce fragment d'inscription une importance proportionnée à celle de la composition dont il s'est conservé jusqu'à nous tant de répétitions.

Je puis montrer, par un autre exemple, les nombreuses applications qui se firent du même type, toujours avec quelques-unes de ces variantes qui servent à nous révéler quelques particularités nouvelles du génie antique. Celui-ci est d'autant plus curieux, qu'il appartient à l'un des monumens de l'antiquité romaine les plus recommandables à tous égards, au célèbre sarcophage de Saint-Laurent hors des murs, représentant un *Mariage romain*. Cette grande urne sépulcrale, l'une des plus magnifiques qui nous restent, probablement de l'époque de Septime Sévère, a été bien souvent publiée[3], quoique jamais peut-être d'une manière complète ou suffisamment fidèle. Le couvercle en est orné, à ses deux extrémités, de *masques barbus*, d'un caractère *barbare* plutôt que *scénique*, et sur le devant, d'une composition[4] absolument semblable, sauf quelques détails, à celle de notre marbre Borghèse; et il peut paraître assez étrange qu'une pareille analogie, fournie par un monument si connu, placé lui-même dans un lieu si fréquenté, ait échappé jusqu'ici à l'attention de tant d'antiquaires romains, à celle de Visconti et de Zoëga eux-mêmes. La première scène, à gauche, représentant le *char du Soleil*, avec les figures de l'*Aurore ailée*, volant au-dessus des chevaux[5], d'*Océan*, couché sur le plan inférieur, et du *premier Dioscure*, guidant son cheval par la bride, est presque entièrement la même qui se voit sur le fragment inédit du Vatican, sauf la présence de l'*Aurore*, nouvelle sur ces bas-reliefs, et substituée à *Phosphoros;* mais il y a encore ici une particularité curieuse, c'est qu'au-devant du *char du Soleil* est figurée une *montagne abrupte*[6], que le dieu se dis-

(1) Voy. planche LXXII, n. 1. C'est à la complaisance de M. le professeur Vermiglioli que j'ai dû de pouvoir faire exécuter un dessin de ce monument, et j'aime à lui en témoigner ici ma reconnaissance.

(2) Cette inscription est ainsi conçue :

APHIO PATRI BENEMERENTI SEPTIMIVS EVG

Il est évident qu'elle est incomplète à ses deux extrémités, c'est-à-dire dans les parties correspondant aux deux groupes latéraux du bas-relief, qui manquent également; d'où il suit que, pour rétablir cette inscription, telle à-peu-près qu'elle devait être dans son entier, il faudra que les deux membres ajoutés au commencement et à la fin occupent le même espace que les groupes du *Soleil* et de la *Nuit* remplissent sur le marbre Borghèse. On pourrait donc la restituer de cette manière : [SEPTIMIO. AVG. L. EVGR] APHIO PATRI BENEMERENTI SEPTIMIVS EVC [LITVS FIL. TITVLVM P.]. Il me paraît inutile de justifier par des exemples des supplémens qui, portant presque entièrement sur des noms propres, sont tout-à-fait arbitraires. J'observe seulement que le surnom EVCLITVS, que j'ai choisi, m'a été fourni par une autre inscription de Peruggia, Vermiglioli, *Iscriz. Perug.* cl. X, n. CLXXI; et ce surnom peut autoriser à son tour celui d'EVGRAPHIO. Du reste, je dois avertir que notre inscription avait été publiée par M. Vermiglioli, qui la croyait entière, et qui la soupçonnait chrétienne, sans aucun motif réel, et sur-tout sans aucun égard pour le bas-relief païen qu'elle accompagne, et à la composition duquel il paraît que ce savant n'avait rien compris, d'après la description même qu'il en fait; voy. ses *Iscriz. Perug.* cl. X, n. CLIV, t. II, p. 397.

(3) Bartoli n'en a publié, *Admiranda*, 56, que le grand bas-relief de la face principale. Montfaucon l'a reproduit, *Ant. expl.* III, 130, d'après cette estampe, ainsi que Beger, qui s'est pourtant permis quelques infidélités de détail, *Contempl. gemm. quar.* p. 28 et 29. Ficoroni en a donné le premier un dessin complet, mais malheureusement d'une trop petite proportion, et dans un caractère trop peu conforme à celui de l'original; voy. ses *Vestig. di Rom. ant.* t. I, p. 115. J'en dirai à peu près autant de la gravure publiée par Lumisden, *Remarks on the Antiq. of Rome*, Append. III, p. 430, malgré l'éloge qu'en fait M. Boettiger, *Aldobrand. Hochz.* p. 148. Il existe une autre gravure, plus soignée, mais qui laisse encore beaucoup à désirer, dans le recueil de Bottari, *Pitture e Sculture sacre*, t. II, p. 117-118.

(4) Voy. planche LXXII A, n. 2.

(5) Peut-être la *Victoire*, qui figurerait ici d'après le même motif qui fit placer une *couronne*, ou une *bandelette*, symboles de victoire, aux mains du génie *Phosphoros*, précédant le char de l'Aurore, sur un miroir mystique, que je publie, pl. LXXXII A, n. 1, et sur quelques vases antiques déjà connus; voy. plus bas, p. 400, not. 1, les observations qui seront faites à ce sujet.

(6) Ficoroni en a fait la remarque, mais sans avoir du reste reconnu le *char du Soleil*, ni *celui de la Nuit*, non plus que le véritable objet de la composition entière, qu'il soupçonna pourtant avoir rapport à la *Naissance* et à la *Mort de l'homme*, représentées l'une et l'autre allégoriquement par l'*Orient* et l'*Occident*. De là, sans doute, il n'y avait qu'un pas à faire pour arriver à l'explication du monument. Une autre circonstance qui aurait dû achever d'éclairer Ficoroni, c'est la présence des *Deux Dioscures* qu'il avait lui-même signalée; et cette indication eût suffi pour mettre Visconti sur la voie, s'il eût jeté les yeux sur ce passage de Ficoroni, de même que pour redresser l'erreur où était tombé Zoëga, au sujet de ces deux personnages, s'il se fût rappelé le monument qui les présente, de manière qu'il ne soit pas possible de les méconnaître.

pose à gravir : image neuve et fournie par une tradition particulière dérivée sans doute d'une source orientale[1]. La dernière scène, composée du *second Dioscure*, de la *Nuit*, portée sur un *bige* dont les chevaux s'abattent en avant, est pareillement semblable à celle de notre marbre Borghèse, excepté encore en un trait important; c'est que la *figure ailée*, compagne de la Nuit, qui figure ici au-dessus des chevaux, à la place d'Hespéros, tient déployée de ses deux mains une *draperie*, sans doute ce *long voile noir*, célébré par les poètes, que la *Nuit* étend sur la nature. Au centre de la composition, à la place occupée constamment par les *trois divinités capitolines*, sont pareillement *trois figures*, aujourd'hui assez endommagées pour qu'on ne puisse les déterminer avec certitude. Cependant Ficoroni crut y reconnaître *Jupiter* et *Junon;* et la troisième, qu'il prit pour la *Terre*, doit plutôt être la *Fortune*, compagne habituelle des divinités capitolines : de sorte que, dans cette partie du bas-relief, comme dans les deux autres, la similitude est complète, sauf les variantes de détail qui ne changent rien au motif général de la composition. Une de ces variantes, qui n'est pas la moins curieuse, c'est le *tapis, péripétasma*, suspendu au-dessus des trois divinités, qui n'a pas seulement pour objet d'indiquer le *sanctuaire* où elles étaient révérées, mais encore de les isoler du reste de la composition, et de rendre d'autant plus sensible le motif de leur présence au sein d'une composition pareille. En effet, d'après cette manière de représenter les divinités capitolines, à part des autres personnages, dans leur temple même, on voit qu'elles doivent présider au *cours des destinées humaines*, représenté allégoriquement par la *carrière du Jour et de la Nuit;* et il ne saurait plus être douteux que ce type, ainsi conçu dans son ensemble, et toujours varié dans ses détails, n'ait été proprement affecté à des monumens funéraires, puisqu'il sert à former ici le couronnement d'un sarcophage.

Il me reste à indiquer la source où cette représentation avait été puisée; et c'est encore un avantage que de pouvoir produire, à l'appui de ces monumens romains rendus à leur véritable signification, une composition purement grecque, inédite, et l'une des plus curieuses dans son genre qui se soient encore offertes sur les vases peints. Celui dont il s'agit fait partie de la magnifique collection de M. le duc de Blacas[2]. Il est orné, de chaque côté, d'un sujet principal et d'une figure accessoire au-dessus de chaque anse. Le *char du Soleil* est l'objet le plus remarquable; et je ne sache même pas que, sur aucun monument de l'antiquité, *Hélios* se soit encore produit à des traits plus caractéristiques et d'une manière plus pittoresque[3]. le Dieu, *jeune* et *imberbe*, vêtu d'une longue tunique d'étoffe fine et légère et d'un *himation*, qui voltige autour de son corps, a la tête entourée d'un *disque radié*, telle qu'était sans doute celle de la statue que Pausanias vit à Élis[4], telles que sont les plus belles images que nous possédions du même dieu[5]. Debout, et fortement rejeté en arrière, dans une attitude aussi juste qu'expressive, il tient de ses deux mains, en même temps que la *longue verge brillante*, μάστιγα φαεινήν[6], les rênes de *quatre coursiers* fougueux[7]. Une image à-peu-près semblable s'était déjà produite sur un beau vase publié par Millin[8], où cet antiquaire avait cru reconnaître un *Bacchus-Soleil*, d'après certaines idées cosmogoniques qui ne durent pas être familières aux auteurs de cette sorte de monumens, dans la belle époque des arts de la Grèce. Le rapport de cette peinture avec la nôtre ne permet plus maintenant de douter que ce ne soit *Hélios*, la *tête ceinte de rayons*, debout sur un quadrige, et sortant du sein des flots, que représentent ces deux monumens du même âge. Mais une particularité tout-à-fait neuve sur celui que je publie, c'est que deux des coursiers d'*Hélios* sont *ailés*, alternativement, le *premier* et le *troisième;* et cette circonstance tient sans doute au même motif qui fit représenter, sur d'autres peintures antiques,

(1) La même image se rencontre sur un médaillon de Commode ; Eckhel. *D. N.* VII, 123; et quant à la source orientale où elle était puisée, il suffit, pour s'en convaincre, de se rappeler les bas-reliefs mithriaques, où le *char du Soleil*, figuré habituellement dans la partie supérieure, se dirige vers une montagne; ce qui est en effet l'expression figurée d'une croyance contenue dans le Zend-Avesta.

(2) Voy. planche LXXIII. Ce vase vient de la collection de M. Gargiulo, de Naples. La fabrique est celle de Sta *Agata de' Goti*.

(3) On remarquera sans doute que ce n'est point ici l'*Apollon-Soleil* asiatique, Λύκιος, Λυκηγενής, armé du *carquois* et des *flèches*, τοξότης, Creuzer, *Symbolik*, II, 139-141, dont l'idole d'Amycles était un des plus anciens types, mais le pur *Hélios* hellénique, vêtu comme un simple ἡνιοχός, tel que le représente Homère, *Iliad.* VII, 421-23; et l'on pourra apprécier, d'après cette différence capitale, le changement qui s'était opéré dans les idées grecques, à la belle époque de l'art. J'observe, à cette occasion, que c'est uniquement d'après des monumens d'époque romaine, que M. Hirt, *Bilderbuch*, I, 35-36, a fixé les caractères et les symboles de son dieu *Phœbus*.

(4) Pausan. VI, 24, 5. Sur une belle médaille inédite de Métaponte, de ma collection, la *tête d'Hélios*, jeune et imberbe, les cheveux longs et flottants, est ceinte d'une *large bandelette* ornée de *méandres*, avec des *rayons* qui y sont attachés.

(5) Je ne citerai que la statue de la *villa Borghèse*, st. III, *n.* 2. Quant au buste capitolin, où M. Hirt, *Bilderbuch*, I, 35, taf. V, *1*, suivant en cela l'opinion de Visconti, voit une *image du dieu Soleil*, et d'autres, un *portrait d'Alexandre*, je pencherais plutôt pour cette dernière opinion, qui était celle de Winckelmann, *Gesch. d. K.* X, 1, 29, et en faveur de laquelle son commentateur, M. H. Meyer, a produit d'assez bonnes raisons pour qu'il y ait lieu de s'étonner de la confiance avec laquelle M. Hirt a exprimé la sienne, sans en tenir aucun compte.

(6) Homer. *Iliad.* XIX, 395; cf. X, 500.

(7) Sur les noms de ces quatre chevaux, voy. Spanheim, *in* Callimach. *Hymn. ad Del.* 169, et Millin, *Vases de Canosa*, p. 27, avec l'aide desquels il serait facile et conséquemment superflu d'étaler beaucoup d'érudition.

(8) Millin, *Peint. de Vases*, II, XLIX, 72.

les *quatre chevaux* attelés au *char d'Héos*[1] et à celui de *Nikê*[2], alternativement *blancs* et *jaunes*. Le char, qui s'élève avec rapidité sur un plan très-incliné, a déjà franchi un grand espace du ciel[3]; c'est ce qu'indiquent, d'une manière aussi neuve que frappante, *quatre figures*, dont la présence ajoute à cette image d'*Hélios* le plus haut degré d'intérêt. L'une d'elles se précipite du haut du ciel, la tête et les mains en bas; une autre, encore debout sur un des *écueils de la profonde nuit*[4], est au moment d'accomplir la même chute; un troisième atteint déjà la surface des flots où il va se plonger; et le dernier, dont on ne voit que le buste et les deux bras étendus en avant, nage au sein du vaste Océan. Il est impossible de représenter, à des traits plus sensibles, les astres qui s'effacent et qui disparaissent du ciel, à mesure que le soleil avance dans sa carrière. Cette manière de personnifier les astres, conforme aux plus pures traditions du goût antique[5], a d'ailleurs quelque chose de si original, et le dessin de toutes ces figures est si naïf et si étudié, qu'il ne serait pas impossible que la peinture de notre vase ait été imitée de quelqu'une de ces *tentures sacrées*, ὑφάσματα ἱερά, telles que celle qu'Euripide décrit avec des détails si curieux, en la supposant tirée du *trésor de Delphes*, Θησαυρῶν πάρα, et qui devait offrir, au moyen de *figures brodées*, ὑφαντοῖ γράμμασιν[6], des images à-peu-près semblables à celles que nous présente notre vase[7].

La petite figure accessoire qui suit le char du Soleil nous offre encore une image puisée à la même source. C'est évidemment la *Nuit*, Νύξ, *enveloppée tout entière d'un vaste péplus noir*, τανύπεπλος[8], μελάμπεπλος[9], telle que nous la représentent les traditions poétiques. Elle est *assise* sur un *cheval*, *noir* aussi sans doute[10], qu'elle guide par la bride, précisément comme elle était figurée sur la base du Jupiter Olympien[11]. Ce cheval manque de ses extrémités inférieures; ce qui est une manière symbolique d'indiquer qu'il est déjà plongé dans l'Océan, ou ce qui n'est peut-être qu'un de ces procédés abréviatifs si familiers à l'art des anciens, pour représenter un personnage accessoire; et je pencherais plutôt pour cette seconde explication, attendu que la même particularité se reproduit, pour la figure accessoire placée de même au second plan, sur l'autre partie de la composition.

Le sujet représenté sur cet autre côté du vase n'a pas moins d'intérêt, par le rapport qu'il offre avec les images du *Jour* et de la *Nuit*; c'est l'*Aurore poursuivant Céphale*, à peu de chose près comme on voit ce même sujet sur un assez grand nombre de vases peints[12]. Mais on sait que l'*enlèvement de Céphale*, ainsi que les autres traits mythologiques du même genre, si souvent reproduits sur les

(1) Cette particularité avait peut-être pour objet d'exprimer, dans la langue imitative, cet espace de temps intermédiaire entre la *nuit* et le *jour*, qui se nommait dans la langue poétique, ἀμφιλύκη νύξ, λυκόφως, *Iliad.* VII, 433, et Schol. *ad h. l.* Quelquefois aussi les *quatre coursiers* d'*Heôs* sont *blancs*, par exemple, sur un vase de Millin, II, XXVI, certainement par allusion au mot λύκη, désignant le point du jour, le crépuscule du matin, et dérivé de λευκός, ἀπὸ τοῦ λευκοῦ, Macrob. *Sat.* I, 17; d'où est venu le mot latin *lux*, Lennep, *Etymol. gr.* I, 385. Par la même raison, l'*Aurore*, Ἠώς, Ἡμέρα, avait des *ailes* ou des *chevaux blancs*, dans la langue poétique, Euripid. *Troad.* 847: λευκόπτερου Ἁμέρας, Theócrit. *Hylas*, 11: λεύκιππος Ἀώς. Sur un des vases de Canosa, pl. V, l'*Aurore*, guidant un quadrige, dont les *chevaux* sont alternativement *blancs* et *jaunes*, offre, de cette particularité, un exemple d'autant plus remarquable, que le *char d'Hélios*, qui suit celui d'*Heôs*, est pareillement attelé de *chevaux blancs* et *jaunes*. Sur d'autres monumens, le *char de l'Aurore* n'est attelé que de *deux chevaux*, l'un *blanc* (Phaéthon), l'autre *jaune* (Lampos), sans doute avec la même intention; voy. *Vases de Lamberg*, I, LXXXIV. Je profite de cette occasion pour faire connaître un monument inédit, qui offre une représentation neuve et curieuse du *char de l'Aurore*; c'est un miroir, de travail étrusque ou italique, qui fut trouvé dans la ciste mystique, appartenant à M. le chevalier Bröndsted, et maintenant acquise au cabinet du Roi, dont il a été fait mention plus haut, p. 331, not. 1 et 2. L'*Aurore* s'y voit figurée *sans ailes*, vêtue d'une tunique longue à manches courtes, et d'un péplus qui voltige autour d'elle, debout sur un char que traînent *deux chevaux* seulement. D'une main, elle tient un *flambeau allumé*, avec les rênes, qui retombent dans l'autre main, de laquelle elle semble aussi s'apprêter à recevoir une *couronne* que lui présente un *Génie nu et ailé*; sans doute *Phosphoros*, avec le symbole de la *victoire* que l'Aurore vient d'obtenir sur la *Nuit*; et je remarque, à l'appui de cette idée, que sur le vase de Canosa cité plus haut, ainsi que sur un vase de la collection de Koller, actuellement au musée de Berlin, dont je possède un calque, *Phosphoros*, figuré de la même manière, sous les traits d'un *jeune Homme nu* et *ailé*, mais de plus avec la *tête radiée*, tient d'une main les rênes des coursiers qu'il précède, et de l'autre main, une *bandelette*, symbole de victoire, comme la *couronne*. Sous les chevaux est un *casque ailé*, la κυνῆ d'*Hadès*, le symbole de la *nuit*; et plus bas encore est un *chien*, qui ne peut être que *Sirius*; de même que l'*astre*, gravé dans le champ derrière l'Aurore, est l'indication abrégée de l'espace étoilé qu'elle parcourt; voy. pl. LXXII A, n. 1.

(2) *Vases de Lamberg*, I, LXXV.

(3) Mimnerm. *ap.* Athen. XI, 470, A: οὐρανὸν εἰσαναβῇ.

(4) Stesichor. *apud* Athen. XI, 38: βένθεα νυκτὸς ἐρεμνᾶς.

(5) L'idée primitive de cette personnification se trouve dans Homère, cette source féconde de toutes les images pittoresques exprimées par les arts d'imitation; *Iliad.* VI, 401: Ἑκτορίδην ἀγαπητόν, ἀλίγκιον ΑΣΤΕΡΙ καλῷ; et l'on sait, par l'exemple de *Phosphoros* et d'*Hespéros*, de quelle manière avait été réalisée cette personnification, suivant les idées homériques; voyez les autres témoignages produits à l'appui de cette observation par M. Jacobs, *Anthol. Pal.* VI, 353. Mais il y avait peut-être encore dans cette idée un fond de superstition orientale, d'après le rapport qu'offre l'image en question avec la doctrine des *étoiles douées* d'une *nature démonique*, doctrine à laquelle semblent se rapporter des expressions, telles que celles-ci, d'un *hymne Orphique*, *Fragm.* X, 8: τείρεα αἰθέρια; cf. *Hymn.* LXXXVIII, 7; et ce vers d'une célèbre inscription mystique: ἡ δ' ἑτέρη τείρεσσι σὺν αἰθερίοισι χορεύει, dans lequel un savant antiquaire a trouvé un rapport frappant avec cette autre doctrine orientale du culte des *Bætyles* et des *Pierres tombées du ciel*, λίθων ἐμψύχων; voy. Münter, *antiq. Abhandl.* 232-34 et 265.

(6) Ces expressions d'Euripide correspondent à celles de ζωδίοις ἐνυφασμένοις, que nous avons déjà vues employées, pour désigner des *figures brodées sur des étoffes*, dans un passage d'Aristote, *de Mirabil.* c. XCIX. Quant au sens du mot γράμματα, exprimant des *figures dessinées* ou *peintes*, il n'est pas inutile de rappeler ici les preuves qu'en a données Valckenaër, en s'autorisant de ce vers même d'Euripide, *ad* Theocrit. *Adoniaz.* 81, p. 372.

(7) Euripid. *Ion.* 1147, ed. *Matthiæ*:

Οὐρανὸς ἀθροίζων ἄστρ' ἐν αἰθέρος κύκλῳ·
Ἵππους μὲν ἤλαυν' εἰς τελευταίαν φλόγα
ΗΛΙΟΣ, ἐφέλκων λαμπρὸν Ἑσπέρου φάος·
Μελάμπεπλος δὲ Νὺξ ἀσείρωτον ζυγοῖς
Ὄχημ' ἔπαλλεν· Ἄστρα δ' ὡμάρτει θεᾷ.

(8) *Hymn. Orph.* IX, 10, ed. Hermann. Elle est de plus pourvue de *grandes ailes*, κυανόπτερος, dans l'hymne orphique, *ad Selen.* 1.

(9) Euripid. *Ion.* 1150.

(10) Æschyl. *Fragm. v. Heliad.* 59, ed. Schütz.: Μελανίππου Νυκτός.

(11) Pausan. V, 11, 3; voy. Voss, *Brief. mythol.* XXXIX, II, 8.

(12) Millin, *Vases peints*, II, XXXIV; Millingen, *Vas. de Coghill*, pl. XIV; *Mus. Bartoldian.* p. 111. Le *chien* se rapporte ici à *Céphale*, en sa qualité

vases grecs et les sarcophages romains, était une manière symbolique d'exprimer une *mort prématurée*[1]. La figure accessoire d'un *jeune Initié*, couronné de *myrte*, qui se sauve, effrayé de la scène dont il est témoin, est une circonstance toute naturelle d'un pareil sujet, qui sert encore à en déterminer le motif. Ainsi placée d'ailleurs et comme encadrée entre les images du *Jour* et de la *Nuit*, cette représentation de *Céphale ravi par l'Aurore* acquiert une signification claire et positive; elle remplit, sur ce vase grec, le même objet que celle de Proserpine sur l'autel funéraire du cloître de Saint-Paul; et l'on voit ici, par un exemple frappant, comment, aux deux extrémités de la carrière que l'art a parcourue chez les anciens, les mêmes idées, exprimées par les mêmes images, ont trouvé place sur des monumens du même genre, bien que d'un âge et d'un mérite si différens.

§ II.

J'ai encore à produire une composition de bas-relief qui se rapporte au même ordre d'idées, et qui, par une fatalité singulière, s'est trouvée aussi dans le même cas que la précédente; c'est-à-dire dans un état d'imperfection qui n'a pas permis aux antiquaires d'en reconnaître le véritable sujet, jusqu'au moment où l'un de ces bas-reliefs, en nous offrant la composition entière, en a rendu l'intelligence facile.

Winckelmann a publié, dans ses *Monumens inédits*[2], un bas-relief de *sept figures*, dont il pensa que le principal objet était *Hébé, fille de Junon* et *déesse de la Jeunesse;* et c'est d'après ce motif qu'il expliqua les autres personnages de ce bas-relief. D'habiles antiquaires, par le silence qu'ils ont gardé ou par les doutes qu'ils ont élevés sur cette explication[3], ont déjà indiqué qu'il y en avait une autre plus satisfaisante à proposer; mais personne encore n'avait soupçonné que la composition était incomplète. Le marbre, tel qu'il existait dès-lors à la villa Borghèse, se trouvait brisé en deux parties à-peu-près égales, dont une seule a été connue de Winckelmann; l'autre partie, restée long-temps à l'écart, n'a été réunie à la première que dans une restauration récente; et le bas-relief entier se voit actuellement dans un des salons de la villa Pinciana, rendue à sa splendeur passée[4]. Il est facile, maintenant que la composition a repris sa véritable forme[5], de juger à quel point l'interprétation de Winckelmann était fausse et arbitraire; et j'aurai peu de chose à dire pour le montrer. Mais je dois avertir d'abord qu'il existe une autre répétition du même sujet, depuis long-temps connue, et connue en son entier, dont il y a lieu de s'étonner qu'aucun des antiquaires qui ont refusé d'admettre l'opinion de Winckelmann, ni Winckelmann lui-même, n'ait fait usage dans une discussion de cette espèce.

Ce second bas-relief se trouve au musée du Capitole, et il est publié dans le recueil des monumens de ce musée[6]. Mais la place élevée qu'il occupe l'avait dérobé sans doute à l'attention de Winckelmann, comme elle a empêché l'interprète des marbres capitolins, le chanoine Foggini, de reconnaître les nombreuses restaurations qu'a subies ce monument, et qui, portant en grande partie sur les extrémités et sur les symboles, ont malheureusement réduit cet antiquaire à fonder, sur ces parties modernes, presque toutes ses explications. Aussi son interprétation entière a-t-elle dû tomber avec cette base ruineuse; et le bas-relief en question n'est plus désigné, dans les descriptions les plus récentes du musée du Capitole[7], que comme un *sujet inconnu, rempli de restaurations modernes.* Cependant ce bas-relief avait attiré mon attention, même avant que j'eusse connaissance de celui de la villa Borghèse. J'essayai à plusieurs reprises de l'examiner de plus près, et j'en fis exécuter sous

de *chasseur*, ainsi qu'on en a tant d'exemples, notamment sur les médailles de Céphallénie. On aurait tort d'y voir une image de *Sirius*, relative à la présence du *Soleil;* bien que Sirius eût été représenté par les poètes, Euripid. *Phaët.* apud Longin. xv, 4; Quint. Smyrn. VIII, 30, et sans doute aussi par les artistes grecs, sous la forme d'un *chien*, mais non pas d'un *chien ailé*, comme l'a supposé Voss, *Brief. myth.* XXXIX, II, 12, je ne sais sur quel fondement.

(1) C'est la traduction, en langage de l'art, de cette opinion si ingénieuse et si touchante des anciens, qu'un des interprètes d'Homère, à l'occasion de l'image homérique d'*Orion enlevé par l'Aurore, Odyss.* v, 121, explique en ces termes : *Ἐπειδὰν οὖν εὐγενὴς νεανίας ἅμα καὶ κάλλει προέχων τελευτήσῃ, τὴν ὄρθριον ἐκκομιδὴν ἐπεφήμισαν* ΗΜΕΡΑΣ ΑΡΠΑΓΗΝ, *ὡς οὐκ ἀποθανόντος, ἀλλὰ δι' ἐρωτικὴν ἐπιθυμίαν ἀνηρπασμένου*, Heraclid. Pont. ap. Th. Gal. *Opusc. myth.* 492. L'usage grec de célébrer les funérailles à la *première pointe du jour*, *ἔνθ' ἀμφιλύκη νύξ*, doit avoir aussi contribué à faire admettre sur les monumens funéraires ces images du *Soleil levant* et de la *Nuit tombante*.

(2) Part. I, c. IV, n. 16.

(3) Entre autres, M. Hirt, qui croit que ce bas-relief a rapport au mythe de l'Amour et Psyché; voy. son *Bilderbuch*, I, 92; mais il est lui-même dans l'erreur à cet égard.

(4) C'est là que je l'ai fait dessiner en 1827, époque où la restauration venait d'en être terminée par les soins de M. d'Este. Le sort de ce monument rappelle celui du bas-relief Mattei que j'ai publié, pl. VII, n. 1, et dont une partie seulement avait été insérée dans les *Monum. Mattei.* III, XI, 1; voy. l'observation que j'ai faite à ce sujet, *Achilléide*, p. 44, not. 7.

(5) Voy. pl. LXXIV, 1.

(6) *Mus. Capitolin.* t. IV, tab. 44, p. 213-16.

(7) Cello d'Ag. Toffanelli, ultima ediz. Rom. 1827, p. 71, letter. N.

mes yeux un dessin, où toutes les restaurations fussent soigneusement indiquées; c'est celui que je publie aujourd'hui[1], et à la seule inspection duquel on jugera sans peine de ce qu'a de commun avec le bas-relief de Winckelmann la composition que représente celui-ci.

L'objet principal est *Jupiter, assis* sur un trône à marchepied, du reste sans aucun attribut. A sa droite et à sa gauche sont *Minerve* et *Junon*, parfaitement caractérisées, la première, par l'*égide* qu'elle porte sur sa tunique longue, la seconde, dont la figure n'a reçu aucune atteinte, et conséquemment subi aucune restauration, par le *diadème* qui orne sa tête, par le *voile* qui la couvre, par l'ampleur et la dignité de tout son costume, et enfin par la place même qu'elle occupe, debout, auprès du maître des dieux. Nous avons donc encore ici les *trois divinités capitolines*, dans le même ordre, et sans doute aussi avec la même intention, qu'elles nous ont apparu sur les bas-reliefs précédemment décrits; et c'est d'après cette idée que doit être interprété le motif des autres figures. La plus remarquable est celle du *jeune Enfant nu*, debout entre Junon et Jupiter, qui semble introduit par Junon elle-même auprès du Dieu suprême. L'âge de cet enfant, sa nudité, l'absence de tout symbole caractéristique, et l'intervention même de Junon, excluent l'idée de *Ganymède;* c'est donc tout simplement l'image allégorique de l'homme placé, dans le premier âge de la vie, sous la protection de Jupiter et des deux autres divinités capitolines. La figure de *Femme* vêtue, debout derrière le trône de Jupiter, tenant levé un *grand bouclier*[2], offre un type neuf dont le motif n'est pas facile à déterminer, dans l'absence de tout symbole caractéristique, mais sans qu'il résulte de cette circonstance la moindre incertitude sur le sens de la composition entière. On reconnaît, en effet, dans le groupe de figures placé à droite du spectateur, *une des Parques*, assise, avec la *quenouille* qu'elle tenait de la main gauche, et dont une partie est antique[3], dans une attitude qui s'accorde avec cet instrument, c'est-à-dire *occupée à filer les destinées humaines*, telle qu'on la retrouve sur d'autres monumens pareils[4]. Ce premier point admis, il n'était pas possible de méconnaître une seconde *Parque* dans l'autre figure de Femme, debout près d'un cippe élevé, sur lequel est un *globe*[5]; sans doute le *globe* céleste qui servait à tirer l'*horoscope* des enfans nouveau-nés; car on sait que c'est avec les deux symboles qui se rapportent à cette intention, le *globe* et le *radius*, qu'apparaît constamment une des Parques sur les monumens qui les représentent. Reste la troisième de ces divinités, qui a été la plus maltraitée par le temps, et sur-tout par la restauration. Métamorphosée en *Diane*, au moyen d'un *carquois* qu'on lui a ajouté sur les épaules, et d'un *croissant* sur le front, d'après la fausse indication d'un *arc* qu'on avait cru voir sculpté devant elle, cette figure a entraîné Foggini à des recherches savantes, mais inutiles, pour rendre compte de cette association de Diane avec les Parques. Le seul attribut de cette figure qui soit antique est un *rouleau*, en partie déployé, qu'elle devait tenir de la main gauche; et *deux autres rouleaux*, pareillement antiques, sculptés devant la même figure, à ses pieds, rendent cette indication indubitable. Or, ces *rouleaux* sont évidemment les livres renfermant les *arrêts du destin*, *τὸ πεπρωμένον, τὰ τῆς εἱμαρμένης*[6], et à ce titre, l'un des attributs accoutumés des Parques. Ainsi, sur le superbe bas-relief d'Endymion, du musée du Capitole[7], c'est précisément la *troisième des Parques* qui tient le *rouleau* déployé dans ses deux mains. Sur un autre sarcophage du même musée, représentant la fable de *Prométhée*[8], c'est aussi cette Parque, assise à la tête du mort, qui tient déployé *sur ses genoux*[9] le livre de la destinée. Sur le bas-relief du même sujet qui se voit au musée du Vatican[10], l'une des Parques, *Clotho*, est caractérisée par *deux livres* qu'elle porte à la main; et enfin la même Parque tient un *diptyque*, à la

(1) Voy. planche LXXIV, n. 2.

(2) Cette figure de Femme pourrait être *Iris* ou la *Victoire*; mais l'une et l'autre devraient être *ailées*, et porter le *caducée*, la *palme*, ou tout autre symbole de ce genre. J'observe cependant que, sur un vase d'onyx, d'une collection publique de Berlin, dont la représentation semble relative à la naissance de quelque enfant impérial, on voit une *Femme* tenant un *grand bouclier* orné d'une *tête de Méduse*, comme pour en couvrir cet enfant nouveau-né; ce qui offre une image analogue à celle de notre bas-relief.

(3) J'ai reconnu, sur le marbre même, au côté gauche de la figure en question, entre le sein et la ceinture, une cavité où devait s'adapter l'extrémité de la quenouille.

(4) Dans ce même musée du Capitole, t. IV, pl. 25 et 29; voy. aussi Zoëga, *Bassiril.* II, 217; Welcker, *Zeitschrift*, II, Taf. III, 10.

(5) On a fait de ce *globe* un *vase*, dans la restauration, et l'on a vu dans ce vase l'*urne où la* Parque *agite les sorts et les destinées humaines*. C'est ainsi que trop souvent l'explication des monumens s'est trouvée subordonnée au caprice des restaurateurs.

(6) Ce *rouleau* se voit déployé aux mains d'une *Femme*, qu'un antiquaire a prise pour la *Destinée*, ou *Némésis*, sur un des bas-reliefs de stuc d'un tombeau célèbre de Cumes; voy. Olfers, *ein Grab bey Kumæ*, p. 24, qui rappelle à cette occasion, not. 3, les monumens où figure une *Parque* avec un *rouleau semblable*.

(7) *Mus. Capitolin.* IV, 25.

(8) *Ibid.* IV, 25.

(9) Un passage de Platon, *Republ.* x, 617, D (VII, 329, Bipont.); "Ἔπειτα λαβόντα ἐκ τῶν Λαχέσεως ΓΟΝΑΤΩΝ κλήρους τε καὶ ΒΙΩΝ ΠΑΡΑΔΕΙΓΜΑΤΑ, offre une image tellement conforme à celle de ce bas-relief, qu'il semble qu'elle en soit la traduction littérale. C'est un des nombreux exemples de ce rapport entre la langue écrite et la langue figurée, qui donnent tant d'intérêt à l'étude de l'antiquité grecque, et qui prouvent combien était intime, chez les Grecs, le lien commun qui unissait les lettres, les arts et les mœurs.

(10) *Mus. P. Clem.* IV, XXXIV.

même intention, sur un bas-relief publié par Beger[1]. C'est à raison de cet attribut, et d'accord avec la fonction qu'il exprimait, que les Parques avaient reçu, entre autres surnoms, celui de *Librariæ Superûm*[2]; et une foule de témoignages antiques viennent d'ailleurs à l'appui de cette explication.

Les *Trois Parques* se trouvant ainsi déterminées, et le motif de leur présence dans une scène pareille n'ayant pas besoin d'être établi[3], il reste à rendre compte des deux figures qui terminent de ce côté la composition. L'une d'elles, assise et vêtue d'une longue tunique, avec son péplus qu'elle tient de la main droite déployé au-dessus de sa tête, se reconnaît à cette attitude et à ce costume pour une divinité du premier ordre. Elle a près d'elle une *jeune Fille* vêtue, avec son voile pareillement déployé au-dessus de sa tête; et à ces rapports d'âge et de costume, sans parler de la tête qui est moderne, il semble qu'on ne puisse méconnaître, dans ce groupe, une *Mère* et sa *Fille*, conséquemment *Cérès* et *Proserpine*[4]. Il était naturel, en effet, de faire intervenir, dans un sujet pareil, les deux divinités d'Éleusis, les deux Grandes Déesses des Thesmophories, sous la bienfaisante influence desquelles c'était un usage à-peu-près général que fussent placés les enfans nouveau-nés, au moyen de l'*initiation* qui s'en emparait dès le berceau[5]; et l'on sait d'ailleurs combien les traditions de ce culte éleusinien avaient pénétré dans le Latium, par ses rapports avec le culte de Préneste[6]. Ce rapport intime des *Parques* avec *Cérès* et *Proserpine* avait déterminé sans doute les fréquentes associations de culte qui avaient eu lieu entre ces divinités *parèdres*. Ainsi, à Corinthe, il existait un temple des *Parques* qui renfermait les statues invisibles de *Déméter* et de *Kora*[7]; ainsi, en Achaïe, dans un temple célèbre de *Despoina*, on voyait, sous le portique antérieur, un bas-relief représentant les *Parques*, et au milieu d'elles *Jupiter Moiragétès*[8]. C'est le même rapport qui unit ici, dans une scène généthliaque, les *deux déesses d'Éleusis*, les *trois Parques*, et *Jupiter* assisté des *deux divinités capitolines*, avec l'*Enfant initié* qui se trouve si manifestement placé sous sa protection; et c'est enfin par un lien du même genre que se rattachent à la composition qui nous occupe les deux dernières figures de ce bas-relief.

Le groupe du *jeune Homme nu*, portant sur son épaule une *jeune Fille vêtue* et *voilée*, qui étend les bras d'une manière suppliante, offrait une image neuve et expressive dont le motif semblait ne pouvoir se rapporter qu'aux idées d'*enlèvement* et d'*apothéose*. Telle fut en effet l'opinion de l'interprète du musée Capitolin; et pour voir jusqu'à quel point elle est fondée, il importe d'examiner le bas-relief Borghèse, où se retrouve le même groupe, avec quelques circonstances nouvelles, propres à en mieux déterminer l'intention. Or, il suffit de jeter les yeux sur ce bas-relief, tel que je le présente en son entier, et de le comparer avec celui du Capitole, pour reconnaître que c'est, de part et d'autre, la même composition, avec des variantes de détail qui, sans rien changer au motif général, achèvent d'en développer la pensée. Je ne m'arrêterai, dans cet examen, qu'aux seules particularités qui offrent quelque importance. Le groupe des *trois divinités capitolines* ne donne lieu à aucune observation, si ce n'est au sujet des *deux Enfans* qui apparaissent ici, pour la première fois, de chaque côté du trône du Dieu suprême. Winckelmann avait pris le *jeune Garçon* pour *Ganymède*, avec quelque apparence de raison, attendu l'état d'imperfection du monument; mais cette idée ne saurait plus se soutenir en présence de la seconde figure, qui est celle d'une *jeune Fille vêtue*, tenant à la main une *sphæra*, jeu familier aux adolescens des deux sexes, debout près de Minerve, et en quelque sorte sous sa protection immédiate. On ne pourrait reconnaître ici *Hébé* à

(1) Beger. *Spicileg.* tab. 3, p. 136. Voy. Inghirami, *Monum. etr. ined.* ser. VI, tav. S. 1.

(2) Martian. Capell. lib. 1. Voyez Visconti, *Musée Pie-Clémentin*, IV, 68.

(3) Il suffit de rappeler le célèbre passage d'Homère, *Odyss.* VII, 197-9, pour montrer combien cette idée de l'intervention des Parques, au moment de la naissance, était ancienne et populaire chez les Grecs; quand bien même on admettrait, avec les critiques modernes, Buttmann, *Mythol.* I, 293, Nitzsch, *Anmerkung. z. Odyss.* II, 155, que la personnification des *Parques*, telle qu'elle eut lieu plus tard sous le nom de Μοῖραι, et au nombre de *Trois*, n'est pas expressément indiquée par les mots Κατακλῶθές τε βαρεῖαι. J'observe cependant que d'autres critiques; tels que Manso, *über die Parcen*, p. 506-7, et plus récemment M. Welcker, *die Mören oder Parzen*, dans son *Zeitschrift*, p. 228, 43), ne font aucune difficulté de reconnaître les Parques sous cette dénomination homérique de Κατακλῶθες, de même qu'elles sont indubitablement désignées par le nom de Κλωθῶες, dans l'inscription de Regilla, v. 14, Visconti, *Iscriz. Triop.* p. 81; Jacobs, *Anthol. Pal.* IX, 389, et par celui de Κλῶθες Δίκης ἐπίκουροι, dans un fragment d'Héraclite, Huschke, *Comment. de inscr. vasc. Locr. repert.* p. 17.

(4) Foggini avait été frappé de ces rapports de *maternité*; mais la tête de la *jeune fille vêtue*, qui lui paraissait offrir la même physionomie que celle de l'*enfant nu*, lui fit croire que c'était le même enfant représenté à un autre âge et dans un autre costume. Il ne s'était pas douté que ces deux têtes étaient modernes.

(5) Je reviendrai bientôt sur ce sujet.

(6) Ce sont autant de monumens de l'un et de l'autre culte, que ces figurines ou bas-reliefs de terre cuite et de travail grossier, représentant *deux Déesses assises*, avec un *enfant nu* entre elles, à leurs pieds, ou assis sur les genoux de l'une d'elles, qui se rencontrent fréquemment dans la campagne de Rome, et qu'on prenait pour des *offrandes à Lucine*, ou pour des *Vota Puerperæ*, mais dont M. Éd. Gerhard a montré, par de savantes recherches et d'ingénieux rapprochemens, la véritable intention. Un de ces bas-reliefs, trouvé jadis à Nemi, et que M. Éd. Gerhard a oublié de citer, avait été publié par Bartholin. *de Puerper.* p. 21.

(7) Pausan. II, 4, 7.

(8) Idem, VIII, 37, 1.

aucun signe, même en se plaçant dans l'hypothèse de Winckelmann, qui appelait de ce nom l'autre jeune fille placée à l'extrémité de la composition; c'est donc, suivant toute apparence, une image allégorique du premier âge de la vie, dans les deux sexes, représenté par deux adolescens, et placé sous la protection des dieux du Capitole; conséquemment, une image équivalente à celle que nous avons vue exprimée, d'une manière différente, sur les bas-reliefs précédens.

La scène latérale offre, dans le groupe des *Parques* réduites à *deux*, conformément aux plus anciennes traditions[1], et dans celui des *deux Déesses d'Éleusis*, des variantes qui ne méritent pas qu'on s'y arrête, puisqu'elles ne constituent point de différences graves; j'excepterai pourtant l'objet en forme de *vase penché*, sur lequel s'appuie *Cérès* du bras gauche, et qui a rappelé à Winckelmann l'idée de la *Cérès* Ποτηριοφόρος, adorée en Achaïe[2]. Je ne crois pas qu'on puisse appliquer cette désignation à l'image que nous offre notre bas-relief; et je verrais plutôt, dans l'objet en question, un meuble mystique, tel que la *ciste* du culte éleusinien, ou l'*arca* des sorts de Préneste; mais en tout cas, cet objet quel qu'il soit, ne changerait rien au sens de cette partie de la composition. Il en est de même des variantes qui se remarquent dans l'autre scène latérale, bien qu'elles aient ici plus d'importance, sans compter deux figures nouvelles ajoutées à ce groupe. La première, à droite, près de Minerve, est une *Femme* presque nue, dont le *péplus, qu'elle retient de ses deux mains et qui voltige au-dessus de sa tête,* ne couvre qu'une partie de son corps. A ce trait de costume, qui caractérise une divinité de l'air, à l'attitude et à la place même de cette figure, mise en rapport avec le groupe qu'elle précède, il serait déjà possible de la désigner; mais c'est ce qui résultera plus sûrement encore de sa comparaison avec un autre monument qui sera cité tout à l'heure. L'*Homme* qui porte sur son épaule gauche la *jeune Fille suppliante,* n'est plus *jeune* et *en repos,* comme sur le précédent bas-relief; il est *vieux* et *barbu,* et *dans une attitude violente;* nul doute cependant que ce ne soit la même idée qu'on a voulu représenter dans ces deux répétitions d'un même type, conformes l'une à l'autre dans tous leurs traits essentiels, et placées d'ailleurs dans une composition semblable. Cela posé, on ne peut guère admettre, pour cette image singulière, d'autre explication que celle qu'a proposée l'interprète du musée Capitolin[3], en y voyant l'expression d'une mort prématurée, conçue dans le même système d'images allégoriques qui fit servir l'*enlèvement de Proserpine,* ou *des Leucippides, celui de Céphale, d'Hylas, de Ganymède,* pour types de tant de sarcophages ou de peintures de tombeaux romains. A l'appui de cette opinion, si plausible en elle-même, si conforme d'ailleurs à toutes les idées antiques, je citerai un bas-relief sépulcral, de Modène, où se voit une *Femme ailée,* qui semble portée sur les nuages, *avec un péplus qui voltige au-dessus d'elle et qu'elle retient d'une main,* tandis que de l'autre main elle soutient sur son épaule gauche un *petit Enfant nu.* Sans s'expliquer sur le motif de cette représentation curieuse, un savant antiquaire, qui nous en a donné la description[4], a paru frappé de l'analogie de la figure de *Femme ailée,* telle qu'elle se montre sur ce bas-relief, avec celle de la *Femme, ailée* aussi, qui représente le *Génie femelle,* ou la *Junon* de l'*Éternité,* sur les médailles de Faustine mère[5], et qui s'y voit désignée par l'épigraphe CONSECRATIO. L'*Éternité,* ou l'*Apothéose,* telle que la concevaient les Romains, sous le nom de *Consecratio,* étant ainsi reconnue, d'après un monument authentique, il n'est pas douteux que ce ne soit l'image d'une *mort prématurée* que représente le bas-relief sépulcral de Modène, par ce groupe d'*un jeune Enfant porté sur l'épaule de l'Éternité personnifiée;* d'où il suit irrésistiblement que c'est une variante de la même image que nous offre le marbre Borghèse, dans le groupe d'*une jeune fille* que porte de la même manière un *Personnage vieux et barbu,* en présence de la même *Femme,* qui doit être aussi une personnification de l'*Éternité, Consecratio.* Mais je puis produire encore un monument fort curieux, qui nous offrira, dans une représentation de l'*enlèvement des Leucippides,* due sans doute originairement à l'art grec, bien qu'exécutée par l'art étrusque, un trait frappant de ressemblance avec le groupe de nos bas-reliefs romains.

Ce rare morceau de sculpture[6] se compose de six figures, dont les deux principales, au centre de la composition, sont les *deux Dioscures,* portant chacun de la même manière, sur l'épaule gauche,

(1) C'est un trait du même système théogonique que les *deux Kères,* les *deux Némésis,* les *deux Ilithyies,* et tant d'autres divinités du même ordre, toujours conçues et représentées au nombre duel; telles qu'étaient aussi les *deux Nymphes compagnes d'Hadès* et de *Perséphoné,* sur un monument célèbre, sur la table des jeux d'Olympie, Pausan. V, 20, 1. On sait d'ailleurs que les célèbres statues des Parques, à Delphes, étaient au nombre de *Deux,* Pausan. VIII, 37; cf. IX, 25, et X, 24; add. Plutarch. *de EI apud Delph.* 2; voy. sur ce trait remarquable d'archéologie grecque, les observations de M. Welcker, *die Mören,* 220.

(2) Athen. XI, 2, 461, D.

(3) *Mus. Capitol.* IV, 216.

(4) Cavedoni, *Marmi Modenesi,* p. 282.

(5) Eckhel, *Cimel. Vindob.* Part. II, p. VIII.

(6) Voy. planche LXXV. C'est une urne du musée de Volterra, la seule

les *deux Leucippides. Castor* et *Pollux* sont *nus*, à la réserve de la *chlamyde* attachée sur l'épaule droite, suivant l'usage grec le plus général[1]. Ils n'ont, ni l'un ni l'autre, le *bonnet* qui les distingue habituellement; ce qui n'est pourtant remarquable que sur un monument de l'art étrusque, attendu l'usage si fréquent qui s'y faisait de cette sorte de coiffure, ou de la mitre phrygienne, dans des sujets purement helléniques. *Hilaïre* et *Phœbé*, vêtues d'une tunique longue à manches, dans une attitude tranquille, qui n'indique pas qu'elles aient été l'objet d'aucune violence, portent l'une et l'autre, appuyé sur l'épaule gauche, un objet qui paraît être un *Flambeau*, et qui se rapporte de même à une intention pacifique, comme symbole d'hyménée. Les deux figures qui terminent de chaque côté la composition n'ont pareillement rien d'hostile et de menaçant; en sorte que les principaux traits de cette composition doivent être puisés dans une tradition différente de celle que nous connaissons par les bas-reliefs d'époque romaine. Le *Personnage barbu*, dans un costume ample et majestueux, adressant, à ce qu'il paraît, un dernier adieu aux deux couples qui s'éloignent, est sans doute le prêtre qui a consacré leur union; et l'*édicule*, érigée sur une *base* ornée de *guirlandes*, ne peut guère s'expliquer que dans cette hypothèse. L'autre *Personnage*, vêtu d'une tunique courte, debout en dehors d'une *porte de ville*, ne peut être qu'un des serviteurs des Dioscures, qui vient les recevoir à l'entrée de la cité natale; et la *stèle* surmontée d'un *globe*, type de monument funéraire proprement et indubitablement étrusque, comme je l'ai montré en plus d'un endroit de cet ouvrage, est sans doute le *tombeau d'Idas et de Lyncée*, les deux fils d'Apharée, choisis pour époux des Leucippides, et dont la mort seule put assurer la conquête des Dioscures.

Mais ce que ce bas-relief étrusque, certainement exécuté d'après les données grecques[2], offre de plus remarquable, c'est la manière dont est conçu le groupe de *chacun des Dioscures, portant sur l'épaule gauche une des Leucippides:* groupe si semblable d'invention à celui du bas-relief capitolin, répété, avec quelque différence, sur le marbre Borghèse, qu'on ne saurait s'empêcher d'y reconnaître, de part et d'autre, la même intention. Et comme cette intention, établie positivement par le bas-relief de Modène, se trouve d'ailleurs justifiée par l'emploi funéraire qui se fit du sujet de l'*Enlèvement des Leucippides*, sur les sarcophages romains, comme sur notre urne étrusque, il suit de là que c'est aussi au même titre et d'après les mêmes motifs que ce groupe d'un *Homme portant une jeune fille sur son épaule* figure sur les marbres Borghèse et Capitolin. La seule différence, c'est que les deux personnages qui forment le groupe en question sont purement allégoriques, c'est à savoir le *Génie de la Mort, Thanatos* ou *Orcus, jeune* sur le marbre Capitolin, *vieux et barbu* sur le marbre Borghèse, *enlevant une jeune Fille* au moment où elle allait être unie à un époux de son choix; ce qu'indique la manière suppliante dont elle étend les bras, et le *voile, flammeum,* qui lui couvre la tête. Le sens général de nos bas-reliefs romains est donc de représenter, au moyen de l'intervention des *Parques*, qui assistent à la *Naissance*, et de l'*enlèvement* qui figure la *Mort*, le cours d'une vie moissonnée à son printemps et placée, par l'*initiation* aux mystères d'*Éleusis*, sous la protection des *trois divinités capitolines:* image équivalente par l'intention, et semblable, quant au motif principal, à celle que nous ont offerte les compositions précédemment décrites.

§ III.

Il est encore une autre classe de compositions funéraires, sur lesquelles il m'importe d'appeler ici l'attention des antiquaires, parce qu'elles pourront servir à justifier quelques-unes des observations présentées dans le cours de cet ouvrage, en même temps qu'elles nous offriront quelques particularités nouvelles.

L'une des manières d'exprimer, sur les monumens funèbres, le cours entier de la vie humaine, qui semble avoir été la plus usitée dans l'antiquité romaine, c'est celle que nous trouvons consacrée sur plusieurs sarcophages, et qui consistait à représenter, non plus par des figures allégoriques,

qui existe avec ce sujet, et de plus inédite; en sorte qu'on pourra me savoir quelque gré de l'avoir fait connaître.

(1) La mode indiquée par Suidas, *v.* Διόσκουροι, et reconnue par Winckelmann, sur le bas-relief Mattei, *Monum. ined.* n. 74, est plutôt en effet une exception au costume général qu'un trait particulier de costume propre aux Dioscures.

(2) Sur un vase grec récemment découvert à Canino, et représentant *Hélène ravie par Thésée*, l'un et l'autre désignés par leur nom grec, ΕΛΕΝΕ, ΘΕΣΕΥΣ, le groupe de ces deux figures est conçu à-peu-près comme celui de notre urne étrusque; d'où il suit que c'est bien véritablement d'après les modèles grecs qu'il avait sous les yeux, que l'artiste étrusque s'était inspiré dans son travail.

mais par des personnages réels, placés dans une suite d'actions positives, les principales époques de la vie. Le plus complet de ces monumens est un superbe sarcophage de la villa Médicis, dont plusieurs compartimens ont été séparément publiés, et qui n'a paru pour la première fois en son entier que dans le recueil de Guattani[1]. On y voit sculptés, sur la face principale et sur les deux côtés, la *Naissance* et l'*Éducation de l'Homme;* ensuite le *Sacrifice* offert pour le succès de quelque entreprise importante, l'heureuse issue de cette entreprise, et enfin le passage de la vie militaire à la vie civile indiqué par une *Chasse,* dernier objet des occupations d'un citoyen romain. C'est le thème d'une vie entière, honorablement remplie, d'après les habitudes de la société romaine, à l'époque à laquelle se rapportent les monumens dont il s'agit, et qui doit peu s'éloigner de l'âge de Septime Sévère.

Un autre type, qui se rapproche de celui-là dans quelques points, et qui en diffère sur quelques autres, nous est offert par un bas-relief de sarcophage, resté jusqu'à ce jour inédit dans une collection d'Italie[2]. On y distingue quatre groupes principaux, formés par une suite de figures continues, et disposés de gauche à droite. Le premier groupe, de trois figures, a rapport à la *Naissance de l'Homme.* On y voit la *Mère, assise* et *voilée;* la *Nourrice,* dans le costume qui la caractérise; et l'*Enfant nouveau-né,* qui vient d'être lavé dans un *bassin, alveus;* à peu de chose près comme la même scène est figurée sur le sarcophage Médicis, et sur deux autres monumens antiques[3]. Le second groupe, composé pareillement de trois figures, et relatif à l'*Éducation,* offre le *Pædagogue,* sous les traits d'un *Vieillard chauve* et *barbu,* dont la physionomie a quelque chose de celle de *Socrate,* avec une intention qu'il est facile de deviner, *assis* sur un siége curule, avec un *rouleau* dans la main gauche, instruisant à déclamer un *Adolescent,* vêtu de la *prétexte,* qui lit dans un *volume déployé;* et sur un second plan, une figure de *Femme,* élevant dans la main droite un *masque scénique;* manière d'indiquer que l'éducation du premier âge se fondait, comme nous l'apprend Quintilien[4], sur la lecture d'Homère et des Tragiques. Ce même groupe se retrouve à la même place sur l'urne Médicis, et avec quelques variantes, sur un autre bas-relief[5]. C'est encore le même motif, mais présenté d'une manière différente, qui décore une urne sépulcrale du musée de Vérone, sur la face principale de laquelle est sculptée une *course du Cirque,* avec des *Génies ailés,* et sur un des petits côtés, un *Adolescent,* tenant en main un *volume déployé,* et déclamant entre *deux Philosophes,* tandis que, sur l'autre face latérale, est un *jeune Homme qui déclame,* et un groupe de *deux Éphèbes qui luttent,* en présence du *Pædagogue* et du *Pædotribe*[6]: c'est à savoir l'image complète des études littéraires et des exercices gymnastiques qui remplissaient le cours entier de l'adolescence.

Le troisième groupe de notre bas-relief, qui en occupe le milieu, représente la *Mort* du même homme, dont nous venons de voir la *Naissance* et l'*Éducation,* enlevé, sans doute dans un âge encore tendre, à l'amour de ses parens. Il est couché sur un lit funèbre, dans une attitude que nous connaissons par d'autres monumens[7]. Aux deux extrémités de ce lit, sont assis deux personnages, un *Homme* et une *Femme,* probablement le *Père* et la *Mère,* enveloppés de longs habits de deuil, la *tête voilée,* dans une attitude où la profonde douleur qui leur est commune à l'un et à l'autre n'est pas moins sensible que la différence du sexe. Derrière est une *Femme, Præfica,* qui porte la main à

(1) Guattani, *Notizie,* etc. per l'ann. 1784, t. I, p. XLIII, sgg., LI, sgg.; Giugn. tav. I, II, III. La face principale avait été publiée dans l'*Admiranda,* n. 82, et reproduite dans l'*Antiq. expl.* de Montfaucon, III, 223, et encore ailleurs, *Galer. de Florence,* XXVIII, 4, Wicar. Winckelmann en a donné une des faces latérales, *Monum. ined.* n. 184, mais d'après un dessin, et sans avoir vu de ses propres yeux le monument même; ce qui a causé l'erreur où il est tombé dans l'explication de ce bas-relief.

(2) Voy. planche LXXVII, n. 1. Le dessin est tiré du recueil de monumens inédits formé par Millin; mais je n'y ai trouvé aucune indication de la collection, soit publique, soit privée, où il avait fait dessiner ce monument; et je n'ai pu suppléer à ce défaut de renseignemens par mes connaissances personnelles.

(3) L'un est le sarcophage Sacchetti, maintenant au musée du Capitole, publié dans l'*Admiranda,* n. 65; voy. Bartholin. *de Rit. Puerper.* p. 46; l'autre est un bas-relief provenant aussi d'un sarcophage, et publié par Beger, *Spicileg.* p. 136. Le bas-relief publié par Winckelmann, *Monum. ined.* n. 184, serait une quatrième répétition, s'il n'était plus probable que c'est la face latérale de l'urne Médicis, dont il a ignoré la véritable destination.

(4) Quintilian. I, 8: « Optime institutum est ab Homero... lectio inci« peret... utiles et Tragœdi. »

(5) Celui de Beger, *Spicileg.* p. 139.

(6) Maffei, *Mus. Veron.* p. CXXVI, n. 1, 2, 3. Le même motif, toujours avec quelques variantes, se retrouve sur d'autres sarcophages, tels que celui qui se voit dans les jardins du palais Corsini, et qui fut trouvé dans le cimetière de Saint-Urbain, Lupi, *Epitap. Sever. Martyr.* p. 58. Le savant Bottari l'a fait graver dans ses *Pittur. e Scult. sacr.* t. I, p. 192, sans en expliquer le sujet, qu'il ne paraît pas avoir compris, et qui est pourtant très-intelligible. Ce sujet est relatif à l'*Éducation des deux sexes,* et représenté par deux groupes distincts: l'un, composé d'une *jeune Fille, assise* et *jouant de la lyre,* au milieu de *trois Femmes debout,* dont l'une préside à cette leçon de musique; l'autre, d'un *jeune Homme,* pareillement *assis,* avec un *rouleau déployé* dans la main gauche, au milieu de *trois Personnages barbus,* et vêtus en *philosophes,* le premier desquels se reconnaît pour le *Pædagogue.* Rien de plus clair, je le répète, que cette représentation, où l'auteur d'une dissertation, d'ailleurs très-judicieuse, sur les *antiquités des Catacombes de Rome,* a cru voir les *Sibylles* et les *Prophètes,* sans doute à cause de l'image du *Bon Pasteur,* sculptée sur le devant de ce sarcophage, et qu'il a crue exclusivement propre au christianisme; voy. Röstell, *Roms Catakomben und deren Alterthümer,* dans la nouvelle *Beschreibung der Stadt Rom,* t. 1, p. 415.

(7) Entre autres, ceux qui ont rapport à la *mort de Méléagre,* tels que le bas-relief Albani, Zoëga, *Bassiril.* I, XLVI. Je citerai encore le beau sarcophage Capranica, Bartoli, *Admiranda,* 72, maintenant au musée Britannique, *Marbl. of Brit. Mus.* p. V, pl. III, fig. 5, où le *Père* et la *Mère* sont figurés comme sur notre bas-relief.

sa tête, en signe de désespoir; puis un personnage de condition servile, les cheveux épars, qui soutient le malade expirant; et enfin un *Vieillard barbu*, qui tient à la main un objet assez difficile à déterminer, mais qui doit être en tout cas le *Médecin*, personnage qu'on voit assez habituellement figurer dans les scènes de ce genre.

Avant de passer à la dernière scène de notre bas-relief, je crois devoir insister encore sur l'observation que j'ai faite plus haut, au sujet de l'attitude significative du *Père* et de la *Mère*. Celle-ci offre, dans toute la composition de la figure, une analogie si sensible avec notre statue du Vatican, où j'avais cru voir *Électre* ou *Pénélope*[1], qu'il est impossible de ne pas reconnaître à ce trait le motif qui dut présider à l'invention d'un pareil type, en même temps que la persévérance avec laquelle se maintenaient encore, à une époque si éloignée de leur berceau, les principes et les conventions de cette langue imitative, qui constituaient une grande partie de la puissance et du génie de l'art antique. La figure du *Père* nous offre, de ces types appropriés à une intention positive et consacrés dans le langage de l'art, un autre exemple, dont je puis produire une nouvelle application dans un monument curieux et inédit, que j'ai fait dessiner dans les magasins du Vatican, où il se trouve actuellement.

Ce monument[2] consiste en un groupe de trois figures, c'est à savoir un *Père* entre *deux Enfans*. Le premier est assis sur un siége, dont le dossier, à jour, terminé en fronton, avec des *palmettes* en guise d'acrotères, présente la forme et la décoration d'une *édicule funèbre*[3]. Ce personnage est vêtu d'un ample pallium qui, laissant sa poitrine à découvert, enveloppe la tête et descend des deux côtés sur les épaules; il appuie sa tête sur sa main gauche; offrant ainsi, dans l'attitude et dans le costume, une analogie frappante avec la manière dont *Saturne* est figuré sur quelques monumens antiques[4]; et il serait difficile de méconnaître, au choix d'un pareil type, l'intention de rendre sensibles la douleur et le deuil d'un père. Cette intention achève de se manifester au moyen des deux autres figures, représentées debout, aux deux côtés du siége. Celle du Fils, portant de la main gauche une *corne d'abondance*, et faisant de la main droite le geste consacré pour les figures d'*Harpocrate*, est évidemment conçue d'après le modèle de ces petits *Dieux Lares*, dont les effigies, si multipliées dans l'antiquité, sont encore assez communes[5], et dont il était naturel, en effet, que l'image servît de type pour représenter un enfant mort avant d'atteindre l'extrême limite de l'adolescence. La figure de la jeune Fille, couronnée de *pampres*, et portant des *grappes de raisin* avec des *grenades* et une *pomme de pin*, n'offre pas une imitation moins sensible du type d'une *Bacchante*, sous les traits et avec les attributs de laquelle les jeunes personnes, initiées de bonne heure à ce culte, devaient être aussi fréquemment représentées: en sorte que le *Père*, sous les traits de *Saturne*, avec ses *deux Enfans*, figurés, l'un en *Dieu Lare*, l'autre en *Bacchante*, nous offrent un monument aussi complet et aussi authentique que rare et curieux, de cet usage de la *consécration*, introduit pour les empereurs, puis appliqué à une foule de citoyens obscurs, et qui finit, dans les derniers temps de la civilisation antique, par descendre avec elle jusque dans les derniers rangs de la société[6].

Je reviens maintenant à la scène qui termine notre bas-relief, et dont le sujet pourrait seul offrir quelque difficulté, par un mélange d'êtres divins ou allégoriques et de personnages réels, étranger au système de composition des trois autres groupes. On y voit un *Jeune Homme*, debout sur un

(1) Voy. planche XXXII, *Orestéide*, p. 164, 165. Je reviendrai sur ce sujet dans les *Additions*.

(2) Voy. planche LXXVII, n. 4.

(3) Sur les diverses formes de cette sorte d'édifices, tels qu'on les voit figurés sur les marbres et sur les médailles d'époque romaine, voy. la dissertation de Venuti, *sopra i Tempietti degli Antichi*, dans les *Atti di Cortona*, t. II, p. 211-224.

(4) Entre autres, le bas-relief de l'autel carré du Capitole, *Mus. Capitol.* IV, 6, et quelques pierres gravées, Winckelmann, *Pierr. de Stosch*, p. 24, n. 5; Millin, *Galer. mythol.* pl. 1, n. 1.

(5) Voy. les exemples qu'en a produits Baudelot de Dairval, dans ses curieuses recherches sur ce point d'archéologie, *de l'Utilité des Voyages*, p. 168, 194, 196, 212 et 219.

(6) L'inscription gravée sur le piédestal offre également des particularités curieuses. Cette inscription a été rapportée par Fabretti, *Inscr.* c. VIII, n. 145, sans aucun détail sur le monument où elle se trouve, et avec cette seule indication : *in hac inscriptione Hortorum de Vecchis ad Avenulam*. Du reste, Fabretti n'a remarqué ici le mot *Doliens*, dont il cite un autre exemple fourni par une inscription sépulcrale, que comme équivalant au mot *Dolitus*, qui se lit sur deux inscriptions du recueil de Gruter, DCCXCIII, 4, et DCCXCIV, 2. J'ajouterai que, sur une inscription publiée par Boldetti, *Osservaz. sopr. i cimiteri*, p. 385, on lit également *Pater doles*, pour *Dolens*, et, sur d'autres marbres antiques provenant aussi des cimetières de Rome, *ibid.* p. 373, *Parentes Dolentes*, et dans Fabretti, p. 580, n. LXXIX, *Parentes fecerant Dolentis*; expressions qui semblent ne laisser aucune incertitude sur le sens qu'offre ici le mot *Doliens* joint au nom de *Cornutus*. Cependant une pierre sépulcrale publiée par Buonarotti, *Vetr. Antich.* p. 166, pourrait faire naître quelques doutes sur une interprétation d'ailleurs si naturelle et si plausible. Cette pierre porte les paroles que voici : IVLIO. FILIO. PATER. DOLIENS, avec l'image grossièrement figurée de *Deux Dolium*. Il est difficile de ne pas admettre, dans ce cas-ci, un rapport entre le nom et le symbole en question, d'après un usage si familier à l'antiquité, et dont il existe tant d'exemples, de joindre au *nom* propre un *signe*, un *symbole* quelconque, qui en fût l'expression figurée; d'où il suivrait que, sur la pierre sépulcrale citée en dernier lieu, le mot *Doliens* serait un nom propre, et les *deux Dolium* qui l'accompagnent une double allusion à ce nom commun aux deux personnes, le *Père* et le *Fils*, nommés dans l'inscription. Toutefois, je pense que le mot *Doliens*, ajouté sur notre inscription à la suite du nom de Cornutus, y figure simplement comme épithète significative exprimant la *douleur* d'un *père*.

bige, ayant à ses côtés un *Vieillard barbu*, qui tient les rênes; au-dessus de ce char vole un *Génie nu, ailé*, portant de ses deux mains un *flambeau allumé*; et devant, marche un *Personnage* vêtu de la *chlamyde* et coiffé du *bonnet* des *Dioscures*, dans une attitude et à une place qui conviennent parfaitement à ces demi-dieux. Enfin, au-dessous des chevaux se montre la partie supérieure d'une Figure de *Femme*, le coude appuyé sur la *terre*, avec son voile qu'elle tient déployé au-dessus de sa tête, et qu'on peut, à tous ces traits, reconnaître en toute assurance pour la *Terre* elle-même personnifiée, telle à-peu-près qu'on la voit sur notre bas-relief relatif à la Thébaïde[1]. Il semble donc qu'une pareille composition ne puisse guère s'expliquer autrement que comme le dernier acte de l'existence, c'est à savoir l'*Homme*, encore adolescent, conduit sur le char d'*Hadès* dans le sombre empire de ce dieu, précédé de l'*un des Dioscures*, accompagné d'*Hespéros*, et reçu au sein de la *Terre*, cette mère commune du genre humain[2].

Il existe enfin un troisième type de composition funéraire, qui offre une combinaison curieuse de traits, en partie nouveaux, en partie empruntés à des représentations déjà connues, et qui semble appartenir à la dernière époque de l'art romain. J'en publie un fragment inédit[3], qui se trouve au musée du Vatican, et où la barbarie du travail n'empêche pas de remarquer avec intérêt des particularités utiles à l'intelligence du génie antique; car les monumens de la décadence, envisagés sous le rapport des opinions, des croyances et des mœurs, dont ils signalent la chute, ont aussi leur mérite; et il n'y a que des esprits étroits et superficiels qui se refusent à la contemplation d'une œuvre de l'art, lorsqu'elle leur offre des imperfections plus ou moins graves, sans égard pour les faits qu'elle constate et pour les notions qu'elle procure[4].

Le fragment dont il s'agit faisait partie d'un bas-relief de sarcophage, distribué en trois compartimens, dont il ne subsiste que le premier et une partie du second, mais qu'il ne serait pas impossible de rétablir par la pensée dans son intégrité, à l'aide de quelques monumens semblables. Quoi qu'il en soit, le premier compartiment de notre bas-relief offre du moins une scène complète, et dont la conservation ne laisse rien à désirer, bien que l'exécution en soit des plus grossières. Cette scène, qui se compose de neuf figures, a manifestement rapport à la *Naissance de l'homme*, représentée, au moyen de deux groupes distincts, à deux époques diverses de l'*Enfance*. Une *Femme*, assise sur un siége à dossier, et coiffée à la manière des *Nourrices*, pourrait être, à ce dernier trait, reconnue pour la *nourrice*, si la présence d'une seconde Femme, sans doute une *Esclave*, debout, le coude appuyé sur le dossier du siége, qui semble se tenir prête à exécuter les ordres de sa maîtresse, n'indiquait que c'est ici la *Mère* elle-même présidant, la *tête couverte d'un voile, capite operto*[5], aux premiers soins donnés à l'enfance. Cette femme, *Mère* ou *Nourrice*, tient un *enfant emmaillotté*, tel à-peu-près qu'on en voit un représenté sur un bas-relief Borghèse, où Winckelmann a vu la *naissance de Télèphe*[6], et telle aussi qu'est figurée la *pierre emmaillottée*, offerte en guise d'*enfant*, à Saturne, sur un autel du Capitole[7]. C'est le premier degré de l'*enfance*, dont le second état est exprimé par le groupe qui suit. On y voit une *Esclave*, occupée à *laver*[8], dans un *large bassin*[9], ce même *Enfant*, déjà délivré des langes du premier âge, et qu'une autre *Esclave* s'apprête à recevoir dans un *linge*, *linteolum*, qu'elle tient déployé des deux mains. Mais ce que notre bas-relief offre de plus curieux, ce sont les *Trois Figures*, debout, sur un second plan, dans lesquelles il n'est pas possible de méconnaître les *Trois Parques*, qui assistent à la naissance de l'homme. La première a le *globe* et le *radius*, à l'aide desquels elle détermine le thème généthliaque de l'enfant nouveau-né; la se-

(1) Voy. planche LXVII A, n. 2. L'explication de ce monument se trouvera dans les *Additions*.

(2) Une image semblable se retrouve sur le bas-relief de Beger, p. 139.

(3) Voy. planche LXXVII, n. 2. Ce bas-relief est placé sous le n. 987, dans la *Loge découverte* qui faisait partie du bâtiment d'Innocent VIII. Il n'en est fait aucune mention spéciale dans *Indicazione del Mus. P. Clem.*, si ce n'est dans cette phrase, p. 72 : « E altri frammenti d'antichi Bassirilievi « rappresentanti Bacchante, Caccie, e Bighe. » Mais ce monument n'avait pas échappé à l'attention de Zoëga, qui en avait fait une description, dont l'extrait est publié par M. Welcker, *Zeitschrift*, p. 212.

(4) Cette observation s'applique sur-tout à la manière aussi tranchante qu'injuste dont un critique, que je ne veux pas nommer, a rendu compte de quelques-uns de nos monumens appartenant à la décadence de l'art grec.

(5) Plaut. *Amphitr.* V, 1, 42.

(6) *Monum. ined.* n. 71.

(7) *Mus. Capitolin.* IV, 6.

(8) C'est en effet l'*esclave* Bromia qui s'acquitte de ce soin dans l'*Amphitryon* de Plaute, V, 1, 50 : *Postquam peperit pueros*, lavere *jussit nos*.

(9) Ce bassin se nommait chez les Grecs χύτλον, Nonn. *Dionys.* XXV, 490, et plus communément λέβης. C'est de ce mot que se sert Pindare, dans un passage où il fait allusion à l'usage exprimé sur notre bas-relief, et où il fait intervenir *Clotho* elle-même pour remplir ce devoir auprès de Pélops nouveau-né, *Olymp.* I, 40 (25, ed. Boeckh) : Ἐπεί νιν καθαροῦ λέβητος ἔξελε Κλωθώ. Chez les Romains, le même *bassin* s'appelait *labellum*, Cicer. *de Divinit.* I, 36, et *alveus*, Ovid. *Metam.* VIII, 652 ; Jul. Capitolin. *in Albin.* c. 3 ; cf. Salmas. *ad h. l.* On sait, du reste, que les Grecs et les Romains se servaient pour le même usage du *bouclier*, *ἀσπίς*, *clypeus*; et rien n'était plus célèbre dans l'antiquité que le proverbe lacédémonien, ἢ τάν, ἢ ἐπὶ τάν, qui se rapportait à cet usage, Schol. Thucyd. *ad* lib. II, 39 ; cf. Interpr. *ad. h. l.* De là peut-être l'intervention de la *Victoire*, tenant un *bouclier levé* au-dessus du trône de Jupiter, dans la scène généthliaque que représente notre bas-relief capitolin, pl. LXXIV, n. 2 ; et la même figure de *Victoire*, portant aussi un *bouclier*, comme pour en couvrir un *enfant nouveau-né*, sur un superbe vase d'onyx qui fait partie d'une collection publique de Berlin, et dont j'ai dû une empreinte à la complaisance de M. Beuth. Je me borne à indiquer ici ces rapprochemens, qui pourraient donner lieu à des recherches intéressantes.

conde, qui porte des *tablettes*, prononce sans doute l'*horoscope;* et la troisième se reconnaît, à la *quenouille* et au *fuseau* qu'elle tient de chaque main, pour la Parque chargée de filer les destinées humaines : d'où l'on voit, par un témoignage irrécusable, puisque notre bas-relief n'a pas subi la moindre restauration, que la présence des Parques, telles qu'elles nous ont apparu sur d'autres compositions analogues à celle-là, tenait à un principe général et à une habitude constante, observés jusqu'à la dernière époque des arts de l'antiquité.

Le second compartiment ne présente plus, dans son état actuel, qu'un groupe d'*Adolescent*, assis sur un char rustique traîné par un *bélier*, accompagné d'un autre personnage, et précédé d'un *jeune Esclave* à tunique courte. Le visage de l'adolescent est resté *brut*, sans doute parce qu'il était destiné à offrir un portrait, ainsi qu'on en a tant d'exemples. Du reste, cette composition ne peut avoir qu'un sens funéraire, d'après le choix de l'*animal* attelé au char, et d'après l'*édicule*, qui indique presque toujours, sur les sarcophages, comme sur les vases peints, un monument sépulcral. Un bas-relief de sarcophage, qui se rapporte, suivant toute apparence, à la même époque de l'art[1], offre pareillement, dans un premier compartiment, *deux jeunes Gens*, assis dans un char traîné par *deux béliers*, avec un cortége funèbre; et dans le second compartiment, l'image d'un *silicernium*, ou *repas funèbre*, telle qu'on la retrouve sur divers monumens[2], et de manière à rendre indubitable le rapport funéraire de ces représentations; d'où je serais disposé à croire que cette même scène de repas funèbre était celle qui venait en troisième lieu sur notre bas-relief; et qu'ainsi ce monument offrait, dans les trois scènes dont il se composait, la *naissance* et l'*horoscope*, la *pompe funèbre* et le *repas des morts*.

§ IV.

Je mettrai fin à ces observations par l'explication d'un beau vase peint inédit, qui sert à justifier ou à éclaircir plusieurs des points que j'ai cherché à établir dans le cours des recherches qui précèdent.

Le vase en question[3], dont la destination funéraire est mise hors de doute par le sujet de sa face postérieure[4], me semble sur-tout d'un haut intérêt par la composition qui en décore la face principale. On y distingue deux ordres de figures. Celui du haut se reconnaîtrait, à ce seul signe, pour une réunion d'êtres surnaturels, quand bien même les *trois Divinités* qui s'y montrent ne seraient pas aussi positivement caractérisées par tous les traits, par tous les attributs qui leur appartiennent. Le personnage principal est *Apollon*, *assis*, la tête *couronnée de laurier*, le bras gauche appuyé sur sa *lyre;* au-dessus est suspendu un *bucrane* orné de bandelettes; manière symbolique d'indiquer un *temple;* et les *deux astres* sont aussi un trait de ce langage symbolique qui a rapport au titre de *Phoibos;* à moins qu'on ne veuille y voir une allusion aux *deux Dioscures*, compagnons d'*Hélios*. A la droite du dieu de Delphes est *Athéné*, *assise* aussi, la *tête nue*, comme nous l'avons déjà vue sur d'autres monumens, *sans égide*, ce qui est plus rare encore, mais non pas sans exemple; appuyée sur son large *bouclier*, avec la *haste* dans la main gauche, et portant sur la main droite le *casque*, son attribut essentiel, de cette manière significative qui doit avoir été l'une des conventions du style hiératique des Grecs. A gauche d'Apollon, la divinité, *assise* comme les deux autres, et conséquemment du même ordre, le bras droit appuyé sur la *ciste mystique*, et tenant de la main gauche sa tunique relevée à la hauteur de l'épaule, attitude consacrée aussi sur les monumens de l'art avec une intention hiératique, semble ne pouvoir être que *Déméter*, la déesse d'Éleusis, placée avec toute sorte de convenance en face de la déesse d'Athènes; et la *lampe*, qui brûle sur une *stèle*, objet neuf et caractéristique, offre une allusion si sensible aux mystères célébrés dans la religieuse horreur du sanctuaire[5], qu'il est difficile de se refuser à une pareille interprétation.

(1) Inghirami, *Monum. ined.* ser. VI, tav. I 4, n. 2.

(2) Sur un autre sarcophage, reproduit aussi par M. Inghirami, *ibid.* ser. VI, tav. Z, n. 1, les deux compartimens, à droite et à gauche de la tablette qui portait l'inscription, offrent également une *Pompe* et un *Repas funèbres*, et aux deux extrémités, les *têtes* du *Soleil* et de la *Lune;* nouvel exemple que je puis ajouter à ceux que j'ai précédemment cités.

(3) Voy. planche LXXVIII. Le vase appartient à D. Aniello Sbani, à Naples.

(4) Cette peinture offre une *stèle* dressée sur une base, ceinte de *bandelettes noires* et *blanches*, et surmontée d'un vase de la forme de *kylix*. A droite et à gauche de la *stèle*, est une Femme, tenant d'un côté une *couronne* et un *tympanum*, de l'autre, un *miroir* et une *grappe de raisin;* tous symboles de l'*initiation* aux mystères dionysiaques.

(5) Voyez entre autres témoignages, celui de l'inscription attique dans Boeckh, *Corp. inscr. gr.* n. 401, p. 449 : Ὃς πλεῖστ' ἀνέφηνε καὶ ὄργια ΠΑΝΝΥΧΑ Μύσταις Εὐμόλπου.

Le second ordre de figures présente une *scène d'initiation*, si bien d'accord avec la scène supérieure, qu'il résulte de ce nouveau rapport une certitude à-peu-près complète. Le *Personnage barbu*, et *couronné de laurier*, assis sur un *trône* à marchepied, et tenant en main le *sceptre*, attribut de sa haute dignité sacerdotale, est évidemment un *Pontife-Roi*; et le *laurier sacré*, qui s'élève à ses côtés, non moins que la *bandelette* suspendue sur sa tête, et la place même qu'il occupe, directement au-dessous d'Apollon, le désigne pour le principal ministre du dieu de Delphes. Si quelque chose pouvait ajouter encore à cette désignation, ce serait la présence de la *Prêtresse*, debout, appuyée sur le *vase d'eau lustrale*, ἀπορραντήριον[1], et tenant en main le *miroir*, autre meuble mystique d'une signification indubitable. Devant le pontife est un groupe de *deux Personnages*, aussi remarquable en lui-même, par tous les détails de l'âge, de la physionomie et du costume, que rare et curieux par l'intention. C'est d'abord un *Vieillard*, à *barbe* et à *cheveux blancs*, le front ceint de *laurier*, s'appuyant sur un *sceptre* richement travaillé, orné de *bandelettes*, et terminé par une espèce de *petit temple à fronton*. Ce vieillard guide par la main et introduit auprès du pontife un *jeune Homme couronné de laurier*, et tenant en main une *branche du même arbre sacré*; et il est impossible de méconnaître, dans un pareil groupe, un jeune *Initié Daphnéphore*, avec le *Pædagogue* remplissant ici la fonction d'*Hiérophante* ou de *Mystagogue*. Je ne crois pas que, sur aucun monument antique, l'initiation du premier âge, telle qu'elle se pratiquait chez les Grecs, et particulièrement à Athènes, se soit produite à des traits plus sensibles, plus caractéristiques. Mais il y a encore dans cette composition une particularité neuve, relative à un usage attique, qui achève d'en établir l'intention de la manière la plus claire et la plus positive.

On sait que c'était une coutume à Athènes d'initier au culte des Déesses d'Éleusis les adolescens, ou même les enfans de familles distinguées, et que c'était auprès d'un *autel allumé* que se pratiquait cette cérémonie. De là les expressions consacrées : ὁ Μυηθεὶς ἀφ' ἑστίας, ἡ Μυηθεῖσα ἀφ' ἑστίας, qui se rencontrent fréquemment sur des marbres attiques érigés à la mémoire de jeunes personnes des deux sexes qui avaient reçu, dans leur enfance, ce premier degré de l'initiation[2]. L'*autel*, avec la *lampe allumée*, tel qu'on le voit figuré sur notre vase, près de *Déméter*, exprime sans nul doute les mots sacramentels ἀφ ἑστίας, de ces inscriptions attiques; et l'*Adolescent*, guidé par le *Mystagogue*, est conséquemment l'*Enfant sacré*, ὁ Παῖς ἱερὸς[3], le *Myste de Déméter*, Μύστης Δηοῦς[4], ou simplement l'*Initié par le feu*, ὁ Μυούμενος ἀφ' ἑστίας[5], dont il est question sur tant de monumens anciens, tous appartenant à l'Attique. C'est donc ici l'un de ces traits de la langue figurée, correspondant à ceux de la langue écrite, dont j'ai déjà cité plus d'un exemple, en même temps qu'un des témoignages les plus positifs de cet usage de l'initiation du premier âge, dont les vases nous ont conservé tant de preuves; et il est maintenant avéré que les vases pareils au nôtre remplissaient, dans les tombeaux de la Grande-Grèce, le même objet que les marbres attiques consacrés à la mémoire des jeunes Athéniens, où se lisait la formule même dont ce vase nous offre l'équivalent en langage de l'art.

(1) Euripid. *Ion.* 435 : ἐλθὼν εἰς ἀπορραντήρια.

(2) *Apud* Boeckh. *Corp. inscr.* n. 393, 406, 443, 444, 445, 448. M. Boeckh a recueilli, *ibid.* p. 445, 446, les principaux témoignages des anciens sur ce point d'archéologie grecque, qu'il a discuté avec beaucoup de clarté, et qui me paraît désormais établi de la manière la plus solide.

(3) Himer. *Orat.* XXIII, 7, 18.

(4) *Inscript. att. apud* Boeckh. n. 390.

(5) Harpocration. v. ἀφ' Ἑστίας. On disait aussi tout simplement ὁ ἀφ' Ἑστίας, et ἡ ἀφ' Ἑστίας, Porphyr. *de Abstin.* IV, 5, pour désigner un *jeune homme* ou une *jeune fille* qui avaient été *initiés* de cette manière.

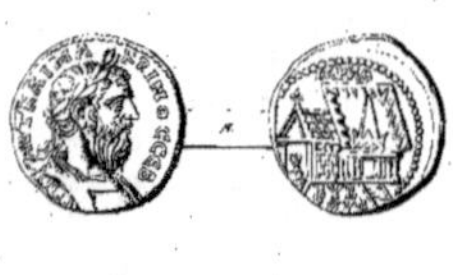

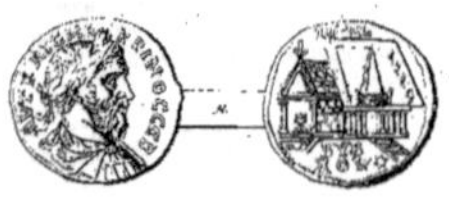

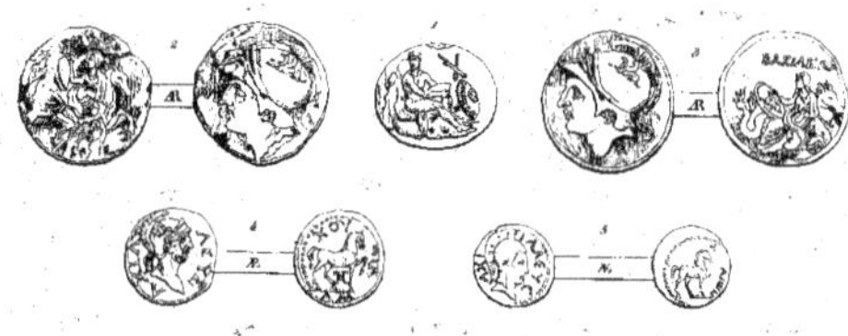

ADDITIONS ET CORRECTIONS.

ACHILLÉIDE.

Pag. 16, lign. 7. — La conjecture que j'exprimais ici, au sujet de la présence de *Nérée entre deux Néréides*, a été justifiée par la découverte d'un vase de Chiusi, où se voient d'un côté *Pélée* conduisant par la main *Thétis* vers le centaure *Chiron*, désignés chacun par leur nom, ΠΕΛΕVΣ, ΘΕΤΙΣ, ΧΙΡΟΣ (pour ΧΙΡΟΝ); de l'autre côté, un *Vieillard chauve entre deux Femmes effrayées*. Il est clair, en effet, que ce groupe ne peut avoir rapport qu'au sujet représenté dans la scène qui précède, et, conséquemment, que c'est le *vieux Nérée avec deux de ses filles*. Cependant M. Inghirami, qui a publié d'abord ce vase dans le *Mus. Chius.* tav. XLVI, XLVII, et qui en a reproduit la peinture principale dans sa *Galler. omer.* tav. CCXXXV, y a vu, sur la foi d'un autre vase, où se lisait de ce côté le nom de ΤVΝΔΑΡΕVΣ, le *vieux Tyndare* entre *Hélène* et *l'une de ses compagnes dansant devant le temple de Diane*; et, fidèle à ses doctrines astronomiques, il a expliqué ce sujet d'après les rapports du nom d'*Hélène* avec celui de *Sélèné*, et du mythe des Dioscures avec le cours du Soleil. Je laisse au lecteur le soin d'apprécier ces théories, que je suis trop loin de partager pour me permettre de les réfuter en détail. Je me contenterai de renvoyer, pour de plus amples renseignemens sur ce sujet, à un savant article de M. de Witte, qui a passé en revue les nombreuses représentations du mythe de *Thétis et Pélée*, la plupart fournies par les vases peints sortis en dernier lieu des fouilles de Canino, de Camposcala, et d'autres endroits de la campagne de Rome; voy. les *Annal. de l'Instit. archéol.* t. IV, pl. XXXVII-XXXVIII, p. 90-128; et *Mus. Blacas*, pl. XI. Tout est maintenant épuisé sur le sujet en question; et le petit nombre de points sur lesquels les monumens récemment découverts ont donné tort à mes opinions en les justifiant sur beaucoup d'autres, n'exige pas que j'y revienne, sur-tout après la savante et judicieuse analyse de M. de Witte.

Pag. 33, lign. 10. — En reproduisant le principal de ces bas-reliefs dans sa *Galler. omer.* tav. CCXXV, M. Inghirami a suivi l'interprétation de Winckelmann, sans tenir aucun compte de la mienne; je me borne à en faire ici l'observation, sans me croire obligé de penser que ce silence de l'antiquaire florentin préjudicie en rien à une opinion qui semble avoir obtenu l'assentiment de M. de Witte, *Annal. de l'Inst. archéol.* t. IV, p. 91, et qui a gagné de ce côté plus qu'elle n'a perdu de l'autre. Je puis ajouter encore que Zoëga avait eu la même idée que moi au sujet du bas-relief publié par Winckelmann; il y voyait *Mars et Ilia*, comme nous l'apprenons de M. Welcker, dépositaire de ses papiers; voy. le *Zeitschrift*, etc. p. 214; et cet accord de mon opinion avec celle de Zoëga m'autorise à y persister.

Pag. 36, not. 1, lig. 33. — J'ai reconnu trop tard que M. K. Ott. Müller avait proposé la même correction dans ses *Æginetica*, p. 160; mais je suis plutôt tenté de m'applaudir de cette faute involontaire, que d'en concevoir du regret, puisqu'elle a été pour moi une occasion d'apprécier le caractère de ce savant illustre, qui, en rendant compte de mon ouvrage dans les *Annonces de Goettingue*, s'était tu sur cette correction qu'il avait faite avant moi, et qui n'en a réclamé la priorité auprès de moi que dans une lettre particulière. J'ai déjà rendu publiquement hommage à cet honorable procédé de l'antiquaire allemand dans une *Lettre* publiée comme *Supplément* au tome Ier des *Annal. de l'Instit. archéol.* p. 421, note 3, et je me plais à consigner ici le témoignage d'un sentiment qui honore à-la-fois dans M. K. Ott. Müller l'homme et le savant. Je rappelle à cette occasion que mon savant confrère, M. Letronne, qui ne se croyait sans doute pas tenu envers moi aux mêmes procédés que l'illustre professeur de Goettingue, a trouvé dans cette correction, dont je n'avais pas eu connaissance, un sujet de critique à me faire; et je remarque qu'au même endroit, en parlant du bas-relief que j'ai publié, pl. VIII, n. 1, il ajoute ces mots : *je crois qu'il a déjà été publié en Italie;* voy. *Journal des Savans*, mai, 1829, p. 292. Or c'est ce dont j'avais averti moi-même, p. 35, note 9; et mon critique m'oppose ici, avec peu de générosité, un renseignement qu'il me devait. Un tort plus grave que je puis reprocher à mon tour à M. Letronne, c'est d'avoir contesté l'exactitude du dessin que j'ai publié du bas-relief en question, en ce qui concerne les *deux bergers*, qui sont *deux enfans*, sur un autre dessin du même bas-relief, au *même endroit*, p. 293, not. 1. Mais, avec un peu plus de connaissance des monumens figurés, M. Letronne aurait su que *deux Enfans* ne pouvaient intervenir à aucun titre dans la représentation du sujet en question, et qu'au contraire on y voit toujours *deux Bergers;* témoin l'autel Casali, du musée du Vatican, pour ne pas citer d'autres monumens pareils; témoin aussi les deniers de la famille Pompeia. Conséquemment, c'est à une méprise de l'auteur de ce *beau dessin* qu'est due la présence de ces *deux Enfans*, qui sont bien certainement *deux Bergers*, sur le marbre original, comme dans la tradition historique.

Pag. 43, not. 4, ajoutez : Je n'ai pas dû alléguer à l'appui de cette explication la pierre gravée du recueil de Gorlæus, II, 522, où *Thétis* tenant un *casque* est accompagnée de l'inscription : ΜΗΤΡΟΣ ΠΗΛΕΙΔΟΥ; la main d'un faussaire est ici trop manifeste pour qu'il n'y ait pas lieu d'être surpris que Wernsdorf ait admis une pareille pièce parmi les ornemens de son recueil, *Poët. latin. min.* t. IV, p. 425. Mais je crois pouvoir rapporter à *Thétis* le type d'une rare médaille de Thessalie, qui n'a pas encore été expliquée, bien que M. Mionnet l'ait décrite et fait graver dans son *Supplément*, t. III, p. 302, n. 234, pl. XII, n. 5. Cette médaille offre, au revers du *Cavalier* marchant à gauche, avec la *causia* en tête, et les *deux javelots* à la main, type proprement thessalien, une *Femme assise* sur un *siége*, tournée à gauche, et tenant des deux mains sur ses genoux un *casque* orné d'un riche cimier, avec les lettres rétrogrades : ΠΕΡΑ, initiales du nom de *Perrhæbia;* voy. la vignette 13, n. 4. Ce type ne saurait mieux, en effet, convenir qu'à *Thétis* tenant le *casque d'Achille*, comme on voit cette déesse portant le *bouclier* du même Héros, sur des médailles de Pyrrhus; et il n'est pas nécessaire de prouver la convenance d'un pareil type sur des monnaies thessaliennes. J'observe, à cette occasion, que la figure de *Femme assise*, avec des symboles divers, qui forme le type de plusieurs médailles de *Larisse*, de Thessalie, doit, suivant toute apparence, s'expliquer de la même manière. Une de ces médailles, décrite par M. de Cadalvene, *Méd. grecq. inéd.* p. 122, n. 3, présente cette *Femme assise* et enveloppée tout entière d'un *serpent*, qui se dresse comme pour la défendre : ce qui offre une image plus en rapport avec le mythe de *Thétis*, tel que nous le connaissons maintenant par tant de monumens, qu'avec la représentation habituelle d'*Hygiée*, que M. de Cadalvene a cru reconnaître sur cette médaille. On en a la preuve, si je ne me trompe, sur une autre médaille de Larisse, où la même *Femme, assise*, non plus sur un *siége*, mais sur un *rocher*, avec le *serpent* qui l'enveloppe de la même manière, a de plus à ses pieds un *dauphin*, animal symbolique, dont la présence ne peut s'expliquer ici que par le mythe de *Thétis*, et qui n'a aucun rapport avec *Hygiée*. Cette médaille a été publiée par M. Millingen, *Anc. Coins of gr. Cities*, pl. V, n. 10, qui s'est trompé en l'attribuant à *Parium*, d'après les lettres : . ΑΡΙ, qu'il a lues ΠΑΡΙ, au lieu de ΛΑΡΙ; et la même erreur avait été commise précédemment par Sestini, en publiant, *Descript. Num. veter.* tab. VII, n. 3, p. 282, n. 13, une médaille à-peu-près semblable, où la légende : . ΑΡΙ. Α, devait se lire ΛΑΡΙΣΑ; attendu que c'est le plus souvent de la même manière que les lettres ΛΑΡΙ et ΛΑΡΙΣΑ se trouvent distribuées sur les monnaies de Larisse, où le mythe de Thétis offrait d'ailleurs un type national; voy. l'observation que j'en ai déjà faite dans le *Journ. des Sav.* 1831, novembre, p. 677. Ce n'est en effet que par la confrontation des monumens du même pays, lesquels présentent le même type, avec plus ou moins de variantes dans les objets accessoires, que l'on peut arriver à une explication certaine de ce type. Sous ce rapport, les deux autres médailles de Larisse, inédites et tirées du cabinet du Roi, que je publie, vignette 13, n°s 1 et 2, se recommandent à l'attention des antiquaires. On y voit, sur la première, une *Femme, assise* sur un *siége*, tenant de la main gauche une *couronne*, de l'autre un instrument qui paraît être un *style*, qu'elle approche d'un *globe*, avec la légende [Λ]ΑΡΙΣΑ; sur la seconde, la même *Femme, assise* et tournée de même, avec la *couronne* dans la main gauche, et la main droite élevée dans la même attitude, sans le *globe*, et avec les lettres : ΛΑΡΙΣ. M. Mionnet, qui a décrit, dans son *Supplément*, t. III, p. 291, n. 177, la première de ces deux médailles, y a vu une *Femme*, tenant de la main droite élevée un *disque* ou un *fruit;* et c'est l'inspection seule de la médaille, dont je donne un dessin fidèle, qui peut permettre de décider jusqu'à quel point M. Mionnet s'est trompé dans sa description. Mais, du reste, cette *Femme*, avec la *couronne* qu'elle tient de la main gauche, et avec le geste qu'elle fait de la main droite, semble ne pouvoir être qu'une figure d'ordre allégorique, telle que la *Muse* ou la *Parque*, assistant aux *Noces de Thétis et de Pélée*, et présageant, à l'aide des symboles qu'elle porte, les destinées du Héros qui en doit naître. De cette manière, le type en question se rapporterait encore au mythe national, aussi bien que la présence de *Thétis* elle-même sur l'autre médaille de *Larisse* et sur celle de *Perrhæbia*. Toutefois, ce n'est encore là qu'une conjecture que je soumets, faute d'une meilleure explication, au jugement des antiquaires.

Pag. 45. — Les critiques auxquelles a donné lieu l'interprétation nouvelle que j'ai proposée de ce marbre Mattei, de la part de M. Hirt, *Berlin. Jahrb.* 1829, p. 637, et l'assentiment qu'elles paraissent avoir obtenu, du moins auprès de M. K. Ott. Müller, qui continue à y voir la fable de *Polyphème*, *Handbuch der Archäol.* § 416, 1, p. 577, m'obligent à affirmer de nouveau, d'après un examen approfondi auquel s'est livré, sur ma demande, l'antiquaire romain, M. Pietro Visconti, que le personnage représenté sur la gravure en *Polyphème*, grâce au *troisième œil* sur le front et au *mouton* qu'il tient à la main, n'a dû qu'au caprice du dessinateur ces signes réputés caractéristiques du personnage du Cyclope. Il est de plus avéré que c'est bien un *éléphant* que porte à la main ce personnage; quant à l'autre animal qui se voit près de lui, la dégradation que le marbre a subie en plus d'un endroit, et notamment dans cette partie du bas-relief, ne permet pas de déterminer avec certitude si c'est réellement un *porc* ou un *sanglier;* mais, en tout cas, la *massue*, la *peau de lion* et le *scyphus* sont des accessoires trop bien constatés et trop convenables à *Hercule*, pour qu'on puisse le méconnaître à de pareils signes : ce point établi, je laisse aux antiquaires à décider si l'on peut admettre pour le bas-relief en question une autre interprétation que la mienne. Je dois pourtant, malgré ma répugnance pour des critiques qui pourraient sembler des récriminations, relever la singulière explication qu'a donnée M. Letronne des deux bas-reliefs du marbre Mattei, *Journ. des Sav.* mai, 1829, p. 295, not. 1. Il a vu dans le premier, au lieu d'*Œdipe devant le sphinx*, un *légionnaire romain que Mercure Psychopompe conduit à l'entrée de la demeure de Pluton, indiquée par un sphinx;* et pour reconnaître ici un *légionnaire romain*, il s'est autorisé d'un marbre du musée royal, qu'il ne cite pas, et d'un autre d'Oxford, n. CXL, qui représente un *repas funèbre*, sans la moindre apparence de légionnaire. Le fait est que cette supposition du critique français, en ce qui concerne le prétendu *légionnaire* conduit par le prétendu *Mercure*, est tellement dénuée de vraisemblance, tellement contraire à toutes les notions archéologiques, qu'elle ne comporte pas une réfutation sérieuse. Mais relativement au sujet d'*Œdipe devant le sphinx*, figuré souvent, comme il l'est ici, sur des monumens funéraires, et jusque sur des lampes sépulcrales, Passeri, *Lucern.* II, CIV, je citerai seulement la peinture du *Tombeau des Nasons*, tab. XIX, où ce sujet est représenté à-peu-près comme sur le marbre Mattei, et, ce qu'il y a de plus remarquable encore, opposé à la *lutte d'Hercule contre Antée*, tab. XIII; de manière à offrir précisément la même image que le marbre en question. Un exemple analogue nous a été offert par un tombeau de Pompeï, orné de représentations en bas-relief, parmi lesquelles figurent *Œdipe devant le sphinx* et *Thésée en repos*; voy. Mazois, *Ruin. de Pompeï*, P. I, pl. XXVI, fig. 2 et 3; deux traits de l'histoire héroïque, dont le choix se rapporte à la même intention que les deux bas-reliefs du sarcophage Mattei. La même pensée se retrouve jusque sur des vases peints, tels que celui du *musée Blacas*, pl. XII, offrant, d'un côté, *Ulysse*, ΟΔΥΣΕΥΣ, nu, le *crédemnon* à la main, jeté par son naufrage sur les côtes des Phéaciens, où *Nausicaa* se sauve effrayée à son aspect; et, de l'autre côté, *Œdipe, vêtu et armé de la double lance*, debout devant le *sphinx*; et il a fallu, de la part de l'interprète de cette peinture, une singulière disposition d'esprit pour approuver, à cette occasion, l'idée de M. Letronne, au sujet du *sphinx que l'on plaçait autrefois à l'entrée de la demeure de Pluton*: idée qui n'a rien à faire dans le cas présent. Je ne nie pas, et je n'ai jamais songé à contester que le *sphinx* ait eu sur les monumens de l'antiquité un sens funéraire; il figure en effet sur les vases peints et sur les bas-reliefs des sarcophages, comme à l'entrée de l'enfer de Virgile, avec cette intention indubitable; c'est une notion si vulgaire qu'elle ne peut être étrangère à personne; et je n'avais peut-être pas mérité qu'on me l'imputât à ignorance, puisque, dans l'explication de l'autel Casali, que j'ai publié, pl. X B, n. 1, j'ai moi-même insisté sur l'intention funéraire du *sphinx* sculpté dans le fronton de cet autel sépulcral, p. 47, not. 3. Mais s'ensuit-il de là que le *sphinx assis* sur un rocher, avec un personnage en costume héroïque, seul, ou suivi d'un second personnage qui tient son cheval en repos, l'un et l'autre debout devant le monstre femelle, n'ait point rapport au mythe d'Œdipe, et qu'on doive voir dans cette représentation un *légionnaire romain* arrêté sur le seuil de la demeure de Pluton, laquelle serait indiquée par le *sphinx?* C'est ce que ni l'interprète du musée Blacas, ni aucun antiquaire ne pourrait certainement soutenir; et c'est pourtant là ce qu'avait avancé M. Letronne. Quant à l'idée de ce savant, suivant lequel *l'autre bas-relief ferait allusion aux lieux où le soldat* (toujours le *légionnaire*) *avait fait la guerre, ce qui établirait entre les deux sujets la relation qui manque dans l'hypothèse de l'auteur* (la mienne), j'en abandonne le jugement à mes lecteurs.

Pag. 49, not. 1, ajoutez à la fin : J'ai reconnu depuis que cette statue avait été trouvée aux environs des Campitelli; c'est ce qui résulte du témoignage de P. S. Bartoli, dans ses *Memorie*, n. 109; et de là il suivrait qu'elle avait autrefois fait partie des monumens exposés sous le portique d'Octavie, comme le présume M. Nibby, *sur* Nardini, t. III, p. 13, not. 1.

Pag. 52, not. 1. — Relativement à cette statue de *Mars assis*, j'ajoute qu'elle était *colossale, colosseus*; et j'observe qu'en fait d'images du même dieu, dans la même position, je n'ai pas eu l'intention de comprendre celles que nous offrent un assez grand nombre de médailles grecques impériales, où *Mars* est représenté *assis* sur un trophée, avec une armure complète, d'après un type analogue à celui de la déesse *Rome*; ces sortes d'images sortant tout-à-fait du domaine de la question actuelle.

Pag. 53, lign. 6. — A l'appui de cette observation que *Mars* est généralement *debout*, sur les monumens grecs de la belle époque de l'art, je puis citer maintenant les belles médailles d'*Aptéra* de Crète, où ce dieu, représenté dans cette attitude, est désigné par le nom ΠΤΟΛΙΟΙΚΟΣ, pour ΠΤΟΛΙΟΥΧΟΣ, que j'ai reconnu le premier sur ces médailles, où l'on avait toujours lu ΠΤΟΛΙΟΣΤΟΥ, Mionnet, *Supplément*, t. IV, p. 304, pl. VII, n. 3; voy. ma *Lettre à M. le duc de Luynes*, où j'ai publié une de ces médailles, inédite, du cabinet du Roi, p. 4, not. 1, et p. 49.

Pag. 55, not. 7, ajoutez : C'était aussi celle de Heyne, dans son *Homer nach Antiken*, Iliad. I, v, p. 29-30, qui s'autorisait à cet égard du sentiment de Winckelmann.

Pag. 67. — L'importance qui s'attache, dans mon opinion, à la détermination de la statue Ludovisi, relativement à toute une classe de figures héroïques dont cette statue faisait partie, m'oblige de revenir encore sur cette question. M. Letronne, dans le *Journal des Savans*, septembre 1829, p. 530 et suiv., et M. K. Ott. Müller, dans les *Götting. Anzeigen*, 1829, 2 avril, p. 535-7, ont contesté l'attribution d'*Achille*, que j'avais cru pouvoir proposer pour cette figure, l'un par des raisonnemens et des exemples tirés en grande partie de mon travail même; l'autre, d'après des considérations qui lui sont propres, et qui attestent une profonde connaissance des monumens antiques. Je ne répondrai ni au premier, qui n'a guère fait que m'opposer les difficultés ou les exceptions que j'avais indiquées moi-même, en essayant d'en rendre compte; ni au second, qui s'est contenté d'exposer quelques élémens d'une théorie générale, sans les appuyer d'une discussion approfondie. Je me contenterai d'ajouter quelques observations nouvelles à l'appui de mes idées, et dans la persuasion intime où je suis resté que la statue Ludovisi est une figure héroïque.

La difficulté de distinguer *Mars* ou *Achille*, le *Dieu* ou le *Héros*, dans cette statue et dans quelques autres encore, constitue un de ces problèmes archéologiques qui touchent au principe même de l'art chez les anciens. La même difficulté existe en effet pour la statue Borghèse, où Visconti reconnaissait *Achille*, et où j'ai cru voir *Mars*; ainsi que pour une autre statue dont j'ai oublié de faire mention, et qui se voit à la villa Albani, où elle est indiquée de cette manière : *Statua di Marte, o più tosto di Achille;* voy. l'*Indicaz. antiq.* de cette villa, p. 41, n. 381. Or, il est certain que de semblables équivoques ne pouvaient avoir lieu dans l'antiquité. Les Grecs, qui possédaient toute une classe nombreuse de statues, dites *Achilleæ*, modelées sans doute d'après ces jeunes Gens récemment admis dans la milice attique, Ἔφηβοι περίπολοι, avaient dû assigner aux figures en question des caractères déterminés d'âge, de physionomie, de constitution, qui ne permettaient pas de les confondre avec les statues d'un ordre idéal, telles qu'étaient celles du dieu Mars. Malheureusement, il nous est resté trop peu de monumens pour que nous puissions apprécier avec certitude ces sortes de caractères, et les appliquer au petit nombre de figures héroïques que nous possédons. Le *Méléagre*, le *Jason*, le *Thésée*, en admettant cette attribution pour le Gladiateur Borghèse, sont à-peu-près les seules statues d'un ordre élevé qui appartiennent à cette classe de figures héroïques; et il m'a semblé que la statue Ludovisi était de la même famille. A l'appui de cette idée, j'ai fait observer que le caractère de cette figure *assise, en état de repos*, son *attitude*, sa *physionomie*, sa *chevelure*, ne convenaient point à *Mars*. A cet égard, la plupart de mes observations sont admises par la critique. M. K. Ott. Müller n'est point favorable à l'idée de Mars; M. Letronne, après s'être opposé autant qu'il a pu à celle d'*Achille*, convient qu'*il est douteux que ce soit Mars;* et il ajoute qu'*il est douteux aussi que ce soit un héros grec;* en sorte qu'on ne voit guère ce que pourrait être, dans l'opinion de l'antiquaire français, cette figure, qui ne serait plus ni un dieu, ni un héros, et qui pourtant doit être quelque chose. Voici quelques idées nouvelles qui pourront aider à la solution du problème.

Les figures héroïques devaient être généralement conçues *debout*, en attitude de repos, comme nous le voyons dans le *Méléagre*, et comme nous en avons un exemple dans la figure du *Héros Golgos*, d'une rare médaille d'Ambracie, que j'ai publiée, *Annal. de l'Instit. archéol.* t. I, pl. XIV, n°s 1 et 2; c'est là, si je ne me trompe fort, un type authentique et, pour ainsi dire, officiel, d'une *statue Achilléenne*. Parmi ces figures héroïques, celles qui appartenaient à des personnages *fondateurs de villes* ou *chefs de colonies*, ΟΙΚΙΣΤΑΙ, étaient représentées *assises*, attitude qui paraît avoir été consacrée pour les divinités ou personnifications locales; et l'on en a des exemples dans le *Héros Céphalos*, des médailles de *Céphallénie*; dans le *Héros Ætolos*, des médailles des Ætoliens; dans le *Héros local*, type des médailles de *Medma*; ou bien elles étaient représentées *en action*, dans l'attitude de ΠΡΟΜΑΧΟΙ, tels que sont les *Héros Ajax*, *Phéræmon*, *Leucaspis*, sur les médailles d'*Oponte*, de *Messine*, de *Syracuse*. Restait une troisième combinaison, qui consistait à représenter ces personnages, soit dans une attitude suggérée par quelque circonstance décisive de leur histoire, comme on en a un exemple dans le *Jason qui rattache sa chaussure*, dans le *Thésée qui contemple les armes de son père*, sujet de tant de pierres gravées; soit dans quelqu'une de ces attitudes significatives en rapport avec telle affection morale, avec telle intention positive, qui constituaient une des conventions imitatives de l'art des Grecs. Telle est la statue du *jeune Héros grec*, du musée du Capitole, III, 61, dont il existe une répétition dans notre musée du Louvre, *Mus. Napol.* t. II, pl. LII, qu'on présume un *Thésée*, et qui pourrait être un *Antiloque*, d'après son attitude, imitée en partie de celle que Polygnote avait donnée à ce personnage, dans ses célèbres peintures du Lesché de Delphes, Pausan. X, 30, 1; voy. Visconti, *Oper. var.* t. IV, pl. XII, p. 156-8. Tel est aussi, à mon avis, le *Héros Ludovisi*, dont l'attitude significative doit, suivant toute apparence, avoir été puisée à la même source.

On a contesté le sens que j'ai donné à cette attitude, *σχῆμα ἀνιωμένου*; mais, en exprimant son dissentiment à cet égard, M. K. Ott. Müller n'en a donné aucune raison, *Handbuch der Archäol.* § 335, 5, p. 417; l'opinion de ce savant, si recommandable qu'elle soit, suffit-elle pour infirmer le témoignage positif de Pausanias? M. Letronne, supposant que Pausanias avait *négligé une circonstance*, ce qui est toujours commode à supposer, établit que c'est sur-tout *par les mains jointes* ou *entrelacées sur le genou* que s'exprimait la douleur; et il cite en preuve la plupart des témoignages que j'avais allégués moi-même. Il existait à cet égard des témoignages plus précis et plus décisifs encore, puisqu'ils s'appliquaient à des statues dont il nous est resté, soit des descriptions, soit des réminiscences; et ces témoignages, qui avaient échappé à la critique de M. Letronne, je les ai produits plus tard, *Odysséide*, p. 277, not. 3, et p. 318. Mais de ce que la circonstance du *croisement des mains* ne se trouve pas dans la statue Ludovisi, c'est-à-dire de ce que cette statue est exactement conforme à la description de Pausanias, s'ensuit-il qu'elle n'exprime pas la *douleur*, comme l'assure Pausanias? C'est ce que pense M. Letronne, et c'est le contraire qu'il faut conclure. Dans l'opinion de ce savant, l'*Achille affligé*, tel que je le suppose, devrait se reconnaître aux traits de la description homérique, *souillant sa tête de poussière*, *ses vêtemens de cendre*, *arrachant sa chevelure*, *se roulant sur la terre en furieux*, etc. Si M. Letronne attend l'apparition d'une statue grecque qui présente toutes ces circonstances, pour y reconnaître le héros d'Homère, j'ai peur qu'il n'obtienne jamais une satisfaction complète. Mais, à défaut d'Achille, ce savant serait assez disposé à trouver l'*Hector affligé*, décrit par Pausanias, dans la statue Ludovisi. Du moment qu'il ne s'agit plus d'Achille, le critique ne semble plus s'inquiéter de l'absence du *croisement des mains*, qui lui avait paru indispensable pour exprimer l'*affliction*. D'ailleurs Hector avait bien pu, suivant lui, être représenté *imberbe*, puisqu'il n'avait que *trente ans* quand il fut tué par Achille; d'où il suivrait que la barbe ne poussait aux héros grecs qu'à l'âge de trente ans. En second lieu, Hector ayant été représenté *sans cheveux*, d'après un passage de Philostrate le jeune, auquel on suppose que je n'ai pas fait attention, rien n'empêche plus qu'on reconnaisse ce héros *sans cheveux* dans la statue Ludovisi. A cela je dois répondre que je n'avais pas ignoré ce passage de Philostrate, puisqu'il est cité dans le paragraphe de Winckelmann, *Monum. ined.* n. 135, où sont allégués la plupart des témoignages antiques relatifs à ce point d'archéologie. Mais je m'étonne qu'un philologue aussi habile que M. Letronne ait pu interpréter les paroles de Philostrate, *μετ' οὐλῃμιᾶς κόμης*, assez littéralement pour y voir un héros *sans cheveux*, ce qui offre, il faut en convenir, une singulière image. Pour ne nous arrêter ici qu'à la grammaire, on sait que, dans l'usage de la langue, les mots *κουρὰ* et *κόμη* sont toujours opposés l'un à l'autre pour signifier, le premier, une *chevelure courte* et presque *rase*, Pollux, II, 33 : *χρὴ κείρειν, κείρεσθαι, κουρά*; l'autre, une *chevelure abondante et touffue*, souvent même *disposée avec art*, *οὐ τέρπουσι κόμαι με περισσότεροί τι κίκιννοι*, Straton. *Carm.* XXXIV, dans Brunck, *Analect.* II, 367; *compositas arte comas*, *Anthol. lat.* lib. III, n. CXCIX, p. 636. La même différence existait entre les mots *κουρεῖν* et *κομᾶν*, au témoignage d'Hésychius, *v. κουρεῖν*; cf. Wyttenbach. *ad* Plutarch. *Animadv.* 1, 349; et c'est cette circonstance qu'avait en vue Philostrate, en s'exprimant comme il le faisait au sujet de la chevelure d'Hector. Mais, du reste, qu'Hector n'ait pas été *sans cheveux*, comme le dit M. Letronne, c'est ce qui résulte du témoignage bien autrement décisif de Pollux, sur une espèce de coiffure dite *Hectoréenne*, Ἑκτόρειος κόμη, *laquelle était élevée au-dessus du front et éparse sur la nuque*, Pollux, II, 30; c'était une de ces coiffures dont on se servait pour les masques scéniques appropriés à chaque personnage héroïque; et je pourrais supposer à mon tour que ce passage de Pollux avait échappé à l'attention de M. Letronne, si je me permettais de pareilles suppositions. Du reste, le critique qui se montre si disposé à retrouver tous les caractères d'*Hector* dans la statue Ludovisi, ne dit rien du *petit Amour*, qui lui paraît offrir une si grave difficulté dans l'hypothèse d'*Achille* : ne pourrait-il au moins nous apprendre ce qu'il ferait de cet *Amour* dans l'hypothèse d'*Hector*? car, si habile qu'on soit à montrer le vice des idées d'autrui, on n'y réussit complètement qu'à la charge d'en proposer de meilleures; et la science n'avance tant soit peu qu'entre les mains des critiques dont le mérite ne se borne pas à détruire tant bien que mal ce qu'on a fait avant eux, mais qui savent aussi dans l'occasion y substituer quelque chose de leur façon.

Les objections de M. K. Ott. Müller, infiniment plus graves, méritent aussi une réponse plus sérieuse. Relativement à l'*attitude*, dont le sens ne lui paraît pas si rigoureux que je l'ai cru, il m'oppose le groupe de la frise du Parthénon, attendu qu'il ne devait se trouver dans toute cette frise *aucun personnage affligé*, *kein ἀνιώμενος*; mais où ce savant a-t-il pu puiser une semblable notion? Et jusqu'à ce qu'il ait déterminé avec certitude le nom des deux personnages du groupe en question, et le sujet de ce groupe, comment pourrait-il affirmer que l'un des deux ne soit pas un *personnage affligé*? J'ajoute que nous avons acquis, sur notre vase de Bernay, où *tous les Héros grecs* qui entourent le corps de Patrocle expriment, chacun par une attitude différente, l'*affliction* qui leur est commune à tous, une preuve nouvelle et indubitable que l'attitude décrite par Pausanias avait bien le sens qu'il lui attribuait, puisque cette attitude est précisément celle de *Phœnix*, le plus vieux, le plus intime des amis d'Achille, celui qui sympathisait le mieux avec la douleur du héros, et qui se trouve placé directement en face de lui. Quant à l'application de cette attitude faite à Achille lui-même, j'en puis citer encore un autre exemple, d'après une pierre gravée inédite, de travail grec, que possède M. le duc de Luynes, et que cet illustre antiquaire m'a permis de publier; voy. la vignette n. 15, fig. 1. On y voit représenté, à-peu-près comme sur les pierres publiées par Beger, par Smids et par Gori, y compris celle du recueil de Gorlæus, II, 538, qui paraît être une autre répétition du même sujet, un *Héros grec nu, la chevelure courte, en signe de deuil*, κουρὰ πένθιμος, *assis sur un rocher, tenant de ses deux mains, au-dessous du genou, sa jambe gauche élevée*, ayant près de lui ses *armes*, c'est à savoir un *bouclier* et un *parazonium*. Or, qui pourrait méconnaître à de pareils traits le Héros représenté dans la statue Ludovisi? et quel est, entre tous les héros grecs celui à qui la réunion de tous ces caractères conviendrait mieux qu'à *Achille?* M. K. Ott. Müller exigerait, pour voir Achille dans cette statue, qu'il y fût représenté avec cette *chevelure relevée sur le haut du front*, cet ἀναχαιτίζειν τὴν κόμην ἐς τὸ ὄρθιον, qui formait un des principaux traits de sa figure idéale, suivant des écrivains du dernier âge de la littérature grecque, tels que Philostrate le jeune, *Imag.* c. I, et Héliodore, *Æthiop.* II, 35. Mais c'était parmi les filles de Lycomède qu'Achille, déguisé en femme, se faisait reconnaître à un pareil indice; et c'était en effet dans une telle circonstance qu'il convenait de le montrer avec la *chevelure abondante* qu'il nourrissait pour en faire hommage au fleuve de son pays, suivant la coutume grecque; tandis que la circonstance où le représente, selon moi, la statue Ludovisi, c'est-à-dire, *affligé de la mort de Patrocle, dont il médite la vengeance*, exigeait que le Héros eût les *cheveux courts*, conformément à un autre usage grec. En admettant cette donnée, M. K. Ott. Müller eût voulu que l'artiste l'eût exprimée *autrement et plus clairement*. Mais quelle manière plus claire de l'exprimer, à moins de représenter Achille *la tête absolument rasée?* ce qui pouvait, à la rigueur, avoir lieu sur une représentation du genre de celle de notre ciste mystique, et non sur une figure telle que la statue Ludovisi.

Il resterait encore à justifier, dans l'hypothèse d'Achille, la présence du *petit Amour*, qui offre certainement, dans toute supposition, une difficulté assez grave. Cette difficulté, je ne l'ai point dissimulée, tout en essayant de la résoudre. L'explication que j'en ai donnée a paru à M. Letronne *trop recherchée, trop peu dans l'esprit de l'antiquité*; c'est une opinion contraire à la mienne; et voilà tout. J'ai cité des monumens pour prouver que cette manière de représenter allégoriquement des affections de l'âme était dans le génie de l'antiquité; et mon critique n'en a cité aucun pour appuyer son sentiment. Mais j'ajoute que cette intention de fournir des consolations à Achille, soit après l'enlèvement de Briséis, soit après la mort de Patrocle, se retrouve jusque dans Homère, *Iliad.* XXIV, 128, au point qu'elle avait scandalisé les philosophes, tels que Plutarque, *de audiend. Poët.* § XI, 115, ed. Hutten. : πάλιν αἴσχιστα δοκεῖ τὸν υἱὸν ἡ Θέτις ἐφ' ἡδονὰς παρακαλεῖν, καὶ ἀναμιμνήσκειν ἀφροδισίων. D'Homère à Plutarque, cette idée avait traversé assez de siècles pour avoir eu le temps de devenir populaire; et il n'y aurait rien de surprenant, rien de contraire à l'esprit de l'antiquité, quoi qu'en dise M. Letronne, à ce qu'elle eût été réalisée par quelque artiste, de la manière que nous le voyons dans la statue Ludovisi.

Quant aux caractères iconographiques que l'art des Grecs avait dû approprier à la *tête d'Achille*, et qui pourraient offrir un moyen sûr de reconnaître ce héros dans la statue en question, je me bornerai à produire les seuls monumens qui nous en soient restés, monumens nouveaux aussi bien qu'authentiques. Telle est une belle médaille de Pyrrhus, roi d'Épire, dont je ne connais encore que deux exemplaires, l'un au cabinet du Roi, mais dans un état de conservation assez défectueux, qui se fait sentir dans la description de M. Mionnet, t. II, p. 64, n. 22; l'autre, beaucoup mieux conservé, qui se trouve dans ma collection, tous les deux encore inédits, et que je publie, vignette n. 15, fig. 2 et 3. Je présume que cette médaille fut frappée à Syracuse ou à Locres, dans le cours de la domination de Pyrrhus en Sicile; c'est une question que j'ai discutée à fond dans un *Mémoire* lu à l'Académie des belles-lettres, *sur les médailles siciliennes de Pyrrhus, roi d'Épire*. Je me bornerai donc à décrire ici la médaille en question, l'une des plus belles que je connaisse de toute la numismatique grecque. On y voit, sur la face principale, une *tête Héroïque, jeune et imberbe, casquée*, et tournée à gauche, avec la lettre A, initiale du nom ΑΙΑΚΙΔΗΣ, gravée dans le champ au-dessous de cette tête. Le revers offre *Thétis voilée*, assise sur un *Hippocampe*, qui va de gauche à droite, et soutenant de la main droite un *grand bouclier*, avec la légende ΒΑΣΙΛΕΩΣ ΠΥΡΡΟΥ (monnaie) *du Roi Pyrrhus*. Or, d'après une pareille représentation, l'on ne peut douter que la *tête Héroïque*, gravée de l'autre côté, ne soit celle d'*Achille*, dont l'image fournissait en effet, sur la monnaie de l'Æacide Pyrrhus, le type le plus convenable à tous égards.

Un autre *portrait d'Achille*, moins douteux encore, puisqu'il est accompagné de son nom, écrit en toutes lettres, ΑΧΙΛΛƐVC, mais bien moins intéressant, parce qu'il appartient à la dernière période de l'art antique, se trouve sur des médailles de bronze de Thessalie, frappées, à ce qu'on peut présumer d'après le nom du magistrat ΝΙΚΟΜΑΧΟΥ, sous le règne d'Hadrien. Une de ces médailles avait été publiée parmi les incertaines du recueil de Hunter, tab. 68, fig. V; une autre, mieux conservée, faisait partie de la collection de feu M. Allier d'Hauteroche, où elle est gravée, pl. V, n. 17. Il s'en trouve une inédite au cabinet du Roi, que je publie, vignette n. 15, fig. 4, et le même type est reproduit sur une autre médaille de plus petit module, appartenant à la même contrée, et tout-à-fait nouvelle, que l'on trouvera gravée sur la même vignette, fig. 5. Sur toutes ces monnaies, la tête du *Héros jeune et imberbe*, ἀνίουλος, se montre couverte d'un *casque*, orné d'un *Pégase*, symbole connu d'apothéose, et le caractère n'en diffère de celui de la tête gravée sur la médaille de Pyrrhus, qu'autant que l'art même diffère entre les siècles de Pyrrhus et d'Hadrien. Du reste, il est important d'acquérir, par des monumens numismatiques produits à diverses époques de l'antiquité, la preuve authentique qu'il existait pour la figure d'*Achille*, comme pour tant d'autres figures héroïques, un de ces types consacrés dont j'ai établi l'existence par de nombreux exemples; voy. *Odysséide*, p. 244 et suiv.; et c'est un nouveau portrait de convention ajouté à notre galerie héroïque.

Pag. 68. — Depuis la publication de l'*Achilléide*, la science s'est enrichie de plusieurs monumens nouveaux relatifs à la fable d'*Achille à Scyros*, qui rendent nécessaires de ma part quelques observations sur ce point d'antiquité figurée.

J'aurais pu citer un de ces monumens trouvé en France et anéanti par l'effet de cette malheureuse incurie et de cette ignorance barbare qui règnent encore dans nos provinces; c'était une mosaïque qui fut découverte, en 1773, dans une vigne à Sainte-Colombe, près de Vienne, et que le propriétaire détruisit lui-même pour se délivrer des visites des curieux qu'elle lui attirait. Millin, qui en vit un dessin conservé dans le cabinet d'un amateur du pays, et dont je serai réduit à citer à mon tour la description, y reconnut du premier coup d'œil le sujet d'*Achille à Scyros*. Le *jeune Héros*, vêtu d'une longue tunique, vient de saisir une *lance*; un *bouclier* est à ses pieds, avec un *calathus* renversé. La princesse et ses femmes, ce sont les expressions de Millin, témoignent l'effroi que leur cause cette ardeur guerrière; *Ulysse* se réjouit du succès de sa ruse, et *Agyrtès* fait résonner la trompette pour exciter au plus haut degré les transports du héros; *Voyage dans le midi de la France*, t. II, p. 17. D'après cette description de Millin, on voit que la composition de cette mosaïque devait offrir beaucoup d'analogie avec celle de notre bas-relief Pamfili, pl. XII, en ce qui regarde l'action et le mouvement d'*Achille*, l'attitude d'*Ulysse* et la présence d'*Agyrtès*; ce sont là, en effet, sur la plupart de ces monumens d'époque romaine, les élémens principaux et les traits caractéristiques de la représentation de ce sujet.

Nous en avons acquis une représentation toute nouvelle par un bas-relief d'un sarcophage récemment trouvé à Barile, dans la Basilicate, et que j'ai publié dans les *Annales de l'Institut archéologique*, t. IV, tav. agg. D et E, p. 321-333. Le sujet d'*Achille à Scyros* s'y présente avec des variantes considérables dans la composition aussi bien que dans les détails, sur lesquelles je n'ai plus maintenant à m'expliquer, puisque c'est une tâche que j'ai déjà remplie le moins imparfaitement qu'il m'était possible. Il y a pourtant un point qui a été contesté dans cette explication, et sur lequel il ne sera pas hors de propos de revenir; mais auparavant je dois faire connaître un autre bas-relief relatif au même sujet, et provenant aussi d'un sarcophage, qu'il m'a été permis, par l'Institut archéologique, de publier, d'après un dessin dont je lui ai dû la communication : double motif de reconnaissance que je me plais à consigner ici.

Ce sarcophage, appartenant à M. Vescovali, est celui dont j'ai parlé, et que j'ai sommairement décrit dans les *Annales*, t. IV, p. 380 : on peut maintenant vérifier cette description d'après la gravure que j'en public, pl. X B, n. 2. Les figures sont au nombre de *onze;* c'est à savoir, d'un côté, les *sept Filles de Lycomède*, dont le nombre se trouve ainsi d'accord avec la tradition la plus générale; voy. *Achilléide*, p. 69, not. 2; de l'autre, les *trois Héros grecs*, *Ulysse*, *Agyrtès*, et *Diomède* dont la figure a presque entièrement disparu; et dans l'intervalle qui sépare ces deux groupes distincts, *Achille entièrement nu*, à la réserve d'un petit manteau flottant sur son bras droit, le bras gauche déjà chargé d'un large bouclier, s'élançant de sa couche efféminée avec un mouvement d'une véhémence extraordinaire, qui exprime sensiblement la circonstance indiquée par le proverbe grec, le *Saut Pélasgique*, le *Saut d'Achille*, Πελασγὸν ἅλμα, Lycophr. v. 245, et Schol. *ad h. l.*, τὸ Θετταλικὸν πήδημα, Euripid. *Andromach.* 1139, et *Electr.* 439. Cette attitude expressive, si bien d'accord avec le proverbe grec, dont elle était en quelque sorte la traduction graphique, avait dû constituer, pour le personnage d'Achille, dans la circonstance dont il s'agit, une de ces traditions imitatives qui contribuèrent si puissamment à l'intelligence et à l'effet des compositions de l'art antique, jusqu'au dernier terme de sa carrière. De là aussi l'expression pittoresque, *immanis gradu*, employée par Stace dans la même circonstance, *Achilleid.* II, 209, et que j'avais eu raison de rapporter à l'attitude en question, *Achilléide*, p. 70, sans citer à l'appui les témoignages d'Euripide et de Lycophron, qui m'avaient échappé, et qui changent ma conjecture en certitude.

Le *lit* sur lequel Achille était assis est un élément neuf et curieux de la représentation que nous offre notre bas-relief, ainsi que le meuble d'usage domestique, le *miroir*, qui se voit aux pieds du héros. Le même moyen, employé pour caractériser le groupe des héros grecs, ajoute également à cette partie du bas-relief un nouveau motif d'intérêt et de clarté. C'est un *casque*, et plus loin une *cuirasse*, placés à terre entre les jambes d'*Ulysse* et de *Diomède;* objets dont la seule présence suffit pour indiquer le stratagème par lequel Achille vient d'être rendu à lui-même et à la Grèce qui le réclame. Le succès de cette ruse ingénieuse est d'ailleurs indiqué de la manière la plus expressive par la présence du troisième personnage placé entre Ulysse et Diomède, qui se reconnait pour *Agyrtès*, à la manière dont il embouche la trompette, et à toute son attitude, qui avait fait de cette figure un type consacré, en même temps qu'un élément caractéristique dans la représentation de ce sujet. Tel est en effet le mérite de ces combinaisons de l'art antique, que cette figure d'Agyrtès, bien que dépouillée par l'effet de la vétusté de la plupart de ses caractères, se trouve aussi positivement déterminée, sur notre bas-relief, que si elle était intacte.

Nous en avons une preuve nouvelle sur la peinture récemment découverte à Pompeï, qui représente le même sujet, mais encore d'une manière différente des compositions déjà connues. Celle-ci, qui est décrite par M. le chanoine Jorio, dans son *Guide pour la galerie des Peintures anciennes*, 2ᵉ édit. p. 88, n. 1542, et dont j'ai une copie fidèle sous les yeux, grâce à la complaisance de M. C. Bonucci, se recommande à plusieurs titres à l'attention des amis de l'art. Le personnage d'*Ulysse* saisissant fortement du bras droit celui d'*Achille*, que retient de l'autre côté un personnage subalterne, offre une image neuve que rehausse le dessin mâle et vigoureux de cette figure, et l'expression admirable de sa tête. Achille, encore à demi vêtu d'une tunique de femme en désordre, a déjà saisi d'une main le *parazonium*, et de l'autre un *grand bouclier* argolique, sur lequel est représenté, en figures d'or sur le fond de bronze, le groupe si connu d'*Achille et Chiron :* emblème ingénieux qui suffirait seul à caractériser le sujet. Sur le sol sont épars un *casque*, un *vase*, et d'autres objets, qui indiquent le stratagème employé par Ulysse. Sur le second plan apparaissent un *Vieillard barbu* portant un sceptre, qui doit être, non pas le roi *Lycomède*, comme l'a supposé l'antiquaire napolitain, mais *Nestor*, chef de l'ambassade envoyée au roi de Scyros; et une *Femme*, sans doute *Déidamie*, qui s'éloigne avec des vêtemens en désordre et dans une attitude qui exprime le trouble et la surprise. Deux figures de *Guerriers grecs* remplissent, avec des détails d'architecture intéressans pour la représentation du *Gynæcée*, le fond de la peinture, où l'on remarque encore dans le haut, à gauche du spectateur, la *trompette* embouchée par *Agyrtès*. Mais la *tête* de ce personnage a subi le sort de tout ce côté de la peinture, où se trouvait une partie de la figure d'Achille lui-même. Ce morceau ayant souffert durant la fouille, on crut devoir le scier, en ayant plus d'égard pour la régularité du cadre que pour celle de la composition; et c'est à cette opération, dont il y a malheureusement plus d'un exemple parmi ces peintures antiques enlevées des murs de Pompeï, que l'on doit la mutilation de la tête d'Agyrtès et celle de la jambe droite d'Achille. Il ne reste donc aujourd'hui que la *trompette* pour constater, sur cette peinture, la présence d'Agyrtès; mais cet objet suffit, à défaut du personnage même, pour établir de plus en plus l'intervention généralement admise de ce personnage dans les représentations diverses du sujet en question.

Ces nouveaux témoignages, joints à celui de la mosaïque décrite par Millin, sont la meilleure réponse que je puisse opposer aux difficultés qu'a trouvées M. de Clarac dans mon explication du bas-relief du musée du Louvre, pl. XXII, où j'avais cru reconnaître, p. 71-72, *Achille au milieu des filles de Lycomède*, tandis que, dans l'opinion de Visconti, adoptée et soutenue par son continuateur, ce bas-relief représente *Apollon en compagnie de trois Muses;* voy. ses *Mélanges d'antiq. gr. et rom.* p. 14-17. Or, pour se prononcer avec certitude entre l'une et l'autre hypothèse, il convient d'être bien fixé sur le caractère de *la figure*, qui, *le casque en tête, embouche une trompette, et qui pourrait être une Victoire ou un Héraut;* ce sont les propres expressions de M. de Clarac, et c'est aussi l'alternative qu'il propose au sujet de cette figure, dont le sens ne lui paraît pas bien déterminé, et dont la présence, dans une composition relative à Apollon et aux Muses, ne lui semble pouvoir s'expliquer que par l'intention de *proclamer quelque succès littéraire obtenu par celui auquel on consacrait le monument.* Je n'insiste pas sur ce que cette manière de *proclamer un succès littéraire au son de la trompette*, par le moyen d'un *personnage casqué*, qui serait *une Victoire*, ou un *Héraut*, offre d'incohérent en soi et de peu conforme aux habitudes de l'art antique. Mais je dois dire, et je puis affirmer, d'après l'examen attentif que j'ai fait du bas-relief dont il s'agit, que le personnage en question est bien réellement un *Guerrier* portant un *casque* et une *cuirasse;* d'où il résulte, aussi bien que de l'attitude même de ce personnage, et de la place qu'il occupe dans une composition du genre de celle-ci, que ce ne peut être qu'*Agyrtès*, tel absolument qu'on le voit figuré dans la plupart des représentations du sujet d'*Achille à Scyros*. Cela posé, l'hypothèse de Visconti tombe nécessairement d'elle-même, et sans qu'il soit besoin de discuter les raisonnemens plus ou moins spécieux, plus ou moins étrangers à la question, produits par M. de Clarac à l'appui de l'opinion de son maître et de la sienne. Mais il est un autre point sur lequel je dois savoir gré à cet antiquaire d'avoir relevé une erreur que j'avais commise; c'est au sujet de la figure que j'avais prise pour *Ulysse*, p. 72, not. 2, et qui est représentée avec un *casque en tête* sur le dessin que j'ai publié. M. de Clarac observe que ce personnage est *une Femme*, et *une Femme âgée, qu'il est aisé de reconnaître*, ajoute-t-il, *à la draperie, espèce de cécryphale qui lui enveloppe les cheveux*. La hauteur où ce bas-relief est placé, et l'éloignement où il se présente, avaient trompé mon dessinateur, et m'avaient induit moi-même à faire une supposition mal fondée. En examinant de près le monument, j'ai reconnu que la figure en question est effectivement une *Femme âgée*, comme le dit M. de Clarac, dans le costume propre au personnage de la *Nourrice*, et avec l'espèce de draperie sur la tête qui est la coiffure habituelle de cette sorte de figures sur la plupart des monumens de l'art antique. Mais de ce fait positivement établi comme il l'est actuellement, et de la présence même de la *Nourrice* dans une scène semblable, il résulte une preuve nouvelle et péremptoire, que le fragment de bas-relief qui nous occupe appartient à l'une des compositions si nombreuses de la fable d'*Achille à Scyros*; et l'on a lieu d'être surpris qu'après avoir reconnu ici une *Nourrice*, comme il avait déjà reconnu un *Hérault embouchant la trompette*, deux personnages en quelque sorte obligés dans une composition de ce genre, M. de Clarac ait persisté à y voir *Apollon en compagnie de trois Muses*. Quelle que soit au reste l'opinion de cet antiquaire, je crois devoir persévérer dans la mienne, avec l'assentiment de M. Welcker, *Ann. de l'Inst.* V, 159; et je soutiendrai même, avec plus de confiance que jamais, que notre bas-relief du Louvre représente *Achille à Scyros*, et non pas *Apollon en compagnie de trois Muses*, y compris un *Hérault* et une *Nourrice*.

C'est ici qu'il convient d'examiner en peu de mots l'opinion exprimée par un autre antiquaire, au sujet d'une des figures du sarcophage de Barile, laquelle étant *couverte d'un voile qui l'enveloppe tout entière* m'avait paru, à ce titre, pouvoir être regardée comme l'*âme* de la défunte, *Metilia Torquata*, figurant, sur le second plan, dans le nombre des filles de Lycomède; voyez les *Annal. de l'Instit. archeol.* t. V, p. 164-166. On ne saurait nier, en effet, que l'*âme humaine* ne soit habituellement représentée, sur les bas-reliefs des sarcophages, comme sur les peintures des tombeaux, par une *Femme voilée*. Outre les exemples que j'ai indiqués, et auxquels je dois ajouter le beau sarcophage de la galerie de Florence, Zannoni, *Galler. di Firenze*, ser. IV, t. III, tav. 153, je puis citer encore un curieux bas-relief du musée de Mantoue, où se voit une *Femme entièrement voilée*, debout, près du trône de *Pluton*, en la présence duquel elle vient d'être conduite par *Mercure Psychopompe*; *Mus. di Mantova*, tav. 3; sujet à-peu-près pareil à celui d'une peinture du *Tombeau des Nasons*, tab. VIII, et que l'interprète du musée de Mantoue a eu tort de rapporter à la fable d'*Orphée*, au lieu d'y voir une de ces images générales employées à la décoration des monumens funéraires. Ces exemples suffisaient pour rendre mon opinion plausible, à défaut d'une explication plus satisfaisante que l'antiquaire des *Annales* s'est chargé de donner. Il y voit aussi une *ombre*, c'est-à-dire l'*âme humaine séparée du corps*, sous les traits d'une *Femme voilée*; mais, observant que le mot grec qui désigne cette espèce d'*ombre* est *évidemment σκιά*, et que de ce mot grec se forme l'adjectif *σκίερς, obscur*, il en conclut que l'auteur de notre bas-relief a voulu personnifier, par cette figure voilée, *l'île de Scyros*, Σκύρος, lieu de la scène représentée. Or, j'avouerai avec regret, mais avec franchise, que je ne saurais voir, dans un pareil système d'interprétation, qu'un fâcheux abus des ressources de l'étymologie, plus propre à faire rétrograder la science ou à l'égarer, qu'à la pousser dans les voies de la vérité et du progrès. D'abord, il n'est pas exact de dire que σκιά soit le mot grec habituellement employé pour signifier l'*ombre*, en tant que représentant l'*âme humaine séparée du corps*; l'expression la plus commune est εἴδωλον, ou ψυχή; et l'on trouverait plus souvent encore, dans le langage ordinaire, des exemples de φάσμα, φάντασμα, ὄψις, que de σκιά, pour exprimer la même image; il suffit, pour s'en convaincre, de parcourir les premiers chapitres du livre de Phlégon de Tralles, où sont rapportés plusieurs de ces contes populaires relatifs à des *apparitions d'âme humaine*; Phlegon. Trallian. *de Mirabil.* c. I et II, ed. Bast. 1822. En second lieu, l'adjectif σκίερς, dérivé de σκιά, n'est pas grec; c'était du moins σκιερός qu'il fallait dire; et puis quel rapport y a-t-il entre σκιερός, *umbrosus*, et Σκύρος, nom de l'*île de Scyros*? Et pourquoi l'artiste, voulant personnifier l'*île de Scyros*, se serait-il servi de la figure d'une *Femme voilée de la tête aux pieds*, qui était le type consacré pour représenter l'*âme humaine*, au lieu de suivre l'exemple de la peinture décrite par Philostrate le jeune, *Imag.* I, où cette personnification même de Scyros, conforme au système général de l'antiquité, était figurée par une *Héroïne*, *la chevelure entremêlée de jonc, vêtue d'une étoffe bleue* (et non pas *brune*), tenant d'une main un *rameau d'olivier*, de l'autre un *cep de vigne*; type si bien approprié à une localité pareille? L'opinion exposée par l'antiquaire des *Annales* me paraît donc contraire à toutes les règles de la langue écrite, comme à toutes les notions de celle de l'art; et j'ai dû la réfuter, bien moins encore dans l'intérêt de ma propre opinion, qui me touche peu, et dont je ne songe pas à m'établir le champion, que dans l'intérêt de la science, véritablement compromis, à mes yeux, par des interprétations aussi basardées.

C'est encore dans cet intérêt de la science, que j'ai toujours voulu servir, suivant mes faibles ressources, par la publication de monumens nouveaux, bien plus que par des opinions plus ou moins neuves, plus ou moins heureuses, que je vais faire connaître ici en peu de mots un vase peint, inédit, relatif à la fable d'*Achille à Scyros*, et le seul des monumens de ce genre qui nous ait offert cette fable intéressante. Le vase dont il s'agit provient d'une fouille entreprise à Corneto par M. Fossati; j'en ai fait mention, *Odysséide*, p. 346, not. 1, et j'en publie le dessin, pl. LXXX; en voici la description :

Les figures, au nombre de dix, s'y succèdent sans interruption, sur une seule ligne, bien qu'elles forment deux groupes distincts, de cinq figures chacun, couvrant les deux moitiés de la circonférence du vase, et représentant deux scènes diverses. Le dessin de ces figures, et la fabrique même du vase, n'annoncent pas une belle époque de l'art; mais le double sujet qui s'y voit représenté, avec des circonstances toutes neuves, lui donne, sous ce rapport, un intérêt que n'ont pas des vases d'un style plus élégant et d'une exécution plus soignée. La première scène offre un *Guerrier jeune* et *imberbe*, couvert de son armure complète, c'est à savoir du *casque*, de la *cuirasse*, des *cnémides*, de la *lance* et du *bouclier*, s'élançant, *d'un pas immense, immanis grado*, au milieu de *quatre Femmes*, placées deux à deux, de chaque côté, dans des attitudes presque symétriques, qui expriment l'étonnement ou la crainte. Au seul aspect de cette composition, à l'attitude de ce guerrier, seul entre quatre Femmes qui fuient éperdues, à ce *saut gigantesque*, qui rappelle le πελαργὸν ἅλμα, trait particulier à Achille, il semble qu'on ne puisse méconnaître ici le moment où le jeune Héros, revêtu de ses armes, s'élance tout entier aux combats qui l'appellent, du sein de la famille désolée de Lycomède. Le sujet de la seconde composition, certainement relative au même Héros, ajoute d'ailleurs à cette conjecture le plus haut degré de probabilité; et je présume, de plus, que cette représentation d'*Achille à Scyros*, telle qu'elle est figurée sur notre vase, et réduite à cinq figures par le défaut d'espace, était imitée des *danses mimiques*, dont ce trait mythologique était un des sujets habituels, au témoignage de Lucien, *de Saltat.* 46, t. V, p. 151, Bipont. Ἀχιλλέως ἐν Σκύρῳ παρθένευσις. Du moins, cette explication me paraîtrait-elle plus probable que l'opinion qui verrait dans ce *Héros armé* ce que Lycophron appelle, v. 249, ὀρχηστὴς Ἄρης, c'est-à-dire, une de ces images de *danse pyrrhique*, ὄρχησις ἐνόπλιος, *bellicrepa saltatio*, Heliodor. *Æthiop.* III, 10; Fest. *v. Bellicrepa*, qui, du reste, n'étaient point étrangères à la race d'Achille. Du moins, l'ordonnance symétrique de cette composition, les mouvemens parallèles et pour ainsi dire cadencés des quatre Femmes, sans compter l'attitude mimique du Héros, me semblent-ils répondre assez bien à l'idée que nous devons nous faire de ces danses grecques héroïques, dont les vases peints nous ont sans doute conservé un bien plus grand nombre de réminiscences qu'on ne l'imagine.

L'autre scène, représentée à la suite de celle-ci, sur la partie correspondante du vase, et conçue pareillement dans un système de symétrie qui décèle la même origine, nous montre *Achille*, *assis* dans sa *tente*, et absorbé tout entier dans la douleur que lui cause la mort de Patrocle. La *tente* est indiquée par la *colonne dorique* surmontée de *triglyphes*; manière abrégée de représenter un édifice, d'ordre public ou privé, autre qu'un *tombeau* ou l'*édicule funèbre*, dont la présence s'annonce constamment, sur les vases peints, au moyen de l'*ordre ionique*. La *douleur d'Achille* est exprimée dans ce même langage symbolique de l'antiquité, *par l'ample pallium qui l'enveloppe tout-entier*, tel en effet qu'il devait être, *absorbé dans le deuil*, et se *couvrant la tête de ses vêtemens*, ἀμφιθεὶς πέπλοις κάρα, Euripid. *Hecub.* 432, συγκεκλεισμένος πέπλοις, *ibid.* 487. Derrière le jeune Héros, abîmé dans la douleur, le *vieux Phœnix* se reconnaît sans difficulté dans la figure du *Vieillard chauve et barbu*, et appuyé du bras gauche sur le *bâton noueux*, dans cette attitude significative dont j'ai établi l'intention et l'usage; voy. *Odysséide*, p. 250 et suiv. Les autres personnages de cette curieuse composition sont *trois Femmes*, portant l'armure divine d'Achille; c'est à savoir *Thétis*, avec la *lance* et le *bouclier*, une *Néréide*, avec le *casque*, et la seconde *Néréide*, avec les *cnémides* qu'elle tient dressées sur une espèce de meuble, nommée sans doute κνημιδοθήκη; ce même meuble, avec les *cnémides* qu'il soutient, est figuré aux pieds d'un personnage bachique qui porte des deux mains une *cuirasse*, sur un vase peint d'une collection particulière de Saint-Pétersbourg, dont la gravure orne le titre du second volume de l'édition de Nonnus, publiée par M. Græfe, Lips. 1826; et l'on sait d'ailleurs, par les témoignages de Pollux et des autres grammairiens grecs, qu'il existait, pour chaque pièce d'armure, des meubles du genre de celui-ci, et nommés, à raison de chacune de ces armes, δουρατοθήκη, ὁπλοθήκη, κρανοθήκη, etc. vid. Polluc. VII, 157; X, 142, et Interpret. *ad hh. ll.* Quoi qu'il en soit de cette circonstance, la composition qui nous offre ici Thétis et deux de ses sœurs portant l'armure d'Achille, et Achille lui-même, absorbé dans la douleur, avec le vieux Phœnix pour unique témoin de son deuil, cette composition, dis-je, rapprochée de celle qui précède, et qui montre le même personnage dans une action si différente, l'une et l'autre conçues, à ce qu'il paraît, dans un système imitatif, emprunté de celui des danses mimiques, m'a paru présenter à un assez haut degré les divers motifs d'intérêt qu'on peut trouver à l'étude des vases peints. Celui-ci a été récemment acquis pour la collection du Louvre.

Pag. 68, not. 2, ajoutez à la ligne 4 : Je n'ai pas dû comprendre en effet, parmi ces monumens poétiques, les deux petites pièces de vers de Tzetzès, *Chiliad.* IV, 16, 996-1007, et VIII, 226, 793-800. Mais j'aurais pu citer le poëme latin intitulé : *Verba Achillis in Parthenone*, publié dans le recueil de Wernsdorf, t. IV, P. II, p. 425-438.

Pag. 74, not. 4, ajoutez : M. Inghirami a publié deux fois cette peinture, *Galler. omer.* tav. XXI et CCXLVI, t. I, p. 61-63, et t. II, p. 231; chaque fois avec une explication différente.

Pag. 85, not. 5. — J'ai dû renoncer à l'idée de publier le vase de M. de Serradifalco, puisque cet illustre amateur a pris lui-même ce soin, qui lui convenait mieux qu'à personne; voy. son *Illustrazione di un antico vaso fittile*, Palermo, 1830. Quant au vase du musée Biscari, j'aurais dû observer que M. Hirt en avait fait mention dans son *Bilderbuch*, I, 66, et qu'il y avait vu *Mercure apportant à Jupiter les âmes d'Achille et d'Hector*; ce qui serait une parodie de la psychostasie. Mais cette idée ne me semble pas fondée; et je me crois d'autant plus autorisé à persister dans mon opinion, que j'ai reconnu depuis que M. K. Ott. Müller avait expliqué le vase en question de la même manière que moi; voy. ses *Dorier*, I, 457, et II, 356. C'est encore là un point sur lequel je m'étais rencontré, sans le savoir, avec le célèbre antiquaire de Goettingue; et c'est aussi une circonstance dont j'ai lieu de me féliciter.

Pag. 86, lign. 20, après le mot *scorpion*, ajoutez la note suivante : Sur un des vases récemment découverts à Canino, *Catalogo di scelte Antichità*, etc. n. 1381, p. 112, un *combat de deux Guerriers*, dont l'un porte pour emblèmes sur son *bouclier* un *scorpion*, et sur son *casque* un *loup*, pourrait être, à ce double signe, rapporté au *combat d'Achille et d'Hector*; bien que l'intervention du *Hérant* élevant son *caducée* entre les deux adversaires, et la présence de *Minerve* tenant dans la main gauche une *fleur de grenadier*, soient deux circonstances difficiles à concilier avec le fait homérique.

Pag. 87, lig. 31, à la suite des mots *tunique longue et serrée*, ajoutez : Cette tunique est celle des Ἡνίοχοι, *Aurigæ*, de profession; j'aurais dû en faire l'observation, qui n'a pas échappé à M. Inghirami, *Galler. omer.* tav. CCXI, t. II, p. 177, non plus qu'à M. Ang. Mai, *Iliad. Fragm. Ambros.* Proœm. p. XXIV-XXV.

Pag. 89, lig. 13, après les mots *sacrifice humain offert à ses mânes*, ajoutez la note suivante : Je me trompais en disant que nous ne possédions aucune représentation de ce sujet sur un monument antique. Il existe, en effet, parmi les marbres d'Oxford, un bas-relief qui doit avoir formé le couvercle d'un grand sarcophage, et qui a rapport à ce trait de l'Iliade; voy. *Marmor. Oxon.* part. II, tab. LIV, n. CXLVII. La composition, consistant en dix-huit figures plus ou moins endommagées qui se succèdent sur le même plan, offre trois groupes principaux, ou plutôt trois scènes distinctes; c'est à savoir, dans la première, à gauche du spectateur, le *Cheval de bois* qui vient d'être introduit dans les murs de Troie, et que traînent, à l'aide de câbles qui y sont attachés, trois personnages en attitudes diverses et en costume phrygien; dans la seconde, qui occupe à-peu-près le centre du bas-relief, *Achille égorgeant les captifs troyens*, au nombre de *trois*, *sur le bûcher de Patrocle*, avec deux personnages placés en arrière, et comme prêtant leur ministère à ce sanglant sacrifice; dans la troisième enfin, qui est la dernière à droite, *Achille traînant le corps d'Hector attaché à son char*, entre plusieurs figures dont il est difficile, vu l'état du monument, de déterminer avec certitude la part qu'elles prennent à cette action, excepté celle du personnage *renversé à terre* sous les pieds des chevaux, et dont l'attitude semble exprimer la *terreur* dont il est saisi ; motif équivalent à celui que nous ont offert nos vases peints pour exprimer la même idée.

Pag. 113, not. 2, ajoutez : J'observe que M. Éd. Gerhard, qui a fait mention de ce monument dans son *Prodrom.* p. 109, not. 212, admettait encore les deux figures en question pour *deux Vénus*; avec le nom d'*Éris* : opinion qui me semble tout-à-fait inadmissible, quand bien même on n'adopterait pas la mienne, toute fondée qu'elle est sur la lecture indubitable des noms étrusques ERIS et THETIS. Je remarque encore que mon illustre ami, M. Boettiger, en déclarant inintelligibles le nom et le sens même de ces figures, ce qui résulterait en effet de la manière dont il lit et interprète, avec Lanzi, les inscriptions étrusques, *Ethes* et *Eris*, sans compter la faute commise dans la transcription du nom de *Minerve*, *Meurta*, au lieu de *Menrfa*, a manqué cette fois de la sagacité et de la justesse d'esprit qu'il possède à un si haut degré ; voy. son *Hercules in Bivio*, p. 29-31.

ORESTÉIDE.

Pag. 121, not. 3, ajoutez : M. Creuzer a reproduit, parmi les monumens ajoutés à l'appui de sa *Symbolique*, l'urne étrusque dont il s'agit, avec la même explication de *Sacrifice expiatoire*, *Sühnopfer*; voy. pl. LVIII, p. 61 ; c'est une méprise dont il est permis de s'étonner, et qu'il n'en est que plus nécessaire de relever de la part d'un savant de ce mérite.

Pag. 128, lig. 23 : *carquois*, lisez *arc*.

Pag. 132, not. 4, ajoutez : Cette inscription avait été publiée d'abord, mais peu exactement, par Reinesius, cl. XI, n. LVI, p. 627, qui la donne, sur la foi d'un voyageur, d'après un marbre existant alors à Constantinople. Ce doit donc être un des marbres apportés du Levant par quelqu'un des voyageurs français qui y furent envoyés à plusieurs reprises, par les ordres et aux frais du grand roi Louis XIV, pour y recueillir des monumens antiques de toute espèce.

Pag. 140, lign. 7, *fragment de siége*; ajoutez la note suivante : Cette conjecture m'avait semblé d'abord justifiée par une curieuse peinture de vase grec, que j'ai cru devoir publier d'après un calque qui m'en a été envoyé de Naples ; voy. pl. LXXVI, n. 8. Cette peinture, qui forme le col d'un vase, représentant, dans sa partie principale, le mythe de Persée et de Méduse, se rapporte évidemment au trait de l'histoire d'*Oreste réfugié dans le sanctuaire de Delphes*, tel que nous l'avons vu figuré sur plusieurs de nos monumens. Ici, le *Fils d'Agamemnon* se montre agenouillé sur une *base ornée de bandelettes*, avec le *glaive nu* qu'il tient d'une main, et le *fourreau* de l'autre, comme pour repousser l'*Euménide*, qui le menace du *flambeau* qu'elle lui présente de la main droite, et du *serpent* qu'elle porte dans l'autre main. Du côté opposé, la *Femme* qui s'éloigne, en tenant de la main droite un objet figuré comme un *fragment de siége*, pourrait être reconnue, à ce signe, pour *Clytemnestre*, tenant en main l'instrument du crime qu'elle a aidé à commettre sur la personne d'Agamemnon. Nous avons déjà vu le même personnage apparaître sur un de nos vases, représentant le même sujet, pl. XXXV, p. 194 ; et sa présence, dans la scène dont il s'agit, avec le meuble symbolique que j'ai cru voir à sa main, n'aurait sans doute rien que de conforme aux principes de l'art antique. Toutefois, j'observe que ce meuble offre à-peu-près la même forme que celui qui est porté par une *prêtresse*, sur plusieurs vases peints, Passeri, *Pict. Etr. in vasc.* III, CCXCV; *Vases de Lamberg*, II, XXIV, et qui paraît être une *clef de temple*; conséquemment, l'attribut de la personne gardienne du sanctuaire, en qualité de κλειδοφύλαξ ; voy. les observations qui ont été faites à ce sujet, *Odysséide*, p. 307, not. 2. Le nouvel exemple que nous fournit notre peinture viendrait à l'appui de cette explication, puisque l'objet en question servirait ici à caractériser la *prêtresse de Delphes*, dont le sanctuaire est indiqué par les *deux tiges de laurier* et par le *demi-pilastre dorique*; et j'avoue que je pencherais davantage pour cette seconde supposition.

Pag. 141, not. 5. — J'aurais dû citer en première ligne, à l'appui de cette *colonne* surmontée d'un *globe*, comme constituant un type funèbre, le vase du recueil de M. Maisonneuve, pl. X, qui offre la même image avec cette intention si positive ; voy. à ce sujet les observations que j'ai faites dans le *Journ. des Sav.* 1828, décembre, p. 710.

Même note, lig. 15 : *tav. L* 2, lisez *Z* 2.

Pag. 144, not. 4, lign. 3. — On a contesté le sens que j'ai donné à ces expressions d'Æschyle, Ἑστίας μεσομφάλου, en les interprétant, tout au contraire, par un *autel avec un ombilic au milieu*, *expression qui*, ajoute l'auteur de cette critique dans le style qui lui est propre, *ne peut embarrasser même le plus mince archéologue*; voy. les *Annal. de l'Instit. archéol.* t. II, p. 142. Bien que cette expression ne doive guère embarrasser l'archéologue en question, d'après son propre aveu où éclate toute sa modestie, je suis pourtant forcé de convenir que je comprends difficilement comment un *autel avec un ombilic au milieu* aurait pu servir à l'usage de l'*hestia*, c'est-à-dire du *foyer*, pour lequel il fallait nécessairement une *cavité* au lieu d'un *ombilic*. Mais, sans nous arrêter à cette difficulté, je me borne à soutenir le sens que j'ai donné aux paroles d'Æschyle, c'est à savoir, d'un *autel placé au centre de l'habitation*. C'est là en effet une notion conforme à tous les usages de la haute antiquité grecque, exprimée par Virgile en des termes équivalens, *Æneid.* II, 512, *ædibus in mediis*, termes rappelés par Blomfield dans sa note sur ce passage d'Æschyle ; ce qui prouve qu'il l'avait entendu comme moi, et ce qui me justifie de l'avoir entendu de cette manière. Le mot grec μεσόμφαλος se prête certainement à cette interprétation tout aussi bien qu'à l'autre ; et l'image que ce mot présente a trop de rapport avec une des opinions les plus populaires chez les Grecs, celle de l'*ombilic de Delphes*, représentant le centre de la terre, pour ne pas fournir un motif de plus à l'appui de notre manière d'expliquer cette expression d'Æschyle. Du reste, c'est un fait attesté par des témoignages positifs, que l'*autel domestique*, ἑστία, se plaçait *au centre de l'habitation*, κατὰ μέσους ἱδρῦσθαι τοὺς οἴκους, Phornut. *de Diis*, c. Vesta, *apud* Vales. *ad* Harpocrat. *v.* ἀφ' Ἑστίας ; et de pareilles autorités suffisent, à défaut de toute autre raison, pour défendre mon interprétation contre une critique superficielle.

Pag. 148, not. 1, lign. 6 : Ἀνάγης, lisez Ἀνάγκης.

Même page, même note, lign. 36 de la seconde colonne. — J'ai commis ici une erreur, que je répare, en citant le vase de Canosa, où la *Furie* qui tourmente *Sisyphe* est armée d'un *fouet*; voy. Millin, *Vases de Canosa*, pl. III.

Pag. 151, not. 1, lig. 8 de la seconde colonne, ajoutez : Ailleurs encore, *Hecub.* 386 et 435, Euripide appelle πυρὰν Ἀχιλλέως, le *cénotaphe* de ce héros.

Pag. 153, not. 4, lign. 13, ajoutez : Il y a pourtant quelques restrictions à faire ici ; d'après l'exemple d'Anthémion, cité par Pollux, VIII, 131 ; cf. Jacobs. *Anthol. Pal.* vol. III, part. III, § VIII, p. 766, 14 ; voy. à ce sujet les nouvelles observations que j'ai faites, *Odysséide*, p. 289, not. 2.

Pag. 165, ajoutez à la fin du premier paragraphe : La question qui vient d'être discutée ici, contradictoirement avec M. Thiersch, a donné lieu à cet habile et savant antiquaire de publier sur ce sujet une lettre qu'il m'a fait l'honneur de m'adresser, et qui est insérée dans le *Kunstblatt*, 1831, n. 53, p. 209-212. L'auteur y maintient la dénomination de *Pénélope*, qu'il avait d'abord assignée à cette statue d'après des motifs très-plausibles, et qui m'avaient paru tels à moi-même, ainsi qu'ils l'ont semblé à M. K. Ott. Müller, qui a reproduit la statue du Vatican, d'après le dessin que j'en ai publié, sous le nom de *Pénélope*, dans son choix de *Monumens de l'art antique*, pl. IX, n. 35. Les observations nouvelles exposées par M. Thiersch à l'appui de sa première idée n'y ajoutent pas, à mes yeux, beaucoup de poids ; ce sont plutôt des critiques de mon opinion, sur le mérite desquelles il ne m'appartient pas de prononcer ; car il n'y a que le public qui soit juge en dernier ressort dans ces sortes de controverses ; et je dois m'interdire ici toute espèce de récrimination qui n'aurait pas pour objet un intérêt scientifique. Je me contenterai donc de dire qu'après un mûr examen de la statue qui nous occupe, je me suis décidé en faveur de l'opinion qui y voit *Pénélope* plutôt qu'*Électre* ; mais c'est moins encore, je l'avoue, par les raisonnemens de M. Thiersch que par la connaissance d'un monument nouveau, que j'ai été ramené à cette opinion.

Le monument dont il s'agit est un bas-relief dont le dessin se trouve dans le recueil de monumens inédits formé par Millin. C'est de ce recueil, que j'ai déjà mis plusieurs fois à contribution, qu'est tiré le dessin que je publie, pl. LXXI, n. 1 ; car j'avoue que je ne connais pas le marbre original ; mais il semble que la longue expérience acquise par Millin permette d'admettre avec confiance un monument tel que celui-là, dont la composition offre d'ailleurs tous les caractères de l'antiquité. J'y reconnais, dans une espèce de temple indiqué par deux colonnes doriques, et par un entablement du même ordre avec triglyphes, *Homère assis* sur une *base*, dont le devant est orné d'un *griffon ailé*, l'animal symbolique d'Apollon. Derrière le poète divin, vêtu dans le costume ordinaire des philosophes, et tenant de la main gauche un objet mal déterminé, qui paraît être une *patère*, s'élève un *Hermès de philosophe* ; sans doute pour indiquer que l'influence du génie d'Homère avait fécondé le domaine entier de l'intelligence humaine, dans la sphère des études philosophiques comme dans celle de l'imitation ; et l'on sait d'ailleurs que les Hermès d'hommes illustres étaient l'ornement habituel des temples et des lieux consacrés, dans l'antiquité grecque. Les personnages placés en regard de celui d'Homère viennent à l'appui de cette explication, d'après les rapports manifestes qu'ils offrent avec le divin auteur de l'*Iliade* et de l'*Odyssée*. Je vois, dans la figure du personnage soutenant de la main droite un *masque tragique* attaché à une *longue haste*, de laquelle pend un *parazonium*, une représentation allégorique, qui ne peut avoir eu d'autre objet que d'indiquer, par la *haste* et le *parazonium*, le caractère guerrier de l'épopée iliaque, et par le *masque scénique*, l'influence que ce grand drame de l'Iliade avait eue sur l'origine et sur le développement de la tragédie grecque. Une image à-peu-près pareille s'est rencontrée sur un bas-relief Ruspoli, maintenant au musée Borgia du Vatican, publié par Winckelmann, *Monum. inéd.* n. 72, qui était resté long-temps incertain entre plusieurs fables mythologiques pour en expliquer le sujet, et qui s'était déterminé à la fin en faveur de *Télèphe reconnu par Augé*. On y voit comme ici un personnage d'une moindre taille, c'est-à-dire d'un ordre subalterne, tenant des deux mains une *longue haste*, dont la pointe est tournée en bas, et de chaque côté de laquelle pendent un *bouclier* et un *parazonium* ; manière d'indiquer les travaux guerriers du personnage, représenté debout, dans le *costume héroïque*, avec son *cheval* près de lui. C'est évidemment un sujet funéraire conçu d'après le type habituel des compositions qui représentent un *adieu suprême*. L'attitude de la *Femme assise*, la manière dont le *Héros debout* prend congé d'elle en lui touchant la main, la présence du *cheval*, l'*arbre* avec le *dragon des Hespérides*, ne peuvent s'expliquer que dans cette hypothèse, dont le seul énoncé suffit pour détruire toutes les suppositions de Winckelmann ; et l'on y remarquera de plus, à cause du rapport qu'elle offre avec la manière de représenter l'Iliade sur notre bas-relief homérique, la circonstance du trophée militaire soutenu par un personnage subalterne. Mais, pour revenir à notre bas-relief, l'objet qui m'y paraît le plus caractéristique et le plus digne d'attention, c'est la *Femme* qui s'y voit placée vis-à-vis d'Homère. Cette femme est enveloppée tout entière d'un long péplus, telle à-peu-près qu'apparaît, sur deux belles peintures de Pompeï, *Pénélope* debout, ayant en main les instrumens de son travail nocturne, et s'entretenant avec *Ulysse* assis sur un tronçon de colonne ; voy. le *Real Mus. Borbon.* t. I, tav. agg. B, et Jorio, *Peint. anc.* n. 1546, p. 90. *Pénélope* se reconnaît ici à tous les détails du costume et de l'attitude ; elle est *assise* sur un *siége*, sous lequel est placé le *calathus*, meuble dont on ne peut méconnaître l'intention symbolique, et que nous avons déjà vu, à une pareille place, dans le fragment du musée Chiaramonti. La manière dont la reine d'Ithaque s'appuie de la main gauche sur le siége qui la porte, rentre absolument dans le type adopté pour la figure de Pénélope, tel que nous le retrouvons sur le bas-relief de terre cuite et dans les deux figures du Vatican ; ce qui devient une nouvelle preuve de la justesse de cette attribution, et ce qui fournit en même temps un nouvel exemple de ces attitudes consacrées, fait important pour l'histoire de l'art antique ; que je me flatte d'avoir contribué plus que personne à établir d'une manière certaine. Mais ce qui achève de montrer que c'est bien Pénélope qui est représentée dans l'attitude en question sur notre bas-relief, c'est la présence de la petite figure d'*Enfant endormi*, la *tête appuyée sur la main gauche* : moyen ingénieux et naïf d'indiquer le travail nocturne auquel se livrait la mère de Télémaque, pendant que son jeune fils s'abandonnait au sommeil. L'auteur de notre bas-relief a donc voulu personnifier en quelque sorte l'*Odyssée*, dans un de ses motifs les plus touchants, sous les traits de *Pénélope*, comme il avait exprimé le caractère martial de l'*Iliade* par la *lance* et l'*épée*, et son influence sur le théâtre par le *masque tragique* : en sorte que toutes les images accessoires se rapportent parfaitement ici au sujet principal, qui est l'*apothéose d'Homère*.

C'est à cette occasion que j'ai cru devoir publier un autre bas-relief qui offre, à mon avis, le même sujet différemment conçu ; ce monument, de marbre et de travail grecs, fait maintenant partie du cabinet de M. Révil à Paris ; il venait d'une collection particulière de Venise, où il avait été sans doute apporté de la Grèce, comme tant d'autres marbres qui se voyaient naguère à Venise, et qui s'en éloignent peu à peu avec la fortune. On le trouvera dessiné avec tout le soin possible par un artiste habile, feu M. Vauthier, dont cette belle lithographie a été l'un des derniers travaux ; voy. planche LXX. La composition de ce bas-relief a beaucoup d'analogie avec celle de l'*apo-*

théose d'Homère, telle que la présente le célèbre marbre Colonne, maintenant au musée Britannique; voy. Noehden, *über die Vergoetterung Homer's*, dans le *Kunstblatt*, 1821, n. 70 et 71. Le motif principal, qui est le *sacrifice* offert à *Homère déifié*, s'y montre, de part et d'autre, à-peu-près de la même manière; mais, du reste, le *Prêtre* et les *Ministres* du sacrifice, avec la foule des *Assistans*, et sur-tout la *Femme*, debout près du poète divin, portant la main droite à un segment de sphère dressé sur une stèle, sans doute la *Poésie*, ou l'*Éternité* personnifiée, offrent des images toutes différentes, sur l'interprétation desquelles je n'ai pas l'intention de m'arrêter, et qu'il me suffit d'avoir signalées à l'attention des antiquaires.

Pag. 166, not. 6, ajoutez : Ce groupe vient d'être de nouveau publié dans le *Real Mus. Borbon.* t. IV, tav. VIII, avec une courte explication de M. Finati.

Pag. 171, not. 1, ajoutez : M. K. Ott. Müller est d'avis que ce fragment faisait partie d'une composition représentant le *supplice de Marsyas*, et qu'il occupait le milieu du bas-relief. A l'appui de cette ingénieuse conjecture, le savant antiquaire cite le bas-relief Borghèse du même sujet, Winckelmann, *Monum. ined.* n. 42, Millin, *Galer. myth.* pl. XXV, n. 78, où Apollon et Artémis paraissent effectivement dans la même attitude. Mais il y aurait encore quelque difficulté à expliquer, dans cette hypothèse, la présence de la figure qui tient une espèce de *cercle zodiacal* au-dessus de la tête d'Apollon, et qui ne peut guère être la *Victoire*; bien que cette désignation, proposée aussi par M. K. Ott. Müller, soit assez plausible en elle-même, et qu'elle se trouve d'accord avec les représentations des vases peints.

Pag. 188, not. 3, ajoutez : Plusieurs des idées qui précèdent doivent être modifiées d'après les nouvelles observations exposées dans l'*Odysséide*, p. 329.

Pag. 190, à la suite de la note. — Je dois à l'amitié d'un jeune voyageur français, M. de Cadalvene, qui a parcouru plusieurs fois la Grèce européenne et asiatique pour y faire des collections d'antiquités, et particulièrement de médailles, l'avantage de publier ici trois inscriptions grecques inédites, qui ont rapport, comme celle-ci, à la famille des Dynastes de Carie, et qui, en ajoutant des faits neufs et curieux au petit nombre de notions que nous possédons sur l'histoire de ces princes, me permettent de rectifier sur quelques points l'interprétation que j'avais donnée de notre inscription de Tralles. Voici ces inscriptions, telles que les copia M. de Cadalvene; il les trouva gravées sur une seule table de marbre, qui est aujourd'hui placée dans le cimetière arménien, près des ruines de l'antique Mylasa.

I.

ΕΤΕΙΤΡΙΗΚΟΣΤΩΙΚΑΙΕΝΑΤΩΙΑΡΤΑΞΕΡΞΕΥΣΒΑΣΙΛΕΥ
ΟΝΤΟΣΜΑΥΣΣΩΛΛΟΥΕΞΑΙΘΡΑΠΕΥΟΝΤΟΣΕΔΟΞΕ
ΜΥΛΑΣΕΥΣΙΗΕ// ΛΗΣΙΗΣΚΥΡΙΗΥ/Ι/ΕΝΟΜΕΙ/ΗΣΚΑΙΕΠ
ΚΥΡΩΣΑΝΑΙΤΡΕΙΣΦΙΛΑΙΕΠΕΙΑΗΑΡΑΙΣΣΙΣΟΥΣΣΩΛΛΩΙ
ΒΕΥΣΕΚΑΙΕΠΕΒΟΥΛΕΥΣΕΜΑΥΣΣΩΛΛΩΙΟΝΤΙΕΥΕΡΓΕΤΗ
ΤΗΣΠΟΛΕΩΣΤΗΣΜΥΛΑΣΕΩΝΚΑΙΑΥΤΩΙΚΑΙΤ. . .
ΕΚΑΤΟΜΝΩΙΚΑΙΤΟΙΣΠΡΟΓΟΝΟΙΣΤΟΙΣΤΟΥΤ/ΝΚΑΙΒΑΣΙΛΕΥΣ
ΑΔΙΚΕΙΝΚΑΤΑΓΝΟΥΣΑΡΑΙΣΣΙΝΕΞΗΜΙΩΣΕΘΑΝΑΤΩΙ
Γ//ΑΞΑΙΚΑΙΤΗΝΠΟΛΙΝΤΗΝΜΥΛΑΣΕΩΝΠΕΡΙΤΩΝ
ΚΤΗΜΑΤΩΝΕΚΕΙΝΟΥΚΑΤΑΤΟΥΣΝΟΜΟΥΣΤΟΥΣΠΑΤΡΙΟΥΣ
ΚΑΙΠΡΟΣΘΗΤΑΠΟΙΗΣΑΝΤΕΣΜΑΥΣΣΩΛΛΩΙΕΠΑΡΑΣ
ΕΠΟΙΗΣΑΝΤΟΠΕΡΙΤΟΥΤΩΝΜΗΤΕΠΡΟΤΙΘΕΝΑΙΕΤΙ
ΠΑΡΑΤΑΥΤΑΜΗΔΕΝΑΜΗΤΕΕΠΙΨΕΦΙΞΕΙΝΕΙΔΕΤΙΣ
ΤΑΥΤΑΠΑΡΑΡΑΙΝΟΙΣΕΞΩΛΗΓΙΝΕΣΘΑΙΚΑΙΑΥΤΟΝ
ΚΑΙΤΟΥΣΕΚΕΙΝΟΥΠΑΝΤΑΣ

II.

ΕΤΕΙΤΕΤΡΩΚΟΣΤΩΙΚΑΙΩΜΠΤΩΙΑΡΤΑΞΕΡΞΕΥΣ
ΒΑΣΙΛΕΟΝΤΟΣΜΑΥΣΣΩΛΛΩΥΕΞΑΙΘΡΑΠΕΥΟΝΤΟΣ
ΕΔΟΞΕΜΥΛΑΣΕΥΣΙΕΚΛΗΣΙΗΣΚΥΡΙΗΣΠΕΝΟΜΕΝΗΣ
ΚΑΙΕΠΕΚΥΡΑΣΑΝΑΙΤΡΕΙΣΦΙΛΑΙΤΟΥΣΠΕΛΑΡΜΟΥΣ
ΠΑΙΔΑΣΠΑΡΑΝΟΜΗΣΑΝΤΑΣΕΣΤΗΝΕΙΚΟΝΑ
ΤΗΝΕΚΑΤΟΜΝΩΑΝΔΡΟΣΠΟΛΛΑΚΑΙΑΓΑΘΑΠΟΙΗΣΑΝ
ΤΟΣΤΗΜΠΟΛΙΝΤΗΜΜΥΛΑΣΕΩΝΚΑΙΔΟΡΩΙΚΑΙΕΡΓΩΙ
ΑΔΙΚΕΙΝΚΑΙΤΑΙΕΡΑΑΝΑΘΗΜΑΤΑΚΑΙΤΗΜΠΟΛΙΝ
ΚΑΙΤΟΥΣΕΥΕΡΓΕΤΑΣΤΗΣΠΟΛΕΩΣΑΔΙΚΕΙΝΔΡ.ΑΙΑ
ΓΝΟΥΣΗΣΕΤΗΜΙΩΣΑΝΑΗΜΕΥΣΕΙΤΗΣΟΥΣΙΗΣΚΑΙΕΠΩ
ΣΑΝΤΑΚΤΗΜΑΤΑΑΥΤΟΝΔΗΜΟΣΙΗΙΕΚΤΑΗΣΘΑΙΚΤΡΙΩΣ
ΤΟΙΣΠΡΙΑΜΕΝΟΙΣΚΑΙΕΠΑΡΑΣΕΠΟΙΗΣΑΝΤΟΠΕΡΙΤΟΥΤΩΝ
ΜΗΤΕΠΡΩΤΙΘΗΝΑΙΜΗΤΕΕΠΙΨΗΦΙΞΕΙΝΜΗΔΕΝΑΕΙΔΕΤΙΣ
ΤΑΥΤΑΠΑΡΑΡΑΙΝΟΙΕΞΩΛΗΓΙΝΕΣΘΑΙΚΑΙΑΥΤΟΝΚΑΙΤΟΥΣ
ΕΚΕΙΝΟΥΠΑΝΤΑΣ

III.

ΕΤΕΙΠΕΜΠΤΩΙΑΑΡΤΑΞΕΡΞΕΥΣΒΑΣΙΛΕΟΝΤΟΣ
ΜΑΥΣΣΩΛΛΩΥΕΞΑΙΘΡΑΠΕΥΟΝΤΟΣΜΑΝΙΤΑΤΟΥ
ΠΑΚΤΥΩΕΙΤΙΡΟΥΛΕΥΣΑΝΤΟΣΜΑΥΣΣΩΛΛΩΙΤΩΙΕΚΑΤΟΜΝ
ΕΝΤΩΙΙΕΡΩΙΤΟΥΔΙΟΣΤΟΥΛΑΜΒΡΑΥΝΔΟΥΘΥΣΙΗΣΕΝΙΑΥ
ΣΙΗΣΚΑΙΠΑΝΗΓΥΗΟΣΕΟΥΣΗΣΚΑΙΜΑΥΣΣΩΛΛΩΥΜΕΝ
ΣΩΘΕΝΤΟΣΣΥΝΤΩΙΔΙΙΜΑΝΙΤΑΔΕΑΥΤΟΥΤΗΝΔΙΚΗΝ
ΛΑΒΟΝΤΟΣΕΝΣΕΙΡΩΝΝΟΜΩΙΕΓΝΩΣΑΝΜΥΛΑΣΕΥΠΑΡΗ
ΝΟΜΗΜΕΝΟΥΤΟΥΙΕΡΟΥΚΑΙΜΑΥΣΣΩΛΛΩΥΤΟΥΕΥΕΡ
ΓΕΤΕΩΕΡΕΙΝΑΝΠΟΙΗΣΑΣΘΑΙΕΙΤΙΣΚΑΙΑΛΛΟΣΜΕΤΕ
ΧΕΝΗΕΚΟΙΝΩΝΗΣΕΝΤΗΣΠΡΑΞΙΟΣΕΛΕΓΚΘΕΝΤΟΣΔΕ
ΚΑΙΘΥΣΣΟΥΤΟΥΣΥΣΚΩΚΑΙΚΡΙΘΕΝΤΟΣΣΥΝΑΔΙΚΕΙ
ΜΕΤΑΜΑΝΙΤΑΕΔΟΞΕΜΥΛΑΣΕΥΣΙΝΚΑΙΕΠΕΚΥΡΩΣΑ/
ΑΙΤΡΕΙΣΦΥΛΑΙΤΑΜΑΝΙΤΑΤΟΥΠΑΚΤΙΩΚΑΙΘΥΣΣΟΥ
ΤΟΥΣΥΣΚΩΠΡΟΣΤΕΘΗΝΑΙΜΑΥΣΣΩΛΛΩΙΚΑΙΤΑ
ΚΤΗΜΑΤΑΕΠΟΛΙΣΕΝΗΠΟΛΙΣΔΗΜΟΣΙΗΕΠΑΡΑΣ
ΠΟΙΗΣΑΜΕΝΗΤΟΥΤΩΝΤΑΣΩΝΑΣΥΟΙΣΠΡΙΑΜΕΝΟΙΣ
ΚΥΡΙΑΣΕΙΝΑΙΚΑΙΜΗΤΕΠΡΟΤΙΘΕΝΑΙΜΗΤΕΕΠΙΨΗΦΙΞΕΙΝ
ΜΗΔΕΝΑΕΙΔΕΤΙΣΤΑΥΤΑΠΑΡΑΒΑΙΝΟΙΕΞΩΛΗΓΙΝΕ
ΣΘΑΙΚΑΙΑΥΤΟΝΚΑΙΤΟΥΣΕΚΕΙΝΟΥΠΑΝΤΑΣ

Sans m'arrêter aux fausses leçons, qui ne peuvent appartenir qu'au copiste moderne, et qu'il est facile de corriger, ni aux lacunes, qui sont ici de trop peu d'importance pour causer le moindre embarras, je lis de cette manière les trois inscriptions :

I.

Ἔτει τριακοστῷ καὶ ἐνάτῳ Ἀρταξέρξεως [Ἀρταξέρξου?] βασιλεύοντος, Μαυσσώλλου ἐξαιθραπεύοντος, ἔδοξε
Μυλασεῦσιν, ἐκκλησίης κυρίης γενομένης, καὶ ἐπεκύρωσαν αἱ τρεῖς φυλαί· Ἐπειδὴ Ἀρλισσις Θυσσώλλου [ἐφήδ-]ρευσε καὶ ἐπιβούλευσε Μαυσσώλλῳ ὄντι εὐεργέτῃ
τῆς πόλιος τῆς Μυλασέων, καὶ αὐτῷ καὶ τῷ
Ἑκατόμνῳ, καὶ τοῖς προγόνοις τοῖς τούτων, καὶ Βασιλεὺς
ἀδικεῖν καταγνοὺς Ἀρλισσιν ἐζημίωσε θανάτῳ,
πρῆξαι καὶ τὴν πόλιν τὴν Μυλασέων περὶ τῶν
κτημάτων ἐκείνου κατὰ τοὺς νόμους τοὺς πατρίους·
καὶ πρόσθετα ποιήσαντες Μαυσσώλλῳ, ἐπαρὰς
ἐποιήσαντο περὶ τούτων, μήτε προτιθέναι ἔτι
παρὰ ταῦτα μηδένα, μήτε ἐπιψηφίζειν· εἰ δέ τις
ταῦτα παραβαίνοι, ἐξώλη γένεσθαι καὶ αὐτὸν
καὶ τοὺς ἐκείνου πάντας.

II.

Ἔτει τεσσαρακοστῷ καὶ πέμπτῳ Ἀρταξέρξεως
βασιλεύοντος, Μαυσσώλλου ἐξαιθραπεύοντος,

ἔδοξε Μυλασεῦσι, ἐκκλησίης κυρίης γενομένης,
καὶ ἐπεκύρωσαν αἱ τρεῖς φυλαὶ, τοὺς Πελαρμοὺς
παῖδας παρανομήσαντας ἐς τὴν εἰκόνα
τὴν Ἑκατόμνου, ἀνδρὸς πολλὰ καὶ ἀγαθὰ ποιήσαν-
τος τὴμ πόλιν τὴμ Μυλασέων, καὶ λόγῳ καὶ ἔργῳ,
ἀδικεῖν καὶ τὰ ἱερὰ ἀναθήματα καὶ τὴμ πόλιν,
καὶ τοὺς εὐεργέτας τῆς πόλεως· ἀδικεῖν δὲ κατη-
γορούσης, ἐζημίωσαν δημεύσει τῆς οὐσίης, καὶ ἐγνω-
σαν τὰ κτήματα αὐτῶν δημοσίῃ κεκτῆσθαι κυρίως
τοῖς πριαμένοις· καὶ ἀπαρὰς ἐποιήσαντο περὶ τούτων,
μήτε προτιθέναι, μήτε ἐπιψηφίζειν μηδένα· εἰ δέ τις
ταῦτα παραβαίνοι, ἐξώλη γίνεσθαι καὶ αὐτὸν καὶ τοὺς
ἐκείνου πάντας.

III.

Ἔτει πέμπτῳ Ἀρταξέρξευς βασιλεύοντος,
Μαυσσώλλου ἐξαιθραπεύοντος, Μανίτα τοῦ
Πακτύω ἐπιβουλεύσαντος Μαυσσώλλῳ τῷ Ἑκατόμνου,
ἐν τῷ ἱερῷ τοῦ Διὸς τοῦ Λαμβραύνδου, θυσίης ἐνιαυ-
σίης, καὶ πανηγύριος ἐούσης, καὶ Μαυσσώλλου μὲν
σωθέντος σὺν τῷ Διὶ, Μανίτα δὲ αὐτοῦ τὴν δίκην
λαβόντος ἐν Σείρων [Σύρων?] νόμῳ, ἔγνωσαν Μυλασεῖς, παρη-
νομημένου τοῦ ἱεροῦ καὶ Μαυσσώλλου τοῦ εὐερ-
γέτου, ἔρευναν ποιήσασθαι εἴ τις καὶ ἄλλος μέτεσ-
χεν ἢ ἐκοινώνησεν τῆς πράξιος, ἐλεγχθέντος δὲ
καὶ Θύσσου τοῦ Σύσκω, καὶ κριθέντος συναδικεῖν
μετὰ Μανίτα· Ἔδοξε Μυλασεῦσι, καὶ ἐπεκύρωσαν
αἱ τρεῖς Φυλαὶ, τὰ Μανίτα τοῦ Πακτύω, καὶ Θύσσου
τοῦ Σύσκω πρηστεθῆναι Μαυσσώλλῳ· καὶ τὰ
κτήματα ἐπώλεσεν [ἐπώλησεν!] ἡ πόλις δημοσίῃ, ἀπαρὰς
ποιησαμένη τούτων τὰς ὠνὰς τοῖς πριαμένοις
κυρίας εἶναι, καὶ μήτε προτιθέναι μήτε ἐπιψηφίζειν
μηδένα· Εἰ δέ τις ταῦτα παραβαίνοι, ἐξώλη γίνεσθαι καὶ αὐτὸν, καὶ τοὺς ἐκείνου πάντας.

La langue et l'orthographe pourraient donner lieu à des observations auxquelles je n'ai pas le loisir de me livrer, et qui trouveront d'ailleurs dans mon illustre collègue, M. Boeckh, à qui j'ai communiqué ces inscriptions, un interprète bien plus habile. Je remarquerai seulement comme une faute, qui semble n'avoir pu provenir de l'inadvertance de l'ancien graveur ou de celle du copiste moderne, la formule ΑΡΤΑΞΕΡΞΕΥΣ ΒΑΣΙΛΕΥΟΝΤΟΣ, répétée trois fois, sans qu'il y ait, sur le marbre ou dans la copie, la moindre apparence de lacune ou d'altération, et qui ne peut guère être un éolisme, comme Ὀδυσεῦς, pour Ὀδυσέος, *Odyss.* XXIV, 397, cf. Eustath. *ad h. l.*, bien qu'il y ait quelques traces de ce dialecte sur nos inscriptions. Cette locution vicieuse, si c'en est une effectivement, et non pas un idiotisme, tenait sans doute à l'incertitude qui régnait, chez les Grecs de cette partie de l'Asie, lorsqu'ils avaient à exprimer des noms ou des titres étrangers à leur langue. C'est ainsi que ce même nom d'*Artaxerxès*, écrit ici ΑΡΤΑΞΕΡΞΕΥΣ, est rendu plus correctement, sur le marbre de Tralles, par ΑΡΤΑΞΕΣΣΕΩ. Il en est de même du mot qui exprime sur cette inscription la dignité de *Satrape*, ΕΞΣΑΤΡΑΠΕΥΟΝΤΟΣ; lequel mot se reproduit, sur nos trois inscriptions de Mylasa, sous une forme différente, ΕΞΑΙΘΡΑΠΕΥΟΝΤΟΣ. Je présume que ces variations d'orthographe, sur des monumens du même âge et du même pays, tels que ceux-ci, tenaient à la prononciation de ces mots étrangers à la langue grecque; et, sous ce rapport, elles méritent quelque attention. Le nom de *Maussolle*, constamment écrit ΜΑΥΣΣΩΛΛΟΣ, comme il l'est sur les monnaies mêmes de ce prince, fournit d'ailleurs une preuve péremptoire que l'orthographe de nos inscriptions était parfaitement conforme à la prononciation locale, en même temps qu'elle s'éloignait, comme ce nom même, étranger par sa formation à la langue hellénique, de la prononciation grecque ordinaire. Les autres noms propres qui figurent dans nos inscriptions, appartiennent également à des dialectes indigènes, probablement à la langue des Cariens, ainsi que le nom du *Jupiter Labraundos*, la principale divinité de ce peuple, qui apparaît ici, à une seule lettre près, comme sur un marbre publié par Chandler, *Inscr. ant.* p. 18, n. XLIX, sous sa véritable forme, ΔΙΟΣ ΛΑΜΒΡΑΥΝΔΟΥ, laquelle s'est toujours rencontrée plus ou moins altérée dans le texte des auteurs anciens qui nous l'ont transmise; voy. à ce sujet les témoignages rassemblés dans la dissertation de Jablonski, *de Lingua Lycaonica*, v. Λάβρυς, t. III, p. 87-88 de ses *Opuscula*.

Mais ce qu'il y a de plus important à remarquer dans nos trois inscriptions de Mylasa, c'est la teneur même et le sujet de ces inscriptions, seuls monumens de ce genre, avec notre inscription de Tralles, qui soient encore parvenus jusqu'à nous, concernant cette famille de princes de la race d'*Hécatomnus*, dont la domination, continuée pendant presque toute la durée du quatrième siècle avant notre ère, acquit sur-tout tant d'illustration sous le règne de *Maussolle*, deuxième de ce nom. La plupart des notions historiques qui nous restent sur cette dynastie, ont été rassemblées par Sévin, *Mém. de l'Acad.* t. IX, p. 113-162; et les médailles qui lui appartiennent sont connues des antiquaires; voy. Eckhel, *D. N.* II, 596-8. Ces médailles offrent le nom de ces princes, ΜΑΥΣΣΩΛΛΟ, ΙΔΡΙΕΩΣ, ΠΙΞΟΔΑΡΟΥ, sans y ajouter aucune qualification; particularité qui aurait mérité d'être relevée par Eckhel, et qui s'explique par la situation où ils se trouvaient par rapport aux rois de Perse; situation parfaitement exprimée sur nos inscriptions, où des actes de justice souveraine, tels que la condamnation à mort d'un criminel d'état, sont attribués au *Roi de Perse*, ΒΑΣΙΛΕΥΣ. Le titre de *Satrape* donné aux princes de Carie, sur les inscriptions de Mylasa et sur celle de Tralles, titre emprunté de la hiérarchie persane, achève de mettre en évidence cette situation, bien mieux que ne l'auraient pu faire les témoignages des auteurs grecs contemporains, tels qu'Isocrate, Démosthène et Aristote, qui désignent *Hecatomnos*, *Maussollos* et *Idrieus* par les titres vagues et génériques de Ἐπίσταθμος, Isocrat. *apud* Harpocrat. *h. v.*, d'Ἄρχων, Demosthen. *apud* Harpocrat. *v.* Μαύσωλος, de Τύραννος, Aristot. *Œconom.* II, 390, et de Δυνάστης, Isocrat. *Philipp.* 43, ed. Coray; cf. Harpocrat. *v.* Ἰδριεύς; c'est donc un point d'histoire important, sur lequel la manière dont Strabon lui-même rapporte les successions de ces princes, et l'usurpation du plus jeune des trois frères, Pixodarus, lib. XIV, p. 657, aurait pu laisser encore quelques doutes, et qui se trouve définitivement fixé par des monumens du genre le plus authentique, tels que les nôtres.

La chronologie de ces princes, sujette aussi à plus d'une difficulté, par suite de l'altération du texte de Pline, qui rapporte en deux endroits différens, lib. XXXVI, 5, 4, et 6, 2, la mort de Maussolle, en la 2e année de la 100e olympiade, 302 de Rome, deux dates inconciliables, tandis qu'il résulte de toute une série de faits historiques et du témoignage exprès de Diodore, XVI, 36, que Maussolle mourut la 4e année de la 106e olympiade, 401 de Rome; cette chronologie, dis-je, reçoit de nos inscriptions de Mylasa des élémens nouveaux et positifs. La première de ces inscriptions, datée de la trente-neuvième année du règne d'Artaxerxès Mnémon, se trouve ainsi correspondre à l'an 365 avant notre ère; la seconde, qui date de la quarante-cinquième année du même règne, se rapporterait à l'an 359. Mais il y aurait, entre notre marbre, qui assigne au moins quarante-cinq ans de règne à Artaxerce II Mnémon, et la chronologie généralement admise, qui n'en compte que quarante-trois, une contradiction qui mérite d'être sérieusement discutée. Quoi qu'il en soit de cette difficulté, que je me contente de signaler ici, et à l'examen de laquelle ce ne saurait être ni le lieu ni l'instant de me livrer, la date de notre troisième inscription, qui appartient à la cinquième année du règne d'Artaxerce, suffit seule pour prouver que le monarque persan nommé en tête de cette inscription doit être Artaxerce III Ochus, dont le règne avait commencé vers l'an 361, ou au plus tard en 359 avant notre ère; d'où il suit, en se réglant sur l'ordre chronologique indiqué par nos inscriptions, que celle qui nous occupe, et qui se trouve en troisième lieu sur le marbre, est certainement de l'an 354, et seulement antérieure de deux années à la mort de Maussolle et à la construction du célèbre mausolée, commencée vers l'an 352; voy. *Amalthea*, III, 286. Il résulte en même temps du témoignage de ces inscriptions, que le roi de Perse nommé sur l'inscription de Tralles est ce même Artaxerce III Ochus, et non pas Artaxerce II Mnémon, comme je l'avais d'abord présumé, puisque le satrape du nom d'*Idrieus*, qui figure sur cette inscription, ne saurait être que le prince de ce nom, frère et successeur de Maussolle, qui régna sur toute la Carie après la mort d'Artémise, de l'an 350 à l'an 343, durant les années *onze* à *dix-huit* d'Artaxerce III. Mais il y a encore sur ce marbre de Tralles, comparé avec nos inscriptions de Mylasa, une difficulté assez grave, en ce qu'Idrieus y paraît avec le titre de Satrape, en la septième année du règne d'Artaxerce III, c'est-à-dire en l'an 352 avant notre ère; époque où Maussolle avait à peine cessé de vivre, et où sa veuve Artémise, qui lui survécut deux années, avait dû recueillir, conformément aux témoignages de l'histoire contemporaine, l'héritage entier de sa puissance. Cette difficulté avait frappé M. K. Ott. Müller, qui, dans une lettre particulière qu'il m'écrivait, supposait que le marbre de Tralles portait ΕΤΕΟΣΠΙΙΙΙ, au lieu de ΕΤΕΟΣΙΙΙΙΙΙΙ; ce qui ferait descendre la date de notre inscription deux années plus bas, en la neuvième année d'Artaxerce III, époque où Idrieus exerçait effectivement en Carie l'autorité de satrape. Cette idée est certainement très-ingénieuse, et la correction serait aisée à admettre. Toutefois je pense que, sans rien changer à la leçon du marbre antique, on peut supposer qu'Idrieus était investi, du vivant même de son frère Maussolle, de l'autorité de satrape sur cette portion de la Carie où était situé Tralles et son territoire. L'histoire de ces princes est si peu connue, et l'ordre de leur succession si mal déterminé, qu'on ne saurait guère trouver de difficulté à une pareille supposition. J'observe de plus que les monnaies d'Idrieus ressemblent tellement à celles de Maussolle, pour la fabrique comme pour les types, qu'il est impossible de n'y pas voir des monumens tout-à-fait contemporains : ce qui, joint à l'absence des monnaies d'Artémise, permettrait de croire que le nom d'Idrieus succéda immédiatement à celui de Maussolle dans tous les actes de l'autorité publique; et ce qui mettrait d'accord sur ce point l'inscription de Tralles avec la troisième des inscriptions de Mylasa. Je dois me contenter de signaler rapidement ici les principaux points sur lesquels devront porter les observations des savans qui entreprendront l'explication complète de ces monumens.

En ce qui concerne l'objet même et la teneur de nos inscriptions, on y trouve plus d'une notion neuve et importante concernant l'administration de ces cités grecques de l'Asie Mineure, qui jouissaient de l'*autonomie*, sous l'autorité directe du satrape indigène et sous la souveraineté éloignée du monarque persan. Ces actes rendus par l'assemblée publique des citoyens de Mylasa, et revêtus de la sanction des *trois tribus* dans lesquelles se trouvaient répartis les habitans jouissant des droits politiques, ont pour objet de prononcer la confiscation des biens de personnes qui s'étaient rendues coupables d'attentats plus ou moins graves envers Maussolle, laquelle confiscation devait avoir lieu, soit au profit de Maussolle lui-même, soit à celui de la ville. Nous ne possédions encore aucun monument public des villes grecques où cet acte de vengeance politique fût exprimé d'une manière aussi explicite qu'il l'est sur la seconde de nos inscriptions, en ces termes : *ἐζημίωσαν δημεῦσαι τῆς οὐσίης*, avec la clause qui garantissait aux acquéreurs la légitime possession de ces biens confisqués : *καὶ ἔγνωσαν τὰ κτήματα αὐτῶν δημοσίῃ κεκτῆσθαι κυρίως τοῖς πριαμένοις*. Dans le premier cas, il s'agissait d'un complot dirigé par un individu nommé Araissis contre la vie de Maussolle, complot dont l'auteur avait été puni de mort par le jugement même du grand roi. Dans le second cas, c'était un attentat *contre la statue d'Hecatomnos*, bienfaiteur de la ville, et regardé, à raison de la dignité même de ce personnage, comme un acte sacrilége portant atteinte à toutes les propriétés sacrées, à toutes les illustrations nationales, lequel acte était puni de la confiscation au profit de la ville. Dans le troisième cas enfin, il s'agissait d'un complot plus grave, et accompagné de circonstances plus odieuses, puisque l'attentat dirigé contre la vie de Maussolle avait dû s'exécuter *dans le temple même de Jupiter Labraundos*, à l'époque de la panégyris annuelle qui s'y célébrait, et que ce crime avait eu deux complices, dont les biens, vendus par l'autorité de la ville, avaient été destinés à accroître la fortune de Maussolle. Il y a dans cette troisième inscription des particularités curieuses qui ne se trouvent pas dans les autres, notamment celle-ci : *δίκην λαβόντες ἐν Σιέρῳ νόμῳ*, paroles dont l'interprétation me semble assez difficile, à moins qu'on ne lise, par un changement très-léger, *ἐν Σύρων νόμῳ*; d'où il résulterait que Manitas, l'auteur du complot, était un *Syrien*, qui avait été jugé *conformément à la loi de son pays*. Ce ne sont là, du reste, que des conjectures que je me contente d'exposer ici très-succinctement, et en attendant que M. Boeckh nous donne de ces curieuses inscriptions une explication, qui ne saurait manquer d'être aussi complète que satisfaisante sur tous les points.

Pag. 200, not. 3, ajoutez : J'ai reconnu depuis que M. Zannoni avait expliqué de la même manière le camée qui fait l'objet de cette note, en le reproduisant dans sa *Galler. di Firenze*, Camm. tav. XXIII, t. I, p. 171, sgg. Bien que cette explication du docte antiquaire florentin diffère de la mienne sur quelques points particuliers, ce n'en est pas moins pour moi un devoir de déclarer ici que le mérite d'avoir le premier reconnu le sujet du monument en question, appartient à ce savant trop-tôt enlevé à la science, qu'il servait si utilement.

Je profiterai de cette occasion pour faire connaître à mes lecteurs, d'après un dessin très-réduit, au simple trait, mais que j'ai lieu de croire fidèle, une peinture nouvellement découverte à Pompéi, et restée encore inédite dans le musée royal Bourbon; voy. pl. LXXVI, n. 6. Cette peinture ornait une des murailles, celle qui se présente à droite du spectateur, dans le *tablinum* de la *maison* dite du *Poëte tragique*, maison charmante dans tous les détails de sa décoration intérieure, qui m'a fourni le sujet d'une publication particulière. On a cru d'abord y voir un *poëte récitant des vers* au milieu de ses amis; et peut-être cette opinion, suggérée par le nom de maison du poëte tragique que porte l'habitation elle-même, est-elle encore admise par quelques antiquaires napolitains. Mais il suffit de comparer cette peinture avec celle d'Herculanum, qui représente certainement *Oreste en Tauride*, au moment où il est reconnu par *Iphigénie*, dont la lettre, destinée à son frère, est lue à haute voix par *Pylade*, *Pittur. d'Ercolan.* t. I, tav. XI, p. 56-57, pour être convaincu que c'est ici le même sujet, conçu à-peu-près de la même manière, sauf quelques variantes de détail, qui servent de plus en plus à constater avec quelle liberté d'exécution, avec quelle facilité de travail les artistes grecs, même ceux du dernier ordre et du dernier âge, reproduisaient des compositions fixées par un habile maître, toujours en y introduisant quelque circonstance nouvelle. *Pylade* se reconnaît ici absolument dans la même attitude, assis sur le même meuble, avec la lettre qu'il tient déployée de la main gauche. *Iphigénie*, mieux caractérisée en qualité de *prêtresse* par le *diadème radié* qui orne sa tête sous le *voile* qui la couvre, apparaît dans cette même attitude significative que j'ai signalée ailleurs comme propre à ce personnage, c'est à savoir, le coude appuyé sur sa main, et soutenant ainsi sa tête, où se peint une préoccupation douloureuse; voy. *Orestéide*, p. 132 : d'où résulte encore un nouvel exemple de ces attitudes consacrées, qui ajoute un motif de plus à la certitude de mon explication, en même temps qu'à la justesse de ma doctrine. *Oreste* se reconnaîtrait plus difficilement à la manière dont il est représenté *demi-nu*, dans un costume qui convient plutôt à une femme, avec les cheveux épars et tombant en longues tresses sur ses épaules, s'il n'était évident que l'artiste ancien avait commis ici une méprise qu'il a cherché à réparer, en ajoutant après coup à la figure d'Oreste une partie qui ne laissât aucun doute sur le sexe de ce personnage, et sans doute aussi *l'épée* appuyée contre son genou, à l'effet d'indiquer le héros. C'est ce que m'apprend l'antiquaire napolitain à l'amitié duquel j'ai dû ce dessin, accompagné d'une note dont je transcris ici les propres expressions : « La Figura mezza nuda, « al cui ginocchio è appoggiata una spada, ha dovuto essere dall' « antico pittore rappresentata per isbaglio come una donna, « mentre egli stesso gli ha adattato posteriormente il distintivo « virile. » Les trois principaux personnages ainsi déterminés, il est curieux de retrouver, dans les quatre autres figures placées en arrière sur le second plan, toutes variées dans leur disposition relative comme dans leur ajustement et leur attitude particulière, les quatre figures correspondantes de la peinture d'Herculanum; c'est à savoir, d'un côté, *Diane* avec *l'arc* à la main, le *carquois* derrière l'épaule, et le *nimbe* autour de la tête, qui ne permettent pas de méconnaître la *déesse* de la Tauride, et près d'elle une *Femme voilée*, qui doit être la gardienne de son sanctuaire, l'une des prêtresses vouées à son culte; du côté opposé, un groupe d'une *vieille Femme voilée* et d'un *Vieillard barbu*, dont la physionomie sauvage, les *cheveux*, la *barbe* et la *moustache* hérissés, tels qu'on les voit à la plupart des figures de personnages barbares, voy. mes *Observat. sur le Gladiateur mourant du Capitole*, p. 9 et suiv., indiquent de manière à ce qu'on ne puisse s'y méprendre les *habitans de la Tauride*, témoins naturels de la scène qui se passe sous leurs yeux, et dont leur pays est le théâtre. On observera que ces quatre figures ne se montrent ici qu'*en buste*, au moyen d'une double barrière derrière laquelle elles sont placées, et qui est sur notre peinture un moyen équivalent à celui qu'on voit employé sur tant de vases peints, où les dieux suprêmes présidant à l'action, et les personnages épisodiques servant à indiquer le lieu de la scène, sont représentés *en demi-figures*. La *barrière* indiquée en avant de *Diane* et de sa *prêtresse*, est proprement l'espèce de *balustrade*, ἔρυμα, *pluteus*, qui entourait le *sanctuaire* dans plusieurs temples grecs, et qui est désignée par ces paroles d'Euripide, *Andromach.* 1112 : ἑρχθεὶς δ' ἀνακτόρων ΚΡΗΠΙΔΟΣ ἔπι; voy. *Odysséide*, p. 329, note; et, du reste, on ne saurait douter que l'intention du peintre n'ait été de représenter ici le *temple* de *Diane*, dans l'édifice soutenu par des colonnes, avec un ample *peripetasma*, suspendu au plafond qui apparaît ici en perspective; voy. un exemple curieux de ces sortes de *barrières*, soit *pleines*, soit *à jour*, sur une rare médaille grecque impériale, de *Byblos*, ΙΕΡΑϹ ΒΥΒΛΟΥ, représentant, au revers de la tête de Macrin, ΑΥΤ. ΚΑΙϹ. ΜΑΚΡΙΝΟϹ ϹΕΒ., le temple d'*Astarté*, avec l'enceinte sacrée, le *téménos*, qui s'y trouvait joint, et au centre duquel s'élevait une *pyramide* entourée à sa base d'une *balustrade*; j'ai fait graver sur la vignette 14, p. 410, deux exemplaires de cette médaille qui se trouvent au cabinet du Roi, l'un et l'autre encore inédits, et les seuls même que j'en aie vus jusqu'ici. L'autre *barrière*, représentée sur notre peinture de Pompeï, consistant en un simple mur d'appui couvert d'une tenture, a pour objet d'isoler de l'enceinte sacrée où se passe l'action les personnages épisodiques d'un ordre secondaire qui en sont les témoins. Tout est donc représenté ici de la manière la plus sensible et la plus heureuse, avec toutes les circonstances propres au sujet, avec toutes les données fournies par la tradition héroïque, comme dans la peinture d'Herculanum déjà connue depuis plus d'un siècle, en même temps qu'avec des détails neufs et d'une manière toujours originale; et ce serait se livrer à un travail superflu, que de réfuter la nouvelle explication donnée de cette peinture d'Herculanum, et appliquée aussi à la nôtre par M. le chanoine Jorio, qui a cru reconnaître sur l'une et sur l'autre *Oreste malade* soigné par sa sœur *Électre*, et assis au milieu de ses amis, un desquels lit l'*oracle d'Apollon*, qui lui ordonne d'enlever la statue de Diane Taurique; voy. *Peint. anc. du Mus. royal Bourbon*, n. 661, p. 64, 2ᵉ édit. Je me borne à énoncer cette opinion de l'antiquaire napolitain, qui ne paraît pas avoir obtenu l'assentiment des académiciens actuels d'Herculanum, puisqu'en reproduisant cette peinture dans le *Real Mus. Borbon.* t. VII, tav. LIII, M. Quaranta a suivi l'ancienne dénomination; et j'ajoute qu'une troisième répétition du même sujet, réduite aux personnages d'*Oreste*, d'*Iphigénie* et de *Pylade*, tous les trois dans la même attitude, s'est encore retrouvée tout récemment à Pompeï, et se voit maintenant au musée de Naples, Jorio, n. 756, p. 75; ce qui atteste de plus en plus le mérite de la composition originale, et l'intérêt qu'elle inspirait aux anciens habitans de cette poétique cité.

Pag. 209, not. 4. — Le dessin de cette urne a été reproduit par M. Inghirami, dans sa *Galler. omer.* tav. CXIV, t. II, p. 154-5, avec une explication différente de la mienne. C'est au lecteur, qui a le monument sous les yeux, et qui peut comparer les deux interprétations qu'on en propose, d'apprécier la justesse et le mérite de l'une et de l'autre.

Pag. 216, not. 3. — Je m'étais trompé en regardant cet autel comme *inédit*; il avait été publié depuis long-temps dans les *Antiq. rom.* p. VI, tab. 116, de Boissard, dont on sait que les planches ont été reproduites dans le recueil de Gruter; et celle-ci s'y retrouve en effet, p. MCXLVIII, n. 6. A cette époque, et bien long-temps encore après, ce beau monument était placé dans les jardins du Vatican, d'où il n'a sans doute été retiré que pour être transporté dans le nouveau musée Chiaramonti; c'est cette circonstance qui l'avait dérobé à l'attention des antiquaires, et c'est aussi la même raison qui me l'avait fait croire inédit.

Pag. 222, note, ajoutez : D'après un nouvel examen de ce passage curieux, je crois que l'inscription rapportée par Pausanias devait être ΛΑΥΒΑΝΤΑ, comme l'avait présumé M. Siebelis, en se fondant principalement sur le témoignage de Suidas, *v.* Εὔθυμος, où il est dit que l'Athlète Locrien ἠγωνίσατο πρὸς τὸν Ἥρωα Ἀλύβαντα. Mais il y aurait encore, sur le nom Ἀλύβας donné au *Héros* ou *Génie* malfaisant de Témesse, plus d'une observation à faire, d'après le rapport qu'offre ce nom avec celui d'Ἄλιβας, qui désignait chez les Grecs la *mort* en général, et un *fleuve de l'empire des morts* en particulier, Suidas, *v.* Ἄλιβας· ὁ νεκρὸς, ἢ ποταμὸς ἐν ᾅδου; add. Suid. *v.* Κῆρ; cf. Hesych. *vv.* Ἄλιβας et Ἀλίβαντες; Magn. Etymol. *v.* Ἄλιβας. C'est à cette signification vulgaire des mots ἄλιβας et ἀλίβαντες, Plat. *Republ.* III, p. 387, C (t. VI, 263, Bipont.), καὶ ἐνέρους, καὶ ἀλίβαντας, que fait allusion une plaisanterie de Lucien, dans sa *Nécyomancie*, § 20, t. III, p. 26, Bipont., φυλῆς Ἀλιβαντίδος; vid. Interpr. Lucian. *ad h. l.* et *ad* Hesych. *ll. ll.*; et l'on conçoit combien ce nom d'Ἀλίβας, entendu de cette manière, pouvait aisément s'appliquer au *Génie de la mort*, ΑΛΥΒΑΣ, représenté dans la peinture en question. On ne saurait voir en effet dans Ἀλύβας et Ἀλίβας que deux formes différentes d'un même mot, l'une et l'autre avec la même signification, puisque le nom Ἀλύβας, donné à un pays d'Italie dans les *Anecdota* de Bekker, 1317, se lit, dans Hésychius, écrit indifféremment Ἀλύβας et Ἀλίβας, Hesych. *hh. vv.*; et l'on remarquera de plus ici que ce même nom d'un Héros local et d'un Génie malfaisant désigne un *pays d'Italie*, qui paraît avoir fait partie du territoire de Métaponte, au témoignage d'Étienne de Byzance, v. Ἀλύβας; cf. Tzetz. *Chiliad.* XII, *Hist.* 404, v. 325, ed. Kiessling. : Ἀλύβας δ' ἡ Μεταπόντιος πόλις τῆς Ἰταλίας. Mais il résulte encore de ce nouveau rapport de nom une notion neuve et curieuse; c'est que cette homonymie était due à l'influence de la colonie de Sybaris, qui eut part à la fondation achéenne de Métaponte; puisque le *monstre* Ἀλύβας, *ravisseur de Femmes*, était une fable essentiellement sybaritaine, dont la première idée et le premier siége se retrouvent dans les traditions des Locriens du Parnasse, métropole de Sybaris; voy. Antonin. Libéral. *Metam.* c. VIII, p. 54-60. Ce rapprochement, qui n'avait été encore indiqué par personne, pas même par M. le duc de Luynes, qui a discuté récemment, dans son bel ouvrage intitulé *Métaponte*, les traditions mythologiques relatives à cette ville célèbre, me semble ajouter plus d'intérêt encore au monument si curieux à tant d'égards que nous a fait connaître Pausanias. Peut-être même serait-il possible d'expliquer, d'après cette fable sybaritaine, transportée à Métaponte aussi bien qu'à Temesa, le type de la rare médaille de Métaponte, qui offre un *Homme à tête de taureau*, où l'on a vu le *Minotaure*, fable étrangère à l'âge historique de Métaponte; voy. M. le duc de Luynes, *Métaponte*, p. 25; tandis que la figure en question rappellerait, sous une autre forme, le monstre célébré dans les traditions locales de Sybaris et de sa métropole, lesquelles durent avoir cours dans ses colonies. Mais ce n'est là qu'une conjecture que je me contente d'indiquer, sans y attacher trop d'importance.

Pag. 222, not. 3, lign. 20. — Sur l'*Asphodèle*, employé avec une intention funéraire, le témoignage classique que j'aurais dû citer est celui-ci de Lucien, *in Necyomant.* § 21 : ὡς εἰπὼν πάλιν ὤρτο (ὁ Τειρεσίας) κατ' ἈΣΦΟΔΕΛΟΝ λειμῶνα, qui se fonde sur l'ancienne tradition homérique, *Odyss.* XI, 538 et 572; cf. *Schol. in Odyss.* Λ, 529, ed. Buttmann. 388 : διὰ τὸ Περσεφόνης εἶναι λειμῶνα τὸν τόπον.

Pag. 225, not. 1. — Ce vase a été publié par M. Éd. Gerhard, *Antike Bildwerke*, taf. LVI, 1, qui y a vu un *Amor mit Kaninchen*. Je n'ai pas de raison pour renoncer à mon opinion; et j'ignore d'après quels motifs ce savant a formé la sienne; mais je crois pouvoir citer encore à l'appui de mes idées, sur la signification symbolique de l'attitude horizontale propre au Génie funèbre, une coupe de Canino représentant un *Héros à cheval*, derrière lequel vole, dans cette position horizontale, un *Génie vêtu et ailé*, qui tient de chaque main une *couronne*; composition remarquable, dont tous les élémens, y compris les deux *oiseaux* dans le champ de la peinture, et le *serpent* sous les pas du cheval, se rapportent manifestement à une intention funéraire. Cette coupe a été publiée récemment par M. Micali, tav. LXXXVII, 3.

Pag. 226, not. 1. — M. Éd. Gerhard, qui a publié également ce fragment du Vatican, *Ant. Bildwerke*, taf. LXXVII, 3, l'a expliqué de la même manière que moi, comme un *Génie de la mort* foulant aux pieds *l'âme humaine* représentée en *Psyché*. Mais je remarque qu'un autre fragment, appartenant à une figure semblable, avait été publié dans les *Monum. ined.* de Winckelmann, n. 152; c'est la *jambe droite* de la figure en question; et l'on observera dans ce fragment une particularité puisée sans doute dans le même motif, c'est à savoir, que cette figure avait auprès d'elle un *grand flambeau renversé*.

Même page, not. 3, ajoutez : Ce camée n'était pas inédit, comme je l'avais cru; il avait été publié par M. Zannoni, dans sa *Galler. di Firenz.* Camm. tav. XVIII, 4, t. I, p. 130, et auparavant encore par Gori, *Mus. Florent.* Gemm. t. I, tab. LXXIX, n. 7.

Pag. 228, not. 1, ajoutez : J'aurais dû citer ici les recherches de M. Boettiger, qui a réuni, dans un article intitulé : *das Namensfest*, tous les témoignages concernant ce trait de mœurs grecques; voy. son *Amalthea*, I, 55-57.

Pag. 229, not. 1, ajoutez : Un critique a contesté l'explication que j'ai donnée de ce groupe, en proposant à son tour une interprétation nouvelle, d'après laquelle il faudrait y voir *l'Amour recevant Vénus enfant*; voy. les *Annal. de l'Instit. archéol.* t. II, p. 320-26. Je pourrais peut-être, avec quelque avantage, soutenir ma propre opinion, et sur-tout combattre celle que l'on m'oppose; mais c'est un soin que j'aime mieux laisser à mes lecteurs. Je me contente de citer ici, à l'appui de mes idées, les médailles de Mélos, qui offrent un type analogue au bronze de Florence, c'est à savoir, la *Fortune* ou *la Ville personnifiée*, ΤΥΧΗ, *portant un enfant nouveau-né*; voy. Sestini, *Medagl. ant. Greche*, tav. XIV, fig. 1, p. 100.

Pag. 231, not. 4, lign. 5, ajoutez : A l'appui de ce passage d'Euripide, et des inductions que j'en ai tirées, je citerai encore deux autres témoignages du même poëte concernant les *sacrifices célébrés à l'occasion de la naissance*, γενέθλια, en l'honneur des *Dieux qui y présidaient*, γενέταις Θεοῖσιν, *Ion.* 653 et 1130; cf. *Supplic.* 592; et Barnes. *ad hh., ll.*; et je profiterai de cette occasion pour corriger la faute que j'ai commise, dans la note qui suit, et précédemment encore, p. 180, note, en faisant de *Télétès* une personnification du *Génie de l'initiation*. Outre que le mot de *Télétès*, avec cette signification, ne serait pas grec, je ne pouvais voir une personnification du sexe masculin dans une figure de *Femme*, qualifiée avec raison par M. Gerhard du nom de *Télété*, *l'Initiation* elle-même. C'était donc de ma part une pure distraction que je n'ai pas tardé à reconnaître, et qu'on ne saurait, sans une extrême rigueur, m'imputer à tort.

Pag. 232, not. 2, ajoutez : La science s'est enrichie nouvellement de plusieurs vases peints trouvés dans les fouilles de Canino, relatifs à l'*enfance* et à l'*éducation d'Achille*; voy. Gerhard, *Rapport*, p. 153, n. 407. Sur l'un de ces vases, qui est une grande patère de la collection Feoli, publiée par M. Micali, tav. LXXVII, 1, *Achille enfant* est tenu par *Pélée*, qui le présente au *centaure Chiron*, et qui est suivi par *Thétis*, accompagnée de plusieurs figures. Une autre composition à-peu-près pareille, avec les noms des principaux personnages écrits de la manière accoutumée, ΠΕΛΕΥΣ, ΑΧΙΛΕΥΣ, ΧΙΡΟΝ, se recommande encore par le nom de son auteur, *Prachias*, d'après l'inscription qui s'y lit : ΠΡΑΧΙΑΣ ΕΑΡΑΦΣΕ. Ce vase fait partie de la collection de Canino, et l'artiste qui y est nommé est un de ceux dont les noms, récemment ajoutés à l'histoire de l'art antique, pourraient enrichir le catalogue trop incomplet que j'en ai publié dans ma *Lettre à M. Schorn*. Le plus curieux de tous ces vases, du même sujet, est celui du *Musée étrusque*, n. 1499, qui paraît sorti d'une fabrique proprement étrusque, d'après le nom *Arnthe*, *Arans*, gravé *al sgraffito* sur une des anses, et d'après les noms Πηλει,

Αχλε, ψιεν, écrits sous une forme étrusque et en caractères de cette langue; voy. Gerhard, *Rapport*, p. 175, not. 677.

Pag. 233, not. 3, ajoutez : Il n'est pas inutile d'avertir ici que la pierre publiée sous le numéro suivant, 196, représentant un *jeune Homme* qui porte un *trochus* sur son épaule gauche, est un ouvrage moderne de Picler le jeune; c'est ce qu'atteste Amaduzzi, *Sagg. di Corton.* IX, 145. Raspe, qui a reproduit cette pierre, pl. XLVII, n. 7981, n'avait sans doute pas eu connaissance de cet avis donné par l'antiquaire romain; et d'autres pourraient s'y tromper encore après Raspe, sur la foi de Winckelmann.

Pag. 235, not. 1, ajoutez : J'ai reconnu depuis que cette inscription, qui était il y a quelques années encastrée dans le mur extérieur d'une maison de Venise, celle de M. Weber, avait été publiée et expliquée par M. Rinck, dans le *Kunstblatt*, de 1828, n. 44, 2.

Pag. 236, not. 1, ajoutez : J'aurais mieux fait de citer une remarque que cette inscription, ΑΗΛΟΣΙΑ, pour ΔΗΜΟΣΙΑ, avait suggérée à M. Welcker, dans son *Zeitschrift*, p. 242, 2). Ce savant avait eu connaissance de notre vase, qui lui avait paru d'un grand intérêt, quoique le sujet n'en eût pas été compris, *auf einer, obwohl nicht verstandnen, doch vorzüglich beachtenswerthen Vase.* Je me félicite de m'être rencontré de cette manière avec M. Welcker; mais je regrette de n'avoir pu encore, à l'heure qu'il est, me procurer la *feuille de supplément de la gazette littéraire d'Iéna* de 1815, p. 295, dans laquelle ce savant rappelle qu'il avait fait quelques observations sur ce vase curieux,

ODYSSÉIDE.

Pag. 252, not. 5, lign. 10, ajoutez après le mot ΟΙΚΙΣΤΑΣ : On en connaît d'autres avec le même type et l'inscription : ΚΡΟΤΩΝΙΑΤΑΣ; une desquelles est gravée dans le *Mus. Hunter.* tab. 22, fig. XII.

Pag. 256, not. 1, ajoutez : Il est fait allusion à ces représentations mimiques, dont le trait en question de la vie de Pâris avait fourni le sujet, dans un passage d'Apulée, *Miles.* X, où il est parlé des *danses pyrrhiques* exécutées à la manière grecque par des jeunes gens des deux sexes, et suivies de la *scène de Pâris, Paridis scena disponitur;* voy. sur ce passage curieux, et sur les témoignages divers qui s'y rapportent, la note de Meursius, *ad* Lycophron, 249, t. III, p. 1210-1, ed. Müller.

Pag. 261, not. 1, ajoutez : Sur ce mythe obscur et difficile de Mercure envoyé auprès des trois Parques, voy. Hermann, *Mythologie der Lyriker*, S. 13, not., et Manso, *über die Parcen*, p. 509, *b*).

Pag. 282, not. 9, ajoutez : Il existait depuis long-temps, dans notre cabinet des antiques, un fragment de terre cuite à-peu-près pareil, représentant, avec quelques différences d'exécution, le même personnage dans la même attitude; et je suis maintenant disposé à croire que cette figure, semblable à la statue d'Égine, qui a été reconnue aussi pour *Pâris* par la plupart des antiquaires, Schorn, *Beschreibung der Glyptothek*, n. 67, p. 58, faisait partie d'une composition imitée de celle qui décorait l'un des frontons du célèbre temple d'Égine; voy. dans le choix de *Monumens de l'art antique*, publié par M. K. Ott. Müller, pl. VII, n. 29, fig. i, la figure en question d'*Archer phrygien.* Nous avons un exemple analogue dans les bas-reliefs en terre cuite dorée fixés comme ornement à l'intérieur du tombeau d'Armento; la frise du temple de Phigalie se trouvait presque entièrement reproduite dans ces bas-reliefs, dont je possède moi-même quelques fragmens; et rien n'est plus conforme aux habitudes de l'art antique que ces sortes d'imitations, en terre cuite, de compositions qui ornaient, soit les frontons, soit les entablemens des principaux édifices de la Grèce.

Pag. 285, not. 5, ajoutez : Je rappelle à cette occasion le trait rapporté par Tacite, *Annal.* II, 13, de Germanicus faisant, durant la nuit, l'inspection de son camp, avec un seul compagnon, et *déguisé sous une peau de bête fauve* : « per occulta « et vigilibus ignara, comite uno, contectus humeros FERINA « PELLE. » Je ne prétends pas que, du siècle d'Homère à celui de Tacite, l'exemple de Diomède et de Germanicus ait dû constituer une pratique générale; mais ce n'en est pas moins un rapprochement curieux que j'ai dû signaler ici à l'attention de mes lecteurs.

Pag. 289, lig. 11, ajoutez la note suivante : Une partie des observations qui viennent d'être faites a été exposée tout récemment par M. Welcker, *Annal. de l'Instit. archéol.* t. V, p. 162, contre l'ancienne dénomination de *Victoire et Thémistocle*, donnée à ce bas-relief, et reproduite par M. de Clarac, *Mus. du Louvre*, pl. 223, n. 255. Je dois donc me féliciter de me trouver ici d'accord, sur presque tous les points, avec le célèbre professeur de Bonn. Il n'a pas non plus échappé à la sagacité de ce savant que notre bas-relief et toutes ses repétitions antiques provenaient de *stèles sépulcrales;* ce qui ne paraît pas avoir été remarqué par M. K. Ott. Müller, d'après la manière dont il désigne ce marbre, comme représentant un Guerrier vainqueur, *qui fait hommage de sa victoire à* Minerve Poliade; voy. son choix de *Monum. de l'art antique*, pl. XIV, n. 48 : opinion déjà exposée avec plus de détails par le même savant, dans l'*Amalthea*, III, 48-52, taf. V, au sujet d'un marbre de la collection Blundell, qui serait la troisième répétition du même type.

Pag. 290, lig. 7, après le mot *étrusque*, ajoutez la note suivante : M. Micali, qui cite ce *miroir*, dans sa *Storia degl. ant. popol. ital.* t. III, p. 86, déclare qu'il est de *travail moderne.* Malgré l'assurance avec laquelle s'exprime cet écrivain, je ne crains pas d'affirmer à mon tour qu'il est complétement dans l'erreur à cet égard; et je m'autorise de l'opinion de M. le professeur Orioli, qui connaît mieux que personne le monument dont il s'agit, et dont l'opinion a beaucoup plus de poids à mes yeux que celle de M. Micali.

Pag. 315, not. 1, ajoutez : Le bas-relief dont il est ici question, et que je publie pl. LXVII A, n. 2, est encastré dans le mur de l'escalier, à droite du Casino, par lequel on descend de la terrasse supérieure dans les jardins. La hauteur à laquelle il est placé, au-dessus d'une corniche assez saillante, a dû le dérober à l'attention des antiquaires; et la situation incommode où il faut se mettre pour le dessiner ou pour l'examiner de près, ne laisse pas d'ajouter quelque intérêt au dessin très-soigneusement exécuté que j'en ai fait faire, sous mes yeux, en 1827. En relisant avec plus d'attention la note de Zoëga, telle que M. Welcker l'a transcrite dans sa *Thebaïs*, n. 247, j'ai reconnu que cette description de Zoëga s'appliquait au bas-relief du sarcophage, qui représentait, suivant lui, la *prise de Thèbes par les Épigones*; tandis que notre bas-relief, placé tout auprès de celui-là, lui avait offert, comme à moi, un sujet relatif au *premier siége de Thèbes*. Je me trouve donc tout-à-fait d'accord avec Zoëga dans la manière dont j'ai d'abord envisagé ce rare et curieux monument; il ne me reste plus qu'à en donner ici la description succincte.

La composition consiste en *dix-neuf figures*, qui se développent sous les yeux du spectateur, de gauche à droite, toutes plus ou moins maltraitées par le temps ou par la main des hommes, mais qui portent encore, dans les parties antiques faciles à distinguer des restaurations modernes, l'empreinte d'un bon travail romain, probablement du IIe siècle. Cette composition offre les principales circonstances de la *première guerre de Thèbes*, représentées au moyen de quelques groupes qui se suivent, de cette manière abrégée qui accuse dans le modèle de ce bas-relief romain l'œuvre de quelque ancienne école grecque.

Le premier groupe, composé de *cinq figures*, a rapport au *séjour des Argiens à Némée*; circonstance importante, comme l'on sait, parce qu'elle avait donné lieu à l'origine des jeux Néméens, causée par la mort d'Ophelte. Cette circonstance est exprimée par le personnage d'*Hypsipyle*, telle qu'elle est ici représentée, sous les traits d'une *vieille Nourrice*, dans une attitude suppliante, invoquant la protection des Héros argiens contre le ressentiment du père d'Ophelte. Les *deux Guerriers* qui semblent la prendre sous leur appui sont sans doute *Adraste* et *Tydée*, les chefs de l'expédition argienne; le *Vieillard barbu* qui apparaît sur un second plan, la tête appuyée sur sa main, dans une attitude pensive et affligée, doit être *Lycurgue*, roi-pontife de Némée; et le groupe du *Héros*, armé d'une épée nue, qu'une *Femme voilée* semble retenir de la main droite, a sans doute rapport à quelque trait particulier de la *Thébaïde*, sujet de tant de poésies cycliques; voy. les *Thebaïdis cycliceæ Reliquiæ*, de M. Leutsch, Gotting. 1830.

Le *siége de Thèbes* est représenté dans le groupe suivant, qui occupe le milieu du bas-relief, au moyen de trois circonstances principales, c'est à savoir, *Capanée*, qui monte audacieusement à l'*échelle* dressée contre les murs de Thèbes; *Amphiaraüs*, debout sur son *char* et penché en avant, au moment où il est englouti dans le sein de la *Terre*, laquelle est ici personnifiée par une figure de *Femme* à demi couchée sous les pieds des chevaux; et enfin *trois Héros grecs*, sans doute *Parthénopée*, *Hippomédon*, et *Mécisthée* ou *Étéoclus*, étendus morts sur un *bûcher commun* : manière sensible d'exprimer les nombreux accidens de cette guerre fatale. La troisième partie du bas-relief a rapport aux tragiques événemens qui constituent, dans le drame de la Thébaïde, la part de la famille d'Œdipe; les *deux Guerriers* qui s'entre-tuent représentent, à n'en pas douter, le combat fratricide d'*Étéocle* et de *Polynice*; et le groupe qui suit, et dont le sujet n'avait pas échappé à la sagacité de Zoëga, nous montre le *corps de Polynice* soutenu entre les bras d'*Ismène* et d'*Antigone*, avec les *deux satellites* qui veillent à l'entrée du *tombeau d'Étéocle* : en sorte que, dans cette suite de figures qui se succèdent et s'enchaînent presque sans interruption, tout en formant trois scènes distinctes, se trouve représenté le cycle entier de la première Thébaïde; espèce de trilogie figurée, d'une composition aussi heureuse qu'expressive, dont il ne s'était pas encore rencontré d'exemple si intéressant sur aucun des monumens de l'art antique; ce qui rend plus difficile à comprendre comment un pareil monument a pu rester si long-temps inconnu ou indifférent à cette foule d'antiquaires, qui depuis deux siècles n'ont cessé de visiter la villa Pamfili.

Pag. 315, not. 2, lign. 18. — J'ai cru devoir supprimer la pl. LVII B, qui était annoncée; le dessin que j'ai reçu de la statue capitoline n'ayant pas répondu à mon attente.

Même page, même note, ajoutez : Le groupe du *Pædagogue* et du *jeune Niobide*, que je fais connaître à mes lecteurs, d'après un excellent dessin que je dois à l'amitié de M. Ramey fils, l'un de nos plus habiles statuaires, voy. pl. LXXIX, n. 3, mérite sous plusieurs rapports de fixer l'attention des amis de l'art et de l'antiquité. Ce groupe fut trouvé, en 1830, dans les ruines d'un édifice romain, en travaillant aux fortifications de Soissons; voy. les détails qui ont été donnés sur cette découverte, dans le *Bulletin de l'Instit. archéolog.* 1832, juin, p. 145-147. Il appartenait, à n'en pas douter, à une représentation de la *Famille de Niobé* exécutée, ou plutôt transportée dans la Gaule, à quelque époque de l'empire; le marbre, qui est grec, à ce qu'on assure, et la sculpture, qui est d'un travail lourd et d'une exécution grossière, tels qu'on les voit à certains ouvrages grecs du Bas-Empire, prouvent en effet que ce doit être là un de ces monumens de la dernière période de l'art antique, exécutés dans les ateliers de la Grèce, qui se transportaient sur tous les points de l'empire, suivant le besoin qu'on en avait pour quelque décoration monumentale. L'intérêt que devait offrir la composition originale, le haut mérite d'art qui y brillait, et l'heureux emploi qui s'en pouvait faire pour l'ornement des grands édifices publics, soit dans les frontons, soit dans les frises, comme le prouve l'usage qui s'en fit aussi, avec quelques modifications de détail, pour la décoration des sarcophages; tous ces motifs nous expliquent suffisamment combien il dut se faire, dans l'antiquité, de répétitions de cette superbe composition, et comment une de ces répétitions put arriver dans la Gaule. Indépendamment de la célèbre collection de Florence, qui doit être une des meilleures répétitions qu'ait eues l'antiquité, on connaît plusieurs figures isolées qui appartiennent à d'autres collections semblables. Ainsi, pour ne pas sortir du sujet que nous offre notre groupe de Soissons, il existe à Rome, dans le musée Chiaramonti, une statue du *plus jeune des Niobides*, qui, d'après certaines ruptures qu'on y remarque, doit avoir fait partie d'un groupe, d'une composition pareille à celui-là, et d'un style égal à celui de Florence; et je puis citer encore, sur la foi de M. Ramey, une belle tête du *même Niobide*, qui se trouve aussi à Rome, dans les magasins du Vatican, et qui proviendrait d'une quatrième répétition de la même figure. Quoi qu'il en soit, il suffit de jeter les yeux sur le dessin que je présente du groupe de Soissons, pour reconnaître l'analogie complète qu'il offre, dans l'ensemble, avec les deux figures du *Pædagogue* et du *jeune Niobide*, qui se trouvent maintenant isolées dans la galerie de Florence; voy. Zannoni, *Galler. di Firenze*, ser. IV, statue, t. I, tav. 11 et 15, et qui avaient été aussi disposées isolément dans le projet de restauration conçu par l'habile architecte anglais, M. Cockerell, tel que l'a reproduit à son tour M. Zannoni, *ibid.* t. II, tav. 76, fig. 11 et 13. Il a donc suffi de l'apparition de ce monument pour détruire toutes les suppositions sur lesquelles était fondé le travail, d'ailleurs très-ingénieux, de l'artiste anglais; mais ce ne sera certainement pas là tout ce qui résultera de plus utile de la découverte de notre groupe; il pourra servir de base à une meilleure restauration de cette famille entière de statues, toujours d'après l'idée, qui paraît maintenant plus vraisemblable que jamais, qu'elles ont dû former la décoration d'un fronton.

En effet, la négligence avec laquelle sont traitées les parties qu'on ne voit pas, notamment dans les draperies et la jambe gauche du *Pædagogue* de notre groupe, prouve que ce monument était placé de manière à n'être vu qu'en face, et à une certaine distance. De plus, la manière dont le groupe est composé, et la hauteur à laquelle il atteint, au moyen de la jambe droite du *Pædagogue* placée sur un rocher, en avant du tronc d'arbre, offrent une combinaison d'attitude et de mouvement étrangère au type florentin, qui semble avoir eu pour objet de faire servir ce groupe de pendant à celui de *Niobé* et de la *jeune Niobide*. A l'appui de cette idée, qui est aussi celle de M. Ramey, je ferai remarquer que l'âge de cette jeune fille, dans le groupe de Florence, et celui de notre Niobide, du groupe de Soissons, ont beaucoup de rapports; d'où il suivrait que l'auteur de la composition originale aurait destiné la plus jeune des filles et le plus jeune des fils à figurer, l'une auprès de la Mère, l'autre auprès du Pædagogue, au centre de cette sublime et pathétique composition, à une place où elles offraient en effet l'image la plus intéressante et l'aspect le plus favorable. Or, si l'on admet cette hypothèse, la seule qui nous paraisse vraiment satisfaisante, pour l'arrangement de ces deux groupes principaux, l'ordonnance des autres figures, telle que l'avait conçue M. Cockerell, se trouvera complétement détruite; et il faudra recourir à des combinaisons nouvelles, dont les nombreux élémens s'offriront sans effort à la pensée de l'antiquaire, pour restaurer dans son ensemble cette admirable famille de Niobé. Mais c'est un travail dont je n'ai pas en ce moment le loisir de m'occuper; et je dois me contenter d'en avoir procuré à la science un des plus sûrs élémens, par le dessin que je publie du groupe de Soissons, grâce au talent et à l'amitié de M. Ramey fils.

Au moment où je livre cette note à l'impression, j'ai connaissance d'un beau vase peint, récemment trouvé dans un des tombeaux étrusques de la campagne de Rome, et acquis par M. Durand, où la *destruction de la famille de Niobé* est représentée dans une composition aussi neuve qu'intéressante.

Cette composition est divisée en deux groupes principaux, distribués sur les deux moitiés du vase, de la forme de *Kylix*, et consistant chacun en quatre figures. Dans le premier, se distingue *Apollon nu*, à la réserve d'un *himation* jeté sur son bras gauche, avec son *carquois* suspendu du même côté au moyen d'un baudrier qui passe de l'épaule droite au flanc gauche; le Dieu, vu par derrière, avec ses cheveux longs et bouclés, serrés par un simple lien et flottant sur ses épaules, est debout, dans l'attitude de décocher une flèche contre une *Femme*, une jeune *Niobide*, qui s'éloigne en portant la main à son péplus, et retournant la tête vers Apollon. Au-devant de cette Femme, un *jeune Homme* se sauve effrayé, en laissant tomber à ses pieds une *lyre* à quatre cordes; et de l'autre côté, une *Femme*, sans doute *Niobé* elle-même, la tête ceinte d'un *krédemnon*, vêtue d'un péplus par-dessus sa longue tunique asiatique, s'éloigne de ce théâtre de désolation avec un geste qui témoigne le saisissement et la douleur; de ce côté, entre Apollon et Niobé, s'élève un *palmier*, indiquant le lieu de la scène. Le second groupe offre, à la place correspondante, *Diane*, vêtue de la même tunique asiatique, avec son péplus, noué vers le milieu du corps de cette manière caractéristique qui se remarque sur mon vase de *Médée immolant ses enfans*, et dont j'ai déjà indiqué l'intention; elle a son *carquois* attaché à l'épaule gauche, et elle se montre de profil, décochant une flèche contre une *jeune Niobide*, qui fuit devant la déesse, en portant une de ses mains à ses cheveux en signe de désespoir, et relevant de l'autre main le bas de sa tunique, pour faciliter sa fuite; de chaque côté, sont deux *jeunes Gens*, qui se sauvent éperdus, en des attitudes diverses. Telle est cette composition, aussi intéressante par le dessin et par le style, qu'elle est neuve par le sujet. Dans l'intérieur du vase, est un sujet encadré de la manière ordinaire, représentant *Minerve* debout, avec un *Éphèbe*, qui reçoit d'elle un objet indécis, et qui tient de la main gauche un vase de la forme d'*Hydria* à trois anses; sujet sur lequel je m'abstiens en ce moment de proposer des conjectures.

Pag. 317, lign. 9, après ces mots : *l'intention positive*, ajoutez la note suivante : J'ai reconnu depuis que M. Welcker, qui fait mention de cette peinture et de l'opinion qui y voyait une *Parque*, se prononce contre cette opinion; voy. son *Zeitschrift*, p. 219, not. 26 : ce qui devient pour moi un nouveau motif de confiance pour l'explication que je propose.

Pag. 318, not. 8, lign. 2 : *M. Otton*, lisez *M. K. Ott.*

Pag. 325, note, lign. 44 de la seconde colonne : ἠκφέ ρεσθαι, lisez ἦκα φέρεσθαι.

Pag. 391, not. 5, lign. 12 : Σύγκλητων, lisez Σύγκλητον.

Pag. 393, lign. 5, après ces mots : *sous sa véritable forme*, j'ai oublié d'ajouter en note le renvoi à la planche LXXII, n. 2.

Pag. 398, not. 5, lign. 4 : *pl. LXXXII A*, lisez *pl. LXXII A*.

Pag. 400, not. 3 : εὐρανὸν, lisez οὐρανὸν.

EXPLICATION DES PLANCHES ET VIGNETTES.

ACHILLÉIDE.

ORESTÉIDE.

ODYSSÉIDE.

APPENDICE.

3

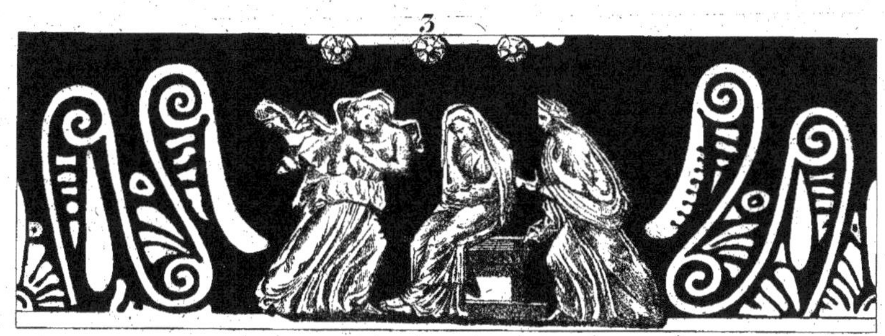

a

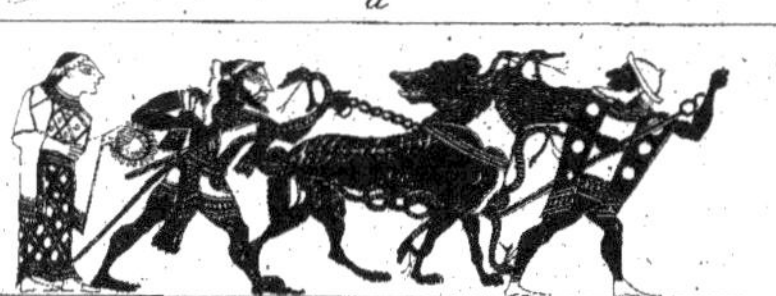

b

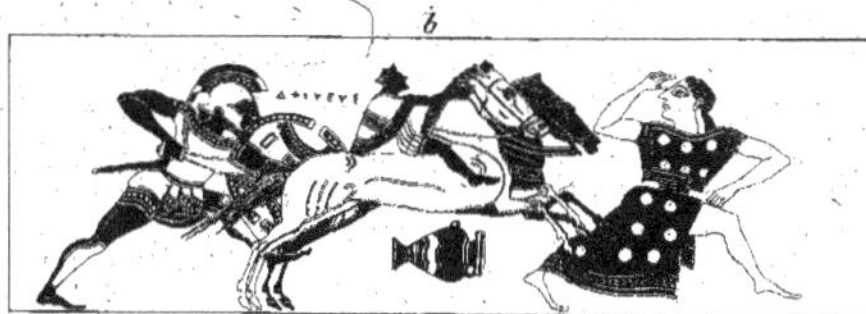

1

3

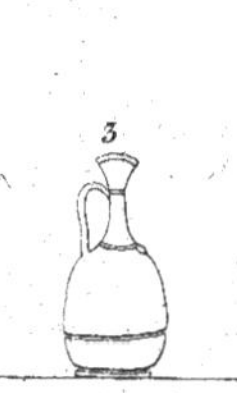

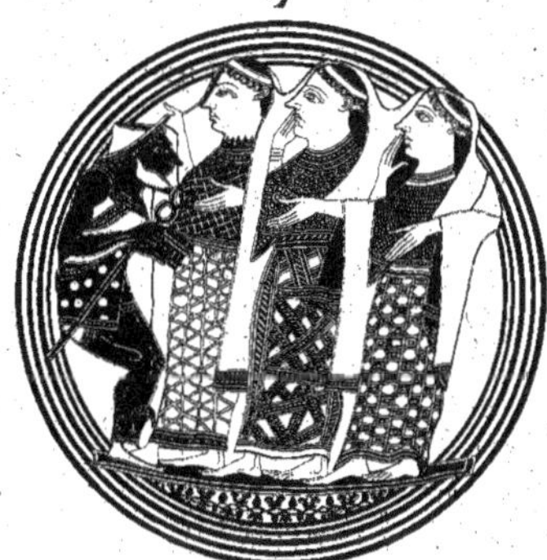

2

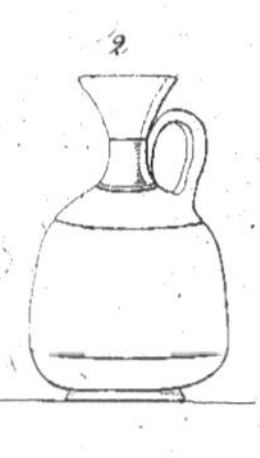

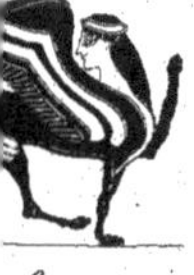

KSENOKLESEPOIESEN

1

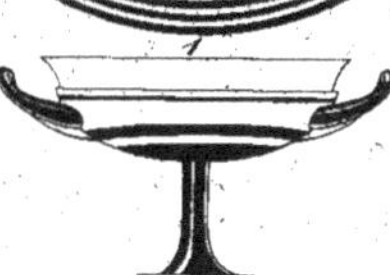

KSENOKLESEPOIESEN

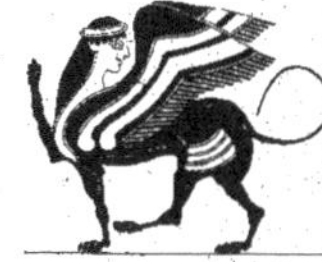

c c

2

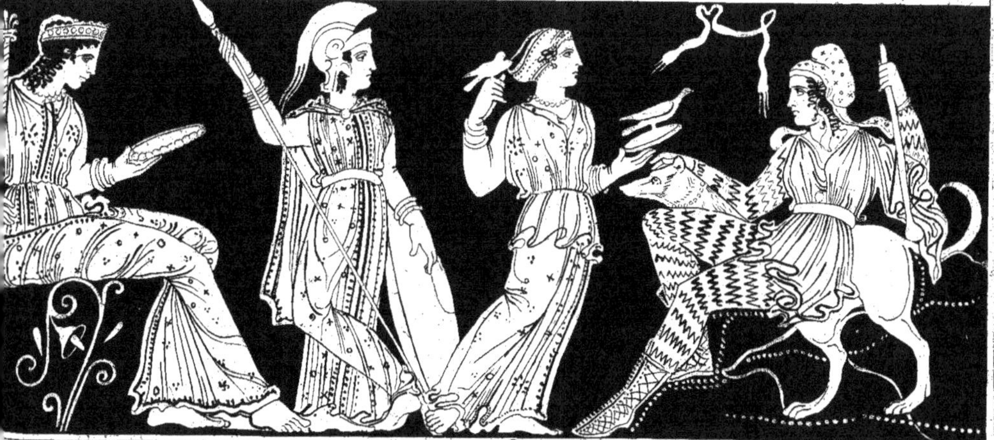

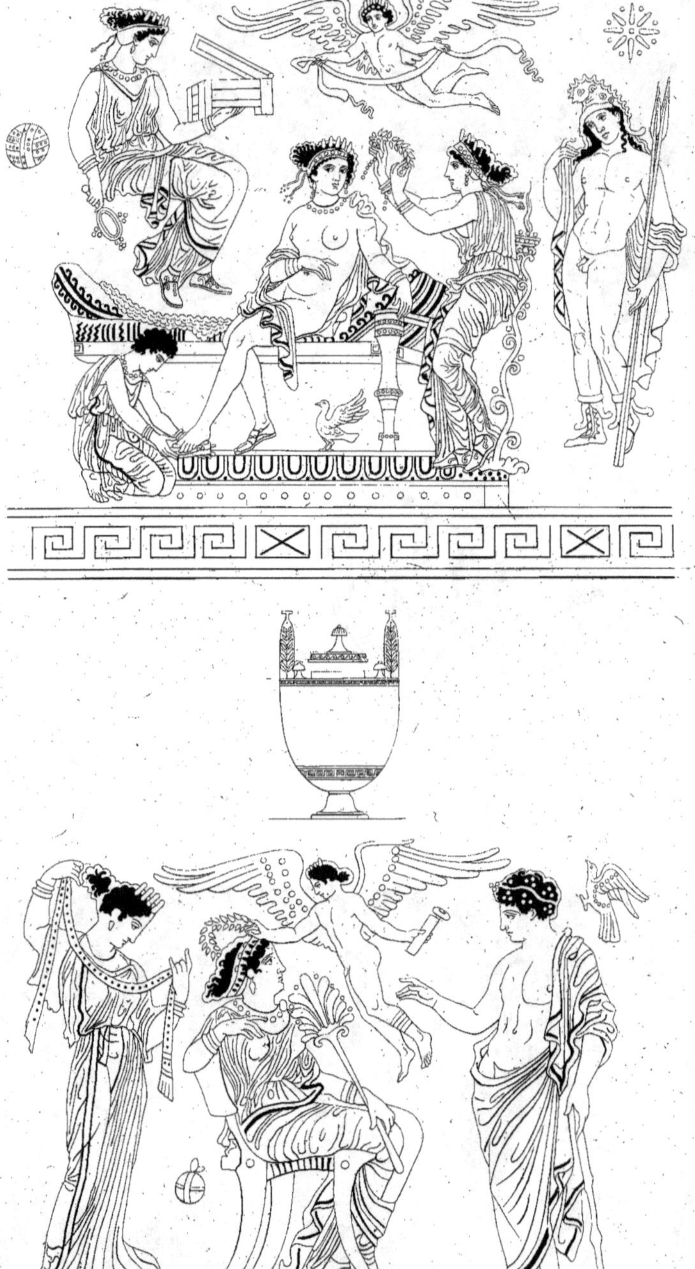

L.

1.A

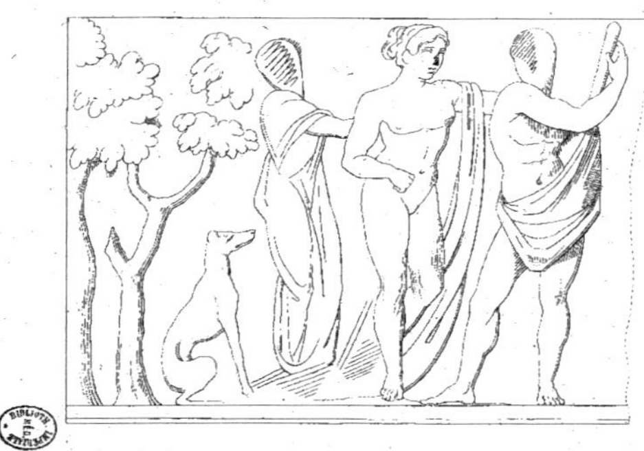

1.B

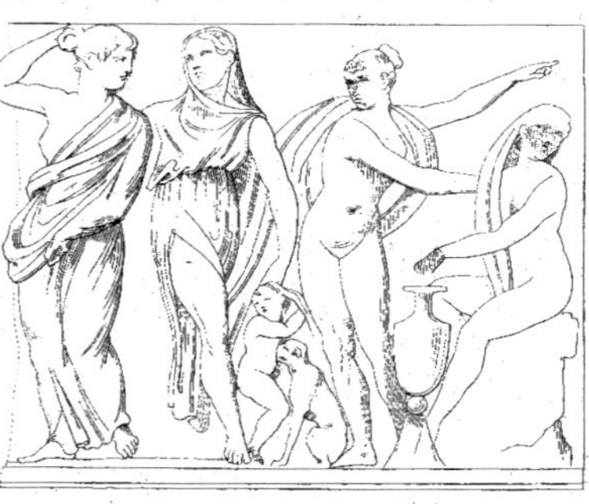

I.

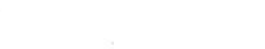

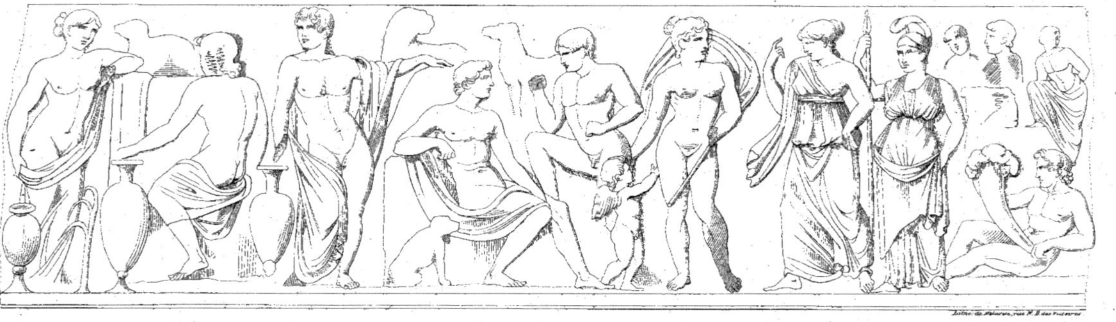

Lith. de Delarue, rue N. D. des Victoires

LI.

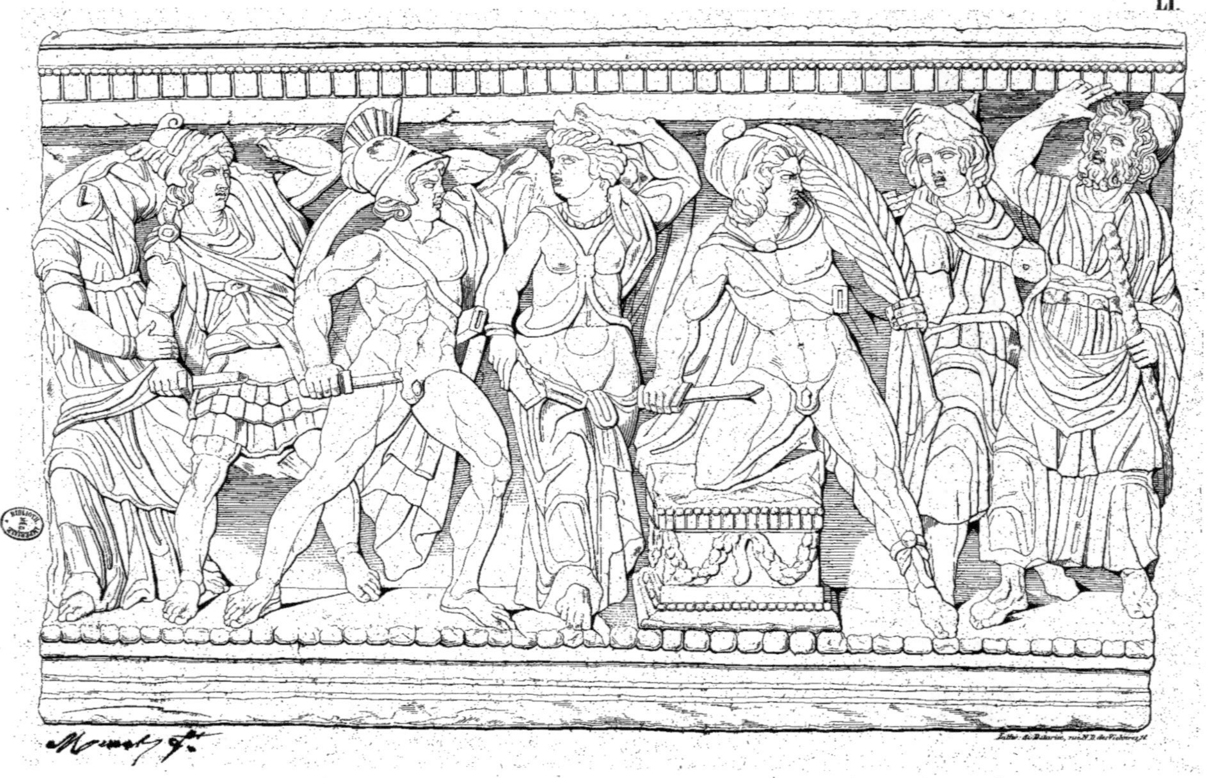

Litho. de Delarue, rue N. D. des Victoires, 16.

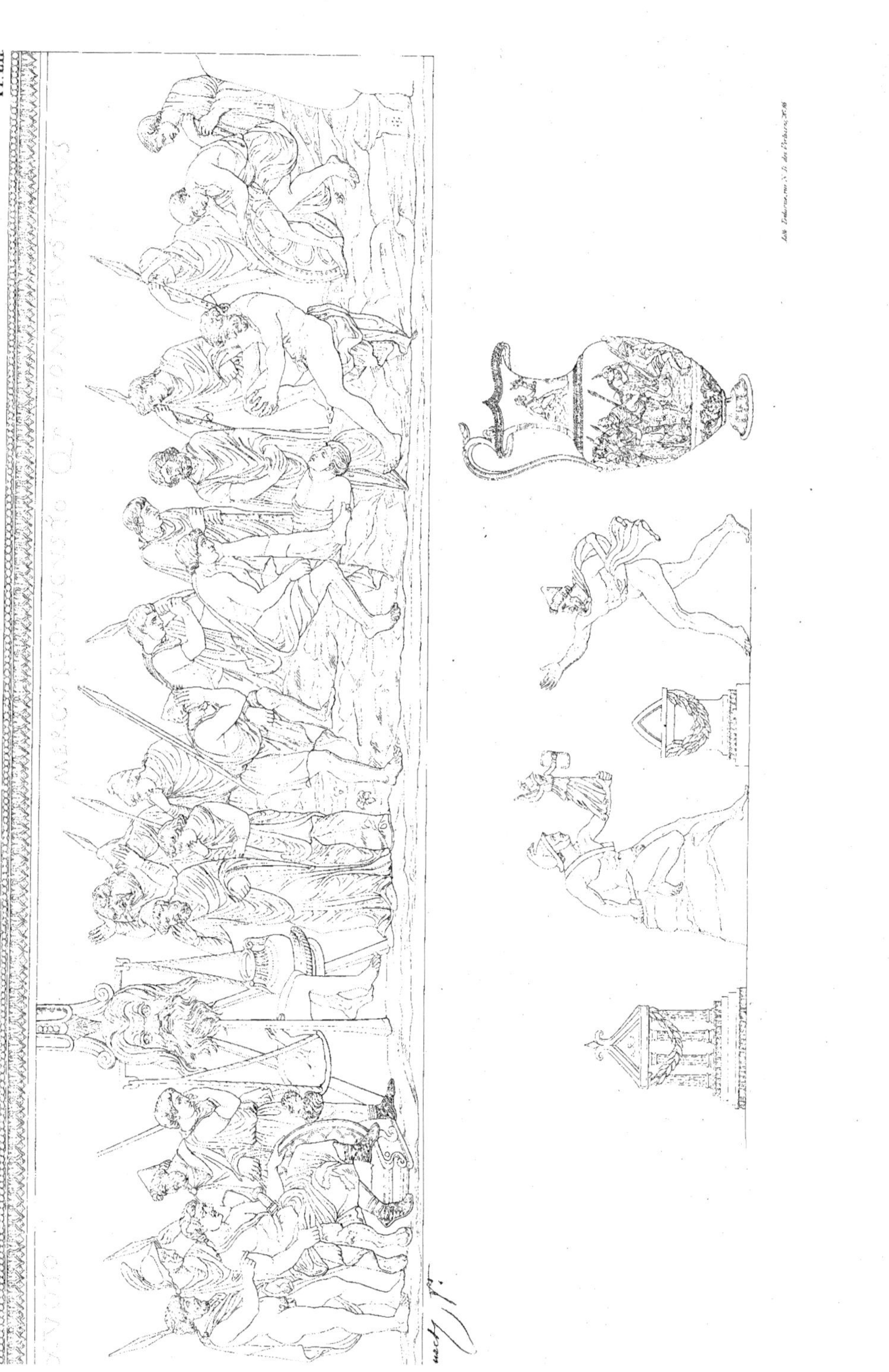

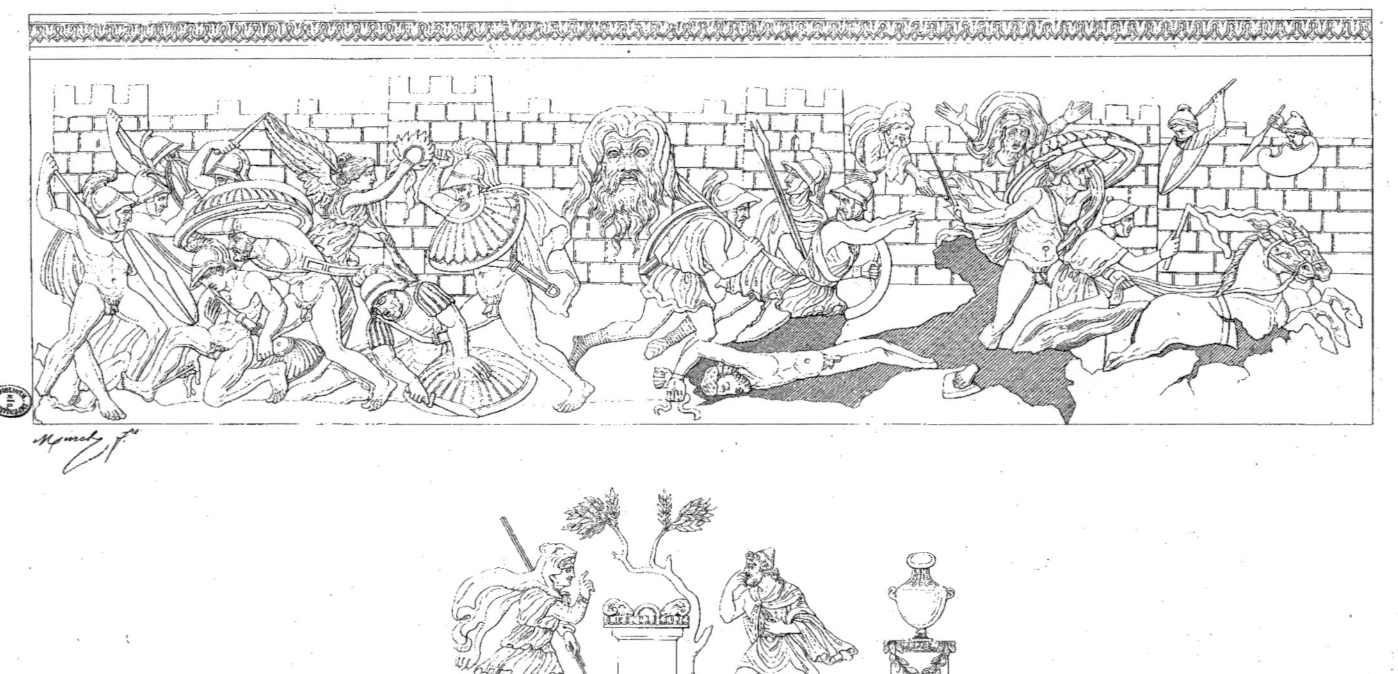
Mouret f.

LIV

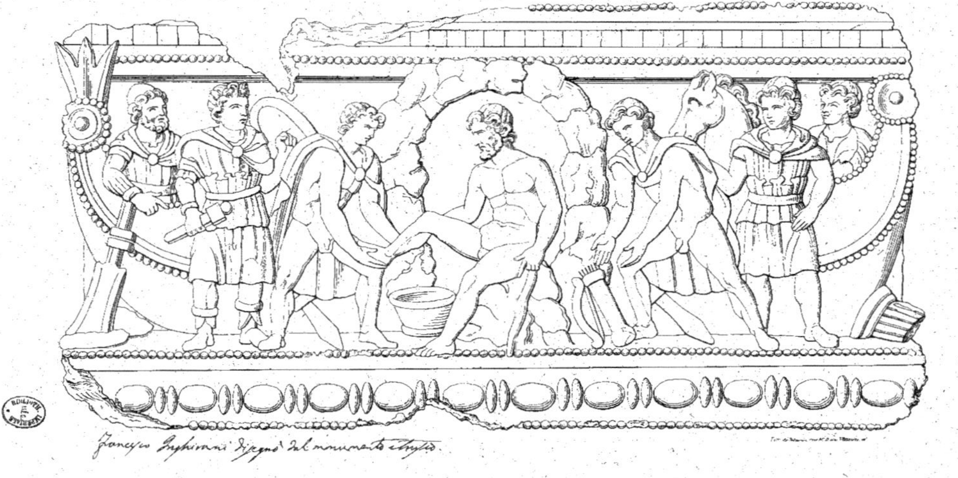

Francesco Inghirami disegnò dal monumento etrusco

LV.

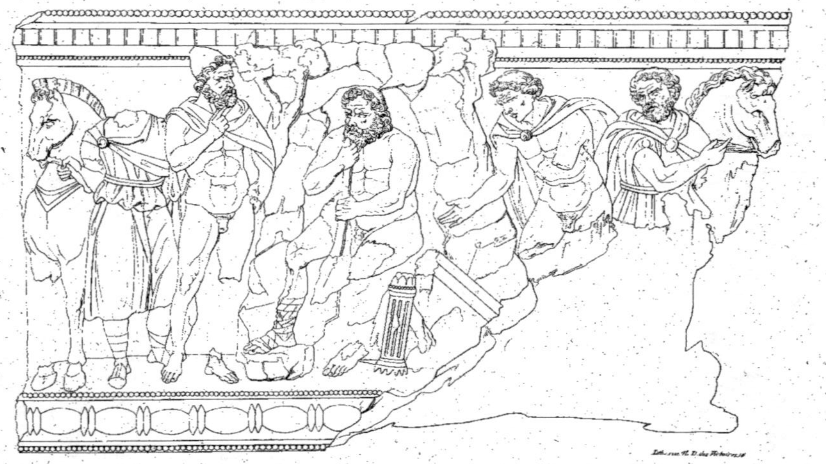

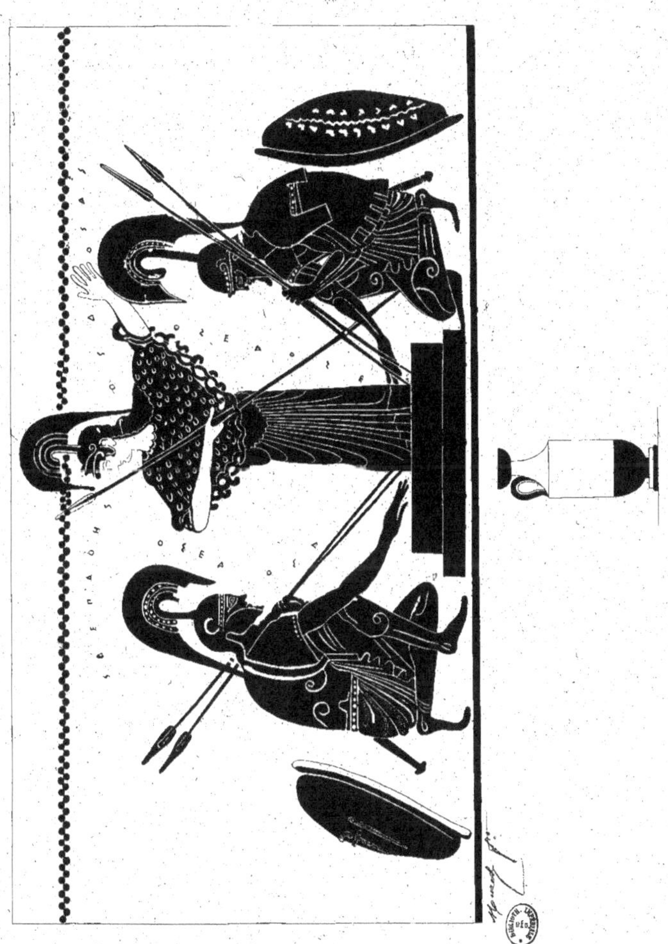

LVII.

1

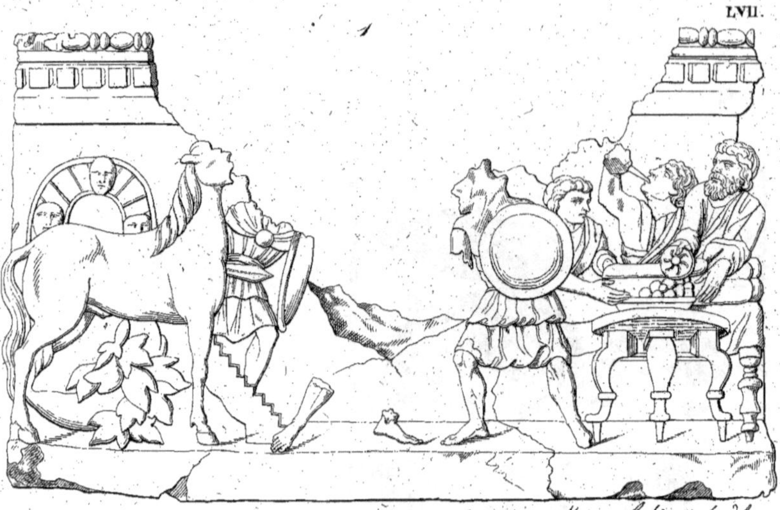

Francesco Inghirami fece dal vero

2

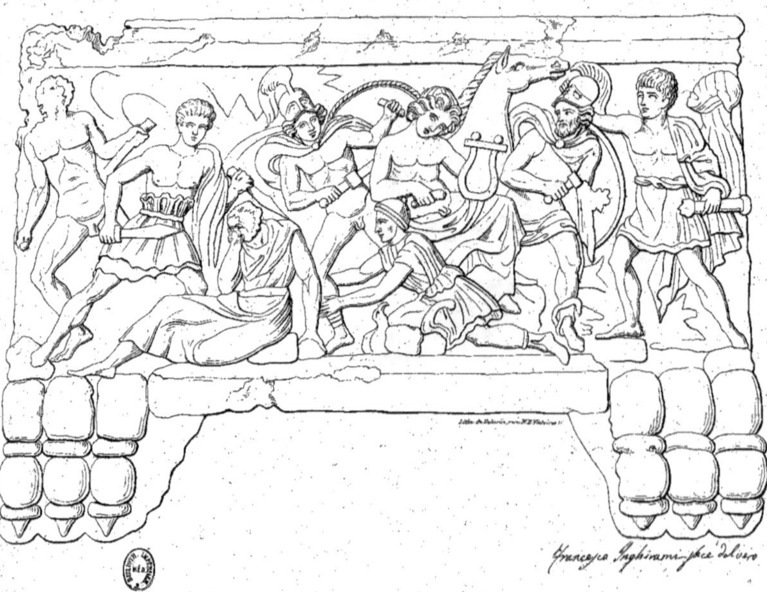

Francesco Inghirami fece dal vero

LVII A.

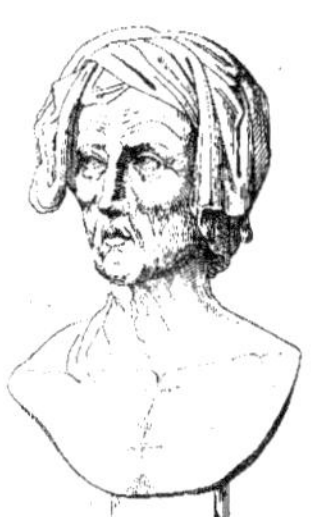

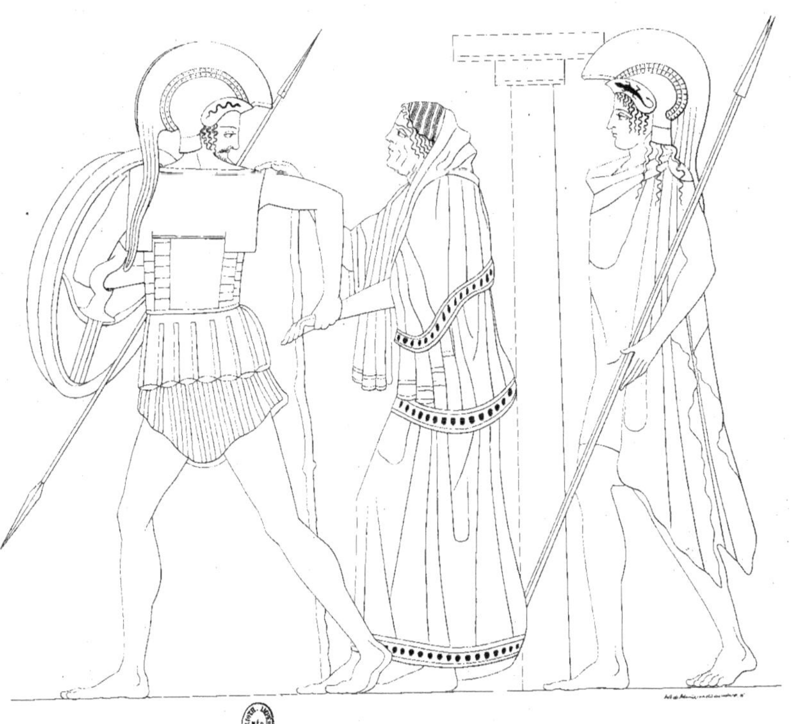

Pl. LVIII.

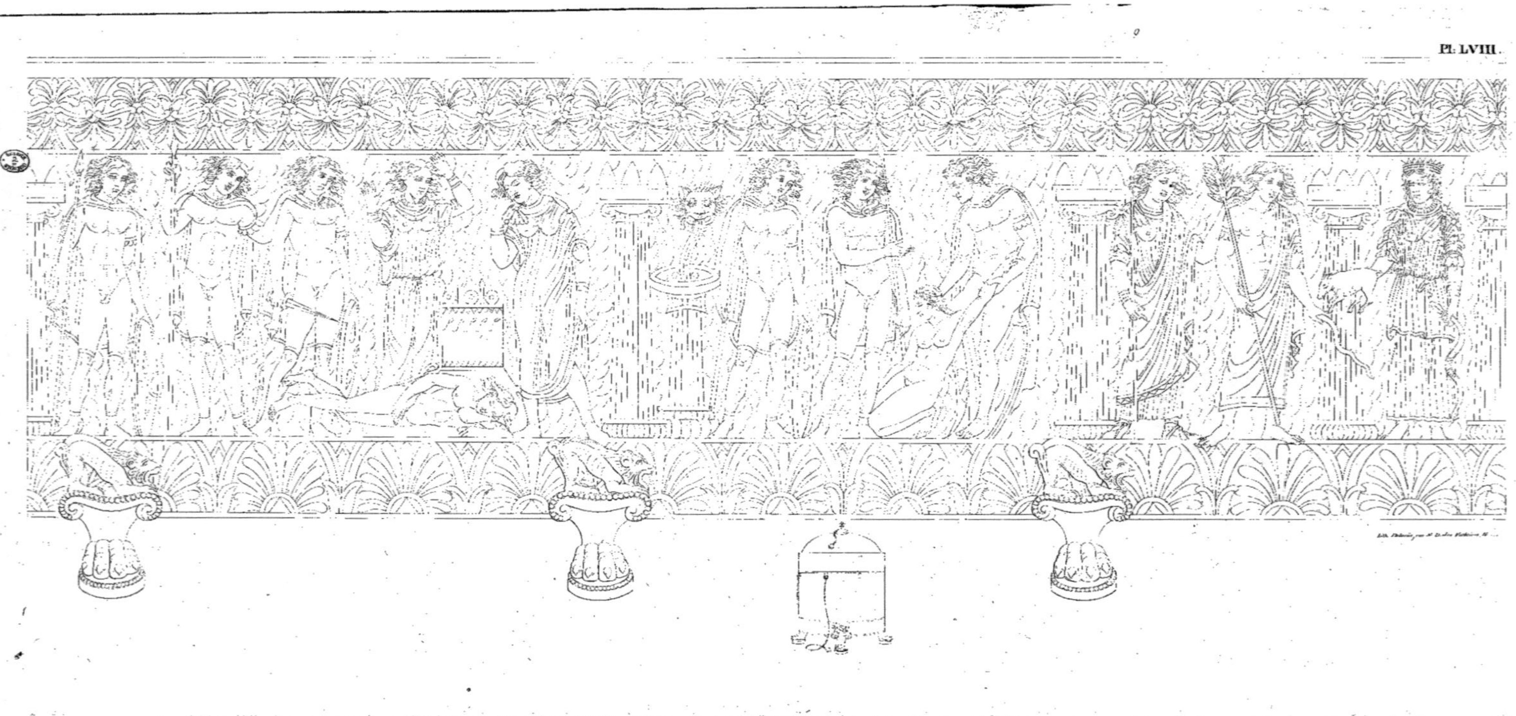

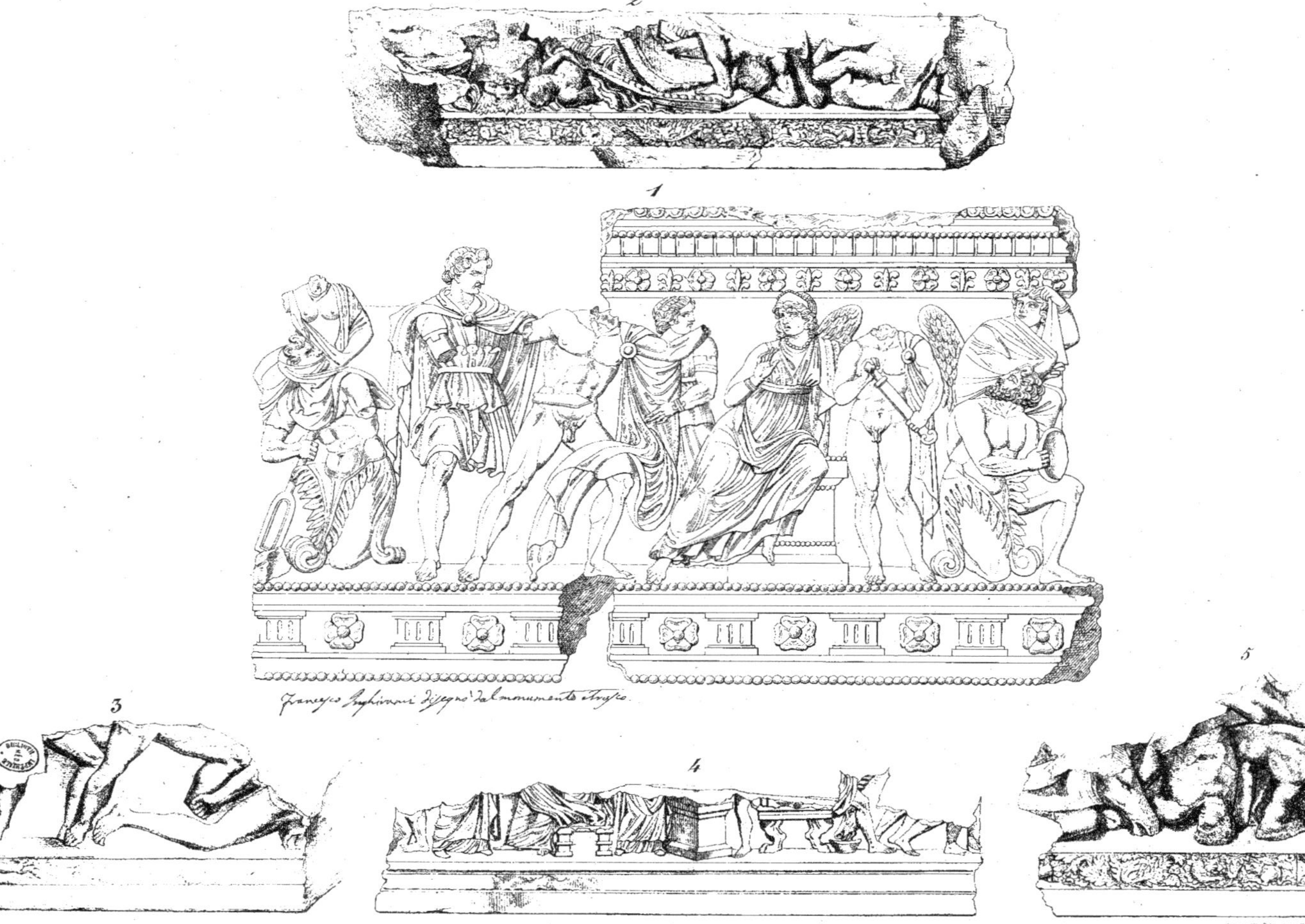
2
1
Francesco Inghirami disegnò dal monumento etrusco
3
4
5

LX.

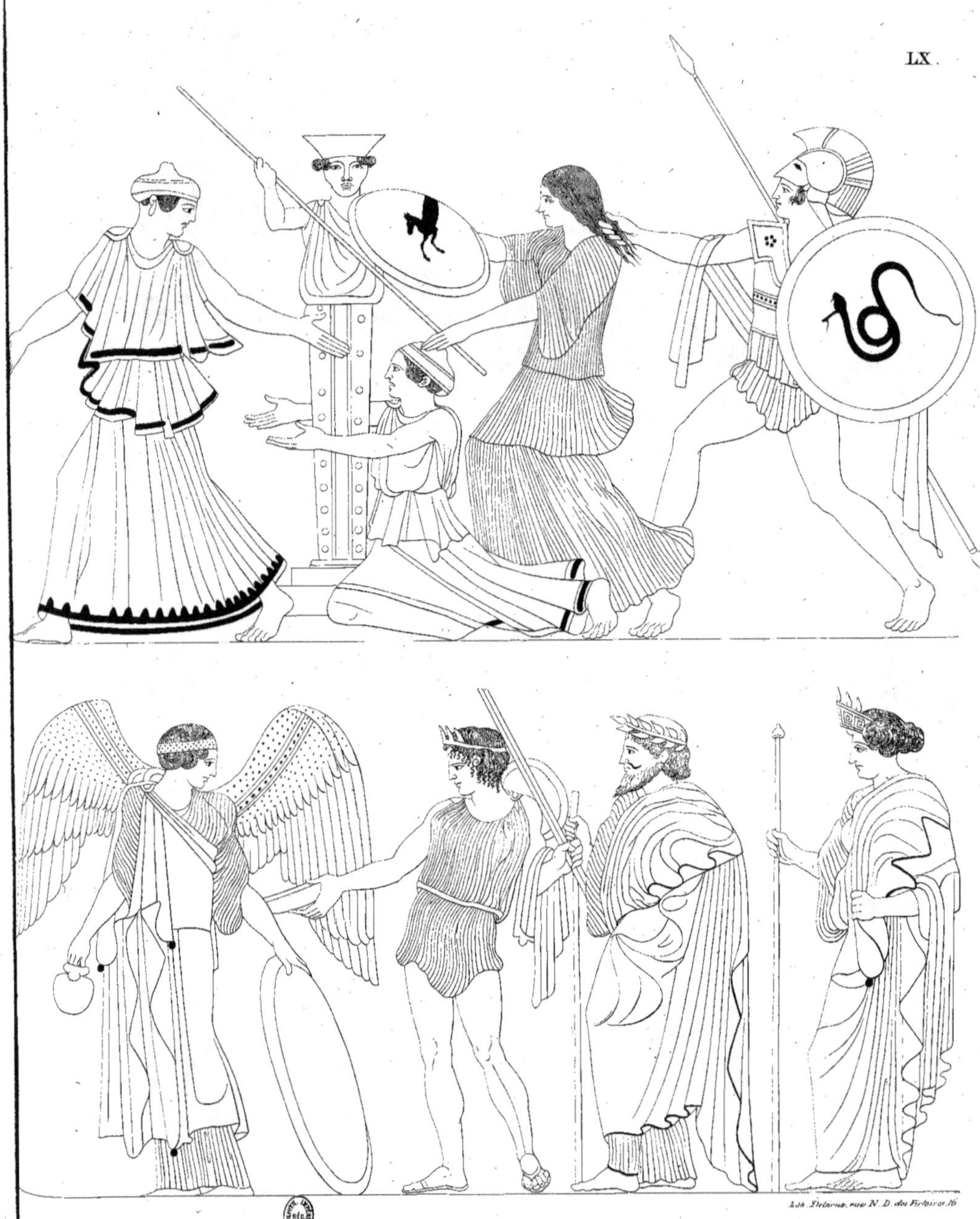

Lith. Delarue, rue N. D. des Victoires 16

1

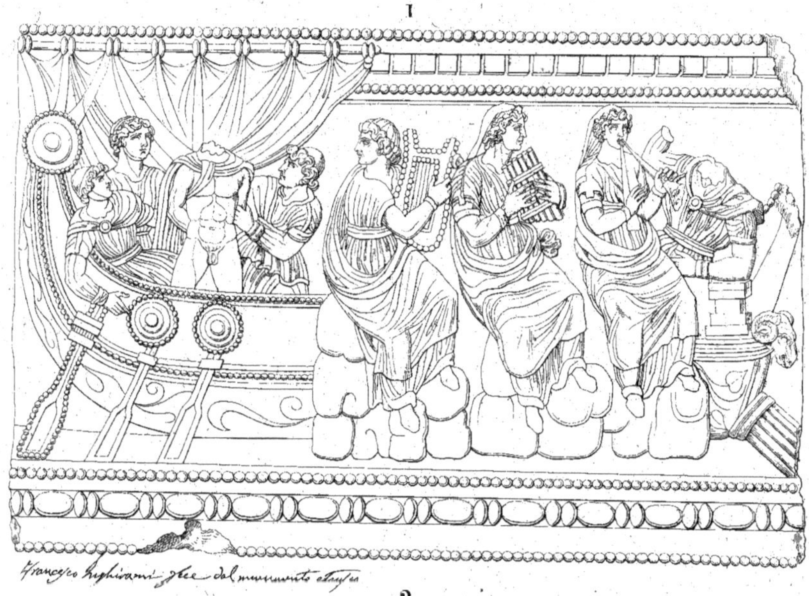

Francesco Inghirami fece dal monumento etrusco

2

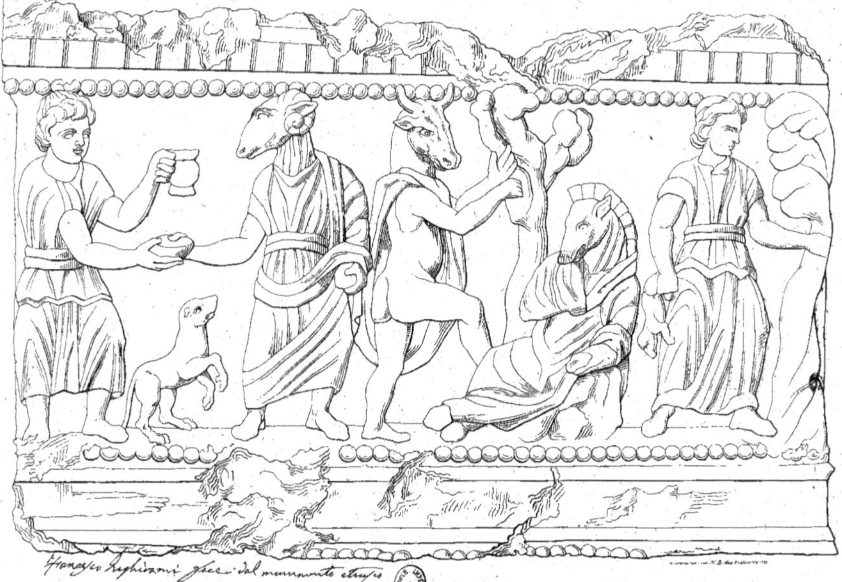

Francesco Inghirami fece dal monumento etrusco

1.

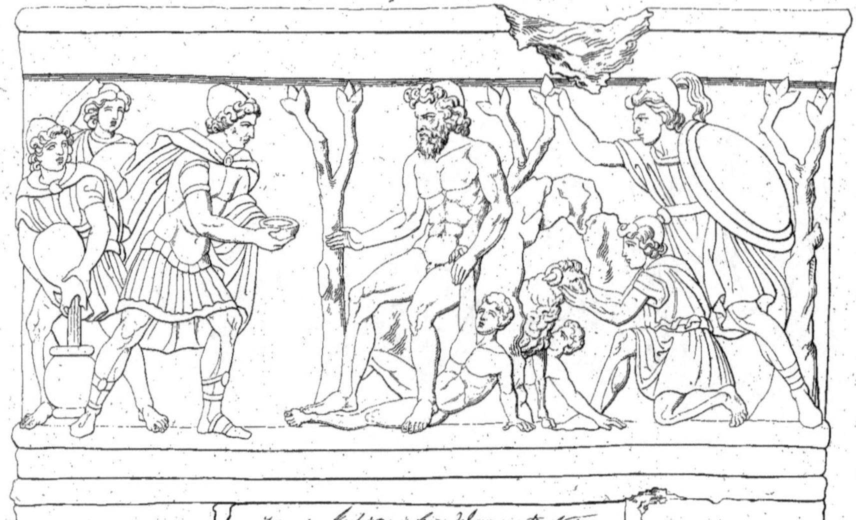

Francesco Inghirami fece dal monumento etrusco

2

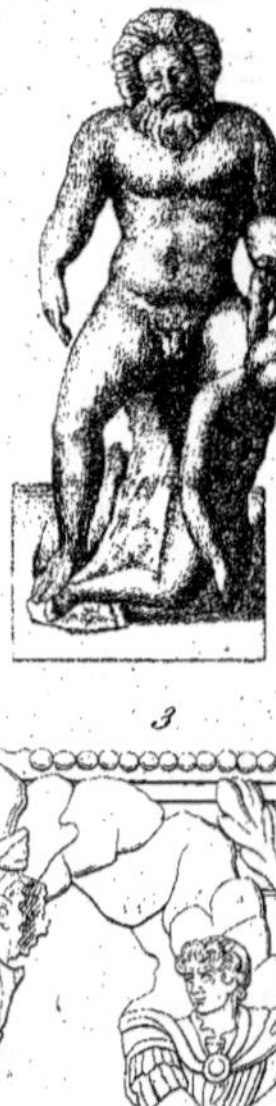

3

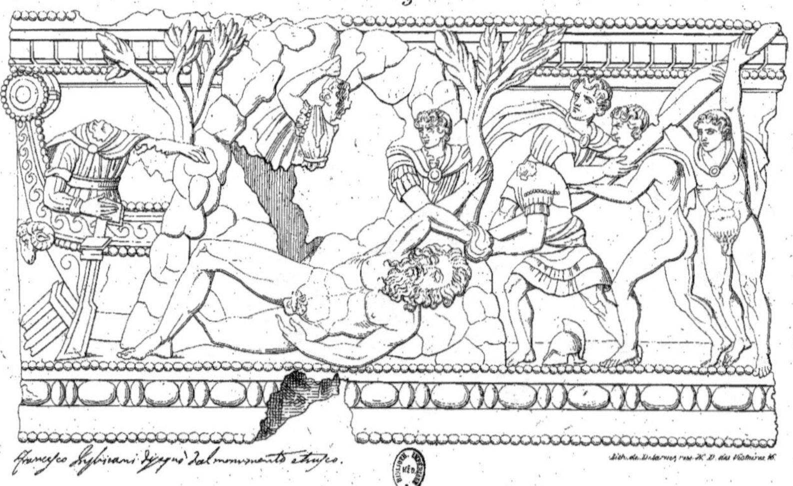

Francesco Inghirami disegnò dal monumento etrusco.

Lith. de Delarue, rue N. D. des Victoires 16.

1

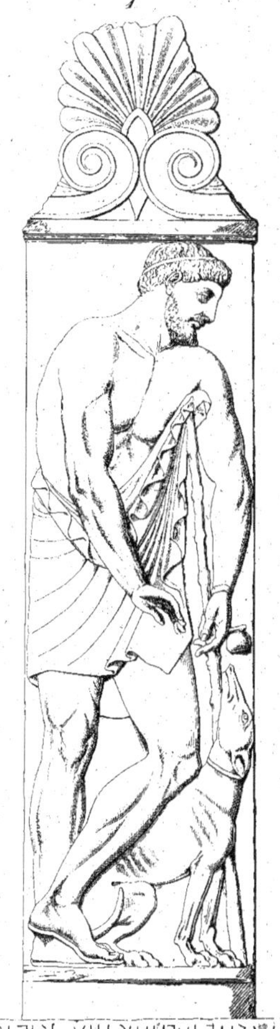

2

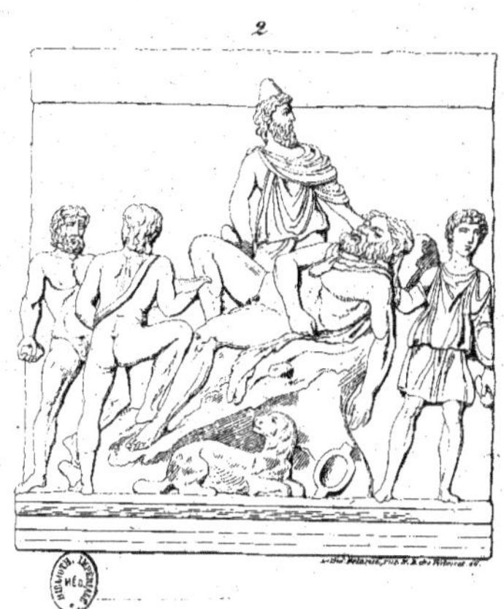

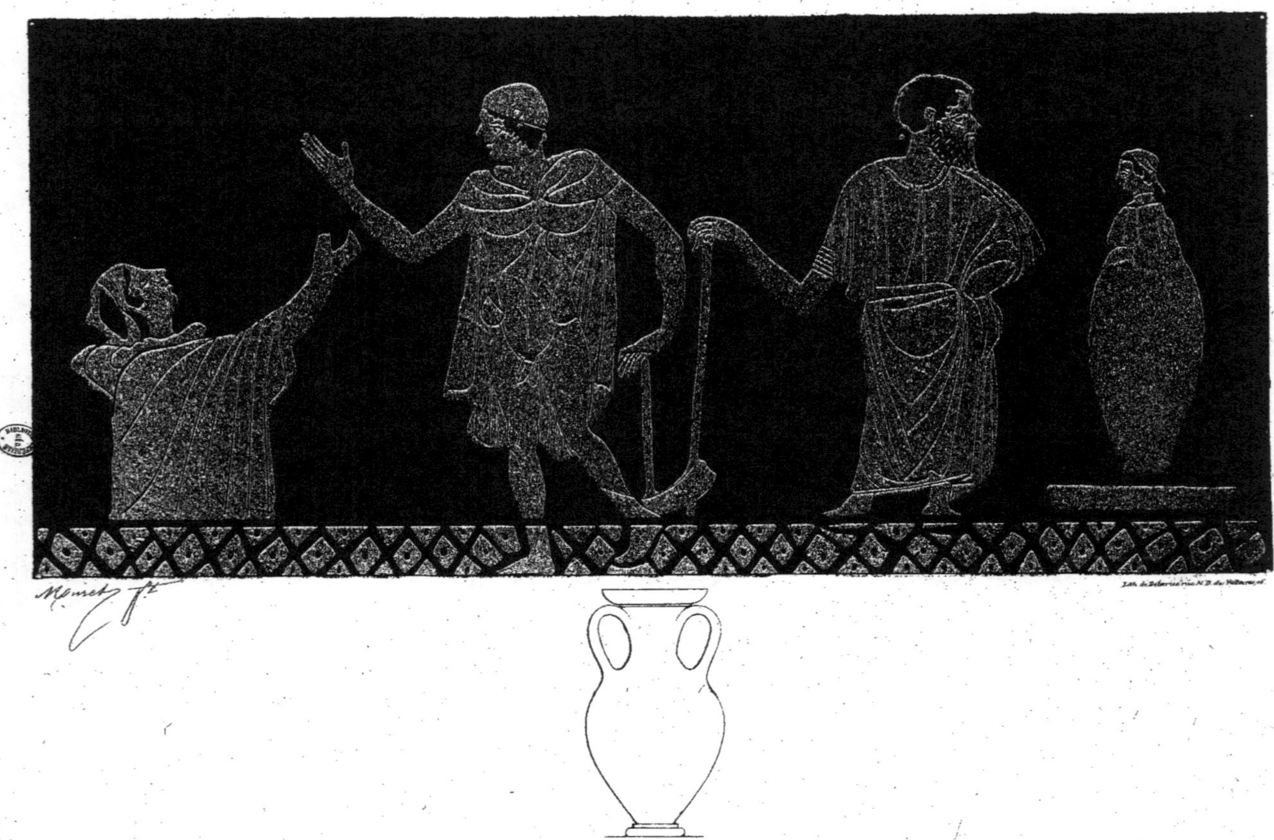

Monnet f.

Lith. de Delarue rue N. D. des Victoires, 16.

LXV.

1.

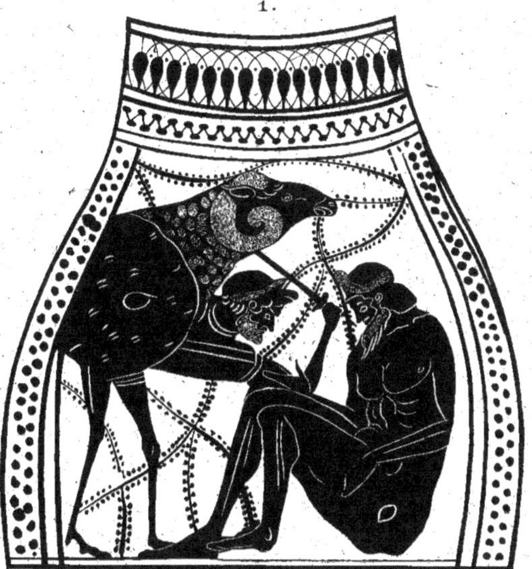

2

2 A.

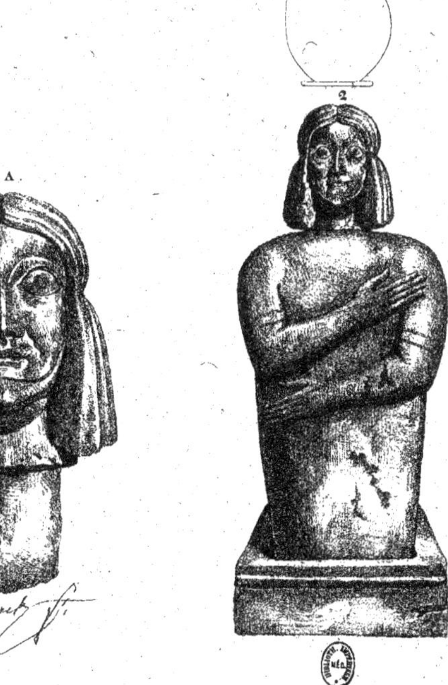

2 B.

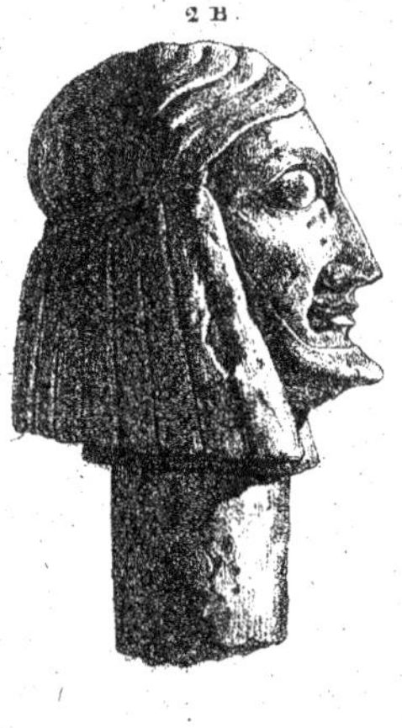

Lith. de Delarue, rue N. D. des Victoires, 16

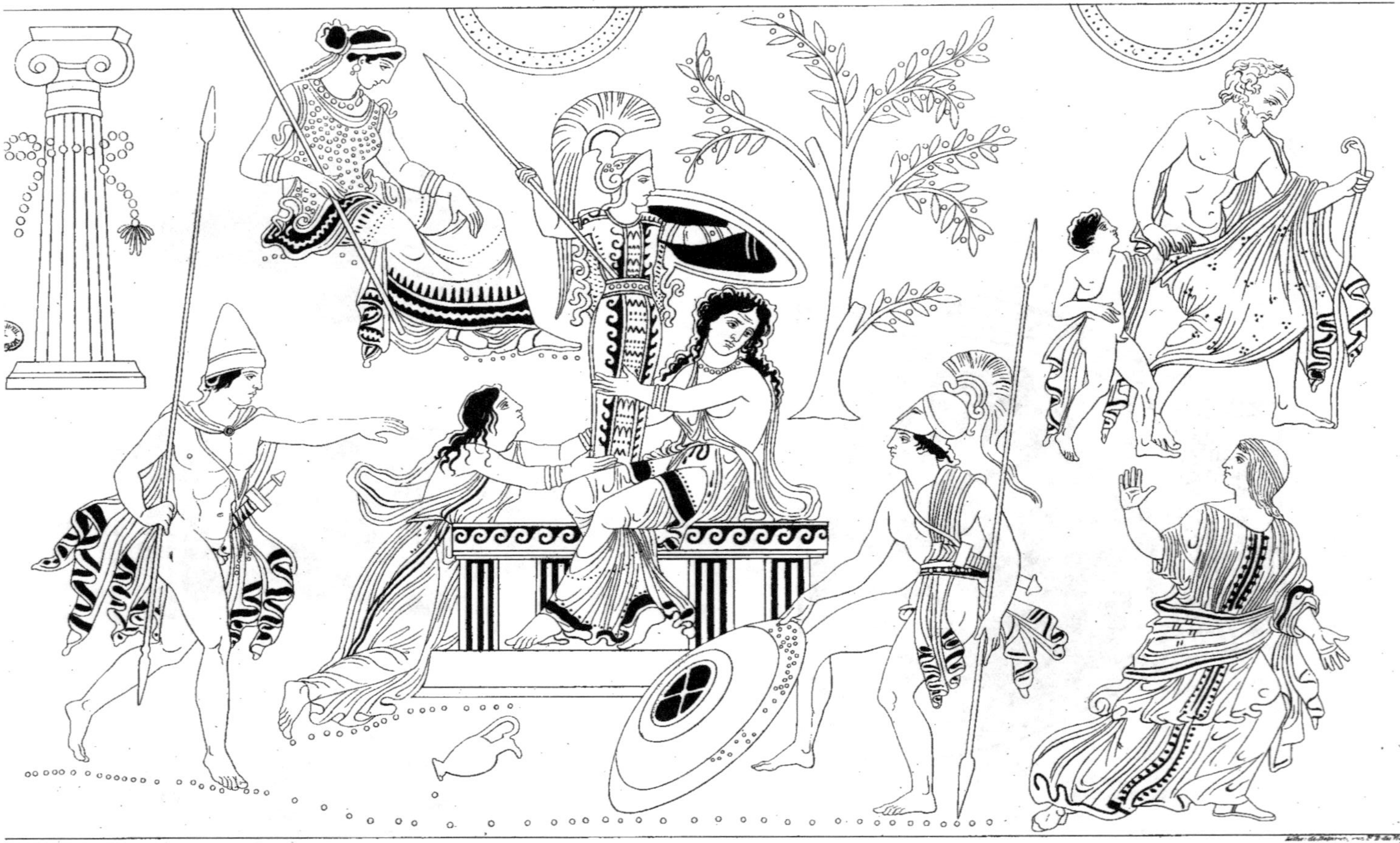

1.

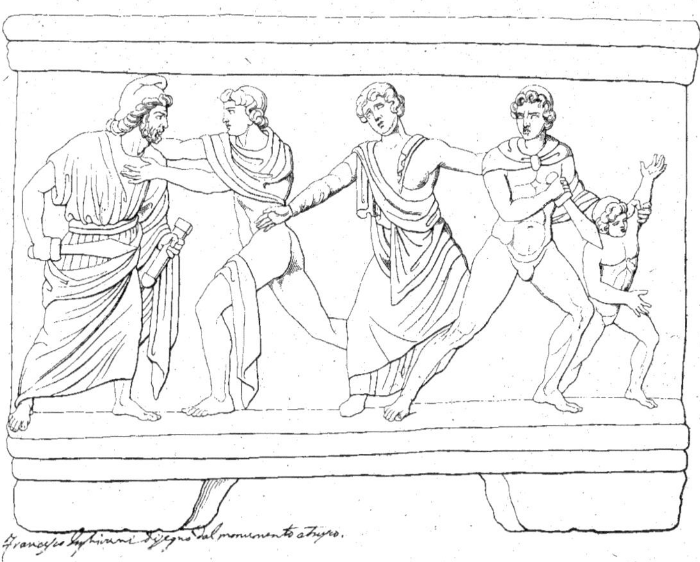

Francesco Inghirami disegnò dal monumento etrusco.

2.

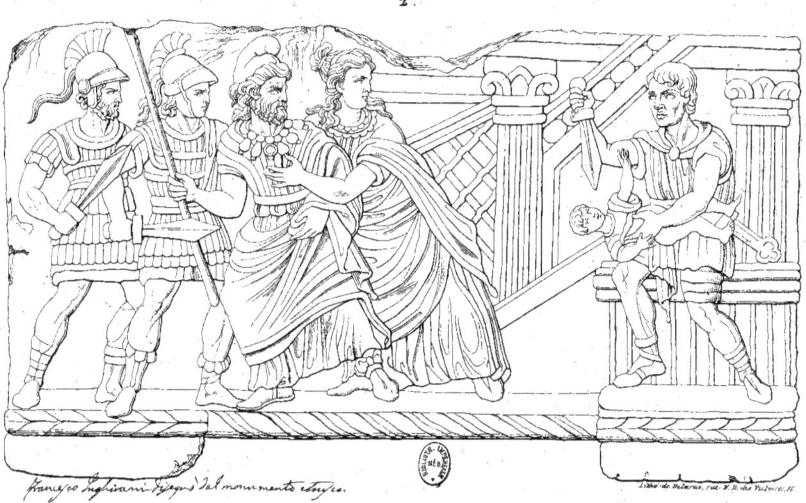

Francesco Inghirami disegnò dal monumento etrusco.

Litho de Delarue, rue N. D. des Victoires, 16

1.

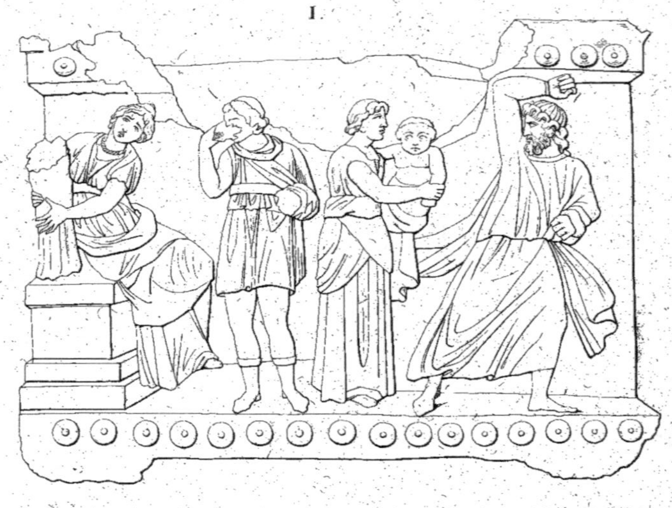

2.

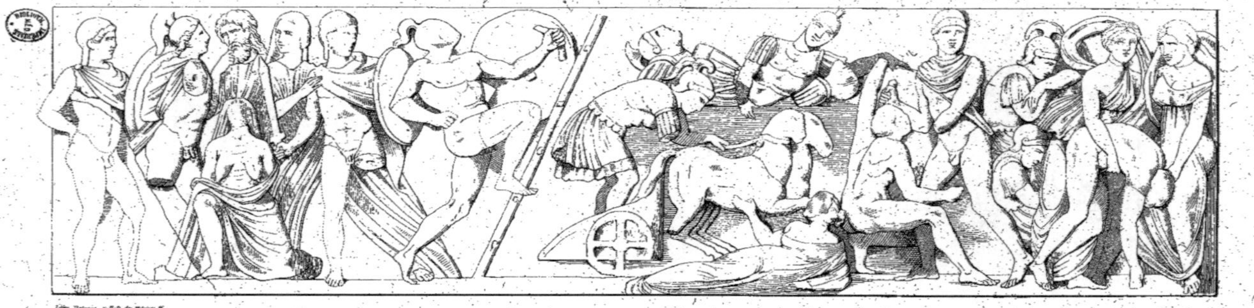

LXVIII.

1.

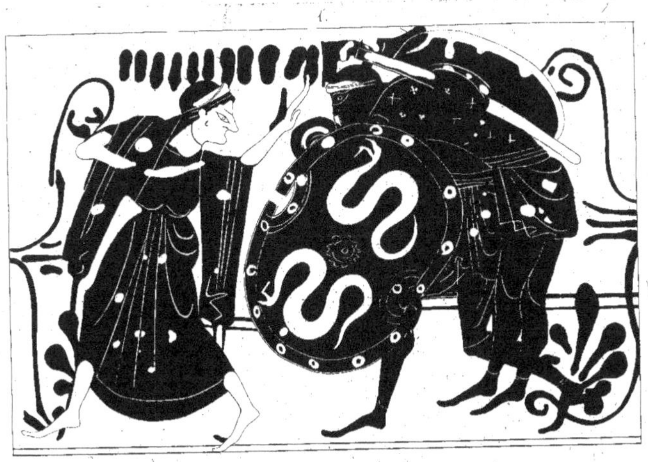

2.

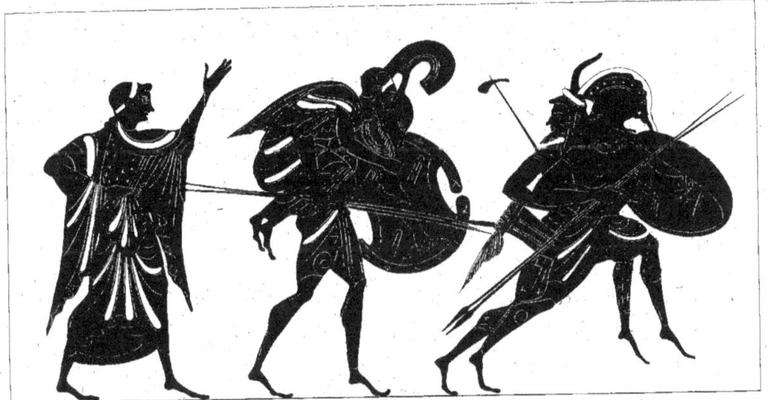

3.

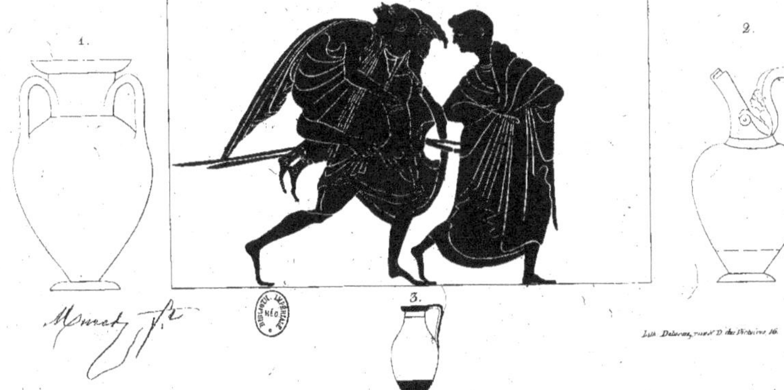

1. 2. 3.

M...... fe

Lith. Delarue, rue N. D. des Victoires 16.

LXIX

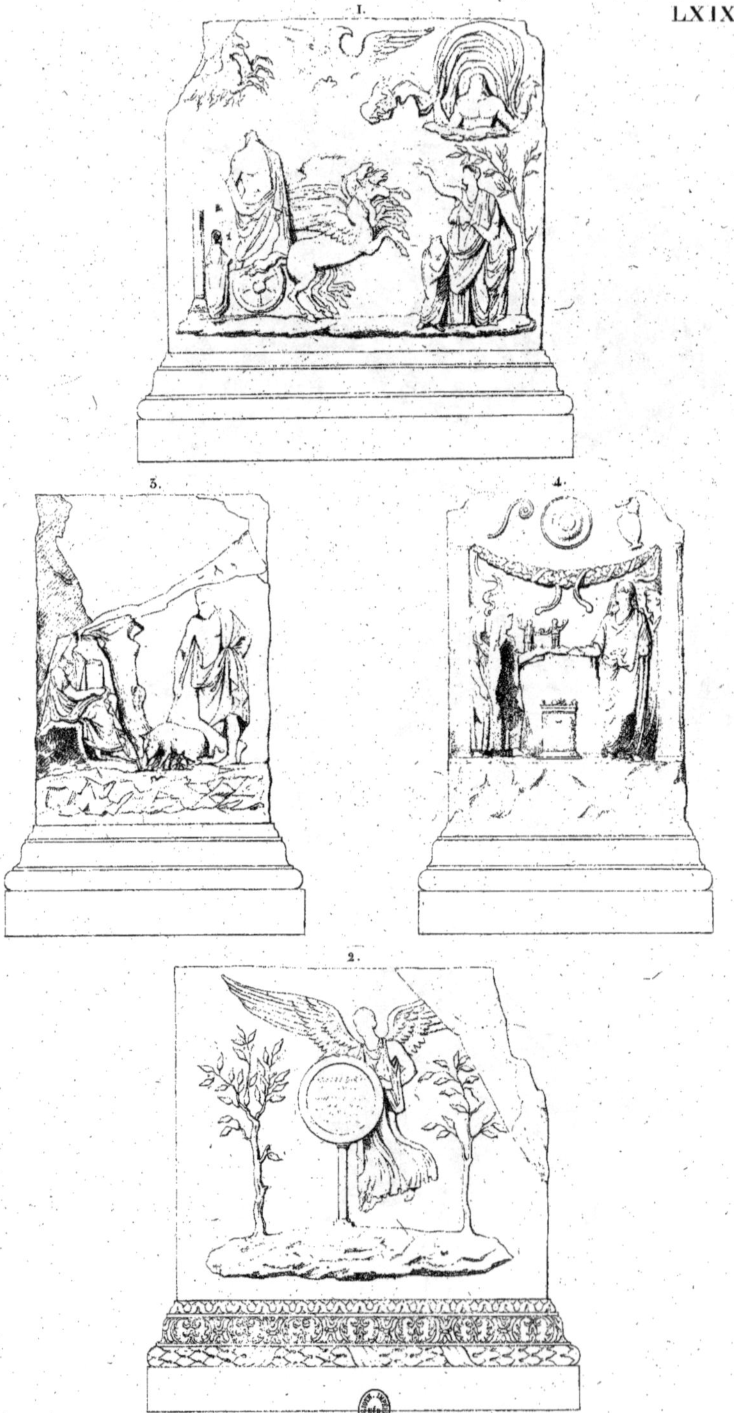

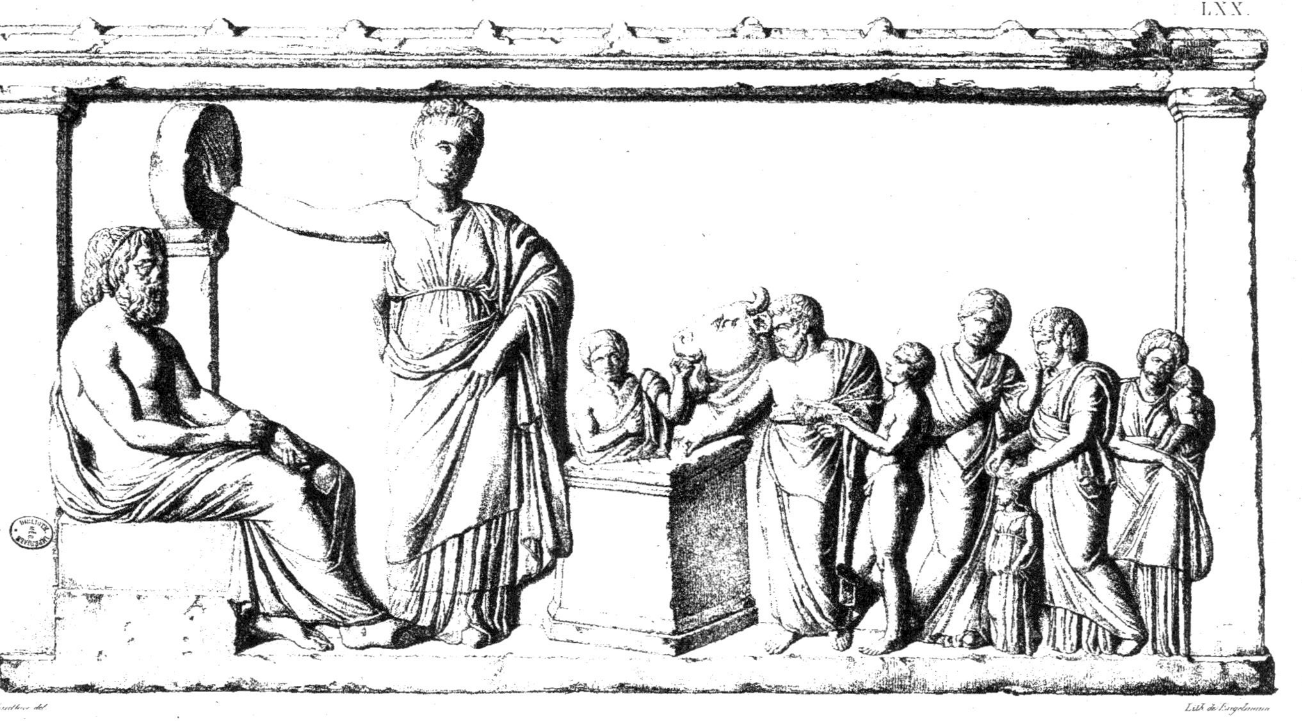

Vauthier del. — Lith. de Engelmann

APOTHÉOSE D'HOMÈRE,

d'après un Bas Relief Grec du Cabinet de M.r Révil.

LXXI

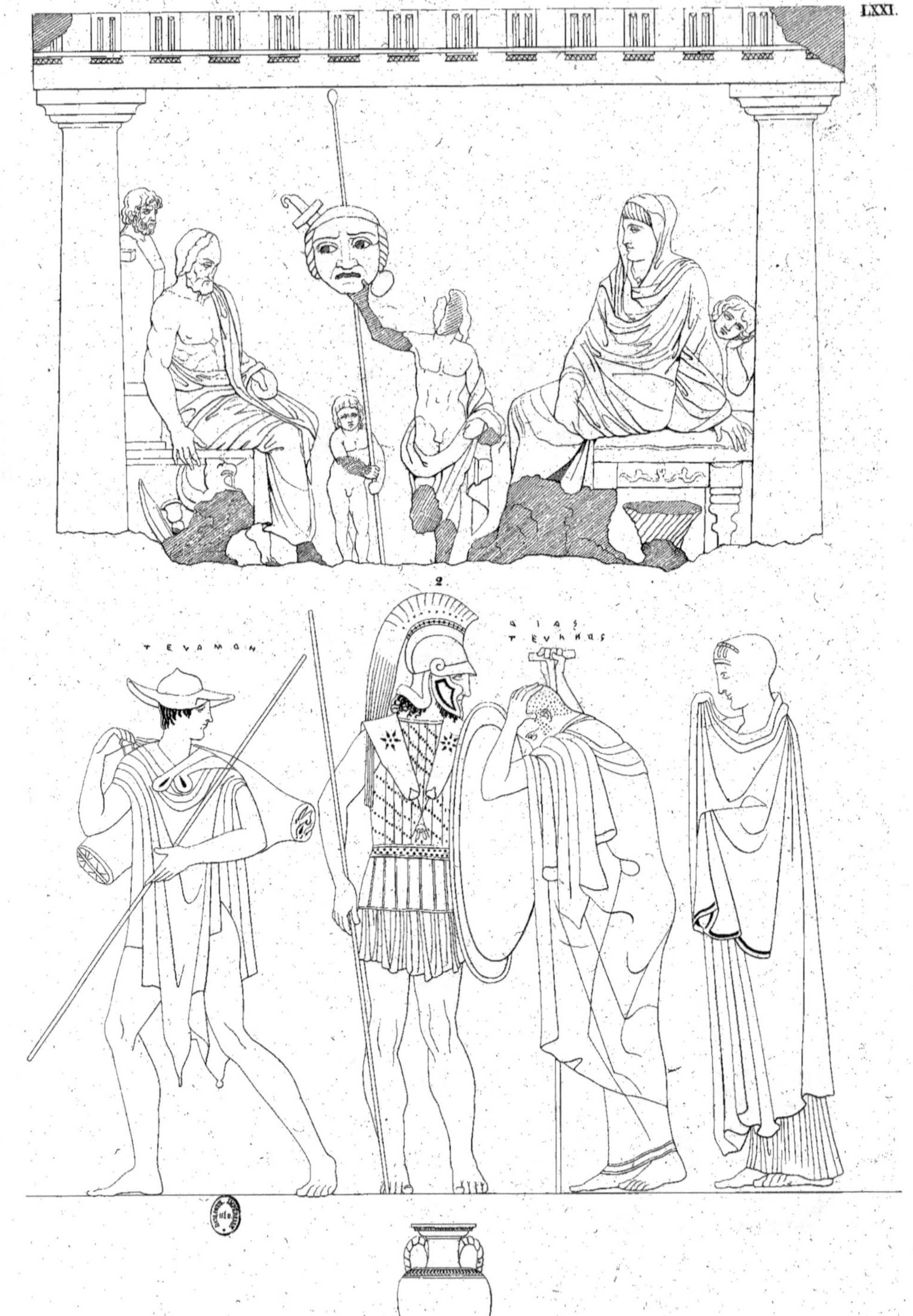

2

I

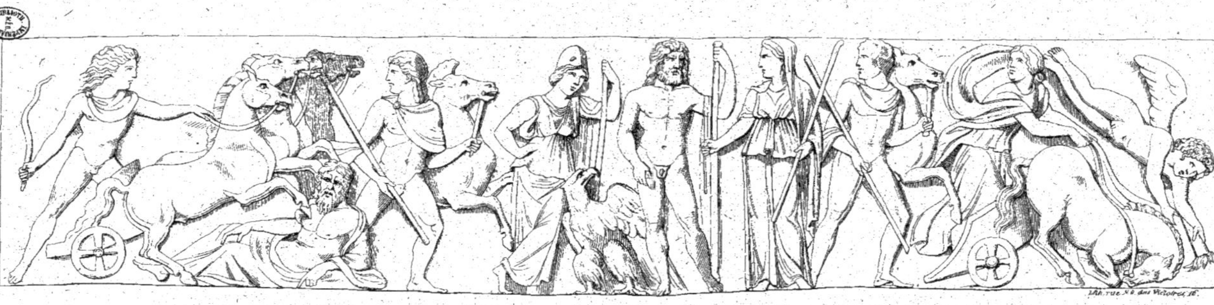

Pl. LXXIIA.

1.

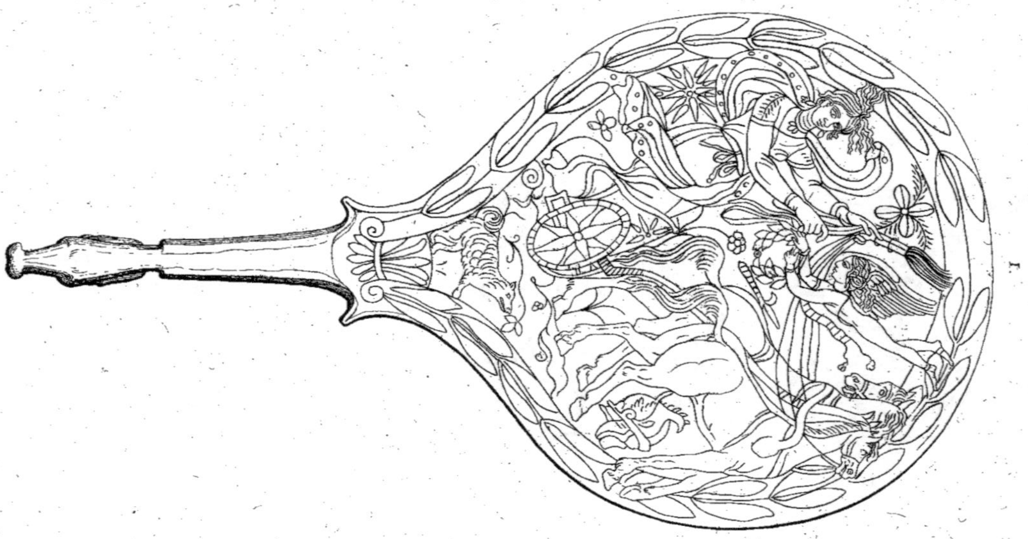

2.

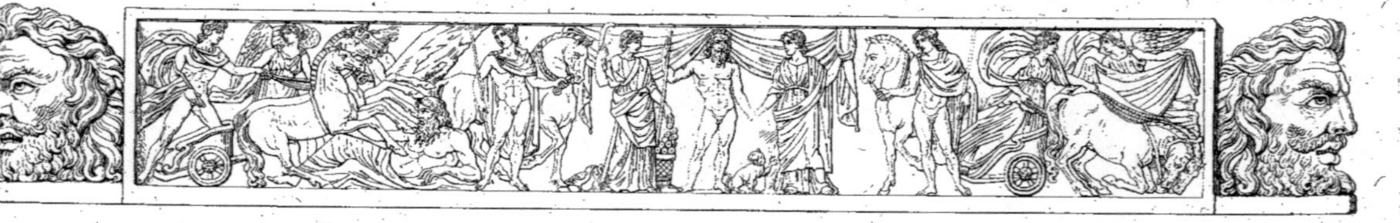

Lith. Delarue, rue N. D. des Vict.es 16

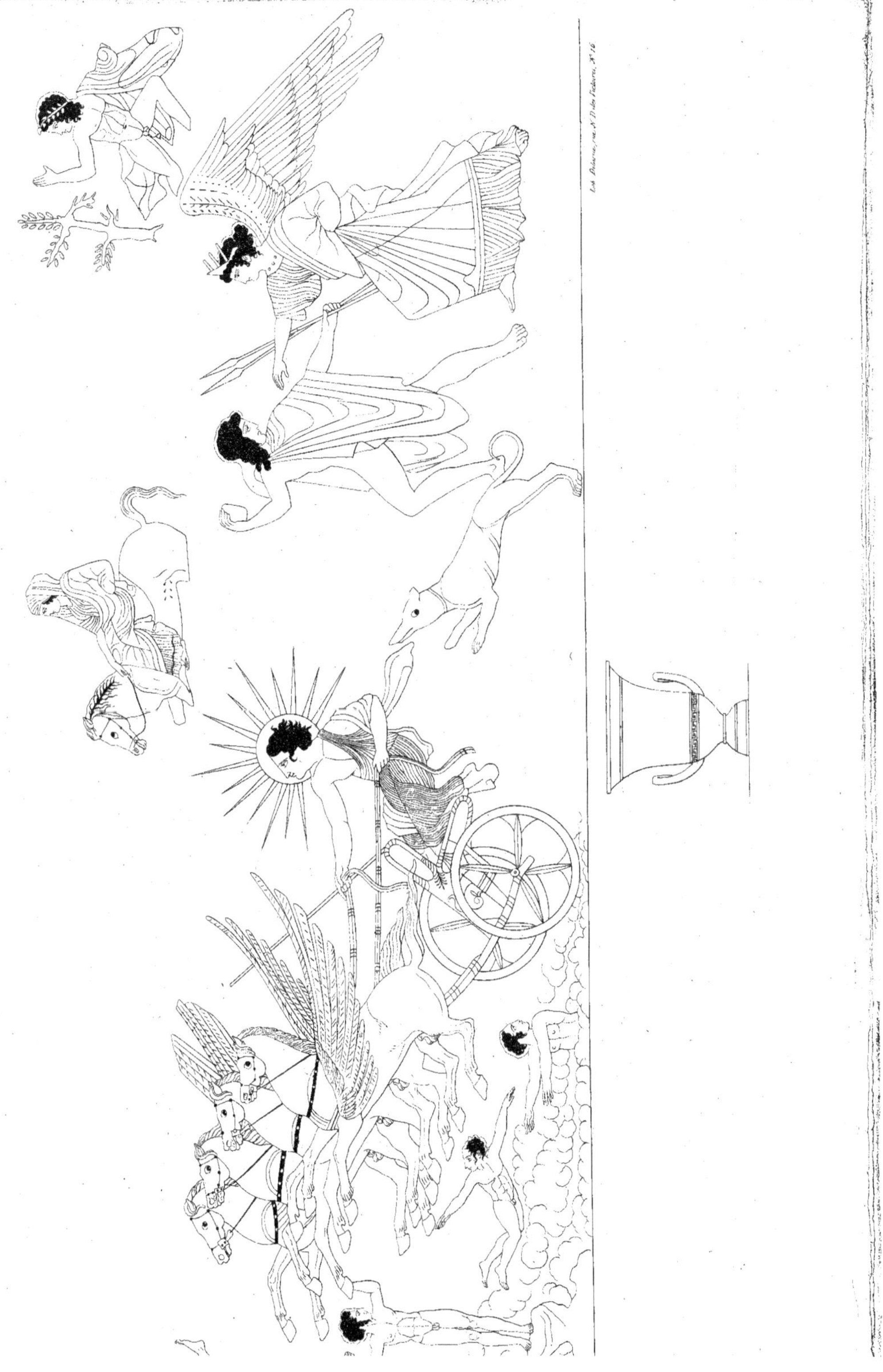

2.

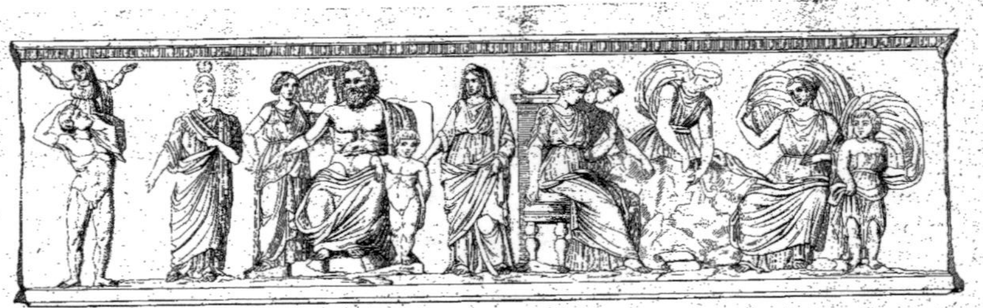

I.

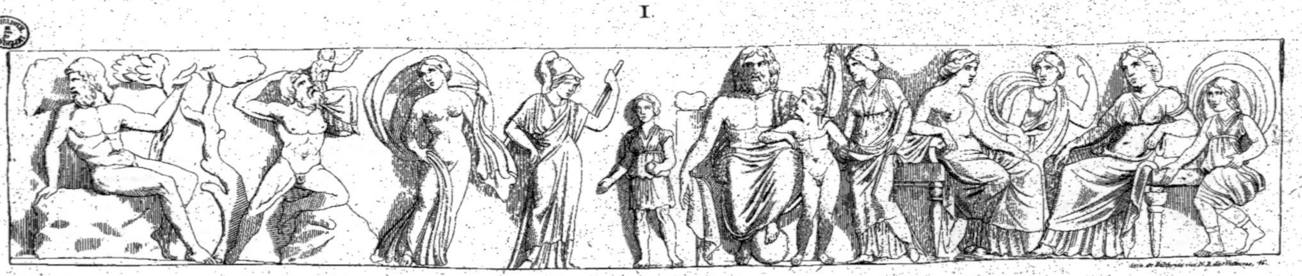

LXXV.

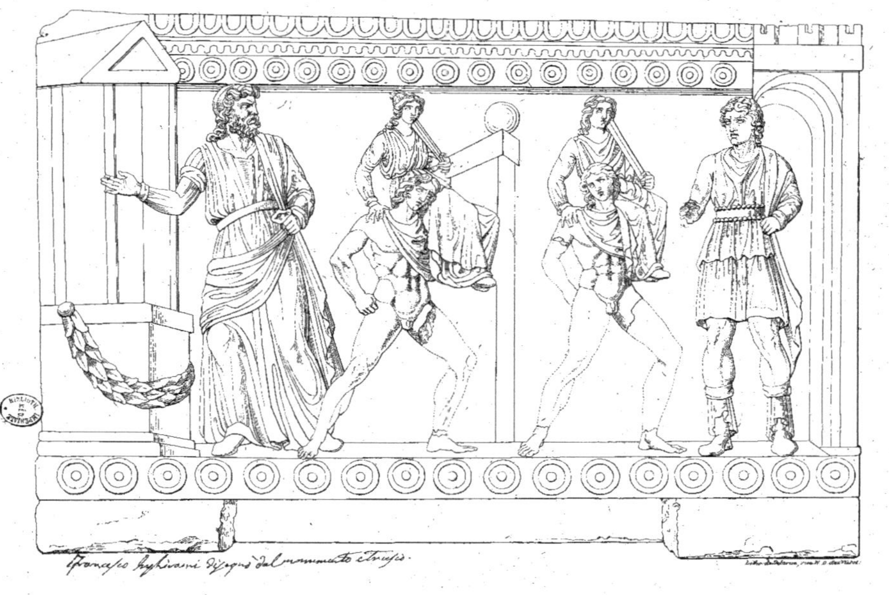

Francesco Inghirami disegnò dal monumento etrusco.

LXXVI.

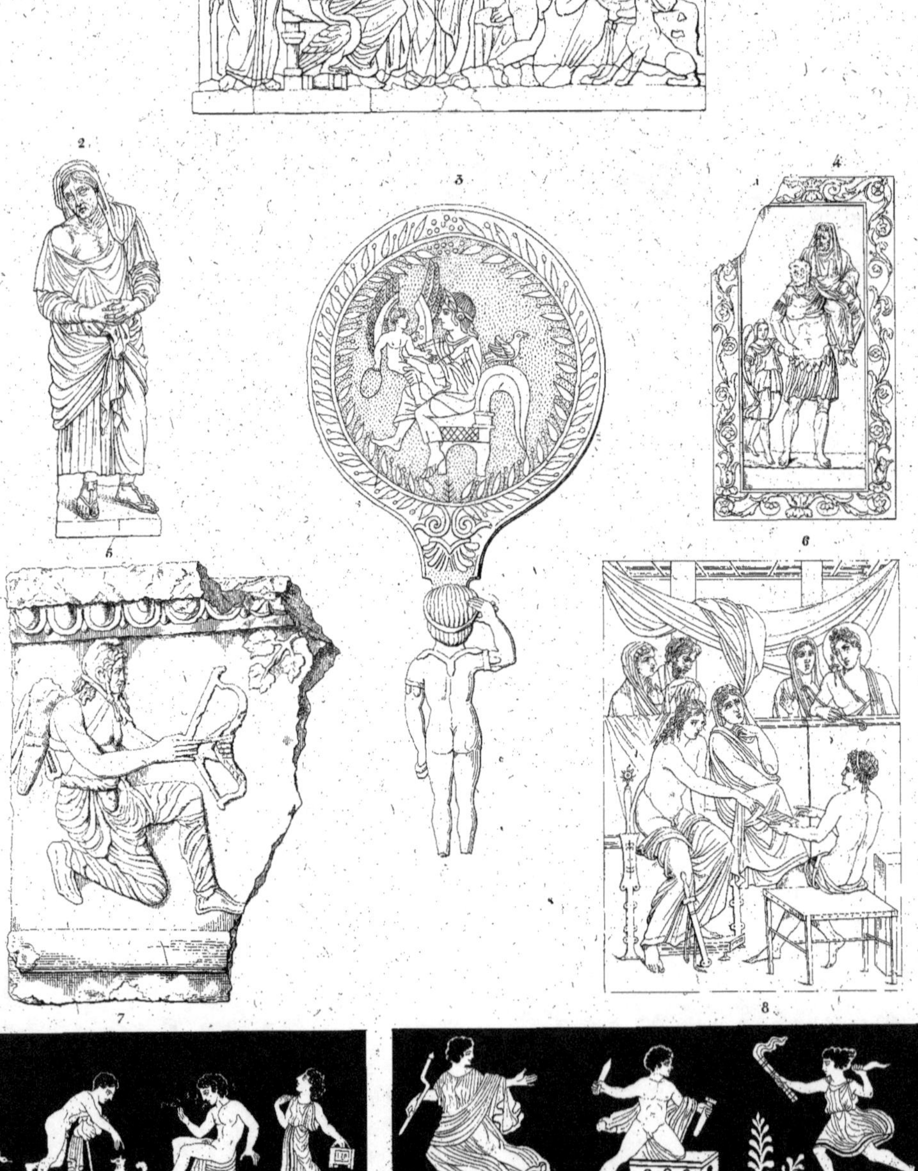

Lith. Delarue, rue N.D. des Victoires, N° 16

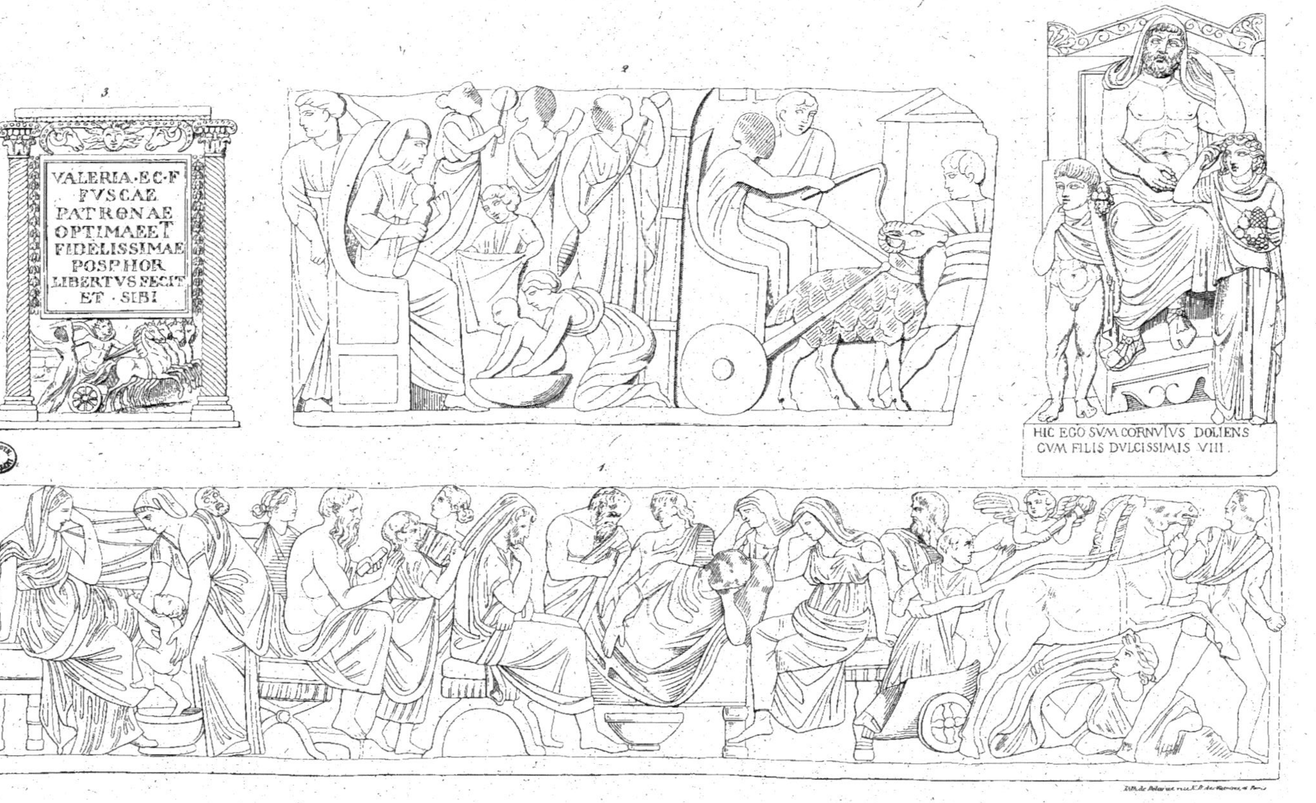
3.
VALERIA.EC.F
FVSCAE
PATRONAE
OPTIMAEET
FIDELISSIMAE
POSPHOR
LIBERTVS FECIT
ET · SIBI
2.
4.
HIC EGO SVM CORNVTVS DOLIENS
CVM FILIS DVLCISSIMIS VIII.
1.

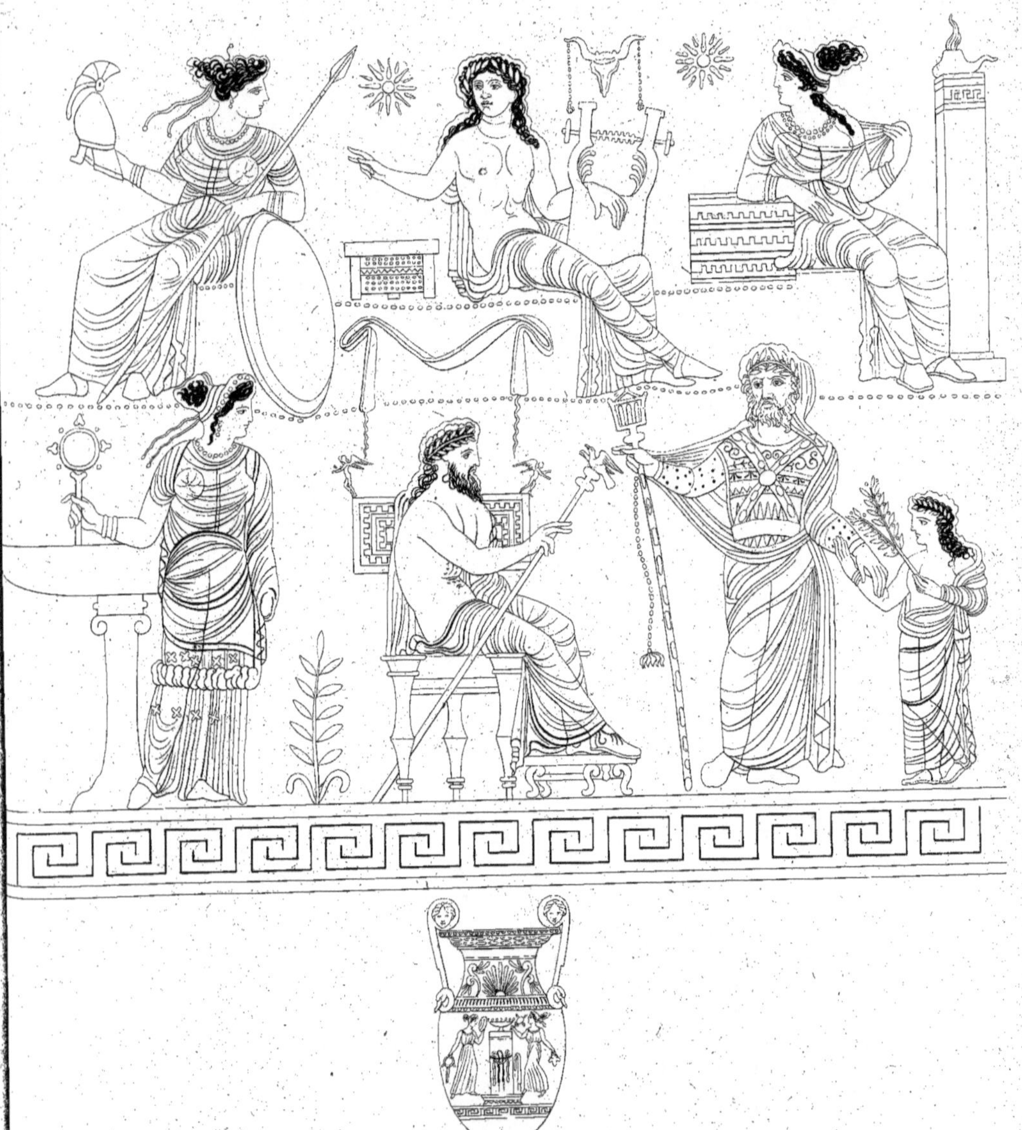

Pl. LXXIX.

1

2

3

L. Dupré del.

Lith. de Lemercier.

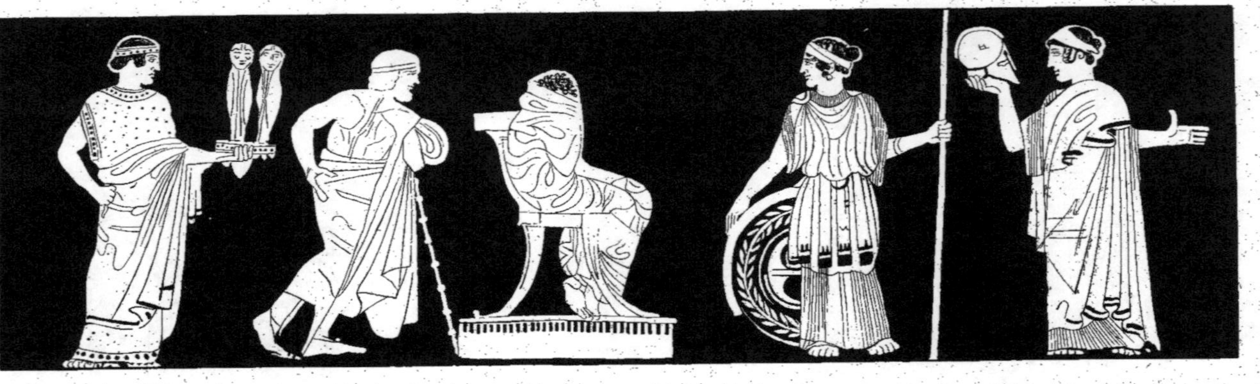

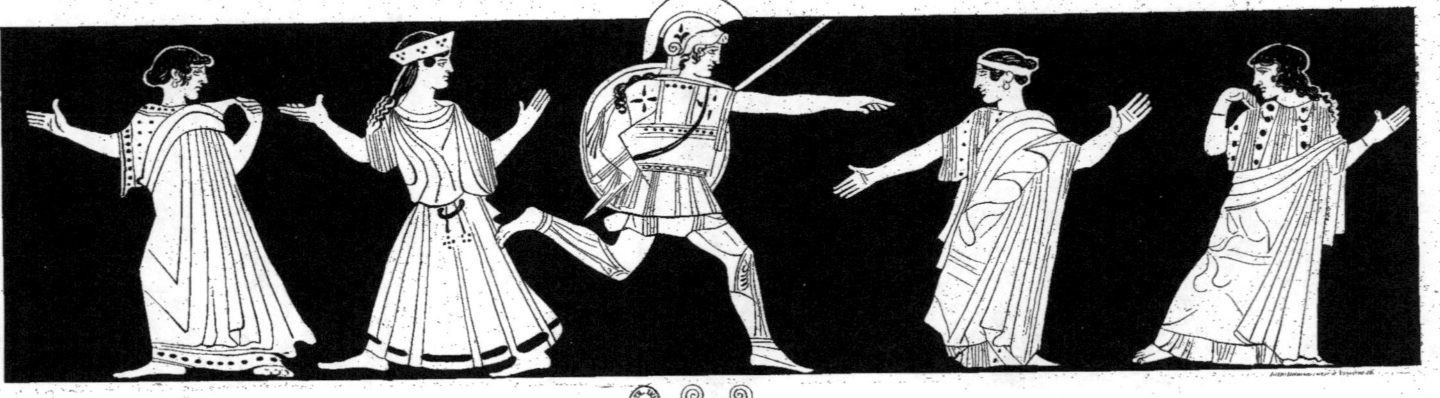

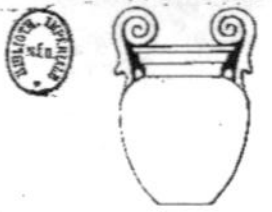

www.ingramcontent.com/pod-product-compliance
Lightning Source LLC
LaVergne TN
LVHW020601230826
846091LV00002B/557

* 9 7 8 2 0 1 4 1 1 2 6 5 8 *